大学入試 ストーリーでわかる

世界史探究

［近代・現代］

鵜飼恵太 Ukai Keita

＊本書には、「赤色チェックシート」が付いています。

はじめに

受験勉強だって、楽しまないと伸びない！

　これから受験勉強を始めようとしているみなさんのなかには、世界史をつまらないただの暗記科目だと思っている人もいると思います。教科書は正確ですが、淡々としていて「人が動く」という感覚がありませんし、用語集はただの「辞書」です。英語や古文だって、辞書だけ読んでもあんまり面白くないですよね。世界史だって、用語集が面白いわけがありません。せっかく勉強するなら、楽しくやりましょう！

「ソ連崩壊」の衝撃が、世界史講師の原点

　1991年12月25日、高3で受験生だった私は予備校から帰宅し、テレビのニュースを見て仰天しました。
「えっ😨！、ソ連がなくなったの？？　受験はどうなる？」
　ソ連が崩壊したせいではないですが（笑）、浪人した私は「今の世界がどうやってできたのか、ちゃんと知りたい！」と思い、現役のときに一度は諦めた史学科を受験しました。あのときの衝撃がなかったらたぶん経済学部を受けていたので、駿台の世界史講師として、教壇に立つこともなかったかもしれません。

　歴史とは「人の動きの連続」です。ときに感情がぶつかりあうこともあります。映画やドラマのストーリーが覚えられるのは、人の動きがイメージできるからです。本書は、教科書や用語集では見えない**「人の動き」**と**「つながり」**がわかるように書きました。まずは、一つひとつのストーリーを楽しんでください！

　さらに、受験勉強とは言っても、現代の世界がわかったほうがいい！　と思い、**冷戦終結後の世界**もしっかり解説しました。もちろん、最近の入試では出題されています。私がソ連崩壊で感じたような世界の動きを感じてもらえたらうれしいです。

┃「インプット」したら、「アウトプット」を忘れずに!

　入試では試験会場で「問題を解く」ことになります。本書で知識を「インプット」したら、必ず「アウトプット」、つまり問題を解くようにしましょう。問題演習は、入試という「本番」のための「練習試合」です。問題集、過去問などで間違えた部分は本書を読み直して、その部分をノートなどにまとめておくと、あとで見直ししやすいですよ!

　「古代・中世・近世」編に続き、「世界史探究」にあわせて、用語や解説を見直すとともに、新たに入試科目に加わった「歴史総合」の学習のヒントになるよう、「近現代日本へのアプローチ」を追加しました。世界史受験者のみなさんが手薄になりがちな日本史関連のポイントも、あわせて確認してください。さらに戦後史については、難関私大などで問われやすい近年の時事的な内容も大幅に加筆しました。

　本書は、これまで私の授業に出てくれた生徒のみなさんの反応や質問を思い出しながら執筆しました。受講生のみなさんがつまずいて質問にきてくれたところは、特に丁寧に解説しました。受講生のみなさんがいなければ、この本は書けなかったと思います。心から感謝しています!

　最後に、改訂の機会をくださった KADOKAWA の佐藤良裕さん、遅れがちな作業をサポートくださった岡田晴生さん、丸岡希実子さん、そして、これまで本書を購入して学習してくれたすべてのみなさんに、心より御礼申し上げます。

鵜飼　恵太

もくじ

6

⋛ この本の特長と使い方 ⋛

「通史」を徹底的に詳しく解説。
わかりやすさのポイントは次の7つ！

① 時代のイメージがつかめる！

多くの用語や年号を効率よく覚えるには、まず時代・地域ごとの大きな〝流れ〟をつかむことがポイントです。各回の冒頭に掲載している【大きくつかもう！】で、全体のイメージをしっかり把握しましょう！

② 流れを「論理的に」理解できる！

「原因」と「結果」にこだわって、出来事の背景や影響がわかるように詳しく丁寧に解説しました。復習するときは、◀のついた見出しだけを読んでも、あらすじがわかるようになっています。

③ 表や図でスッキリ整理できる！

比較して覚えると学習効果が上がる内容は、表や図でまとめてあります。

④ シンプルな地図で位置関係を
チェックできる！

世界史の学習には、地理的要素も
必要です。大胆に情報をそぎ落と
して、シンプルな地図を掲載しま
した。これで、必要な情報だけを
インプットしてください。

⑤【合否の分かれ目】で
差をつける！

入試で問われやすい内容、知って
いるのと知らないのとでは大きな
差がつく重要項目を【合否の分か
れ目】にまとめました。しっかり
理解して、志望校合格を近づけま
しょう！

⑥ 重要ポイントを「クローズアップ」！
特に重要なポイントに注目して、要点だ
けを【クローズアップ】にまとめてあり
ます。時系列に沿って要点をしぼってある
ので、復習にも最適。ここの内容を重
点的に覚えましょう。

⑦ 年号を丸暗記できる！
どうしても覚えておきた
い年号は、【年号のツボ】
として各回の終わりにま
とめました。ゴロ合わせで
楽しく覚えましょう。

本文著者イラスト：熊アート
本文イラスト：いとうみつる、佐藤百合子（P82、148、306、449）
本文デザイン：株式会社ワーク・ワンダース

＊この本に掲載している情報は、2023年9月時点のデータが最新です。
＊本書は2015年10月に小社より刊行された『大学入試　ストーリーでわかる世界史Ｂ［近代・現代］』を一部改訂し、増補・再編集したものです。

第1章

国民国家の形成

ウィーン体制と
その崩壊

それじゃあ、ウィーン体制の話を始めるよ😆。フランス革命、ナポレオン戦争……激動の時代を経て成立したウィーン体制は、いったいどうなるんだろうね？

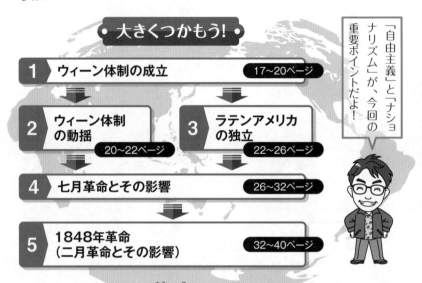

大きくつかもう！

「自由主義」と「ナショナリズム」が、今回の重要ポイントだよ！

1 ウィーン体制の成立　　　　　17〜20ページ

2 ウィーン体制
の動揺　　20〜22ページ

3 ラテンアメリカ
の独立　　22〜26ページ

4 七月革命とその影響　　　　26〜32ページ

5 1848年革命
（二月革命とその影響）　　32〜40ページ

ヨーロッパ全体に革命の申し子ナポレオンが攻め込んで、しかも「自由主義」やらナショナリズム【国民主義】を広めていったけど、国王たちにしてみれば、いい迷惑だ😓。革命なんて絶対起こっちゃ困るでしょ。だからとにかく自由主義は弾圧だ。でも人びとの頭の中にはしっかり革命の思い出が残っている……。だって一度は自由や平等を知ってしまったんだからさ。うーん、どう考えても対立するよね。じゃあ、今回はウィーン体制の成立から崩壊するまでを一気に見ていくよ。特に「自由主義」「ナショナリズム」と「保守反動」の対立をしっかり理解してね。

それじゃあ、いってみよう〜🎵。

1 ウィーン体制の成立

🔊 ウィーン会議──「会議は踊る」って、踊ってる場合じゃないよね！

　1814年、ナポレオンがエルバ島に流されると、**オスマン帝国（トルコ）を除く全ヨーロッパの国々**が、**ナポレオン戦争後の国際秩序を再建するためにウィーン会議**を開いたよ。議長を務めたのは、オーストリア外相（のち宰相）のメッテルニヒだ。とはいっても、ほとんど**イギリス・オーストリア・ロシア・プロイセン・フランスによる五国委員会で決めちゃったから、全体会議は一度もやっていない**😆。中心人物は、メッテルニヒ、イギリス外相**カッスルレー**、フランス外相タレーラン、ロシア皇帝アレクサンドル１世、プロイセン首相**ハルデンベルク**……有名人が並んだね😃。でもね……ウィーン会議って「**会議は踊る、されど進まず**」とちゃかされたくらい、全然話し合いが進まなかった。理由はこうだ。

　ナポレオンの遠征で、**大陸側のヨーロッパ各国はどこも領土が減っている**😩。この会議の一番の目的は、**各国の領土を再編成する**ことなんだけど、どこの国もみな「ドサクサに紛れて、ナポレオンに攻め込まれる前より領土を広げたい！」って思っているから、間違いなくモメる。

　もう一つは、ナポレオンがヨーロッパに広げた「**自由主義**」と「**ナショナリズム【国民主義】**」ね。すでに議会政治が確立しているイギリスは別として、ヨーロッパのほとんどの国、特に**オーストリア、プロイセン、ロシアは絶対王政**だったよね？それが、ナポレオンが広げた「**自由主義**」「**ナショナリズム**」の影響で、**自分の国でも革命が起こる危険性が高くなった**わけだ。領内に多数の民族を抱えているオーストリアやロシアは、独立運動なんか起こされるのが一番困る。だから、「自由も平等も全部潰したい！」って思ってる。これが「**保守反動**」だよ。こんなことばっかり考えてちゃ、まとまる話もまとまんないよ😩。

　結局、ウィーン会議では「**正統主義**」と「**勢力均衡**」の２つが原則となった。まずは、**フランス外相タレーランの提唱した正統主義**。これは**フランス革命前（つまり1789年以前ね）の領土・主権を正統**として、フランス革命をなかったことにしちゃえ、ってことだ。でもさぁ……よく考えてごらん。フランス革命もナポレオン戦争も全部フランスが起こしたこと。本来ならフランスが責任を取らなきゃいけない。でもタレーランは、「**フランスも革命とナポレオンに翻弄された被害者**」ってことにしちゃったんだね。革命前に大陸で最強だったフランスの勢力をそのまま残そうってことだ。かなりの策略家だな😐。

　一方で、**ロシアとプロイセンも別の悪だくみ**を考えていたよ。ロシア皇帝アレクサンドル１世は「ナポレオンの失脚のために一番活躍した

イギリス、フランス、ロシア、プロイセン……みんなズルいこと考えてるよなぁ

のはロシアである。だから**ポーランドを全部よこせ**」って言うし、**プロイセン**もまた、ドイツのなかでの大国化を狙って**ザクセンを併合**したい。

そして、各国のたくらみに気づいた**イギリス外相カッスルレー**は「**勢力均衡**」を主張して、メッテルニヒと組んだってわけだ。メッテルニヒは、ポーランドをロシアに取られるのも、ザクセンをプロイセンに取られるのも快く思っていない。そこでイギリスは、「**各国がうまくバランスを取って、衝突・戦争は避ける**」っていう主張でうまいことまとめて、自分はちゃんと得をする😄。しかも、**勢力均衡はイギリスの伝統的な外交戦略**だよ。

📢 ヨーロッパの新たな国際秩序、ウィーン体制の成立だ！

しかし、各国が腹の探り合いをしてる間に、**ナポレオンがエルバ島を脱出！** 共通の敵が再び現れた。このニュースが伝わってくると、**各国は一気に妥協して、ウィーン議定書**が成立したよ。それじゃあ内容を確認しよう！

まずは**正統主義**ね。**フランス**では**ブルボン朝**が復活したんだけど、国民には全く人気がない😓。だって、**絶対王政まで戻す**ってことでしょ？ そりゃ納得いかない。それに、必ずしも全部がもとに戻るわけじゃないよ。ドイツでは**神聖ローマ帝国は復活せず、オーストリアを議長国（盟主）とするドイツ連邦**ができた。これは国じゃなくて、あくまでも独立国の連合体だ。だから、**35君主国**にはそれぞれ支配者がいるんだけど、**政治的な中心はオーストリア**ってことだよ。

クローズアップ 💻 **ウィーン議定書 [1815.6]**

- **フランス、スペイン、両シチリア王国**で**ブルボン朝**が復活
  - ▶ フランス国王は**ルイ18世**（ルイ16世の弟）
- **ドイツ連邦**の成立……**ライン同盟廃止**。**神聖ローマ帝国は復活せず**
  - ▶ **オーストリアを議長国**とする、**35君主国と4自由市**で構成された国家連合
- **イギリス**……旧**オランダ領**のセイロン島、ケープ植民地、**フランス領**だった**マルタ島**を獲得
- **オランダ**……オランダ立憲王国が成立
  - ▶ 南ネーデルラント（ベルギー）を**オーストリア**から獲得
- **オーストリア**……ロンバルディア、ヴェネツィアを獲得
- **ロシア**……事実上、ポーランドを領有
  - ▶ **ポーランド立憲王国**の成立、**ポーランド王位はロシア皇帝が兼任**
- **プロイセン**……ラインラント、ザクセンの一部、西ポンメルンを獲得
- **スウェーデン**……**ノルウェー**の獲得
- **スイス**……5州を新たに加え、**永世中立国**となる

第**1**章
国民国家の形成

第**2**章
列強の侵略と
アジアの変革

第**3**章
帝国主義と
第一次世界大戦

第**4**章
戦間期と
第二次世界大戦

第**5**章
戦後の世界

〈ウィーン体制〉

ノルウェー
スウェーデン
オランダ王国
西ポンメルン
プロイセン王国
ポーランド
ザクセン
イギリス
ラインラント
ドイツ連邦
ロシア帝国
南ネーデルラント
オーストリア帝国
フランス王国
スイス
ヴェネツィア
ロンバルディア
スペイン王国
両シチリア王国
オスマン帝国

地図を見ながら、「勢力均衡」を確認してね

■ウィーン議定書での獲得地
―ドイツ連邦の境界

　ここからは**勢力均衡**について見ていこう。まず、**イギリス**が旧オランダ領のセイロン島、ケープ植民地を獲得したから、オランダが弱くなっちゃう。だから、**オランダ**には**南ネーデルラント**（ベルギー）をあげましょう、ってことになった。そうすると**オーストリア**が領土を取られる……じゃあ、北イタリアの**ロンバルディア**と**ヴェネツィア**でどうでしょ？って感じ。で、イタリア人は？っていうと……弱いから泣いてもらう😢。要は、弱小国を犠牲にした「**大国の勢力均衡**」だよ。それから、**ロシア**が「ポーランドくれ～」ってうるさいからあげたんだけど、もともとはプロイセン領だから、かわりに**プロイセン**には**ザクセン・ラインラント・西ポンメルン**をあげ、西ポンメルンを取られた**スウェーデン**には**ノルウェー**をあげとく。そしてノルウェーには……やはり泣いてもらう😢。結局、得をしたのはイギリスとロシアだね。

　それから、**スイス**が**永世中立国**となったよ。これは、戦争をしないってわけじゃなくて「どこにも味方しないから攻め込まないでくださいね」ってことね。

　そして、大国が協調して体制を維持するため（**列強体制**）、1815年には2つの同盟がつくられたよ。まずは、**ロシア皇帝アレクサンドル1世**が提唱した**神聖同盟**

ね。これは、**キリスト教の友愛精神に基づいて、各国の君主がつくった同盟**だ。しかし、友愛に基づいて何をするか？って、**自由・平等を潰す**😡。言ってることとやってることが違う！　まぁ、**これを利用したのがロシアとオーストリア**だからしょうがないか😅。

　神聖同盟には**イギリス・オスマン帝国（トルコ）・ローマ教皇は参加していない**よ。正誤問題だと教皇が入っていないのがポイントだ。だって、ギリシア正教のロシアが主導したんじゃ、入る理由がないよね。それにこの同盟は、イスラーム教国のトルコを孤立させて、ロシアが南下政策を有利に進めたいって意図が見え見えだから、**イギリスも入らなかった**。だから、政治的な実効力はあまりなかったんだよ。

　むしろ、実際に体制を維持したのは**イギリスが提唱した四国同盟**だ。**イギリス・オーストリア・プロイセン・ロシアの４大国で勢力均衡を図る**ための同盟だね。これ、最初は**フランスが入っていない**！　フランスがあとから入って**五国同盟**になったよ（アーヘン列国会議）。こっちも、正誤問題でよく聞かれるから気をつけてね。

　こうして、国際的な保守反動体制であるウィーン体制が成立したよ。**体制の中心にいたメッテルニヒ**は、多民族国家オーストリアの維持のため、とにかく**ヨーロッパ各地の自由主義を弾圧**した。でも、自由や平等を求める動きがすぐに起きるよ！

合否の分かれ目 ウィーン体制を支えた同盟

● **神聖同盟**……**ロシア皇帝アレクサンドル１世**が提唱
　▶ **キリスト教の友愛精神に基づいたヨーロッパの君主**の同盟
　▶ **イギリス、オスマン帝国（トルコ）、教皇は不参加**
● **四国同盟**……**イギリス外相カッスルレー**が提唱
　▶ **イギリス、オーストリア、プロイセン、ロシアで結成**
　➡ **のちにフランスを加えて五国同盟となる**［1818］

> 特に正誤問題では、不参加だった国のほうがポイントだよ！

---

2 ウィーン体制の動揺

◀ 革命の思い出までは消せない。各地の自由主義運動が高まる！

　ナポレオン戦争によって、ヨーロッパ各地に自由主義・ナショナリズムが拡大する一方で、戦後に形成されたウィーン体制は「自由・平等を潰す」っていう**保守反動体制**……各国は絶対王政に逆戻りしちゃったわけだ。だからといって、ナポレオン時代の思い出までは消せない！　特に、ナポレオン法典が施行された地域では、「ナポレオン時代のほうがマシじゃないか」って思ったわけだ。こうして、ヨーロッパ各地では自由主義やナショナリズムの運動が起きたんだね。

じゃあここで、ちょっと補足しておこう。**自由主義**っていうのは、基本的に**個人の自由を求める**運動だから、自由や平等に基づいて**参政権の拡大や経済活動の自由**なんかを求める動きのことだよ。わかりにくいのはナショナリズムだ。**ナショナリズム【国民主義】**は、自由主義を民族や国家に当てはめたもので、目標は「**1民族1国家**」、簡単に言うと「**○○人の祖国○○**」をつくろう！って動きだよ。そうすると、

ナショナリズムは「1民族1国家」だよ。祖国愛ってすごいパワーを生むんだね！

2つの方向性が出てくるのがわかるかな😄？ 例えば、「ドイツ人の祖国ドイツ」をつくるには、この時代のドイツはバラバラだから、**ドイツ人のナショナリズムは「ドイツ統一」**ってことになるよね。じゃあ、ポーランド人ならどうかな？ ポーランドはロシアの支配下にあるから、「祖国ポーランド」をつくるには、ロシアから独立しなきゃいけない。つまり、**ポーランドのナショナリズムは「ポーランド独立」**ってことになる。この2つを同じ文脈で考えられれば、ナショナリズムをしっかり理解できてるよ。じゃあ、各地の運動について順に見ていこう。

ドイツでは自由主義を求める学生（最初はイエナ大学ね）が**ブルシェンシャフト【ドイツ学生同盟】**を結成したよ。彼らは、ルターをドイツの自由主義の最初って考えて、**ルターの宗教改革300周年を記念してヴァルトブルクで大集会を開いた**んだけど、**メッテルニヒはドイツ連邦議会で弾圧を決議し（カールスバート決議）**、彼らの運動を潰したんだ。

イタリアでは、**イタリアの独立と統一を求める秘密結社カルボナリ【炭焼党】**が結成されたよ。この組織は、炭焼職人が使う言葉を秘密の言葉に使ったからこう呼ばれるだけで、別に本当に炭を焼くわけじゃない😆。彼らは最初自由を守る憲法の制定を求めていたんだけど、ついに**ナポリとピエモンテで革命を起こした**。しかし、この武装蜂起も**オーストリア軍の介入で鎮圧**されてしまったんだ。

スペインでは、復活したブルボン朝がまるで人気なし。「ナポレオン支配のほうがまだマシだったじゃないか！」って、**憲法制定を求める立憲革命**が起きた。しかし、革命の波及を恐れた**フランス軍の介入で挫折**しちゃったんだ。この時、**武力介入をおこなったフランスと介入に反対したイギリスの対立**が深まり、**五国同盟が解消**されてしまった😫。

ロシアでは、保守反動体制を主導していた皇帝アレクサンドル1世の死をきっかけに、青年将校たちによって**デカブリストの乱【十二月党員の乱】**が起きたよ。彼らは、**ナポレオン戦争の際にフランスまで行ってる**から、西欧社会の現実をこの目で見て「ロシアは遅れている！」って痛感したんだよね。だから「ロシアを改革しなきゃ！」って本気で思った。そこで、新皇帝ニコライ1世への宣誓式の際に**憲法制定や農奴制の廃止を要求**したんだ。しかし**ニコライ1世**は、蜂起した兵士や青年将校を徹底的に鎮圧した……うーん、ロシアは「相変わらずだな😖」。

　こんなふうに、1820年代に起きた自由主義運動は、すべて弾圧されちゃった。だからこののちも、ヨーロッパ各地では自由主義運動が続くんだよ。

クローズアップ　七月革命以前のヨーロッパ諸国の動き

- ●1820年代……**各地で自由主義運動が高揚**
  - ●**ドイツ**……ブルシェンシャフト【ドイツ学生同盟】
    - ➡**メッテルニヒがドイツ連邦議会で弾圧を決議**（カールスバート決議）
  - ●**イタリア**……カルボナリ【炭焼党】の反乱
    - ➡**オーストリア軍の介入で鎮圧**
  - ●**スペイン**……スペイン立憲革命［1820］　指導者：リエーゴ
    - ➡**フランスの介入で挫折**　➡英仏対立から**五国同盟が崩壊**［1821］
  - ●**ロシア**……デカブリストの乱【十二月党員の乱】［1825］
    - ▶**アレクサンドル1世の死が契機**　➡新皇帝**ニコライ1世が鎮圧**
- ●**ギリシアの独立**［1829］……**オスマン帝国（トルコ）から独立**
  - ●ギリシア独立戦争［1821〜29］
    - ▶**ヨーロッパの知識人によるギリシア支援**
      - バイロン（英）……**義勇兵として参戦したが病死**
      - ドラクロワ（仏）……「**キオス島（シオ）の虐殺**」を描く
    - ▶**イギリス、フランス、ロシアがギリシアを支援**
  - ●アドリアノープル条約［1829］……**ロシア・トルコ間の条約**
    - ▶**ギリシアの独立を承認**　➡ロンドン会議［1830］で国際的に独立承認

3　ラテンアメリカの独立

🔊 ヨーロッパの外から体制が動揺。ラテンアメリカの独立運動が始まった！

　続いてラテンアメリカだよ。18世紀後半の**アメリカ独立**に始まり、その影響で**フランス革命**が起き、さらにその影響が再びアメリカ大陸に戻ってきて、19世紀に入ると**ラテンアメリカ諸国が次々と独立**する。この一連の動きは「**(環)大西洋革命**」とも呼ばれているんだけど、ラテンアメリカに大きな影響を与えたのは、アメリカ合衆国の独立だ。イギリスの植民地だった北米が独立するなら、自分たちも独立したい！しかも、**ナポレオンによってスペイン゠ブルボ**

> クリオーリョ、メスティーソ、インディオ、ムラート……各階層がどんな人たちかをおさえよう！

ン家が打倒されたことで植民地にも自立するチャンスが訪れ、ラテンアメリカの人びとはスペイン本国から派遣されてくる本国生まれの白人支配層（**ペニンスラール**）に反発して、独立運動を始めたんだ。中心は、**植民地生まれの白人クリオーリョ**だよ。**彼らの多くは地主**だから、植民地経済の中心だね。でも、アメリカ合衆国の独立とはちょっと違うんだよ。

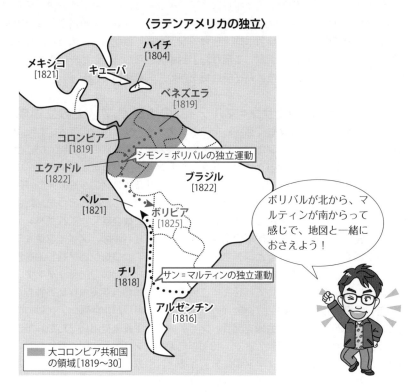

〈ラテンアメリカの独立〉

ハイチ [1804]
メキシコ [1821]
キューバ
ベネズエラ [1819]
コロンビア [1819]
シモン＝ボリバルの独立運動
エクアドル [1822]
ブラジル [1822]
ペルー [1821]
ボリビア [1825]
チリ [1818]
サン＝マルティンの独立運動
アルゼンチン [1816]

ボリバルが北から、マルティンが南からって感じで、地図と一緒におさえよう！

■ 大コロンビア共和国の領域 [1819〜30]

　アメリカ合衆国の独立は、基本的に植民地の白人のみの独立運動だったんだけど、**ラテンアメリカの場合には、白人以外も独立運動に参加している**。それは、白人と先住民インディオの混血である**メスティーソ**が多かったからだ。そして先住民のインディオや、黒人と白人の混血である**ムラート**なども独立運動に参加したよ。それじゃあ、ラテンアメリカ各国の独立を見ていこう。

◀ フランス領だったハイチは、黒人奴隷反乱から独立を達成！

　最初の独立国は**フランス領**だった**ハイチ**だ。ハイチはエスパニョーラ島の西部で、もともと**フランス領サン＝ドマング**、フランスが**サトウキビ・プランテーション**を拡大して、大量の黒人奴隷を使用していた島だよ。フランス本国で革命が始まり、「人権宣言」が伝わってくると、プランテーションを経営する白人と自由身分

だったムラートが対立し始め、混乱のなかで1791年に**黒人奴隷**が反乱を起こした😃。これに乗じてイギリスとスペインが領土を奪おうと攻め込んできたけど、フランス政府軍を助けたのが、黒人指導者の**トゥサン゠ルヴェルチュール**、あだ名は「黒いジャコバン」だよ。ていうか、彼は本当にジャコバン派😵！本国で山岳派が主導する国民公会が黒人の支持を得るために**奴隷制を廃止**すると、トゥサンの武装集団は本国軍に協力してイギリス・スペインを撃退したよ。その後、アミアンの和約が成立してイギリスの海上封鎖が解かれると、奴隷制の復活を狙う**ナポレオン軍**が攻めてきて、トゥサンは捕えられてフランスで獄死してしまった。でも、1803年にイギリスが和約を破棄して再び海上封鎖をしたから、ハイチは**ナポレオン軍を撃退して独立**を達成した。ハイチは**史上初の黒人共和国**だ😆。

◀ シモン゠ボリバルとサン゠マルティンの活躍で、次々と独立達成！

ラテンアメリカの独立運動で活躍したのは、**クリオーリョ**出身の二人、**シモン゠ボリバル**と**サン゠マルティン**だよ。じゃあ、二人の独立運動について見ていこう！

まずは、**ベネズエラ出身のクリオーリョ、シモン゠ボリバル**だ。若いころスペインに留学したボリバルは、1810年に**ミランダ**が指導するベネズエラ独立運動が起こると、独立革命政府に参加した。ボリバルには将来を見越した夢があったんだよ。それは、アメリカ合衆国のように**ラテンアメリカ地域を統合**する。これが**パン゠アメリカ主義**ね。さて、独立解放軍の指導者となったボリバルは、スペイン軍を破って**コロンビア独立**を達成すると、ベネズエラと合わせて**大コロンビア共和国**を建設した。こうやって独立を達成した国を合わせていけば、彼の夢である**ラテンアメリカの統合**に向かうよね。そして、1825年に彼の名前を国名とする**ボリビア独立**を達成した。こうして北からの独立運動が一段落すると、ボリバルは南北アメリカの連携のため、1826年に**パナマ会議**を開き**パン゠アメリカ主義**を提唱したんだ。ただ、ラテンアメリカの統合は実現できず、1830年に**大コロンビア共和国が解体**されてベネズエラ、コロンビア、エクアドルに分裂すると、引退したよ。

さて、もう一人が**アルゼンチン出身のクリオーリョ、サン゠マルティン**だ。彼はスペインで教育を受けたのちにスペイン軍に入りヨーロッパで戦っていたんだよ。しかし、**ブエノスアイレスの独立運動**に共感して帰国し、スペイン軍と戦って**アルゼンチン独立**を勝ち取ったんだ（独立当初の名前はラプラタ連邦ね）。さらに、ハンニバルやらナポレオンもびっくりの**アンデス山脈越え**で一気に太平洋岸を北上して**チリ独立**を達成し、さらに**ペルー独立**も勝ち取ったよ。そして、1822年にペルーでボリバルと会見した彼は、**独立戦争の指揮権をボリバルに託して引退**したんだね。**ボリバルがボリビアを独立させたのはこのあと**だ。

じゃあ、そのほかの国の独立も見ておこう。

メキシコでは当初**イダルゴ神父**がインディオやメスティーソを率いて**農民中心の独立運動**をしていたんだけど、地主を中心とする**クリオーリョの反感**を買って、現地の副王に**処刑**されてしまったんだ。しかし、クリオーリョたちが本国スペインの

立憲革命の影響で自分たちの特権を失うことを恐れて**反発**し、1821年に白人主導の**メキシコ帝国**として独立したよ。しかし国内の反乱によって、アメリカ型の連邦共和政国家になったんだ。。

　続いて**ブラジル**ね。ブラジルは**もともとポルトガル領**だったよね。しかも、独立の仕方がほかの国とはちょっと違うんだ。ナポレオンの侵略を受けた本国から**ポルトガル王室がブラジルに避難してきて、ポルトガルの首都はリオデジャネイロになった**😨。そして、**ナポレオンが失脚したあと、ポルトガル王室は帰国したんだ**けど、ブラジルのクリオーリョは、本国がイギリスの圧力で奴隷制を廃止することを恐れたんだ。だから、ブラジルに残ったペドロ王子を皇帝に立てて、**ブラジル帝国**として独立した。だから、ブラジルでは奴隷制が1888年まで維持されたんだよ。共和政になるのは、奴隷制廃止後の1889年だ。

🔊 ラテンアメリカの独立は潰（つぶ）されるのか……でも、各国が独立支持！

　ラテンアメリカ独立のニュースがヨーロッパに伝わってきた時、メッテルニヒは焦った……😫。「独立運動がヨーロッパに波及してくるんじゃないか」ってね。しかも、ラテンアメリカ諸国の独立で本国スペインが弱くなると保守反動勢力が弱まって、ヨーロッパの自由主義運動が勢いづくかもしれない……。そこで、**メッテルニヒは神聖同盟諸国にラテンアメリカへの武力干渉**（かんしょう）を呼びかけた。これでは、下手すると独立そのものが潰されてしまうよ。

　一方で、**ラテンアメリカの独立を支持する国**も現れた。まずは**アメリカ合衆国**だ。第5代大統領**モンロー**は、有名な**モンロー宣言【モンロー教書】**でアメリカ大陸諸国とヨーロッパ諸国の相互不干渉を主張したんだ。これは「アメリカ大陸側からヨーロッパの邪魔はしませんから、ヨーロッパもアメリカ大陸（この場合はラテンアメリカの独立だ）の邪魔をしないでください」ってことだね。**アメリカはワシントン政

モンロー宣言は、このあとのアメリカ外交の基本政策の1つになるよ

権以来ヨーロッパに対して中立を保ってきたから、その「孤立主義」を明示したもの**って考えることもできるね。ただウラを考えてみると、当時西部開拓を進めていた**アメリカが北米大陸での優位を確保**し、さらに**アラスカ**に進出していた**ロシア**にも反対している、ってことにもなるね。

　アメリカが独立を支持したところで、メッテルニヒはたいして怖くない😅。あっ、今のアメリカのイメージで考えちゃダメよ。当時のアメリカはまだ独立して間もない弱小国だから、アメリカがなんと言おうと無視される可能性もある……。そこに強力な助っ人**イギリス**の登場だ！　**イギリスはモンロー宣言、そしてラテンアメリカの独立を支持した**（外相の名前をとって「**カニング外交**」ともいわれるよ）。

　ちょっと待って！　モンロー宣言だと、**イギリスは「ヨーロッパ諸国」のほうに**

第1章　国民国家の形成

第2章　列強の侵略とアジアの変革

第3章　帝国主義と第一次世界大戦

第4章　戦間期と第二次世界大戦

第5章　戦後の世界

入るんじゃないの？って疑問が湧いた人……鋭い！　確かにイギリスはヨーロッパ諸国だから、相互不干渉だと、イギリスもラテンアメリカには進出できないよね。でもそこはイギリス。ズルいこと考えたわけよ。すかさず「相互不干渉ってのは、政治とか軍事とかですよね？　貿易したり経済的に進出したりするのは問題ないですよね」ってことにした。これにはアメリカも文句は言えない……😅。だって、イギリスは当時世界1位の大国だよ。こうして、**イギリスは商品輸出の拡大や投資で、ラテンアメリカへの経済進出を強化**したよ。そして、さすがのメッテルニヒもイギリスが出てきちゃかなわん😫。オーストリアは干渉を**断念**するしかなかったんだよ。

　独立を達成したラテンアメリカ諸国だったけど、独立運動の中心だった**クリオーリョは地主が多い**から、小作人などの農民は**貧乏なまま**だったんだ。しかも、**経済的にはイギリス資本に従属**することになった。そして、クリオーリョや外国資本は**プランテーション**で**輸出用作物**を栽培して利益を上げていたから、いわゆる「**モノカルチャー**」経済となって、特定の資源や農産物に一国の経済が左右される状態になってしまったんだね。

> スペインの植民地のままよりも、独立して弱い国になったほうが、イギリスは経済進出しやすいってことだ！

4　七月革命とその影響

◀ ヨーロッパの激動の前ぶれか……ギリシアがオスマン帝国から独立！

　それじゃあ、話をヨーロッパに戻そう。ヨーロッパは1830年の**七月革命**をきっかけに激動の時代となるんだけど、その少し前に、前ぶれともいえるギリシアの独立運動が起こっているよ。まずはそこから話していこう。

　ギリシアはもともとオスマン帝国（トルコ）に支配されてたよね。オスマン帝国って宗教には寛容だったから、「ジズヤさえ払えば信仰も自治も認めましょう」ってのが基本だったんだけど、自分たちがイスラーム世界の盟主って意識も強い。だから**東方正教会の中心であるギリシアは抑圧**したんだね。一方、フランス革命の影響でギリシアにも自由主義・ナショナリズムが拡大してきて、「ギリシア人の祖国ギリシアをつくりたい！」って思ったんだ。こうして、1821年に**ギリシア独立戦争**が始まり、翌年には**独立宣言**を発表したよ。現状ではオスマン帝国に勝てそうもないけど、「周りの国が助けてくれるだろう……😄」って期待していたんだ。

　でもね……そんなにうまくはいかないよ。当時は保守反動のウィーン体制だ。自由も平等も潰したいから、各国は無視することにした😏。対する**オスマン帝国**は、軍の近代化を進めていた**エジプト太守ムハンマド＝アリー**の協力を得て、徹底的に**ギリシアを弾圧**したんだ。しかし、**ヨーロッパ諸国は助けにこない**……。こりゃギリシア人は危機的状況だよ。

この時立ち上がったのは、ヨーロッパの知識人たちだ！　ギリシアってヨーロッパ文明の発祥の地だよ。「これはヨーロッパ文明に対する弾圧だ😠」って怒った知識人が次々とギリシアを支援し始めた。まずはイギリスで有名人だった**ロマン派詩人の****バイロン**が、武器を持って義勇兵としてギリシアに駆けつけた。彼は戦争中に病死してしまったんだけど、有名人の参戦はイギリス人に火を点けた。「政府もギリシアを助けろよ～」ってね。さらに、**フランスの****ロマン派画家のドラクロワ**は、ヨーロッパに伝えられた**オスマン帝国によるギリシア人の虐殺**事件を題材に「**キオス島（シオ）の虐殺**」を描き、独立支援を訴えたんだ。これね、たいしたことないと思うかもしれないけど、当時は動画も写真もない時代。

▲ドラクロワ「キオス島（シオ）の虐殺」

この絵を見たフランス人がブチ切れたってわけだ

人びとがニュースを目で見て知る唯一の手段は「絵」なんだよ。この絵を見たフランス人は怒った。「なんでこんなひどい目にあっているギリシア人を助けないんだ～！」ってね。こうして**イギリスやフランスがギリシアを支援して参戦**したんだけど、これには少々ウラもあるんだよ。もっと大人の事情😅。

当時、**ロシアはバルカン半島への南下政策**を狙っていて、同じギリシア正教会ってことを口実に**ギリシア側で参戦**した。ホントはロシアって自由・平等が大キライだけど、そんなのどうでもいい😌。バルカン半島を取れるなら独立だって助ける。だから、**英仏はロシアにだけ得をさせないように、ギリシア側で参戦**したんだよね。焦ったロシアはオスマン帝国との間で勝手にギリシアの独立を認める**アドリアノープル条約**を結び、まんまと黒海北岸の割譲と、ボスフォラス・ダーダネルス海峡の自由航行権を承認させたんだ。これがのちの東方問題の発端だよ。

こうして、1830年の**ロンドン会議でギリシアの独立が正式に承認**されたよ。これって、**ウィーン体制下のヨーロッパで初めて国境が変わった**ってことだよね。そしてヨーロッパは激動の1830年を迎えるよ。じゃあ、七月革命に進もう！

🔊 フランスはブルボン復古王朝の専制政治に逆戻り！

では、時間を1815年まで戻そう。**ウィーン体制下のフランスでは、正統主義に基づいてブルボン朝が復活し、ルイ18世が即位**したよね。**正統主義っていうのは革命そのものをなかったことにしちゃおう！**ってことだから、フランスはとんでもない反動政治になっちゃったんだ。例えば、選挙権を全国民の0.3%にしかあげない**極端な制限選挙にしたり、革命の時に亡命していた貴族が次々と帰国**してきたり、立

法・行政・司法の三権をすべて国王が握ったりと、革命前の状況に戻っていく。これじゃあ、市民の不満が高まるのも当然だよね。

クローズアップ　七月革命とその影響

- **フランス：ブルボン復古王朝**……**極端な財産制限選挙、貴族の保護な**どをおこなう
  - **ルイ18世**［位1814〜24］……ルイ16世の弟
  - **シャルル10世**［位1824〜30］……ルイ18世の弟
    - ▶**アルジェリア出兵**［1830］……国民の不満をそらすために実施
    - ➡総選挙で敗北し、**未召集議会を解散（七月王令）**［1830］
- **七月革命**［1830］……**パリ市民の武装蜂起で、シャルル10世が亡命**
  - **七月王政の成立**……**オルレアン家のルイ＝フィリップが即位**
    - ▶**大資本家**などの上層市民が共和派を抑えて樹立
- **七月革命の影響**
  - **ベルギー独立**［1830］……**オランダから独立**
  - **ドイツ反乱**［1830〜33］
  - **イタリア反乱**［1831］……**カルボナリが中部イタリアで蜂起**
  - **ポーランド反乱**［1830〜31］

ルイ18世の弟の**シャルル10世**が国王になると、状況はますますひどくなった。だって彼は王党派の中心人物だったからね。カトリック教会を保護して絶対王政時代のような派手な戴冠式をおこなうと、**貴族を保護する政策**をとったよ。例えば、**帰国してきた亡命貴族の財産を補償**したんだけど、これは、革命で貴族が失った土地の代金を、増税した分で払おう、ってことだ。あっ、**封建的特権が復活したわけじゃない**よ。革命中に手に入れた財産は保証されたし、所有権の不可侵もそのまま認められたから、農民は土地を取られちゃうわけじゃないんだけど、税金を上げて貴族にお金をあげる政策じゃあ、国民は納得いかないよ😫。しかも、革命でつくられた国民軍を解散して国王が統帥権を握ったりと、どんどんと反動政治に突き進んでいったんだ。さすがに、**ブルジョワジー**（金持ち市民・おもに産業資本家）も労働者も農民も……って、要するに貴族以外の連中の不満が爆発しそうになったんだ。

そして、選挙権がむちゃくちゃ制限されてるにもかかわらず、議会が**内閣不信任案を決議**したよ。内閣っていうのは国王に任命されて反動政治をやっていた内閣のことね。もはや議会も絶対王政に突き進む国王にはついていけなかったんだろう。

一方、これに怒った**シャルル10世**は議会を解散し、選挙をおこなうことにした。そして、事態を解決……するわけじゃなくて、**アルジェリア出兵**によって選挙結果

4 七月革命とその影響　29

第1章 国民国家の形成

第2章 列強の侵略とアジアの変革

第3章 帝国主義と第一次世界大戦

第4章 戦間期と第二次世界大戦

第5章 戦後の世界

を有利にしようとしたんだ。つまり、「アルジェリア占領！」ってニュースを派手に宣伝して、**国内の不満をごまかそうとした**んだ。でもね、国民はだまされないよ。だって増税してるんだもん、敏感にもなる。しかも、**国王の選挙妨害は逆効果**だよ😣。「こんなに国民を弾圧する国王じゃダメだ〜😣」ってますます不満が高まり、**国王派は選挙で負けてしまった**んだね。

　結果を見た**シャルル10世は逆ギレ**した。「我慢ならん😡」と**七月王令**を発布して**未召集議会を解散**し、**選挙権を大幅に制限**した。というか、たぶん未召集議会の解散の意味がわかんないよね？　未召集議会の解散っていうのは、選挙の結果が出て、じきに成立するはずの議会を、一度も召集しないで解散するってことだよ。つまり、「国王派が負けたから、この選挙はなし！」ってことにした……後出しジャンケンよりひどい😣。もはや市民の側も黙っているわけにはいかない！　「"我慢ならん"てのはこっちのセリフだ😡」って、**パリ市民はついに武器を取って立ち上がった**よ。いよいよ**七月革命の勃発**だ！

◀ 七月革命勃発！　立ち上がった市民に対して、結果は……

　1830年7月27日、ついにパリ市民の**武装蜂起**が起きた。参加したのは**ブルジョワジー、労働者、学生**などだ。この**「栄光の3日間」**と呼ばれる戦闘の様子を描いたのが、ギリシア独立戦争の時に「キオス島の虐殺」を描いた**ドラクロワの絵画「民衆を導く自由の女神」**だよ。真ん中でトリコロールのフ

▲ドラクロワ「民衆を導く自由の女神」

ランス国旗を掲げる自由の女神は、もちろん実際にはいないけど😣。女神の左側にいる**シルクハットの男はブルジョワジー**、その少し後ろにいる**作業着の男は労働者**で、女神の右側で銃を上に向けてるのは**学生**だね。そして、この時に**国民軍の司令官**になったのは**ラ゠ファイエット**……あの、フランス革命初期の指導者だ。まだ頑張ってた😲！この戦闘では、壮絶な市街戦を経て、国民軍は市役所やノートルダム大聖堂、そしてルーヴル宮殿をも占拠した。パリから逃げ出した**シャルル10世**は、そのまま**イギリスに亡命**するしかなかったんだね。こうして、**ブルボン復古王朝が倒された**よ。

　でも、革命派内部ではすでに**立憲王政派と共和派の対立**が起きていたよ。ちょっと次ページの図➡P.30を見てね。「**大資本家などの大金持ち（立憲王政派）**」と「**一般の市民（ブルジョワジーや労働者）**」などがみんな反動政治に反対していたのに、貧乏人を政治に参加させたくない**大資本家**たちは、民衆を切り捨てて**七月王政**を成立させた。国王になったのは自由主義者と思われていた**オルレアン家のルイ゠フィリップ**だ。本人は「**フランス国民の王**」と言ってるけど、どうなることやら……。

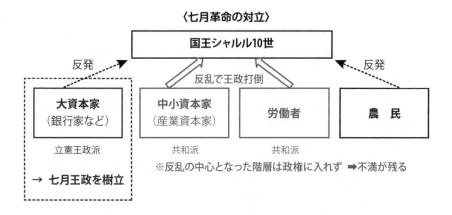

〈七月革命の対立〉

◀ ヨーロッパ各地で、自由主義が盛り上がる！

　「フランスで再び革命が起きた」ってニュースは、たちまちヨーロッパ各地に伝わり、各国では自由主義・ナショナリズムの運動が盛り上がったよ。だって、ウィーン体制のもとで自由や平等は全部潰されてたでしょ。「フランス人が革命をやるならオレたちも😀」って、みんな思ったんだね。こうして、七月革命の影響から各国で反乱などが相次いで起きたんだ。

　まずはベルギー。オランダの支配下にあったベルギー（南ネーデルラント）は、独立戦争の時の南部10州だから、オランダとは宗教も言語も違う！　オランダはゴイセンが中心だけど、ベルギーはカトリックが多い。フランスの隣にあるベルギーには、いち早く革命のニュースが伝わり、ブリュッセルで暴動が発生！　オランダ軍の侵攻に対し、市民は一斉射撃で抵抗した。そしてオランダからの独立を宣言すると、これをイギリスが支持したんだ。さすがに各国も干渉できずベルギーは独立を達成、レオポルド1世を国王とする立憲王政となり、翌1831年のロンドン会議で独立が承認され、永世中立国となったんだ。そしてこのニュースに勇気づけられた各国で反乱が起きたんだけど……うーん、成功したのはベルギー独立だけなんだよ😫。

　ドイツでは、各地で憲法制定や「ドイツの統一と自由」などを求める民衆反乱が起き、ザクセンやヘッセンなど一部の領邦では憲法を制定する動きも起きたんだ。しかし、このドイツ反乱を前にしたメッテルニヒはドイツ連邦議会において「自由主義は取り締まる！」って決定をして、実際にオーストリア軍を動かした。さらに、プロイセンやバイエルンも軍を出動して、徹底的に弾圧したんだ。

　さらにポーランド。これ、涙なくしては語れない……😢。ポーランドではロシアからの独立を目指してワルシャワで武装蜂起が起き、一時的に革命政府をつくったんだ。しかし……フランスをはじめ、西欧各国がポーランドを助けることはなかった。結局ポーランド反乱はロシア軍によって徹底的に鎮圧され、自治権も奪われてロシア軍の監視下に置かれた。前よりもひどい状況になっちゃったんだよ。

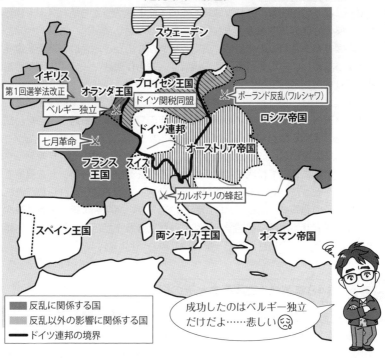

〈七月革命の影響〉

スウェーデン

イギリス
第1回選挙法改正
オランダ王国
プロイセン王国
ドイツ関税同盟
ポーランド反乱（ワルシャワ）
ロシア帝国
ベルギー独立
ドイツ連邦
七月革命
オーストリア帝国
フランス王国
スイス
カルボナリの蜂起
スペイン王国
両シチリア王国
オスマン帝国

■ 反乱に関係する国
■ 反乱以外の影響に関係する国
━ ドイツ連邦の境界

成功したのはベルギー独立だけだよ……悲しい😢

　そして、**イタリアでもカルボナリが再び反乱を起こしたよ**。1820年代に南のナポリ、北のピエモンテで起こした反乱が失敗しているから、今回は**中部イタリア**だ。でもね、**中部イタリアの君主国の多くはハプスブルク家と仲が良い**……そんなもん、オーストリアが黙って見ているわけないよね。結局**オーストリア軍の介入**で鎮圧され、カルボナリの指導者たちは国外に亡命したんだね。この時、フランスのマルセイユに亡命した**マッツィーニ**は「どうして自分たちの革命運動はうまくいかないんだろう？」って考えた。そして気づいたんだね。**カルボナリって秘密結社**でしょ。普通の人たちには、何をやってるのかさっぱりわからん……。ていうか、怪しい秘密組織に入りたくないでしょ😅。結局、**カルボナリの運動はイタリア人に広がらなかった**のね。そこでマッツィーニは**イタリア統一を目指す人なら誰でも入れる大衆政党として青年イタリアを結成**したんだよ。

　こうして見ると、**この時代には保守反動体制がまだ強かった**んだね。そうはいっても独立運動以外なら成功したこともある。**イギリスでは産業資本家が選挙権を獲得する第1回選挙法改正**が実現したんだ。また、**ドイツでは統一に向けての第一歩**として、さらに**歴史学派経済学者リスト**の影響も受けて**ドイツ関税同盟**が結成され、**プロイセンを中心とする経済的な連携**が生まれた。また、古い身分制や領主制の廃止で農民の自由が拡大したり、近代工業の育成や鉄道建設も進んだんだよ。

+α ちょっと寄り耳♪

　ポーランドの作曲家**ショパン**は1830年の革命とは切っても切れない人物だ。実は、僕の好きな作曲家の一人なので、ちょっと話したい！　「ピアノの詩人」とも呼ばれるショパンの作品は、繊細で穏やかなのかと思えば、感情を爆発させたような激しいものもある。この極端な2つの作風は、彼の湧（わ）き上がる祖国愛の現れなんだよ。

　1830年、20歳のショパンは留学および演奏会のためにワルシャワをあとにオーストリアへと旅立った。この直後に1830年の**ワルシャワ蜂起**（ほうき）が起きたんだ。**ポーランド反乱**では当初革命政府を樹立したから、この知らせを聞いたショパンは喜んだに違いない。しかし、翌年パリへ向かう旅の途中で、**ワルシャワ蜂起がロシア軍によって徹底的に鎮圧**（ちんあつ）**された**ことを知り、ポーランドを見捨てたフランスを呪（のろ）った。そして、神がロシア軍のポーランド鎮圧を許したことに幻滅した。この心の痛みをピアノに叩（たた）きつけたのが、有名な**エチュード**「**革命**」だ。彼の爆発するような祖国愛を聴くことができる作品だよ。入試でも出題されるけど、そんなの抜きにして一度聴いてみてほしいな。

5　1848年革命（二月革命とその影響）

🔊 七月王政下のフランス。ルイ＝フィリップは「株屋（かぶや）の王」だった！

　それじゃあフランスに戻ろう。国王となった**ルイ＝フィリップ**は自分では「**フランス国民の王**」なんて言ってたけど、国民が期待していたようなこと、特に選挙権の問題はほとんど解決しなかった。確かに有権者は3倍に増えた！……って、だまされちゃダメ。もとが0.3%なんだから、3倍したって1%にもならない**制限選挙**だもん😅。新たに選挙権をもらったのは銀行家などの大資本家だけ。だから、人びとはルイ＝フィリップのことを「株屋（銀行家）の王」と呼んだ。そして、七月革命で反乱の中心だった産業資本家や労働者たちは不満を募らせていたんだよ。

　さらに、七月王政の時代のフランスでは、むちゃくちゃ重要な変化が起きているんだよ。ここはしっかり理解してね。これまで**イギリスは工業技術を独占するために機械輸出を禁止**していたんだけど、これが1825年に解禁された。こうしてヨーロッパ各地で産業革命が始まるんだけど、フランスでも1830年以降、つまり**七月王政下で産業革命が進み**、産業資本家が成長するとともに**労働者階級が増加**したんだ。しかし、彼らに選挙権はない！　しかも、政府は大資本家ばっかり儲（もう）かる大規模な建設事業に目が向いているから、貧富（ひんぷ）の差がどんどん広がる。こりゃ不満がどんどん大きくなるのも無理はない。これに追い打ちをかけたのが、1845〜46年に起きた凶作（さく）と、**イギリスに始まる経済恐慌**（きょうこう）だ。不況（ふきょう）に陥ったフランスでは、中小企業がバタバタと倒産し、地方では「食べ物よこせ！」っていう食糧暴動が起きた。こうした社会不安を背景に、**選挙法改正運動**が盛り上がってきたんだよ。

クローズアップ 1848年革命（二月革命とその影響）

- ●フランス：七月王政……国王ルイ＝フィリップ［位1830〜48］が**大資本家を優遇**
- ●産業資本家や労働者による**選挙法改正運動**＝**改革宴会**（えんかい）
  - ➡**ギゾー内閣による改革宴会の弾圧**（だんあつ）
- ●二月革命［1848］……**パリ市民の武装蜂起で、第二共和政が成立**

  - ●臨時政府……社会主義者の**ルイ＝ブラン**も入閣
    - ▶**労働者保護政策の実施**……**国立作業場【国立工場】**の設立など
      ➡**資本家や農民の反発**
  - ●四月普通選挙……**社会主義者の大敗**
  - ●六月蜂起……国立作業場の閉鎖に反対する**労働者の反乱** ➡**鎮圧**
  - ●**ルイ＝ナポレオン**が大統領に就任［1848.12］➡**国民投票で皇帝に即位**［1852］

- ●二月革命の影響……「**諸国民（諸民族）の春**」➡**すべて鎮圧された**
  - ●ウィーン三月革命……**メッテルニヒが亡命＝ウィーン体制の崩壊**
  - ●ベルリン三月革命……一時、自由主義内閣が成立
  - ●フランクフルト国民議会……ドイツ統一を討議
  - ●ハンガリー（マジャール人）民族運動……**コシュート**が独立を宣言

  - ●ベーメン（チェック人）民族運動……**パラツキー**がスラヴ民族会議を指導
  - ●ポーランド独立運動……**ボズナニ**や**ワルシャワ**で反乱
  - ●**イタリア**……**マッツィーニ**が**ローマ共和国建国を宣言**

◀ 高揚する選挙法改正運動。改革宴会ってなんだろう？

　国民の間に広がる**選挙法改正運動**に対し、国王ルイ＝フィリップのもとで**ギゾー内閣**は**政治集会を禁止**した。でも押さえ込まれたら余計に反発するよね。そこで市民たちは考えた。「選挙法変えろ〜！」って大っぴらにやる政治集会がダメなら、形を変えればいいじゃないか、ってさ。そこで始まったのが**改革宴会**だ。「宴会」（えん）って訳がちょっと微妙……。別に頭にネクタイ巻いてドンチャカやるわけじゃない😩。これは、会費を取って食事をする**パーティ**の形にして、ワインを片手に「乾杯〜！」とかやってるように見せかけて、**選挙法改正運動**をやったんだね。もし警察が乗り込んできたら……「パーティやって何が悪い！」って開き直る😎。そして、**改革宴会**には**産業資本家や労働者**に加えて、**急進共和派**とか**社会主義者**みたいな過激な連中までが参加し始めた。これが全国の各都市に広がっているんだもん。ギゾー内閣がこれを見逃すわけはない。いよいよ弾圧開始。しかし、改革宴会

に参加している連中も黙っちゃいない。「改革宴会パワーを見せつける🧐！」って、次々とパリに集まり始めた。目指すは「改革宴会全国大会」🤯。もはや、誰が見たって政治集会だよ。これに対し**ギゾー内閣は改革宴会を禁止した**。ただ、パリ市民には革命の伝統が生きている。「だったら革命だ！」と、夜のうちに街中にバリケードがつくられた。これを政府軍が潰そうとしたら、**パリで産業資本家や労働者を中心とする暴動が発生したん**だ。こうして二月革命が始まったよ。

> 改革宴会がダメならバリケード！　フランス人には革命の伝統が脈々と生きてるんだね

◀ 二月革命勃発！　ついにフランスは共和政に戻ったんだけど……

もはや、暴動を始めた民衆を止められるわけがない。1848年2月23日に始まった武装蜂起では、**産業資本家と労働者が団結して国王軍と戦った**。慌てた**ルイ＝フィリップはギゾーを解任して**ごまかそうとしたけど、もはや手遅れ😫。政府軍の一斉射撃で市民の死者が出たことをきっかけに、復讐を叫ぶ市民の蜂起は拡大して、翌日には市役所やテュイルリー宮殿を占拠、王宮になだれ込んだ市民たちは、ルイ＝フィリップの玉座を窓から放り出して焼き払ったんだ。もはや、**ルイ＝フィリップには亡命するしか道が残されていなかった**んだね。

こうしてフランスでは七月王政が倒れて**第二共和政が成立**、穏健共和派でロマン派詩人の**ラマルティーヌ**や、社会主義者の**ルイ＝ブラン**などが参加して**臨時政府**がつくられたよ。この政府は、**史上初めて社会主義者が参加した政府**だよ。やっと武装蜂起の中心になった連中が政権に参加できたんだね。

〈二月革命の対立〉

```
┌─────────────────────────────────┐
│  七月王政（ルイ＝フィリップ）        │
│  大資本家（銀行家など）             │
└─────────────────────────────────┘
        ⇧ 反乱で打倒
┌──────────┬──────────┐  ┌──────┐
│ 中小資本家  │  労働者    │  │ 農 民 │
│（産業資本家）│（社会主義者）│  │      │
│ 代表:ラマル  │ 代表:ルイ＝  │  │      │
│ ティーヌ    │ ブラン     │  │      │
└──────────┴──────────┘  └──────┘
     改革宴会        不満
```

臨時政府では**労働委員会**の委員長になったルイ＝ブランを中心に、**労働者寄りの政策が次々とおこなわれた**よ。まずは、下層労働者にも参政権を拡大するために**男性普通選挙が採用され**、言論や出版も自由化されたよ。そして目玉は、**国立作業場の設置**！　これは**失業者を助けるための機関**だから、今のハローワークみたいな感

じに、失業者に公共の土木工事なんかを紹介して、彼らが給料もらって生活できるようにする、っていう組織だ。

ただ、実際には仕事がぜんぜん足りなかった。これじゃあ失業者の救済にならないから、「１日国立作業場で待機していた人には手当を払いましょう！」ってことになった。まあ、今の感覚だと生活保護ってことになるんだろうけど、当時の人びとにはそんな感覚はない。**この政策が農民（一番人数が多い階層だ！）や産業資本家（ブルジョワジー）の反感を買ってしまった**んだね。だって、「働かなくても金がもらえる」って噂が広がって地方から労働者が殺到し、パリの労働者の人口が突然３倍以上に増えちゃったんだもん。どう考えても政府にそんな金を払う余裕はない……。じゃあ増税、なんてやっていたら農民や資本家たちが怒り始めた。「働かないでボーっとしてるだけのヤツに給料を払うんじゃね～、税金泥棒😡！」って思ったわけだ。教科書的な言葉にすると「農民や資本家の保守化」だよ。

こんな状態で四月普通選挙がおこなわれると……結果は**ブルジョワ共和派が圧勝して、社会主義者が大敗！** ルイ＝ブランまでが落選しちゃった……そりゃそうなるよ😅。だって、**最大多数の農民は社会主義者には入れたくないでしょ**。かといって、彼らが選挙に立候補するわけじゃない。だって、自分の土地さえ守れればいいって思っているんだもん、政治の激動にもまれるのはイヤなんだよ。だから、立候補しているのはブルジョワジーと社会主義者が中心になった。これで社会主義者が大敗したから、**議会のなかはブルジョワ共和派や大資本家、地主など金持ちばかり**。こうなると**労働者保護の政策は全部廃止**、もちろん国立作業場も廃止になったよ。

これに対して労働者たちは怒った。「だったら、もう１回革命だ😡！」って、**労働者は武装蜂起を起こした**んだよ。この**六月蜂起【六月暴動】**も陸軍大臣だった**カヴェニャック将軍**によって徹底的に鎮圧され、**ルイ＝ブランは仕方なく亡命した**んだ。ということで、二月革命は、一度は社会主義政策がおこなわれて労働者が勝ったように見えたけど、**最終的には労働者の逆転負けで、全部潰されちゃった**ってことだ。

せっかくうまくいったと思ったのに……労働者の逆転負けだ

こうしてブルジョワジーの支配が確立されたあと、**第二共和政憲法**が制定されたよ。内容は人民主権、男性普通選挙など、二月革命を踏まえたものになり、**人民選挙による大統領制**が定められた。

◀ 波乱の大統領選挙の結果は？……突然現れたルイ＝ナポレオンが当選！

憲法に基づいて実施された**大統領選挙**では、臨時政府の中心にいた**ラマルティーヌ**、六月蜂起を鎮圧した**カヴェニャック将軍**、そして**ルイ＝ナポレオン**などが立候補したよ。ルイ＝ナポレオンは、フランス人の思い出に残るナポレオン１世の甥

第１章　国民国家の形成

第２章　列強の侵略とアジアの変革

第３章　帝国主義と第一次世界大戦

第４章　戦間期と第二次世界大戦

第５章　戦後の世界

（ナポレオンの弟ルイの息子）だね。彼はずっと**イギリスに亡命していた**から、七月革命も二月革命もイギリスから見てただけ、何もしてない……。ただ彼は**名前が「ナポレオン」**だったんだよ。でも、ある意味これで十分なの。だって**農民たち**には「自分たちの土地を守ってくれたナポレオン様」っていう思い出がある。しかも、**兵士たち**には「強いフランスを率いた大将軍ナポレオン」って神話がある。ロシア遠征で負けて逃げてきたこととか、どーでもいい。思い出は美化されるから😆。しかも、**労働者たち**にとっては、自分たちをひどい目にあわせた**六月蜂起**の鎮圧に一切かかわっていない。だったらルイ＝ナポレオンに入れるしかないよね！

　こうして、うまいこと人気を取った**ルイ＝ナポレオン**が圧勝して、**第二共和政の大統領**に就任したよ。でも議会は金持ち中心のままだから、「**金持ち優遇、民衆冷遇**」の法律ばかりできる。農民や労働者など下層民衆の人気に支えられているルイ＝ナポレオンにとって、これは危険な状態だ。だって民衆は「ナポレオン様は、私たちの味方だ😆♪」って思っているだもん。だから大統領になったあとも**民衆の味方というナポレオン像をつくり上げて議会から距離を置き続け**、さらに全国を回って民衆の人気を不動のものにしていったんだ。

　その後、**ルイ＝ナポレオン**は、満を持して**武力で議会を解散**した（1851年クーデタ）。この時「フランス国民の名において、ブルジョワジー独裁を打倒する。今やフランス国民の名において、議会は解散された！」っていう、正しいんだか間違ってんだかわかんない宣言をしたんだけど、**民衆はこれを熱狂的に支持**したよ。まぁ、議会は民衆にまったく人気なかったんだけど😆。

　こうして、民衆のための大統領像をつくり上げたルイ＝ナポレオンは、1852年に**国民投票によって皇帝に即位**し、**ナポレオン3世**と名乗った。これでフランスの第二共和政は終わって、ここからは**第二帝政**だ。ていうか、第二共和政ってあっという間に終わっちゃったね😑。

人気取り政治で皇帝にまでなっちゃったよ……どうなることやら

◀️ 「諸国民の春」──各地で自由主義・ナショナリズムが盛り上がる！

　1848年のヨーロッパは、とんでもない熱気に包まれていた。だって、**フランスでついに王政が倒された**んだよ！　ウィーン体制の成立からすでに30年以上、自由や平等など自分たちの権利を抑圧されてきた人びとは、ずっと機会をうかがっていた。しかも1830年の革命運動は、ほとんどが鎮圧されたから、もはや不満は頂点に達している。二月革命をきっかけに**自由主義・ナショナリズム運動が爆発**したのは、考えてみれば当然だよ。この各地で起きた自由主義運動（**1848年革命**）を総称して「**諸国民の春**」と呼んでいる。それでは、各国の運動を順に見ていこう。

〈二月革命の影響〉

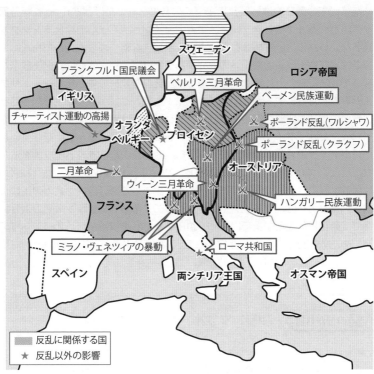

　ドイツでは、各領邦で憲法制定を求める運動が起きていたけど、弱い領邦はかなり市民に譲歩していた。でも大国のオーストリアとプロイセンでは武力衝突は避けられなかったんだね。

　まずウィーン三月革命。オーストリアの首都ウィーンでは、憲法制定を求めるウィーン市民が武装蜂起して議事堂に乱入し、さらに王宮を取り囲んで「メッテルニヒ辞めろ〜🤬」と叫び始めた。皇帝フェルディナント1世は革命を目の前に、どうしたらいいかわからない。これを収めるには退陣しかないと判断したメッテルニヒは、「市民は、私が退陣すれば落ち着きますので、皇帝陛下は今まで通り対処してください」と言って、イギリスへと亡命した。しかし、国民は黙らなかった……。やむなく4月には皇帝が憲法制定議会の開催を承認したよ。

　続いてベルリン三月革命。プロイセンの首都ベルリンでも憲法制定を求める民衆の集会がメッテルニヒ失脚のニュースで盛り上がり、結果的に軍隊との衝突に発展したんだ。この市街戦は収まる気配がなく、結局、国王が憲法制定のための議会開催を約束し、一時は自由主義的な政府もつくられたよ。

　さらに、全ドイツ的な運動として、学者・知識人・各領邦の官僚などを中心にドイツ統一について話し合う国民議会の開催が準備され、1848年5月にフランクフル

第1章　国民国家の形成

第2章　列強の侵略とアジアの変革

第3章　帝国主義と第一次世界大戦

第4章　戦間期と第二次世界大戦

第5章　戦後の世界

ト国民議会が開かれたよ。この議会は**男子普通選挙**が演出されて「国民」の代表者を集めた（代表の選び方は各領邦によってまちまちだったけどさ）。それから用語集とかに出てくる「**フランクフルト＝アム＝マイン**」っていうのは**フランクフルトの正式名**ね。しかし、いざ開会してみるとさまざまな対立が表面化したんだ。

　初期には、立憲王政派と共和派の対立があったけど、結果的には立憲王政派が優勢になった。ただもっと大きな問題があった。それが統一の中心を**オーストリア、プロイセン**のどちらにするかという「**大ドイツ主義**」と「**小ドイツ主義**」ってことだ。どちらにしても問題はあるんだけど、やっぱ時代は**ナショナリズム**！　出席したドイツ人たちは「ドイツ人だけのドイツ」をつくりたかったんだ。だから、**最終的には「小ドイツ主義」が採用**されて、プロイセンを中心とする**ドイツ国憲法**が制定されたけど、プロイセン王**フリードリヒ＝ヴィルヘルム４世**に拒否された😫。国王は民衆主導の統一運動がイヤだったんだよ。そして議会自体も**武力弾圧**によって解散されるとともに、**ウィーンやベルリンの三月革命**も、フランスでの**六月蜂起**の影響で反動化した国王や皇帝によって**鎮圧**されてしまったんだ。オーストリアでは一時認めた**欽定憲法**すら皇帝が撤回して、「**新絶対主義**」という反動政治に戻った。一方、プロイセンでは国王が一方的に欽定憲法を定めて、王権を強化したんだ。

合否の分かれ目▶　フランクフルト国民議会での対立

- **大ドイツ主義**……オーストリア中心のドイツ統一方式
  - ▶オーストリア領内のドイツ人とベーメンを含める
    - ➡ドイツ人以外が統一に含まれ、オーストリアの解体も問題となる
- **小ドイツ主義**……プロイセン中心のドイツ統一方式
  - ▶オーストリアを除いて統一する　➡ドイツ人のみのドイツとなる
  - ▶ドイツ人国家が２つに分かれてしまう

　じゃあ、ドイツ以外を見ていこう。ロシア支配下の**ポーランド**では、中西部の**ポズナニ**や**ワルシャワ**で**ロシアに対する独立反乱**が起きたよ。というか、ポーランドでは、すでに二月革命以前の1846年に、**クラクフで独立を目指す暴動**が起きたものの、**鎮圧されている**。もはや、涙なくしては語れないポーランド人😢。ポーランド分割以来、ずっと他国に抑圧され続けているよね……。

　続いて**オーストリア支配下の民族**だ。1848年、オーストリア皇帝は大パニックになっていたんだよ。だって、支配下の民族が次々と反乱を起こしていたんだもん。

　まずは**ハンガリーのマジャール人**。ハンガリーでは、**コシュート**を指導者とする独立運動が起こり、**憲法改正**を認めさせて**自治権**を獲得、ハンガリー内閣を成立させると、翌年には**独立宣言**を発布したんだ。でもホントは自治なんか認めたくない皇帝は、もはや手段を選ばない……。オーストリアは、**ロシア軍の協力**を受け、さらにハンガリーに抑圧されていた**クロアティアの総督イエラチッチ**にも協力させて、マジャール人の独立運動を**徹底的に鎮圧**したよ。

　続いて**ベーメンのチェック人**。ベーメンでは、チェック人の**パラツキー**の指導で**スラヴ民族会議**が開かれたよ。これは、当時ドイツ人が統一のために開いていた**フランクフルト国民議会**に対抗して、オーストリア領内の**スラヴ人**が帝国内での団結を目指したものだよ。もちろん、オーストリアをバラバラにしようって考えていたわけじゃない。だって、そんなこと言ったら絶対潰される……😇。ただ、この会議はあっという間に解散しちゃったんだ。なぜなら、会議の中心だったチェック人が**プラハで反乱**を起こし、パニックってるオーストリア皇帝がベーメンの自治権を認めたもんだから、会議の中心だったはずのチェック人が「スラヴ人の団結はもういいや～」って思って会議から抜けちゃった。これじゃあ会議は続行不能だよ。でも、ベーメンの自治も**オーストリア軍によって鎮圧**されてしまったんだ。

　さらに**イタリア**だ。イタリアでは、オーストリア支配下の**ミラノ**、**ヴェネツィア**で暴動が起きたよ。ミラノは**ロンバルディアの中心**だ。中世のロンバルディア同盟の盟主（めいしゅ）はミラノだったの覚えてる？　そして、この暴動に乗じて**サルデーニャ王カルロ＝アルベルト**がオーストリアに宣戦（せんせん）したものの、期待していた周辺諸国の支援やイタリア人の暴動も起こらず、**オーストリア軍に敗北**してしまったんだね。

　そして同じころ、革命の波及を恐れた**教皇ピウス9世**がローマを脱出したよ。「これは大チャンス！」と思った**マッツィーニ**を中心に、**ローマ共和国**が建てられた。これってイタリア人の夢だよ。だって、ローマ帝国だって、最初はローマ共和国じゃん。いよいよローマ帝国復活😆。でも、夢は潰されちゃう……。教皇を保護したのがフランスだったから、**ルイ＝ナポレオン**が率いる**フランス軍の介入**（かいにゅう）で崩壊したんだ。

結局、全部潰されちゃったね……
しかも逆転負けだ😢

　こうして考えてみると、1848年の「諸国民の春」って、一度はうまくいったように見えた革命運動が**最終的には**潰されたってパターンばっかりだよね。全部が逆転負け😣。メッテルニヒの失脚に象徴されるように**ウィーン体制**は崩壊したかもしれないけど、保守反動体制が終わったってわけじゃないんだね。

メッテルニヒが失脚した1848年が、**ウィーン体制の崩壊**だ！

　それじゃあ、最後に年号を check ！

‼ 年号のツボ

- **デカブリストの反乱**［1825］
  　（いやに強引　反乱鎮圧）◀ニコライ 1 世が強引だったわけだ……😵
- **ギリシア独立（アドリアノープル条約）**［1829］
  　（火や肉飛び散る　キオス島の虐殺）◀ドラクロワの絵も一緒に覚えておこう
- **七月革命**［1830］（ひと晩騒ぐ　七月革命）
- **二月革命**［1848］（いやようやく　王政打倒）
- **ナポレオン 3 世の即位（第二帝政開始）**［1852］
  　（一番ごつい　ナポレオン 3 世）

　まずはヨーロッパ全体にかかわる話だったけど、**続いて19世紀のヨーロッパ諸国の国内の動きに進むよ。次回はイギリスとフランスだ！**　ナポレオン 3 世のその後も出てくるよ〜。ここまででやった全体像をしっかりつかんでから進んでね。
　じゃあ、次回も頑張ろう😆。

さぁ、それでは今回からしばらくはヨーロッパ各国の国内問題を中心に話をしていくよ。前回までに話したウィーン体制とその崩壊が、各国の国内問題にもいろいろな影響を与えていくよ。まずはイギリスとフランスだ。

● 大きくつかもう! ●

イギリス

1 イギリスの自由主義改革

42〜47ページ

2 アイルランド問題

47〜51ページ

フランス

七月革命
（ 第1回 を参照）

七月王政〜二月革命
（ 第1回 を参照）

3 フランスの第二帝政

51〜54ページ

イギリスとフランス、かなり違うね。だって、「自由主義改革」と「帝政」だもん

いち早く産業革命を成功させたイギリスは、国内で力を持ってきた産業資本家や労働者の要求で自由主義改革が進んでいくよ。一方のフランスは、二月革命でせっかく共和政に戻ったのに、気づけばナポレオン3世の第二帝政になっちゃったよね。いったいどうなっちゃうんだろ？　どちらの国にも産業革命の影響があるんだけど、結果としてでき上がった体制はずいぶん違うね。どんなふうに違うのか、しっかり理解してね。

それじゃあ、さっそく始めよう〜😆。

1　イギリスの自由主義改革

産業革命が進むと何が起こるんだろう？

　18世紀後半に始まった産業革命は、**イギリス社会に大きな変化**をもたらしたよ。これまでは基本的に農業社会、簡単に言うと「土地をいっぱい持ってるヤツが儲かる！」っていう社会だったから、**社会の中心となっていたのは地主**だったんだ。ところが、産業革命が始まって工業が発展してくると、**産業資本家（工場を持っている人）**がだんだんと儲かってくるよね。さらに、工場だってそこで働く人がいないと機械も動かないから、工場が増えてくるにつれて**労働者階級も増えてくる**。彼らが儲かるか？っていうと、そこは微妙だけど、ただ人数だけは増えてくる。こうして、産業資本家の成長と労働者階級の増加が起こると、イギリスの社会にさまざまな問題が起きてくるんだ。

産業革命では「産業資本家の成長」と「労働者階級の増加」がポイントだ！　機械の発明だけじゃダメよ

　まずは産業資本家の問題。17世紀にいち早く革命を成功させた**イギリスでは議会中心の政治が確立**されていたよね。だからみんなが政治に参加できて……って考えちゃいけない！　革命の時にはまだ産業革命が起きていなかったから、**参政権を持っているのは地主だけ**。ってことは**議会（下院・庶民院）のなかは地主ばかり**だから、**地主が得をするような法律しかつくられない**、ってことになる。産業資本家たちにしてみれば「オレたちの意見も聞け、コラ😡」って言いたくもなる。

　続いて**労働者の問題**だ。産業革命が進んで都市労働者が増加すると、いろいろな問題が起きたんだよ。とにかく儲けたい産業資本家は、労働者の給料はできるだけ安くしたいし、工場だって機械以外にはお金を使いたくない。おかげで、**労働者はむちゃくちゃひどい環境のもとで働かされていた**んだ。

　そして、産業革命が進むにつれて問題は大きくなり、無視するわけにもいかなくなったから、イギリスでは自由主義的な改革が進められたんだ😀。

地主ばかり守る保護貿易政策に産業資本家が反発して……

　最初に問題になったのが**貿易政策**だ。イギリスではこれまでずっと**保護貿易政策**がとられていた。この場合には、特定の人だけが得をするような規制や法律があるっていうことだよ。

　まずは東インド会社の問題。エリザベス1世時代に設立された**東インド会社**は、**アジア方面での貿易独占権を持つ特権貿易会社**だったよね。東インド会社が貿易独占権を持っているから、ほかの会社は貿易ができない。産業資本家たちは自分たち

1 イギリスの自由主義改革　43

第1章　国民国家の形成

第2章　列強の侵略とアジアの変革

第3章　帝国主義と第一次世界大戦

第4章　戦間期と第二次世界大戦

第5章　戦後の世界

が機械を使って大量につくった**綿製品とかをバンバン輸出して儲けたい！**　でも自由に輸出ができないよね。こうした不満の高まりを受けて、1813年、茶を除く**東インド会社の対インド貿易独占権廃止**が決まったんだけど、２年後にはもっと資本家たちを怒らせる法律ができたんだよ。それが**穀物法**だ。

　1815年に制定された穀物法は、**安価な穀物の輸入を禁止する**っていう法律なんだけど、**典型的な地主保護法**だ。これってナポレオンの影響でつくられたんだよ……。ナポレオンの発布した**大陸封鎖令**によって**イギリスは東欧から穀物が輸入できなくなり**、下手すりゃ食糧不足でみんな飢え死に😫。「こりゃいかん！」と思った政府は、地主に「バンバン囲い込みを進めて穀物を増産してください！」って頼んだ。ただ、ナポレオンが失脚して大陸封鎖令がなくなると、再び東欧から安い穀物が入ってくるよね。そうすると第２次囲い込みで穀物を増産した地主は、安い輸入穀物に対抗できずに赤字になる😩。「ふざけるな、損するじゃないか」という地主の不満から、議会は穀物法をつくって**地主の利益を保護**したってわけ。ていうか、議員はみんな地主だから、自分たちの利益を守ろう！ってことだ。

ほかの国と比べて、強いと自由貿易、弱いと保護貿易がいいんだね

　ただ産業資本家は納得いかない。彼らは「穀物なんかどんどん輸入して、かわりにオレたちのつくった綿製品を輸出して儲ければいいじゃないか」って思っているんだもん。だから**自由貿易にして輸出を拡大**したい。こうして**地主中心の政府・議会と産業資本家の対立**が激しくなっていった。まとめると、イギリスでは、「農業（地主）は保護貿易」、「工業（産業資本家）は自由貿易」を主張したんだよ！

◀ 選挙法改正が実現すると……ついに自由貿易主義を確立！

　実は、貿易よりもっとヤバイ問題があった！　それが**腐敗選挙区**だ。腐敗選挙区っていうのは、**人口が激減したのに、いまだに議席が割り振られている選挙区**のことだよ。産業革命の進展で農村から都市に人口が流出したにもかかわらず、**人口が減少した農村はそのまま選挙区になってた**から、有権者が50人未満なのに議員が選ばれる選挙区は50以上もあったんだよ。それなのに、人口が20万人を超える大都市となった**マンチェスターは、選挙区にさえなっていないから議席ゼロ**😵。日本でもたびたび問題になる１票の格差なんていう次元じゃないよ。だって、そもそも選挙区がないんだもん。これは誰が見たって大問題だ。こうしてイギリスでは**選挙法改正運動**が始まり、1830年の**七月革命の影響**によって市民の暴動まで発生したよ。

　さすがに地主たちもこのまま放置するわけにもいかず、1832年、**ホイッグ党**のグレイ内閣の下で**第１回選挙法改正**が実現した。この改正では、**腐敗選挙区を廃止**して新興の工業都市に議席を割り振り、**産業資本家などの中産階級に選挙権を与えた**

よ。この改正で産業資本家が議会に進出したから、イギリスでは改革が進むんだ。だから、**1833年には重要な決定がいくつもおこなわれている**んだね。

〈1833年におこなわれた改革〉

奴隷制廃止	人道的改革。すでに1807年に**奴隷貿易禁止**
工場法（一般工場法）	シャフツベリー卿らが尽力 おもに児童や青少年の労働条件の保護を決定
東インド会社の対中国貿易独占権廃止・商業活動停止	1833年に議決、1834年に実施 東インド会社は純粋なインド統治機関となる

　こうして産業資本家は議会に進出できるようになったけど、肝心の自由貿易が実現していない！　確かに東インド会社の貿易独占権は廃止になったけど、彼らが一番文句を言いたい穀物法がまだ残っているよね。そこで、**コブデンとブライト**を指導者にマンチェスターの木綿工業の資本家たちが反穀物法同盟を結成したよ。そして、下院議員に当選したコブデンが、議会の内外で全国的な穀物法廃止運動をおこなった。これに対して**地主を中心とする保守党の多くの議員は猛反対**していたんだけど、党内でも「時代の流れだろ」って思って廃止に賛成する議員もいたんだね。そして賛成派だった保守党の**ピール内閣**のもとで、ついに**穀物法廃止**が実現した。ん？　なんで地主中心の保守党のなかが２つに割れるの？って思うかもしれないけど、**地主のなかには商工業に投資してる人もいて**ね、ピールって綿工業の大資本家の息子なんだよ。……自分も得するからだな😆。そして、1849年には**航海法廃止**も実現して、**イギリスの自由貿易体制が確立**したんだ。

　ちなみに後日談……地主は「ロシアの安い小麦にやられる〜😫」って穀物法に反対していたんだけど、廃止をきっかけに**経営の合理化や農場の改良**がおこなわれて、イギリスの農業は衰退どころか繁栄したんだよね……。やっぱ、経営努力ってのは大事なんだな😌。

◀ 選挙権をもらえなかった労働者は、チャーティスト運動を始めた！

　それじゃあ続いて労働者の話に移ろう。第１回選挙法改正では産業資本家に選挙権が拡大したものの、**労働者たちは選挙権がもらえなかった**よね。資本家はボロ儲けしているのに、労働者たちの生活環境も労働環境も一向に良くならない。しかも、選挙権がないから議員を選べないし、**自分たちを守ってくれる法律もできない**。じゃあ暴動？っていっても、暴動をやったら警察が出てきて鎮圧されちゃう……うーん😫。やっぱり、選挙権がなきゃいけない！　こうして始まったのが、**史上初の労働者による組織的な政治運動であるチャーティスト運動**だ。

　じゃあ、彼らは何を要求したんだろ？　労働者階級は貧乏な人が多いから、まずは**男性普通選挙**だよね。ほかにもいろいろな要求があったから、彼らは**人民憲章**

1 イギリスの自由主義改革　45

第1章 国民国家の形成

第2章 列強の侵略とアジアの変革

第3章 帝国主義と第一次世界大戦

第4章 戦間期と第二次世界大戦

第5章 戦後の世界

【ピープルズ゠チャーター】を作成した。内容は「男性普通選挙、無記名秘密投票、議員の財産資格の廃止、議員有給、均等選挙区、議会の毎年改選」の6カ条なんだけど、現代だと当たり前になってることも多いよね。例えば議員有給。議員が給料もらえるのは普通と思うかもしれないけど、このころのイギリスでは議員に給料は出なかったんだね。これじゃあ労働者が議員になったら飢え死に😫。だから「貧乏人も議員になれるように給料払え〜」ってことだ。そして、この人民憲章は全国に配布されて、さらに議会にも提出されたよ。そしてストライキやデモなんかを実行したんだけど、最初は全然相手にされなかったんだ……。

　そして、1848年にフランスで起きた二月革命の影響で、チャーティスト運動は最高潮を迎えたよ。この時、ロンドンのケニントン広場には数万人の労働者が集まって、大規模なデモが繰り広げられた。これを見た政府はすかさず軍と警察を動員して弾圧したんだ。ここでも労働者の要求は通らなかったんだね。でも、チャーティスト運動は、このあと急速に衰退したんだよ。選挙法が変わったわけでもないのになんでだろ？

　それはズバリ「給料が上がったから😊」。当時のイギリスは世界最大の工業国として、資本家は笑いが止まらないくらい儲かってたんだよ。だからちょっとは労働者の給料を上げてやってもいいかな、って思った。少しは生活にゆとりが出てきた労働者たちは、ちょっとしたお出かけができるようになった。そうすると、「デモとお出かけ、どっちにする？」っていう二択になるから「だったらお出かけしよう！」って

> 労働者がお出かけできるようになったのは、鉄道が開通して、馬車がなくても遠くに行けるようになったからだよ

思う人が増えてきて、デモの参加者が減る。ちなみに1851年にロンドンで万国博覧会が開かれると、みんな「デモより万博！」ってなっちゃったからね。やっぱ楽しいほうがいいってわけだ😄。

　こうなってくると、「労働者に選挙権をあげてもいいかな？」って思うのがイギリスの発想なんだよ😳。要は「生活が安定して、落ち着いてものを考えられる人にしか、政治に参加する資格はない！」ってことね😳。こうして、1867年には、保守党のダービー内閣が第2回選挙法改正をおこなって、都市労働者に選挙権を拡大したよ。あっ、労働者全員ってわけじゃなくて、都市労働者だけね。農業・鉱山労働者には選挙権はないからね。なんで都市だけかって？　これはすごく歴史的なことなんだけど、イギリスの下院って、中世の模範議会や二院制が成立したころは、もともと「州騎士」と「都市代表」だったよね。覚えてるかな？　だから「州（農村）」の選挙区と「都市」の選挙区で有権者の規定が異なったんだ。つまり、第2回の改正では「都市」の選挙区だけを変えたってことね。

◀ 「パクス＝ブリタニカ」と二大政党制の確立

　ここでちょっとだけ政治の話から離れるよ。この時代のイギリスは、産業革命の完成による工業力で他国を圧倒して「世界の工場」と称され、さらに強い海軍力によって世界各地に植民地を拡大していったんだ。植民地はイギリス産業の**原料供給地**や**製品販売市場**となったし、さらに**自由貿易政策**によって、世界各地に工業製品をバンバン輸出しまくった。こうしてイギリスは圧倒的な国力によって世界の覇権を握ったんだ。これが「**パクス＝ブリタニカ**」だよ。そしてこの時代は当時の国王**ヴィクトリア女王**にちなんで**ヴィクトリア時代**と呼ばれている。

　「パクス＝ブリタニカ」を象徴するのが、1851年に世界で初めて開催された**ロンドン万国博覧会**だ。ロンドンのハイド＝パークに建てられた全面ガラス張りのクリスタル＝パレス（**水晶宮**）には10万点もの展示物が持ち込まれ、観客も600万人！まさにイギリスは「**大衆社会**」に突入したってわけだ。これには、**鉄道の開通**も大きく貢献しているよ。博覧会の開催にあわせるように全国に鉄道網が整備され、全国から見物客がきたんだね。この時、旅行業者の**クック**は万博見物の割引ツアーを企画して、観客を動員したんだよ。こうして、第1回の万博はイギリスの繁栄を世界に見せつけることとなり、大成功のうちに終わったんだね。

　そして、この時代には議会の内部にも変化が起きていたよ。第1回選挙法改正以来、産業資本家の議会進出が進んでいたよね。そしていよいよ**地主と産業資本家が二大政党を形成**したんだ。

合否の分かれ目▶ **イギリスの二大政党制**

- **保守党**……右派の**トーリ党**を基盤とする
  - ▶おもに地主が支持基盤。**植民地を拡大**する**大英国主義**を主張
  - ▶代表的な政治家はディズレーリ
- **自由党**……左派の**ホイッグ党**の流れを受け継ぐ
  - ▶おもに産業資本家が支持基盤。**植民地の拡大に反対**する**小英国主義**を主張
  - ▶代表的な政治家はグラッドストン

　地主や貴族は、もともとの右派である**トーリ党**を基盤として保守党を形成し、対する産業資本家は左派のホイッグ党の流れを受け継いで、自由党をつくった。こうして19世紀後半から、イギリスは**保守党**と**自由党**が選挙結果によって政権交代していく**二大政党制**が確立していったよ。特に1860年代後半から保守党の**ディズレーリ**と自由党の**グラッドストン**が交互に政権に就き、保守党のディズレーリ内閣は**スエズ運河会社株の買収**や**インド帝国の樹立**などの帝国主義政策を進める一方で、自由党のグラッドストン内閣は植民地の拡大に反対して国内改革を優先、**教育法**を制定

して公立学校を増やしたり、**労働組合法**を制定して労働組合を合法化したり、**第3回選挙法改正**で農業・鉱山労働者に選挙権を拡大したりと、さまざまな改革を進めたんだ。このくらい2つの政党に違いがあれば、選挙で投票するときにも決めやすいよね。じゃあ、イギリスの選挙法改正をまとめて全部見ちゃえ〜😊！

〈イギリスの選挙法改正〉

事項（成立年）	内閣（政党）	参政権の拡大（[ ]は国民に占める割合）
第1回（1832）	**グレイ**（ホイッグ党）	産業資本家などの**中産階級** [4.5%]
第2回（1867）	**ダービー**（保守党）	都市労働者 [9%]
第3回（1884）	グラッドストン（自由党）	農業・鉱山労働者 [19%]
第4回（1918）	ロイド＝ジョージ（挙国一致） ※ロイド＝ジョージは自由党	**21歳以上の男性普通選挙** **30歳以上の女性参政権** [46%]
第5回（1928）	**ボールドウィン**（保守党）	**21歳以上の男女平等普通選挙** [62%]
第6回（1969）	ウィルソン（労働党）	18歳以上の男女平等普通選挙 [71%]

2 アイルランド問題

> **クローズアップ** 💻 **アイルランド問題**
>
> ●1820年代まで……**アイルランドの宗教問題**
> ●オコンネルの下院議員当選［1828］➡審査法により当選取り消し
>   ➡審査法廃止［1828］……**非国教徒の公職就任が可能**となる
>   ➡カトリック教徒解放法［1829］＝宗教差別の法的撤廃
> ●1840年代以降……**アイルランドの土地問題**が表面化
> ●ジャガイモ飢饉［1845〜］➡**アメリカへの移民増加**、武装蜂起も頻発
> ●自由党グラッドストン内閣による改革　◀**アイルランド国民党**の要求
>   ▶**アイルランド土地法**［1870］……以後、4回改正された
>   ▶**アイルランド自治法案**[1886／93]……保守党と上院の反対で2度否決
> ●20世紀……シン＝フェイン党の結成で、**独立運動に変化**
> ●アイルランド自治法成立［1914］……自由党**アスキス**内閣による
>   ▶**第一次世界大戦勃発を理由に実施延期**
>   ➡イースター蜂起［1916］……ダブリンで急進共和派が武装蜂起
> ●アイルランド自由国の成立［1922］……**自治領となる**
> ●独立国家エール［1937］……新憲法を制定し、完全独立を宣言
> ●アイルランド共和国[1949]……**イギリス連邦から離脱し、完全独立**

📢 アイルランド問題とは……いったい何が問題だったんだろう？

　イギリス（ブリテン島）の西に位置する**アイルランドを征服したのはクロムウェル**だったよね。位置は確かに隣なんだけど、イギリスとアイルランドっていろいろな面で違うんだよ。まずは民族。**イギリス（イングランド）は、ゲルマン人の大移動で入ってきたアングロ゠サクソン人が中心**だけど、**アイルランドはそれ以前からこの地域に住んでいたケルト人**だ。しかも宗教が違う。**アイルランドはカトリック教徒**だけど、**イギリスはイギリス国教会**だよね。しかも、征服によってアイルランド人の農地はイギリス人地主に奪われたから、アイルランドで生産された穀物はイギリス人の不在地主に取られてしまう。こうしてアイルランドはイギリスの植民地として支配され、「宗教」と「土地」という2つの問題を抱えることになったんだ。

📢 選挙で勝ったのに当選取り消しって？──アイルランドの宗教問題

　まずは宗教問題から話していこう。1801年のアイルランド併合(へいごう)によって**大ブリテン゠アイルランド連合王国**となり、植民地だったアイルランドはイギリス本国の一部になったよ。以後、**アイルランドからもイギリス本国議会に議員を送れる**ようになったんだけど、実はこれが大問題だったんだよ。もしかすると、「議員を送れるんだからいいじゃないか」って思うかもしれないけど、そんなにうまくいかない😏。何が問題かっていうと**審査法**！　ずいぶん前の話なんだけど覚えてるかな？

　審査法は名誉革命前の1673年、国王チャールズ2世のカトリック政策に対抗して、議会がつくった「**公職就任者（もちろん議員もだよ）を国教徒に限定する**」っていう法律だったよね。この時にはカトリックの復活を狙う国王一派を議会に入れないための法律だったんだけど、これが19世紀まで残っていたんだよ。こうなると、**カトリック教徒のアイルランド人は選挙で勝っても議員になれない**よね。そして、この問題が現実になったんだ。

イギリス人がカトリック嫌いになったのは、メアリ1世がプロテスタントを虐殺したときからだね。覚えてるかな？

　1828年、アイルランドのカトリック協会の政治家**オコンネル**が、総選挙で下院議員に当選したのに**当選を取り消された**んだ。ちゃんと法律に従って立候補して、何もインチキしないで当選したんだけど、最後の最後で審査法の規定に引っかかったってわけだ。これに対してアイルランド人は「ちゃんと当選したのにふざけるな！」と怒った。もう反乱寸前😤！　当たり前だよね。さすがに反乱を起こされちゃマズイと思った首相の**ウェリントン**は、1828年に**審査法廃止**に踏み切って**非国教徒の公職就任を可能**とし、翌年には**カトリック教徒解放法**を制定して、**宗教差別を撤廃**(てっぱい)したよ。あっ、イギリスでの「**非国教徒**」っていうのは「**国教会以外のプロテスタント**」のことなので、**カトリックは含まない**から気をつけてね。だから、宗教差別の

撤廃は2段階あるよ。こうしてアイルランド人も宗教的には差別されなくなったんだけど、実はもっと大きな問題があった。それが「**土地問題**」だ。

◀ アイルランド人がバタバタと餓死！ 小麦をつくっても食べられないって？

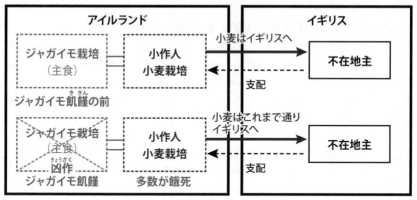

　イギリスの**アイルランド征服**によって、アイルランド人の農地はイギリス人の地主に奪われてしまったって話は、さっきしたよね。実はこれが大問題を引き起こすんだ。小麦はアイルランドに住んでいないイギリス人の不在地主に取られちゃうから、アイルランド人は食べるものがなくなる😖。だから彼らは**ジャガイモを主食**にしていたんだよ。ジャガイモって、多少寒くて痩せた土地でも、わりと簡単に育てられる「スーパー穀物」だからね。あっ、「スーパー穀物」ってのは、僕が勝手に呼んでるだけだから、入試で書いちゃだめよ😅。「**17世紀の危機**」と呼ばれるひどく寒かった時代にヨーロッパ人がなんとか助かったのは、この**中南米原産のジャガイモ**があったからだ。そして、アイルランド人もジャガイモでなんとか暮らしていたんだけど……とんでもないことが起きたんだよ！

　1845年、ジャガイモにつく病気が原因で凶作となったんだ。この**ジャガイモ飢饉**で**アイルランドでは100万人を超えるともいわれる餓死者が出た**んだ😖。実はこの時期、ヨーロッパ全体が凶作となり、フランス二月革命の背景にもなったんだけどさ。アイルランドはそれどころじゃない！　だって、ジャガイモは凶作だったけど小麦は採れていたから、**イギリスへの小麦輸出は毎年とほぼ変わらず**……ってことは悪いのイギリス人じゃないか😖。ただ、この時に「アイルランドじゃもう生きていけない……」って思って、新天地**アメリカへの移民が急増**して、なんと100万人！　こりゃただごとじゃないね。

　もはや我慢の限界！って思ったアイルランド人のなかには、**武装蜂起**によってイギリス人から土地を取り返そうとする人たちも現れ、**オブライエンのつくった青年アイルランド党**は、1848年に独立を目指して**武装蜂起**したんだけど、鎮圧されてしまった。しかし、アイルランドの反英運動は全く収まらず、50年代には小作人同盟

による小作人救済運動（３Ｆ運動）が起こったり、アイルランドの土地国有化や共和国建設（独立）を求める**フィニアン党**が結成されたりした。そして武装蜂起や過激な運動だけではなく、政治的にも**アイルランド人議員を中心に自治権の獲得**を目指す**アイルランド国民党**が結成され、議会内でさまざまな要求をおこなったよ。

📢 自由党のグラッドストン内閣が動き出したけど……

　こうして、イギリス内部でも「さすがにマズイだろ」っていう主張も現れた。特に、**自由党のグラッドストン内閣**はアイルランド人小作人の権利を保護する**アイルランド土地法**を成立させて、小作権を安定させ、地代を下げて小作人の生活を守る改革を進めたよ。でもね、アイルランド人は納得しない😤。だって彼らは「土地を返せ！　自治権を認めろ！」って言ってるんだもん。そこで、アイルランド国民党はアイルランド自治法をつくれ！って要求し、**グラッドストンもアイルランド自治法案を議会に提出する**ところまではなんとかこぎつけたんだ。でもね、なかなかうまくいかないよ。だって、議会のなかには**地主を中心とする保守党**がいるし、さらに貴族（大地主だね）の牙城である上院がある。結局アイルランド自治法案は議会で**2度否決**されてしまったんだね。これに対しアイルランドの武装秘密結社が、イギリス議会への爆弾攻撃などをやったんだよ……。大変なことになったね😫。

　そして、アイルランド人は「自治権がダメなら独立しちゃえ！」って考え始めた。こうして1905年、**アイルランドの完全独立を主張するシン＝フェイン党**が結成されたんだ。以後、アイルランドの政党には、**自治権を要求するアイルランド国民党**と**独立を主張するシン＝フェイン党**の２つがある、ってことになるね。

📢 アイルランド自治法が成立したけど……また延期かよ！

　時代はちょっとずれるけど、アイルランド問題は大問でまとめて出題されることも多いから、ここで一気に見てしまおう。

　アイルランドの運動が自治権獲得から独立運動に変わってきたのを見て、「せめて自治権ぐらいはあげとかないと、今度こそヤバイ」って思ったイギリスは、1914年、**自由党のアスキス内閣**のもとで**アイルランド自治法**を成立させたよ。でも、すぐに実施されたわけじゃないんだ。同じ年に**第一次世界大戦**が始まったから実施は**延期**されたんだね。「戦争じゃあしょうがないか……」って簡単に納得できる話じゃない😤。しかも、大戦はなかなか終わる気配がなかったし、もはやアイルランド人の我慢の限界だ！

　こうして1916年、**ダブリンで急進独立派が武装蜂起**したよ。これが**イースター蜂起**だ。反乱そのものは鎮圧されてしまったけど、これ以後、**アイルランドでは独立運動がますます高揚**し、その後の総選挙の際、アイルランドの選挙区では自治を求めるアイルランド国民党ではなく、**独立を主張するシン＝フェイン党が圧勝**した。そして、シン＝フェイン党の議員たちは**本国議会への出席を拒否**して、党首の**デ＝ヴァレラ**を中心に**イギリスからの独立を宣言**したんだ。

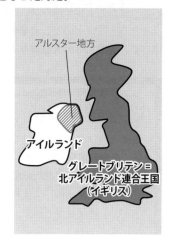

これはさすがにイギリス本国も無視するわけにはいかない。そこで、**イングランド系（国教徒）**が多い北部の**アルスター地方**を切り離し、第一次世界大戦後の1922年、南部のみが**アイルランド自由国**として**自治領**となったんだ。

　こうなったら、アイルランドが独立するまでやっちゃえ～😁。1937年になると、アイルランドは**人民投票を実施して新憲法を制定**すると、完全独立国家エールとなることを宣言したよ。もちろんイギリスが認めたわけじゃないんだけど、もはやアイルランドはイギリス王への忠誠など、まるでなし😤。**第二次世界大戦でもイギリス軍に全く協力しなかった**。そして大戦後の1949年、**アイルランド共和国**として**完全な独立国家**となった。しかし、北部のアルスター地方はイギリス領のままだったから、戦後にまで問題が続くことになるよ。

アルスター地方

アイルランド

グレートブリテン=北アイルランド連合王国（イギリス）

3　フランスの第二帝政

🔊 ボナパルティズムって何?　単なる人気取り政治だよ

　それじゃあ、続いて**フランス**だよ。**第1回**では1852年に**ルイ゠ナポレオン**が**国民投票で皇帝ナポレオン3世として即位**し、**第二帝政**になったところまでは話したよね。今回はその続きだよ。ナポレオン3世って簡単に言っちゃうと「**人気取り**」で皇帝になったから、皇帝の座を維持するためには人気を維持しなきゃいけない……芸能人じゃないけど、ずっと人気を取り続けるって難しいよね😅。

あっちにもこっちにも
人気を取ろうって……
そりゃ無理だな😅

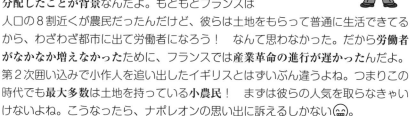

　しかも、当時のフランス国内はなかなか難しい状況だった。これって、**フランス革命で農民に土地を分配したことが背景**なんだよ。もともとフランスは人口の8割近くが農民だったんだけど、彼らは土地をもらって普通に生活できてるから、わざわざ都市に出て労働者になろう！　なんて思わなかった。だから**労働者がなかなか増えなかった**ために、フランスでは**産業革命の進行が遅かった**んだよ。第2次囲い込みで小作人を追い出したイギリスとはずいぶん違うよね。つまりこの時代でも**最大多数は土地を持っている小農民**！　まずは彼らの人気を取らなきゃいけないよね。こうなったら、ナポレオンの思い出に訴えるしかない😁。

　そうはいっても産業革命は進んでいるから、**産業資本家は成長し始めている**。でもイギリスほど発展しているわけじゃないから、国政を左右する大勢力にはなって

いないし、**労働者階級もいるけどイギリスほど多いわけじゃない**。結局フランスって、この３勢力がどれもそれほど強くないけど、無視してもいいほど弱くもない……どうすりゃいいのさ😫。ってことで、**ナポレオン３世は大資本家と軍部を中心としながら人民主権を装い**、結果として**独裁政治を維持**したんだ。だから人気がなくなるとマズイので、産業資本家、労働者、小農民３階級の勢力均衡をつねに意識して、各階層への人気取りを忘れなかった。これが「**ボナパルティズム**」だ。

💻 クローズアップ　フランス第二帝政

- **ナポレオン３世の皇帝即位**［1852］
- **帝政前期**［1852〜60］……**大資本家と軍部を中心とする独裁**（権威帝政）
  - ▶**パリの全面的改造事業**［1853］➡**パリ万国博覧会**［1855］
  - ※対外遠征による権威の誇示
    - ▶**クリミア戦争**［1853〜56］／▶**第２次アヘン戦争【アロー戦争】**
      　［1856〜60］
    - ▶**インドシナ出兵**［1858〜67］／▶**イタリア統一戦争**［1859］
- **帝政後期**［1860〜70］……**自由主義の高揚**により、独裁維持が困難となる
  - ▶**メキシコ出兵**［1861〜67］……アメリカの抗議などで撤退し、**人気が低下**
- **第二帝政の崩壊**……**普仏戦争【独仏戦争】**での敗北
  - ▶**スダンの戦い**［1870］……**ナポレオン３世自身が捕虜**となる
- **第三共和政の成立**［1870］……臨時政府成立［1871］（首班はティエール）
- **パリ＝コミューン**［1871］➡**ドイツ軍の協力でティエール政権が鎮圧**

🔈 最初は人気が高かったから、皇帝に権力を集中！

　皇帝になった当初、ナポレオン３世の人気はかなり高かったから、その人気を背景に「**権威帝政**」と呼ばれる独裁体制を維持したよ。そりゃ、フランス人にとっては想い出のナポレオンだからね。ってことは、フランス人の想い出に応えなきゃいけない！　まず最初は、セーヌ県知事の**オスマン**に命じて**パリの全面的改造事業**をやったよ。さらに、1855年には**ロンドン、ニューヨークに続いて３番目となるパリ万国博覧会**も開かれた。これは、フランスの産業革命の完成を示して、産業資本家の人気を取るためだ。また、**労働者の生活を改善するため年金制度をつくった**よ。ただ、こうした政策だけで人気を維持するのは、なかなか難しいよね。

　そこで、ナポレオン３世は、フランス人の想い出に訴えた。**強いナポレオン神話**だよ！　**対外遠征に勝ち続けることで権威を見せつける**ってことね。ただ、これって絶対負けられない……。うーん😅？　そこで、ナポレオン３世は**イギリスと敵**

対しないようにした。だってイギリスには勝てそうもないじゃん。こうして、**クリミア戦争**ではイギリスと一緒になってオスマン帝国を支援してロシアを破り、その後も**第2次アヘン戦争【アロー戦争】**でイギリスの中国進出に便乗したんだね。さらに、**インドシナ出兵**で**コーチシナ**や**カンボジア**に進出すると、大々的に宣伝したよ。ただ、**イタリア統一戦争**ではサルデーニャを支援するはずだったのに、裏切って勝手に講和（こうわ）を結んできちゃったから、少し人気が怪しくなってくるんだ。

＋α ちょっと寄り耳♪

　19世紀半ばのパリは、もはや首都とは呼べないくらいのひどい状況だったんだ。二月革命の際のバリケード（ばりけーど）市街戦で、入り組んだパリの路地はごみの山になり、工業化で発生した煤煙は太陽を覆い隠し、不衛生な貧民街には汚物とごみで並んで歩く隙間もなく、じめじめした悪臭が立ち込める……。

　この問題を一気に解決したのが、**ナポレオン3世**による**パリの全面的改造事業**だ。目標はコレラとバリケードをなくすこと！　まず、凱旋門（がいせんもん）から直線的に伸びる放射状の**道路網**を整備し、街灯の増設や街区ごとの建物の高さを揃えるなど、パリの景観を一変させたんだ。宮殿のような**オペラ座**や街に点在する広い公園もこの時に整備され、**世界初の百貨店（ボンマルシェ百貨店）**も開店したよ。さらに見えないところがもっとすごい！　**下水道の整備**によって不衛生な下水を集中排水し、街から汚物をなくした。こうしてパリは、近代的で衛生的な美しい街に変貌（へんぼう）したよ。現在のパリの景観もこの時期に生み出されたものなんだね。

◀ 人気が怪しくなり始めて……人気回復を狙うはずが、大失敗！

　さて1860年になると、ナポレオン3世の人気も少し怪しくなり始めるよ。きっかけは**英仏通商条約**を結んで自由貿易を進めて、フランスの産業を発展させようとしたことなんだけど、これが国内の自由主義運動を盛り上げる結果になっちゃったんだ。そこで、議会の権限を認めたり、**労働者の団結権**を認めたり、言論への規制をゆるめたり、国民に歩み寄る姿勢を見せてなんとか権力を維持していたんだ。これを「**自由帝政**」と呼んでいるよ。しかし、こうした努力も対外的な失敗で吹っ飛んじゃうよ。それが**メキシコ出兵**だ。

　1861年、メキシコが対外債務の利子不払いを宣言すると、ナポレオン3世は**イギリスとスペインを誘ってメキシコに出兵**し、オーストリア皇帝の弟**マクシミリアン**をメキシコ皇帝にした。しかも、この時アメリカは南北戦争の最中だから文句を言われる可能性はほとんどない。ただ、南北戦争だっていつまでも続くわけがない。1865年に南北戦争が終わると、「モンロー宣言を忘れたのか～😩」ってアメリカが猛反発してきた。当たり前だよ……。しかも、イギリスはとっとと撤退（てったい）しちゃう😵。結局フランスも**撤退**したんだけど、この**メキシコ出兵**での人気低下で、ナ

第1章　国民国家の形成

第2章　列強の侵略とアジアの変革

第3章　帝国主義と第一次世界大戦

第4章　戦間期と第二次世界大戦

第5章　戦後の世界

ポレオン3世は人気を回復するためにもっと強硬なことをやらなきゃいけなくなっちゃったんだ。だから当時プロイセンが進めていた**ドイツ統一**を「**絶対に阻止する!**」と言っちゃった、ってわけ。これをうまいことプロイセンのビスマルクに利用されて**普仏戦争**【プロイセン＝フランス戦争／独仏戦争】に突入、**スダンの戦い**でナポレオン3世自身が捕虜となって退位することになっちゃった。こうして**フランスの第二帝政は崩壊し、第三共和政**になったんだね。

◀ パリは負けていない……反発した市民がパリ＝コミューンを樹立!

プロイセン軍はそのまま**パリを占領**し、さらにヴェルサイユ宮殿に乗り込んで**ドイツ帝国を成立**させた。そしてフランスは南部の**ボルドー**に成立した**ティエール**を首班とする**臨時政府**が、**ドイツに降伏**したんだ。ところが、この講和に猛烈に**反発**したのがパリ市民!「パリはまだ降伏していない」として市民が自治政府を樹立し、**臨時政府からの自立を宣言**したよ。これが**史上初の労働者による自治政府パリ＝コミューン**だ。もちろんティエールの臨時政府は、市民に「武装解除して戦闘をやめろ」って命令したけど、まるで聞く耳を持たない。この時、市民の反乱を鎮圧できずに困っていた**ティエール政権を助けたのはドイツ軍**。どちらも労働者の台頭は抑え込みたいから、利害が一致したんだね。**ドイツ軍の協力を得たティエール政権**は「**血の週間**」と呼ばれる徹底的な鎮圧をおこなったよ。

こうして普仏戦争は完全に終結し、フランスは正式に**フランクフルト講和条約**を結んだんだけど、この条約でフランスは、石炭や鉄鉱石などの資源がとれる**アルザス・ロレーヌをドイツに割譲**し、さらに**50億フランの賠償金**を払うことになった。このあと、ティエールが正式に**初代大統領**となり、1875年には**第三共和政憲法**が制定されて、**第三共和政が確立**したんだけど、フランス人のドイツに対する恨みはむちゃくちゃ大きかったんだね。この**対独復讐心**が第三共和政を揺るがすことになるよ。

フランスとイギリスはここまでね。最後に年号を check しよう!

!! 年号のツボ

● **イギリスの選挙法改正** ［1832］（**いやみに**聞こえる 選挙法改正）

※どうせなら第1〜5回まで一気に覚えちゃえ!
やみに（1832）**止むなく**（1867）**はやしたが**（1884）
悔いはなく（1918）**苦にはならず**（1928）

● **アイルランド自由国成立** ［1922］（**いー国**になる アイルランド）

● **普仏戦争** ［1870］（**火花**を散らした 普仏戦争）

次回は**アメリカ合衆国**だ。重要ポイントいっぱいだよ。頑張っていこう〜。

アメリカ合衆国の発展

今回はアメリカ合衆国だよ。今じゃあ世界一の大国かもしれないけど、19世紀前半までは、まだまだ弱い国だった。でも19世紀末には世界1位の工業国になっていたよ😆。いったい、どんなふうに発展していったんだろうね。

大きくつかもう！

1 建国初期のアメリカ　　　　　56〜58ページ

2 アメリカ合衆国の領土拡大　　58〜59ページ

3 南北戦争　　　　　　　　　　61〜68ページ

4 南北戦争後のアメリカ　　　　68〜71ページ

今回は南北戦争が大きな山場だよ。アメリカの歴史に大きな影響を与えた事件だ！

独立したばかりのアメリカ合衆国の領土は東部、つまり大西洋側だけだったんだけど、西部開拓がどんどん進んで領土が太平洋岸まで拡大し、20世紀に入るころには世界一の工業国にまで発展したよ。この発展にもっとも大きな影響を与えたのは南北戦争だ。南北戦争って、アメリカの歴史で一番死者が多い戦争なんだよ。「奴隷が解放された戦争」っていうイメージくらいはあるかな？でも、南北戦争の背景には奴隷問題だけじゃなくて、アメリカの発展にかかわる問題が隠れている。ここをきちんと理解すれば、このあとのアメリカの歴史もわかってくるよ。そのあたりをきっちり解説していくからね。

それじゃあ、アメリカ合衆国の発展の始まり〜😌。

1 建国初期のアメリカ

イギリスとフランス……どっちにつけばいいのさ?

1789年、アメリカ独立戦争が終結してから10年も経たずに、ヨーロッパでは**フランス革命**が始まった。革命中には**イギリスを中心とする対仏大同盟**がつくられて、ヨーロッパの多くの国が**フランスを孤立**させたよね。もちろん**イギリス**は**アメリカが自分の味方**になると思っているし、アメリカもイギリスのことはキライじゃない。だって独立する時にミシシッピ川以東のルイジアナをくれたもんね。かといって、フランスもキライじゃない。そりゃ、**独立戦争の時に助けてくれたのはフランス**だもん。両方の国が「もちろんオレの味方だよな?」って言ってくるわけだよ。初代大統領の**ワシントン**は、ホトホト困った……。で、最終的には「**ヨーロッパのことには干渉しません**から、勝手にやってください」って、**中立を宣言**した。だって、どっちにつくわけにもいかないでしょ? **アメリカの対ヨーロッパ外交の基本政策**である**孤立主義**は、すでにワシントンの時代から始まったんだよ。

その後、ナポレオンが**大陸封鎖令**を出すと、イギリスは対抗して**逆封鎖**をやったよね。つまり、イギリスが**ヨーロッパ諸国とアメリカ大陸の貿易を妨害**するんだけど、当然**アメリカもイギリスに邪魔される**よね。

これには**さすがにアメリカも怒った**。「あれほど中立って言ってるのに、なんでオレが邪魔されるんだよ!」ってね。もちろん、国内がイギリスと開戦することで一致していたわけじゃないんだけど、当時の大統領マディソンがそのまま宣戦布告してしまい、1812年に**米英戦争【アメリカ=イギリス戦争】**が始まったよ。

しかし、開戦してみると**アメリカはずっと不利な状況**だった。だって、当時のイギリスは世界最強だもん。首都ワシントンを占領されたりさんざんな結果だったんだけど、アメリカ国内には変化が現れたよ。**米英戦争中にはイギリス製品の輸入が停止**して、アメリカ国内では**生活必需品が不足**したんだ。もちろん逆封鎖されてるからフランスからも輸入はできない。ていうか、生活必需品って**綿製品とか鉄**とかでしょ。気づいてる? 綿製品って服だよ。着るものがなくなったら困る。こうなったら国内でつくるしかないよね。こうして、**米英戦争をきっかけにアメリカでは綿工業や鉄鋼業などが発達**し、結果的に**イギリスから経済的に自立するきっかけ**になった。さらに**アメリカ人の国民意識を高めたんだ**。だからこの戦争は「**第2次独立戦争**」って呼ばれることもあるよ。

独立戦争では政治的独立を達成、米英戦争は経済的自立のきっかけだよ

そして、**米英戦争はナポレオン戦争の終結とともに終わった**。だって、大陸封鎖令も逆封鎖もなくなるから、イギリスと戦う意味がない。そうすると、**イギリスは再び工業製品をアメリカに輸出**し始めたから、アメリカの国内産業は打撃を受け

1 建国初期のアメリカ　57

第1章　国民国家の形成

第2章　列強の侵略とアジアの変革

第3章　帝国主義と第一次世界大戦

第4章　戦間期と第二次世界大戦

第5章　戦後の世界

た。こうしてアメリカでは、工業化の始まった**北部が保護貿易を主張**することになるよ。そして、1840年代から**北部を中心に産業革命が始まる**んだ。

◀ 西部開拓が進んで、北部と南部の対立が始まった！

アメリカは、独立戦争でミシシッピ川以東のルイジアナをイギリスから獲得すると、その後も買収などによってどんどん**西へと領土を拡大**していったよ。ラテンアメリカの独立のところで話した**モンロー宣言**はこの時期に出されたものだ。これは、**イギリス領カナダとの国境問題**や、ロシアがアラスカに進出している状況も背景にあって、**ヨーロッパ諸国の介入を排除して北米大陸をアメリカ合衆国が独占**したい、って意図もあったんだよ。

そして**西部**では、白人が移住してきて**多数の小農民が出現**していたよ。貧乏人たちにとって、西部は人生を逆転するチャンスに見えたんだろうね。人びとの流入によって開拓が進み、**フロンティア**（開拓地と未開拓地の境界）が少しずつ西へ進んでいった。

東側に「北部・南部」があって、残りは西部だ。**西部がどんどん大きくなるよ**

こうした状況は、北部・南部の間に対立を引き起こしたよ。工業が発展して強くなった**北部の産業資本家**は、**西部に工業製品を売りたい**し、プランテーションをやっている**南部のプランターは西部にも奴隷を使った農場を広げたい**。みんな、自分が得するように西部を開発したいから、中心となる産業が違う北部と南部は対立するよね。

そうそう、アメリカの地域の呼び方はちょっと注意してね。ここから出てくる「北部」と「南部」って呼び方は、現在のアメリカ合衆国（つまり北米大陸）を南北に分けるんじゃなくて、**建国13州を中心とする東部を南北に分けた呼び方**だよ。

◀ 白人の民主主義が進展。初の西部出身大統領ジャクソンの登場！

そうはいっても、西部では小農民が大多数だった。そして、1828年の大統領選挙では、**初の西部出身の大統領ジャクソンが当選**したよ。この時期、アメリカでは白人の男性普通選挙が実現していた州も多かったから、米英戦争の英雄だった彼が当選したんだ😆。**西部の小農民や北部の労働者**などの支持を得たジャクソンは、**北部の資本家たちを抑えて大統領の権限を強化**すると、民衆のための政策を進めたよ。**白人の男性普通選挙を普及**させると、さらに**公立学校を増やして**民衆の生活の向上を目指し、さらに、政権交代の時にすべての官僚が交代する**スポイルズ・システム**をつくった。こんなふうに民主主義が発展したから、彼の政策は「**ジャクソニアン゠デモクラシー**」と呼ばれているよ。

ただね、ジャクソンの民主主義は白人限定だよ😅。彼は、黒人を民主主義から

除外して**奴隷制**を**擁護**して南部の奴隷主の支持を得たし、**先住民強制移住法**を制定して、**インディアン**と呼ばれた先住民を**ミシシッピ川以西**の荒れ地しかない居留地へ移住させた。この移住で、食糧不足や病気によって多くの先住民が命を落としたから、「**涙の旅路**」と呼ばれている。

　一方で、ジャクソンに抑え込まれた北部の資本家などは「ジャクソンは絶対王政だ～😡」って怒って、彼の「専制政治」に反対する**ホイッグ党**をつくったよ。「ホイッグ」って、昔イギリスでジェームズ2世の即位に反対して、専制政治に対抗した勢力のことだよね。一方のジャクソン支持派は、ジャクソンの「民主主義」を支持するから**民主党**だよ。こちらは、**南部の農場主や小農民、東部の労働者**が中心だよ。まだ現在の二大政党である民主党・共和党じゃないからね。共和党の成立はもう少しあとだ。

ジャクソン反対派がホイッグ、ジャクソン支持派が民主党だよ

2 アメリカ合衆国の領土拡大

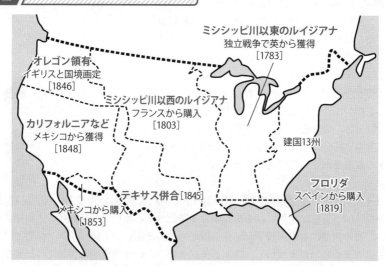

ミシシッピ川以東のルイジアナ
独立戦争で英から獲得
[1783]

オレゴン領有
イギリスと国境画定
[1846]

ミシシッピ川以西のルイジアナ
フランスから購入
[1803]

カリフォルニアなど
メキシコから獲得
[1848]

建国13州

テキサス併合[1845]

フロリダ
スペインから購入
[1819]

メキシコから購入
[1853]

📢 建国直後に領土が倍増！　その後もどんどん大きくなるアメリカ

　それじゃあアメリカ合衆国の領土拡大について見ていこう。まず、最初の領土拡大は独立戦争後の**パリ条約**で**イギリスから獲得**した**ミシシッピ川以東のルイジアナ**だ。地図で確認してごらん。**建国直後にいきなり領土が倍になってる**でしょ？　このあとも、西部にどんどん領土が拡大していくよ。

　続いて1803年には**フランスからミシシッピ川以西のルイジアナを買収**したよ。こ

れは、**ハイチの独立運動を鎮圧**しようとしていた**ナポレオン**が、戦費不足を補うためにアメリカに売っちゃったの😭。この時のアメリカ大統領は、第3代の**ジェファソン**だよ。そして、さらに**スペインからフロリダを買収**、これで東海岸は今のアメリカ合衆国の領土と同じになったね。

🔊 マニフェスト＝デスティニーって、メキシコにしてみればいい迷惑だよ

　さて、ルイジアナ購入で北米大陸の中央にまで領土を拡大したアメリカは、次に**テキサスの領有**を狙ったんだ。要はメキシコから奪い取るってことなんだけど、この時にアメリカが主張したのが「**マニフェスト＝デスティニー【明白な天命】**」だよ。これは「**キリスト教的・文化的に進んだアメリカが領土を拡大することは、近代文明を拡大して世界に自由と民主主義を広げる**ことになるから、これは神の定めた使命なんだ」っていう、ただのわがまま😤。まぁ、今でもアメリカはかなり勝手なこと言うけどさ。

「哀れなるかなメキシコ、天国からこんなに遠く、アメリカからこんなにも近い！」。この嘆きは、のちのメキシコ独裁者ディアスの言葉だよ……😣

　この思想に基づいて、アメリカはメキシコとの国境を無視して、**テキサスへとアメリカ人を勝手に入植**させた。もちろん、最初はメキシコが移民を認めたのがきっかけなんだけど、1830年にメキシコがアメリカからの移民を禁止したあともどんどんと入植者が増加し続け、しまいにはアメリカ系住民がメキシコ人の4倍になっちゃった……。ほんと、アメリカは勝手なことするよね。そして、**アメリカ系住民がメキシコからの独立運動を起こす**と、すかさずアメリカは独立運動を支援、結果、**テキサスがメキシコから独立してテキサス共和国**になった。そして、「自由の国アメリカに併合された〜い😆」っていう**アメリカ系住民が起こした併合運動**を受けて、アメリカが**テキサス併合**に成功したってわけ。

　こうなると、領土を取られたメキシコもたまったもんじゃない。アメリカ政府と交渉しようとしたけど、アメリカは聞く気ゼロ。そうこうしているうちに、両国の軍隊が衝突して**アメリカ＝メキシコ戦争【米墨戦争】**が勃発したよ。ていうか、メキシコにはアメリカに勝てる力はない……😔。結果、**カリフォルニアなどをアメリカに奪われ、テキサスも含めるとメキシコは領土の半分以上を失う**ことになった。こうして**アメリカの領土は太平洋岸にまで到達**したよ。

　しかし、アメリカは運がいい！　アメリカが取った直後に、**カリフォルニアで金鉱が発見**され、全世界から一発ボロ儲けを狙う人たちが殺到して、人口が急増！このゴールドラッシュの影響で、いまだに**カリフォルニアが全米で一番人口の多い州**なんだ。そして、太平洋岸に領土を得たアメリカはアジアへの関心を強め、ペリーを日本に派遣して**日本の開国**を実現したよ（**日米和親条約** 1854）。さらに1867年には、ロシアから**アラスカを購入**したんだ。

近現代日本へのアプローチ ①
～開国から明治維新へ～

　19世紀前半になると、日本近海にイギリスやアメリカの船がやってくるようになった。これは太平洋で盛んに**捕鯨**がおこなわれていたことや、各国が東アジアとの貿易を拡大しようとしていたことが背景だよ。すでにロシアなどが交易を拒否されていたから、アメリカが派遣したペリーは、江戸幕府が求めた長崎へは行かずに、江戸湾（東京湾）に艦船で乗り込んできた。幕府は焦った😨。そこで交渉に応じて、1854年に**日米和親条約**を締結した。ちなみにペリーは帰路に**那覇**に寄って、**琉米修好条約**を結んで開港させているよ😆。さらに幕府は、1858年には総領事のハリスと**日米修好通商条約**を結んで、**箱館・神奈川・長崎・新潟・兵庫の5港開港**のほか、領事裁判権や協定関税（関税自主権の喪失）、最恵国待遇などを認めたよ。さらに幕府は蘭・露・英・仏とも同様の条約を結んだ（安政の五カ国条約）。これらの条約は**不平等条約**だったけど、開国によって列強との戦争を回避できたんだ。ちょうど同じころ、**タイ（シャム）**もラーマ4世が**不平等条約**を結んで植民地化を回避している。実は、日本とタイは結構似てるんだ😁。しかし、条約を結ぶ前に天皇の許可を取らなかったから幕府への激しい非難が起き、これを弾圧した大老の**井伊直弼**は暗殺されてしまった😵（桜田門外の変）。

　このころの日本の輸出品は生糸や茶で、輸入品は綿織物や毛織物などの工業製品だったから、国内の綿織物業に打撃を与えたけど、代わりに養蚕や生糸生産は発展した。さらに日本のほうが欧米より金のレートが安かったから、欧米人は日本にきて銀を金に両替するだけで**儲**かる😁。だから日本の金貨が海外に流出して、国内の経済が混乱したんだ😨。こうした混乱のなかで「**尊王攘夷運動**」が起こったんだ。「天皇の許可なく条約を結んだ幕府が悪い😤！」「天皇を立てて、外国をぶっ倒す！」みたいな強硬な主張が盛んになった。しかし、**薩摩藩**や**長州藩**は外国と戦って（**薩英戦争**〔1863〕・**下関砲台の占領**〔1864〕）負けてしまった😫。以後、幕府や薩摩藩や長州藩は西洋式の軍隊を導入したから、幕府と有力大名の緊張が高まるなか、1867年に将軍**徳川慶喜**が天皇に政権を返したんだけど（**大政奉還**）、もちろんそのまま徳川家が権力を握れると思っていた。これに対し薩摩藩と長州藩は手を結び、王政復古のクーデタを起こした。もはや、決着は戦争しかない😆。こうして旧幕府軍と薩長を中心とする新政府軍との**戊辰戦争**が起こり、最後は旧幕臣が箱館の五稜郭に立てこもったんだけど、1869年に降伏した😵。勝利した新政府は全国の支配を確立し、**廃藩置県**によって**中央集権体制**をつくり、近代国家を建設していくんだ。この一連の改革が明治維新だよ😄。

3 南北戦争

クローズアップ 南北戦争

- ●新たな州をめぐる取り決め
  - ●ミズーリ協定［1820］……**ミズーリ州以北には奴隷州を認めない**
  - ●カンザス・ネブラスカ法［1854］……カンザス・ネブラスカ準州設置の際に制定
    - ▶**自由州、奴隷州の決定を住民の決定に委ねる**（ミズーリ協定の否定）
      - ➡北部の奴隷制反対派は共和党を結成［1854］
- ●人道的な奴隷制反対運動
  - ●ストウ夫人『アンクル゠トムの小屋』出版［1852］
- ●南北戦争［1861〜65］
  - ●共和党リンカンの大統領当選［1860］……**奴隷制の拡大反対**を主張
  - ●アメリカ連合国【南部連合】の成立［1861］……**南部11州が合衆国を離脱して結成**
    - ▶大統領ジェファソン゠デヴィス、首都：リッチモンド
  - ●**南北戦争勃発**［1861］➡リンカンは政治的勝利を目指す
    - ▶ホームステッド法［1862］➡**西部農民の北部支持を獲得**
    - ▶奴隷解放宣言［1863］➡戦後、**憲法修正第13条**として明文化［1865］
  - ●ゲティスバーグの戦い［1863］……**南北戦争最大の激戦**
    - ➡リンカンのゲティスバーグ演説（「人民の人民による人民のための政治」）
  - ●**リッチモンド陥落**［1865］……**南北戦争終結**
- ●リンカン暗殺［1865.4］

◀ 奴隷制だけじゃない！ 南北対立の原因をしっかりおさえよう

　それじゃあ、今回のヤマ場である南北戦争の話に進もう！　南北戦争はアメリカの歴史のなかで一番犠牲者の多かった戦争だよ。「奴隷解放の戦争でしょ」って思うかもしれないけど、奴隷制だけじゃなくていろいろな問題がウラに隠れているんだ。確かに奴隷制をめぐる問題が最終的な引き金となったんだけどさ。でも、もっと根本的な原因があるから、まずは奴隷制のことは1回忘れちゃおう。えっ😲、一番大事そうなのに？って思うかもしれないけど、ダマされたと思ってさ😁。思い出してほしいところで「奴隷制を思い出そう！」って言うからね。

　そもそも南北の対立は、「アメリカ合衆国をどういう方向で発展させるか？」というところから始まったよ。要するに、工業発展を目指す北部と農業を重視したい

南部は、やりたい政策が違うんだよね。簡単にまとめると「工業（北部）vs. 農業（南部）」ってことだ。ここからは、下の表を使って説明するよ。

〈アメリカの南北対立〉

	北　部	南　部
産　業	工業を重視 ➡産業革命の進行（イギリスと競合） 産業資本家が台頭	農業を重視 ➡綿花プランテーションが発展 黒人奴隷の使用が拡大
貿　易	保護貿易 先進国イギリスに対抗して国内産業を保護したい	自由貿易 原料の綿花をイギリスへ輸出 ➡イギリスに同調
政　治	連邦主義（支持政党は共和党） 国内産業保護のため、全合衆国を統合して保護貿易を実行したい	州権主義（支持政党は民主党） 各州の利益は違うので、統合よりも各州の権限強化を狙う
奴隷制	奴隷制反対 工業への安価な労働力確保も狙う	奴隷制維持 プランテーションの維持を狙う

　まずは北部からいこう。米英戦争をきっかけに工業化が始まった北部では、産業資本家が台頭してきたんだけど、まだまだイギリスの工業にはかなわないよね。だから、イギリス製品の流入を阻止して国内産業を守りたい。要するに自分たちの製品をアメリカ全体に売りたいの。だから保護貿易がいい。さらに、南部も西部を市場にするために合衆国全体で保護貿易をやりたいから、合衆国の統合を図る連邦主義を主張したんだね。あっ、北部の主張は中央集権（中央政府が直接全国を統治する）ってわけじゃなくて、あくまでも「内政は州の自治を尊重するけど、対外的な政策はアメリカ全体で統一しましょう」ってことだよ。

　それに対して南部は、「そんなの、北部だけで勝手にやれよ😅」って思ってたんだ。というのも、19世紀に入って奴隷制の綿花プランテーションを拡大してきた南部は、生産した綿花の多くをイギリスに輸出していたから、イギリスが自由貿易を進めて輸出を拡大すれば、原料をつくっている自分たちも儲かる。だからイギリスと合わせて自由貿易をやりたいんだね。あっ、別に北部が勝手に保護貿易をやっても文句はない。だって、南部の連中は貿易政策みたいな対外的なこともそれぞれの州で決めればいい、って思っているんだもん。これが州権主義だ。

　ここで考えてみてほしい。彼らが自分たちの主張を実現するにはどうすればいいだろう？　アメリカでは4年に1度は大統領選挙があるから、大統領を出せばいいよね。でも、今ここで話した内容を選挙の時に候補者が主張していたらどうなるだろう？　たぶん「わけわかんないこと言うな😅!!」って思われる。要するに一般の人たちには難しいでしょ。今みんなは、「志望校に合格したい！」って思って、

注意深く読んでいるから内容がわかると思うんだけど、選挙の時にはみんなそんなに真剣に聞いてくれない。これじゃあ、選挙で勝てないよね。

でもね、北部の連中が**南部を一発で撃沈させる方法**を考えついたんだよ。それが奴隷制の問題。よーし、さっき忘れた奴隷制を思い出そう😆。北部の連中は「**南部は奴隷を使ってるから、人道的じゃない**」って主張した。だから北部は奴隷制反対。ほら、わかりやすいでしょ？ これに対し南部は「**そんなに奴隷制を廃止したいなら北部だけで勝手にやればいい**」としか言えない。ということで南部は奴隷制維持。こうして、**奴隷制が南北対立の争点**として前面に出てきたよ。

🔊 新領土に奴隷制を認める？ 認めない？ 南北対立が西部に持ち込まれた！

それでは、実際に奴隷制をめぐって起きた対立を見ていこう。まず、**建国当初のアメリカには13州しかなかった**けど、だんだん州が増えていくよね。じゃあ、どうやって州が増えていくのかを確認しておこう。入試ではあまり聞かれないけど、ここからの話には必要だからさ。

> 新しい州での奴隷制をめぐる対立は、結局、議会でどっちが強くなるかってことだよ

1787年に制定された**北西部条例**で、新しい州を設置する基準が決まったよ。まず成人男性の人口が5000人になったところに**準州**が設置されて州になる準備が始まり、6万人になると**州として連邦に加える**ことになった。この時、新しい州に奴隷制を認めるかどうかが問題になったんだ。じゃあ、なんで問題になるんだろう？ **自由州**（奴隷制を認めない州）は北部の味方、**奴隷州**（奴隷制を認める州）は南部の味方ってことだから、どちらも味方を増やしたいんだよ。これね、奴隷制がどうこうっていうより、**議会での勢力争い**だ。気がついた？ アメリカの**上院**って「**各州の代表2名ずつ**」だよね。つまり**上院議員の数の取り合い**ってわけ。州の数が同じなら上院議員の数も同じになるけど、自由州・奴隷州のバランスが崩れると、上院での勢力図が変わっちゃう。1819年の時点では、自由州・奴隷州がそれぞれ11州ずつで同じだったからよかったけど、州が増えるとバランスが崩れちゃうよね。

そして、ついに**州が増える時**がきた😆。新しく州になることが決まったのは**ミズーリ州**。自由州・奴隷州どちらになってもバランスが崩れるよね。そこで1820年、南北が妥協して**ミズーリ協定**が成立したよ。まず、**ミズーリ州は奴隷州として連邦に加入**させて、以後、**ミズーリ州の南（北緯36度30分）を南北の境界線**として、**これより北には奴隷制を認めない**ことにした。これで、なんとか南北のバランスをとったんだけど……また州が増えるんだよ！

1848年の**アメリカ＝メキシコ戦争**で獲得した**カリフォルニア**は、ゴールドラッシュが起きて一気に人口が10万人を超えちゃったから、**すぐにでも州になれる**。しかも

領域がミズーリ協定の境界をまたいでるし、この時に自由州と奴隷州（どれい）は同数だったから、またバランスが崩れる……😫。結局、**カリフォルニアは住民投票で自由州**になったんだけど、南部はこれに激しく反発したんだ。

　そしてさらに、**カンザス・ネブラスカ準州の設置**が決まると、ついに南部がキレた😤。ちょっと次ページの地図 **→P.65** を見てね。カンザスやネブラスカは**ミズーリ協定の境界線より北側**だから、また自由州になっちゃうよね。この南部の激しい反発から、1854年に**カンザス・ネブラスカ法**が成立し、**自由州・奴隷州の決定を住民投票に任せる**ことになった。これって**ミズーリ協定の否定**だよ……だって、ミズーリ州よりも北に奴隷州ができる可能性があるでしょ？　今度は北部がブチ切れた！こうして、**北部を中心とする奴隷制反対派が共和党を結成**したよ。いよいよ**奴隷制反対の共和党、奴隷制維持の民主党**っていう対立がはっきりして、カンザスでは奴隷制をめぐる武力衝突まで起こったんだよ。

～ +α ちょっと寄り耳↑

　1857年に最高裁で出された**ドレッド＝スコット判決**は、南北の対話はもはや不可能と思わせるのに十分な内容だったんだ。経過を説明しよう。ミズーリ州の黒人奴隷だったドレッド＝スコットは、「自分はかつて主人に連れられて自由州に住んだことがあるから、自由身分だ」として訴訟（そしょう）を起こしたんだけど、最高裁が「奴隷には市民権がないから訴訟することさえできない」としてこの訴えを退け、さらに「ミズーリ協定は奴隷主から財産権を奪うものだから、憲法違反である」との判決を出した。これで、南北対立は話し合いでの解決がほぼ不可能になったんだ。以後、奴隷制廃止運動はどんどん過激になり、ヴァージニア州ではジョン＝ブラウンの武装蜂起（ほうき）［1859］なども起きた。

　こうしたなかで、**ストウ夫人**の小説『**アンクル＝トムの小屋**』がベストセラーになったよ。黒人の主人公アンクル＝トムを人格者のキリスト教徒として描き、白人の奴隷主の残忍さを強調しているんだけど、反面で、「黒人はアメリカでは幸福になれないから、リベリアに移住したほうがいい」というメッセージも含まれている。うーん、結局は白人のプロパガンダなんだよなぁ😅。

◀ もはや南北対立は抑えられない！　リンカン大統領の当選で南北戦争が勃発（ぼっぱつ）……

　こうして1860年の大統領選挙では、黒人奴隷問題がほぼ唯一の争点となり、**奴隷制拡大に反対する共和党のリンカンが大統領に当選**した。彼は「南部の奴隷制をすぐに廃止する」とは主張していない。だって、そんなこと言ったら、アメリカはホントにバラバラになっちゃうからね。彼は**合衆国の統合を最優先**して「**新たな州では奴隷制を認めない**」って言ったんだけど、ウラでは「奴隷制を南部だけに封じ込めれば、いつかはなくなる」って思っている。南部の連中だって、これに気づくでしょ？　もはや自分たちに未来はないと思った**南部11州**（開戦前に7州、開戦後に

第1章 国民国家の形成

第2章 列強の侵略とアジアの変革

第3章 帝国主義と第一次世界大戦

第4章 戦間期と第二次世界大戦

第5章 戦後の世界

4州）が合衆国から離脱、**ジェファソン゠デヴィス**を大統領、首都を**リッチモンド**とするアメリカ連合国**【南部連合】**をつくった。ついに南部が独立しちゃった😫。そして憲法では「**奴隷制擁護**」と「**州権主義**」を決めたよ。州権主義はもともと南部の主張だったもんね。

　しかしリンカンは**合衆国を一つの国として維持**するって主張していたから、もちろん**南部の独立は認めない**。そして、南部によるサムター要塞（南部にある合衆国の基地だよ）への攻撃で、1861年、**アメリカ史上最大の戦争**である**南北戦争**が勃発した。英語だと「The Civil War（**内戦**）」。この名前が南北戦争の性格を物語っているんだよ。

リンカンの当選で、ついに南部が合衆国を離脱！ ていうか、これって独立じゃないの？

〈南北戦争〉

アメリカ合衆国（北部）の人口は約1850万人、アメリカ連合国（南部）の人口は約900万人、しかも南部は約350万人が奴隷だよ

　開戦して最初の１年間は、**リー**将軍が率いる**南軍が優勢**だった。ホントなら人口が２倍以上もいる北部のほうが強そうなものだけど、南部にしてみれば「侵略」してくる北軍から自分たちの「領土」を守る戦争だもん。それに南部には期待していることがあるよ。それは**イギリスやフランスの支援**だ。もともと**南部はイギリスやフランスに綿花を輸出**しているから、経済的なつながりが深い。しかもアメリカの北側はイギリス領カナダだから、援軍さえきてくれれば北部を挟み撃ちできる！しかも、**英仏はメキシコ出兵**をやってるから、南にも英仏軍がいる。ほら、英仏が助けてくれれば一気に勝てそうでしょ。

　もちろん、**リンカン**もこれに気づいていたよ。いくらちょこちょこ戦闘で勝っても、英仏が南部に援軍を出したら、たぶん北軍が負けちゃうよ。さらに、西部の州が南部の味方になったら、ますます不利になるよね。リンカンは、**国内外の世論を味方にしなきゃいかん**って思ったんだよ。つまり「**軍隊で勝つより、政治で勝つ！**」。

　そこで、西部の支持を獲得するために**ホームステッド法【自営農地法】**を制定した。これは、**公有地を自分で開墾し、５年間定住して、自分で耕作している人に、無償で土地160エーカーを与える**という法律だ。160エーカーってのは２分の１マイル四方（１マイル≒1.6km）だから、約800m四方だね。かなり広いでしょ。ポイントは「開墾・定住・耕作」の３つの条件を満たせば、**タダで土地をもらえる**ってことだ。ホントなら土地代金を払わなきゃいけないけど、合衆国に残るならタダ。そりゃ、**西部の農民は北軍を支持する**よ。これで国内では優位に立ったんだけど、厄介なのが英仏だよ。

　それじゃあ、もう一度確認しよう。南部は**イギリスに合わせて自由貿易**を主張してたよね。しかも英仏も南部の安い綿花を輸入しているから、本音を言うと南部に勝ってほしい。だって原料が安くて製品が売れる、つまり儲かる😄。だから、英仏がいつ南部に援軍を送ってもおかしくなかった。そこで**リンカンは英仏に参戦させないため**、ある秘策に打って出た。それが**奴隷解放宣言**だよ。

奴隷解放宣言は、「黒人が解放されてバンザーイ」みたいな理解じゃダメだよ😤

　奴隷解放宣言の意義は、国内的にみると自由になりたい南部の奴隷が北部に逃げてきて北軍に加わり、北部が逆転してだんだん優勢になったことなんだけど、もっと重要なのは、**英仏の介入を阻止**したことなんだよ。次ページの図〈南北戦争の「２つの視点」〉→**P.67**を見ながら読んでね。**リンカンは奴隷解放宣言を出す**ことで、南北戦争を「南部の独立戦争」じゃなくて「**奴隷解放のための人道的な "内戦"**」にして、さらに国際的にも「北部のほうが正しい！」って世論をつくることに成功したんだ。自分の国では**奴隷制をとっくに廃止**している英仏は、今さら奴隷制を続けるための戦争なんてできないよね？　だって援軍を出したら「奴隷は永遠

に苦しめばいい」って言ってるのと同じことだよ。もはや英仏は「**アメリカの "内戦" には介入しない**」って言うしかない。だからこの戦争は「**The Civil War（内戦）**」。奴隷解放宣言って、むちゃくちゃ高度で政治的な判断から出されたんだよ。

〈南北戦争の「2つの視点」〉

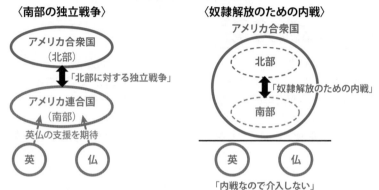

　いよいよ南軍は追い詰められ、南北戦争最大の激戦ゲティスバーグの戦いで**北軍が決定的な勝利を収めた**。この時リンカンがおこなった演説の一節が有名な「**人民の人民による人民のための政治**」だよ。その後、**グラント**将軍の活躍などで**リッチモンド**が陥落し、北軍が勝利して南北戦争は終結したんだ。

＋α ちょっと寄り耳♪

　「人民の人民による人民のための政治」って言葉は有名だけど、前後はこんなだよ。

— this nation, under God, shall have a new birth of freedom —— and that **government of the people, by the people, for the people**, shall not perish from the earth.（この国が、神の下で、新しい自由を生み出すように、そして、**人民の人民による人民のための政治**を、この地上から滅ぼさないよう決意するものであります）

　リンカンは、アメリカを南部の人も含めた一つの国として、合衆国ではなく「国家（nation）」、市民ではなくて「人民（people）」という言葉を選んだ。そして、この一節は GHQ 占領下で制定された**日本国憲法**の前文「**そもそも国政は（中略）その権威は国民に由来し、その権力は国民の代表者がこれを行使し、その福利は国民がこれを享受する**」の部分にも引用されているよ。

　この戦争のあと、**南部の憎悪はリンカン一人に向かった**んだよ。南北戦争が終わった直後、そして大統領２期目の就任式が終わったばかりの1865年４月……、**リンカンはワシントンのフォード劇場で凶弾に倒れた**。歴史に「もし」はないけれど、もしかすると**リンカン暗殺によって合衆国は再び分裂しなくて済んだのかもしれない**よ。彼の願い通り、アメリカ合衆国は一つの国として統合が維持されたのだから。

4　南北戦争後のアメリカ

◀ 奴隷制はなくなったけど……南部では黒人差別が激化

　「奴隷解放のための人道的な戦争」となった南北戦争で北部が勝利すると、1865年、奴隷解放宣言は**憲法修正第13条**となり、さらに**憲法修正第14条、第15条で黒人の市民権、投票権**がそれぞれ認められた。これで黒人も白人と同じアメリカ市民として認められるはずだよね。でもね、**黒人への差別はそう簡単になくならない**よ……😔。

　奴隷解放で一番影響を受けるのは、南部でプランテーション経営をおこなっていた**プランター（農場主）**たちだ。彼らはもう奴隷を使えないから（さすがに「奴隷」と呼んじゃマズい…）、**解放した黒人をシェアクロッパー【分益小作人】**としたよ。シェアクロッパーは、土地・農具などを地主から借りて、**収穫物の半分以上を現物で納めた**。結局彼らは、むちゃくちゃ貧乏なまま社会の最下層に置かれたから、奴隷とたいして変わんないけど、１つだけ違うとすれば「**小作人をやめたければやめられる自由**」だけは手に入れたことかな。

　そして南部にはもっと大きな変化が起きたよ。南北戦争直後から共和党を中心に南部の改革が始まり、**解放された黒人が白人たちの日常生活のなかに入ってきた**。例えば、黒人が学校に通い始めたりとか、投票に行くと黒人がいたりする。これは**南部の人にとっては、あまりにも過激な変化**だったため、黒人への反感が強くなったんだ。こうしてテネシー州では反黒人組織**KKK【クー゠クラックス゠クラン】**が結成され、黒人はリンチを受けたり家を襲われたりと、ひどい目にあったんだ。

　さらに黒人への反感は州の政治にも影響を与え、南部では憲法修正で認められた**黒人の市民権や投票権を、州法で制限し始めた。黒人取締法**と総称されるこれらの法律によって黒人は選挙権を剥奪され、さらに学校、交通機関など社会のあらゆる場面で**黒人と白人を分離するジム゠クロウ制度**がつくられた。人種隔離政策は南アフリカのアパルトヘイトが有名だけど、アメリカにも同じような制度があったんだよ。そして、北部の連中もこれ以上南部と対立をしたくなかったから、そのまま放置したんだ。

> 奴隷制がなくなっても、黒人差別は全然なくならない！奴隷解放宣言の100年後にもキング牧師が黒人解放運動をやってるもんね……

◀ 北部は急速な工業発展。これがアメリカン・ドリームだ！

　さっき、南北戦争は「工業（北部）VS. 農業（南部）」の対立から起きた、って話したの覚えてる？　北部が勝ったから工業が勝ったということだよね。南北戦争後、しばらくは共和党政権が続いて工業優先の政策をとったから、アメリカでは急速に工業が発展したよ。きっかけは**鉄道建設**とそれによる**鉄鋼**の需要、さらに石油産業の勃興などだよ。

　1869年に最初の**大陸横断鉄道**（ユニオン・パシフィック＝セントラル・パシフィック鉄道）が開通し、その後わずか15年の間に５本の大陸横断鉄道が次々と完成すると、人やモノ、それに情報がアメリカの東西を行き来するようになり、**西部開拓**が一気に進んだよ。この鉄道建設ブームを背景とする鉄の需要拡大と鉄鋼業の発展に乗っかって「鉄鋼王」となったのが**カーネギー**だ。スコットランド系移民の糸巻き工だったカーネギーは、一代でアメリカの鉄鋼業を独占する大企業**カーネギー製鋼会社**を築き上

最初の大陸横断鉄道［1869］

サンフランシスコ　　シカゴ

げたよ。その後、カーネギーは自分の鉄鋼会社を、**モルガン【モーガン】**の設立した **US スティール社**に売却して引退したのち、文化事業や慈善事業に多額の資産を寄付した。例えば、かつてニューヨーク・フィル（オーケストラね）の本拠地だったカーネギー・ホールも彼が出資して改築したものだ。ちなみに**モルガンは鉄道投資で巨万の富を手に入れた銀行家**だよ。一方の石油産業では、1859年にペンシルヴェニア州で開発された油田にいち早く目をつけた**ロックフェラー**が、石油を運ぶ鉄道会社とも手を組んでライバル企業を圧倒、「石油王」となった。彼の創設した**スタンダード石油トラスト**は、全米の石油精製の９割を支配する大企業となった。まさに、アメリカン・ドリームだね。

　そしてこれらの大企業は、**政府による保護貿易政策**にも支えられて発展し、1890年ごろまでには**アメリカは工業生産でイギリスを抜いて世界１位**となった。こうしたアメリカの急激な工業発展は、「儲かりゃなんでもいい」みたいな拝金主義の風潮を生み、この時代は「**金ぴか時代【Gilded Age】**」なんて呼ばれているね。

◀ アメリカン・ドリームを夢見た移民が、アメリカの発展を支えた！

　じゃあ、最後に**アメリカの移民問題**をまとめておこう。ここまでは独立してからのアメリカ合衆国の発展を順番に見てきたけど、どんどん領土が拡大しても、そこに住む人がいなければ発展はしないよね。独立後のアメリカの発展を支えたのは移民なんだよ。**米英戦争をきっかけに工業化が進み、1840年代には産業革命が始まっ**たけど、工場ができたところで働く人がいなきゃ発展するはずがない。つまりこの

時期のアメリカは、労働者がいっぱい必要なんだよ（難しい言葉だと「**労働需要**」ね）。この発展を支えたのは**旧移民**と呼ばれる人びとだ。

1840年代ごろから、アメリカには**北欧や西欧からの移民**が多数流入したんだけど、彼らは**旧移民**と呼ばれているよ。特に多かったのは**アイルランド系移民**と**ドイツ系移民**だ。前回出てきたの覚えてるかな？　ジャガイモ飢饉をきっかけに、100万人以上の**アイルランド人**がアメリカへと移民し、**北部の工場労働者**となったり、**東部からの大陸横断鉄道建設**に従事したよ。**ドイツ系移民**は1848年の三月革命に失敗した政治亡命者や南ドイツの貧しい農民出身で、アメリカ到着後には中西部の農業地帯に移住した人も多かったんだよ。そして、1848年の**カリフォルニアでの金鉱発見**が移民の流入を加速させ、いわゆる**ゴールドラッシュ**が起きたよね。これがアメリカへの移民流入の第1波だ。

そして南北戦争以降、アメリカでは急速に工業が発展したから、ますます労働者が必要になった。これを支えたのもやはり移民なんだよ。しかも、この時期には新たな地域からの移民が増えるんだ。1880年代ごろから少しずつ**南欧・東欧**、特に**イタリア系移民**やロシアからの移民が増えはじめ、1900年ごろにはピークとなった。彼らは**新移民**と呼ばれているよ。**イタリア系移民**の多くは、南イタリアからきた貧しい農民だよ。時期としてはちょうど**イタリア統一**のあとだよね。彼らは統一に夢を抱いていたんだけど、統一後の保護貿易政策で農産物輸出が減少して貧しくなったから移民したんだね。それからロシアの**ポグロム**（ユダヤ人迫害）を逃れた**ユダヤ人**も多かった。ただね、アメリカン・ドリームを夢見て移民してきても、夢破れるどころか差別されて苦しむ場合だってあるんだよ。特に、**プロテスタント中心のアメリカ社会では**カトリック教徒**は差別の対象となったから、**カトリックの多い**アイルランド系**と**イタリア系**の人びとは、厳しい差別を受けることになったんだ。

合否の分かれ目　ヨーロッパからアメリカへの移民

- ●**旧移民**［1840年代〜1880年代］……西欧・北欧出身者が多い
  - ●**アイルランド系**……ジャガイモ飢饉による貧困化が背景
  - ●**ドイツ系**……1880年代まで、多数流入
    - ▶**三月革命失敗による政治的亡命者**や**南ドイツの貧農**が中心
- ●**新移民**［1880年代〜］……南欧・東欧出身者が増加
  - ●**イタリア系**……統一戦後の政治的・経済的な混乱が背景
    - ▶**南イタリアの貧しい農民**が中心
  - ●**ロシア**……ユダヤ人が多い（**ポグロム**〔ユダヤ人迫害〕が背景）
- ※アイルランド系、イタリア系移民は、**カトリック教徒として差別**された

もう一つ、忘れちゃいけないのがアジアからの移民だ。1840年代、要するに**カリフォルニアのゴールドラッシュ**以降なんだけど、鉱山や鉄道建設に低賃金の労働者がいっぱい必要になった。この労働需要を支えたのが**中国系移民**だよ。中国では**アヘン戦争**のあとで、貧しい人があふれていたからね。彼らは契約移民「**苦力【クーリー】**」として、西部を中心に低賃金労働に従事したんだ。特に西からの**大陸横断鉄道建設**には、多数の苦力が従事したよ。ただね、中国はそもそも人口が多いから移民の数もハンパない。増え続ける**中国系移民が白人下層労働者**たちにとって**脅威**になったから、白人たちの移民排斥運動が激しくなり、1882年には**アメリカ史上初の移民制限**として**中国人労働者移民排斥法**がつくられた。

「大陸横断鉄道の東側にはアイルランド人の骨が、西側には中国人の骨が埋まっている」といわれるくらい、犠牲者も出たよ

そして中国系移民が禁止されたあとに増加したのが**日本人移民**だよ。日本は明治維新のすぐあとの時期にあたり、国内で工業化が進んだために貧しくなった農民が、労働者として都市に流出するだけじゃなくて、海外へも移住したんだよ。

それじゃあ、最後に年号 check だ！

!! 年号のツボ

● **米英戦争【アメリカ＝イギリス戦争】勃発** [1812]
　（**イ**ヤ！　**イ**ギリ**ス**に　宣戦布告）←多くのアメリカ人の感情はこうだ
　　１８　　　１２

● **先住民強制移住法** [1830] ←七月革命と同じ年だよ
　（インディアンの　**一派去れ**）
　　　　　　　　　１８３０

● カリフォルニアの**ゴールドラッシュ** [1848] ←二月革命と同じ年だね
　（**一発しやがれ**　金鉱開発）
　　１８４８

● **南北戦争勃発** [1861] ←イタリア王国成立、露の農奴解放令と同じ年だ
　（**いや無茶言う**な　連邦離脱）
　　１８６１

● **奴隷解放宣言** [1863]　（**一番無残な**　奴隷を解放）
　　　　　　　　　　１８６３

● **大陸横断鉄道開通** [1869] ←スエズ運河開通と同じ年だ
　（**野郎**が**鍬持ち**　鉄道建設）
　　８６　　　９クワ

さーて、次回は**ドイツとイタリアの統一**だよ。似ているようでかなり違う両国の統一の過程を見ていくよ。さらに、ドイツでは最強の戦略家**ビスマルク**が登場だ！

イタリア・ドイツの統一

　みんなもよく知っているヨーロッパの国のうち、<u>19世紀後半までなかった国</u>があるんだよ。それが<u>イタリアとドイツ</u>だ。どちらもバラバラな状態だったんだけど、19世紀後半に統一されたんだよ。

大きくつかもう！

みんなが知っている形のイタリアとドイツは、19世紀までなかったんだよ

イタリアの統一

1 統一以前のイタリア　73〜75ページ

↓

2 サルデーニャ王国の統一運動　75〜77ページ

↓

3 イタリア王国の成立　77〜80ページ

ドイツの統一

4 統一以前のドイツ　80〜83ページ

↓

5 普墺戦争と普仏戦争　83〜87、89ページ

↓

6 統一後のドイツ　89〜92ページ

　「ヨーロッパの国を知ってる順にあげてごら〜ん」って言われた時に、どこの国が出てくるかな？　もちろん、人それぞれだとは思うけど、「イギリス、フランス……」って始まって多分10コ以内、いや5コ以内には「<u>ドイツ、イタリア</u>」って出てくるんじゃないかな？　サッカー強いしさ😆。イタリアは観光でも人気だもんね。でも、そんな<u>イタリアもドイツも、現在のように統一された国になったのは19世紀後半</u>！　まだできてから150年くらいだよ。似ているようでかなり違う2つの国の統一は、どうやって進んだんだろ？

　じゃあ、イタリアとドイツの統一の始まり〜👆。

イタリアの統一

1 統一以前のイタリア

◀ **そもそも、イタリアってどこ？　イタリアの統一って何すりゃいいのさ？**

　今は当たり前のように「イタリア」って言ってるけど、**イタリアが統一されたのは1861年**なんだよね。じゃあそれ以前にちゃんと統一されてたのって、いつまでだろ？　思い出せるかな？　外から攻め込まれたのを抜かすと……**ローマ帝国**だよ😳。まぁ、東西に分裂したから**西ローマ帝国**だね。その後東ゴート王国もできるけど、これはゲルマン人の国だから**イタリア人じゃない**😔。さらに、イタリアのど真ん中にできた**教皇領【ローマ教皇領】**によって、8世紀以降は**南北に分断され**ちゃった……。だって教皇領に手を出したら天罰が下る😅。しかも、イタリアを支配していた**カロリング朝も875年に断絶**😫。ここからずっと分裂が続くから、ヨーロッパのほかの国の人はもちろん、**イタリア人自身にも「イタリア」っていう国の感覚はない！**　もちろん、現在のような意味での「**イタリア人**」って感覚もないんだよね。

　じゃあ、ウィーン体制下でのイタリア（国じゃなくて地理的な意味でのイタリア半島ってことね）の状況を確認しておこう。

〈ウィーン体制下のイタリア半島〉

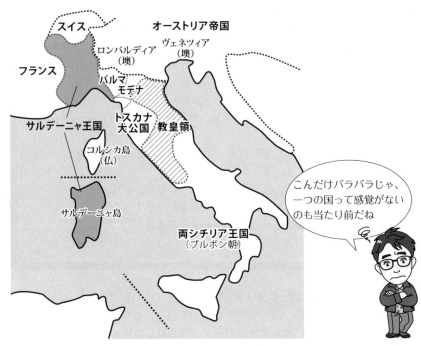

スイス
オーストリア帝国
ロンバルディア（墺）
ヴェネツィア（墺）
フランス
パルマ
モデナ
サルデーニャ王国
トスカナ大公国
教皇領
コルシカ島（仏）
サルデーニャ島
両シチリア王国（ブルボン朝）

こんだけバラバラじゃ、一つの国って感覚がないのも当たり前だね

　まず北イタリアでは、大国オーストリアがロンバルディアとヴェネツィアを支配していて、オーストリアとフランスに挟まれる形でサルデーニャ王国があるね。ウィーン議定書でサヴォイアとジェノヴァを獲得したから、サルデーニャ島と合わせればイタリアのなかでは一番強かったけど、しょせんヨーロッパでは弱小国だよ。そして、中部イタリアには問題の教皇領😖。これがあるからイタリアは南北に分断されてるんだ。そして、教皇領の北側の小さな君主国（パルマ、モデナ、トスカナ大公国など）は、たいていハプスブルク家（つまりオーストリア）と仲がいい。さらに南イタリアにある両シチリア王国は、これまたブルボン朝（スペイン系）の支配……。ってことは、イタリア半島のほとんどが外国の支配下にあるってことだよ。これを統一するって、いったいどうすりゃいいのさ？

💻 クローズアップ　イタリアの統一

- **サルデーニャ王国による統一運動**
  - ▶ 国王：ヴィットーリオ＝エマヌエーレ2世、首相：カヴール
  - **クリミア戦争に参戦**［1855］……**英仏側で参戦**
    - ➡ **プロンビエール密約**［1858］……仏のナポレオン3世の支援を得る
  - **イタリア統一戦争**［1859］……**オーストリアとの戦争**
    - ▶ **ナポレオン3世が裏切り**、フランスが単独講和（ヴィラフランカ条約）
      - ➡ ロンバルディアは獲得、**ヴェネツィアはオーストリア領のまま**
  - **中部イタリア併合**［1860］➡サヴォイア・ニースを**フランスに割譲**
- **ガリバルディを中心とする愛国派の統一運動**
  - **千人隊【赤シャツ隊】の結成**［1860］
    - ➡ シチリア島占領、さらに南イタリアに上陸し、両シチリア王国征服［1860］
    - ➡ 南イタリアで**住民投票が実施され、サルデーニャ王国への併合が決定**
- **イタリア王国の成立**［1861］……ヴェネツィアと教皇領を除き統一達成
  - ▶ 国王：ヴィットーリオ＝エマヌエーレ2世、首相：カヴール
- **ヴェネツィア併合**［1866］……**普墺戦争**に乗じて併合
- **教皇領占領**［1870］……**普仏戦争**に乗じて占領
- **「未回収のイタリア」**……トリエステ、イストリア、南チロルなど

◀ 2つの方向があったイタリア統一運動

　こんな状況だったから、「イタリアの統一って何？」って聞かれても、イタリア人自身もよくわからない😖。でも、外国に支配されるのはイヤだから、ウィーン

体制下では**カルボナリ**が蜂起(ほうき)した。でも全部潰(つぶ)されちゃったから、**マッツィーニ**が**青年イタリア**をつくったよね。 **第1回** でやったのをちょっと思い出してみよう！ 1848年の二月革命の影響で、イタリアでは２つの大きな動きがあったよね。一つは、サルデーニャ王**カルロ =アルベルト**の対オーストリア戦争、もう一つは、**マッツィーニ**が建てた**ローマ共和国**。どちらも**イタリア統一を目指す方向は同じ**なんだけど、**目標が違う**のわかる？　かなり根本的な問題だよ。サルデーニャ王国が目指しているのは「**イタリア王国**」だ。そして、マッツィーニらは「**イタリア共和国**」をつくりたい！　国王はいらないんだよ。つまり「**王政にするか、共和政にするか**」。どっちになるんだろう😄？

「イタリア王国」か「イタリア共和国」か……難しい問題だね

2 サルデーニャ王国の統一運動

◀ イタリア統一に向かって、サルデーニャ王国が動き出した！

　統一に向かってまず動き出したのは**サルデーニャ王国**だ。カルロ = アルベルトが退位すると、息子の**ヴィットーリオ = エマヌエーレ２世**が国王となり、**カヴール**を首相に登用した。この二人がここから**イタリア統一運動の中心**になるんだけど、まず考えなきゃいけないのは「**なんでこれまでの統一運動が失敗ばかりだったのか？**」ということだ。ん？　弱いから？……とか言わない😅。

　カヴールは、若いころイギリスとフランスを旅行し、特に**イギリスの自由主義経済と議会主義の影響を受ける**一方で、「愛国者のやっているイタリア統一運動は現実的じゃない。むしろ**独立とピエモンテ（サルデーニャ王国）の拡大を目指すべき**」と確信したんだ。だって、大国フランスをこの目で見ちゃったんだもん。今のままじゃ、サルデーニャ王国は弱すぎるよ😓。

　そこで**カヴールは国内の近代化を進めた**。まずは教会の財産を没収し、それを財源に産業振興や鉄道建設、それに**軍制改革**をやった。これでオーストリアに……って、勝てるわけない😫。だって、サルデーニャ軍はこの時点で６万人ちょい、対するオーストリア軍は一声で20万人くらいは出てくる😲。ていうか無理でしょ……。だったら誰かに助けてもらえばいい😁。オーストリアの敵といえば……**フランス**！　でもどうやって味方にすればいいんだろ？

　そこにすごいチャンスが訪れた。それが**クリミア戦争**だ！　カヴールは考えた。「**フランスのナポレオン３世は、ヨーロッパの勢力均衡を破ってフランスの強大化を狙っている**。これを利用して**対オーストリア戦争での協力を得る**！」ってことだ。こうしてサルデーニャ王国は**クリミア戦争に英仏側で参戦**、なけなしの軍を1万5000人も出したんだよ。カヴールは、戦後の**パリ講和会議**に出席して、**サルデーニャの国際的地位を上げて、さらに英仏を味方にしようとした**。ただ、ちょっと気合

い入りすぎちゃったんだろうなぁ😵。カヴールの反オーストリアの姿勢が激しくて、イギリスには警戒された😫。これは、フランスに期待するしかない……。

　そこでカヴールは**フランスのナポレオン3世に接近**したんだよ。一方のナポレオン3世も偉大な叔父ナポレオン1世の栄光を復活したいから、**サルデーニャ王国を拡大させてフランスの衛星国**にして、教皇の保護者としてイタリア各地にも支配を伸ばして……って、夢が広がってる😊。こうして、**カヴールとナポレオン3世の間でプロンビエール密約**が結ばれたよ。このなかで、**フランスがサルデーニャ王国の対オーストリア戦争を支援**すること、代償として**サヴォイアとニースをフランスに割譲**すること、さらに入試レベルじゃないけど、教皇領や両シチリア王国を現状のまま残すことが決められたんだ。

フランスに頼らないと統一はできないって……なかなか辛い状況だな

+α ちょっと寄り耳♪

　イタリア統一運動の中心はカヴールやガリバルディだけど、愛国心を盛り上げたという点では、僕の好きな作曲家ヴェルディの果たした役割も大きかった。ヴェルディが生まれたのは1813年、ちょうどワーテルローの戦いの年だ。
　彼が初めて大衆的な人気を得た作品は、バビロン捕囚に苦しむヘブライ人を題材とした「ナブッコ」。イタリア人は外国の支配に苦しむ自分たちを、作品中のヘブライ人に重ね合わせ、故郷への想いを歌った合唱「わが想いよ、黄金の翼に乗って」を、まだ実現していない祖国イタリアへの想いに重ねて歌ったんだ。現在でもこの歌はイタリアの第2の国歌といわれているよ。その後、「シチリアの晩鐘」など愛国心を高める作品を数多く作り名声を高めたヴェルディは、感情の湧き上がるイタリア・オペラを確立、現在でも上演され続けるくらい人気の作曲家になった。「椿姫」の乾杯の歌や、サッカーでよく流れる「アイーダ」の凱旋行進曲なんかは、みんなも耳にしたことがあるんじゃないかな？ちなみに、「アイーダ」はスエズ運河開通を記念して上演されたオペラだよ。

🔊 イタリア統一戦争が勃発したけど……フランスに裏切られた！

　こうして**オーストリアとサルデーニャ王国の間でイタリア統一戦争**が始まったんだけど、オーストリアにも誤算があった。イギリスの動きを警戒してナポレオン3世が迷っているんじゃ？　と思ったんだけど、いきなり12万人の**フランス軍**が出兵してきた😲。そして、19世紀最大の戦闘となった**ソルフェリーノの戦い**では、フランス、サルデーニャが12時間にわたる戦闘の末、**オーストリアを破った**。ちなみにこの時、ナイティンゲールの影響を受けて戦場で兵士の救護活動をしていたスイス人の**アンリ゠デュナン**が、のちに**国際赤十字**を設立することになるよ。

　オーストリアに勝ったというニュースが広がった**イタリア**では、**愛国運動が盛り上がった**よ。「このままいけば外国支配から独立できるのでは」と、**中部イタリア**、さらに教皇領のなかでも**民衆の反乱**が起き始めた。焦ったのは**ナポレオン3世**だ。だって彼は、**自分自身がイタリアへの影響を持ちたいだけ**で、サルデーニャ王国には北イタリアの一部しか渡すつもりはない。にもかかわらず、カヴールが密かに中部イタリアへの勢力拡大を目論んでるようだし、しかも北方のプロイセンの動きが怪しい……。こうして、**ナポレオン3世は勝手にオーストリアと講和を結んで**撤退した（**ヴィラフランカ条約**）。これを見たカヴールは怒った！　かといって単独でオーストリアと戦っても勝てないから、やむなく休戦を受け入れた😖。だから、**サルデーニャ王国はオーストリアからロンバルディアを獲得するにとどまり**、**ヴェネツィアはオーストリア領のまま残った**んだよ。しかし、このフランスの裏切りはイタリア人を怒らせたんだよ。

◀ なんでこんなに大国に翻弄されるんだ！　中部イタリアの人びとが怒った

　フランスの裏切りを見たイタリア人たちは「なんで、イタリアは大国に翻弄されてばっかりなんだ〜😭」って怒り、愛国心を強めていった。しかも、**イタリア統一戦争中に中部イタリア小国家の君主たちが次々と亡命**していたから、もはや住民たちを抑えるものは何もない！　彼らは「**サルデーニャと合併して、イタリアを大きくしよう！**」って言い出した。もちろん、カヴールがウラで動いてるんだけどさ😁。こうして1860年、住民投票によって**中部イタリアのサルデーニャ王国への併合**が決まったよ。

　ただ、これを見た**ナポレオン3世**は「サルデーニャのくせに生意気な😠」と思ったから「**中部イタリアの併合を認めてやるかわりに、サヴォイアとニースをよこせ！**」って言い始めた。うーん、苦渋の決断を迫られてる😓。だってサヴォイアって王家の発祥の地だし、西からの防衛の拠点だもん。でも、**これを認めないとフランスが完全に敵になる**😫。カヴールも受け入れるしかなかったんだね。

3　イタリア王国の成立

◀ 統一運動のもう一つの動き。いよいよガリバルディが動いた！

　ここまでの統一運動でサルデーニャ王国が拡大し、残すは**オーストリア支配下のヴェネツィア**、**フランスが保護する教皇領**、**ブルボン朝の両シチリア王国**だけになった。ていうか、どこも大国を敵に回さないと取れないところばかりだ。今のサルデーニャには、全部ムリだよ😖。ここで動き出したのが**民衆主導の統一**、かつての青年イタリアの連中だ。中心となった**ガリバルディ**は、青年イタリアに参加し、1849年の**ローマ共和国の防衛**に力を尽くし、**イタリア統一戦争でも義勇軍「アルプス狙撃隊」を率いた**統一運動の英雄だよ。

　1860年、**シチリア島でブルボン朝に対する農民反乱が起きた**というニュースを聞いた**ガリバルディ**ら愛国者たちは「民衆反乱を拡大して、今こそイタリアを解放する時がきた！」って盛り上がった。彼らは**民主的なイタリア統一国家をつくりたい**から、カヴールから主導権を奪いたい。ガリバルディは「今こそイタリア国民の統一のために立ち上がれ🐕」とジェノヴァで**義勇軍**を集めたんだ。こうして結成されたのが**千人隊**、通称**赤シャツ隊**だ。統一への情熱だけは誰にも負けない！　彼らがシチリア島に向かって出兵すると、あくまで**サルデーニャ王国の拡大で統一したいカヴールが妨害**してきた。でも、動き出した歴史の波は止められないよ。

　シチリア島に上陸してからのガリバルディは、奇跡的な勝利を続けたよ。彼らは、壊れかけてる銃に銃剣をつけただけのショボい武器しか持ってなかったけど、ガリバルディの情熱に勇気をもらった**シチリア住民がどんどん軍に参加**してくる。もう誰にも止められない🐕。こうして1860年6月には**パレルモを解放**し、**ガリバルディはシチリア島を占領**した。そして、8月に**南イタリアに上陸**すると、さらに義勇軍が増え続けてついに5万人！　こうして**ナポリも制圧**して、**南イタリア征服**（**両シチリア王国**の全土ってことね）を完成させたよ。

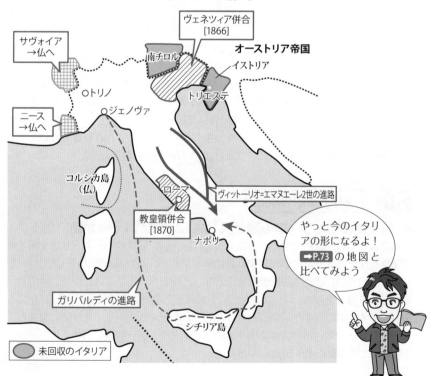

〈イタリアの統一〉

◀ 国王とガリバルディの握手……ついにイタリア統一だ！

　この動きを見たカヴールはむちゃくちゃ焦った。彼らがこのまま「ローマに向かえ〜！」って教皇領に攻め込んだら……間違いなくフランスを怒らせる。「やつらの動きを止めるしかない」と思ったカヴールは、ガリバルディを止めるために教皇領に侵入することをナポレオン３世に連絡すると、国王ヴィットーリオ＝エマヌエーレ２世が軍を率いて南下し、教皇領の一部を占領しながらナポリの北方のテアーノまで進み、ここで**国王とガリバルディの会見**がおこなわれたよ。

　この会見はイタリア統一を象徴する場面として、ある種の神話として広まっているけど、実際には、保守派が実施を強行に主張した**住民投票で南イタリアのサルデーニャ王国への併合**を決めて、**イタリア統一が実現した**。ガリバルディは地中海の小さな島に移り、もう表舞台には出てこない。だって、ガリバルディが夢見ていたのとは違うイタリアが姿を現すんだもん。

　1861年、**トリノ**を首都とする**イタリア王国**が成立したよ。初代国王は**ヴィットーリオ＝エマヌエーレ２世**、首相は**カヴール**だ。これって、単に**サルデーニャ王国が拡大しただけ**でしょ😏。そう思った人……鋭い！　**統一後も制限選挙**だったから民衆は政治に参加できないし、**農民にも土地は分配されない**。つまり、統一したイタリアは民衆が夢見ていたものとは違っていた。だから「イタリアができたんじゃなくて、サルデーニャに占領された」って思った人もいたよ。そして**カヴールも、イタリア王国成立後、わずか３カ月で急死してしまったんだ。**

夢が破れた人たちのなかには、アメリカに移民した人もいるよ。それがアメリカの「新移民」ね

◀ ヴェネツィアと教皇領の併合は、プロイセンのおかげ

　残るはヴェネツィアと教皇領。ヴェネツィアはオーストリア領、教皇領にはフランス軍がいるけど、まさかイタリアがフランスやオーストリアにケンカ売るのはムリ😫。のび太がジャイアンにケンカ売るようなもんだ。そんなイタリアにもチャンスがくる。それが**ドイツ統一を進める強国プロイセンの動き**だ。

　当時、**プロイセンは宰相のビスマルク**を中心にドイツ統一を進めていて、オーストリアとは統一の主導権をめぐって対立し、フランスのナポレオン３世はドイ

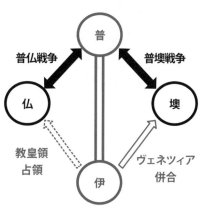

ツの統一を望んでいなかった。ん？　プロイセンの敵はオーストリアとフランス……おっ、イタリアと一緒だね😉♪。ビスマルクは戦争を有利にするためにイタリアに接近したから、イタリアには願ってもないチャンスがきたんだ。

　1866年、ビスマルクはイタリアと密約を結び、普墺戦争【プロイセン＝オーストリア戦争】で勝利したよ。ていうか、プロイセンが勝ったってことはイタリアも勝ちだよ😄。こうして、イタリアはヴェネツィアを併合したんだ。さらに1870年の普仏戦争【プロイセン＝フランス戦争／独仏戦争】が始まると、プロイセン軍の進撃で苦戦したフランスはローマ守備隊を本国に撤退させた。だって、ローマよりパリのほうが大事でしょ😤。これで喜んだのはイタリアだ😉。そのまま教皇領を占領し、翌年には首都をローマに遷した。こうして、ほぼ現在と同じイタリアができたんだね。

　ただ問題が2つある。一つは「未回収のイタリア」だ。プロイセンに頼ってヴェネツィアを併合したけど、ビスマルクにはイタリアの都合なんてどうでもよかったんだよ。だからヴェネツィアの全部を占領する前に戦争が終わっちゃった😵。結局1870年の教皇領併合のあともオーストリア領のまま残ったイタリア人居住地、具体的にはトリエステ、イストリア、南チロルなどがあって、これが「未回収のイタリア」と呼ばれているよ。

　もう一つがローマ教皇との問題だ。フランス軍が撤退したからといって、教皇自身はローマをイタリア王国にあげる気などさらさらなかったんだよ。でも併合されて教皇領がなくなったから、完全にキレた。教皇ピウス9世はイタリア王国を認めずに、国王ヴィットーリオ＝エマヌエーレ2世を破門すると「ヴァチカンの囚人」と宣言して教皇庁に引きこもった。というか、イタリア人ってほとんどがカトリック教徒だから、このあとずっとイタリア王国と教皇の決定的な対立に悩まされるんだ。だって「イタリアにつくか、それとも教会につくか」っていう、答えの出ない二択を突きつけられたんだもんね。

ドイツの統一

4　統一以前のドイツ

🔊 いったいどこまでがドイツ？　統一をめぐって対立する2大国

　続いてドイツの統一だよ。ドイツも19世紀後半までバラバラだったよね。中世以来の神聖ローマ帝国は、17世紀の三十年戦争以来、帝国内の各領邦（要するに諸侯ね）に主権が認められたから、帝国内に小さい君主国が300近くもあったんだ。

　そしてナポレオンの遠征によって神聖ローマ帝国が消滅し、ウィーン体制下ではオーストリアを盟主とするドイツ連邦ができた。ナポレオンの遠征によって領邦の数は減ったけど、まだ35君主国もある！　しかも、かつて神聖ローマ皇帝だったオーストリアだけじゃなくて、北方の新興国プロイセンが強大化して、1834年にはドイツ関税同盟を結成していたね。つまり、政治の主導権はオーストリア、経済の主

導権はプロイセンが握ってるってことだ。うーん😓、これは絶対にモメる。実際、1848年の**フランクフルト国民議会**でも、**オーストリアを中心とする大ドイツ主義**と、**プロイセンを中心とする小ドイツ主義**の対立が起きたんだ。しかもこの両国、宗教も違うんだよ。**カトリックのオーストリア**に対し、**プロテスタントのプロイセン**……こりゃ、ドイツの統一もなかなか難しいね。

◀ 動き出したプロイセン！　ビスマルクの「鉄血政策」って？

　そんななかで動き出したのが**プロイセン**だ。国王の**ヴィルヘルム1世**は宰相に**ビスマルク**を登用したよ。ビスマルクは**ユンカー**の出身だから、カヴールとは違って自由主義なんて大キライな**超保守派**！　国王が強いままのドイツを目標に、**軍備拡大によって統一を進めた**んだ。

「鉄血政策」ってのは「軍隊が強けりゃ誰も文句言えない！」って感じかな

　宰相になってすぐに、ビスマルクは軍事予算を否決した議会に対して「議会を無視して軍備を拡大する！」って宣言しちゃった😤。「現在の大問題の解決は言論や多数決ではなく、鉄と血によってのみ解決される」っていう有名な**鉄血演説**は、「ドイツ統一は議会での議論や話し合いじゃなくて、軍備拡大で実現する」って意味だもんね。これが有名な鉄血政策だ。もちろん議会だって反対したし、議会と政府の間で軍事予算の決定権をめぐる対立を引き起こしたよ（**プロイセン憲法論争**）。この鉄血政策により国家予算をつぎこんで**軍需産業を発展**させたから、プロイセンではのちに「死の商人」として有名になる大財閥**クルップ**などが出現したよ。そして、ビスマルクはクルップに新型の大砲なんかを開発させ、軍の近代化を一気に進めたんだ。

　ドイツ統一を目指すプロイセンが倒さなきゃいけない国は2つあったんだよ。まずはドイツ内部の主導権をめぐる**オーストリアとの争い**だ。もともとオーストリアはドイツ連邦の議長国だし、もっとさかのぼると神聖ローマ皇帝！　順当にいけばオーストリアが統一の中心になってしまう。これをひっくり返すには戦争で勝つしかないだろ、ってのがビスマルクの考えだ。

　さらにフランス。**フランスにとっては、隣国のドイツがバラバラでいてくれたほうが、自分の国の安全のためには都合がいい**んだよ。しかも、皇帝ナポレオン3世は、叔父のナポレオン1世みたいに、大陸ヨーロッパの覇権を握りたいって思っているし、戦争で人気を取ろうとしている。やっぱ、これも倒すしかないでしょ。だから、**オーストリアとフランスを倒さなきゃ統一はできない。**

　そしてさらに、もう一つの問題があるんだよ。それがウィーン体制以来の「**勢力均衡**」の問題だ。英・仏・墺・普・露の5大国の勢力均衡によってヨーロッパの秩序を維持しよう、って考え方はこの時代にもまだ生きていたから、プロイセンから

戦争を仕掛けるのは、国際関係の上であまりよくない……。うーん、難しい課題がいっぱいだ😫。でもこれを全部なんとかしちゃうのがビスマルクのすごいところなんだ。

　まず、オーストリアとフランスに勝つには、**戦争の前に絶対に勝てるだけの準備をしてから開戦すればいい**。当時プロイセンには陸軍が40万人以上いて、新型の兵器も揃えてる。しかも、開戦したらあっという間に移動できるように、**国境まで鉄道も建設した**。さらに、戦争は自分から仕掛けるんじゃなくて相手から仕掛けさせるんだよ。「売られたケンカを買ったら、ボッコボコにしちゃった」っていうふうにね。そんなことできんの？……天才だからできる😄。というわけで、このあと普墺戦争【**プロイセン = オーストリア戦争**】と普仏戦争【**プロイセン = フランス戦争／独仏戦争**】という2つの戦争があるよ。

〈ドイツの統一〉

- スダンの戦い[1870]
- サドヴァの戦い[1866]

デンマーク／シュレスヴィヒ／ホルシュタイン／イギリス／ベルリン／ロシア帝国／プロイセン王国／パリ／フランス／バイエルン／プラハ／ウィーン／スイス／サルデーニャ／オーストリア帝国／スペイン／教皇領

```
━━━ 1866年以前の
　　　ドイツ連邦の境界線
------ 北ドイツ連邦の境界線
```

クローズアップ　プロイセンによるドイツ統一

- ●プロイセン国王ヴィルヘルム1世［位1861〜88］
  - ●首相：ビスマルク［任1862〜90］……「鉄血政策」（鉄は武器、血は兵士）
- ●普墺戦争【プロイセン゠オーストリア戦争】
  - ●シュレスヴィヒ・ホルシュタイン問題
    - ➡デンマーク戦争……**オーストリアと共同出兵**し、勝利
    - ➡両公国の帰属とその処理をめぐり、ビスマルクが墺を挑発
  - ●普墺戦争【プロイセン゠オーストリア戦争】［1866］➡プロイセンが勝利
    - ➡シュレスヴィヒ・ホルシュタインは**プロイセンに併合**。
    - **ドイツ連邦の解体、オーストリアをドイツ統一から排除**
  - ●北ドイツ連邦成立［1867］……プロイセンを首長とする北ドイツの連合体
- ●普仏戦争【プロイセン゠フランス戦争】
  - ●スペイン王位継承問題
    - ▶**ホーエンツォレルン家のレオポルトをスペイン王に推戴**
    - ➡**エムス電報事件**でビスマルクがナポレオン3世を挑発
  - ●普仏戦争【プロイセン゠フランス戦争／独仏戦争】［1870〜71］
    - ▶**スダンの戦い**［1870］……**ナポレオン3世を捕虜**とする
    - ➡**ドイツ帝国成立**［1871］……ヴェルサイユ宮殿でドイツ皇帝の戴冠式をおこなう
  - ●フランクフルト講和条約［1871.5］
    - ▶アルザス・ロレーヌを**ドイツに割譲**／▶50億フランの賠償金を課す

5 普墺戦争と普仏戦争

◀ 普墺戦争の原因は？　シュレスヴィヒ・ホルシュタイン問題ってなんだろう

まずは**オーストリアと戦争**について見ていこう。オーストリアとの間には**ドイツの統一の主導権**をめぐる対立はあるけど、すぐに戦争になるほどでもない。ただ、**きっかけがなければつくってしまえ！** っていうのがビスマルクなんだよ。最終的にプロイセンとオーストリアは戦争に突入するんだけど、開戦の契機となったのが**シュレスヴィヒ・ホルシュタイン問題**だ。

ユトランド半島の付け根に位置する**シュレスヴィヒ公国**と**ホルシュタイン公国**にはドイツ人が住んで

気づいたときにはすでに、オーストリアは戦争に引きずりこまれてるよ😣

いて、両国は古くから不可分（分割しちゃダメ）な地域とされ、15世紀以降はデンマークが同君連合として支配していた（別々の国だけど、国王は一緒ってことだよ）。そしてウィーン体制下ではホルシュタインがドイツ連邦に参加していたんだけど、1863年にデンマークがシュレスヴィヒを併合したんだ。これには**ドイツ系住民が怒った**😡。そしてドイツ連邦に「デンマークをなんとかしてくれ〜」って頼んだ。この要請を受けて**プロイセンとオーストリアが共同出兵**し、**デンマーク戦争**が始まったんだけど、この時ビスマルクは「オーストリアと開戦するのに使える」って思ったんだ。

　ビスマルクは、「皇帝ならばドイツ人を助けるべきだ！」とおだてて**オーストリアを参戦**させ、プロイセン軍は本気を出さなかった。だって、**プロイセン・オーストリア連合軍ならほぼ勝てる**😊。そして、オーストリア軍がどのくらいの強さかを調べさせ、「99%勝てるな」って確信したんだ😉。これならいつ普墺戦争に突入しても大丈夫だけど、ここからさらに手を打つのがビスマルクの怖いところ。**フランスのナポレオン3世には中立を約束させる**ために「ライン左岸のどこかを割譲」するとの口約束を与え、さらに**イタリアを味方にした**。これでほぼ100%。そこまでやるか……😑。

　デンマークに勝ったあと、シュレスヴィヒはプロイセン、ホルシュタインはオーストリアが統治することになったんだけど、**ビスマルクは「オーストリアはちゃんと統治していない！」**といちゃもんをつけて**オーストリアを挑発**し、まんまと開戦に持ち込んだ。こうして**普墺戦争【プロイセン＝オーストリア戦争】**が始まったんだ。この時すでにプロイセンは北ドイツの領邦と同盟を結んでいたから、実際は**親プロイセン派と親オーストリア派によるドイツ連邦内の戦争**って考えることもできるよ。

◀ 普墺戦争は、あっという間にプロイセンの勝利！

　普墺戦争は、最初から結果が見えてるよ。だって、ビスマルクは100%勝てるように準備したんだもん。**鉄道や電信などの最新技術を駆使**してあっという間に軍隊を移動させ、**サドヴァの戦い【ケーニヒグレーツの戦い】**で圧勝すると、そのまま**ベーメンを制圧**した。この時、軍部はウィーンに進軍するって言ったんだけど、ビスマルクは講和を結んだよ。これまたビスマルクのすごい作戦だ😲！

　こうして結ばれた**プラハ条約**では、シュレスヴィヒ・ホルシュタイン両公国のプロイセンへの併合とドイツ連邦の解体、さらにドイツ統一問題へのオーストリアの不干渉が決まったよ。これ以後、統一の主導権は完全にプロイセンが握るんだけど、この条約の何がすごいか、全然わかんな〜い😵！ってなってるでしょ？

　普墺戦争でオーストリアが失った領土はどこか？　ホルシュタインだけだよね。プロイセンは戦争中にベーメンを占領し、ウィーンにだって攻め込めた。本当ならベーメンの割譲も要求できる。でも、オーストリア皇帝のプライドが丸潰れになるからウィーンは占領しなかったし、ベーメンもオーストリアに返した。これ全部

「次にフランスと戦争するときに、オーストリアを敵にしないため」だ😨。「ベーメンは返します」って言われて、オーストリアは「こりゃビスマルクにはかなわない😣」って思ってしまったから、このあとプロイセン（統一後はドイツ）とオーストリアはずっと仲が良いんだ。ビスマルクって怖いでしょ😨。

ドイツ連邦のなかで一番南にあったのがオーストリアだ。それを抜かせば北ドイツ連邦だね

　こうして勝利したプロイセンは、**22カ国**（3自由市を含む）を統合して**北ドイツ連邦**を結成したよ。これは**事実上のドイツ統一**だけど、親オーストリアの**バイエルン**などが入っていないし ➡P.82地図、国際的にはフランスが反対しているから、正式に統一とは言わなかったんだね。

合 否 の分かれ目▶ ドイツ連邦と北ドイツ連邦

- ●**ドイツ連邦**……ウィーン議定書で成立したドイツの国家連合
  - ▶**オーストリアを議長国とする35君主国と4自由市の連合体**
    - ➡普墺戦争【プロイセン゠オーストリア戦争】の**プラハ条約**で**解体**
- ●**北ドイツ連邦**……**普墺戦争後に成立**した国家連合。**事実上のドイツ統一**
  - ▶プロイセンを首長とする、**マイン川以北の22君主国の連合体**
  - ▶**オーストリアを排除し、親オーストリアのバイエルンなども不参加**
    - ➡1871年のドイツ帝国成立で、発展的に解消

◀ オーストリアの支配が弱まって……オーストリア゠ハンガリー帝国が成立！

　普墺戦争後、オーストリア領内では大問題が発生していたよ。戦争に負けたことで、ドイツ人のオーストリア政府（要するにハプスブルク家ね）が弱いのがバレちゃった😨。だから、これまでずっと我慢してきた領内の諸民族が反抗し始めたんだよ。しかも、多民族国家オーストリアでは**ドイツ人以外**のほうが、圧倒的に人口が多い（ドイツ人は全人口の**約4分の1**）……こりゃマズいことになったね。

　しかし、そこはあの手この手で皇帝位を守ってきた**ハプスブルク家**、すごい裏ワザを思いついた。それが「ハンガリーの**マジャール人**にだけ自治権を与えて、味方につける」って作戦。マジャール人はオーストリア領内の最大の異民族（全人口の約2割）だから、**ドイツ人とマジャール人が手を組んで**、他の民族運動を抑え込もうってことだ。そこで、**ハンガリー王国の自治権を認め**（内政上の支配権を持つハンガリー政府とハンガリー議会ができるよ）、**ハンガリー王位はオーストリア皇帝が兼任**することになった。このハンガリーとの**妥協【アウスグライヒ】**によって、

オーストリア＝ハンガリー（二重）帝国が成立したよ。

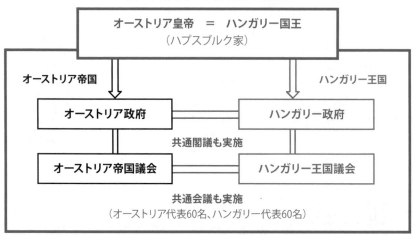

次はフランスを挑発……スペイン王位継承問題ってなんだ？

　さて、次は**フランスとの戦争**だ。ナポレオン3世はプロイセンに反発する南ドイツのバイエルンなどに働きかけて、**ドイツ統一を妨害してきた**。これは**メキシコ出兵の失敗で国内の人気が落ちていたこと**が背景だね。さらにビスマルクが「ライン左岸割譲」の口約束を無視したのも原因だ。ビスマルクは、いつでもフランスと戦争できるように準備を進めていたけど、すぐにその時がきた。きっかけは**スペイン王位継承問題**だ。

　スペインはかつてのフランス王家と同じ**ブルボン家**だったから、フランスとの仲は悪くない。ところが1868年の革命でイサベル2世が亡命して**ブルボン朝が倒れる**と、**ホーエンツォレルン家（プロイセン王家の遠縁）のレオポルトが新しいスペイン王位に推戴され**、ビスマルクも受諾するよう働きかけた。これはフランスにとってはタダ事じゃない！　だって、**プロイセン王家に挟み撃ち**にされちゃうよ。これは16世紀に**神聖ローマ皇帝カール5世がスペイン王位を兼任**してフランスが挟み撃ちになった悪夢の再来だ😵。あまりのフランスの反発に、**レオポルトは王位を辞退**したから、これで解決！　と思ったら、このあとのナポレオン3世の対応がまずかった……😨。ビスマルクの罠にはまったんだ。

　ナポレオン3世は「プロイセン王家からは二度とスペイン王位を出さない」という確約をとろうと、**プロイセン国王ヴィルヘルム1世が静養している温泉地エムスに特使を派遣**したんだけど、すでに国王位の辞退で譲歩していたから、**ヴィルヘルム1世はこの申し入れを拒否**し、ベルリンにいるビスマルクにこの経緯を電報で伝えたんだ。これを聞いたビスマルクは、**開戦に利用しようと内容を変えて発表した**

……「フランス大使の無礼に怒ったヴィルヘルム1世は、今後一切フランスとは交渉しない」ってね。この**エムス電報事件**によって開戦の世論が高揚、プロイセンでは「フランスと開戦しろ！」って大騒ぎになり、フランスでもパリ民衆が「こんな侮辱（ぶじょく）は許せん！　開戦しろ〜😡」と激怒して反乱寸前！　人気が落ち目のナポレオン3世は宣戦布告（せんせんふこく）するしかなかったんだよ。こうして1870年7月、**普仏戦争【プロイセン＝フランス戦争】**が勃発（ぼっぱつ）した。この戦争、すでに北ドイツ連邦と南ドイツの領邦（りょうほう）がプロイセン軍とともに出兵してるから、実態は**独仏戦争**だね。

> エムス電報事件……当時は電報が一番速い通信手段だったけど、今じゃネットやテレビがあるから、不可能な事件だな

〈イタリア・ドイツの統一後のヨーロッパ〉

近現代日本へのアプローチ ❷
～近代国家の建設～

　江戸時代までの日本は幕藩体制と呼ばれる封建的な支配体制で、国内は各地の大名が支配する領地（藩）に分かれていて、幕府が直接支配できるのは直轄地だけだった。西欧の封建制と似ているよね。また、人びとの身分も固定されていて、武士が支配階級で、支配される側も農民（百姓）、商人・職人（町人）に分かれていた。日本もこうした身分制社会だったんだよ。

　明治新政府は近代国家の建設を進めたよ。まずは江戸時代までの**身分制度を解体**し、大名・公家を華族、武士を士族、百姓・町人を平民と改称して、さらに華族・士族・平民の結婚や、移住・職業選択の自由などが認められたんだ。武士身分が廃止されたから、1873年には**徴兵制度**が導入されて、兵役は国民の義務になった。また、財政の安定のために、個人の土地所有権を認めたうえで、年貢にかえて**土地税を納めさせる**ことにした（**地租改正**）。

　一方で、国際的には江戸時代に結んだ**不平等条約の改正**を目指したよ。1871年には**岩倉具視**を代表に、大久保利通、伊藤博文ら政府の中心人物を**欧米に派遣し**たけど、このころの日本は、まだ近代的な国家制度が整っていなかったから、相手にされなかった。この時、実際に欧米諸国を見た大久保や伊藤は「**日本は本当に遅れている！**」と痛感して、欧米に追いつくために近代化を加速したんだ。また、欧米の思想を学んだ知識人（**福沢諭吉・中江兆民**など）は、新しい国家のあり方を主張し始めた。彼らのなかから民主化を求める**自由民権運動**が始まり、また政府も近代国家建設のため、**憲法の制定と議会の開設を目指した**んだ。

　結果、政府は君主権が強い**プロイセン憲法**をモデルに憲法を制定することとした。**伊藤博文**をヨーロッパに派遣し、ドイツなどで政治や法律などを調査した。帰国した伊藤を中心に**内閣制度**を設置すると、さらに1889年、**天皇が定める欽定憲法**として**大日本帝国憲法**が発布された。この憲法では、天皇は主権者としてすべての統治権（天皇大権）を持ったけど、その権限は内閣や帝国議会などの各機関を通じて行使することになっていた（**立憲君主政**）。例えば、法律や予算の成立には**帝国議会**（貴族院・衆議院）の同意が必要だったからね。ただ、この時点で選挙権を持っていたのは、一定の税金を納める25歳以上の男性のみで（制限選挙）、全人口の1％程度だったんだ。

　国会が開設されたといっても、**内閣は薩摩・長州出身の有力政治家で固められ**ていたんだけど（藩閥政府）、衆議院では選挙のたびに民権派の政党が優勢になったから、政府も政党を無視できなくなった。この結果、1898年には初の**政党内閣**（憲政党の**大隈重信**内閣）が成立したんだ。

◀ 普仏(ふふつ)戦争はプロイセンの圧勝！　ついにドイツ帝国の成立だ

　ここまで万全の開戦準備をしていたビスマルクは、フランスをメッタメタに倒すつもりだ。新型の兵器で武装した50万以上のプロイセン軍は連戦連勝、もはやフランスに勝ち目はない。プロイセン軍は**アルザス・ロレーヌ**に侵攻(しんこう)し、**スダンの戦い**では**ナポレオン３世**を捕虜(ほりょ)にした。さらに９月には**パリ**も包囲して、極めつけはフランス人のプライドまでズタズタにした。1871年１月ヴェルサイユ宮殿に乗りこんだプロイセン軍は、フランスの栄光(えいこう)の象徴(しょうちょう)だった「**鏡の間**(かがみのま)」でヴィルヘルム１世の**ドイツ皇帝戴冠式**(たいかんしき)をやったんだよ。こうして、正式に**ドイツ帝国が成立**したんだけど、いくらなんでもやりすぎだろ、ビスマルク😑。

　そして５月には、**フランクフルト講和(こうわ)条約**でアルザス・ロレーヌのドイツへの割(かつ)譲(じょう)と50億フランの**賠償金(ばいしょうきん)支払い**が決まったんだ。領土を取られ、賠償金を課せられ、さらにプライドまで潰(つぶ)されたフランス人は「**絶対ドイツは許さない！**」と心底ドイツを恨(うら)んだ。この**対独復讐心(ふくしゅうしん)**がこのあとのフランス史に大きく影響するよ。

6　統一後のドイツ

◀ ドイツ帝国ってどんな国になったんだろう？

　さて、ビスマルクの強力な指導力によって、ヴィルヘルム１世を**ドイツ皇帝【カイザー】**、ビスマルクを**帝国宰相(さいしょう)**とする**ドイツ帝国**が成立し、ヨーロッパの真ん中に大国ドイツが出現したけど、その中身は**帝国直轄地(ちょっかつち)（プロイセンとアルザス・ロレーヌね）と22の君主国、３つの自由市**からなる**連邦制国家**で、カトリックで親オーストリアのバイエルンなどが新たに加わった。ドイツ帝国ってドイツ国民によってつくられたというより、ビスマルクが「**鉄血(てっけつ)政策**」、つまり**軍事力でつくった**んだもん。しかも、普仏戦争では、北ドイツ連邦の君主国がプロイセン軍に協力していて、ドイツ帝国成立の布告にも「ドイツ諸侯(しょこう)と諸都市の要請で皇帝になる」って書いてある。そうなると、帝国の統治は、**プロイセンを中心に各領邦の君主と妥協(だきょう)**しながら政治を進めることになるね。

　こんな状況だから、ドイツの議会は**連邦参議院**と**帝国議会**の二院制になった。連邦参議院は君主国の代表、帝国議会は**25歳以上の男性普通選挙**で議員を選んだ。ん、普通選挙？　ビスマルクって自由とか平等とかキライじゃなかったっけ？　いやいや、男性普通選挙ってだけで平等と思っちゃいけない！　それは「選ばれた議会にちゃんと権限があれば」の話だ。帝国議会には**責任内閣制**も認められないし、招集するのも皇帝が決める、**大した権限（予算審議権や質問権だけだよ）はなかった**。これじゃあ、とても平等だなんていえない

皇帝の力が強くて、議会の権限はほとんどなし……普通選挙もただの想い出だな😭

ね。じゃあ、**なんで男性普通選挙にしたのか？**　それはドイツ帝国内のすべての人に「ドイツの政治に参加してるから、私たちはドイツ国民だ」って思わせるためだよ。バラバラだったドイツ統合のために**普通選挙を利用して国民意識をつくった**ってことだ。ただ、官僚の多くはユンカーの出身の貴族だからなぁ……😓。結局はもともとの支配階級が強いまま、**見た目を立憲君主政にした**ってことだね。

🔊 プロイセン中心主義に反発したカトリック勢力。文化闘争が始まった！

　形としては統一を実現したドイツだったけど、**帝国を分裂させる要素はたくさん**あったんだよ。特に、帝国の中心となった**プロイセンはプロテスタントの国**だったから、カトリックの連中にしてみればおもしろくない。しかも、かつて**カトリックの中心だったのは統一から排除されたオーストリア**だから、カトリック教徒は「オーストリア中心がよかったのに……」と思っている。しかも、帝国議会の選挙で**カトリック政党の中央党**が議席を伸ばし（1871年の選挙ではなんと第2党だ！）、だんだん見逃せない状況になっていたんだね。こうしてビスマルクは、カトリックの聖職者を「帝国の敵」と呼び、**南ドイツを中心とするカトリック教会**や**カトリック政党、特に中央党との対立**を深め、ついには弾圧を始めた。この**文化闘争**は、1870年代後半からビスマルクが譲歩して収まり始めたんだけど、譲歩したのはもっとヤバイ問題が起きたからだ。それが**社会主義の拡大**だよ。

🔊 社会主義者が台頭！ でも、労働者は敵に回せない。「アメとムチ」ってなんだ？

　統一後のドイツでは、ビスマルクが**国内産業の発展を優先**して、しかもフランスからいっぱい賠償金を取ったこともあって、急激に工業が発展したよ。まぁ、一種のバブル経済みたいな部分もあるけど、例えば製鉄会社の数が倍増したり、統一以前からある軍需産業の**クルップ社**やジーメンス社がますます発展して、特に**重化学工業の生産が急増**した。ってことは、**労働者階級が増えている**ってことだよね。

　でも、1873年には株価の暴落から金融危機が起こり、しかもフランスからの賠償金も終わっちゃったから**深刻な経済恐慌**となって、労働者の生活も悪化した。だから「労働者を守れ〜😫」って主張する社会主義者が男性普通選挙で選ばれ、**議会に進出**し始めた。すでに統一以前から、ラサールを指導者とする**全ドイツ労働者協会【ラサール派】**や、マルクスの弟子の**ベーベル**を指導者とする**社会民主労働者党【アイゼナハ派】**などが活動していたんだけど、1875年には、彼らが一緒になって**世界最初の社会主義政党であるドイツ社会主義労働者党**を結成、帝国議会でも勢力を拡大し始めた。

　もちろん、帝国議会に大した権限はなかったけど、だからといって100％無視するわけにもいかないでしょ。そんなことをしたら国民全員を敵に回すことになる。だから少しは議会の言うことに耳を傾けるよね。そうすると、社会主義者の言うことも聞かなきゃいけなくなる……。ビスマルクは焦った😵。「彼らを放置したら、いつか国家をひっくり返す勢力になる……」。そこで、1878年、**皇帝狙撃事件**を口

実に**社会主義者鎮圧法**を制定して、**社会主義的な政党・出版・集会などを禁止とし**たんだ。これがいわゆる「**アメとムチ**」の政策の「**ムチ**」の部分だ。「**アメとムチ**」ってのは、アメをなめさせるみたいに**保護する政策**とムチで叩くみたいに**厳しい政策**を一緒にやるってことだよ。

さて、ここで問題になるのが労働者の気持ち😤。社会主義者は「労働者を守ろう！」って言ってるから、労働者たちは社会主義者を自分たちの味方だと思ってる。だから、**社会主義者が弾圧されると、自分たちも弾圧されるんじゃないか**ってビビってるんだ。そうなると労働者たちはビスマルク、さらにはドイツ帝国のことがキライになる。でもね、**ビスマルクは労働者を敵に回したくないんだよ**。だって、ドイツ帝国の発展のためには労働者に頑張って働いてもらわなきゃいけない。そこで「アメ」の登場！　ビスマルクは、社会主義者鎮圧法を制定する一方、**労働者に対する**

社会主義者は「敵」として弾圧、労働者は「味方」にするために保護する、これが「アメとムチ」ね

社会保険制度を導入して彼らの生活を守る姿勢を示した。この時に**疾病保険や災害保険、養老保険**なんかがつくられたんだけど、これって「病気になったり災害にあったり歳を取ったり、労働者の皆さんが生活に困ったら国が守ってあげるから、社会主義者とは手を切りなさい」ってことだ。教科書みたいな言葉を使うと、**労働者を社会主義者から分離して、国家が統制しようとした、ってことだ**😄。

こうして国家の統合を最優先に、ビスマルクはドイツ帝国の発展に努めたよ。国内産業は**保護貿易政策**にも守られて、急激に発展していったんだね。あっ、ドイツの場合は、**新興の産業資本家と伝統的なユンカー**（彼らは地主だよ）の保護のために、工業製品にも農産物にも輸入関税をかける**保護関税法**をつくった。工業は先進国イギリスに対抗しなきゃいけないし、農業はロシアなどの安い穀物に対抗しなきゃいけないもんね。こうした政策は「**鉄と穀物の同盟**」なんて呼ばれているよ。

◀ フランスを孤立させるビスマルク外交って？

ここまではドイツの国内問題を中心に見てきたけど、最後に**対外的な問題**を話しておこう。統一後の対外関係で、とにかく危ないのは**フランスの復讐心**だよ😨。フランス人はドイツをかなり恨んでるから、いつ攻めてきてもおかしくない。それなら、フランスに備えるために軍隊をバンバン増やすか、っていうとそうもいかないよ。だって、一応議会の言うことも少しは聞かなきゃいけないし、それ以上に、**国内発展にお金がかかるでしょ**😅。じゃあ、フランスに対してはどうするか？それをなんとかするのは外交だよ。

ビスマルク外交とも呼ばれる彼の外交は、とにかく**フランスを孤立させる**ために、**ヨーロッパ列強の勢力均衡**を図り、フランス以外の国と全部仲良くするってい

う政策だ。ここでは**オーストリアとの同盟を軸**に、**ロシアとは友好関係を維持しな**がら、**イギリスの好意を得る**。ドイツが植民地を取ろうとすると他の国との対立が起こるから、**なるべく領土拡大はしない**。こうした方針のもとで、フランスを孤立させることに成功し、ドイツの安全を確保したんだよ。ビスマルク外交については、 第13回 で詳しく解説するね。

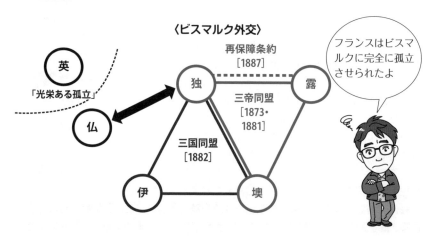

〈ビスマルク外交〉

フランスはビスマルクに完全に孤立させられたよ

これでイタリアとドイツの統一はおしまい。それじゃあ、最後に年号 check ！

!!! 年号のツボ

- ●**クリミア戦争** [1853]（**一発誤算の　クリミア戦争**）
- ●**イタリア王国の成立** [1861]（みんなで**やろう　イタリア統一**）
  - ➡**アメリカの南北戦争、ロシアの農奴解放令と同じ年だ！**
- ●**普墺戦争** [1866]（オーストリアが勝つ？　**いや無理無理**）
- ●**普仏戦争** [1870]（**火花を散らした　普仏戦争**）
- ●**ドイツ帝国の成立** [1871]（統一で　ビスマルクが**一番泣いた**）
- ●**社会主義者鎮圧法** [1878]（ビスマルク　**イヤな奴**）

次回は**ロシア**だよ。19世紀は**イギリスとロシアがずっと対立している**んだよね……。最強国イギリスを敵に回しちゃったロシアはどうなっちゃうんだろ？
そろそろペースがつかめてきたかな？　頑張っていこう〜。

第5回 ロシアと東方問題

　ここまで続けて19世紀のヨーロッパ各国の状況を見てきたけど、いよいよ今回でひと区切り、最後は**ロシア**だ。ロシアってもともとは遅れた国だったから、ヨーロッパの国際関係にはあまり登場してこなかったけど、<u>19世紀に入るといよいよ国際政治の表舞台に出てくる</u>よ。

- 大きくつかもう！ -

1　ロシアのツァーリズム　　94〜95ページ

2　東方問題の発生　　95〜101ページ

3　クリミア戦争とロシアの改革　　102〜105ページ

4　露土戦争　　105〜107ページ

> 今回のポイントはロシアの南下政策vs.イギリスだよ

　18世紀後半に登場した<u>エカチェリーナ2世</u>による近代化や、<u>ナポレオン戦争</u>で活躍したこともあって、19世紀に入ると、ついに**ロシアがヨーロッパの5大国の1国**になった。とはいっても中身は……全然変わってない😅。絶対王政時代の体制がそのまま残っていて、自由も平等も知ったこっちゃない。しかも、領土拡大のために進めた<u>南下政策はイギリスとの激しい対立を生む</u>んだ。これは、バルカン半島を中心とする**オスマン帝国領**をめぐって争われたから、ヨーロッパから見ると東側。だから「**東方問題**」って呼ばれているよ。ロシアと東方問題……最強国イギリスを敵に回しちゃったロシアはどうなるんだろう？ここで繰り広げられた戦争は、ロシアだけじゃなくて、ヨーロッパ全体に影響していくよ。それじゃあ、ロシアと東方問題の始まり〜😆。

1　ロシアのツァーリズム

◀ ナポレオン戦争が終わって……でも、ロシアは何も変わらん!

　ヨーロッパの一番東にある**ロシア**は、ヨーロッパのなかでも一番遅れている国だった。**ピョートル1世**や**エカチェリーナ2世**が「ロシアを近代化しよ〜🤔」と頑張っていたけど、西ヨーロッパみたいに商業や工業が盛んになっていたわけじゃないから、近代化のためのお金が足りない😣。じゃあどうするか?　歴代のロシア皇帝は**農奴制**の強化によって財源を確保し、専制政治を強化したんだ。簡単に言うと「農民から絞りとった穀物を輸出して得たお金で皇帝を強くする!」ってことだね。これがロシア皇帝（ツァーリ）による専制政治、**ツァーリズム**だよ。

　こんなことばっかりやっていたから、**各国が近代的な市民社会に向かって少しずつ工業化を進め始めたころにも、ロシアは何も変わらなかった。**「市民階級?　何それ?　産業革命?　それおいしいの?」みたいな感じ😵。結局、農奴が土地に縛りつけられているから、工業化しようとしたって**労働者もいない**し、工場を経営するような**資本家も全然育っていなかった**。

　19世紀初め、ナポレオン軍と戦ったロシアは、**アウステルリッツの戦い**で負けてボコボコになったはずなんだけど、**ロシア遠征**では冬の寒さを味方につけて、しかも「侵略者から祖国ロシアを守る!」という意識も盛り上がり、**最終的に勝った**よね。この勝利がナポレオンの失脚を早めたから、以後ロシアは国際的な地位を上げて、**ヨーロッパの5大国の一角に数えられる**ようになったんだ。

　そしてロシア皇帝**アレクサンドル1世**は、**ウィーン会議**においてオーストリアのメッテルニヒとともに**保守反動体制の中心**となり、1815年には**神聖同盟**を提唱、各国の君主と連携して**自由主義や国民主義を潰そう**としたんだね。だから、彼の死をきっかけに**デカブリストの乱**が起きたんだけど、新しく皇帝になった**ニコライ1世**に鎮圧されてしまったんだ。

> ツァーリズムのロシアは、自由・平等大キライ!　他の国にまで弾圧に行くよ……

◀ 新皇帝ニコライ1世もツァーリズム!「ヨーロッパの憲兵」って?

　アレクサンドル1世のあとに即位した**ニコライ1世**の時代も、結局何も変わらなかった、というか**むしろ悪化してる**😫。彼が即位したのは1825年だから、5年後には**フランスの七月革命**の影響でヨーロッパ全体で自由主義が高揚し、この影響がロシア領にも飛び火して**ポーランド反乱**が起こったよね。だって、ロシアの支配下でひどい目にあわされてるんだもん。これを**ロシアは徹底的に弾圧**したけど、命令したのが**ニコライ1世**だ。さらに、**1848年革命**では、ロシア領だけじゃなくて、**他の国の領内の民族運動まで鎮圧しに行った**よ……覚えてるかなぁ……オーストリア

領だったハンガリーの民族運動を鎮圧するのにロシア軍が協力したよね。こんなふうに、ヨーロッパ全体の民族運動を鎮圧していったから、この時期のロシアは「**ヨーロッパの憲兵**」って呼ばれているよ。特にオーストリアのメッテルニヒが失脚したあとは、**ニコライ1世がヨーロッパの反動体制の中心**になったんだよ。憲兵っていうのは「軍警察」。軍隊が警察になって厳しい取り締まりをするのね。反発したヤツは消すの……怖いな😨。

　ヨーロッパ全体に対してもこんな状態だから、**国内支配も厳しい**よ。本物の憲兵がいて、反対する連中は全部潰しながら、**農奴制を基盤とする保守反動政治**で、皇帝権を強化していったんだね。

2　東方問題の発生

〈ロシアの南下政策と列強の対立〉

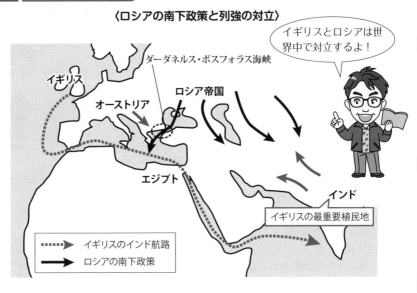

イギリスとロシアは世界中で対立するよ！

ダーダネルス・ボスフォラス海峡

イギリス

オーストリア

ロシア帝国

エジプト

インド

イギリスの最重要植民地

- ┅┅➤　イギリスのインド航路
- ──➤　ロシアの南下政策

◀ ロシアの南下政策 VS. イギリス。絶対に譲れない両国の理由<ruby>とは<rt>わけ</rt></ruby>？

　続いて今回のヤマ場、東方問題に進もう。その前に、まずは東方問題で激しく対立した**ロシアとイギリスの事情**について解説しておこう。

　ロシアはピョートル1世がアゾフ海に進出して以来、**南下政策**を進めていたんだ。南下政策っていうのは要するに「**南へと勢力を拡大していく**」ってことだけど、まぁロシアは北に行っても北極しかないからね😤。だから領土を獲得するなら南、ってことになる。そして、エカチェリーナ2世がオスマン帝国から**クリミア゠ハン国【クリム゠ハン国】**を奪って黒海の支配権を確保し、さらにギリシア正教徒の保護権を得ると（**キュチュク゠カイナルジ条約**）、ロシアはこれを口実に、オス

マン帝国領への進出を狙い始めるんだ。これはよく「**不凍港**（冬になっても凍らない港）を取りたい」って説明されてるけど、それだけじゃないんだよ。だって、港を取ったあともロシアの遠征が続くんだもん。ウラには、ツァーリズムで生じた**国内の矛盾を対外遠征でごまかす**っていう意図もあるからね。じゃなきゃ、負け続けてるのにロシアがひたすら遠征をする意味がわかんないでしょ。そして、19世紀には**地中海への進出を狙う**んだけど、これが**イギリスとの激しい対立**を引き起こすんだ。この対立は「**グレートゲーム**」と呼ばれているよ。

　続いて**イギリス**の事情を見ていこう。アメリカ独立後、**イギリスにとって一番大事な植民地はインド**となり、**インドへ向かう航路の確保**が重要な戦略になった。このためインドへの交通路として、**地中海からエジプトを経由して、紅海からインド洋に抜ける航路**（地図 →**P.95** の赤の点線だよ）は絶対に譲れない。ちなみに、ナポレオンがエジプト遠征をやったのは、イギリスにこの航路を確保させないためだ。

> いよいよ、イギリスとロシアの対立が激化してきたね。このあとどうなるんだろう？

　こう考えたときに、当時の**イギリスにとって一番危ない敵**は誰か？　ズバリ、**ロシア**なんだよ。**ロシアが黒海から地中海に進出**しようとすると、イギリスが確保しようとしている地中海の航路の安全が脅かされる。さらに、**ロシアが中央アジアやイランへの南下政策**を進めると……インドそのものが危ない。**イギリスはインドを狙うヤツは絶対に許さない**😠。こうして、19世紀の国際関係では、**ロシアの南下と、それを絶対に阻止したいイギリスの対立**が、もっとも重大な問題だったんだよ。

📢 じゃあ、東方問題ってなんだろう？

　「**東方問題**」ってのはヨーロッパがつけた名前だから、ヨーロッパから見て東側にある**オスマン帝国領をめぐる問題**だ。1699年の**カルロヴィッツ条約**以来、**オスマン帝国が衰退**してくると、**オーストリアやロシアがその領土への進出**を始めていたよね。そして19世紀になると、フランス革命やナポレオン戦争、さらにはラテンアメリカの独立などの影響で**自由主義やナショナリズムが拡大**し、オスマン帝国に支配されていた**ヨーロッパの諸民族（キリスト教徒）が、イスラーム国家のオスマン帝国からの独立を目指す民族運動**を始めたんだよ。舞台は**バルカン半島**だ。

　オスマン帝国支配下のバルカン半島には、カトリック教徒もいればギリシア正教徒もいる。さらにはヨーロッパで差別されたユダヤ人もいる。彼らはジズヤさえ納めれば信仰を認められたから、独自の共同体をつくって信仰を守っていた（これは**ミッレト**と呼ばれていたよね）。そして彼らがオスマン帝国からの独立を要求し始めると、「**カトリック教徒を助けろ～**😊」って言ってかつて**神聖**ローマ皇帝だった**オーストリア**が介入してくる一方、「**ギリシア正教徒をいじめるんじゃない！**😠」っ

て言ってビザンツ皇帝の後継者を称する**ロシア**も介入してくる。そうなると、ロシアに勢力拡大させたくない**イギリス**も、「ロシアめ、いい加減にしろ😡」と言って介入し、イギリスだけに得をさせたくないフランスもくる。

　こうして、**オスマン帝国領内の民族運動にヨーロッパ列強が介入**して、重大な国際問題になっていったんだ。これが**東方問題**だよ。狭い意味では**エジプト＝トルコ戦争**だけを指す場合もあるんだけど、一般的には広い意味で、**ギリシア独立戦争**から、1877年の露土戦争【ロシア＝トルコ戦争】とその処理のために開かれた1878年のベルリン会議までの列強の対立のことだよ。じゃあ、順に見ていこう。

🔊 ギリシア独立戦争で列強の思惑がぶつかり、東方問題が起きた！

　すでにウィーン体制の崩壊 第1回 でギリシア独立戦争の経過は説明したけど、今回は**国際関係を中心に見直して**みよう。ギリシアが独立戦争を始めると、これを潰したい**オスマン帝国（トルコ）**は、帝国領内の**エジプト**で近代化を進めていた**ムハンマド＝アリー**に「ギリシアの独立を潰せ！」って命令し、ムハンマド＝アリーも**シリアの割譲**と引き換えに軍を派遣した。これに対して、南下政策を進める**ロシア**はチャンスだと思った。だって、**ロシアはダーダネルス・ボスフォラス海峡を通過して地中海に進出したい**んだもん。**海峡の両岸はオスマン帝国領**だから、オスマン帝国にいちゃもんつけて、特権や領土を奪えば地中海に進出できる😄。もはや自由や独立は関係なくなって、**ロシアがギリシア側で参戦**したんだ。

〈ギリシア独立戦争〉

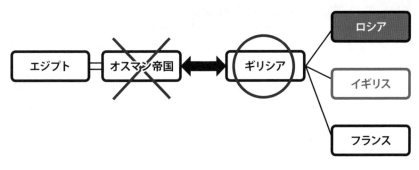

　これに対してイギリスは、「ロシアの南下は潰す！」と思いつつ、だからといってロシアの敵として参戦することはできない。だって**ロシアが支援しているのは「ギリシアの独立」**なんだもん。オスマン帝国側で参戦したら独立を潰す、つまり自由主義を潰すことになっちゃう……。だから**イギリスはなんとかロシアを抑えこ**もうと、ロシアと同じくギリシア側で参戦したんだね。あっ、ここから先の戦争、**戦闘ではイギリスがついたほうが全部勝ち**😤！やっぱりイギリスは強い！😆。といっても、必ずしもつねにイギリスが得したわけじゃないんだよ。ギリシア独立戦争で、

イギリスはいきなりそれを思い知らされるんだ。

　1829年、ロシアは単独でオスマン帝国との間で**アドリアノープル条約**を結んでギリシアの独立を承認させると、黒海北岸の領土を獲得するとともに、黒海とダーダネルス・ボスフォラス海峡の自由航行権を確保したんだ。これって、ロシアの南下が成功したってことだよ。だからこれ以後、イギリスは「ロシアの南下は全部阻止する！」っていうくらい、ロシアと敵対することになるんだ。

◀ ムハンマド＝アリーとオスマン帝国が揉めて……またまたロシアが得しちゃう！──第1次エジプト＝トルコ戦争

　さて、エジプトの敗戦が新たな問題を引き起こすよ。きっかけは「シリアの領有権」をめぐる問題だ。ギリシア独立戦争の時に約束した「シリア割譲」の認識が、オスマン帝国（トルコ）とムハンマド＝アリーで違うんだよ。オスマン帝国は「勝ったらシリアをあげる」と約束したつもりだから、戦争で負けた以上、シリアをあげなくていいと思ってる。対するムハンマド＝アリーは「参戦したらシリアをもらえる（つまり勝ち負けは関係なし）」と思っているから、シリアをよこせと要求し始めるよね。この対立から始まったのが、**第1次エジプト＝トルコ戦争**だ。

〈第1次エジプト＝トルコ戦争〉

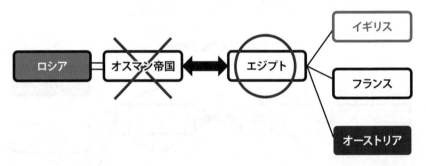

　いざ開戦すると、戦争はエジプトとオスマン帝国の問題というより**列強の対立**に変わってしまう。まず、ロシアがすごい作戦を思いついた！　たぶん、ムハンマド＝アリーの主張をマネしたんだろうな。「オスマン帝国の味方をするかわりになんかもらえばいい」って考えた**ロシア**は、ギリシア独立戦争から一転、オスマン帝国を支援し始めた。一方、エジプトに野心を持っている**フランス**はエジプトを支援し始めた。そして、ロシアがボスフォラス海峡に上陸すると「何をたくらんでるんだ！」と思った英仏は、オスマン帝国に圧力をかけてエジプトと和解させたんだよ。

　結果、戦争そのものはエジプトの勝利ということになり、ムハンマド＝アリーのシリア領有権が認められたんだけど、「なんでエジプトの味方するんだよ！」と思ったオスマン帝国は、英仏に相当ムカついてる。そこに現れたのがロシア……「英仏っ

てイヤな奴らだよね。だからボクがキミを助けてあげるよ」。ほら、ここで愛が芽生える😭。これ、フラれた子の相談に乗ったら付き合っちゃったっていうパターン。こうして、**ロシアとオスマン帝国の相互援助条約として**ウンキャル＝スケレッシ条約が結ばれ、ロシアはダーダネルス・ボスフォラス海峡のロシア軍艦の独占航行権を獲得したんだよ。もちろん秘密条項だけど、これって、**勝ってないのにロシアの南下が成功した！**ってことだ。イギリスがキレるのも時間の問題だな……😆。

◀ 戦闘じゃなくて外交で勝つ！　イギリスは2度同じ失敗はしない
──第2次エジプト＝トルコ戦争

　ウンキャル＝スケレッシ条約の秘密条項に気づいたイギリスは、ロシアを潰すための機会をうかがっていたんだけど、再びエジプトとオスマン帝国（トルコ）の関係が悪化して、意外に早くチャンスがくるんだよね。それが「エジプトとシリアの世襲権」をめぐる問題だ。すでにシリア領有権を獲得したムハンマド＝アリーがちょっとばかり調子に乗って、**エジプトとシリアの世襲権を要求**（これって、オスマン帝国から独立するって意味だよ）し始めた。もちろん、オスマン帝国はこんなもん認めるわけがない。こうして、**第2次エジプト＝トルコ戦争**が始まったんだ。

〈第2次エジプト＝トルコ戦争〉

```
┌──────────┐
│  ロシア   │
├──────────┤       ┌──────────┐        ┌──────────┐      ┌──────────┐
│  イギリス  │───────│オスマン帝国│◀──────▶│ エジプト  │──────│ フランス  │
├──────────┤       └──────────┘        └───✕───┘      └──────────┘
│オーストリア│
├──────────┤
│ プロイセン │
└──────────┘
```

ロシアとフランスを両方とも抑え込むイギリス外交に注目だ！

　こうなると、再び列強も動き出すよ。まず**フランスが抜け駆け**😳。エジプトに接近して、利権を拡大しようとしていた。もちろん、**ロシアはオスマン帝国を支援**して何かもらい、南下政策を進めようとしている。**イギリスはフランスにもロシアにも得をさせたくない。**こうなると、戦闘で勝ってもほとんど意味がないよね。だって、必ずどっちかが勝つでしょ。そこで一転、**イギリスはオスマン帝国を支援する**ことにした。そして、**オーストリアとプロイセンを巻き込んでロシアに**こう持ち掛けたんだ。「オスマン帝国がかわいそうなので、英・露・墺・普の"4国"で助けましょう。抜け駆けはダメですよ」ってね。顔で笑ってても、内心は火花バチバチ😭。だってイギリスは内心、ロシアに対して「1国で勝手なことをしたら、こっ

ちの3国で潰すからな😈」と思っている。ロシアもロシアで「イギリス、余計なことをしやがって😤」って本音では思っているんだもん。

　そうはいっても表向きは協力した**4国は、オスマン帝国を支援してエジプトを破った**。これだけ組めば勝てるよ😄。そして**イギリスは**「余計なことをすると**4国 VS. フランスになりますよ**」と言って**フランスを黙らせ**、1840年、**ロンドン会議を**開いた。はっきり言ってイギリスは、ムハンマド゠アリーのことに興味はない。そこで**ムハンマド゠アリーにはオスマン帝国宗主下でエジプト・スーダンの世襲権を**認め（これで事実上エジプトは独立ね）、**シリア領有権は放棄**させるっていう、勝ち負けがよくわからない状態にした。とにかくフランスとロシアを抑えればいい😤。

　でもって、肝心の**フランスとロシアの問題**。とにかくロシアの南下を抑えるために、**あらゆる外国軍艦**（つまりオスマン帝国以外ね）の**ダーダネルス・ボスフォラス海峡の通過を禁止**にしたんだ（**ロンドン4国条約**）。そして、翌年にはフランスを加えて**五国海峡協定**を結び、**ウンキャル゠スケレッシ条約は破棄**されて、**ロシアの南下政策を阻止**するとともに、**フランスを黙らせておいたことでエジプト進出を阻止**することに成功したよ。これって、イギリスが外交で完全に主導権を握り、思ったとおりの結果を得たってことだよね。これを当時の外務大臣の名前を取って**「パーマストン外交の勝利」**なんて呼んでいるよ。

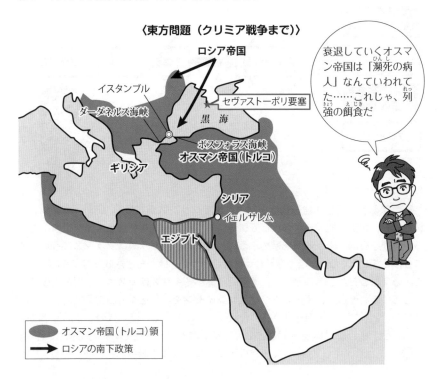

〈東方問題（クリミア戦争まで）〉

ロシア帝国

イスタンブル

ダーダネルス海峡

セヴァストーポリ要塞

黒海

ボスフォラス海峡
オスマン帝国（トルコ）

ギリシア

シリア

イェルサレム

エジプト

衰退していくオスマン帝国は「瀕死の病人」なんていわれてた……これじゃ、列強の餌食だ

●　オスマン帝国（トルコ）領
➡　ロシアの南下政策

クローズアップ 　**東方問題**……特にロシアとイギリスの動きに注目！

- **ギリシア独立戦争**［1821〜29］
  - ▶エジプト＝ オスマン帝国 vs. ギリシア ＝露・英・仏
  - **アドリアノープル条約**［1829］……ロシア・オスマン帝国間で締結
    - ▶ギリシアの独立承認／▶ロシアに黒海北岸を割譲
    - ▶ロシアのダーダネルス・ボスフォラス海峡の**自由航行権**
- **第1次エジプト＝トルコ戦争**［1831〜33］
  - ▶ロシア＝ オスマン帝国 vs. エジプト ＝英・仏・墺
  - **ウンキャル＝スケレッシ条約**［1833］……**ロシアとオスマン帝国の**相互援助条約
    - ▶**ロシア軍艦のダーダネルス・ボスフォラス海峡の独占航行権**（秘密条項）
- **第2次エジプト＝トルコ戦争**［1839〜40］
  - ▶露・英・墺・普＝ オスマン帝国 vs. エジプト ＝フランス
  - **ロンドン会議**［1840］……**ロンドン4国条約**を締結
    - ▶**ウンキャル＝スケレッシ条約の破棄**
    - ▶**あらゆる外国軍艦のダーダネルス・ボスフォラス海峡の通過禁止**
      - ➡翌年、フランスを加えて**五国海峡協定**成立
- **クリミア戦争**［1853〜56］
  - ▶英・仏・サルデーニャ＝ オスマン帝国 vs. ロシア
    - ➡セヴァストーポリ要塞の攻防戦　……最大の激戦
  - **パリ条約**［1856］……**ロシアの南下が完全に挫折**
    - ▶黒海の中立化／▶モルダヴィア・ワラキアの**自治権保障**（事実上独立）
- **露土戦争【ロシア＝トルコ戦争】**［1877］……**各国は介入できず**
  - **サン＝ステファノ条約**［1878］……**ロシアの南下が大成功**
    - ▶セルビア・モンテネグロ・ルーマニアの独立
    - ▶**ブルガリアの領土を拡大**して自治国とし、**ロシアの保護下に置く**
  - **ベルリン会議**［1878］……ビスマルクが「**誠実な仲介人**」として仲裁
    - ▶セルビア・モンテネグロ・ルーマニアの独立
    - ▶**ブルガリアの領土を縮小**して、**オスマン帝国宗主下の自治国**とする
    - ▶**オーストリアはボスニア・ヘルツェゴヴィナの統治権**を獲得
    - ▶**イギリスはキプロス島の行政権**を獲得

ダーダネルス・ボスフォラス海峡は「**自由航行権➡独占航行権➡通過禁止**」と変わる！ロシアにとっては「**成功➡成功➡挫折**」だ

3 クリミア戦争とロシアの改革

◀ ロシアとオスマン帝国が聖地管理権をめぐって対立！ こりゃ戦争か？

　エジプト＝トルコ戦争によって南下政策に挫折したロシアだったけど、別に諦めたわけじゃないよ。次に進出できるチャンスをずっとうかがっていたんだ。次に起こる**クリミア戦争**は、ロシアにしてみれば勝てるはずの戦争だったのに……歴史はそうは動かなかったんだね。

　じゃあ、まずは背景から話していこう。そもそもクリミア戦争のきっかけは、**聖地管理権問題**だ。聖地とはイェルサレムのことで、領土としては16世紀以来、ずっとオスマン帝国（トルコ）領なんだけど、イェルサレムには**キリスト教、イスラーム教、ユダヤ教の３つの宗教の聖地**があるから、いくらオスマン帝国領とはいっても聖地巡礼に訪れるキリスト教徒もたくさんいたんだよ。そこで**聖地管理権**という問題が出てくる。要は、**オスマン帝国領のイェルサレムのうち、「聖墳墓教会（イエスの墓があるんだよ）を中心とするキリスト教の聖地の部分だけはキリスト教徒が管理する」**っていうのが、聖地管理権だ。そして、16世紀以来オスマン帝国と同盟を結んだ**フランス**が持っていたんだけど、18世紀の**フランス革命**の時に、フランスはキリスト教否定運動をやったもんだから、「フランスがキリスト教を捨てるなら、ロシアを中心にギリシア正教が持つべきである」として、**ロシアがオスマン帝国から聖地管理権を獲得**していたんだ。

　ところが、フランスで**ナポレオン3世**が皇帝になると、まぁ人気取りだろうね、オスマン帝国に対し「もともとフランスが持っていたんだから、フランスに返せ！」と要求して、**フランスが取得**してしまった。これに対し**ロシアのニコライ1世**は「聖地管理権を失ったらギリシア正教が弾圧されるではないかぁ、許せん😡」といちゃもんをつけ、**ギリシア正教徒の保護を口実にオスマン帝国に宣戦**し、**クリミア戦争**が勃発した。あっ、これはただのいちゃもんだよ😅。確かに、これまでオスマン帝国領内でギリシア正教徒の反乱はちょこちょこ起きてたけど、この時は**ロシアが参戦するほどの問題は起きていない**からね。

〈クリミア戦争〉

◀ ロシアvs.オスマン帝国のはずが、一大国際戦争に発展！ ——クリミア戦争

　ロシアにしてみれば、「オスマン帝国くらい軽く倒せる！」って思ってたんだろうね。確かに開戦した1853年は、ロシアが優勢だったよ。でも、翌年になって状況は一変😵。だって聖地管理権で揉めた相手は**フランス**だよ。しかも、この戦争にロシアが勝てば南下政策が進むのが目に見えてるから、**イギリス**が黙ってない。

　こうして**オスマン帝国**側で英仏、さらにはイタリア統一を狙う**サルデーニャ王国**も参戦してくると、気づいた時には**ヨーロッパ列強間の一大国際戦争**になり、ロシアには絶望的な敗北が待っていた。だって、産業革命の進んだイギリスの軍艦は鋼鉄製のしかも蒸気船。こんなのがバンバカきたらたまらないよ😫。対するロシア軍艦は……半分以上が木の帆船😩。これじゃあ大砲１発で沈んじゃう。しかも兵士は農奴を無理やり集めた軍団だから、みんな疲れ切ってやる気なし😔。最大の激戦となった**セヴァストーポリ要塞の攻防戦**では、１年間の激戦でロシア軍は10万人以上の死者を出し、惨敗した。さらに、戦争中に**ニコライ１世**が急死してしまう……。かわいそうなのは残された息子の**アレクサンドル２世**だよ。皇帝として最初に味わったのが無惨な敗北になったんだ。

> クリミア戦争では、イギリスのナイティンゲールが従軍看護で活躍したよ！　この影響を受けたのがデュナンだ

　こうして**ロシアが敗北**して1856年に**パリ条約**が結ばれ、黒海の中立化（軍艦の航行禁止と、軍事基地の撤去）、ドナウ川航行の自由、ロシアの南ベッサラビア放棄、さらに**モルダヴィア・ワラキア**（のちのルーマニアね）の自治権が保障されて（事実上の独立）、**ロシアの南下政策は完全に挫折**した。

　そして、クリミア戦争にはもう１つ重要な意味があるよ。それはウィーン体制以来のヨーロッパの国際関係の基本原則だった「**勢力均衡**」が崩れたってことだ。これまで列強は勢力均衡を原則として、なるべく直接対決をしないように、あるいはどこか１国だけが強国にならないように、各国のバランスをとってきた。そして、その体制を支えていた国は自由主義の中心である**イギリス**と、保守反動の中心である**ロシア**だったんだよ。ところがロシアの惨敗でイギリスとロシアが支えていた**勢力均衡が崩れてしまった**んだね。

◀ 危機感を持ったアレクサンドル２世が、改革に動き出した！

　クリミア戦争で惨敗したロシア皇帝**アレクサンドル２世**は、相当なショックを受けたんだ。いくら産業革命が進んでいないとはいえ、まさかイギリスやフランスにここまでの差をつけられているとは思ってもいなかった。もはや、**ロシアが遅れた国と認めるしかない**……😓。この屈辱を晴らすためには、改革によって近代国家に生まれ変わるしかないよね。こうして改革路線を宣言したアレクサンドル２世に

よって、ロシアの「**大改革**」が始まった。そしてついに……これまでロシア社会の発展を妨げてきた**農奴制**に手をつけた。これは彼が皇太子の時代に農奴制を題材とした**トゥルゲーネフ**の短編小説集『**猟人日記**』を読んでショックを受けたことが影響したともいわれているよ。

　1861年、アレクサンドル2世は**農奴解放令**を発布し、**領主制を廃止して農奴に無償（タダ）で人格的な自由を与える**こととした。これで、農奴は自由な身分になったんだよ。これは、ロシアにしてみれば革命的な事件だ！　ただねぇ……そこはやはりロシアなんだよ。農民に土地が与えられたんだけど、土地はタダではないんだよ。農民は**土地の代金（買い戻し金）**を払うことになったんだけど、こんなもん払えるわけない😢。でも払わなきゃいけない。農民は「払えないんですけど……」と言ったら、「それならローン（教科書とかでは**年賦**って書いてあるよ）で払え」と言われた😫。だからこの後49年間もローンを払い続けることになるんだけど、払えない場合には**土地所有権は農村共同体**

やっと農奴解放が実現したけど、農民の生活は全然楽にならないよ……

（**ミール**）のものになり、買い戻し金の支払いもミールの連帯責任になった。だから、農民はミールに縛りつけられて、完全に自由になったわけじゃないんだよ。しかも、もらえた土地が狭くて、結局は貴族の土地でも働かなきゃダメだったし😓。

　ただ、この**農奴解放**で変わったこともあるよね。たいていの教科書で「**農奴解放令は、ロシアの資本主義発達の出発点になった**」と書いてあるんだけど、別に農奴を解放した瞬間から産業革命が始まるわけじゃないよ。身分的に自由になった農奴は豊かになれなかったけど、少なくとも「**やめたければ農民をやめられる自由**」だけは手に入れたんだ。「もう土地なんていりません。ホームレスになってもいいから農民をやめます」って言えば、ほかのところ、例えば都市に引っ越すことはできる。あるいは、ホームレスにならなくても出稼ぎには行ける。**彼らが労働者になれば産業革命が進む**、ってことだ。

　アレクサンドル2世は、ほかにも**地方自治の改革**を進めたり、**国内の鉄道建設**を進めたり、さまざまな改革を進めたんだけど、1863年の**ポーランド反乱**を鎮圧するのにてこずったこともあって、結局**改革をやめて、もとの専制政治に逆戻り**し始めた。やっぱ、このへんはロシア皇帝だよなぁ😅。

◀ 農村からの改革を目指し、ナロードニキが農村に入った！

　農奴解放令が出されたあとも、ロシアの農民はずっと貧乏なままだった。だって、これまでの借金や土地の買い戻し金、さらに税金と、重い負担が続いたんだもん。こうした状況を見た**都市の知識人たち（インテリゲンツィア）**、特に貴族や新興の市民階級（要は都市の金持ち連中ね）の息子たちは「なんでロシアの農民はこ

んなに貧乏なんだろう？　彼らを救うには、資本主義の段階を飛ばして、一気に**農村を拠点にした社会主義にするしかない！**」と思って、「**ヴ゠ナロード（人民の中へ）**」をスローガンに農村へと入っていった。彼らを**ナロードニキ**というんだ。

農民がナロードニキに反発するのも無理ないよ……だって、ナロードニキって金持ちの息子だもん

ナロードニキの連中は、農民にしてみれば上から目線なんだけど、「農民が自由になれないのは、自由の素晴らしさを知らないからだ。農民が豊かになれないのは、農民に知識がないからだ」って思って、**農民に自由や平等、それに社会主義の素晴らしさを教える啓蒙運動**をやったんだけど……、農民にしてみればいい迷惑😓。だって、ロシアの農民って今日の晩飯が食えるか食えないかの瀬戸際で生きてるようなヤツらだよ。全然話を聞いてくれないし、やる気もない……しまいには「自由がわかったって、飯が食えないよ😤」って、怒り始めた。

こうして農民の反発で運動が挫折すると、ナロードニキの連中は逆ギレしたんだよ。「農民が話を聞かないのは、今の社会が悪い！　政府が悪い！」って思って、国家権力は全部いらないと考える**無政府主義【アナーキズム】**や、あらゆる権力も権威も秩序も全部いらないって考える**虚無主義【ニヒリズム】**に走り始めた。これを本当に実現しようとすると**テロリズム**しかなくなるよ……😫。だから、一部の**ナロードニキはテロリストになって、ついには爆弾使ってアレクサンドル2世を暗殺**してしまったんだよ。あっ、ここ時代が前後しちゃったんだけど、暗殺されたのは、次に話す**露土戦争のあと（1881年）**だから気をつけてね。

さて、その後のナロードニキなんだけど、もちろん全員がテロリストになったわけじゃない。そんなことになったら大事件だよ😣。テロリストにならなかった連中は「自分たちが間違っていた」って反省して、農民の願いである「**自由と土地**」に目を向けて、**農民たちの生活を向上させるために頑張った**から、一定の成果を上げた。彼らは1901年に結成される**エスエル【社会革命党】**のもとになったよ。

4 露土戦争

◀ 南下に挫折したロシアに、またまたチャンスがめぐってきた！

じゃあ、東方問題に戻ろう。クリミア戦争の敗北から約20年、ロシアはバルカン進出をやらなかった。まぁ時が過ぎ去るのを待ってたんだろうね、「みんな忘れろー」ってさ。その間、**東アジアでは中国（清）への進出**を進めたり、**中央アジアではウズベク3ハン国を支配下に置いたり**してたんだけど、やっぱバルカンに行きたい！　そう思っていたロシアに、再びチャンスがめぐってきたのが、1875年だ。

まず、バルカン半島でオスマン帝国（トルコ）の支配下にあった**ボスニア・ヘル**

ツェゴヴィナで反乱が起こった。彼らはオスマン帝国から独立したかったんだ。そして、反乱が隣の国**ブルガリア**に飛び火して独立運動が起きた。しかもこの地域に住んでいる**南スラヴ人はギリシア正教徒が多い**から、同じくギリシア正教徒が多いロシア国内では「ギリシア正教徒を助けろ〜😊」って運動が始まったんだ。こうして**ロシアはギリシア正教徒の保護**を口実に、独立運動を支援するという名目で**オスマン帝国と開戦**した。これが1877年の**露土戦争【ロシア＝トルコ戦争】**だよ。

〈露土戦争【ロシア＝トルコ戦争】〉

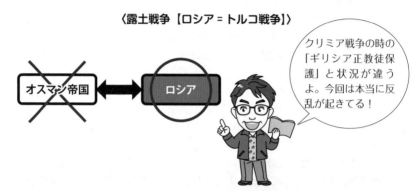

クリミア戦争の時の「ギリシア正教徒保護」と状況が違うよ。今回は本当に反乱が起きてる！

　この戦争は、**本当にロシア VS. オスマン帝国だけの戦争**になったんだよ。つまり、**イギリスが参戦してない**ってことだ。だって、本当に起きている**独立運動を支援**してるから自由主義運動でしょ。イギリスは、まさか自由主義を**弾圧**するわけにもいかず、「ロシアめ、地中海には絶対出さん！」と、黒海の出口に軍艦を待機させたけど、結局どうするか迷っていたんだよ。そうこうしているうちにロシアがイスタンブルに迫り、イギリスが出てくる前に急いでオスマン帝国と**講和**したよ。

🔊 本当は南下に大成功したのに……ビスマルクに邪魔された！

　こうして結ばれた**サン＝ステファノ条約**では、**セルビア・モンテネグロ・ルーマニアの独立**と、**ブルガリアの領土を拡大して自治国とし、ロシアの保護下に置く**ことが決まったんだ。これって**ロシアの南下が大大大大成功**😆♪　ちょっと地図➡P.107を見てごらん。

　ブルガリアの領土が地中海まで広がってるでしょ。これがロシアの保護下ってことは、**ロシアが地中海進出に成功した**ってことだよ。この結果を見た**イギリスとオーストリアがブチ切れた**！「もう勘弁ならん😡。ロシアを潰す！」って怒っている。この事態を仲介したのは**ドイツのビスマルク**だ。

　ビスマルクは「**誠実な仲介人**」と称して、**ベルリン会議**を開催し、イギリス、オーストリアとロシアの対立を仲介したんだけど、**ほぼ全面的にイギリスとオーストリアの味方**をした。**サン＝ステファノ条約を破棄**させて締結した**ベルリン条約**では、**セルビア・モンテネグロ・ルーマニアの独立**はそのままだったけど、**ブルガリアの領土は大幅に縮小**し、しかも**トルコの宗主下での自治国**とした。これって、ロ

シアの南下を完全に挫折させたってことだよね。しかも、**イギリス**は**キプロス島**の行政権、**オーストリア**は**ボスニア・ヘルツェゴヴィナ**の統治権を獲得したんだけど、これって要するにビスマルクがあげたお土産😅。だから、この時出席した**イギリス首相のディズレーリ**は、ビスマルクに好意的になったってわけ。一方で、ロシアにはクリミア戦争で失ったベッサラビアの一部を返しただけだったから、ロシアはマジで怒った。「ビスマルク、イヤなヤツ😠！」ってね。こうして、**ロシアとドイツの関係が悪化**して、このあとの国際関係に影響するんだ。

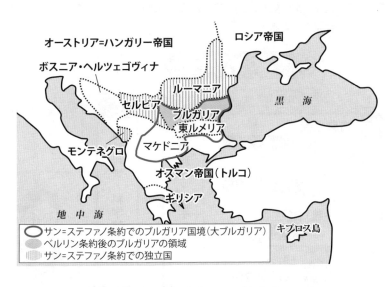

○ サン=ステファノ条約でのブルガリア国境（大ブルガリア）
▨ ベルリン条約後のブルガリアの領域
‖ サン=ステファノ条約での独立国

さて、これでロシアと東方問題はおしまい！　国際関係がちょっと複雑だったから、しっかり見直してね。それじゃあ、最後に年号 check！

!! 年号 のツボ

●**ロンドン会議**［1840］（一番弱れ　ロシアの南下）
　　　　　　　　　　　　1 8 4 0

●**クリミア戦争**［1853］（クリミア戦争　一発誤算）
　　　　　　　　　　　　　　　　1 8 5 3

●**農奴解放令**［1861］（土地は有償　いや無理言うな）
　　　　　　　　　　　　　　　　1 8 6 1

●**露土戦争**［1877］（**いやなんなんだ**　大ブルガリア）
　　　　　　　　　　1 8 7 7

●**ベルリン会議**［1878］（ロシアにも　ビスマルクは**イヤなヤツ**）
　　　　　　　　　　　　　　　　　　　　　1 8 7 8

　➡社会主義者にも**イヤなヤツ**だ（**社会主義者鎮圧法**［1878］と同じ年）
　　　　　　　　　　　1 8 7 8

次回は**19世紀のヨーロッパ文化史**だよ。ジャンルが変わると、ちょっと気分転換になるんじゃないかな？　次回も頑張っていこう〜😊。

第1章　国民国家の形成
第2章　列強の侵略とアジアの変革
第3章　帝国主義と第一次世界大戦
第4章　戦間期と第二次世界大戦
第5章　戦後の世界

政治史が一段落したから、今回は19世紀のヨーロッパ文化史を見ていこう。バラバラに見える文化史も、全体的な時代の動きとしっかりつなげると、社会全体の動きが見えてくるよ！

19世紀になると、絶対王政の時代が終わって近代的な市民社会へと変わったヨーロッパでは、文化の担い手も市民に変わったよ。「市民」と一言でいってもいろいろな人たちがなかに含まれているから、簡単にはまとめられないけど、時期によっていろんな流行りはある！　「古典主義」「ロマン主義」「写実主義」「自然主義」、そして芸術では「印象派」という大きな時代の変化を、政治史や社会史とつなげて見ていこう。単なる丸暗記じゃなくて、文化史こそしっかりと理解してほしいな。人名だけを並べてるだけじゃダメよ。

それじゃあ、19世紀のヨーロッパ文化史、いってみよう〜😆。

第1章
国民国家の形成

第2章
列強の侵略と
アジアの変革

第3章
帝国主義と
第一次世界大戦

第4章
戦間期と
第二次世界大戦

第5章
戦後の世界

1 古典主義

◀ 古典主義って？　理想はギリシア・ローマ。何事もバランスが大事

　18世紀までのヨーロッパは**絶対王政**の時代で、文化の中心にいたのは国王や貴族などの特権階級だから、金ピカで豪華にした**バロック様式**や繊細で華麗な**ロココ様式**などが好まれていたよね。どっちもお金がかかるけど😅。ところが、少しずつ**市民階級**が力をつけ始めると、「今の世の中なんか変だよな？」って疑問が出てきて、伝統的に正しいと考えていたこと、例えば「国王はエライ」とか「教会は正しい」みたいなことに対する批判が始まったんだよ。その根拠とされたのが啓蒙思想だ。**人間の理性を絶対**と考えて「理性に基づいて判断したことが正しい」っていう**合理主義**により、絶対王政や教会の腐敗・矛盾を批判し、教会の権威も伝統的な身分制度も関係なく、自由な個人を中心にものを考えてみよう、ってことになったんだ。

　こういう風潮が文化にどう影響するんだろう？　**自由な個人の人間性を重視して**、理想の人間像を追及していたのは古代ギリシア。それじゃあ、**古代ギリシアを模範にしよう！っていう古典主義**が現れた。ちなみに、ヨーロッパで**古典（classic）**っていうと、**ギリシア・ローマ**のことだ。だから、古典主義とは**古代ギリシア・ローマ文化を理想として調和の取れた人間性を重んじる**風潮だ。文学なら理性と感情のバランスが、芸術なら全体的に均整のとれた理想の人間像を描くってことになるね。

◀ 文学では自然な感情を、芸術では均整のとれた美しさを表現！

　文学では、すでに17世紀のフランスで**ラシーヌ**や**モリエール**らが古典主義演劇をつくっていたけど、**18世紀末のドイツ**では、**ゲーテ**や**シラー**を中心に**人間の自然な感情を描こう**とする**疾風怒濤運動【シュトゥルム＝ウント＝ドランク】**が起きた。例えば、有名なゲーテの『**若きウェルテルの悩み**』は、初恋相手に再会したことで恋心が復活した主人公ウェルテルが、彼女の結婚を知って、「自分の恋心」と「結婚する彼女に手を出しちゃいけない」という理性の間で揺れ動き、ついには自殺しちゃう、って話だ。ゲーテはのちの**ロマン主義の先駆者**になったんだけど、フランス革命には否定的で、晩年は**古典主義**に傾いたんだ。

ヴァルミーの戦いでプロイセン軍に従軍していたゲーテは、「世界史の新しい時代が始まる」って記しているよ

　芸術では**ナポレオン1世**の宮廷画家だった**ダヴィド**や、その弟子の**アングル**などによって、**均整のとれた美しさを重視する絵**が描かれたね。要するにギリシア彫刻みたいに理想的な人間を描こうってことだ。特に**ダヴィド**はナポレオンを英雄として描いた多くの絵で有名だね。ルーブル美術館にある大作「**ナポレオンの戴冠式**」はなんと縦6m、横9mもあるよ😲。

　音楽はドイツが中心だよ。100曲以上もの交響曲を作曲して「交響曲の父」と呼ばれる**ハイドン**、マリ＝アントワネットとほぼ同時代にあたる音楽の天才**モーツァルト**、9つの重厚な交響曲で不動の地位を築いた**ボン出身のベートーヴェン**が**古典派**にあたるよ。政治史と関係する話だと、ベートーヴェンの交響曲第3番「英雄」は、もともとナポレオンのためにつくったんだけど、彼が皇帝になったのに失望したベートーヴェンが表紙を破り捨てた、といわれている。

〈疾風怒濤運動→古典主義文学〉

独	ゲーテ	『若きウェルテルの悩み』『ファウスト』
	シラー	『群盗』『ワレンシュタイン』

〈古典主義絵画〉

仏	ダヴィド	「ナポレオンの戴冠式」。ナポレオン1世の宮廷画家
	アングル	ダヴィドの弟子。「グランド＝オダリスク」

2　ロマン主義

◀ 革命によって高まった自由主義・ナショナリズム。でも弾圧されて……

　18世紀末から19世紀初めは**フランス革命とナポレオンの時代**だよね。フランス革命では「**自由・平等・友愛**」をスローガンに王政を打倒し、市民が権利を勝ち取り、さらにフランス人は「**祖国フランス**」っていう意識を持ち始めた。この**自由主義・ナショナリズム**（国民主義）がヨーロッパ全体に広がって、文化にも影響するんだよ。

　こうして、18世紀の啓蒙思想や古典主義に対して「これからは理性よりも**自由な感情**😆♪」とか、「調和よりも**個性**の時代だ！」って考える風潮が現れた。これが**ロマン主義**だよ。じゃあ、なんでこんな考え方が広がったんだろう？　19世紀前半といえばウィーン体制のもとで自由主義やナショナリズムが弾圧されていたから、人びとが自由を求める傾向が強かったよね。これが文化に結びつくと、**個人の自由**に加えて、それぞれの**民族の歴史や伝統に基づく独自性**を重視する傾向が生まれたんだ。じゃあ、ヨーロッパで各民族の独自性が生まれたのはいつだろう？　古典主義が理想とした**ローマ**は「世界帝国」だから、むしろ「**普遍**」。そのあと、**ヨーロッパ各国の原型が出現したのは中世**だよね。ってことで、ロマン主義では**中世やルネサンス**が理想とされたんだよ。

◀ 自由主義・ナショナリズムと結びついた絵や音楽がつくられた

　じゃあ、芸術の分野から見ていこう。絵画では**フランスのドラクロワ**が、調和を破った**情熱的な激しい色使い**で、ギリシア独立戦争を題材にした「**キオス島の虐殺**」や、七月革命を題材にした「**民衆を導く自由の女神**」などを描いた。さらに音

楽では、**ポーランドの国民意識**を背景に**ショパン**がエチュード「**革命**」を作曲した
り、**ドイツ**の**ヴァーグナー【ワグナー】**は**楽劇**を創始し、中世ドイツの「ニーゲル
ンゲンの歌」を題材に大作「**ニーベルングの指環**」をつくったりしたね。そして、
ロマン主義から派生して、**伝統的な民族音楽**などをもとにした民族性あふれる**国民
楽派音楽**も現れたよ。バレエ音楽「くるみ割り人形」で有名な**ロシア**の**チャイコフ
スキー**や、交響詩「わが祖国」をつくった**チェコ**の**スメタナ**などが代表だ。

◀ 文学では感情の高まりと民族の伝統がキーワードだ

　文学では、**個人の感情の高まり**や**民族の伝統**を表現する作品が多数つくられた。
　ドイツでの注目ポイントは、**グリム兄弟**。彼らはドイツ民族の伝統、要は**ドイツ
語の研究**をやった。政治的にはバラバラだけど、みんなが話しているドイツ語の研
究を通じて**ドイツ文化とは何か**を明らかにしたかったんだね。だから、最終的な目
標は『**ドイツ語辞典**』をつくる！　そのために集めたドイツ各地の昔話を『**子ども
と家庭のための童話集（グリム童話集）**』にまとめてみたよ。さらに、**ユダヤ系**だっ
た**ハイネ**は**マルクス**とも親交を持ったから、「**革命詩人**」と呼ばれているね。
　フランスのロマン主義といえば**ユーゴー**だ。彼の書いた超大作『**レ＝ミゼラブ
ル**』は、映画やミュージカルにもなっているから知ってるかな？　彼は政治的には
二月革命後に共和派となり、ナポレオン３世の**第二帝政を批判**したから18年間も亡
命生活を送り、この時に『レ＝ミゼラブル』がつくられたんだよ。この作品の中に
は、労働者の堕落、飢えが原因の女性の転落、そして子どもの破滅など、**社会で
「虐げられた人びと」を人道的に救おう！**というメッセージが込められている。
　そのほか、**ギリシア独立戦争**に義勇軍として参戦した**イギリス**の**バイロン**は、も
う生き方そのものがロマン主義😎。**アメリカ**の**ホイットマン**はアメリカの自然や
自由と民主主義を讃える『**草の葉**』で有名だね。
　こんなふうに、ロマン主義の作品には、**自分の民族を讃える**ものが多かったって
ことだ。反面、民族を理想化しすぎたり、個性を重視しすぎるあまり、ちょっと現
実離れしてしまうこともあったんだね。

〈**ロマン主義絵画**〉

仏	ドラクロワ	「民衆を導く自由の女神」「**キオス島の虐殺**」

〈**ロマン主義音楽**〉

墺	シューベルト	「冬の旅」などの**歌曲**で有名。「未完成交響曲」
	ショパン	ピアノの詩人と呼ばれる。エチュード「**革命**」
露	チャイコフスキー	ロマン主義から派生した**国民楽派**の影響。バレエ音楽が有名
独	ヴァーグナー	**楽劇**を創始。「タンホイザー」「**ニーベルングの指環**」
	スメタナ	チェコ国民楽派の祖。交響詩「わが祖国」（第２曲の「モルダウ」が有名）

第1章 国民国家の形成

第2章 列強の侵略とアジアの変革

第3章 帝国主義と第一次世界大戦

第4章 戦間期と第二次世界大戦

第5章 戦後の世界

〈ロマン主義文学〉

独	ノヴァーリス	『青い花』
	グリム兄弟	**『ドイツ語辞典』『子どもと家庭のための童話集（グリム童話集）』**
	ハイネ	『歌の本』。マルクスとも親交を持ち、「**革命詩人**」と呼ばれる
仏	スタール夫人	ネッケルの娘。ドイツ＝ロマン主義をフランスに紹介
	シャトーブリアン	『アタラ』『ルネ』
	ユーゴー	『レ＝ミゼラブル』
英	ワーズワース	『叙情詩選』。人間と自然の調和を説く
	スコット	物語詩『湖上の美人』歴史小説『アイヴァンホー』
	バイロン	ギリシア独立戦争に参戦。『チャイルド＝ハロルドの巡礼』
米	ホーソン	『緋文字』。ピューリタン文学
	ホイットマン	詩集『草の葉』
露	**プーシキン**	『大尉の娘』『オネーギン』。ヒューマニズムから専制政治を批判

3　写実主義・自然主義

◀ ロマン主義は非現実的。現実はもっとひどいよ……

　19世紀半ばには**各国で産業革命が始まり**、少しずつ**資本主義経済が発達**してきたよね。産業資本家の成長によって**市民社会が成熟**してくると、あまりにも現実離れした作品は好まれなくなってくる。さらに、**労働者階級の増加**による都市の生活環境や労働環境の悪化や、発展から取り残された農村部との**貧富の格差**も問題だ。こういった社会問題が大きくなってくると、そこから目を背けるわけにもいかなくなってきた。しかも、**自然科学や科学技術の発達**によって、科学的なものの見方が広がってくる。科学技術に感情はないでしょ？　もはや夢ばかり見ているわけにもいかない😖。

　こうして、非現実的なロマン主義にかわって、**人間や社会のありのままの姿を客観的に描こう**とする傾向がでてきたよ。これが**写実主義や自然主義**だ。ただこの2つの言葉、文学と芸術でちょっとニュアンスが違うから気をつけてね。

◀ 絵画では、都市を題材にした「写実主義」、農村を題材にした「自然主義」だ

　この時代の絵画に影響を与えたものとして、**カメラの発明**があるよ。19世紀にはある意味で「ありのまま」の姿を写真に残すことができるようになった。画家たちにとってはライバルだね😅。ロマン主義の絵画では誇張や幻想が多くあったけど、もはやそんなものはいらない。だから、**ありのままの姿を絵に描こうとしたのが自然主義や写実主義**だよ。ただ両者は、題材が少し違うんだ。おもに**農村や自然を題材にした自然主義、都市市民を題材にした写実主義**って覚えておこう！

　しかも、もう1つの衝撃がある！　それが絵の「サイズ」。これまで2mや3mといった絵は、国王や貴族、あるいは神を描く時のサイズだったんだけど、単なる民衆の絵にそれだけのサイズを与えたから、それだけで衝撃だったんだよ。

　まずは**自然主義**。ミレーとその仲間の画家たちは、七月革命後の貧乏生活もあって、パリ近郊のフォンテーヌブローの森のはずれにある**バルビゾン村**に集まったから**バルビゾン派**とも呼ばれている。ここで農民の生活や自然を題材に創作をしたんだ。特にミレーの「落穂拾い」は有名だよ。

▲ミレー「落穂拾い」

　一方の**写実主義**は、**都市の下層労働者が題材**になったんだけど、下層労働者に接近するということは、同じ時代に出現した**社会主義に接近**するということだ。**ドーミエ**はたくましく生きる都市市民の様子を描き、**クールベ**は最下層民衆の労働の様子を「**石割り**」などに描くとともに、同郷の友人だったプルードンの影響もあって**社会主義に接近**、**パリ゠コミューンに参加**したけど挫折して、禁固刑になったんだ。

◀ 現実を直視したけど……まだちょっとは救いがある写実主義文学

　文学ではロマン主義のような**人道的な要素が薄れてしまう**んだよ。というのも、誰が見ても下層民衆の生活はひどい！　資本主義の発達による貧富の格差の問題にロマンなんかあるわけがない！　だから、客観的に「現実を見ろ〜🤪」って風潮が強まったんだ。こうして、**人生の現実から目を背けず、ありのままに描こうとする写実主義**が現れたんだよ。

　フランスでは、**スタンダール**が貴族（赤）と聖職者（黒）などの**特権階級に敵意を持つ少年ジュリアンを主人公とする『赤と黒』**を書いたよ。主人公の少年は、特権階級の奥さんとの不倫や娘との結婚でのし上がろうとするんだけど、成功の寸前に殺人を犯して死刑判決を受ける。ただ、最後に真実の愛を知る……みたいな。

　こんなふうに、写実主義って**最後にはなんとなく救いがある**😊。現実はひどい話なんだけど、読み終わった時に「まぁ良かったかもな」っていう感じね。**バルザック**の**『人間喜劇』**は、彼が20年にわたって書いた90編以上の小説の総称で、貴族の没落、新興ブルジョワの台頭、家族制度の崩壊など、当時のフランス社会が見事に分析され、話によってはかなり批判的なものもあるよ。

　イギリスでは、**ディケンズ**が**フランス革命期のロンドンとパリを舞台にした『二都物語』**を書いたよ。主人公は貴族身分を捨ててパリに戻って革命に参加しようとしたら恐怖政治のもとで捕まり、最後は愛する女性の夫の身代わりになってギロチンにかけられる。これも愛のために死ぬっていう救いがちょっとはあるよね。

　問題は**ロシア**だよ😤。ロシアの現実を直視すると、あまりにひどすぎる😭。まず、**トゥルゲーネフ**は、**ロシアの農奴のひどい現実**を、ロシアの美しい自然描写のなかに描いた『**猟人日記**』や、農奴解放後のロシア社会と無気力になってしまった**ナロードニキ**を描いた『**父と子**』などを書いたよ。ちなみに『**猟人日記**』は、これを読んだ**アレクサンドル2世を農奴解放に向かわせた**作品だよ。また、**ドストエフスキー**は、農民を苦しめる高利貸しの婆さんを、正義のためとして殺害した革命家を主人公にした『**罪と罰**』や、人間の魂の救済を題材とした未完の大作『**カラマーゾフの兄弟**』で有名だ。さらに、**トルストイ**はキリスト教の人道主義の立場から、**ナポレオンのロシア遠征**を題材とした『**戦争と平和**』などを書くとともに、**人道主義的な反戦運動**をおこなったんだ。

　全体として感じてほしいのは、**写実主義は描かれている現実はひどい**のだけど、最終的にはなんとなく救いがあるってことね。

🔊 行き着くところは……救いのない現実まで描く自然主義文学

　時代が進むと、工業発展とともに社会矛盾はさらに大きくなっていった。こうした状況から、**現実をもっと実験的・科学的にとらえ**、「救えないものは救えない！」というところまで強調してしまったのが**自然主義**だよ。もはや、写実主義のような「最後はまぁよかったかな」という感覚はなくなってしまうよ。

　フランスの**ゾラ**は自然主義を確立した作家だよ。彼の代表作『**居酒屋**』はひどいなんてもんじゃない！　多少の貯金もあって、下層労働者としては幸せに暮らしていたブリキ職人と洗濯女の夫婦が、ダンナが足をケガして仕事ができなくなったのをきっかけに堕落し、アル中で頭がおかしくなって死亡、奥さんもアル中で発狂してほぼ餓死……😵。もはや、**話になんの救いもないでしょ**……これが自然主義だよ。ちなみにゾラは、**ドレフュス事件で軍部を批判**したことでも有名だよ。ほかに、**モーパッサン**の『**女の一生**』も、ダンナの家庭内暴力と不倫に苦しむ奥さんが、さらに過保護からわがまま放題になった息子に金をせびられる……という、救いようのない女性の一生を描いた作品だ。

　ノルウェーの**イプセン**は戯曲（演劇の脚本）『**人形の家**』で、無理解なダンナから逃れるために家を出たノラを主人公に、女性一人で生きていく苦労を描き**女性解放運動への展望を示した**。これならちょっとは救いがあるかもね。

　こんなふうに、19世紀後半には**写実主義・自然主義**という、**現実を直視する文学が主流**になったってことだね。　でも、こんな作品ばかりじゃだんだんイヤになってくる……😖。だから、**世紀末**には善悪を一切無視して美を最高の価値とする**耽美主義**や、言葉のリズムや象徴的な表現を多く使う**象徴主義**が現れたんだよ。耽美主義には、『**悪の華**』を書いた**ボードレール**（仏）や『**サロメ**』を書いたワイルド（英）、象徴主義には『**秋の歌**』を書いた**ヴェルレーヌ**（仏）などがいるよ。また、科学の発達を背景に、**ヴェルヌ**（仏）の『**海底二万里**』、**ウェルズ**（英）『**タイムマシン**』などの**SF小説**も生まれたんだ。

〈自然主義絵画〉

仏	ミレー	「落穂拾い」「晩鐘」。バルビゾン派を形成

〈写実主義絵画〉

仏	ドーミエ	「三等列車」。革命と共和政を支持
	クールベ	「石割り」。パリ＝コミューンに参加

〈写実主義文学〉

仏	スタンダール	『赤と黒』。ナポレオン軍の軍人出身
	バルザック	『人間喜劇』。市民社会と小市民を題材
	フロベール	『ボヴァリー夫人』
英	サッカレー	『虚栄の市』
	ディケンズ	『二都物語』『オリヴァー＝トゥイスト』
露	トゥルゲーネフ	『猟人日記』（農奴制を題材）『父と子』（ナロードニキを題材）
	ドストエフスキー	『罪と罰』『カラマーゾフの兄弟』
	トルストイ	『戦争と平和』（ナポレオン戦争を題材）『アンナ＝カレーニナ』
	チェーホフ	『桜の園』

〈自然主義文学〉

仏	ゾラ	『居酒屋』『ナナ』。ドレフュス事件で、軍部を批判
	モーパッサン	『女の一生』
北欧	イプセン	ノルウェーの作家。『人形の家』（女性解放運動に影響）
	ストリンドベリ	スウェーデンの作家。『父』『令嬢ジュリー』

4 ▶ 印象派・後期印象派

◀ 印象派——カメラには勝てなかった画家が、写真とは違う「印象」を描いた！

　写実主義や自然主義は現実をありのままの姿に描こうとしたんだけど、そのまま描くならカメラには勝てない。だから画家たちは違った方向へと向かい始めた。それが印象派だよ。印象派は「光」に注目し、光と影の色彩を自分の印象のままに、場合によっては光そのもの（例えば光の三原色を使って）を描こうとしたんだ。

　まず、印象派の創始者マネは、「草上の昼食」を発表したよ。これ、当時としては

▲マネ「草上の昼食」

大事件。だって、普通の女性が2人の男性の横で、なぜか全裸😵。別に裸の女性の絵は珍しくもないけど、これまでの裸婦の絵は、女神とか異国情緒とか、とにかく現実離れしている題材だった。それが、マネが描いたのは**そのへんにいる普通の「むちゃくちゃ現実的」な女性が全裸**だったのが大事件！「**不謹慎**だ！　不道徳だ！」とさんざん批判されたよ。

　その後、**モネ**が登場して印象派の画風が確立されていく。モネは「**印象・日の出**」で、光が刻々と変化するルアーブル港の情景を描いたんだけど、**この作品にちなんで印象派という名前がついた**よ。あとは連作「**睡蓮**」が有名だね。そして印象派の巨匠が**ルノワール**だ。パリの歓楽街モンマルトルのダンスホールを描いた「**ムーラン＝ド＝ラ＝ギャレット**」が代表作だね。彼の作品は輝かしい色彩のものが多く、「**色彩の魔術師**」とも呼ばれているよ。

🔊 後期印象派──画家個人の印象から、色や形まで変化させた

　印象派の作風がさらに進むと、いよいよ絵に描く対象物の形が変化し始めるよ。この後期印象派の最初が**セザンヌ**。セザンヌは風景画をベタ塗り（真っ平らに塗っていく）で表現するなど、**自然を単純化**した画風の絵を描いた。彼がよく描いたのが**サント＝ヴィクトワール山**。彼の対象物を単純化した描き方は、のちの**立体派【キュビズム】**につながっていくよ。それから**ゴーガン**。晩年にタヒチで暮らしたゴーガンは、フランスにエキゾチックな異国趣味を広めた。そして、生前には全く評価されなかったオランダの**ゴッホ**。渦巻きのようなタッチや現実にはない色を多用する色彩感覚は、当時の人にはまだ早すぎたんだろうし、彼自身も最後は精神錯乱で自殺してしまう。有名な「**ひまわり**」や、空がグルグル渦を巻いてる「**星月夜**」、赤や緑で塗られた自画像など、現代から見ても新しい画風がわかるよ。こうした描き方は、感情を作品中に反映させて表現する手法（**表現主義**）に大きな影響を与えるんだ。それからこの時代のマネ、モネ、ゴッホらは**日本の浮世絵**の構図や画風に大きな影響を受けていたよ。これを日本趣味（**ジャポニズム**）というんだ。

〈印象派絵画〉

仏	マネ	「**草上の昼食**」「**笛を吹く少年**」
	モネ	「**印象・日の出**」「**睡蓮**」。外光に満ちた風景画
	ルノワール	「**ムーラン＝ド＝ラ＝ギャレット**」。女性の裸像も多い

〈後期印象派絵画〉

仏	セザンヌ	自然を単純化した画風。「サント＝ヴィクトワール山」
	ゴーガン	晩年をタヒチで暮らす。「タヒチの女」
蘭	ゴッホ	「**ひまわり**」「星月夜」。生前には全く評価されず

5 社会科学・哲学

経済学

📢 経済学は国によって違う！　発展の仕方で考え方も変わるよ

　それじゃあ社会科学に進むよ。まずは経済学だ。すでに**市民社会が出現していた****イギリス**では、政治的な問題だけではなくて**経済的にも自由を求める動き**が強まっていた。すでに18世紀には**アダム゠スミス**が登場して『**諸国民の富【国富論】**』を書き、「**神の見えざる手**」という言葉で有名な**自由主義経済学**を完成させ、古典派経済学を創始した。これは絶対王政時代から特定の商人などが持っていた特権をなくして、**自由放任**が一番いい！っていう理論だよ。このあとも、産業革命が進んだイギリスでは、自由主義を主張する古典派経済学がさらに発展していくよ。

　産業革命によって**下層労働者の貧困**が問題になると、**マルサス**は『**人口論**』を著し、「なぜ貧困が拡大するか？」という問題について「**食糧生産と人口増加のアンバランスがいけない！**」と主張した。大ざっぱに言うと、「人口はかけ算で、食糧生産は足し算で増えていくから、**人口増加に食糧生産が追いつかない**」っていうことだ。少子化が進んでいる現代だとピンとこないかもしれないけど、当時の貧困層は子どもも重要な働き手だった。だから貧乏な人ほど子どもが多かったんだ。さらに**リカード**は、**商品の価値（値段）をその生産に費やされた労働の量（つまり人件費）で決まる**という**労働価値説**を主張した。

　労働価値説を簡単な例にしよう。僕の行きつけのラーメン屋でネギをトッピングすると150円なんだけど、スーパーとかで売ってる150円分のネギは入っていない。そんなに入れたら、どんぶりの中はネギだらけ。じゃあ、なんで150円かっていうと、「ラーメン屋のご主人がネギを切る動きが1回10円、タレを入れて混ぜるのが1回10円」みたいな感じね。手の動きで値段が上がってるわけ。「混ぜるの1回減らして10円安くして！」とは言えないけどさ😝。

　自由主義を主張するイギリスの古典派経済学に対して、「オマエら発展してるからって、勝手なことを言うな！」って思ったのが**ドイツ人**だ。自由貿易にしたら、**発展しているイギリスが勝つ**に決まっている。当時は文化的にも**ロマン主義の時代**で「民族の伝統や独自性」が重視されていたから、経済学でも「**各国の発展の段階に応じて（経済の発展段階説）、とるべき政策は違う！**」って考え方が出てきた。それが**歴史学派経済学**だよ。ドイツの**リスト**は、イギリスは先進国だから自由主義を主張するけど、**ドイツは後進国だから保護貿易でいいんだ！**って主張した。この考え方は**ドイツ関税同盟**の結成に影響を与えたよ。

📢 マルクスの登場。経済学が大きく変わり、社会主義理論も完成！

　ここまで話した経済学は、どれも**資本主義経済のなかでどうするか？**　を考えたものだったけど、それを根本からひっくり返したのが**マルクス経済学**だ。マルクスはすでに1848年には**エンゲルス**とともに『**共産党宣言**』を発表して、「**万国の労**

働者よ、団結せよ」って主張していたけど、じゃあ「なんで団結するの？」ってことも含めて、マルクスの考え方を解説していこう。

　マルクスは『**資本論**』のなかで資本主義を分析して、さっき出てきた労働価値説をさらに突き詰めて**剰余価値説**を唱えた。これは教科書みたいな言い方だと「**資本家は労働者に支払う賃金以上の価値を利潤として搾取している**」ってことなんだけど……難しい😣。

　さっきのラーメン屋の話にしよう。ラーメン屋のご主人、1人バイトを雇ってるんだけど、ネギのトッピングを剰余価値説で説明すると、「ラーメン屋のご主人（**資本家**）は、バイトの時給分（**労働者の賃金**）と自分の儲け（**利潤**）を上乗せして、ネギに150円って値段をつけてる」ってことだ。だから、バイトのおにいちゃんよりもラーメン屋のご主人が儲かる……って当たり前か😄。バイトより儲からないならラーメン屋やめるよな（笑）。

　これをすべての企業に当てはめれば、**労働者はつねに利潤を上乗せされた値段で物を買わされる**ことになる。だから**労働者は何を買っても搾取され**、いつまでたっても貧乏なままという理論になるでしょ。さらに続きがあって、中小の資本家は大資本家に負けちゃうと労働者に転落するから、資本主義の行きつく先は、ごく**少数の巨大企業（独占資本）が大多数の労働者を搾取する状態**になる。こんなふうにマルクスは**独占資本主義の出現**を予想している。じゃあどうすればいいんだろ？

　マルクスは、人間の能力は時代が進むにつれて発展していくという**ヘーゲルの弁証法**の影響を受けて、社会も時代とともに発展していくという**弁証法的唯物論**を唱えた。そこから、**史的唯物論【唯物史観】**に基づき「**資本主義の没落と社会主義への必然的移行**」を主張したよ……今、頭の中がぐちゃぐちゃになったでしょ。教科書で使うような言葉で説明すると難しい😵！じゃあ、解説しよう😆。

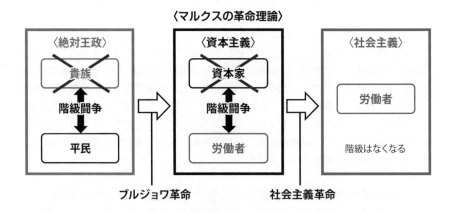

〈マルクスの革命理論〉

〈絶対王政〉　　　　　〈資本主義〉　　　　　〈社会主義〉

貴族　　　　　　　　資本家　　　　　　　　労働者

階級闘争　　　　　　階級闘争　　　　　　　階級はなくなる

平民　　　　　　　　労働者

ブルジョワ革命　　　　　社会主義革命

　絶対王政の時代には、国王とその周りにいる**貴族が特権を持って平民をいじめる**から、平民たちは豊かになれない。つまり**「貴族」「平民」という階級**があるのが、社会が抱える矛盾なんだよ。そこで、平民が「**貴族を潰す！**」ってこの矛盾と戦って（これが**階級闘争**だ）、平民を中心とする社会をつくった。これが**ブルジョワ革命【市民革命】**だよ。そうすると平民を中心とする資本主義の段階に進むよね。

　じゃあ、資本主義ではみんな幸せになるかっていうと、新しい階級が生まれて、今度は金持ちの「**資本家**」が貧乏な「**労働者**」をいじめる。労働者たちは「**結局貧乏じゃないか！**」って思うよね。これが資本主義の抱える矛盾だ。

　そして、資本主義がどんどん発展すると**独占資本主義**になるから、ごく少数の巨大資本家がボロ儲けする。だったら「**資本家を潰せ！**」ってこの矛盾と戦えば（**新たな階級闘争**だ）、労働者を中心とする社会ができる。これが**社会主義革命**だよ。ただ労働者一人ひとりは弱いからこれを成功させるためには、世界中の労働者が団結しなきゃいけない。これが「**万国の労働者よ、団結せよ！**」ってことね。

　こうして、一番貧乏な**労働者階級が政権を取れば平等な社会**ができる。これがマルクスの**革命理論**だよ。ザックリととらえると、「**絶対王政から2回の革命（ブルジョワ革命と社会主義革命）をやると社会主義になる**」ってことね。

〈古典派経済学〉

英	マルサス	『人口論』
	リカード	**労働価値説**。『経済学および課税の原理』

〈歴史学派経済学〉

独	リスト	**保護貿易主義**を主張。ドイツ関税同盟の結成に影響

〈マルクス経済学〉

独	マルクス	『資本論』。**剰余価値説**から資本主義を分析 哲学では**弁証法的唯物論**。歴史学では**史的唯物論【唯物史観】**を創始
	エンゲルス	『イギリスにおける労働者階級の状態』

その他の社会科学
◀ 民族の独自性を追求したドイツ人は、歴史が大好き！

　ロマン主義の風潮によって、各個人の個性や民族の伝統を重視しようって考え方が広がると、特にドイツでは「じゃあ、伝統とはなんだろ？」って**歴史を探ろうとする動き**が出てきた。まず**ランケ**は残された**史料**をきちんと分析して事実を探り、「**本来それがどうであったか**」を書くのが歴史であるという**近代歴史学**を確立した

よ。彼は「各民族にはそれぞれに "良さ" や "独自性" がある」と考えて、歴史における民族の個性や多様性を重視したよ。この影響で他の社会科学の分野では、**サヴィニー**が「各民族がたどってきた歴史によって、**各民族固有の法がある**」という**歴史法学**を創始したんだ。これも、**自由主義を進めるイギリス**に対して、「ドイツは多少法律が厳しくても、自由が制限されててもいいんだ～！」って言いたいんだろうけどね😆。この考え方が、プロイセンの憲法やドイツの民法典に影響したんだ。

〈その他社会科学〉

独	ランケ	近代歴史学を確立。『世界史』
	サヴィニー	歴史法学を創始。『中世ローマ法史』

哲学

🔊 市民社会が成熟したイギリスでは「最大多数の最大幸福」を目指す

　資本主義が発展した**イギリス**では、産業資本家が台頭して地主と対立し、さらに労働者の生活環境や労働環境が問題になっていたよね。こうしたことを背景に、ベンサムは「**最大多数の最大幸福**」を主張する**功利主義**を打ち出した。これは当時発言力が大きくなっていた産業資本家を中心とする**ブルジョワ階級の主張**と一致するよね。これを一歩進めたのはジョン＝ステュアート＝ミルの**社会改良主義**だ。議会に進出していない労働者や女性は自分たちの権利を主張する場所もないのだから（だって参政権がないよね）、権利がある人たちが進んで**社会を改良して幸福の質を高め、理想的な社会をつくらなければいけない**、って主張したよ。また**ハーバート＝スペンサー**は進化論を社会に当てはめ、優れた社会（国）は勝ち、劣った社会（国）は敗れるという**社会進化論**を主張したんだよ。社会進化論は、**フランスのコント**が主張した「現実の経験によって確かめたことからしか知識は得られない」とする実証主義の影響も受けているよ。

🔊 「神は死んだ」と叫んだニーチェ。実存主義ってなんだろう？

　ヨーロッパの文化史をやると、どうしてもぶち当たるのが「キリスト教」の問題……。絶対神、創造神、唯一神……どれも日本の宗教にはない感覚だ。**キリスト教**では、「**この世界はすべて神の創造物だから、神の思うようになっている**」っていうのが大前提なんだよ。だから人間が何をしようと神の意志にはかなわないし、そもそも神がなんなのかさえ知ることもできない。最終的に救われるかどうかも神が決める。だったら無条件に神を信仰して、「信仰すれば救われる」と思えばいい。全部神が決めることだから、「**とにかく信じるしかない**」ということになる。

　でも、そう割り切れない人もいるよね。**ショーペンハウエル**は、人生の本質は**「盲目的な生への意思（ずっと生きたいと思うこと）」**と考えた。人は必ず訪れる死への不安から逃れることはできず、人生は苦そのものである、ってことね。これが

厭世哲学【ペシミズム】だ。こう考え始めたら、何をやっても絶対楽しくない😩。これ、インド思想の影響だよ。インド思想も「生＝苦」というのが基本だ。

　また、デンマークの**キェルケゴール**は「つねに神の前にいることの不安（いつも神に見られているってことね）」を哲学に高め、「いかにして神の前に一人で立つキリスト者となるか」、つまり自分を一人の主体的な人間と考えて、**どのように神と向き合うべきか**（人と人が向き合うように１対１で神と向き合う）、を追及したよ。これらの哲学を**実存主義**というんだ。

　こうした思想の影響を受け、ニーチェは「神は死んだ」と主張した。はっきり言ってニーチェはよくわからん😅。彼の出発点は**ニヒリズム**（権威や権力はすべて意味のないいらないものという発想）で、これをどう克服するかが問題だった。だって、**弱い人間を救う**はずの**キリスト教の考え方**（道徳観）も、実は**弱者に都合のいいように創作されている**から、神だって本当に救ってはくれない。だから「神は死んだ」として一人ひとりが「**超人**」となってニヒリズムを克服しなければいけないと説いた。さらに世界の出来事は、何一つ変わらず永遠に繰り返される（**永劫回帰**）のだから、喜びも苦悩も含めた現実の生をそのまま肯定して受け入れるべき、と主張した。ここまで説明しても、やっぱりわからん😵。だって、ニーチェ本人も最後は発狂しているんだもん。入試では「**神は死んだ**」「**超人**」「**永劫回帰**」「**力への意思**」っていうキーワードを覚えておけばＯＫだ😆。

〈哲学〉

英	ベンサム	功利主義。「最大多数の最大幸福」
	ジョン＝ステュアート＝ミル	**社会改良主義**
	ハーバート＝スペンサー	**社会進化論**
仏	コント	実証主義。社会学の祖
独など	ショーペンハウエル	**厭世哲学【ペシミズム】**
	キェルケゴール	デンマークの哲学者。実存主義の先駆者
	ニーチェ	「**神は死んだ**」「**超人**」「**永劫回帰**」「**力への意思**」

6　自然科学・科学技術

🔊 科学技術のもとになった発見がいっぱいだ！

　19世紀前半の第１次産業革命は石炭と蒸気（蒸気機関）によって産業が発展したけど、19世紀後半には**石油と電力**を動力とする**第２次産業革命**が進み、一気に**科学技術の時代**になった。背景には、当時の**物理学**や**化学**における発見があるよ。

　まず、イギリスの**ファラデー**が電磁誘導の法則や電気分解の法則を発見して**電磁気学**が発展し、さらにドイツの**マイヤー**や**ヘルムホルツ**が**エネルギー保存の法則**を

発見して、**熱力学**が発展したよ。こうして発見された法則は科学技術の発展に応用され、**ジーメンス**が**発電機**を実用化して**電機産業**が発展し、**ダイムラー**や**ディーゼル**によるエンジン（ガソリン機関やディーゼル機関）の発明で、**自動車**が作られるようになった。また、**レントゲン**が**X放射線**を、**キュリー夫妻**が**ラジウム**を発見するなど、放射線や放射性物質の発見が続き、**医療技術**などに応用された。さらに**リービヒ**による**有機化学**の確立で、**化学工業**も発展していくんだ。

　生物学や医学の発達もいろいろあるよ。**パストゥール**の**狂犬病（きょうけんびょう）の予防接種**や、**コッホ**の**コレラ菌・結核菌（けっかくきん）の発見**で病気の予防や治療の幅が広がり、**細菌学（さいきんがく）**も発展し始めた。また、**メンデルの遺伝（いでん）の法則**や**ダーウィンの進化論**は、生物学にとどまらず社会科学や宗教にも大きな影響を与えることになるよ。だって、進化論は「神は人間を創造した」というキリスト教の教義を根本からひっくり返す考え方でしょ？　こりゃ大事件だよ。

　最後に情報通信ね。19世紀以前には**情報が伝わる速度と人が移動する速度は一緒**だった。だって手紙しかないんだもん😫。現代はインターネット上で全世界に一瞬で情報を送れるし、それこそ何かしらのアプリをインストールすれば、全世界とタダでテレビ電話もできる時代だもんね。でも昔は人が運ぶ手紙しか情報を伝える手段はなかったんだ。それを劇的に変えたのが、**モース【モールス】**による**電信機**の発明だよ。映画とかで見たことないかな？「トン・トン・ツー……」みたいな感じで、電気が流れると音が鳴る仕組みで、暗号にした文字を読み取るだけの簡単なものだけど、当時としては劇的な変化だよ。だって**一瞬で情報を送れる**んだもん、それだけですごい！　そして、各地で電信線が敷かれ始めた。最初は**アメリカのワシントンからボルティモア**に敷かれたんだけど、そこから10年経たないうちに英仏間の**ドーヴァー海峡**（1851）に、さらに**大西洋**（1866）や**イギリス〜インド間**（1870）に**海底電信ケーブル**が敷かれ、**情報による世界の一体化**が進んだよ。

　さらに**アメリカのベル**が電話機を発明すると、離れたところと会話ができるようになり、もうびっくりなんてもんじゃない。そして**マルコーニ**の発明した**無線電信**と合わせれば……ほら、今みんなが使っているスマホの通信だって、この無線電信技術が進歩したものだ。このあたりの発明は、今のみんなの生活にもかかわるようなものがいくつもあるね。

〈物理学・化学〉

英	ファラデー	電磁誘導の法則。電気分解の法則。**電磁気学**の発展
独	マイヤー	エネルギー保存の法則。**熱力学**の発展
	ヘルムホルツ	
	レントゲン	X放射線の発見。**第1回ノーベル物理学賞**を受賞
	リービヒ	**有機化学**の基礎を確立。化学工業や化学肥料
仏	キュリー夫妻	ラジウムの発見。妻はポーランド出身

〈生物学・医学〉

英	ダーウィン	『種の起源』。進化論を発表
仏	パストゥール	乳酸菌の発見。**狂犬病の予防接種**に成功
独	コッホ	**結核菌、コレラ菌の発見。**ツベルクリンを創設。**細菌学**の発展
墺	**メンデル**	遺伝の法則

〈科学技術〉

英	ベッセマー	転炉による製鋼法の発明
	ノーベル	**スウェーデン人。**ダイナマイト、無煙火薬の発明
米	モース	電信機の発明。モールス信号
	ベル	電話機の発明
伊	マルコーニ	無線電信の発明
米	エディソン	**蓄音機**、白熱電球、映画などを発明。「**発明王**」
独	**ダイムラー**	**ガソリン機関（エンジン）**の発明。**自動車**を製作
	ディーゼル	**ディーゼル機関（エンジン）**の発明
	ジーメンス	**発電機**、モーターの実用化。電車の発明

　さて、19世紀のヨーロッパ文化史どうだった？　単なる名前の丸暗記じゃなくて、同じ時代の政治とか社会とつなげてみると、また違った見方ができるようになるよ。

　今回は文化史だから年号 check はなしだよ😊。

　次回からはアジア近現代史だ。今回までのヨーロッパ史とつながるところもいっぱいあるから、きっちり復習して次に進んでね😆。

第**1**章　国民国家の形成

第**2**章　列強の侵略とアジアの変革

第**3**章　帝国主義と第一次世界大戦

第**4**章　戦間期と第二次世界大戦

第**5**章　戦後の世界

第2章

列強の侵略と
アジアの変革

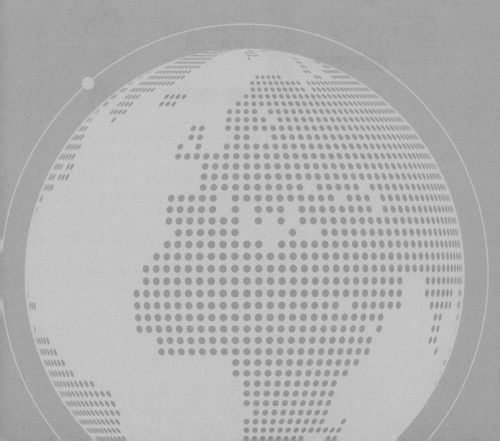

近代の西アジア

いよいよアジアの近現代史に入るよ。最初は<u>西アジア</u>からだ。今回は<u>オスマン帝国（トルコ）</u>と<u>ガージャール朝ペルシア</u>の2国について見ていくよ。

● 大きくつかもう！ ●

オスマン帝国（トルコ）

1 オスマン帝国の衰退
127〜129ページ

2 オスマン帝国の近代化
129〜135ページ

ガージャール朝ペルシア（イラン）

3 ガージャール朝の衰退と混乱
135〜139ページ

オスマン帝国の近代化は、東方問題とつなげて勉強してね。今回はオスマン帝国目線で見るよ！

少なくとも17世紀までは、<u>ヨーロッパ各国はオスマン帝国にはかなわなかった</u>。だって産業革命が始まる前には、ヨーロッパはユーラシア大陸の単なる辺境だったからね。でも<u>18世紀ごろからだんだんとオスマン帝国が衰退し始め</u>、ヨーロッパで<u>産業革命が始まるとヨーロッパがオスマン帝国を逆転</u>して、気づけばオスマン帝国は列強の進出を受け始めるよ。同じころ、ペルシア（イラン）のガージャール朝にもイギリスやロシアが進出し始める。今回は、<u>第5回</u>の「東方問題」で出てきた<u>イギリスとロシアを中心とする列強の対立</u>と非常に関係が深い範囲だよ。ヨーロッパ目線で見た「東方問題」も、オスマン帝国目線で見てみるとまた別の側面が見えてくるはずだ。

それじゃあ、近代の西アジアの始まり〜😆。

1 ▶ オスマン帝国の衰退

◀ 圧倒的に強かったはずのオスマン帝国が、領土を失い始めた！

　もし、17世紀末の時点で世界の国々を強い順に並べると、たぶん1位は中国の清朝、2位はオスマン帝国（トルコ）、3位はインドのムガル帝国だろうね。大航海時代以降、ヨーロッパ各国は世界各地に進出して、アメリカ大陸では植民地を拡大したから「なんかヨーロッパすごい😆」って思うかもしれないけど、よく考えてごらん。ヨーロッパ諸国がアジアで征服した国って何があるかな？　まあ、東南アジアのマラッカ王国とか、あるいはフィリピンとか、征服したところはゼロではないけど、アジア各地の大帝国は1つも滅んでいないよね。なぜって？　だってヨーロッパのほうが弱いんだもん😅。これから話すオスマン帝国はヨーロッパが恐れた大国の1つだ。

　例えば、16世紀のスレイマン1世がやった第1次ウィーン包囲は、もし冬が寒くなかったら、たぶんオスマン帝国がウィーンを征服してるし、プレヴェザ海戦では、スペインがボッコボコにされてる😫。こんなふうにオスマン帝国が圧倒的に優位だったところから、ヨーロッパが巻き返し始めたのは17世紀末になってからだ。

　1683年、第2次ウィーン包囲に失敗したオスマン帝国は、オーストリアやポーランドなどの反撃を受け、1699年カルロヴィッツ条約を結んでオーストリアにハンガリーやトランシルヴァニアなどを割譲した。これって、オスマン帝国が初めて敗戦国として領土を失った条約だよ。ここから少しずつ衰退するんだけど、だからといって一気に崩壊はしない。だって、オスマン帝国の領土は、もともとすごく広いからさ。

　ハンガリーを取ると、オーストリアは支配地が倍増！オスマン帝国のダメージはそこまでではないね

　ただ、18世紀に入るとロシアの南下政策が進み、エカチェリーナ2世とのロシア＝トルコ戦争［1768〜74］で大敗したオスマン帝国は、キュチュク＝カイナルジ条約でクリミア＝ハン国【クリム＝ハン国】の宗主権を放棄させられ、黒海の自由航行権とギリシア正教徒の保護権をロシアに与えた。こうしてオスマン帝国の弱体化が明らかになると、ロシアだけじゃなくてヨーロッパ各国の進出が激化したんだ。

◀ 近代化を始めたけど、保守派の反発とエジプトの自立に苦しめられた！

　さすがにオスマン帝国も「近代化をしなきゃマズい😫」って思い始めたよ。だって、軍隊がどんどん弱くなってる……。しかも国内ではトルコ人騎士が没落してティマール制が崩壊し、軍が弱くなるだけじゃなくて徴税もできなくなってきたんだもん（ティマールって、騎士に徴税権を与える制度だったよね）。しかも、かわりにつくった徴税請負制で地方有力者（アーヤーン）が自立して中央政府の力が弱く

なり、しかも**イェニチェリ軍団**も**特権階級**となってスルタンの政治を邪魔し始める。こんなんじゃ、どんどん弱くなる一方だよ。

　1789年、フランス革命の勃発と同じ年に即位した**セリム3世**はヨーロッパ式の**新軍【ニザーム゠ジェディット】**をつくって軍隊を強くしなきゃ！って思ったんだけど、特権を失うイェニチェリの反発で殺されてしまった😵‼。というか、奴隷身分のイェニチェリに殺されてる時点で、制度がおかしくなってる……。

　でも、この時代に一番オスマン帝国を弱らせたのはエジプトの自立だよ。ナポレオンのエジプト遠征を受けたオスマン帝国は、**アルバニア傭兵隊**の**ムハンマド゠アリー**を派遣した。でも、これがオスマン帝国の運命を狂わせたんだよ。ナポレオン軍を破った**イギリス軍**が**アミアンの和約**によって撤退したあと、エジプトはマムルーク軍の派閥抗争で大混乱になった。この混乱を**ムハンマド゠アリー**が収めたから、カイロ市民が「エジプトを支配するのはあなたしかいない！」と大熱狂😄。こうして**ムハンマド゠アリー**は**エジプト総督**となり、オスマン帝国も認めるしかなくなった。ここから、エジプトは**ムハンマド゠アリー朝**だよ。

〈オスマン帝国の衰退〉

キュチュク゠カイナルジ条約（1774）でオスマン帝国が宗主権を放棄

ロシア帝国

カルロヴィッツ条約（1699）で墺に割譲

トランシルヴァニア

クリミア゠ハン国
[1783（露）]

ハンガリー
[1699（墺）]

黒海

イスタンブル

ギリシア
[1830独立]

オスマン帝国（トルコ）

シリア

イェルサレム

エジプト
（ムハンマド゠アリー朝）

ワッハーブ王国

スーダン

エジプトの自立、ギリシアの独立……オスマン帝国の衰退が一気に進んじゃった😵‼

⬤ オスマン帝国最大領域
➡ ロシアの南下政策
➡ ムハンマド゠アリーの勢力拡大

これ以後、ムハンマド＝アリーは勝手にエジプトの近代化を進め、マムルーク軍人を計略で殺してしまうと、徴兵制を導入して**西欧式の軍団**を編成した。さらに徴税請負をやめて人びとに直接課税し、**財政も強化**したんだ。こんなふうに強くなると、もはやスルタンの言うことを聞かなくなる。しかも、ムハンマド＝アリーは**スーダンの征服**で支配地を拡大しちゃった。もはや、ムハンマド＝アリーは独立したつもりなんだろうね。

◀ 近代化を進めるエジプト。オスマン帝国との戦争の結末はどうなった？

ここからは東方問題（第5回 ➡P.95）のところともあわせて見てみてね。ギリシア独立戦争だけではなく、アラビア半島のワッハーブ運動の鎮圧（ちんあつ）に苦しんでいた**オスマン帝国（トルコ）**は、軍の近代化に成功しているムハンマド＝アリーに支援を要請し、かわりに**シリア割譲（かつじょう）**を約束したよね。ムハンマド＝アリーは**ワッハーブ王国**を征服したけど、ギリシア独立戦争では勝てなかったんだ。その後、シリアの領有をめぐってオスマン帝国と対立、**第1次エジプト＝トルコ戦争**が起きたんだ。この戦争は英仏の圧力によって**キュタヒヤ条約**が結ばれて、ムハンマド＝アリーが**シリア領有権**を獲得したよね。

その後、調子に乗ったムハンマド＝アリーがエジプト、シリアの**世襲権（せしゅう）を要求**（要はオスマン帝国からの独立だよ）すると、再び戦争となった。これが**第2次エジプト＝トルコ戦争**だ。この戦争では、イギリスの戦略から**イギリス・オーストリア・プロイセン・ロシアの4国**がオスマン帝国を支援したから、ムハンマド＝アリーもさすがに勝てない😭。結局、ムハンマド＝アリーが**シリアの領有権を放棄（ほうき）**して、**エジプト、スーダンの世襲権のみ**が承認されたよね。この敗北でエジプトの近代化も結局挫折させられて、イギリスに**市場を開放**するしかなくなったんだよ。

こうして、2回のエジプト＝トルコ戦争によって、オスマン帝国、エジプトのどちらもヨーロッパ列強の進出に悩まされることになったんだよ。

2 オスマン帝国の近代化

◀ エジプト＝トルコ戦争で負けそうになって、仕方なくタンジマートを開始！

ギリシア独立戦争では**イェニチェリ軍団**がほとんど役に立たず、ムハンマド＝アリーの西洋式の軍団が活躍したのを見て、スルタンの**マフムト2世**は軍の近代化を決意、**イェニチェリ軍団**を解散するために、軍団本部に集中砲火を浴びせて潰（つぶ）し😵、完全に西洋式の常備軍（**ムハンマド常勝軍**）に切り替えた。これがオスマン帝国（トルコ）の近代化の第1歩だよ。そして、軍の再編で財政難となったから、地方有力者（**アーヤーン**）の勢力を抑え込んで**中央集権化**を進めたよ。

しかし、オスマン帝国には次のピンチが訪れた。それが**エジプト＝トルコ戦争**だ。イギリスの支援を受けるために**トルコ＝イギリス通商条約**（1838）を結んで従来のカピチュレーションを固定化し、**自由貿易を認めた**んだけど、イギリス製品の流入

第1章 国民国家の形成

第2章 列強の侵略とアジアの変革

第3章 帝国主義と第一次世界大戦

第4章 戦間期と第二次世界大戦

第5章 戦後の世界

でオスマン帝国の国内産業が衰退したんだ。

クローズアップ 💻　**オスマン帝国（トルコ）の近代化**

- **マフムト２世**［位1808〜39］
  - **イェニチェリ軍団の解散**［1826］➡**西洋式の常備軍を整備**
  - **トルコ＝イギリス通商条約**［1838］➡**オスマン帝国の国内産業が衰退**
- **アブデュルメジト１世**［位1839〜61］
  - **ギュルハネ勅令**（ちょくれい）［1839］……**タンジマートの開始**
  - ※クリミア戦争以降、**外債で財政破綻**（はたん）
- **アブデュルハミト２世**［位1876〜1909］
  - **オスマン帝国憲法【ミドハト憲法】**［1876］……大宰相（だいさいしょう）**ミドハト＝パシャが起草**（きそう）
  - ➡**露土戦争【ロシア＝トルコ戦争】**（ろと）**の勃発**（ぼっぱつ）**で憲法を停止、議会も閉鎖**
  - ※露土戦争に敗北し、**バルカン半島の領土を大幅に失う**
  - **「統一と進歩委員会」結成**［1889］……**立憲政の復活を目指す**
    - ▶メンバーは**「青年トルコ人」**と称された
      - ➡**ギリシアのサロニカを拠点**に、**軍の青年将校と合流**
- **青年トルコ革命**［1908］……**日露戦争における日本の勝利**（にちろ）**が影響**
  - ▶**憲法、議会の復活**➡**立憲君主政の復活（第二次立憲政）**

　戦争中にマフムト２世が急死すると、新スルタンに即位した**アブデュルメジト１世**は英仏の支援を得るために、さらに改革を進めることを発表した（**ギュルハネ勅令**）。ここから始まる改革がタンジマートだよ。ギュルハネ勅令では、**徴税請負制の廃止と公平な課税**、**公平な裁判の実施**、**ムスリムと非ムスリムの平等**、収賄（わいろ）**の禁止**など、**行政・財政・立法・司法・軍事にわたる幅広い分野での改革を目指す**ことが示されたんだけど、そうはうまくいかない。なぜなら、国内の保守派の抵抗がむちゃくちゃ強いからだよ。特に、徴税の利権を取られる地方有力者（アーヤーン）の反発で、**徴税請負制が復活して改革は逆戻り**😓。しかも、「改革が進まないじゃないか！」って怒ったバルカン半島の諸民族が反乱を起こすし、さらに対外的な危機にも襲われた。それが**クリミア戦争**だ。

◀ クリミア戦争が勃発！……借金が増えすぎて財政が破綻！

　クリミア戦争をオスマン帝国目線で見てみよう。結果だけを見て「英仏の支援で勝ったからいいでしょ」って思っちゃいけない！　支援してもらった代償は大きいよ〜😭。まず、**ムスリムと非ムスリムの社会的平等**と権利の保障が確認された。

宗教や民族の区別なく、法のもとでオスマン帝国の臣民の平等を認めるから、「**オスマン主義**」って言われるよ。これは**イギリスやフランスなど列強**が要求したことなんだけど、国内的にはバルカン半島での非ムスリム共同体（**ミッレト**）の対立を抑えることにもなったよ。

　もっと大きな影響が、「**外債による財政破綻**」だ。クリミア戦争の戦費が足りなかったオスマン帝国は、**イギリスに借款**（外国からの借金）をしたんだけど、戦後も借款を重ねて返済できなくなり（「外債の利子不払いを宣言」っていう場合もあるよ）、オスマン帝国の国家財政は破綻した。

　こうした状況を見て、タンジマートの時期にヨーロッパ的な近代教育を受けた知識人たちは「近代化を進めないと、列強の植民地になってしまう！」という危機感を持ったんだ。彼らは近代化のためには「**オスマン帝国をスルタンの専制政治から立憲君主政に変えなきゃいけない**」って主張し、自ら「**新オスマン人**」と名乗って、スルタン（アブデュルアジーズ）の退位を要求するデモを始めた。スルタンは弾圧しようとしたけどデモは全く収まらず、やむなくスルタンは退位したよ。そして、この政情不安のなかで**アブデュルハミト2世が立憲君主政を支持してスルタンに即位**したんだ。

合否の分かれ目 ▶ 名前が似ているから気をつけよう！

- ●**アブデュルメジト1世**［位1839〜61］
  - ▶タンジマートの開始……**ギュルハネ勅令**による
- ●**アブデュルハミト2世**［位1876〜1909］
  - ▶**オスマン帝国憲法【ミドハト憲法】の制定**［1876］
    - ……**タンジマートの集大成**。大宰相ミドハト゠パシャによる
  - ➡**露土戦争の勃発を口実に憲法停止＝専制政治を復活**
  - ▶**青年トルコ革命により退位**［1909］

◀ **知識人の要求でついにオスマン帝国憲法制定！　でも専制政治に逆戻り**

　アブデュルハミト2世は、即位前の約束通り「新オスマン人」を指導していた**ミドハト゠パシャを大宰相に任命**した。そしてミドハト゠パシャによって起草された**オスマン帝国憲法【ミドハト憲法】**が発布されたよ。これは**オスマン帝国最初の憲法**であると同時に、**アジア初の憲法**だ。内容は**タンジマートの集大成**って考えればいいよ。この憲法に基づいて、スルタンの任命による上院と、帝国の各州から選出される下院からなる**二院制議会**が設置されたんだけど……いざ議会を開いてみると、議員たちは**大臣たちの汚職や官僚の不正**、さらには**スルタンと特権商人の癒着**などをさんざん批判し始めたんだ。これまでの政治を考えたらそうなるよ……😤。

　こうなるとアブデュルハミト2世も我慢できなくなってくる。ミドハト＝パシャを流刑にしちゃった。しかも対外的には露土戦争【ロシア＝トルコ戦争】が勃発！トルコは大敗していたから、アブデュル＝ハミト2世は露土戦争の勃発を口実に憲法を停止して議会も閉鎖し、以後30年間も専制政治を続けた。

　しかも露土戦争の結果はオスマン帝国にとっては辛いものだよ。サン＝ステファノ条約でセルビア・モンテネグロ・ルーマニアの独立を認めることになり、さらにブルガリアを事実上ロシアに奪われた。その後のベルリン会議で、一応ブルガリアだけはオスマン帝国宗主下の自治国ってことにはなったけど、バルカン半島でかなりの領土を失ったことは間違いない（東方問題のところの地図 ➡P.107 を見てみてね）。列強の対立のウラで、オスマン帝国はどんどん弱くなっていったんだよ。

　このあと、アブデュルハミト2世はヨーロッパ列強に対抗するために、アフガーニーをイスタンブルに招き、彼の提唱したパン＝イスラーム主義を利用して帝国を維持しようとしたんだ。パン＝イスラーム主義というのは、ヨーロッパ（キリスト教）の帝国主義に対抗するためにイスラーム教徒が連携して、イスラーム教徒が自らの手で「非西洋的な改革（ヨーロッパに頼らずにイスラーム文明を復活させる）」を進めるという考え方だよ。アブデュルハミト2世はパン＝イスラーム主義のオイシイところだけもらって、「カリフであるオスマン帝国の下にイスラーム教徒を統合して、ヨーロッパに対抗する」っていうふうに変えたんだけど、世界のイスラーム教徒にはかなり支持されたんだ。そうはいっても、アフガーニーの考え方とは違う😭。アフガーニーは幽閉されて、イスタンブルで病死してしまったんだよ。

◀ 西欧式の教育を受けた知識人が「統一と進歩委員会」を結成！

　19世紀後半になっても、オスマン帝国ではスルタンの専制政治が続いていたけど、セリム3世の時から進んだ改革によって西洋文化が流入して、ヨーロッパ的な教育を受けた人も増えていた。彼らは「どうしたら列強の侵略からオスマン帝国を救えるのか？」ってことを真剣に考えたんだけど、どう見てもオスマン帝国が停滞している原因はスルタンの専制政治だ。そこでミドハト憲法の復活と専制政治の打倒を目指して「統一と進歩委員会」を結成した。ここに参加したメンバーは「青年トルコ人」と呼ばれているよ。

　アブデュル＝ハミト2世の弾圧を受けた「統一と進歩委員会」のメンバーはパリに亡命して活動を続け、ロシアから亡命してきたトルコ人やクルド人、アルメニア人などを吸収しながら、少しずつ運動を拡大していったんだ。

ついに、専制政治に反対する人たちが集まり始めたよ。「青年トルコ人」は彼らの総称だ！

+αちょっと寄り耳♪

トルコはとても親日的な国なんだけど、背景を知ってるかな？

アブデュルハミト２世は、表向きは日本との友好を深めるため、ウラにはアジア各地に「オスマン帝国（トルコ）を中心とするパン＝イスラーム主義を宣伝」することを目的に、木造軍艦のエルトゥールル号を日本へ派遣した。当時、どちらも列強の不平等条約に苦しめられていたからね。

1890年、エルトゥールル号がオスマン帝国へ帰る際、紀伊半島の先端、紀伊大島の沖で台風にあおられて座礁し、沈没しちゃった。乗組員620名のうち500名以上が犠牲となるなか、大島の住民の決死の救助によって69名が救出されたんだ。この事件が日本全国に伝わると日本中から義捐金が集まり、明治政府も軍艦比叡と金剛で生存者をオスマン帝国に送り届けることを決めた。以後、日本からオスマン帝国へと学者や技術者が派遣されて、オスマン帝国の近代化に協力したんだよ。そして、トルコ革命を成功させたムスタファ＝ケマルは、トルコの近代化を助けてくれた日本への感謝を忘れないためにも、この軍艦遭難事件を教科書に載せて学校で教えることにした。みんなにも、親日的な国トルコとの友好の原点を知っていてほしいんだ。

〈第一次世界大戦直前のオスマン帝国〉

オーストリア＝ハンガリー帝国
ロシア帝国
ボスニア・ヘルツェゴヴィナ（墺）
ルーマニア
セルビア
ブルガリア
モンテネグロ
イスタンブル
オスマン帝国（トルコ）
ギリシア
チュニジア（仏）
イェルサレム
リビア（伊）
エジプト（英）

オスマン帝国はこんなに小さくなっちゃった

■ オスマン帝国の最大領域
■ 第一次世界大戦直前のオスマン帝国領
国名 独立国

🔊 日露戦争に感動！ ついに青年トルコ革命が起きた

1905年、アジア各地の民族はむちゃくちゃ盛り上がった。なぜって「日露戦争で日本が勝利した」からだよ。日本にとっては「ロシアに勝った～😆」くらいの印象かもしれないけど、ヨーロッパ列強の侵略に苦しむ諸民族にとっては、近代以降で「初めてアジア（日本）がヨーロッパ（ロシア）に勝った」のが日露戦争なんだよ。しかも、オスマン帝国はロシアの南下政策に苦しんでいる。「日本と同じことをすれば、ロシアに勝てるんじゃないか？」って、一筋の希望が見えたんだね。日本と同じっていうのは「憲法をつくって議会を開く（つまり立憲

日露戦争の影響は日本人が思っているよりずっと大きい！「ヨーロッパに勝てるかも」って希望を与えたんだもん

政だ）」ってことね。この時期のアジアで、**憲法に基づいた議会がちゃんとある**のは**日本だけ**なんだもん。しかも、隣国イランは日露戦争の影響で立憲革命を始めている（このあと→P.138〜139で話すよ）。「統一と進歩委員会」のメンバーは、「自分たちも黙っているわけにはいかない！」って思ったんだよ。そして、**立憲政復活を目指す運動が陸軍士官学校を卒業した軍のエリート（青年将校）のなかにも広がり**、パリにいたメンバーの一部とオスマン帝国内の青年将校がギリシアの**サロニカ**で合流すると、エリートの青年将校が革命の主導権を握ることになった。

1908年、軍人への給与の支払いが遅れたことや、ロシアとイギリスの侵略の噂などをきっかけに軍の内部で反乱が組織され、**青年トルコ革命**が起きたよ。**アブデュルハミト2世**は自分の地位を守るために**立憲政の復活**を宣言し（**第二次立憲政**）、「青年トルコ人」たちが政権を握ったんだ。さらに翌年には、軍の内部で起きた反乱をきっかけに**アブデュルハミト2世が廃位**され、新しいスルタン（入試レベル外だけど、メフメト5世だよ）が即位したんだ。

🔊 オスマン帝国は対外危機に襲われ……結局、青年トルコの独裁となる

青年トルコ革命によって立憲政が復活し、憲法も改正されて**責任内閣制**が実現して、オスマン帝国（トルコ）では改革が進むようにも見えたんだ。でも、現実はそんなに甘くなかったんだよ……😫。

青年トルコ革命は、オスマン帝国にしてみればスルタンの専制政治を倒す近代化だけど、周りの国から見ればただの混乱だよ。これを見た**オーストリア**は「今がチャンス！」とばかりに、**ボスニア・ヘルツェゴヴィナを併合**した。さらに**ブルガリア**も**独立**して、オスマン帝国はますます弱くなっちゃったんだ。そして、1911年には**イタリア**が**トリポリ**に攻め込んできて**イタリア＝トルコ戦争**が勃発！　オスマン帝国は**トリポリ・キレナイカ（リビア）**を失ってしまう。そのうえ、ロシアの支援を受けた**バルカン同盟（セルビア・モンテネグロ・ブルガリア・ギリシア）**が宣戦し

てきて**第1次バルカン戦争**が起こり、オスマン帝国は敗れてしまった。まとめて書くと、この時期のオスマン帝国の負け方はハンパないな😵!。

　こうなると、国内の改革よりも「**対外危機からどうやってオスマン帝国を守るか?**」ということのほうが重要になってきたんだ。「青年トルコ」政権は、この危機を乗り切るために「**トルコ民族主義【パン=トルコ主義】**」に傾いていったんだよ。トルコ民族主義っていうのは、セルジューク朝以来のイスラーム世界におけるトルコ人の覇権(はけん)を背景に、「**全世界のトルコ人をオスマン帝国のもとに結集して、ヨーロッパの支配に対抗する**」っていう考え方だよ。だって、**中央アジアやインドにもトルコ系のイスラーム教徒がいっぱいいる**もんね。この思想を背景にして、オスマン帝国は青年トルコの独裁体制に変わってしまったんだよ。そして……対外危機を背景にドイツに接近してしまったことで、**第一次世界大戦では敗戦国となって**亡国(ぼうこく)の危機を迎えることになるんだ。

3 ガージャール朝の衰退と混乱

> 🖥 **クローズアップ** ✎ ········ **近代のイラン(ガージャール朝)** ·········
>
> ●**ロシアの侵略**
> - ●**トルコマンチャーイ条約**［1828］
>   - ▶ロシアに**アルメニアの大半を割譲(かつじょう)。治外法権を承認**
> - ●**バーブ教徒の乱**［1848］
>   - ▶バーブ教……**サイイド=アリー=ムハンマド**が創始
>   - ➡民衆へ拡大……列強の進出、およびガージャール朝に対する不満が背景
>   - ➡**教祖は公開処刑**されたが、全国的な反乱に拡大
> - ●**イギリス vs. ロシアの対立**
>   - ●**イギリス……アフガニスタン**に進出
>   - ●**ロシア……ウズベク3ハン国**への進出
>   - ▶**ブハラ=ハン国、ヒヴァ=ハン国保護国化。コーカンド=ハン国併合**
> - ●**タバコ=ボイコット運動**［1891〜92］
>   - ▶ガージャール朝が**イギリス業者にタバコの独占生産・販売権を与える**
>   - ➡**ウラマーの指導**で、全国的なボイコット運動に発展
> - ●**イラン立憲革命**［1905〜11］……**日露戦争における日本の勝利が影響**
>   - ▶**ウラマーを中心**とする立憲運動　➡**憲法制定、国民議会の創設**
>   - ※**英露協商**［1907］……イギリスとロシアが、**イランにおける勢力圏を画定**
>   - ➡**ロシアの軍事介入(かいにゅう)**により**立憲革命は挫折**［1911］

第1章　国民国家の形成

第2章　列強の侵略とアジアの変革

第3章　帝国主義と第一次世界大戦

第4章　戦間期と第二次世界大戦

第5章　戦後の世界

◀ ガージャール朝の衰退。イランにもヨーロッパが侵略（しんりゃく）してきた！

　それじゃトルコの話はひと区切りして、イランに進もう。サファヴィー朝が崩壊してからイランはずっと混乱していたんだけど、18世紀末に**アーガー＝ムハンマド**が**ガージャール朝【カージャール朝】**を建てて、イランを統合したよ。ガージャール朝の支配した地域はイランだけど、国王（シャー）はトルコ人だ。つまり、**イラン人がトルコ人に支配されている**という状態だよ。これ、あとで出てくるから頭に入れておいてね。

〈近代のイラン〉

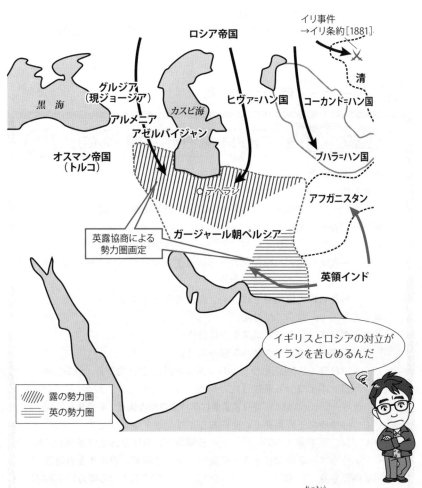

　19世紀に入ると、トルコと同じように**イランもヨーロッパ列強の侵略（れっきょう）を受け始めた**。ちょうどヨーロッパではフランス革命の時期だよね。インド支配を確立したイ

ギリスは、**インドの防衛のためにアフガニスタンやイランへの進出を狙い、ロシア**はカフカス【コーカサス】(黒海とカスピ海の間ね)のアルメニアやアゼルバイジャン、あるいは**中央アジアへと進出してきた。**こうしたヨーロッパ諸国の勢力争いが、イランにも影響を与えるんだよ。

　まず、南下政策を進めるロシアが**グルジア**(現ジョージア)に侵攻してきて、国境をめぐって2度の戦争になったけど、これに敗れた**ガージャール朝は、1828年、トルコマンチャーイ条約でアルメニアとアゼルバイジャンの北半分をロシアに割譲**し、さらに**治外法権や関税自主権の喪失**まで認めることになった😫。そして**ロシアが中央アジアへ進出し始めると、ロシアを警戒するイギリスも進出してくる**よ。

◀ 英、露、ガージャール朝への不満からバーブ教徒が反乱を起こした

　こうした列強の侵略によって、19世紀のイランは領土が減ってしまうだけではなく、**イギリスなどから機械製の綿織物などが入ってきて国内の絹織物業が崩壊し、**経済的にも人びとの生活が脅かされた。そして、民衆やウラマー(イスラーム法学者だよ)の間で、救世主(マフディー)が現れることに期待する動きが出てきたんだ。これは、キリスト教徒のヨーロッパ諸国に対抗する動きと考えることもできるね。同時に、イラン人のなかにはある不満があるんだよ。それは「**トルコ人(つまりガージャール朝)に支配されている**」っていう不満なんだ。シーア派の**十二イマーム派**が国教だったイランでは、シーア派の指導者の一部や**民衆がガージャール朝に反発する運動を始めていた**んだよ。

　そして、イスラーム教シーア派から新しい宗教も生まれたんだ。それが**バーブ教**だよ。**サイイド＝アリー＝ムハンマド**が自分を**「マフディーと民衆をつなぐ門(バーブ)」**と称して、これまでの宗教儀礼を廃止して、近代的な商取引や財産権、さらには**男女平等**など広く社会全体に広がる改革を主張した。これって**自由主義思想の影響**を受けてるよね。しかも、イスラーム教から分かれるってことだ。これが**救世主を求める民衆の動きと結びついて信者が増加し、ついには信者が各地で反乱を起こした**んだ。これが**バーブ教徒の乱**だよ。**サイイド＝アリー＝ムハンマドは反乱とは直接関係なかった**んだけど、危険人物として**処刑され、反乱自体も政府によって徹底的に弾圧された。**鎮圧はされてしまったけれど、バーブ教は聖典にペルシア語を使ったり、イスラーム暦ではなくイランの伝統的な太陽暦を使ったりと、**イランのナショナリズムが現れた**ものとも考えられるね。

◀ 利権の切り売りへの反発から、タバコ＝ボイコット運動が起きた！

　列強の侵略に対し、ガージャール朝も官僚制の整備による中央集権化や西洋式の軍団の編成、軍需工場の建設などの**近代化を進めた**よ。でも、改革にはお金がかかるし、イギリスとロシアの対立と進出が続いている。そこで、**イギリスとロシアの勢力均衡**によってイランの自立をはかるとともに、財政の不足を補うため、**列強にさまざまな利権を売却したり譲渡したりした**んだ。簡単に言うと、国を切り売り

するの😖。イギリスなどの外国資本に対して鉱山・銀行・電信線を敷くなどの利権や、独占販売権などを売って、そのお金で財政を補うってわけ。てか、こんなことしたら余計に列強（れっきょう）に進出されちゃうよね😫。

　そして、**ガージャール朝がイギリスの業者にタバコの独占生産・販売の利権を与える**と、これを知った**イランのタバコ生産者や商人・民衆・ウラマー（イスラーム法学者）は猛反発！**　さらに、**パン=イスラーム主義**を唱えるアフガーニーは、利権の譲渡を「イランの民族的な危機を招く！」って大反対し、イギリスの支配やシャーの専制政治へと抵抗を呼びかけた。そして、十二イマーム派の最高指導者が「タバコを吸うことは不浄（ふじょう）であり、イスラームの教えに反する」と発表すると、イラン全土で一斉に**タバコ=ボイコット運動**が始まったんだ。この運動は単なる禁煙っていう意味じゃなくて、**反イギリス、反ガージャール朝の動きのシンボル**が「タバコのボイコット」っていう形になったんだよ。最終的には首都テヘランでの大規模なデモにまで発展してしまい、**シャーはタバコ利権の破棄（はき）を発表する**しかなくなったんだ。

お酒を禁止されてるイスラーム教徒にとって、タバコは一番の嗜好品（しこうひん）！　これをみんなでボイコットするなんて大事件だ！

　この運動によって、**イラン人の民族意識が高まり、ウラマーがその中心**となった。だからこれ以降、改革運動に対するウラマーの影響力はとても強くなるよ。

🔊 中央アジアをめぐって、イギリスとロシアが激しく対立！

　19世紀後半になるとロシアは中央アジアに侵攻して、トルコ系ウズベク人の**ブハラ=ハン国、ヒヴァ=ハン国**を保護国に、さらに**コーカンド=ハン国**も併合した（平合（へいごう））（**ロシア領トルキスタン**）。これに反発したコーカンド=ハン国の将軍**ヤークーブ=ベク**は、清朝が支配する新疆（シン）に攻め込んで独立国をつくろうとしたんだけど、ロシアは、ドサクサに紛れて**新疆のイリ地方を占領**した😨！　でも清朝も黙って見てたわけじゃないよ😤。**左宗棠（さそうとう）（洋務運動の推進者の一人）**を中心に軍を送ってヤークーブ=ベクを破り、ロシアとも**イリ条約**を結んで**イリ地方を取り戻した**➡P.167。

　インド防衛を最優先するイギリスは、ロシアの中央アジアでの南下を警戒し、インド側から**アフガニスタンに侵攻（しんこう）！　アフガン戦争**が起きた。そして、**第2次アフガン戦争**のあと、イギリスは**アフガニスタンを保護国**にしたんだ。ここでもイギリス vs. ロシアの対立は激しかったんだよ。

🔊 日露（にちろ）戦争の影響を受けて、イラン立憲革命が起きた！

　タバコ=ボイコット運動以降、イランではガージャール朝の専制政治に対する批判が高まっていたんだけど、それが一気に高まるのが1905年、**日露戦争の影響**だ

よ。さっきオスマン帝国のとこでも出てきたけど、日本と同じように「憲法をつくって議会を開く」、つまり**立憲政**にしなきゃダメだ、って思ったんだ。こうして、**ウラマー**を中心にテヘランの商人たちが**立憲政の樹立**を求めるストライキを始めると、全国各地に広がり、さらにテヘランではイギリス公使館に1万人以上が立てこもった。この動きを抑えきれなくなったシャーは、**憲法の制定と議会の開設を約束**して、ようやく革命運動を抑えたんだ。これが**イラン立憲革命**だよ。

こうして1906年には**議会が開設**され、憲法も**発布**されたんだ。やっとイランにも近代的な立憲政が成立して、「改革が進むかな～」って思ってたのに……。**これを潰したのはイギリスとロシア**なんだ。1907年に**英露協商**が成立すると、**イギリスとロシアはイランの分割**を決めてしまい、しかもロシアが「イランの立憲革命を潰したい」と言うと、イギリスは「気づかなかったことにするから、勝手にやっていい」って言ったんだ。こうして**イギリスの黙認のもとでロシアが介入**し始め、ホン

これも日露戦争の影響だ！日露戦争の衝撃の大きさがわかってきたかな？

トは立憲政をやりたくないシャーがこれを利用したクーデタで議会を解散してしまったんだ。その後も、国王派と立憲派の対立と武力衝突が続いたんだけど、最終的には1911年、**ロシア軍の軍事介入によって立憲革命は潰されて**しまったんだよ。

さあ、これで近代の西アジアはおしまい。最後に年号 check だよ。

年号のツボ

● **タンジマート開始** [1839]（バラ咲く庭で ギュルハネ勅令）
　　　　　　　　　　　　　　8　3 9

● **ミドハト憲法** [1876]（ミドハト憲法 嫌なら無視）
　　　　　　　　　　　　1 8 7 6

● **青年トルコ革命** [1908]（ひどくはやるな 青年トルコ）
　　　　　　　　　　　　1 9 0 8

● **バーブ教徒の乱** [1848]（一晩縛って 教祖を処刑）
　　　　　　　　　　　　1 8 4 8　シバ

　→二月革命、『共産党宣言』、カリフォルニアのゴールドラッシュと同じ年だ

● **タバコ＝ボイコット運動** [1891]（今日から吐く息 煙くない）
　　　　　　　　　　　　　　　　　8 9 1

● **イラン立憲革命** [1905]（ロシアの介入 ひどく冷酷）
　　　　　　　　　　　　1 9 0 5　　　　　　レイコク

次回は**インドと東南アジア**だよ。ヨーロッパ列強による植民地化、そして日露戦争の影響もポイントだ！ ヨーロッパ史ともしっかりつなげてね～😆

第1章 国民国家の形成
第2章 列強の侵略とアジアの変革
第3章 帝国主義と第一次世界大戦
第4章 戦間期と第二次世界大戦
第5章 戦後の世界

第 8 回

近代の
インド・東南アジア

それじゃあ近代のアジアの2回目、今回はインドと東南アジアだよ。インドと東南アジアは、19世紀末にはほとんどが列強の植民地になってしまうんだけど、なんでそんなことになっちゃったんだろ？

・大きくつかもう！・

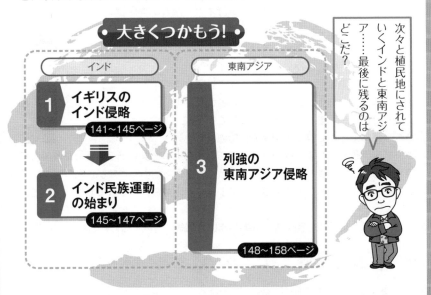

インド

1	イギリスの インド侵略
	141〜145ページ

2	インド民族運動 の始まり
	145〜147ページ

東南アジア

3	列強の 東南アジア侵略
	148〜158ページ

次々と植民地にされていくインドと東南アジア……最後に残るのはどこだ？

18世紀の英仏による激しい植民地戦争を終えてイギリスがインド支配を確立すると、インドはイギリスにとって最も重要な植民地となり、イギリスの支配に苦しめられるよ😣。そして民族運動が始まると……今度はヒンドゥー教徒とイスラーム教徒の対立が起こった。東南アジアでも、イギリスだけじゃなくて、フランス、オランダ、そしてアメリカの進出に対抗して民族運動が少しずつ芽生えるんだ。

それじゃあ、インドと東南アジアの始まり〜😆。

1 イギリスのインド侵略

クローズアップ　イギリスによるインド征服

- ●東インド会社が拠点を建設
  - ▶マドラス［1639］、ボンベイ［1661］、カルカッタ［1690］
  - ※フランスはポンディシェリ［1674］、シャンデルナゴル［1673］
- ●英仏植民地戦争　➡イギリスがフランスに勝利し、インドでの優位を確立
  - ●北インド……プラッシーの戦い［1757］➡東インド会社書記**クライヴ**の活躍
  - ●南インド……カーナティック戦争［1744〜48／50〜54／58〜61（63）］
- ●イギリスのインド征服
  - ●マイソール戦争［1767〜99の間に4回］➡**南インド**を制圧
  - ●マラーター戦争［1775〜1818の間に3回］➡**デカン高原中西部を制圧**
  - ●シク戦争［1845〜49の間に2回］➡**ほぼ全インドの征服完了**
- ●シパーヒーの反乱　➡インド大反乱［1857〜59］に発展
  - ●ムガル帝国滅亡［1858］……最後の皇帝をビルマに流刑
  - ●東インド会社解散［1858］……インドは**イギリス本国政府の直接統治**となる
- ●インド帝国の成立［1877］……ディズレーリ内閣による
  - ▶ヴィクトリア女王を**インド皇帝**とする。**直轄地**と大小550以上の**藩王国**からなる

◀ 英仏植民地戦争はイギリスの完全勝利！

　まずは、イギリスとフランスの植民地戦争をちょっとだけ確認しておこう。17世紀に、**イギリス**は**マドラス**（現在のチェンナイ）、**ボンベイ**（現在のムンバイ）、**カルカッタ**（現在のコルカタ）に、**フランス**は**ポンディシェリ**、シャンデルナゴルに拠点を築いたけど、最初は都市に商館をつくる程度だったんだよ。そして英仏両国は**東インド会社**に特権を与えて貿易の覇権を争った。当時は**インド産綿布**が重要な商品だったからね。

　てか、インド産綿布？　どういうこと？って思うかもね。当時、**ヨーロッパでつくっていた織物**っていえば毛織物。要はウールだよ。今じゃセーターとかコートと

か、アウターとして着るよね。直接肌に触れたらチクチクで気分悪い……😖。それは当時の人だって一緒だよ。だから、**肌触りのいい木綿の人気が上がってきたん**だ。ってことは、売れば儲かる。「じゃあ、**インドから綿布を輸入して、ヨーロッパで売ろう！**」って、英仏は次々と貿易の拠点を建設したんだ。

　そして18世紀に入ると、英仏はインドでの覇権をめぐって激しく争ったよね。まずヨーロッパで起きた**オーストリア継承戦争**と同時期に、南インドで**カーナティック戦争**が始まった。初期にはフランスのインド総督**デュプレクス**の活躍で、**フランスが優勢だった時期もある**んだけど、財政難とかフランスの貴族の妬みなんかもあって、**デュプレクスは本国に呼び戻された**よ。もしデュプレクスがそのままインドに残っていたら……フランスがインドを取っていたかもしれないよ😵!

　でも、歴史はそうは進まなかった。デュプレクスがいなくなったインドでは、今度は**イギリス東インド会社の書記だったクライヴ**が、フランスを追い詰めていった。ん？　もしかして、ちょっと疑問が浮かんだかもね。なんで東インド会社の書記なんだろう？

　当時の貿易会社って、自分たちの船やら拠点を守るために軍隊を持っていたんだよ。東インド会社は、もちろん陸軍も海軍も持っている！　だから、**イギリスは東インド会社の軍隊をインド侵略に使ったん**だよ。そしてヨーロッパで起きた**七年戦争**と同時期に**北**インドで起きた**プラッシーの戦い**[1757]では、**クライヴの活躍によってイギリス東インド会社軍がフランスとベンガル太守の連合軍を破り**、北インドからフランスを追い出した。さらに南インドで続いていた**カーナティック戦争**でもイギリスが勝利して、**イギリスがフランスに完全勝利した**んだ。ここからはイギリスが、次々とインド征服を進めていくよ。

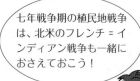

七年戦争期の植民地戦争は、北米のフレンチ＝インディアン戦争も一緒におさえておこう！

🔈 イギリスのインド征服は、南から北へ

　アウラングゼーブ帝の死後、各地の諸侯の反抗で**ムガル帝国はすでに衰退して分裂状態**だったから、インドのなかには強国はなかった。だからイギリスは、インドの諸侯たちに「**イギリスの味方をするなら、君たちの支配はそのまま認めてやろう**」との甘い言葉をかけ、**イギリスの味方になった諸侯たちの軍隊をインド征服に使った**よ。ここからは必ず地図➡P.143と一緒に見よう！　**イギリスのインド征服**では３つの戦争があるんだけど、**始まった順番は「南から北」、終わったのも「南から北」**だよ。そして、征服を進めたのは植民地戦争と同じ**東インド会社軍**だ。

　まず東部では、**ブクサールの戦い**[1764]でムガル皇帝やベンガル太守の連合軍を破って、翌年には**ベンガル地方などの徴税権・司法権**を手に入れた😄。その

1 イギリスのインド侵略 143

第1章 国民国家の形成

第2章 列強の侵略とアジアの変革

第3章 帝国主義と第一次世界大戦

第4章 戦間期と第二次世界大戦

第5章 戦後の世界

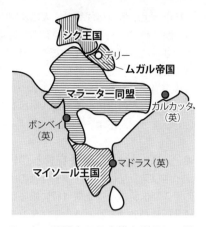

後、**南インドのヒンドゥー教国マイソール王国**と戦った４次にわたる**マイソール戦争**で、イギリスは現地の勢力の対立を利用しながら有利に戦いを進め、**マイソール王国を征服**したよ。そして、イギリスに味方した諸侯の領地に**デカン高原**から**マラーター同盟**（ヒンドゥー教徒の諸侯同盟）が攻め込んでくると、今度はイギリスとマラーター同盟との戦争になった。これが**マラーター戦争**だ。マラーター同盟の側もイギリスに対抗して北インドに勢力を拡大し始めたから、もはやイギリスとの対立は避けられない！ しかし、この戦争でもイギリスはマラーター同盟内での内紛を利用して戦い、同盟は崩壊😖……**イギリスがデカン高原を征服**したんだ。この時点で、イギリスに敵対しているのは**パンジャーブ地方**の**シク王国**だけになった。しかし、イギリスの敵じゃない😫……。1845年に始まる**シク戦争**で、**イギリスがパンジャーブ地方を征服**したよ。こうして、**イギリスはインド全域の支配権を確立**したんだ😄。

◀ イギリスの支配がインドの社会をぶち壊した！

　イギリスのインド支配によって、**インド社会は大きな打撃を受けた**よ。まずイギリスは、国内の産業資本家の要求もあって**東インド会社の貿易独占権を廃止**したよね。1813年には**対インド貿易独占権が廃止**され、1833年には**対中国貿易独占権も廃止**され、**すべての商業活動を停止**されたから、イギリスの民間商人はインドとの貿易が自由にできるようになった。これにより、植民地インドには産業革命が進んだ**イギリス本国の機械製綿布**が入ってきて、インドはイギリス木綿工業の**原料供給地、製品販売市場**となっちゃった😫。18世紀までは綿布の輸出国だったインドでは、**イギリス製品の大量流入で綿織物手工業が崩壊し、失業者が増加**したよ。一方、貿易独占権を失った**東インド会社**は、これまでもインドを統治していたから、そのまま**インド統治機関として残った**んだ。

　もはや貿易では儲けられない東インド会社はインドでの**徴税権【ディーワーニー】**を持っていたから、効率的に税を集めるため**近代的な地租制度を導入**したんだ。まず、あいまいだった土地所有権を誰か一人に認めて、所有権を持つ人から税金を取ることにした。そして、**ベンガル地方を中心とする北インド**（ベンガル管区）では、もともとの支配階級だった**各地の地主や領主**（**ザミンダール**）に土地所有権を認めるかわりに地税を納めさせる**ザミンダーリー制**を導入、一方、**南インドや西インド**（マドラス管区やボンベイ管区）では実際に耕作している**農民**（ライヤット）に土地所有権を認めて税金を納めさせ、**農民を直接支配するライヤットワーリー制**を導入したんだ。

　ただ、土地所有権が誰か一人に決まってしまうと、農村では「貧乏だけど、みんなで助け合おう〜！」という意識が薄くなってくる。だって、土地を持っているヤツらは「ここはオレの土地だ！　オマエらが貧乏だろうとそんなもん知らん😤」って言い出すんだもん。だから、貧乏な人はどんどん貧乏になり、**伝統的な農村共同体が崩壊**してしまったんだ😢。しかも、イギリスの商人たちが**プランテーション**を導入して**輸出用の茶や藍、アヘン**などの栽培を始めると、インドの産業は壊滅してしまったんだよ。

◀ シパーヒーの反乱をきっかけに、インド大反乱が起きた！

　イギリス支配によるインド社会の崩壊をもう一度まとめておこう。イギリス製品の流入で**伝統的な手工業（特に綿織物手工業）が崩壊**し、近代的な地租の導入で農村共同体が破壊され、さらに**プランテーションの導入**でインドの産業構造そのものが壊滅的な打撃を受けた。もう、インド人の不満は爆発寸前だ😤！

　そして、東インド会社のインド人傭兵（シパーヒー）が起こした**シパーヒーの反乱**をきっかけに、インド全域で次々と反乱が起こり、**インド大反乱**に発展したよ。反乱軍はイギリス軍の将校を殺害すると、**ムガル皇帝（バハードゥル゠シャー2世）を擁立**、皇帝はイギリスへ宣戦布告した。こうなるともはや植民地の反乱ではなく、**インド（ムガル帝国）vs. イギリスの戦い**だよ。そして、イギリスに協力していたはずの諸侯たちも次々に反乱軍に加わり、ついに**デリーを占拠**した。そして、「イギリス支配から解放される😆」って思った農民や都市の民衆も反乱に加わったから、反乱はインドのおよそ3分の2の地域にまで広がったんだよ。

＋αちょっと寄り耳♪

　イギリス東インド会社のインド人傭兵**シパーヒー**は、**クシャトリヤ（ヒンドゥー教徒の上級カースト**だ）や**イスラーム教徒**が中心だったんだけど、もともと白人将校との差別にずっと不満だった。そしてデリー近郊のメーラト基地で「新型銃の弾丸を包んでいる油紙に、豚と牛の油が使われている」って噂が広まったから、さぁ大変！　油紙は口で噛み切らなきゃいけなかったから、牛を食べちゃいけないヒンドゥー教徒と、豚を食べちゃいけないイスラーム教徒は、銃を撃つたびに戒律違反😵！「もう我慢ならん」と彼らは反乱を起こしたんだ。この**シパーヒーの反乱**が各地に飛び火して**インド大反乱**に発展すると、各地の諸侯も次々と反乱に加わった。

　この時、反乱のシンボルとされたのが、インドのジャンヌ゠ダルクとも称えられる若き王妃**ラクシュミー゠バーイ**だ。彼女はサリーから男装に着替えて馬にまたがり、剣を振りかざして最後まで徹底的にイギリスに抵抗したんだけど、最後は戦死してしまった。のちの初代インド首相ネルーは彼女を「名声は群を抜き、今もって人びとの敬愛をあつめている人物」と言ってる。今ではインドの英雄として、各地に彼女の像が建てられてるよ。

📣 反乱軍の抵抗もここまで……イギリスのインド支配の完成！

　しかし、インド人の抵抗もここまでだ。反乱軍のなかには指揮官になれるような人物がいなかったから、だんだんと足並みが乱れて急速に勢いを失った。しかも、イギリスは**諸侯たちを再び裏切らせ**、さらに周辺諸国（**アフガン人**や**ネパールのグルカ人**など）からの軍も使い、使える人や物は全部使って反撃した。結局、1858年には**ムガル皇帝が捕えられて、ビルマに流刑**となった。これが**ムガル帝国の滅亡**だよ。そして、反乱の責任を取らせて**東インド会社の解散**が決まり、インドは**イギリス本国政府の直接統治**になった。こうなると、もはやこれまでだ……😵。地方での反乱は続いたものの、**1859年には完全に鎮圧**されてしまったんだ。

ムガル帝国の滅亡と東インド会社の解散は、どちらも反乱を完全に鎮圧する前だよ！

　インド大反乱の鎮圧後、イギリスは本国政府の直接統治によってインドの統治をつくり変えていったよ。結局、インドのほうが人口も多いし領域も広いから、軍隊の力だけで抑えこむのはムリだよ。だったら、現地の人間も支配に取り込んじゃえばいい。反乱前は**藩王国**（諸侯たちね）を取り潰して併合してきたけど、むしろ藩王国をそのまま残して自治権を与え、**間接統治**をすることにした。さらに、イギリスとインドの間に**電信**が敷かれたことから、インドの統治に関する決定はすべて本国政府と議会がおこない、本国に**インド省とインド大臣**が設置されたんだ。そして、1877年**ディズレーリ内閣**の時に、**ヴィクトリア女王をインド皇帝**として、**直轄地**と大小550以上の**藩王国**からなる**インド帝国（英領インド）**が成立した。現地のインドには、インド政庁を統括するイギリス人の総督と参事会が置かれたよ。

　あっ！　特に正誤問題で気をつけてほしいんだけど、インド帝国のなかには**自治権を認められた藩王国**が残っているから、「すべて直轄地」ってなってたら誤文だよ。

2 インド民族運動の始まり

📣 イギリス支配のなかから、民族運動が生まれた！

　インド大反乱の際にヒンドゥー教徒もイスラーム教徒も関係なくイギリスに反抗したことから、彼らのなかに**イギリス人**に対する「**インド人**」という意識が生まれ、またイギリスの統治制度が変わったことで、インド人にも変化をもたらしたよ。イギリスは、ペルシア語に変えて**英語を公用語**にすると、**インド人エリートを養成して官僚として支配に取り込む制度（インド高等行政官制度【ICS】）**をつくったんだ。背景には、インドにおける**民族資本**の成長があるよ。

　民族資本ってのは、イギリス人に対抗して商業で活躍したり、綿工業などに投資して富を蓄えた**インド人の資本家**のことだ。イギリスは彼らを支配に取り込むため

第1章　国民国家の形成

第2章　列強の侵略とアジアの変革

第3章　帝国主義と第一次世界大戦

第4章　戦間期と第二次世界大戦

第5章　戦後の世界

に大学を設置したり、本国へ留学させたりしたから、**近代教育を受けたインド人が**どんどん増えていた。インド支配では「血と皮膚の色はインド人だが、趣味と意見と道徳、知においてはイギリス人であるような通訳的な階層をつくる」っていう、インド人にとってゾッとするような目標が掲げられていたんだ😨。反面で、**イギリス資本の進出で工場が建設される**と、インド人労働者は低賃金で働かされ、旧来の地主の支配によって**下層農民は貧困化**していた。こうした下層民衆の不満もどんどん高まっていたんだよ。これに対してイギリスは、**カースト間の対立をあおって**インド人の分断を図ったんだ。

　一方で、近代教育を受けたインドの知識人たちは民族運動に目覚め始めた。**ナオロジー**はインドが貧困になっている原因は「イギリスへの富の流出だ！」って主張し、理由もなく高等文官職を解雇された**バネルジー**は裁判における**人種差別に反対**して**全インド国民協議会**を結成、**参政権を要求する運動**を始めたんだ。

クローズアップ　🖱 **インド民族運動の展開**

- ●**インド国民会議の結成**［1885］……第1回大会は**ボンベイ**で開催
  - ▶当初は、商人や知識人による**親英的な組織（ヒンドゥー教徒中心）**
- ●**ベンガル分割令【カーゾン法】**［1905］
  - ▶ベンガル州を**ヒンドゥー教徒、イスラーム教徒の居住地域に分割**
    - ➡反英闘争が激化。国民会議では反英の急進派が主導権を握る
- ●**国民会議カルカッタ大会**［1906］……**日露戦争における日本の勝利**の影響
  - ▶指導者：ティラク
  - ●カルカッタ大会4綱領
    - ▶**英貨排斥**、**スワデーシ（国産品愛用）**、**スワラージ（自治）**、**民族教育**
      - ➡国民会議は、反英政治組織の国民会議派となった
- ●**全インド＝ムスリム連盟**［1906］……**イギリスの支援**で結成。**親英的**

🔊 **民族運動をごまかしてしまえ！　インド国民会議が結成された**

　民族運動の高揚に対し、イギリスはインドの知識人たちを**ボンベイ**に集めてインド人の不満をそらすためにインド国民会議を結成した。ここには**ナオロジー**も参加して議長となり、バネルジーの全インド国民協議会も合流した。国民会議に参加した商人や地主、知識人たちは、最初は、「優秀なみなさんの意見を聞きたい」とおだてられていたから、**国民会議はかなり親英的**だった。でも、イスラーム教徒は「インド国民とは"ヒンドゥー・ネーション"だろ😡」と反対して参加しなかった。だから**国民会議はヒンドゥー教徒が中心**の組織になったんだ。そして、国民会議の大会は場所を変えながら毎年開かれたんだけど、参加者は頭が良かったから、自分

たちがイギリスの植民地支配に利用されてるんじゃないかって気づき始めたよ。

◀ 民族運動を宗教で分断！　ベンガル分割令が出されると……

そこでイギリスは、インドの民族運動を抑え込むために、「インド人をヒンドゥー教徒とイスラーム教徒に分断しよう！」って考えて、もっとも民族運動の激しかったベンガル州（カルカッタの周辺）をヒンドゥー教徒の居住地域とイスラーム教徒の居住地域に分割するベンガル分割令【カーゾン法】を発表したんだ。表向きは効率的に税金を集めるための処置ってことにはなってたけど、インド人には自分たちを分断するものにしか見えなかったから、完全にインド人を怒らせた。

そして、同じ年に日露戦争で日本が勝利するとインドでも民族運動が盛り上がり、翌1906年、ティラクを指導者として国民会議カルカッタ大会が開かれ、反英的なカルカッタ大会4綱領を採択した。これは英貨排斥（イギリス製品ボイコット）、スワデーシ（国産品愛用）、スワラージ（自治）、民族教育の4つからなり、このスローガンのもとでイギリス支配からの解放を目指す運動がおこなわれたよ。そして「もうイギリスに協力なんてしない！」と思ったヒンドゥー教徒の国民会議は反英の政治組織（政党って考えていいよ）になって、国民会議派へと変貌したんだ。

でも、こういう時にズルいことをすぐに思いつくのがイギリスだよ。イギリスは「ヒンドゥーがダメなら、ヒンドゥー教徒と仲の悪いイスラーム教徒を味方にすればいい」って考えて、全インド＝ムスリム連盟の結成を支援したんだよ。イギリスは国民会議派の運動を抑えたいし、インドのなかで少数派のムスリムは、イギリスに接近することで自分たちの政治的な権利を守りたい、ってことで「反ヒンドゥー」で意見が一致しちゃったんだね。これ以後イギリスはヒンドゥー教、イスラーム教の宗教対立をあおり、民族運動を分断していくんだ。そして、反英運動が盛んなカルカッタからデリーに首都が移されたよ。

合否の分かれ目 ▶ インドの政治団体

● **国民会議派**……**ヒンドゥー教徒**が中心
　▶創設当初の国民会議は**親英的**で穏健な組織 ➡ 徐々に反英に転じる
　▶カルカッタ大会4綱領……ティラクの指導で、**完全に反英となる**
　　英貨排斥、スワデーシ（国産品愛用）、スワラージ（自治）、民族教育
　▶反英政治組織（政党）の国民会議派となった
● **全インド＝ムスリム連盟**……**イスラーム教徒**が中心
　▶**イギリスの支援**で結成した、**親英的**な組織
　▶ヒンドゥー教徒・イスラーム教徒の**宗教対立をあおって、民族運動を分断**

3　列強の東南アジア侵略

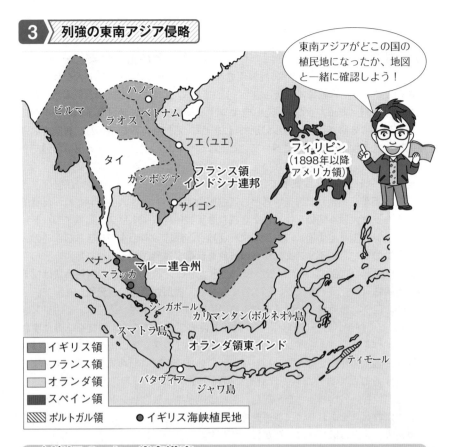

東南アジアがどこの国の植民地になったか、地図と一緒に確認しよう！

イギリスのマレー半島進出
■) インドと中国をつなげ！　イギリスがマレー半島に進出

　それじゃあ東南アジアに進むよ。まずは、イギリスが進出した**マレー半島**だ。インド支配を確立したイギリスは、中国との貿易を拡大するために、**インドと中国を結ぶ交易路を確保**しよう！って考えた。そうなると、**中継点として重要なのは東南アジア**だから、貿易船がどうやって**マラッカ海峡**を安全に航行するかが重要になってくる。つまり、**安全な港を確保**するってことだ。

　そこでイギリスは、1786年にマラッカ海峡のインド洋からの入り口に**ペナン島**を確保した。さらに、**ヨーロッパでのナポレオン戦争のドサクサ**に紛れて、もともと**オランダ領**だった**マラッカを占領**したんだ。これまでイギリスは、フランスと対抗するためにオランダとは仲良くやっていたから、オランダ領に攻め込むってことはあまりなかったんだけど、**革命中にフランスがオランダを征服**したから、オランダ領を攻撃しても「フランスを弱らせてるんだ！」ってごまかせる。だからナポレオン戦争中に、**オランダ領のケープ植民地、セイロン島**、そして**マラッカを占領**した

んだ。そして、**ウィーン議定書でケープ植民地とセイロン島はイギリス領**になった
けど、マラッカは気づかなかったことにした😆。だって、「イギリスが得しすぎだ
ろ！」って突っ込まれても困るでしょ😰。

　実を言うとイギリスは、**ナポレオン戦争中にジャワ島も占領している**んだよ。こ
れはイギリスの植民地行政官**ラッフルズ**が強行したんだけど、**ナポレオンの失脚後
にオランダに返還する**ことになった。ラッフルズは「絶対返すな😡！」って主張
したんだけど本国政府が返還を決めちゃったから、「だったら、バタヴィアよりも
すごい拠点をつくってやる😈！」って思って、現地のジョホール王から強引に獲
得した島が**シンガポール**だよ。

　ラッフルズは、シンガポールに商人を集めるため、「**シンガポールは関税をかけ
ない自由港にします😊**！」って宣言した。これを聞いて「シンガポールのほうが
得だぞ！」と思った**中国商人（華僑）**が集まり、バタヴィアを抜いて**東南アジア最
大の貿易拠点**になったよ。ちなみに、現在のシン
ガポールに中国系住民が多いのも、この政策の名
残だよ。こうしてイギリスは、**マレー半島では貿
易港を確保して（港市支配）、自由貿易**によって
利益を上げる政策をとったんだよ。

　そして、1824年に結ばれた**イギリス゠オランダ
協定**によって、**マラッカ海峡を境界にマレー半島
はイギリス、スマトラ島はオランダ**の勢力圏になっ
たから、1826年、イギリスは**ペナン、マラッカ、
シンガポール**を合わせて**海峡植民地**としたよ。

> イギリスは、自由貿易を
> 軸に、世界の覇権を握っ
> たよね。**第2回**で話し
> たパクス゠ブリタニカだ！

🔊 資源開発が始まると、領域を支配するマレー連合州が成立

　さて、貿易拠点として繁栄していたマレー半島が大きく変わっていくのは19世紀
半ばだよ。当時、世界的に缶詰に使うブリキの需要が高まると、原料の**錫**に注目が
集まっていたんだ。そして、マレー半島で大きな錫鉱脈が発見されるとイギリスは
マレー半島支配を拡大、単なる**港市支配**から**領域支配**へと転換して、**錫鉱山の開発**
を進めたんだよ。そして、1895年には**マレー連合州**が成立し、マレー半島における
イギリスの領域支配が完成したんだ（**英領マレー**）。

　さらに20世紀に入ると、**世界的な自動車産業の発達からゴム**の需要が高まり、マ
レー連合州では**ゴム・プランテーション**が拡大したよ。こうして、マレー半島は**世
界的な錫と天然ゴムの生産地**になった。また、イギリスは鉱山やプランテーション
開発の際に**中国商人（華僑）**を利用したから、彼らと同郷の中国人の貧困層が**契約
移民「苦力」**として大量に流入し低賃金労働者となった。こうして、マレー半島で
は華僑が増加し、**支配層のイギリス人と下層のマレー人の間に中間層の中国人**が存
在する**複合社会**が形成されたんだよ。同じような現象は、このあとに話すインドネ
シアなどでも見られるね。また、マレー半島はイギリス領だったから、英領インド

からインド人低賃金労働者（印僑〈いんきょう〉）も流入したよ。

フランスのインドシナ進出

> **クローズアップ▶** 　**フランスのインドシナ進出**
>
> ●ナポレオン3世のインドシナ出兵
> - ●**仏越戦争**〈ふつえつ〉［1858〜62］……**阮朝**〈げん〉（**越南**〈えつなん〉［**国**]）に勝利
>   - ▶**サイゴン条約**［1862］……**コーチシナ東部**と**サイゴン**をフランスに割譲〈かつじょう〉
> - ●**カンボジア保護国化**［1863］➡**コーチシナ西部**の占領〈せんりょう〉［1867］
> ●第三共和政期のベトナム進出➡フランスが劉永福〈りゅうえいふく〉の**黒旗軍**〈こっきぐん〉と阮朝を破る
> - ●**トンキン占領**［1873／82］、**アンナン占領**［1883］
> - ●**フエ条約【ユエ条約】**［1883／84］……フランスがベトナム保護国化
>   ➡**阮朝の宗主国である清朝**〈シン〉**と対立**
> ●**清仏戦争**〈しんふつ〉［1884〜85］➡フランスが清朝を破る
> - ●**天津条約**〈てんしん〉［1885］……**清がベトナム宗主権を放棄**〈ほうき〉**、仏のベトナム保護国化を承認**
> ●**フランス領インドシナ連邦成立**［1887］
>   - ▶ベトナム（**コーチシナ、トンキン、アンナン**）、**カンボジア**で形成
>   - ▶**ラオスのルアンプラバン王国**も**保護国化**
>   ➡**インドシナ連邦に編入**［1899］

◀ フランス人の援助で阮朝が成立！ でも清に朝貢した〈ちょうこう〉

　続いて、フランスが進出したベトナムだ。19世紀初め、ベトナムでは**阮福暎**〈げんふくえい〉**【嘉隆帝】**〈かりゅうてい〉がタイ・ラオスや**フランス人宣教師ピニョー**〈せんきょうし〉の義勇軍〈ぎゆうぐん〉の援助を受けて**西山政権**〈せいざん〉を滅ぼし、**フエ【ユエ】**を都として**阮朝**を建てたよ。国号は**越南**（国）。ちなみに「越南」のベトナム語読みが「ベトナム」〈タイソン〉だよ。気づいてた😆？　これで、ヨーロッパ諸国のなかだとフランスがベトナムへの優先権を持つことになったけど、伝統的にベトナムの王朝は**中国王朝に朝貢**〈ちょうこう〉しているから、**阮朝も清に朝貢**した。つまり、ベトナムは**清の属国**〈ぞっこく〉になったってことだ。

　しかも、阮福暎の死後、**阮朝はキリスト教を迫害**し始めた。さすがに阮福暎は宣教師ピニョーに助けてもらったから、キリスト教迫害ができなかったんだろうけど、死んだら関係ない……😅。しかも、この時期のフランスは**七月革命や二月革命**などで国内が混乱していたから、ベトナム進出はしなかったんだよ😭。

第**1**章
国民国家の形成

第**2**章
列強の侵略と
アジアの変革

第**3**章
帝国主義と
第一次世界大戦

第**4**章
戦間期と
第二次世界大戦

第**5**章
戦後の世界

◀ 人気取り皇帝のナポレオン3世がインドシナに出兵した！

　ナポレオン3世が皇帝に即位すると**積極的に対外進出**したよね。これまでフランスは、アメリカ大陸やインドでイギリスに負けてるから、イギリスほど植民地はない……。ナポレオン3世としては、このへんでガッツリ植民地を獲得して、人気も一緒に取りたい！　こうして**インドシナ出兵**が始まったよ。

　1858年、ナポレオン3世は**フランス人宣教師迫害**を口実に、アロー戦争に合わせてベトナムに侵攻し（**仏越戦争**）、阮朝を破って南部（コーチシナ）の中心都市サイゴンを占領した。こうして結ばれた**サイゴン条約**では、**コーチシナ東部**3省と**サイゴン**がフランスに割譲され、**キリスト教布教の自由**が認められたんだ。あっ、この時フランスが取った**コーチシナ東部**ってのは、メコン川の河口に広がる**メコン・デルタ**の一部（デルタってのは、河口付近の三角州のこと）だよ。その後、ナポレオン3世はさらに支配を拡大し、1863年には**カンボジアを保護国化**すると、1867年には**コーチシナ西部**も占領したよ。こうしてメコン・デルタを支配下に置いたフランスは、ここを「**輸出用のコメ生産の拠点**」とし、コメの輸出で莫大な利益を上げたんだ。当時、中国南部での人口増加や、東南アジア各地でコーヒーや砂糖などをつくるプランテーションが拡大して穀物生産が減少し、**世界的にコメの価格が上がっていた**からね。フランスはボロ儲けだったんだ。

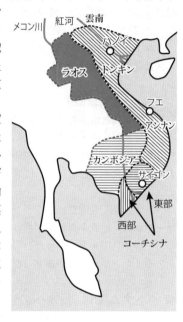

◀ 阮朝を助けた黒旗軍！　でもフランスには勝てず……

　中国進出を狙うフランスは、メコン川を上っても中国には行けないことがわかると、今度はベトナム北部の紅河【ホン川】に注目し、**トンキン**（ベトナム北部）から中国南部の**雲南**への進出を狙ったよ。フランスの進出を抑えたい阮朝は、雲南にいた**劉永福**の**黒旗軍**に協力を求め、一緒にフランスと戦った。ちなみに、**黒旗軍は太平天国の残党の武装集団**だよ。当初、普仏戦争に敗戦した直後で余裕のなかったフランスは苦戦したんだけど、最終的には**阮朝と黒旗軍を破り**、**トンキン**（ベトナム北部）、**アンナン**（ベトナム中部）を占領し、**フエ条約【ユエ条約】**を結んで**ベトナムを保護国化**したよ。

ベトナムの宗主国だった清が怒って、清仏戦争が勃発！

阮朝はもともと清に朝貢する属国（朝貢国）だったよね。でも、ヨーロッパの国から見ると、全く属国には見えない。なぜかというと、**阮朝には清朝の軍団も役人もいないから**だ。ヨーロッパの国は保護国化すると必ず役人や軍隊を置いて、実際に支配していることが見えるようにしたんだけど（難しい言葉を使うと**実効支配**ね）、朝貢の場合には属国が清朝に使者を送るだけだから、ヨーロッパ諸国が見ると「実効支配してないだろ😅」って思うんだよ。だから**フランスは清朝を無視してベトナムに進出したんだ**ね。

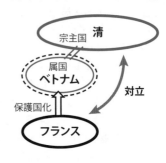

でも、いざ保護国化すると、清は「オレの属国に手を出すな～😡！」って怒り、**フランスと清が対立**した。こうして**清仏戦争**が勃発したよ。しかし開戦してみると、専制政治のまま改革の進んでいない**清朝は劣勢**となり、フランスに負けてしまった。結局、1885年に**天津条約**が結ばれ、清は**宗主権を放棄**して**フランスのベトナム保護国化を承認**し、さらに清朝の南部数省（雲南など）でのフランスの特権を承認した。

ベトナム支配を確立したフランスは、1887年、**ベトナム（トンキン、アンナン、コーチシナ）とカンボジアを合わせてフランス領インドシナ連邦を成立**させたよ。のちに**ラオスのルアンプラバン王国も保護国化してインドシナ連邦に編入**し、フランスのインドシナ支配が確立したんだ。

ベトナムでは、日本への憧れから東遊運動が始まった！

フランスに植民地化されたベトナムの知識人たちのなかには、**日本への憧れ**が広がっていた。それは**日本が明治維新によって近代化に成功**し、欧米文化を受け入れつつ植民地化されずに独立を維持していたからだよ。こうした知識人の一人だった**ファン＝ボイ＝チャウ**は、日本をお手本にしてフランス支配からの解放を目指したよ。彼はもともと科挙に合格した官僚だったんだけど、フランスによる植民地化で、自分の国も、儒学を基盤にした自分の価値観も、根底からひっくり返されちゃった😫。そこで彼は**日露戦争中に維新会を結成**し、日露戦争で日本が勝利すると、日本から軍事援助を得ようとする活動を進めたり、日本の近代化を学ぶために**日本に留学生を送る東遊運動【ドンズー運動】**

日露戦争の影響がまた出てきたよ！　日露戦争がむちゃくちゃ大事って、わかってきたかな？

を始めたりしたよ。きっと、日本がロシアに勝ったのと同じように、自分たちがフランス支配から解放されるのを夢見ていたんだね。

　しかし、1907年に**日仏協約**が結ばれると、フランス政府は日本に「ベトナムの留学生を取り締まってくれ😤！」と要請し、**日本政府もやむなく取り締まりを強化**したから、**東遊運動は挫折してしまった**……😔。日本としても、すでに三国協商が成立しているから、フランスを怒らせると英仏露の３国が敵になるからね。でも**ファン＝ボイ＝チャウはあきらめない！**　今度は**中国の辛亥**革命に刺激を受け、広**東でベトナム光復会**を設立して武力革命によるベトナム共和国の建設を目指した。でも、これも弾圧されて衰退してしまったんだ。やっぱ、独立運動って難しいね😫。

　一方で、同じ時期にファン＝ボイ＝チャウを批判して、**フランスと協力して近代化をやったほうが得だろ！**って考えた人もいたよ。それが**ファン＝チュー＝チン**だ。彼はハノイに**ドンキン義塾**を設立して、ベトナム語のローマ字表記である**クォック＝グー**（漢字だと「国語」）やフランス語を使った啓蒙教育による近代化を目指したんだ。でも、フランスにしてみればベトナムは「搾取するための植民地」に過ぎなかったから、**フランスの協力は得られず弾圧された**んだよ。

オランダのインドネシア（東インド）進出

📣 **東部のマタラム王国も征服して、オランダがジャワ島支配を確立！**

　次は、オランダが進出したインドネシアだよ。1623年のアンボイナ事件でイギリスをマルク諸島【モルッカ諸島】から追い出すと、オランダ東インド会社がジャワ島のバタヴィアを拠点に**香辛料貿易を独占**したよね。でも、17世紀に入ると世界の香辛料価格が急落してしまった。だからオランダは、香辛料をヨーロッパに持っていく貿易じゃなくて、アジアの中継貿易で儲けることにしたよ。さらに、ジャワ島では東部にも支配を拡大し、18世紀に入ると**マタラム王国を征服**して、ジャワ島全島の支配を確立したんだ。

　その後、フランス革命中に**オランダ東インド会社が解散**すると、**ジャワ島はオランダ政府の直接統治**になったんだけど、オランダ本国がフランスに征服されちゃった😵。この間、ジャワ島には一時イギリスの**ラッフルズ**が進出したけど、ウィーン体制下でオランダに返還され、さらに1824年の**イギリス＝オランダ協定**でオランダがスマトラ島を確保し、ほぼ現在のインドネシアを勢力範囲にした

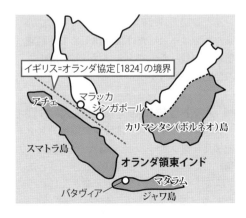

んだね。

◀ オランダが実施した強制栽培制度で、ジャワ島が飢饉になった！

　オランダに返還されたあとのジャワ島では、イギリスの進出による混乱に加えて、オランダの支配強化に対する不満が高まり、1825年、ジャワ島の王族ディポネゴロを指導者とする**ジャワ戦争**が起きた。この反乱は鎮圧までに5年もかかったから、**オランダの植民地財政は破産寸前**😫。しかも、本国にも財政的な余裕はない😓！　だって、1830年には**七月革命の影響でベルギーが独立**したんだもん。ベルギーって「チョコレート😋」とか思っちゃダメよ。**フランドル地方を中心に工業が発展していた**から、オランダの経済にとっては大打撃だ！

　そこでオランダは、ジャワ戦争鎮圧の戦費とベルギー独立で悪化した財政を立て直すために、ジャワ島で東インド総督ファン゠デン゠ボスの主導により強制栽培制度【政府栽培制度】を実施した。これは、政庁が土着の村落首長と契約し、農地に**コーヒー、サトウキビ、藍（インディゴ）**など、ヨーロッパ向けの**輸出用の商品作物の栽培を割り当てて強制栽培させ、**決められた量を植民地政庁が市場よりも安い値段で買い上げる制度だ。これで**オランダの財政は急速に回復！**　なんと、1850年代のオランダの国家収入の3割以上が、この強制栽培制度からの利益だったんだ。

　この制度で働くジャワの農民は賃金をもらって少し豊かになったんだけど、人口が急増して食糧が足りなくなった。しかも、サトウキビ畑とかは増えるのに、**主食であるコメの生産が減少して、**ジャワ島では飢饉も起きたから、さすがに本国でも「政府の強制栽培で、飢饉を起こしてんだろ😑」っていう批判が出始めた。こうして1860年代以降、**強制栽培制度は利益の少ないものから廃止され、民間が経営するプランテーションに転換されて**いったんだよ。

　あと難関大向けの補足ね！　一番利益の多かった**コーヒーだけは1916年まで強制栽培制度が残った**ので、全部が一気に廃止されたわけじゃないよ。

民間のプランテーションなら、政府の責任はない！ってことでしょ……ズルいな、これ😓

◀ スマトラ島にも支配が拡大。労働者として華僑の流入も拡大！

　1824年の**イギリス゠オランダ協定でスマトラ島を勢力圏**にしたオランダは、19世紀後半には**スマトラ島北端まで進出**し、1912年には**アチェ王国を征服（アチェ戦争）**して、**オランダ領東インドが完成**したよ。これが現在の**インドネシア**だ。

　スマトラ島では、マレー半島と同じように錫鉱山の開発が進み、さらにコーヒーなどのプランテーション経営も始まった。これらの開発には多くの**中国商人**（華

僑）がかかわっていたんだよ。ここでちょっと華僑の説明を補足しておこう！

　すでに明代以降、中国商人がバタヴィアなどを中心にジャワ島に進出し、貿易や現地の金融業に従事していた。オランダは植民地支配に華僑を利用し（例えば徴税とかね）、近代に入ると強制栽培制度の集荷なども華僑にやらせたんだ。さらに、錫鉱山やプランテーションの開発にも金持ちの華僑を使ったから、低賃金労働者として中国から契約移民「苦力」が流入したよ。こうして、ジャワ島やスマトラ島でも華僑が急増したんだよ。一方で、強制栽培制度やプランテーションで貧乏になった農民は、華僑の金融業者からお金を借りるしかなくなり、さらに現地のムスリム商人も華僑の商人に利益を奪われて、不満を持っていたから、華僑と現地住民の対立が起きたんだね。

◀ インドネシアの民族運動はイスラーム教のもとに結集した！

　オランダも現地の金持ちにオランダ語で近代教育を受けさせてエリートを養成し、官僚として支配に利用したよ。でも、彼らはオランダ支配にはやっぱり不満😤。こうした知識人がジャワ人の地位向上などを目指して結成したのが、ブディ＝ウトモだ（「最高の英知」って意味ね）。この運動は大規模な政治活動にはならなかったんだけど、このあと、状況が大きく変化するよ。

　1911年、中国で辛亥革命が起こると、革命運動に資金援助をしたジャワの華僑商人たちが「中国バンザイ！😆♪」みたいに盛り上がって、華僑のナショナリズムが高揚したんだ。これを見たジャワの商人たちは怒った！　だって、彼らは商業の利益をめぐって華僑商人と対立しているんだもん。「だったらオレたちも団結してやろーじゃないの😤」って、ジャワのムスリム商人の民族意識が高揚し、華僑に対抗してサレカット＝イスラム【イスラーム同盟】が結成された。この動きはたちまちジャワ島全体に拡大し、彼らはオランダに対して自治権を要求する政治運動を始めたんだ。

　こんなふうに、ジャワ島では人びとが結集するシンボルが「イスラーム教」になったんだけど、その背景には「パン＝イスラーム主義」があるよ。当時、蒸気船の発達とスエズ運河の開通で、西アジアと東南アジアを結ぶ船が頻繁に行き来するようになり、ジャワ島からメッカに行ったり、西アジアを経由してヨーロッパに行ったりする人が増えてたんだね。だから、西アジアで広がっていた「パン＝イスラーム主義」がジャワ島にまで影響を与えたんだよ。

第一次世界大戦後の民族運動でも、サレカット＝イスラムは重要だよ！

フィリピンの民族運動と米西戦争

◀ ホセ゠リサールの独立運動。でもスペインに処刑された！

　スペイン領だったフィリピンは、1834年にマニラを各国に開港したのち、プランテーションでのサトウキビ・マニラ麻・タバコなどの生産が拡大した。商人たちは「輸出で儲けるぞ😆！」と開発を進めたから、大土地所有制が成立したんだ。そしてスペインもエリートを養成して植民地支配に利用するために、フィリピン人の本国への留学などを進めていた。しかし、留学生たちは留学先のスペインで民族意識を高め、植民地支配の改革などを求める言論活動（「プロパガンダ運動」）を始めたんだ。そんな知識人たちのなかで、改革ではなくフィリピンの独立を説いたのがホセ゠リサールだよ。

　ホセ゠リサールは、本国に留学中にスペインの暴政を暴露する小説（『われにふれるな』）を書いて、「フィリピンに必要なのは独立だ😤」って主張し、逮捕されるのを覚悟してフィリピンに帰国すると、フィリピン民族同盟を結成したよ。そしたら、結成直後に本当に逮捕されちゃった😢。でも、彼の活動は確実にフィリピン人に「スペインから独立しなきゃいけない！」っていう民族意識を植えつけていたんだよ。

> 最初がホセ゠リサール、彼の処刑後がアギナルド。二人の出てくる順番をおさえよう！

　ホセ゠リサールの逮捕をきっかけに、フィリピンでは独立を目指す秘密結社カティプーナンが結成された。そして、スペインにその存在がバレてしまうと、フィリピン各地で一斉に反乱を起こしたんだ。これがフィリピン革命の始まりだよ。ホセ゠リサールは「この反乱の首謀者だ」って決めつけられて処刑されてしまったんだけど、リサールの処刑を機にアギナルドが革命政府をつくり、その大統領に就任した。ただ、スペインの攻撃はますます激しくなり、アギナルドは亡命するしかなくなってしまったんだ。

◀ アメリカに助けられた、と思ったら甘かった。フィリピン゠アメリカ戦争勃発！

　1898年、キューバの独立運動をきっかけに米西戦争【アメリカ゠スペイン戦争】が始まると、アメリカ軍がフィリピンにきてスペイン艦隊を破ったよ。そして、アメリカは戦争を有利に進めるために、アギナルドをアメリカの軍艦で帰国させたんだ。この時、フィリピンの人たちは、アメリカがアギナルドにフィリピン独立を約束してくれたって信じていたから、再び革命政府をつくり、アギナルドを大統領とするフィリピン共和国【マロロス共和国】を樹立したんだよ。

　そして、米西戦争後のパリ条約でアメリカがフィリピンを獲得することが決まったんだけど、アメリカはフィリピン共和国を独立させる気なんか全くない😑。独立を潰すためにフィリピンを攻撃し始め、フィリピン゠アメリカ戦争が勃発、フィ

第1章 国民国家の形成
第2章 列強の侵略とアジアの変革
第3章 帝国主義と第一次世界大戦
第4章 戦間期と第二次世界大戦
第5章 戦後の世界

リピン側もゲリラ戦で抵抗したんだけど、アメリカにはかなわなかった……結局、**アギナルドも逮捕されてしまった**んだよ。そして、アギナルドは国民の前で「フィリピンはアメリカ領です……」っていう宣言をさせられて釈放された。これって、むちゃくちゃ屈辱だよね……😵。ちなみに、米西戦争とフィリピン＝アメリカ戦争は次の中国のところでも重要だから、しっかりおさえておこう！

タイの独立維持と近代化

🔊 東南アジア唯一の独立国として残ったタイ。決め手は不平等条約？

　最後は**東南アジアで唯一独立を保ったタイ**だよ。1782年に**ラタナコーシン朝【チャクリ朝】**が成立したころには、特別強かったわけでもない。一応、華僑を保護して、王室が独占する中国商人との貿易によって利益を上げていたけど、ヨーロッパ列強に勝てるか？っていったら、たぶん勝てないよ😅。じゃあ、なんでタイだけ独立を維持できたんだろう？

　19世紀後半に即位した**ラーマ4世**は、若いころには出家して僧院にいたから、権力闘争とかに巻き込まれず、わりと自由にキリスト教の宣教師などと交流して、英語も話せるようになった。だから、彼が僧から世俗に戻って即位した時、ヨーロッパ人たちは「ラーマ4世はヨーロッパ寄りの開明的な国王だ！」って思ったんだ。かといって、ヨーロッパ諸国の進出を完全に食い止められたわけじゃないけど、少なくとも、**彼は自分の意思を直接イギリスに伝えることができる！**　イギリスとの間では、**不平等条約であるボーリング条約を結んで自由貿易の原則を受け入れ**、これによってイギリス政府との関係をつくり、**タイの独立と主権を主張し続けた**。だからイギリスも「自由貿易ができるから植民地にしなくてもいいか😊」と思って、タイを征服しなかったんだよ。その後、欧米各国とも友好条約を結んでタイの経済を世界経済と結びつけ、子どもたちにはイギリス人の家庭教師をつけて近代教育を受けさせた。これ、映画「王様と私」のモデルだよ😆。

ラーマ4世は近代化の出発点、それを受け継いだのがラーマ5世だ！

🔊 タイの独立を維持したラーマ5世。英仏両国の思惑にも注目だ！

　そして、ラーマ4世の死後、長男の**チュラロンコン**がラーマ5世として即位した。彼は、**王族を中心に近代的な中央集権体制**をつくってタイを近代国家に生まれ変わらせると、積極的に西欧文化を取り入れて、**奴隷制の廃止や教育制度の近代化**などの改革を進めたんだ。でも、この時期はホントに難しい時代だったと思うよ。だって、タイの北方では**フランス領インドシナ連邦**が成立し、さらに、**イギリスがビルマ戦争でコンバウン朝【アラウンパヤー朝】を滅ぼし**、さらにビルマをインド

帝国に併合したころだもん。東西から
英仏両国に挟まれて、タイはいつ侵略
されてもおかしくなかったんだよ。こ
こでラーマ5世は本領発揮！　イギリ
ス、フランス両国と外交交渉をおこなっ
て、いくらか領土は失ったもののなん
とか独立は維持したよ。

　その後、英仏両国は「新興国ドイツ
に対抗するために、両国の直接対決を
避けよう」って決めたから、タイは英
仏の緩衝地帯（衝突を避けるために、
あえて独立させておく地域）になっ
た。この決定はもちろんタイには幸運
だね。でもそれだけじゃなくて、ここ
までの近代化によってタイが独立国と認められていたことも、独立が維持できた理
由だよ。ちなみに、ラーマ5世の治世と日本の明治天皇の治世はほぼ同じ時期なん
だ。日本もタイも不平等条約に苦しんだものの、近代化で独立を維持したのは同じ
だね😆。

　さて、インドと東南アジアはこれでおしまい。最後に年号 check しておこう！

!! 年号のツボ

- ●プラッシーの戦い［1757］（非難こなけりゃ　インドへ侵略）
  1 7 5 7
- ●シパーヒーの反乱（インド大反乱）勃発［1857］
  （一発ごめんな　シパーヒー）
  1 8 5 7
- ●インド帝国成立［1877］（インド帝国　人は泣く泣く　イギリス支配）
  1 8 7 7
- ●インド国民会議の結成［1885］（国民会議で　人、ややごねる）
  1 8 8 5
- ●インド国民会議カルカッタ大会［1906］（4綱領は　特例無視）
  1 9 0 6
- ●清仏戦争勃発［1884］（フランスが　一発夜襲で　清倒す）
  1 8 8 4
- ●フランス領インドシナ連邦成立［1887］（一夜で花咲く　インドシナ）
  1 8 8 7
- ●米西戦争［1898］（一発キューバへ　米西戦争）
  1 8 9 8

　次回から、中国史を2回に分けて見ていくよ。中国近現代史がアジア史では一番
のヤマ場かな😊。勉強のペースはつかめてるかな？　少し大変になってきたころ
かもしれないけど、志望校合格に向けて頑張っていこう〜😄。

第9回

近代の東アジア①

さあ、今回は近代アジア史のヤマ場！　中国を中心とする東アジアの近現代史だよ。アヘン戦争、第2次アヘン戦争、太平天国、日清戦争……一度は名前を聞いたことがあるような重要な事件がいっぱいだよ！

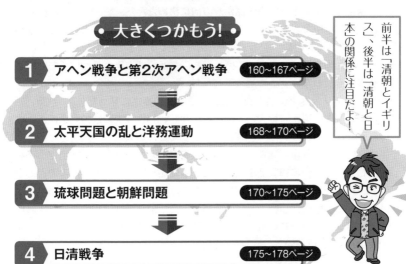

前半は「清朝とイギリス」、後半は「清朝と日本」の関係に注目だよ！

18世紀まで、「世界で一番強い国は？」って質問の答えはおそらく清朝だよ。清朝は、中華王朝として東アジアの国際関係、いわゆる冊封体制の頂点に君臨していたんだけど、19世紀に入ると産業革命の進んだヨーロッパに逆転されて、列強の侵略を受け始める。さすがの大国も「近代化をしなきゃ！」って思い始めるんだけど、なかなかうまくいかない……😫。そうこうしているうちに、アジアでは日本が近代化に成功するよ。近代の東アジア世界は、清朝、日本、朝鮮、そして欧米列強……それぞれの動きと国際関係をあわせて見ていこう！

それじゃあ、近代の東アジアの始まり〜😆。

1 ▷ アヘン戦争と第2次アヘン戦争

◀ 清朝の貿易制限でイギリスは大赤字！　カントン＝システムと片貿易って何？

　清朝は乾隆帝の時代に**最大領域**となって全盛期となり、さらに**朝貢**を軸とする東アジアの国際関係にヨーロッパ諸国も組み込んで、**冊封体制**を完成させたよ。清朝はヨーロッパ諸国との貿易を**広州1港に制限**し、取引も特許商人（**行商**）の組合である**公行【広東十三行】**が独占していた。このカントン＝システムでは、清朝と外国の貿易はすべて**互市貿易**になった（アジアの朝貢国はこれまで通りの**朝貢貿易**だ）。ヨーロッパ諸国は、政治的な交渉は一切しない条件で貿易が許され、**取引品目、数量、価格などを、すべて中国側が一方的に決めた**んだ。

　しかも、伝統的な**中華思想**によって、中国は「**地大物博**（中国は広いから、なんでもあるよ～😜ってことね）なので、外国から輸入するものは何もない！」として、ヨーロッパとの交易でも「清朝でほしいものがあれば、売ってあげてもいいけど、**こっちは何も買わない**」って言ってたんだ。

　こうして、**イギリスは中国との貿易でとんでもない赤字**になった😵。当時、イギリスは**大量の茶を中国から輸入**していた。しかも、18世紀末には労働者にまで砂糖入りの紅茶を飲む習慣が広がり、茶の需要がどんどん拡大していたんだ。この時期のイギリスは、産業革命が進んで綿製品の生産が増えていたから、本当なら茶を輸入するかわりに、**中国に綿製品を輸出したかった**んだけど、清朝は今までどおり「茶がほしいなら売ってあげるけど、綿製品は買わない」と言ってくる。しかも、茶だけじゃなくて、**陶磁器、絹**……中国から輸入したいものはほかにもあるよ。仕方ないからイギリスは銀を払い続けた。銀って要するにお金だよ。これじゃあ、**イギリスの赤字は拡大する一方**だ。これが**片貿易**だよ。

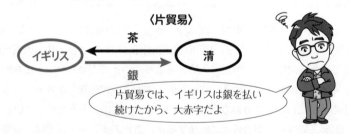

〈片貿易〉

イギリス　←　茶　←　清
　　　　　→　銀　→

片貿易では、イギリスは銀を払い続けたから、大赤字だよ

◀ マカートニー、アマースト……自由貿易を要求しても、清朝は拒否！

　なんとか赤字を解消したいイギリスは、18世紀末、清朝に貿易制限の撤廃を要求するために**マカートニーを派遣**し、熱河で乾隆帝に会うことができた。でも、乾隆帝には「**中国の伝統的な体制は変えない！**」と完全に拒否されたよ。要するに「イヤなら何も貿易してやらない😡」ってことだ。

　その後、イギリスは**アマースト**を再び清朝に派遣したんだけど、今度は**嘉慶帝**に会うことさえできなかった。これは、アマーストが中国皇帝と会う際にやらなけれ

1 アヘン戦争と第2次アヘン戦争　161

第1章 国民国家の形成

第2章 列強の侵略とアジアの変革

第3章 帝国主義と第一次世界大戦

第4章 戦間期と第二次世界大戦

第5章 戦後の世界

ばいけない<ruby>三跪九叩頭<rt>さんききゅうこうとう</rt></ruby>の儀礼を拒否したからだ。三跪九叩頭っていうのは簡単に言うと9回土下座する、っていう儀式で、**朝貢国の使者は必ずやるんだけど、**ヨーロッパ人のアマーストにはただの屈辱にしか感じられなかったんだろうね。その後も、ネーピアが派遣されたけど結果は全く同じ😤。**清朝は貿易制限を変える気は全くなかった**ってことだ。

◀ 赤字解消のためなら、麻薬でも売る……アヘン密貿易が始まった！

インド産アヘンは、すでに18世紀からポルトガルがマカオを通じて中国へ輸出していたんだけど、清朝が貿易制限をやめないのに怒った**イギリス**は、「**インド産アヘンの中国への密輸出で貿易赤字を解消しよう**😃」と考えたんだ。

イギリス本国では産業資本家たちの要求で自由貿易政策がとられ、東インド会社の対中国貿易独占権が廃止されたから、イギリスの民間商社はインドに<ruby>綿布<rt>めんぷ</rt></ruby>を輸出してインド産アヘンを購入し、それを中国へ密輸出し始めた。そして、その代金で購入した茶がイギリス本国へと送られた。こうして、**中国の茶をイギリスへ、イギリス製<ruby>綿布<rt>めんぷ</rt></ruby>をインドへ、そしてインド産アヘンを中国へと運ぶ三角貿易**（図は➡**P.162**）が形成されると、多数の民間商社（カントリー゠トレーダー）がこのアヘン密貿易をやり始めた。特に有名なのが**ジャーディン゠マセソン商会**だ。

しかも、1830年代には**イギリスが中国に払う茶の代金よりも、中国が払うアヘン代金のほうが多くなった**から、中国から銀が流出し始めた。しかも、インドに綿布を売りつけた代金もイギリスに流れ込むから、**中国やインドなどアジアからイギリスに銀が集まるシステム**ができたわけだ。

＋α ちょっと寄り耳♪

アジアでの三角貿易の形成は、18世紀までの大西洋三角貿易とセットで考えてみよう。18世紀、イギリスは大西洋三角貿易で、<ruby>莫大<rt>ばくだい</rt></ruby>な利益を得ていたよね。この貿易では、黒人奴隷の対価として多くのインド産綿布が西アフリカに送られたから、イギリスの商人たちは「綿布を国産にすればもっと<ruby>儲<rt>もう</rt></ruby>かる」って考えたんだ。そして産業革命で綿布の国産化に成功して「いよいよこれから！」って時に奴隷貿易が禁止［1807］された……😵。せっかくできたボロ儲けプランがぶち壊れたんだよ。しかも、アメリカ合衆国の独立でアジア貿易にアメリカ商人も参入してきて、貿易のライバルが増えた！　そこで資本家たちは、綿布輸出の拡大のために自由貿易運動を展開、東インド会社の貿易独占権が廃止されて、民間商社によるインドへの綿布輸出が拡大し、インドの綿織物手工業が崩壊した。

こうして発生した失業者をアヘン栽培の労働力に吸収してアヘン生産を増やし、中国へのアヘン密輸で貿易赤字を解消した、ってわけだ。しかも、インドではアヘンを<ruby>専売<rt>せんばい</rt></ruby>としてイギリス政府が利益を独占、通商税も課したから、植民地の税収で一番多かったのはアヘンからの税収になったんだよ。

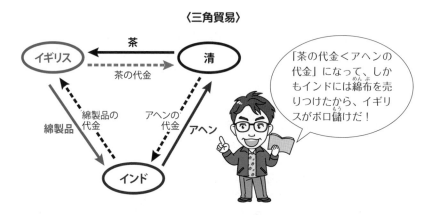

〈三角貿易〉

「茶の代金＜アヘンの代金」になって、しかもインドには綿布を売りつけたから、イギリスがボロ儲けだ！

◀ **清朝の取締りが始まると、イギリスが猛反発。ついにアヘン戦争勃発！**

　アヘン密貿易によって、中国の社会は大混乱😫。まず、**アヘン貿易で銀が大量に流出**したから、**銀の価格が高騰して民衆の生活を直撃**した。清朝の税制は地丁銀だから、人びとは税金を銀で納めなきゃいけない。**民衆は普段の生活では銅銭を使っている**から、**税金を払う時だけ銅銭から銀に両替**するんだけど、銀の値段がむちゃくちゃ上がってるから、銅銭で考えると**税負担が増えた**んだ。結果、税が払えない民衆がいっぱい増えて清朝も財政難になった。さらにアヘン中毒が激増して、一説には400万人ともいわれている。社会はむちゃくちゃだよ😵。

　こうした状況を見て、強硬に**アヘン取締り**を主張したのが**林則徐**だよ。彼は**道光帝【宣宗】**から**欽差大臣**に任命されると、**広州でアヘン貿易を取り締まった。**まず、イギリス業者から**アヘン２万箱**（200万人のアヘン中毒の人が吸う１年分だ！）を没収し、石灰と海水を混ぜて処分した。さらに、イギリスには「アヘン貿易をしたら死刑になってもいい」という誓約書の提出を求め、さらに「**アヘン貿易をやめないのなら、一般の貿易もすべて禁止する😤**」って通告したんだ。

　これにはさすがにイギリスも焦った。当時、アヘン関連の収入は植民地インドの歳入のおよそ６分の１を占めるまでになっていたからね。当時の外相**パーマストン**は表向きは「**カントン゠システム**を打破して自由貿易を拡大するのは正義だ👆」って言ったけど、さすがに議会でも意見は真っ二つ！　のちに首相になるグラッドストンが「アヘン密貿易保護のための恥知らずな戦争だ😤！」って反対したけど、わずか９票差で開戦が決定し、1840年**アヘン戦争**が勃発したんだ。

◀ **イギリス圧勝で清朝が開国。不平等条約も結ばれた！**

　開戦してみると、**清朝はイギリス軍にやられっぱなし😵**。だって、近代的な大砲を備えたイギリスの軍艦に対して、清は木造のジャンク船ばかりだったから、大砲で撃たれて次々と船が沈められちゃった😱。この時、**広州近郊の民衆が平英団**を組織してイギリスに抵抗したけど、まぁ勝てないよね……。イギリス軍は厦

門、寧波などを攻撃し、北上して上海を攻略すると、長江を上り始めた。慌てた清朝は、「林則徐が全部悪い！」ってことにして解任してイリ地方に追放。でも、イギリスは攻撃を止めずに南京に迫ったから、清朝は降伏したんだよ。

🖥 クローズアップ　アヘン戦争後の清朝と列強の条約

- **南京条約**［1842］……中国が列強と結んだ**不平等条約の先駆**
  - ▶広州・厦門・福州・寧波・上海の5港開港
  - ▶公行の廃止と**対等外交の原則を承認**／▶関税協定権
  - ▶**香港島をイギリスに割譲**
  - ▶**没収アヘンの補償費**（600万両）と**莫大な賠償金**（1200万両）支払い
- 南京条約に追加して結ばれた不平等条約
- **虎門寨追加条約**［1843］……附属する「**五港通商章程**」を含む
  - ▶**イギリスの領事裁判権（治外法権）を承認**…五港通商章程の内容
  - ▶**関税自主権の喪失**（茶を除く関税を一律5％）
  - ▶イギリスに対し、**片務的最恵国待遇を承認**
  - ▶**開港地における土地租借と居住権の付与**　➡のちに**租界**を設置
- アメリカ・フランスと締結した条約
  - **望厦条約**［1844］……**アメリカと結んだ不平等条約**
  - **黄埔条約**［1844］……**フランスと結んだ不平等条約**

　アヘン戦争の結果、1842年に南京条約が結ばれたよ。南京条約では**広州・厦門・福州・寧波・上海の5港開港**、**公行の廃止**（行商を通じた貿易と徴税の廃止）と**対等外交の原則**、関税についてイギリスと話し合わなければいけない**関税協定権**、そして**香港島のイギリスへの割譲**が決められたよ。これで、ヨーロッパとの貿易については互市貿易の体制が崩れ、**清朝はイギリスの自由貿易体制に屈服した**んだ。しかも、没収した**アヘンの補償費**と莫大な賠償金も課せられたうえ、**アヘン貿易には何も触れていない**から、イギリスは今までどおりにアヘン密貿易が続けられる。こりゃ、イギリスがボロ儲けの予感😅。

　翌年には、**虎門寨追加条約**で南京条約の中身が細かく決められた。まず、この条約に附属する**五港通商章程**で領事裁判権（清朝のなかで犯罪をやった外国人を、その国の領事が裁判する）を承認し、**虎門寨追加条約**では、茶を除く関税が一律5％と決められて清朝が**関税自主権を失う**とともに、**片務的最恵国待遇**（清朝が他国に認めた特権を、イギリスは自動的にもらえる）を承認させられた。これってジャイアンだよ😆。清朝はイギリスに特権を与えるけど、イギリスは清に特権をあげなくてもいいから、「オレの物はオレの物、オマエの物もオレの物！」だ。まさに不

平等条約だね。また、この時に開港地での土地租借と居住権も認められたので、イギリスは上海に租界（都市の一部分だけを、期限付きで植民地にするってことね）をつくった。そして、1844年にはほぼ同じ内容で、アメリカと望厦条約を、フランスと黄埔条約を結んだんだ。

〈近代の中国〉

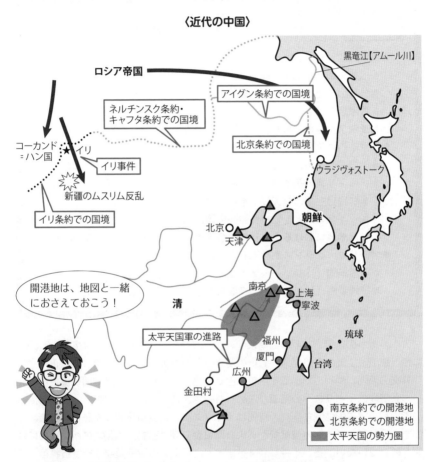

◀ イギリスが貿易拡大のため、アロー戦争を起こした！

　アヘン戦争に勝ったイギリスは、「これからは中国貿易で儲けるぞ😊！」って思ってたんだけど、期待したほど貿易は増えなかった。そりゃそうだよ😅。だって、広い中国で南部の海沿いだけ開港しても、中国全体にイギリス製品がバンバン売れるわけないでしょ。清朝は相変わらず中華思想だから、条約を守る気まるでなし😤。しかも中国内部には排外的な中国商人のネットワークが広がっている。それに、中国産の綿布は良質にもかかわらず、商人が農民やら手工業者から買い叩いてるから値段が安い！　これじゃあ、イギリス製品は売れないよ……。イギリスは

1 アヘン戦争と第２次アヘン戦争 165

第1章 国民国家の形成

第2章 列強の侵略とアジアの変革

第3章 帝国主義と第一次世界大戦

第4章 戦間期と第二次世界大戦

第5章 戦後の世界

「貿易を拡大するには、もう一度戦争やるしかない！」って考えた😵。つまり、**戦争することが先に決まっていたから、イギリスは戦争するための口実をずっと探してたんだ**よ。

　そんな時、**アロー号事件**が起きた。これは、香港（イギリス領）船籍を主張する小帆船アロー号に清朝の警察が乗り込んで、掲げていたイギリス国旗を降ろし、乗組員の中国人を海賊容疑で逮捕した事件だよ。ていうか、アロー号ってもともとアヘン密輸船😅。だから、清朝の警察がヘンなことをしたわけじゃない。でもイギリス首相のパーマストンは、「イギリス国旗を侮辱した😡！」として開戦を決定した。こんなの、戦争の口実をつくるためのいちゃもんだよ……😅。さらにイギリス政府は、**フランス人宣教師殺害事件**で清朝と揉めていた**フランスのナポレオン３世**を誘い、英仏連合軍が清朝と開戦したよ。これが**第２次アヘン戦争【アロー戦争】**だ。

クローズアップ　第２次アヘン戦争の際の清朝と列強の条約

- **天津条約** [1858]……**清朝と英・仏・米・露の講和条約**
  - ▶**南京**などを含む10港開港と貿易の自由……**華北**や台湾なども含む
  - ▶**外国公使の北京駐在権**／▶**キリスト教布教の自由**（内地布教権）
  - ▶**外国人の内地旅行の自由**／▶**英仏への賠償金支払い**
- **アイグン条約【愛琿条約】** [1858]……**ロシア・清朝の国境**を決めた条約
  - ▶ロシアの**東シベリア総督：ムラヴィヨフ**が締結
  - ▶**黒竜江【アムール川】以北をロシア領**
- **北京条約** [1860]……**ロシアの仲介**で締結した最終講和条約
  - ▶**天津条約の批准交換**（内容の確認）➡天津条約の内容は、全部含む
  - ▶**天津を追加開港（計11港）**／▶**九竜半島南部**（九竜市街）を**イギリスへ割譲**
  - ▶**長江航行の自由**／▶**アヘン貿易の公認**／▶**賠償金の増額**
- **北京条約**[1860]……清朝と英仏の講和調停の代償として、**ロシアと清**が締結
  - ▶**沿海州**（ウスリー川以東）を**ロシアに割譲**……現在のロシアと中国の国境画定
  - ➡ロシアは沿海州に**ウラジヴォストーク**を建設。極東経営の基地となった

◀ **清朝は惨敗……さらに過酷な条約を押しつけられた！**

　1856年、第２次アヘン戦争が開戦したけど、開戦の翌年にシパーヒーの反乱が起きちゃったから、イギリスの出兵は遅れたよ。とはいえ、1857年末には**広州を占領**し、太平天国が占拠していた長江流域は無視して北上し、天津に迫ったんだ。天津って北京にかなり近い！　「このままじゃ北京まで攻め込まれる〜😵」と思った清朝

は、仕方なく降伏して、1858年天津条約を結んだ。

　天津条約では、南京や漢口など長江流域の都市や華北も含む10港の開港、外国公使の北京駐在権、**外国人の内地旅行の自由**、キリスト教布教の自由、そして英仏への賠償金の支払いが決まった。そして、この条約の批准（条約の締結を正式に認める手続きをおこなうこと。中国だと皇帝のハンコもらうって思えばOK）をおこなうために英仏の使節が北京に向かった時、大変なことが起きたんだよ。

　ちょっとした通知の不手際もあったんだけど、**清朝軍が大沽**で、批准のためにやってきた英仏の使節を攻撃して戦争が再開した。英仏連合軍は北京まで攻めてきたから、**咸豊帝**は熱河に逃げたんだけど、皇帝がいなくなった北京では、英仏軍が宮殿を略奪し、さらに報復として北京郊外にあるバロック式の離宮円明園を破壊した。こうして清朝は完全に降伏し、1860年ロシアの仲介で北京条約が結ばれたんだ。北京条約では、天津条約の批准（内容は天津条約と同じだよ）、天津の追加開港、長江航行の自由、**九竜半島南部**（九竜市街）のイギリスへの割譲、賠償金の増額が決められたよ。さらに、正式に**アヘン貿易が公認**されたから、以後、アヘンは密貿易ではなく、通常の貿易船で取引できるようになったんだ。

　そして戦後、清朝は北京に駐在する外国公使に対応するため、**初の本格的な外交官庁として**総理衙門【総理各国事務衙門】を設置したよ。こうして清朝は、欧米から**近代的な対等外交を強要された**んだけど、アジアの周辺国との「朝貢－冊封」って関係はまだ残ってるからね。

📢 「清が弱ってる今がチャンス!」。ドサクサに紛れて、ロシアが南下してきた!

　ここで、第2次アヘン戦争のロシアの動向についても見ておこう。かつてロシアはネルチンスク条約で清朝に有利な国境（外興安嶺とアルグン川）を認めたから、国境を変更したかったんだ。そして、第2次アヘン戦争で清朝がボコボコにされてるのを見て「大チャンス😄！」って思った。ロシアの**東シベリア総督ムラヴィヨフ**は進出を強め、**ロシアと清の国境を黒竜江【アムール川】に変更するアイグン条約【愛琿条約】を結**んだよ。この時、**ウスリー江以東の沿海州はロシアと清の共同管理**ってことになったんだけど、どうせ「次は取っちゃえ」と思ってるに違いない……。

　ていうか、そのとおり😅。アロー戦争が再開して英仏連合軍が北京に攻め込んできたとき、ロシアは「英仏はあんなに怒ってるじゃないか！　私がなだめて、仲介してあげよう」って入ってきて、まんまと露清間でも北京条約を結んで、**仲介の代償に沿海州（ウスリー江以東）を割譲**させた。ロシアはここに**ウラジヴォストークを建設**し、**極東でのロシア海軍の基地**にしたんだよ。ロシアもズルいことするよな😒。

いよいよ、ロシアの極東への南下が始まったよ。ここからは、ロシアの動向にも注意しよう！

このあとロシアは新疆のムスリム反乱に乗じて、イリ地方にも進出してくる →P.138。きっかけは新疆で起きたトルコ系ムスリム（ウイグル人）の反乱なんだけど、これに反応したコーカンド＝ハン国の将軍**ヤークーブ＝ベク**は、「自分たちと同じトルコ系のムスリムがいる新疆で独立しよう😤！」と、**新疆に進出して独立政権を立てた**んだ。すると、ウズベク３ハン国を支配下に置いて中央アジアでの勢力拡大をはかるロシアは、「中央アジアが混乱しているから、秩序を回復してあげよう😄」と、ドサクサに紛れて**イリ地方を占領した**（**イリ事件**）。「新疆をロシアに取られる😵！」と考えた清朝は、洋務運動の推進者の一人で、西北の防衛を固めることを主張していた**左宗棠**を派遣して**ヤークーブ＝ベクを破った**。こうして、イリを除く新疆全域を回復し、さらに1881年の**イリ条約**で**イリ地方を奪還**したけど、ロシアには新疆での貿易上の特権を認め、賠償金まで払うことになったんだ😤。その後、1884年にはこの地に**新疆省**が置かれて、清の直轄地になったよ。

近現代日本へのアプローチ ③
～開国と国内社会の変化～

　アヘン戦争は日本にも衝撃を与えたよ。だって、東アジア最強の清が負けたんだから😵。「もっと世界の情勢を知らなきゃいけない！」と、アヘン戦争前の世界情勢をまとめた**魏源**の『**海国図志**』なんかも読まれるようになった。そして**日本では江戸幕府が開国を決断**したよね（近現代日本へのアプローチ① →P.60 を参照）。でもね、開国で外国人が国内にいるという状況に反発して、薩摩藩の大名行列の前を横切ったイギリス人が斬られた**生麦事件**、建設中だったイギリス公使館の焼き討ちなど、**日本人が外国人を襲う事件が次々と起きた**んだ😵！ただ、**明治維新**がおこなわれると「**文明開化**」の風潮が一気に広まった。**官僚が着物じゃなくて洋服を着る**ようになり、**太陽暦への切り替え**もおこなわれた。また、**福沢諭吉**が『**学問のすゝめ**』を書いたように、教育も変わったよ😄。義務教育や、東京大学などの帝国大学も創設された。経済的にも近代化が急激に進められたよ。最初は政府主導の**殖産興業政策**で官営工場が中心だったけど、1880年代になると「日本資本主義の父」と呼ばれる**渋沢栄一**などが民間企業を設立し、**日本は生糸をつくる製糸業を中心とする産業革命の時代**に入ったんだ。ほかに、政商だった**三井・三菱**などが政府から官営の鉱山や工場を安く払い下げてもらって**財閥**に成長した。一方で、貧しい人たちを中心に、世界各地への移民も盛んになった。清朝では1860年の**北京条約**で中国人の海外渡航が解禁されて、「**苦力**」と呼ばれる契約移民が急増していたけど、**日本でも1866年に海外渡航が解禁**され、68年にはハワイへの移民が初めておこなわれた。でも、ほとんどが低賃金労働者だったから、移民した先で差別や弾圧を受けることも多かったんだ😣。

2 太平天国の乱と洋務運動

🔈 アヘン戦争のあと、中国民衆は困窮。洪秀全の上帝会に民衆が集まった

ちょっとだけ時代を戻すよ。というのも、太平天国の乱が始まったのは第2次アヘン戦争の前だからさ。太平天国の乱の背景はアヘン戦争後の中国で考えなきゃダメだよ！

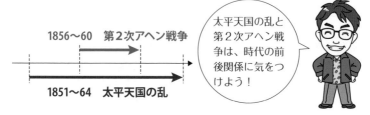

1856～60　第2次アヘン戦争

1851～64　太平天国の乱

太平天国の乱と第2次アヘン戦争は、時代の前後関係に気をつけよう！

　アヘン密貿易の拡大とアヘン戦争での賠償金で、中国民衆の負担はどんどん重くなっていた。だって、税金も上がったうえに銀価が高騰したからね。しかも、南京条約で中国での経済構造が変化し、広州は貿易の中心ではなくなった。だって、中国経済の中心である上海のほうが儲かるから、広州にくる貿易船が減っちゃったんだもん😅。こうして、広東では失業者が増えて治安が悪化していたんだよ。

　こうしたなかで活発になったのが「反清復明」運動だ。「反清復明」運動は、明が滅亡した時からあったんだけど（鄭成功とか覚えてるかな？）、社会混乱のなかで、人びとは「こんなに混乱するのは清朝が悪い！」って考えた。そして、清朝に反発する民衆を吸収したのが、洪秀全の結成した上帝会だ。

　洪秀全はもともと広東省の客家（華北から南部に移住してきた「よそ者」の意味ね）出身で、「私が科挙に合格して村を助ける！」って思っていたんだけど、何度も落ち続けた。村では天才だったのにね😌。「もうやってられない！」って思っていた時に、街で聖書の抜粋を中国語に翻訳したパンフレットをもらったんだ。その後、洪秀全は「老人から"悪魔を倒せ"と命じられて剣をもらい、兄と名乗る中年の男性と一緒に悪魔と戦う」という夢を見続けたらしい……😤。幻覚とか言っちゃダメよ😅。この夢が聖書の抜粋と同じだったから、老人がヤハウェ（上帝）、兄がイエスと考え、「自分は神の子、イエスの弟である」と称して、キリスト教的な秘密結社上帝会を結成すると、広西省を中心に多くの信者を集めた。だって、南部には生活に苦しむ民衆が多かったんだもん。そして、1851年広西省金田村に信徒を集めて挙兵し、太平天国の建国を宣言したんだよ。ここからが太平天国の乱だ。あっ、洪秀全の出身は広東省、挙兵は広西省だから気をつけてね。

　ただ、上帝会や太平天国を単純にキリスト教的だ、って考えるわけにはいかないよ。まず「上帝」って道教の最高神「玉皇上帝」のことだし、彼らのスローガンは「滅満興漢」だもん。これって、「満洲人（清）を滅ぼして、漢民族の国を興す」ってことでしょ？　当時中国で拡大していた「反清復明」と同じだ！　だから、長江

流域に進出するにつれて農民や流民、さらには「反清復明」を掲げる他の秘密結社（**会党**っていうよ）も吸収して大勢力になり、ついに**南京を占領して天京と改称し**たんだよ。

　彼らは**辮髪を廃止**して清朝を打倒する意思をはっきりさせると、男女平等に土地を分配する**天朝田畝制度**の発布、**纏足の禁止**、アヘン吸引の禁止などを掲げて、すべての人が平等な社会をつくろうとした。しかも、華北でも太平天国と合わせるように農民の反乱（**捻軍**）が起き始めたんだ。

🔊 清朝正規軍は何もできず……。欧米諸国と漢人官僚が太平天国を鎮圧！

　太平天国が長江流域を制圧したのと同じころ、**第2次アヘン戦争**が起きたよ。欧米諸国は当初は太平天国に対して中立を保って（清が太平天国の鎮圧で困るように「ほっといた」ってことね）戦争を有利に進めたけど、**戦後は清朝を助けて鎮圧に協力したよ**。だって、太平天国が制圧している長江流域を開港させたんだもん。早く安全なところで貿易したいでしょ。そこで、**アメリカ人のウォード**が欧米式の中国人義勇軍**常勝軍**を編成し、ウォードの戦死後はイギリスの軍人**ゴードン**が指揮して、清軍に協力して太平天国の鎮圧に活躍したんだ。

　さらに、漢人地方官僚が自分の地元で義勇軍を編成し、太平天国軍と戦った。これが**郷勇**だよ。具体的には**曾国藩【曽国藩】**が率いる**湘軍【湘勇】**（湖南省）、**李鴻章**が率いる**淮軍【淮勇】**（安徽省）、**左宗棠**が率いる**楚軍【楚勇】**（湖南省）などだね。というか、清朝の正規軍（**八旗・緑営**）は、役に立たなかったんだね😭。

　こうして、常勝軍や郷勇の活躍により追い詰められた太平天国軍は、洪秀全の病死で急速に衰退し、**1864年天京の陥落**で滅亡したよ。その後、残党が各地で抵抗したものの、最後には鎮圧された。残党のなかには**劉永福**の**黒旗軍**みたいに、雲南に移動したあとにベトナムの阮朝を助けてフランスと戦ったヤツらもいるよ。

🔊 太平天国を鎮圧した漢人官僚を中心に、洋務運動が始まった！

　太平天国の鎮圧と対外関係の改善で、清朝はやっと安定した。この時代は、皇帝が**同治帝**だから「**同治の中興**」と呼ばれている。清朝の無力さを見て、太平天国の鎮圧で活躍した**曾国藩【曽国藩】**、**李鴻章**、**左宗棠**らの漢人官僚たちは「満洲人よりも自分たちのほうがスゴイじゃないか😤」と思った。そして、彼らが中心となって、富国強兵を目指す近代化を始めたよ。これが**洋務運動**だ。

　洋務運動の基本方針は「**中体西用**」、つまり「**中国文化を基本（中体）に、西洋技術を使う（西用）**」ってことなんだけど、ここはしっかりと

「洋務運動」は、政治体制や中国の伝統は変えないで、西洋技術だけもらうんだ。これが「中体西用」だよ！

内容を理解しよう。中国文化っていうのは、要するに儒学だ。儒学は漢で官学になってから、中国皇帝の専制政治を支えてきた思想だよね。だから、「中体」っているのは中国の伝統的な思想や学問はそのまま残して「儒学を中心とする皇帝の専制政治は変えない」ってことだ。つまり、ヨーロッパの学問や思想は取り入れない。一方で「西用」だから、軍事・産業などの分野では「西洋技術のみを導入」して、新型の軍艦や大砲など軍備の近代化や、紡績などの官営工場や汽船会社の設立、鉱山開発などをやったんだね。ほんとはね、この時期にも「政治制度を変えなきゃダメだ！」って意見もあった。でも、保守派の抵抗が強くて、政治の改革は実現しなかったんだよね。

　ただ、近代化によって建設された工場や軍団は、ほとんどを官僚が私物化しちゃた……🙄！。だって、軍艦とかを注文すると「オレが注文したからオレのものにしちゃおう！」って言うんだもん。税金でつくったのにね……。代表的なのは李鴻章の北洋艦隊や上海の軍需工場、左宗棠の福建艦隊や福州の造船所などだね。

　こうして、洋務運動は清朝を近代化するというより、官僚の力を強めただけになった。しかも、官営工場が増えると民間の資本家による工業発展のジャマになるから、中国全体の近代化にもつながらなかったんだよ。結局、たいした成果を上げられないまま清仏戦争、日清戦争に敗北して、洋務運動の限界が明らかになったんだ。

3　琉球問題と朝鮮問題

琉球問題
◀ 両属体制となった琉球王国……そもそも、両属って何？

　続いて、日本と清の対立に進むよ。両国の対立は日清戦争にまで発展するんだけど、その原因は清朝の朝貢国（属国）である朝鮮と琉球をめぐる問題だよ。日清対立の原因は朝鮮問題が有名だけど、その前からすでに琉球問題で激しく対立していたから、まずは時代の古い順に琉球問題から見ていくよ！

　15世紀、中山王尚巴志によって統一されてから、琉球王国は明の朝貢国として朝貢貿易を中心とする中継貿易で繁栄していた。ということは、この時点では明の属国だね。その後、17世紀初め（江戸時代の初め）に薩摩（今の鹿児島県）の島津氏に征服されて、薩摩の属国になった。本当なら、島津氏が琉球に対して「これからは明に朝貢するな〜😈」って言ってもよかったんだけど、豊臣秀吉の朝鮮出兵で明が日本を警戒して日明間の貿易は禁止されたから、中国との貿易を続けたい島津氏は、琉球に明への朝貢を続けさせ、明清交替後は清に朝貢させた。

　こうして、琉球は「薩摩に征服された属国でありながら、清に朝貢する属国」という「両属体制（両方の属国）」になった。そして、明治維新で新政府ができると、琉球はそのまま日本の属国になったんだけど、ここで問題になったのが、欧米諸国の進出に対抗した「国境画定問題」なんだよ。

◀ 「早く国境を決めないとマズい！」。琉球をめぐる日清対立が発生！

ここはちょっと難しいかもしれないけど、難関大を狙うなら頑張ってね！

17世紀の三十年戦争で、**ヨーロッパでは主権国家体制が確立**して、「**国境が線で決まり、国境線で区切られた各国の支配者（近代では政府）が一人**」という状態になった。つまり、19世紀のヨーロッパの感覚だと**国境線があるのが当たり前**だったんだ。

一方、**アジアはもっとゆるかった**。琉球の両属体制を見てもわかるように、**国境線という感覚はほとんどない**。各国は「なんとなくあのへんまでが自分の領域」という感覚で、しかも、清朝は朝貢国のことを「中華王朝の徳を慕って向こうから朝貢してきた国に、皇帝が恩情を与えてやっている」と、むちゃくちゃ上から目線で見てる。つまり朝貢国全部が清朝の「**影響（支配じゃないよ）**」が及ぶ地域と思っているから、そこを国境線で区切ろうなんて、これっぽっちも思わなかったわけだ。

そこに欧米諸国が入ってくるとどうなるだろ？　欧米列強は「**国境が決まってない（＝誰のものでもない）なら、横取りしてもいいだろ😊!!**」って思っている。ベトナムのところを覚えてるかな？　「清の属国に見えないから」って、フランスが進出したよね。この動きに気づいた**日本**は、「**国境を早く決めないと、あいまいなところは全部取られる😵**」と焦り、**急いで国境を画定**したんだよ。

まずは南の**琉球問題**だ。「**日清両方の属国**」っていうことは「**どっちの領土でもない**」ってことにもなるから、かなり危ない！　実際にアメリカやイギリスは琉球を横取りしようと狙っていたから、日本とは清の国境を決めようとした。そこでます、清朝と**日清修好条規**を結んで**対等な国交を樹立**したんだけど、おそらく揉めるから琉球問題には触れなかった。だから清朝は琉球を「**今までどおりの朝貢国**」だと思ってる。でも日本には「欧米列強に琉球を取られちゃう😵」っていう危機感がある。そこで、1872年、**琉球王国を琉球藩**として、日本の国内統治に組み込んだ。そして、琉球をめぐる日清対立が戦争に発展しそうになった事件が、**台湾出兵**だ。

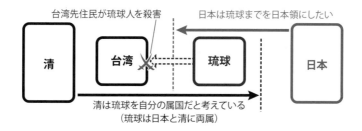

台湾先住民が琉球人を殺害
日本は琉球までを日本領にしたい

| 清 | 台湾 ✕ | 琉球 | 日本 |

清は琉球を自分の属国だと考えている
（琉球は日本と清に両属）

台湾出兵のきっかけは、**琉球人が台湾の先住民に殺された事件**だよ。日本政府は琉球を日本領にしたいから、「**琉球人は日本人である**」という立場でこの事件を利用して、「**琉球は日本**」「**台湾は清**」だと確認するために、清朝に対して「**日本人（琉球人）が台湾人に殺害されたのは、清朝の責任である😵**」と抗議したんだけ

ど、清朝は「**台湾人**（清は先住民という意味で言ってるよ）は皇帝の徳がわからないから、**統治していない**」と答えた。もちろん清朝は、台湾に住んでいる漢民族は自国民だと思ってるよ。日本はこれを「**清朝が台湾を統治していない**」と解釈し、「**日本人**」が殺されたことに対する**台湾への報復**として台湾出兵をおこなったんだ。

　でもこの事件は、清から見れば自分の領土である台湾に攻め込まれたことになる。こうして、日本と清は戦争の一歩手前になったんだけど、イギリスの仲介で**清から賠償金が支払われ、戦争が回避された**んだよ。そして**日本政府**は、この時の清の対応から「**清が琉球民を日本人と認めた**」とみなして琉球の領有を進め（つまり琉球と台湾の間に国境線を引くってことね）、1879年に琉球藩を沖縄県と改めた（**琉球処分**）。でも、**清朝はあくまで琉球は「両属」であると主張**したから、日清両国の対立が深まったんだ。

　同じ時期に日本は琉球以外の地域でも、国境の画定を進めたよ。北方では、ロシアとの間で**樺太・千島交換条約**［1875］を結んで、**樺太全島をロシア領**、ウルップ島以北の千島列島を日本領とした。さらに、1876年に小笠原諸島の領有を宣言し、アメリカ政府の承認を受けて日本の国境が決まったよ。

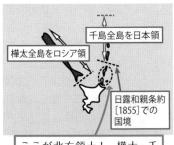

千島全島を日本領

樺太全島をロシア領

日露和親条約
［1855］での
国境

ここが北方領土！　樺太・千島交換条約の前から日本領だ

朝鮮問題

◀ 朝鮮国内は権力闘争……そして、日本の朝鮮進出が始まった

　続いて朝鮮問題に進むよ。もともと朝鮮は清と日本の2国としか国交がなかった（清には朝貢、日本とは対等な関係ね）。19世紀に入ると、国内では**洪景来の乱**などで混乱し、対外的にも欧米列強に開国を迫られていた。だって、宗主国の清もアヘン戦争、第2次アヘン戦争に負けたのち、欧米に対して開国したでしょ。でも朝鮮は、国王**高宗**の父である**大院君【興宣大院君】**が摂政として権力を握り、民衆に信者が増えていたキリスト教を弾圧するとともに、開国を求める欧米に対しては「外国船はすべて攻撃する」っていう**鎖国攘夷政策**をとり、実際にアメリカやフランスの商船や艦隊を攻撃する事件も起きたよ。

　さらに国内では、**両班**（特権を持つ官僚階層だね）から特権を奪って弱らせ、自分の権力を強めようとした。これに反発した両班階級と**閔氏**（高宗の王妃である**閔妃一族**だよ）が手を組んで**大院君を失脚**させ、

元山

漢城（ソウル）

仁川

江華島

釜山

1873年に**閔氏政権**ができたんだ。このころ、朝鮮と日本の間で外交問題が起きていたんだよ。

　日本は朝鮮との国交を、これまでのアジア的な関係（対馬藩を仲介とした外交だ）ではなく、**条約に基づく近代的な国際関係に変えたかったんだけど、大院君が拒否**していたので揉めていた。閔氏政権ができてもこの状況が変わらなかったので、日本は武力で脅かすことにしたんだ。

　1875年、漢江の河口付近にある**江華島近海に侵入した日本の軍艦を朝鮮側が攻撃**したため、日本軍が反撃して江華島を占領した。この**江華島事件**をきっかけに結ばれた**日朝修好条規**で、まず**朝鮮の自主独立**が決められたよ。これは、朝鮮に対して「**清朝に朝貢するな！**」って言ったんだね。ほかに、**釜山、元山、仁川の３港開港**、日本の公使館設置、**日本の領事裁判権**、日本の無関税特権などが決められ（不平等条約だね）、**朝鮮は開国**したよ。ただ、清朝は朝鮮をそのまま属国にしておきたかったし、朝鮮も清との関係を切る気はない。だから**清朝は、日本とロシアの進出を抑えて朝鮮支配を強めるために、朝鮮に「欧米諸国と条約を結びなさい！」**と言ったんだけど、朝鮮側が拒否した。その後、ロシアが進出を強めると、清はロシアを警戒して「日本とは結んで近代化を進めるように」って朝鮮に勧めたんだ。

◀ 朝鮮の開化政策（近代化）に反発して、壬午軍乱が起こった！

　こうして朝鮮では、日本から軍事顧問を招いて軍の近代化をおこなうなどの開化政策が進められ、政権のなかには、のちに急進開化派【独立党】の中心となる**金玉均**や**朴泳孝**が進出して、欧米諸国に対しても開国した。しかし、開化政策に反発した**攘夷派**（伝統的な体制と自分の特権を維持しようとするヤツらだよ）は、閔氏政権を潰すクーデタ計画を立てた。これを知った**大院君**も「今が大チャンス🖐！」って思い、**攘夷派の軍人たちが大院君を擁立して挙兵し、閔氏政権の有力者や日本人を殺害したほか、日本公使館を焼き討ちした。これが壬午軍乱**だよ。

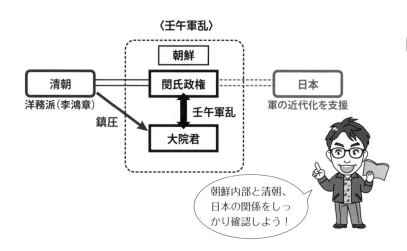

〈壬午軍乱〉

清朝　洋務派（李鴻章）　鎮圧　—　朝鮮　閔氏政権　壬午軍乱　大院君　—　日本　軍の近代化を支援

朝鮮内部と清朝、日本の関係をしっかり確認しよう！

　これを見た清朝の李鴻章は「朝鮮進出のチャンス😎」と思った。もはや誰を助けようと、朝鮮支配を強化できればOKだ。そこで、属国である朝鮮政府の保護を口実にして出兵し、大院君を捕まえて閔氏政権を復活させたよ。これ以後、閔氏政権には李鴻章を中心とする清の洋務派の影響が強くなり、洋務運動と同じ「体制は変えずに西洋技術だけを導入する」って政策をとることになった。

　こうして清の朝鮮支配が強まっていくと、朝鮮の政権内部は、清を後ろ盾に主導権を維持しようとする事大党（閔氏が中心）と、清から自立して日本をモデルとした近代化を目指す急進開化派【独立党】（金玉均・朴泳孝ら）に分裂したんだ。

　そして、清仏戦争で清が劣勢になったのを見て、「清から独立するのは今しかない🤔！」と思った急進開化派は、日本の支援を受けてクーデタを起こしたよ。これが甲申政変だ。漢城（ソウル）では閔氏政権が倒されて急進開化派が政権をつくったんだけど、袁世凱が率いる清軍の武力介入でたったの3日で崩壊し、急進開化派が日本に亡命して閔氏政権が復活したんだ。この時に日本も出兵したから日清間で天津条約が結ばれ、両国が朝鮮から撤兵すること、さらに将来朝鮮に出兵する際に事前通告をおこなうことが決められたんだよ。

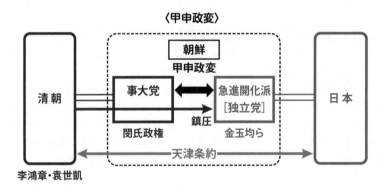

〈甲申政変〉

甲申政変ののち、朝鮮ではロシアと接近する動きもあったんだけど、清は漢城に袁世凱を駐在させ、朝鮮への影響力を強めた。さらに清朝は、政治だけにとどまらず、経済的にも勢力も拡大しようとしたから、中国商人が朝鮮に進出し始めた。一方、日本は政治的な影響力を後退させたんだけど、経済的には朝鮮進出を強めた。こうして、朝鮮における日清両国の対立がさらに激しくなり、両国は海軍を中心に軍備拡大競争を展開した。この時点で琉球問題から続く日清対立は、いつ戦争になってもおかしくない状況になっていたんだ。当時のヨーロッパでは、戦争の起きる可能性が一番高い2国は「日本と清」と思われていたんだよ。

＋α ちょっと寄り耳♪

　朝鮮に対する日本と清の対立は、朝鮮の政権内部を守旧派と急進開化派に分裂させた。このうち、親日の急進開化派はずっと改革を目指していたんだよ。

　まず、甲申政変で急進開化派の金玉均らが政権に就くと、「朝貢の廃止」「門閥（両班の特権だよ）の廃止と人民平等」「地租の改正」などの改革案を出したけど、清軍の介入で潰されてしまった。その後、日清戦争が開戦した直後に日本の支援で急進開化派が政権に就き、「科挙の廃止」「身分制度の廃止（人民平等）」と「税制改革」を目指す甲午改革をおこなった。ただ、日清戦争後に守旧派はロシアに接近し、ロシア軍の力を背景に高宗を立てると、親日派の政権を倒して改革を潰した。

　こうして成立した親露派政権に対し、ロシアの進出を警戒した開化派は、**独立協会**をつくって**日本をモデルとする立憲君主政の樹立**を要求したんだ。つまり、この時点でも「開化派＝親日派」vs.「守旧派＝親露派」という対立になったんだよ。この独立協会も親露派政権によって解散に追い込まれたんだけど、日露戦争の背景となる朝鮮での日露対立が、こうして形成されたんだね。

4 日清戦争

◀ 外国の進出に対する朝鮮農民の不満から、甲午農民戦争が起きた！

　清朝の支配強化や日本の経済進出、さらに閔氏政権の腐敗などによって**朝鮮の民衆の不満**が高まり、19世紀末の朝鮮では崔済愚の開いた新興宗教の**東学**（「キリスト教＝西学」に対抗する東学ってことだ）が広がっていた。この時、東学の信者たちは「逐洋斥倭（ヨーロッパと日本を排斥する）」をスローガンにして、各地で集会などを開いたんだけど、政府に弾圧されて、不満が高まっていたんだ。

> 「台湾出兵」と「甲申政変」、すでに2回戦争を回避した日清両国が、戦争に突入だ！

　そして、ついに爆発する時がきた！　1894年、東学の地方幹部だった**全琫準**の指導で**甲午農民戦争【東学（党）の乱】**が起き、南部から北部へと一気に反乱が広がったんだ。これを見た閔氏政権は「自力で鎮圧するのはムリ！」と判断して清朝に出兵を頼み、清朝は軍を送った。これに対抗して、**日本も日本人保護のため朝鮮へ出兵し**た。日清両軍が到着した時、農民軍と政府軍はすでに全州和約を結んでいたけど、日本は武力によって農民軍を鎮圧し、さらに朝鮮に政治改革案を受け入れさせようとした。これを清朝が拒否したことから**両国は開戦**、**日清戦争**が勃発したんだよ。

日清戦争勃発！ 開戦してみると、日本の圧勝だ

　日清戦争が始まると、日本海軍は清朝の北洋艦隊を黄海海戦などで破り、また陸軍でも清軍を朝鮮半島から追い出して遼東半島までを占領した。ていうか、この戦争は日本の圧勝だよ。1890年ころまでは、海軍も陸軍も清のほうが強いと思われていたんだけど、日清戦争前の清朝内部は腐敗していたんだ。海軍増強の予算を、西太后が還暦を祝う式典に向けて離宮（頤和園というんだ）の修築費に流用しちゃったり、軍事衝突が起きたあとも、政権内部が開戦をめぐって分裂しちゃったりしたからね😤。このことが、一部の官僚たちに「本気で政治体制を改革しなきゃマズい」と思わせたんだよ。

　こうして日本が勝利すると、1895年下関条約が結ばれた。日本全権は首相の伊藤博文、清朝全権は李鴻章、どっちも両国の最高実力者だね。下関条約では、朝鮮の完全独立と清の朝鮮への宗主権放棄、遼東半島・台湾・澎湖諸島の日本への割譲、日本の最恵国待遇、重慶など4港の開港と開港場での工場設置権、そして2億両という膨大な賠償金の支払いが決まり、さらに翌年には、清が関税自主権を喪失し、日本に領事裁判権を認めたんだよ（日清通商航海条約）。

　ここで難関大を狙う人は、「工場設置権」に注目！　この権利は最恵国待遇を持つほかの列強にも自動的に認められるよね。これに喜んだのはヨーロッパ列強だよ。だって、これから中国にバンバン工場を建てられる😭！　以後、欧米諸国が建てた工場で生産された製品が、中国国内に大量に売られることになるんだ。

〈日清戦争〉

日清戦争と前後したロシアの動きも、一緒に確認しよう！

シベリア鉄道　ロシア帝国　東清鉄道　ウラジヴォストーク　遼東半島　朝鮮　漢城　北京　天津　日本　清　上海　南京　琉球　広州　台湾　澎湖諸島

→ 日本軍の進路
⇨ ロシアの圧力
地名 下関条約での日本の獲得地

◀ 南下を進めたいロシアが、遼東半島の返還を要求！

北京条約で沿海州を獲得したロシアは、さらに東アジアでの南下を狙い満洲への進出を狙っていた。特にこの時期には、フランス資本を導入して**シベリア鉄道**を建設していたから、その延長で**中国にも進出**しようとしていたんだ。要は、下関条約で日本が獲得した遼東半島がほしかったんだよ。そこで**ロシア**は、**フランス、ドイツ**を誘って日本に対して「清がかわいそうじゃないか😖」と遼東半島の返還を要求したんだ。これが**三国干渉**だよ。

三国干渉に対して、日本では「臥薪嘗胆」をスローガンにロシアへの復讐心が高揚したよ

当時の日本には、ロシアと戦争するだけのお金も軍備もないし、まして欧米の３国を敵にできないから、賠償金の増額と引き換えに返還を受け入れた。これが、**日露戦争**につながるロシアとの対立の始まりだ。ただ、ロシアは別に清を助けようなんていう気はない。「遼東半島を取り返してやったんだから、何かくれ😄」って言って、**東清鉄道の敷設権**を清朝から獲得したんだ。やっぱりそういうことか……。まぁ、ロシアはズルいことするよな😒。

クローズアップ 冊封体制の崩壊……清朝の朝貢国がなくなる！

- ●**台湾出兵**[1874]➡**琉球処分**[1879]……**日本の琉球領有。沖縄県の設置**
- ●**清仏戦争**[1884〜85]……**ベトナム**をめぐる**フランスと清朝**の戦争
  - ▶**天津条約**[1885]……**フランスのベトナム保護国化を承認**
- ●**日清戦争**[1894〜95]……**朝鮮**をめぐる**日本と清**の戦争
  - ▶**下関条約**[1895]……朝鮮の完全独立（**清が朝鮮への宗主権を放棄**）

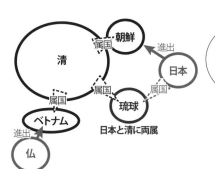

日本と清に両属

朝鮮・琉球・ベトナム、清朝が３つの朝貢国を失っていくのが「冊封体制の崩壊」だよ！

◀ 伝統的な冊封体制が崩壊！ ついに朝貢国がなくなった

　最後に、日清戦争が東アジアにもたらした変化について話しておくよ。乾隆帝の時代には朝貢を軸とする冊封体制が完成し、中国皇帝を頂点とする国際体制にヨーロッパ諸国との貿易も組み込んだ。しかし、19世紀に入ると産業革命で強大化した欧米列強の進出が始まり、アヘン戦争によって清朝は開国して、一気にイギリスの求める自由貿易体制に組み込まれた。そして第2次アヘン戦争によって、欧米諸国に対しては朝貢関係ではない近代的な対等外交を強要されたんだけど、アジア各国との関係では冊封体制が残っていたわけだ。ただ、1874年の台湾出兵を根拠に日本が琉球を領有して朝貢国の琉球を失い、1884年に始まる清仏戦争に敗れて、ベトナムの宗主権も失い、さらに1894年に勃発した日清戦争に敗れて、最後に残った朝貢国の朝鮮も失ったから、この時点で清朝には朝貢国がなくなったんだよ。これが冊封体制の崩壊だ。中国も近代的な国際関係に完全に組み込まれたんだね。

　では、とりあえず今回はここまで。近代の東アジアは2回連続だけど、ひとまずここまでの年号を check しておこう！

‼ 年号のツボ

- **アヘン戦争勃発** [1840]（アヘン吸っても　癒しゼロ₁₈₄₀）
- **南京条約** [1842]（南京の　人は夜逃げだ₁₈₄₂　香港に）
- **太平天国の乱（洪秀全が挙兵）** [1851]（滅満興漢　一派こい₁₈₅₁）
- **第2次アヘン戦争（アロー戦争）勃発** [1856]
　（アロー号の　人はゴロツキ₁₈₅₆）
- **北京条約** [1860]（一発　無理押す₁₈₆₀　北京条約）
- **台湾出兵** [1874]（イヤな予感の₁₈₇₄　台湾出兵）
- **清仏戦争勃発** [1884]（フランスが　一発夜襲₁₈₈₄　ベトナムに）
- **日清戦争勃発** [1894]（維新で飛躍し₁₈₉₄　清破る）

　さて次回は近代の東アジアの後編だよ。日清戦争に敗れた清朝ではいよいよ列強の中国分割が始まり、一方では孫文を中心とする革命運動も進むんだよ。
　じゃあ、続きをお楽しみに！😆。

第10回

近代の東アジア②

それじゃあ、近代の東アジアの2回目、今回は日清戦争が終わったあと、辛亥革命までの中国について見ていくよ。革命運動が盛んになって、いよいよ清朝が滅亡に向かっていくんだ。

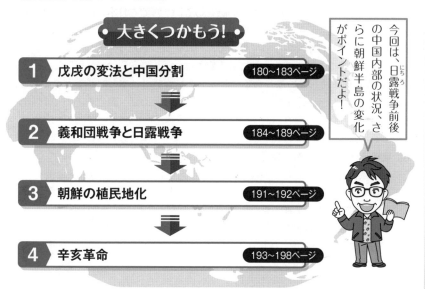

大きくつかもう！

1 戊戌の変法と中国分割 　180〜183ページ

2 義和団戦争と日露戦争 　184〜189ページ

3 朝鮮の植民地化 　191〜192ページ

4 辛亥革命 　193〜198ページ

今回は、日露戦争前後の中国内部の状況、さらに朝鮮半島の変化がポイントだよ！

　日清戦争に敗北した清朝では洋務運動の限界が明らかになり、新たな近代化として戊戌の変法が始まるんだけど、一方で欧米列強の中国分割によって半植民地化も進んでしまう。列強の侵略を受けた中国はどうなってしまうんだろう？　さらに、清朝のもとでの近代化に限界を感じた知識人たちは清朝打倒に向かい、孫文を中心とした革命運動が本格的に始まるのもこの時期だ。さらに、朝鮮半島では日本の植民地化も進むよ。これらの動きはすべて日露戦争が重要なカギを握っている。今回は日露戦争を軸にしっかり理解しよう。

　それじゃあ、近代の東アジアの2回目、始まりだよ〜😄。

1 ｜ 戊戌の変法と中国分割

◀ 日清戦争の敗北で、日本の近代化を確信。戊戌の変法が始まった！

　ここで、前回の内容をちょっとだけ確認しておこう。中国では曾國藩【曽国藩】や李鴻章を中心に、「中体西用」を基本方針とする洋務運動がおこなわれていたけど、皇帝の専制政治を変える気がなかったから中途半端な近代化しかできず、日清戦争に負けて限界が明らかになったよね。でも清朝内部の官僚たちは、この状況が不思議でたまらなかったんだよ。「なんで日本に負けたんだろう？」ってね。

　中国はこれまでヨーロッパ列強には負け続けてたけど、「ヨーロッパ諸国は強いから仕方ない……」って、心の中で言い訳をしていた。でも日本は同じアジアの国だし、ほんの30年前までは「ちょんまげとチャンバラ」の江戸時代だったはず。そんな日本に負けるわけがない！って思ってたのに、気づいたら完敗してたんだ。

　これにはさすがに中国内部の、特に若手官僚はショックを受けた。同時に彼らは「日本の近代化は成功している」っていう確信を持って「日本と同じことをやればいい🙌」って考えた。だって、中国のほうが人口も多いし、国土もデカイ！　もし日本と同じ近代化ができれば、清朝は日本の10倍くらい強くなるってね😆。

　こうして、**公羊学派**の康有為や、彼のもとに集まった梁啓超、譚嗣同らは、日本の明治維新をモデルに、憲法制定や議会の開設による**立憲君主政**の樹立を主張した。ちなみに、**公羊学**っていうのは**儒学**の一派で、「孔子だって魯国の政治改革をやったんだから、儒学は政治改革の思想だ！」って考える人たちだよ。康有為は皇帝への上奏文のなかで、改革の見本として「ロシアのピョートル大帝を心（精神面）、日本の明治を政法（政治体制）」と主張した。そして**光緒帝**も権力を握っていた西太后を退けて若手官僚を登用し、改革を始めさせた。これが戊戌の変法だ。

> すでに日本には、大日本帝国憲法【明治憲法】と帝国議会があるよ。憲法発布は1889年、議会の開設は1890年だ！

◀ 権力を失うことを恐れた保守派が猛反発。戊戌の政変が起きた！

　光緒帝は康有為の意見を聞いて、**科挙の改革**、中央の官僚制度の改革など立憲君主政への移行や、**京師大学堂**（のちの北京大学）の設置などの命令を次々に出していった。そして、変法派（改革派）からの批判が集まっていた李鴻章もクビにしようとしたんだよ。

　しかし、こうした改革で権力を失うことを恐れた保守派は、**西太后**を中心に反撃を始めたよ。西太后は、北京周辺で一番強い**北洋軍**の指揮権を握っている**袁世凱**を抱き込み、**武力によるクーデタで変法運動を潰した**。これが戊戌の政変だ。変法派

1 戊戌の変法と中国分割　181

第1章 国民国家の形成

第2章 列強の侵略とアジアの変革

第3章 帝国主義と第一次世界大戦

第4章 戦間期と第二次世界大戦

第5章 戦後の世界

のうち、譚嗣同は逮捕・処刑され、**康有為と梁啓超**はギリギリのところでイギリスや日本の公使館に保護され、**日本へと亡命した**。すべての改革は中止されて、西太后を中心とする専制政治に戻り、光緒帝も幽閉されてしまったんだ。

合否の分かれ目▶ 清朝の近代化……改革の目標に注目！

● **洋務運動**……中心は曾国藩【曽国藩】・李鴻章ら
　▶「**中体西用**」……中国の伝統的な思想や政治体制は変えない
　　➡**皇帝の専制政治**を残したまま、**西洋技術のみ**を導入する
　▶**清仏戦争、日清戦争**の敗北で限界が明らかとなる
● **戊戌の変法**……中心は康有為・梁啓超ら
　▶**日本の明治維新をモデル**に、**立憲君主政**を目指す
　　➡**憲法制定、議会の開設**、科挙の改革などを目指す
　▶**西太后ら保守派**による**戊戌の政変**で挫折

◀ 「眠れる獅子」は怖くない！ 列強が中国を分割した

　日清戦争が起きる前、列強は清朝を「**眠れる獅子**」として恐れていた。さすがに広大な国土と圧倒的な人口を見たら、「もし清朝が近代化に成功したら、**かなり怖いのでは？**」と思っていたんだよ。でも、日清戦争の結果を見たら……「え？　清ってこんなに弱いの😨」って思った。もはや、**清にビビる必要など全くない**！

　しかも、当時の欧米諸国はすでに帝国主義の段階に入っている。今までみたいに、製品を売る市場にして、貿易で儲けるだけの時代はもうおしまいだよ。だって、日清戦争で日本が清から「**工場設置権**」を獲得したから、**最恵国待遇**を持っている欧米諸国も中国に工場を建設できる。こうなれば、中国に投資（**資本輸出**）して工場を建設しよう！　それを内陸に売るためには鉄道もほしい！

　そこでヨーロッパ各国は、日清戦争の**賠償金**支払いに苦しむ清朝に**借款**を提供し、代償としてさまざまな利権を獲得したよ。簡単に言うと、「金を貸してやるから、何かくれ😊」ってことね。こうして、重要拠点に**租借地**（期限付きの植民地）を確保し、**鉄道敷設権**や**鉱山採掘権**を獲得したよ。さらに**勢力範囲**（植民地ではないけど、独占的に進出できる地域）を設定して、列強が中国を分割したんだよ。この**中国分割**については地図問題が多いから、**必ず地図と一緒に確認しよう**！

　じゃあ、地図（➡P.182）を見ながらいくよ。まず、**ドイツ**が宣教師殺害事件を口実に**膠州湾**を租借すると、ここに東洋艦隊の基地となる**青島**を建設して、**山東半島**を勢力範囲にした。**これをきっかけに各国が中国分割を進めたんだ**。北からは**ロシア**が勢力を拡大してきて、万里の長城より北の**内モンゴル**と**満洲**を勢力範囲にしたよ。しかも、日清戦争後に三国干渉で日本に返還させた**遼東半島南部**（旅順・大

連）をちゃっかり租借しやがった😅。さらに、三国干渉の代償で取った**東清鉄道**の**本線**（満洲里～綏芬河）に加えて、大連まで伸びる支線（ハルビン～大連）の敷設権も獲得したんだ。**イギリス**は山東半島の先端にある清の海軍基地だった**威海衛**を租借して、**ロシアとドイツに対抗**し、さらに**香港島対岸の九竜半島全域（新界）**を租借して、**イギリス領香港**を完成させたんだよ。しかも、中国経済の中心だった**長江流域**が勢力範囲だ。**フランス**は、フランス領インドシナ連邦とつながる**華南**（**広東・広西・雲南**）を勢力範囲に、**広州湾**を租借した。日本は、日清戦争で獲得した台湾・澎湖諸島の対岸にあたる**福建省**を勢力範囲にしたよ。こんなふうに、列強によって中国は事実上の植民地として分割されたんだ。

〈中国分割〉

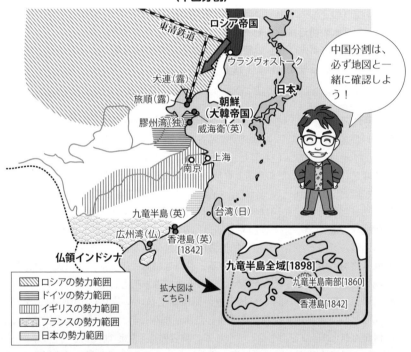

中国分割は、必ず地図と一緒に確認しよう！

- ロシアの勢力範囲
- ドイツの勢力範囲
- イギリスの勢力範囲
- フランスの勢力範囲
- 日本の勢力範囲

拡大図はこちら！

九竜半島全域[1898]
九竜半島南部[1860]
香港島[1842]

クローズアップ　イギリス領香港の形成

- ●**アヘン戦争**➡**南京条約**[1842]……**香港島**の**割譲**
- ●**アロー戦争**➡**北京条約**[1860]……**九竜半島南部**の**割譲**
- ●**中国分割**➡**九竜半島全域（新界）を99年間租借**[1898]

第1章 国民国家の形成

第2章 列強の侵略とアジアの変革

第3章 帝国主義と第一次世界大戦

第4章 戦間期と第二次世界大戦

第5章 戦後の世界

　ここまで**アメリカ**が出てこなかったよね。アメリカには中国分割に参入できなかった理由があるんだ。それは**米西戦争【アメリカ゠スペイン戦争】**だよ。列強による**中国分割はだいたい1898年には完了**したんだけど、同じ年、**アメリカは米西戦争の真っ最中！**　キューバやフィリピンで戦争をしていたよね。だから、中国分割にまで参加する余裕がなかったんだね。

　でも米西戦争が終わると状況が変わったんだ。アメリカは**パリ条約**でグアム、フィリピンを獲得し、さらに米西戦争中に**ハワイ**も併合したから、**ハワイ→グアム→フィリピン**を結ぶと、蒸気船による太平洋航路の完成だ。「よし！　これから中国貿易を本格的に始めるぞ😤」って思ったら、気づけば**列強による中国分割が終わっていた**😭。完全に出遅れたわけだ。

　そこでアメリカは中国市場への割り込みを狙い、**国務長官のジョン゠ヘイ**は列強に対して「**門戸開放・機会均等**」（この2つは1899年）を求め、さらに翌年に「**領土保全**」を提唱した。これが**門戸開放宣言**だ。アメリカは、中国の領土を支配したいとか考えていたわけじゃなくて、**中国市場でちゃんと貿易ができればいい**ので、1899年に発した「**門戸開放・機会均等**」は「列強の勢力範囲のなかでも、**アメリカが平等に商売できるようにしろー😤**」って、列強に求めたんだね。そして1900年に「**領土保全**」を追加したのは、**義和団戦争**が起きたからだ。この時、軍隊をたくさん送った列強（ロシア・日本など）に対して「ドサクサに紛れて**領土拡大**とかするなよ😤」、って牽制したんだね。実際、**ロシアは満洲の占領を狙っていた**んだけど、詳しくはこのあとすぐ説明するね。そして、この宣言に列強が抗議をしなかったので、この主張は一応認められたことになる。そして、この3原則が、**アメリカの対アジア外交の基本原則**になるんだよ。

〈列強の中国分割〉

	租　借　地	勢力範囲	鉄道敷設権など
露	遼東半島南部（旅順・大連）[25ヵ年]	中国東北地方（満洲） 内モンゴル	東清鉄道 （本線・支線）
独	膠州湾[99ヵ年]➡青島市建設 　東洋艦隊の基地とした	山東半島	膠済鉄道 （膠州湾〜済南）
英	威海衛[25ヵ年]……ロシアに対抗 九竜半島全域（**新界**）[99ヵ年]	長江流域	津浦鉄道 （天津〜浦口）
仏	広州湾[99ヵ年]	広東・広西・雲南	雲南鉄道 （昆明〜ハノイ）
日	台湾・澎湖諸島……日清戦争で割譲	**福建省**	
米	門戸開放宣言[1899・1900]……国務長官ジョン゠ヘイによる 「門戸開放・機会均等」[1899]、「領土保全」[1900]を提唱		

2　義和団戦争と日露戦争

🔊 中国民衆の列強に対する反感が、反キリスト教運動になった！

　それじゃあ続いて、中国内部の状況を見ていこう。日清戦争後に欧米資本によって工場が建設されて、さらに鉄道が敷設されると、内陸にまで外国製品が流入し始め、中国の伝統的な手工業は大きな打撃を受けた。民衆は困窮して貧困層や失業者があふれ、彼らは「自分の生活を崩壊させたのはヨーロッパだ！」って思うようになったんだ。この反感が向かった先がキリスト教だったんだよ。1860年の北京条約でキリスト教布教の自由が認められて以来、中国各地で宣教師が布教していたから、民衆は宣教師をしょっちゅう目にしていた。だから、ヨーロッパを倒したい！って思う民衆は、キリスト教に対する反対運動を始めたんだ。

　一方で、郷紳（地方有力者）のなかにもキリスト教への反感が広がっていた。彼らは小作人として農民を搾取していたんだけど、困窮した農民たちは、「飢え死にしそうです……助けてください……😢」って教会に保護を求め、教会も彼らをかくまったから、旧来の儒教的な価値観を守る郷紳もキリスト教への反感を強めたんだ。こうした反キリスト教運動をまとめて仇教運動と呼ぶんだ。

　しかし、最初は「宣教師出ていけ😠」とか言ってるだけだった仇教運動はだんだんエスカレートしてくる。だって、彼らがやりたいのは、本当は欧米諸国の進出に反対する反帝国主義運動だから、宣教師に文句を言っても何も変わらないんだもん。そうはいっても、近くにいる欧米人は宣教師がほとんど……。我慢できなくなった中国民衆は、宣教師を襲ったり、教会を襲撃したり、さまざまな事件を起こし始めた。こんなふうに、反キリスト教運動から発生した事件を教案というんだ。

🔊 反キリスト教運動から義和団が現れ、義和団事件に発展！

　こうした動きのなかから現れた宗教結社が義和団だよ。彼らは団練（政府の公認を得た地方の自衛組織）の一種で、ヨーロッパ人に勝つためには「体を鍛えて、中国伝統の武術を身につけよう！」って思った（これが義和拳）。これだけならただの筋トレ集団なんだけど、義和団は白蓮教の影響を受けた宗教結社だから、怪しい儀式もある。お札を水に溶かして飲み、呪文を唱えると、関羽（三国志の英雄で、道教の神様になってるよ）や孫悟空が乗り移って無敵になり、弾丸も跳ね返せる😤‼「なるわけないじゃん！」とか言わないの😅。本当に撃たれたら、もちろん死ぬよ。でもね、「銃で撃たれても死なない」って信じてる人が数千人とかの規模で襲ってきたら……さすがに勝てない。そして、実際に事件に発展したんだ。

　山東省に拡大した義和団は、ドイツ（山東半島が勢力範囲だよね）の侵略に反対して、ドイツ人宣教師殺害事件を起こした。これを口実にドイツが侵略を進めると、反発した貧農や下層労働者が一斉に武装蜂起をしたんだ（山東教案）。この時に義和団が掲げたスローガンは「扶清滅洋」（清朝を助けてヨーロッパを倒す）と「除教安民」（キリスト教を排除して民衆を安心させる）だ。この場合の「扶清」っていうの

は、清朝そのものを助けるっていうよりも、**これまでの伝統的な社会を守る**っていう意味だよ。この動きは山東省から華北（かほく）一帯へと拡大し、ついに**北京に至る**と、日本やドイツの**外交官を殺害**し、さらに列強各国の**公使館を包囲**し始めた。こりゃ大事件だよ😎。

本当なら民衆の反乱だったのに、清朝が列強に戦争を吹っかけちゃった……。こりゃ、ただじゃすまないよ……

　こうした動きを見た**清朝は完全に対応を間違えた**……😓。「**扶清滅洋**」のスローガンにつられた保守派は、義和団を味方にして自分たちの権力維持に利用し、あわよくば列強を打倒できるかもしれない、って考えたんだろうね。考え方が甘いけどさ。そして、保守派の動きに乗って**西太后は列強に宣戦（せんせん）を布告**しちゃった😠。こうして、ついに**列強 VS. 清朝**の戦争である**義和団戦争**になったんだよ。

◀ 宣戦された列強は、8カ国共同で出兵。中心は日本とロシアだ！

　宣戦布告されたら、列強も黙っているはずはない！　義和団と清朝を打倒するために**8カ国共同出兵**をおこなったんだ。出兵した8カ国は**日本とロシア**を中心に、イギリス・アメリカ・フランス・ドイツ・オーストリア・イタリアだよ。でもなんで日本とロシアの2国が中心になったんだろ？

　これまでの列強の中国進出を考えると、**本来ならイギリスが中心**になるはずなんだけど、イギリスには出兵できない事情があった……。当時イギリスは、**南アフリカ戦争【南ア戦争／ブール戦争】**に45万人もの兵士を投入しているから、中国に出兵する余裕はない😓。さらに、門戸開放宣言（もんこかいほう）で列強に「オマエらだけ得をするな！」と言っていた**アメリカ**も、**フィリピン＝アメリカ戦争**の最中だったから、これまた兵力に余裕がない😅。ただ、下手するとシベリア鉄道の建設などで中国進出を加速している**ロシア**がさらに南下して勢力を拡大するかもしれない……。だから**イギリスは日本に「中国に近いんだから、頑張って（がんば）くれ～😊」って出兵を頼ん**だんだ。日本はちょっと感動😄。だって、あの大国イギリスに頼まれたんだもん。こうして**日本が最大兵力を派遣した8カ国連合軍**が北京を占領した。西太后は西安に逃亡したけど、今さら逃げてもムダだよ……😅。

　こうして清朝は敗れ、出兵8カ国、さらにベルギー、オランダ、スペインが便乗して、1901年**北京議定書（ぎていしょ）【辛丑和約（しんちゅうわやく）】**が結ばれると、**列強の北京駐兵権**（北京から天津にいたる地域での駐兵権）が認められ、清朝にはさらに**膨大（ぼうだい）な賠償金（ばいしょうきん）**（4億5000万両（テール）・塩税と関税（かんぜい）が担保（たんぽ）だよ）が課せられた。よく考えてごらん。これ以後、**首都の北京に外国軍がいる**ってことでしょ？　これ、異常事態だよ。こうして中国の半植民地化がさらに進んだ。ただ、すでに中国分割が終わっているから、領土に関する内容は含まれないからね😊。

　そして、義和団戦争はもう一つの大きな変化を中国内部に引き起こすよ。それ

は、知識人が清朝に失望したっていうことだ。だって、現状を見誤って列強に宣戦布告するような清朝のもとでは、もはやまともな改革なんてできるわけがないでしょ。こうして、清朝の打倒を目指す革命運動が盛んになっていくんだ。

クローズアップ **義和団戦争〜日露戦争**

- **義和団戦争**［1900〜01］……義和団は「扶清滅洋」をスローガンに挙兵
  ▶ **清朝は列強に宣戦布告**［1900］➡列強の８カ国共同出兵（日・露が中心）
- **北京議定書**［1901］……列強の北京駐兵権を承認、**膨大な賠償金の支払い**
- **ロシアの満洲占領**……義和団事件後も満洲から撤退せず、**イギリスと日本が警戒**
- **日英同盟**［1902］……イギリスは「光栄ある孤立」を**放棄**
- **日露戦争**［1904〜05］……日英同盟を締結した日本が、ロシアと開戦
  - **血の日曜日事件**［1905.1］➡**第１次ロシア革命【1905年革命】**
  - **日本海海戦**［1905.5］➡**日本が勝利**。ただし、日本も国力の限界
  - **ポーツマス条約**［1905.9］……米大統領セオドア=ローズヴェルトが**仲介**
    ▶ **日本に韓国の指導・監督権**（朝鮮における優越権）を認める
    ▶ 遼東半島南部（旅順・大連）の**租借権**と、これに関連する利権を日本に譲渡
    ▶ **東清鉄道の長春以南**（のちの南満洲鉄道）の利権を日本に**譲渡**
    ▶ **北緯50度以南の南樺太を日本に割譲**／▶沿海州の漁業権を日本に譲渡
    ※ただし、**ロシアは賠償金支払いについては、一切拒否**

◀ ロシアの満洲占領を警戒して、日英同盟が成立！

　義和団戦争のあとのロシアは、イギリスが警戒した通りに動きだしたよ。撤兵する気はまるでなし。そのまま満洲占領を続け、**朝鮮半島進出を狙い始めた**。当時、朝鮮内部では**守旧派（保守派）がロシアと手を組んで**日本の進出を抑えようとしていたから、ロシアもこれを利用して朝鮮への影響力を強めていたんだよ。ロシアがこのまま朝鮮まできたら、当時の日本じゃたぶん勝てない😅。それどころか、下手するとロシアが日本にまで侵略の手を伸ばしてくるかもしれない……「今のうちになんとかしておかなきゃマズい」って、**日本はロシアを警戒**していたんだ。

　そしてイギリスもロシアの動きを警戒していたんだよ。前に話した東方問題以来、イギリスはロシアの南下をずっと抑え込んできたよね。でも、この時点ではなかなか厳しい。というのも、**南ア戦争がイギリスの状況を変えてしまった**からなんだ。南ア戦争には勝ったものの、**イギリスは兵力不足と財政難に陥り**、これまでのように世界全体に軍隊を送るのはかなり難しくなったんだ。そうなると、優先順位をつけ

なきゃいけなくなる。まず、**最重要植民地のインド**は、何がなんでも絶対守る！　次に大事なのはスエズ運河があるからエジプト、そして、今取ったばかりの南アフリカ……「じゃあ中国は？」っていうと、優先順位をつけると４番目で、しかも遠い！

そこで、**イギリスは中国を中心とする極東アジアの防衛を、どこかの国にやってもらおう！**って考えた。この相手が、同じようにロシアの進出を警戒する日本だったんだよ。しかも、日本は義和団戦争の８カ国連合軍で活躍したから、イギリスも日本の力を評価しているしね。こうして、**ロシアの進出に対抗して1902年、日英同盟**が成立したよ。イギリスが「**光栄ある孤立**」政策を放棄して手を組んだのが、日本なんだね。この同盟は、「一方が戦争を始めたらもう一方は中立を守り、第三国が敵に加わった場合には参戦する」という内容だ。これ、あとでちょっと問題になるから、難関大を狙う人は覚えておいてね。

＋α ちょっと寄り耳♪

日露戦争が始まる前から、日本はイギリスの力を思い知った。だって、イギリスが世界中の造船所に圧力をかけたら、世界中から軍艦が日本に集まってきたんだもん😵。この時建造した連合艦隊の旗艦「三笠」は、世界最強！　でも、建造費用を払うのに、お金が足りない……。この時海軍大臣の山本権兵衛は日清戦争の賠償金を流用！「責任を追及されたら腹を切る！」って言ったらしいよ。こりゃ武士だな。そして開戦後、この連合艦隊が大活躍するよ。

1904年に日露戦争が開戦すると、最初に攻撃した旅順では、日本軍はかなり苦戦した。なんと13万人のうち６万人近くが死傷する大激戦！　しかもロシアは、旅順の太平洋艦隊とバルチック艦隊で日本を挟み撃ちしようとしていたから、バルチック艦隊がくる前に旅順を落とさないとマズい……。なんとか陸軍が旅順を攻略したけど、ロシアのバルチック艦隊は近づいてくる……。この間、日本海軍は司令官の東郷平八郎のもとで、参謀の秋山真之などが考案した丁字戦術をひたすら訓練していた。一方、ロシア側はかなりキツかったんだよ。バルチック艦隊って「バルト海艦隊」なんだけど、航路中の主要な港はイギリス領で、日英同盟があるから協力は一切期待できない……というか邪魔される😫。しかも、赤道付近での航行はロシア人にはキツくて、日本近海まできた時点でゲッソリだよ。そして1905年５月27日、ついに日本海海戦の日、東郷は「皇国ノ興廃、コノ一戦ニ在リ。各員一層奮励努力セヨ」と兵士たちを励まし、対馬海峡に進入してきたバルチック艦隊を丁字戦術で迎え撃つと、ほぼ壊滅させたんだ。これ、世界の海軍史上に残る大勝利なんだよ。もし日本海海戦がなかったら、日本は勝ってないよ！

そして戦後、東郷平八郎は次のような言葉を残している。「神明は唯平素の鍛錬に努め、戦わずして既に勝てるものに勝利の栄冠を授けると同時に、一勝に満足して治平に安んずる者より、ただちにこれを奪う。古人曰く、勝って兜の緒を締めよ、と」。勝ったからって調子に乗っちゃダメってことだね。

〈日露戦争と韓国併合〉

ほんとギリギリの勝負だったけど、日本海海戦があったから、日本はなんとか勝利することができたんだよ！

◀ イギリスの支援を受けた日本がロシアと開戦。日露戦争が始まった！

「これでなんとか戦争できる」と思った**日本**は、ロシアの脅威を抑えるために**朝鮮から満洲へと軍隊を派遣**した。こうして1904年、**日露戦争**が勃発したんだ。参戦はしていないけれど**日本側を支援**（難しい言葉だと好意的中立）したのは「**イギリスとアメリカ**」、ロシア側を支援したのは「**フランスとドイツ**」だよ。

いざ開戦してみると、日本には相当厳しかった……。だって、当時の日本とロシアを比べると、ロシアは人口が3倍弱、兵員数が約5倍、さらに国家予算も約10倍……。こりゃ長期戦はムリだよ。開戦当初、日本は**旅順**を攻撃したんだけど、約1年にわたって戦闘が長引き、多くの犠牲者が出た。その後、陸軍は満洲に進撃して**奉天会戦**でロシア軍と衝突したけど、これも厳しい！　でも、ロシアの作戦ミスに助けられて、なんとか勝利した。一方の海軍では、**日本海海戦でロシアのバルチック艦隊を壊滅**させて、海軍史上に残る大勝利を収めたんだ。そうはいっても、はっきりいって**国力の限界**だよ。陸軍では兵士が足りないし、金もない😓。だって、日本は戦争のために国家予算の5倍も借金しているんだもん😵！さすがにこれ以上借金もできない……。これは日本海海戦で勝利している今のうちに、**有利な講和を結んだほうが得**だよ。一方の**ロシア**も、日露戦争中に食糧不足となった首都**ペテルブルク**で、皇帝ニコライ2世に対して戦争停止とツァーリズムの廃止を求める血の日曜日事件が起こり、**第1次ロシア革命【1905年革命】**に発展した。こうして、**両国とも戦争を続けるのが難しい状況となり、講和へと向かった**んだ。

こうして見てみると、日露戦争って最初の総力戦って考えることもできるね。**総力戦**って言葉は第一次世界大戦のところで出題されることが多いけど、すでに日露両国は総力戦体制で戦ってるからね。**日本が勝ったけど、ギリギリの勝利**だ。

◀ アメリカの仲介でポーツマス条約を締結！

1905年9月、アメリカ大統領セオドア゠ローズヴェルトの仲介でポーツマス条約が結ばれ、日露戦争は終結したよ（日本側全権は小村寿太郎、ロシア側全権はウィッテ）。この条約では、日本に韓国の指導・監督権（朝鮮半島における日本の優越権）を認め、遼東半島南部（旅順・大連。日本はここに**関東州**を置いた）の租借権と東清鉄道支線の長春以南（いわゆる南満洲鉄道。1906年に日本が**南満洲鉄道株式会社**を設立）の利権、沿海州の漁業権を日本へ譲渡し、**南樺太**（北緯50度以南）を日本へ割譲することが決められたんだけど、**ロシアは賠償金支払いについては一切拒否**して「賠償金を払うくらいなら、戦争を続ける！」って言ったんだよ。「どっちがマシか？」って議論になるけど、この時点ではロシアのほうがまだ余裕がある。だから、日本は賠償金を要求するのを諦めて、条約を結んだんだよ。

でも、日本国内では「なんで賠償金が取れないんだよ〜😡」って怒った人たちもいて、東京の日比谷では交番や新聞社、教会などが焼き討ちされたりしたんだよね（**日比谷焼き打ち事件**）。昔の日本人は、結構過激だったんだね。

◀ 日露戦争での日本の勝利は、アジアの民族運動を勇気づけた！

もう一度、日露戦争のアジアへの影響をまとめておこう。日本の勝利は単に「日本が勝ったバンザ〜イ😄」ではなく、「アジア（日本）が初めてヨーロッパ（ロシア）に勝った」戦争として、アジアの人びとに勇気を与えたんだよ。そして、日本の勝利に影響を受けたアジア各国の民族運動が盛り上がったんだ。

まず、日本と同じように憲法制定や議会の開設によって立憲君主政を目指そうとしたのが、**イラン立憲革命**や**青年トルコ革命**、そして、清朝末期の**光緒新政**だよ。

また、植民地化されている国でも民族運動が盛り上がり、**ベトナム**では**東遊運動【ドンズー運動】**で日本への留学生が増加し、**インド**では国民会議が反英的な**カルカッタ大会4綱領**を採択したよね。さらに、清朝の打倒を目指す**孫文**は、日本で**中国同盟会**を結成した。こんなふうに、アジアにとっての日露戦争は特別な意味を持つんだよ。

しかし、日露戦争後に日本が韓国の植民地化に進んだことで、アジア各地の知識人のなかには「新たな帝国主義国家だ」と失望した人もいたんだ。

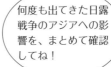

何度も出てきた日露戦争のアジアへの影響を、まとめて確認してね！

近現代日本へのアプローチ ④
～日清戦争・日露戦争と日本～

　日清戦争での勝利は国内・対外政策のどちらにも影響を与えたよ。まず国内では大きく3つのことがおこなわれた。1つ目は**金本位制**への移行だ。もともと明治初期には**戊辰戦争**や**西南戦争**などの内戦があって、その戦費に充てるために**不換紙幣（金や銀の裏付けのない紙幣）**を増発したり、民間の銀行が勝手な紙幣を発行したりしてたんだけど、これがインフレを招いて、定額の地租に頼る政府の税収を減らしていた😩。そこで大蔵卿の**松方正義**は、緊縮財政（政府の支出を減らす）や紙幣の整理をおこなうとともに、中央銀行として**日本銀行**を設立し、その後銀本位制を確立した。さらに、欧米にあわせるため、**清からの賠償金を利用して金本位制**に移行したんだ [1897]。

　2つ目は**政府と政党の関係が変わった**ことだよ。政府は軍備の拡張のために増税したいけど、強行すれば**自由民権運動**の流れを引く**自由党**などの政党と対立する😫。もはや、これまでのように藩閥（倒幕の中心だった薩摩・長州による内閣）で押し切るのは難しくなったから、政府も少しずつ政党と提携し始めて、1900年には**伊藤博文を総裁**とする**立憲政友会**ができたよ。

　3つ目は**重工業部門の産業革命が始まった**ことだ。日清戦争前にはまだ鉄鋼生産が貧弱だったから、清からの賠償金も利用して1901年、官営の**八幡製鉄所**が建設されたよ😆。ただ、本格的な重工業の発展は日露戦争後だ。

　対外的には、**条約改正**に向けた動きが前進したよ。江戸幕府が欧米各国と結んだ不平等条約（**領事裁判権の承認、関税自主権の喪失**）の改正は、明治政府の悲願だった。明治初期に派遣された**岩倉具視を全権**とする**使節団**は予備交渉にすら失敗😵！　仕方なく欧米諸国を視察したんだけど、列強との国力の差に愕然としたから、とにかく近代的な国づくりに努めることにしたんだ。そして、国会開設を終えた1894年、**日英通商航海条約**が結ばれて**領事裁判権の撤廃**に成功したんだ😆。その後、各国も改正に応じ、さらに日露戦争後の1911年には**関税自主権**も全面的に認められたんだよ。

　日露戦争中の日本では、ナショナリズムが高まって戦争を支持する人が多かったけど、**幸徳秋水**など社会主義者は戦争に反対した。ただ、戦後になると、賠償金を取れなかったことへの反発と政府への不満が重なって**日比谷焼き打ち事件**なんかも起きたし、産業発展の陰で社会矛盾が拡大して労働争議なども起きていた。政府はこれらを警戒して社会主義者への弾圧を強め、1910年には幸徳秋水らを、明治天皇暗殺を企てたとして処刑したんだ（**大逆事件**）。

3 朝鮮の植民地化

◀ 日清戦争が終わると……朝鮮の守旧派はロシアに接近！

　ここで日清戦争まで時間を戻すよ。日清戦争が始まると、朝鮮では日本と結んだ**開化派**（親日派）が再び政権に就いて改革をおこなった（甲午改革）。でも日清戦争が終わると、日本の進出を抑えたい**高宗**と**守旧派**はロシアに接近して、開化派と対立したんだ。

　これに対し、三国干渉でロシアへの感情が悪化していたこともあり、朝鮮でのロシアの影響力を弱めたい**日本公使の三浦梧楼**は、親露派の中心人物として閔妃を暗殺した（**閔妃殺害事件**）。しかし、かえって反日感情を強め、**朝鮮内部では親露派が勢力を拡大**してしまった。さらに、朝鮮は清の属国ではなくなったことを示すために、国号を**大韓帝国**と改称したよ（この時代の「韓国」という表記は「大韓帝国」の省略だよ）。

　こうした動きに対し、**開化派**はロシアの内政干渉を警戒し、**独立協会**をつくって立憲政治を要求した。でも親露派（守旧派）に弾圧されて解散に追い込まれてしまったんだ。このような開化派と親露派政権の対立は**日本とロシアの対立を激化**させ、満洲・中国での対立も原因となって、日露戦争に突入したよね。

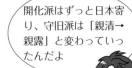

開化派はずっと日本寄り、守旧派は「親清→親露」と変わっていったんだよ

◀ 日露戦争に勝利して、日本が朝鮮を植民地化した

　日露戦争が始まると、日本はまず**日韓議定書**を結んで、朝鮮半島での日本軍の行動の自由を確保すると、朝鮮半島から満洲へと軍団を送ったんだ。そして韓国とは**第1次日韓協約**を結んで、韓国の外交や財政に日本政府が派遣する顧問を置くことを認めさせた。さらに、対外的にはアメリカとの**桂・タフト協定**で、日本の韓国保護国化とアメリカのフィリピン支配を相互に承認し合ったんだよ。

　そして日露戦争に勝利した日本は、**ポーツマス条約**で韓国の指導・監督権を獲得すると、1905年の**第2次日韓協約**で、自主外交権を奪って韓国を保護国化し、**韓国統監府**を設置した（初代統監は**伊藤博文**だよ）。

　こうした日本の動きに対して、韓国の**高宗**はオランダのハーグで開かれていた**第2回万国平和会議**に密使を送り、「日本が韓国を支配しているからなんとかしてくれ～😭」って訴えたんだよ。でも、参加している**列強各国は韓国の訴えを聞かなかった**。だって、日露戦争に勝った日本は、列強から韓国での優越権を認められているんだもん。日本に「韓国から撤退しろ！」って言ったら、じゃあイギリスのインド支配は？　フランスのインドシナ支配は？　オランダのインドネシア支配は？　アメリカのフィリピン支配は？って、自分に返ってきちゃうでしょ😅。この**ハーグ密使事件**をきっかけに、日本は**第3次日韓協約**を結んで、韓国の内政権を大幅に

奪い、内政全般にわたって統監の指導を必要とし、さらに**韓国軍を解散**させたんだ。

　これ以後、**韓国では日本に反発する動きが激しくなった**。まず、新聞や雑誌の発行などの文化運動を通じた**愛国啓蒙運動**が盛んにおこなわれ、さらに韓国軍の解散によって故郷に戻った兵士を中心に、日本に対する武装闘争（**義兵闘争**）がますます激しくなった。そしてついにハルビン駅で事件が起きた！　韓国の愛国者**安重根**による**初代韓国統監伊藤博文の暗殺**だよ。当時、日本政府では「韓国併合」について意見が割れていて、即時併合を主張する勢力（山県有朋や桂首相など）に対して、伊藤は欧米諸国の反対や批判を警戒して、「併合ではなく保護国化で十分」と思っていたんだ。まあ、「保護国」として日本が支配を強化するんだけど、その**伊藤博文の暗殺**で、一気に韓国併合へ向かったんだよ。

　1910年、**韓国併合に関する条約**を締結して、**日本は韓国を完全に植民地化**したよ（**韓国併合**）。日本は京城【ソウル】に**朝鮮総督府**（初代総督は寺内正毅だよ）を設置して、韓国におけるすべての統治権を握ったんだ。

〈日韓協約の内容〉

日韓協約	背景・契機	内　　容
第1次 [1904]	日露戦争の勃発	外交・財政に日本政府派遣の顧問を置く
第2次 [1905]	ポーツマス条約	自主外交権を奪う　➡保護国化
第3次 [1907]	ハーグ密使事件	内政権を奪う。**韓国軍の解散**

合否の分かれ目▶　朝鮮半島を支配した官庁

● **韓国統監府**……韓国を保護国化したため設置
　▶第2次日韓協約で自主外交権を奪う　➡韓国の保護国化
　▶まだ**韓国**（**大韓帝国**）政府が残っているから「**韓国**」統監府だ
● **朝鮮総督府**……**朝鮮**を植民地化（韓国併合）したため設置
　▶韓国併合とは「**韓国を植民地として、日本政府が直接支配**」すること
　▶国としての韓国がなくなったので、「**朝鮮**」総督府だ

4 辛亥革命

🔊 清朝内部では光緒新政が始まったけど、もはや手遅れだ

　義和団戦争のあと、西太后は、戊戌の変法を自分たちが潰したことを後悔したんだ。こうして清朝は「もう一度、戊戌の変法と同じ改革をやろう！」と決心し、改革推進に転じた西太后のもとで光緒新政が始まったよ。日清戦争で敗北してから、袁世凱がドイツの軍隊をモデルにした西洋式軍団である新軍【新建陸軍】を編成して、最強の北洋軍は袁世凱が握っていたけど、義和団事件後には各省で新軍がつくられ、「読み書きができる」人しか兵士にしないことにした。って、当たり前とか思っちゃだめよ😤。当時、学校に通えたのは金持ちの子どもだけだから、新軍には民族資本家の息子がかなりいたんだ。ただ、それ以外の改革はあまり進まなかったんだ。

　しかし日露戦争での日本の勝利を見て、清朝の保守派もやっと政治改革の必要性がわかった。だって、政治体制を変えた日本はヨーロッパ列強に勝ったんだもんね。ここから改革が加速したんだ😆。

　まず、1905年に科挙が廃止されて近代的な学校制度の整備も進められ、中央官庁の組織も改革（外務部の設置など）したよ。さらに、1908年には憲法大綱を制定し、国会開設を公約すると、さらに1911年には軍機処が廃止されて、清朝では責任内閣制がとられた。また、距離的にも文化的にも近い日本への留学生派遣も進められたんだ。

〈清朝の近代化と改革派・革命派の変遷〉

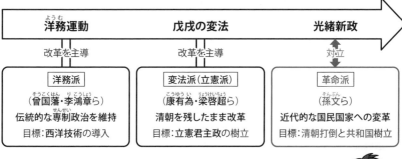

洋務運動	戊戌の変法	光緒新政
改革を主導	改革を主導	対立
洋務派 （曾国藩・李鴻章ら）	**変法派（立憲派）** （康有為・梁啓超ら）	**革命派** （孫文ら）
伝統的な専制政治を維持	清朝を残したまま改革	近代的な国民国家への変革
目標：西洋技術の導入	目標：立憲君主政の樹立	目標：清朝打倒と共和国樹立

清朝の体制はほとんど変わっていないけど、改革派の主張は変革に向かって、ついに清朝打倒が目標になるよ！

ただ、この改革はもはや手遅れだよ。だって、義和団戦争での清朝の対応に失望して、革命派はすでに清朝打倒を目標に掲げているんだもん。さらに、清朝内部では光緒新政をおこなうための財源を増税に頼ったから、各地で清朝への反発が強まった。そして、光緒帝と西太后の死後、まだ幼い宣統帝【溥儀】が即位すると保守派の逆襲が始まり、光緒新政の中心となっていた袁世凱を引退に追い込んだ。これじゃ清朝はもうダメだな😣。

◀ 清朝打倒を目指す革命派。孫文が動き始めた！

　列強の経済的進出が進む一方で、中国でも民族資本家が成長していたよ。明代以降、中国では商人たちがネットワークをつくっていたから、彼らは外国資本に対抗して海運業や紡績工業などに投資し、かなり儲けていたんだ。そして、欧米列強に対する利権回収運動を進めていた。これは、列強に取られた鉄道などの利権を「買い戻す」運動だよ。だって、「返してくれ！」って言っても、どうせ返してくれないでしょ😣？　だったら、お金を払ってでも取り戻そうってことだ。そして、いくつかの鉄道などを買い戻すことに成功していたよ。

　そして、民族資本家やその子どもたちは、積極的に海外に留学したり、新たに設立された大学などで近代的な教育を受けていたから、清朝の改革は進まないけど、中国内部では近代教育を受けた知識人が増えていた。彼らはますます「今の清朝じゃダメだ！」って確信し、革命運動に向かったんだ。代表的な人物が孫文だよ。

　1894年、孫文はハワイで興中会を結成した。なんでハワイ？って思うかもね。一つは、彼のお兄さんがハワイにいたからなんだけど、もう一つは「同郷の華僑に協力してもらう」ためだ。革命をやるにはお金がいるよね。広東省出身の孫文は、世界各地で活躍している華僑商人を訪ねて「革命の資金を援助してください」ってお願いし、華僑も革命運動を支援した。中国人って、日本人とは比べものにならないくらい同郷意識（地縁）が強いからね。同じ出身地の人は家族も同然！　だから、興中会には広東派、つまり広東省出身の人が集まった。そして20世紀に入ると、湖南派（湖南省出身）の黄興を会長とする華興会、浙江派（浙江省出身）の蔡元培を会長とする光復会などの革命団体が結成されたけど、これらはすべて同じ出身地の人が集まった団体だよ。

いくつかの革命団体ができてきたけど、まだ出身地別でバラバラだね……

◀ 出身地別にバラバラだった革命派を結集して、中国同盟会を結成！

　出身地別の革命団体がいくつもつくられていたけど、革命運動はうまくいかなかった。例えば、孫文は興中会を率いて1895年に広州で武装蜂起したけど、鎮圧されてしまった。だって、「清朝 vs. 出身地別の革命団体」が対決しても清朝のほうが強いんだもん。日本で考えたら「国 vs. 県の有志」の対立……勝てるわけがない😅。

そして、孫文の考え方を変えさせたのが日露戦争なんだ。

　日露戦争の際、日本では国民全体が「ロシアを倒せ！」って盛り上がっていた。当時、日本にいた**孫文**は、日本人が日露戦争で盛り上がっているのを見て**「清朝打倒の目標は同じなんだから、中国の革命運動を１つにまとめないといけない！」**って気づいたんだよ。こうして1905年、興中会、華興会、光復会が１つにまとまって、**中国同盟会**が結成されたよ。孫文は「**民族（の独立）、民権（の伸張）、民生（の安定）**」の三民主義を提唱し、具体的な運動方針として**駆除韃虜**（清朝打倒）、**恢復中華**（中国人国家建設）、**創立民国**（共和国建設）、**平均地権**（土地所有の平等）」の**四大綱領**を掲げた。そして、機関紙**『民報』**を創刊して、清朝の打倒と中国人による共和国の建設を主張したんだ。

　これに対し、日本に亡命していた**梁啓超**は「清朝を中心とする立憲君主政の樹立」を主張していたから、中国同盟会の『民報』と梁啓超が発行した『新民叢報』との間で、「共和国の建設」か「立憲君主政」かをめぐって、大論戦になったよ。

　このあと、中国同盟会は何度も武装蜂起をやったけど、失敗し続けたんだ。

💻 クローズアップ　辛亥革命までの流れ

- ●**中国同盟会**［1905］……孫文が東京で結成。興中会を中心に**革命運動を結集**
  - ●**三民主義**　……民族（の独立）、民権（の伸張）、民生（の安定）
  - ●機関紙**『民報』**の発行
- ●**幹線鉄道国有化**［1911.5］➡清朝が国有化した鉄道を**四国借款団**（米英仏独）からの外資を導入して建設
  - ➡**四川暴動**［1911.9］……**幹線鉄道国有化に反対した武装蜂起**
- ●**辛亥革命**［1911〜12］
  - ●**武昌蜂起**［1911.10］……**湖北新軍が武装蜂起**　➡**湖北省が清朝からの独立を宣言**
  - ●**中華民国の建国**［1912.1］……首都：南京、臨時大総統：孫文
  - ●**革命派と袁世凱の取引**　➡**清の滅亡（宣統帝【溥儀】の退位）**［1912.2］
    - ➡**北京政府の成立**　……袁世凱が北京で臨時大総統に就任［1912.3］
  - ●**臨時約法の制定**［1912.3］……**袁世凱の権限を抑えるために制定**
    - ➡**国民党結成**［1912.8］**国会議員選挙で圧勝したが、袁世凱が弾圧**
- ●**第二革命**［1913.7］……革命勢力が結集できず鎮圧された
  - ➡**袁世凱が正式に大総統に就任**［1913.10］➡**新約法制定**［1914.5］
- ●**中華革命党の結成**［1914.7］……孫文が東京で結成。**革命勢力の再建を目指す**

◀ 四川暴動の鎮圧を湖北新軍が拒否。辛亥革命が始まった!

　光緒新政は清朝最後の悪あがきだったから、まるでお金が足りない……😫。でも政治体制や産業の近代化のために必要なことは山ほどあって、なかでも全国に鉄道を整備することは統一国家の整備には絶対に必要だった。そこで、外国資本を導入することにしたんだけど、すでに民間資本が自前で建設したり列強から買い戻したりした鉄道もある。そこで清朝政府は「**民族資本家たちが建設している幹線鉄道を取り上げて国有にして、外国資本を導入して建設しよう😀**」って決めたんだ。

　こうして1911年、**鉄道国有令**が出されて(幹線鉄道国有化)、清朝は民族資本家から取り上げた湖広鉄道を**四国借款団(米英仏独)**からお金を借りて建設することにした。この時に国有化された粵漢鉄道(漢口〜広州)は利権回収運動で列強から買い戻し、川漢鉄道(四川〜漢口)は民族資本家がお金を出しあって建設した鉄道だ。せっかく列強から買い戻した鉄道に外資を導入してどうすんだよ😓。

　鉄道を取られた民族資本家は「金返せ😡」って怒り、**成都**でのストライキから**四川暴動**が発生したよ。清朝は、**湖北新軍**(湖北省につくられた新軍)に鎮圧を命令したんだけど……彼らも怒り始めた。「オレの親父も金出してんだよ😡」ってね。だって、**新軍のなかには民族資本家の息子もいた**よね。そしてついに、**湖北新軍のなかの革命派が四川暴動の鎮圧を拒否して反乱を起こした**。この**武昌蜂起**から、**辛亥革命**が始まったんだ。

〈辛亥革命〉

北京政府
袁世凱が
臨時大総統に就任
北京

武昌蜂起
南京
中華民国建国
孫文が
臨時大総統
に就任

四川暴動
武昌
第二革命

湖広鉄道

第三革命

幹線鉄道国有化に反対したのが四川暴動、辛亥革命の始まりは武昌蜂起だよ!

◀ 中華民国が成立！ しかし、革命派と取引した袁世凱の独裁となる

　武昌蜂起をきっかけに湖北省が清朝からの独立を宣言すると、全国各地の省が次々と清朝からの独立を宣言して、ついに14省になったよ。ただ、**各省がバラバラ**だったから、清朝に逆襲されたら潰されちゃう😣。慌てて帰国した**孫文**は各省の**代表者を集め、首都を南京、孫文を臨時大総統とする中華民国の建国を宣言した**よ。中華民国は**アジア最初の共和国**だ。孫文は、バラバラだった中国を近代的な国民国家として統合しようとしたんだね。

　これに対して、清朝も中華民国を潰すチャンスを狙っていた。引退させた**袁世凱を復活させて総理大臣にする**と、彼の持っている**北洋軍**の軍事力を背景に革命派と交渉させたんだ。この時、袁世凱は「もはや清朝はもたないな😑」と思っていたし、列強も袁世凱を改革派だと思って支持していたから、革命派のなかには「清朝を滅ぼすために、袁世凱を味方にしたほうがいいんじゃないか？」と考える人が増えてたんだよ。こうして、革命派と袁世凱の間で「**清朝打倒（宣統帝の退位）**と皇族の生活の保障などと引き換えに、**袁世凱を中華民国の臨時大総統にする**」という取引が行われ、**袁世凱が宣統帝【溥儀】を退位させて清朝が滅亡**したんだ。ここまでを**第一革命**と呼ぶんだよ。あっ、時代順は「**中華民国の建国が先、清朝滅亡があと**」だからね。

　いざ清朝が滅ぶと、袁世凱は「南京には行かない！　私は北京で**臨時大総統**になる😄」と言い始め、**北京政府（中華民国北京政府）**ができてしまった。「約束が違う！」と怒った**革命派**は、袁世凱に対抗して**臨時約法**（臨時の憲法だよ）を制定して、**大総統の権限よりも議会（参議院）の権限を強くした**。でも、袁世凱の独裁化の動きは止められなかったんだ。「こうなったら、次におこなわれる議会の選挙で勝つしかない😤！」と思った革命派は、**中国同盟会を中心に国民党を結成**し、**国会議員の選挙では圧勝**したよ。「これで、袁世凱に対抗できる！」って思ったんだけど……袁世凱の独裁は止められなかったんだ。

　袁世凱は、国民党の首班だった**宋教仁を暗殺**して独裁権を強化したから、反発した革命派は、江西省の**李烈鈞**らを中心に**反乱**を起こしたよ（**第二革命**）。でも、中国全体には拡大せずに鎮圧されてしまい、逆に革命派が弱くなっちゃった😵。そして権力をさらに強めた**袁世凱**は、**正式な中華民国大総統に就任**し、翌年には**臨時約法を廃止**して、**新約法を定めて独裁を合法**にしたんだよ。結局、清朝は滅んだけど、清朝末期に実権を握っていた袁世凱が独裁者になっただけだから、何も変わっていないよ😑！

　こうして革命派は、「自分たちが進めてきた革命は失敗だった😫」と認めるしかなくなった。再び日本に亡命した**孫文**は革命派を立て直すために、**東京で中華革命党を結成**したよ。これがのちの中国国民党になるんだ。

◀ 袁世凱が皇帝に即位。しかし、国内・国外から猛反対された！

　革命派を弱らせることに成功した袁世凱だったけど、第一次世界大戦中に日本の

山東半島進出を許して二十一カ条要求を受け入れた。これが国内から強い批判を受け、さらに北洋軍内部での主導権をめぐり段祺瑞との関係がギクシャクし始めた。

　こうした状況を打破するために、袁世凱は自分の権力を強めようと、部下たちに「袁世凱を皇帝にしよう💪」という帝政復活運動をやらせ、それにこたえる形で皇帝に即位した（袁世凱帝政）。

　しかし、皇帝即位は国内から強く反発され、1915年には雲南の唐継堯ら雲南護国軍の蜂起が起きたのをきっかけに、全国的な反対運動に発展した（第三革命）。さらに、これを見た列強も帝政に反対したんだ。しかも、北洋軍の内部からも「さすがに帝政はやり過ぎだった😓」と言われる始末……。こうした国内外の反対で、袁世凱は帝政の取り消しを受け入れるしかなかったんだよ。

　このあと、袁世凱は精神疲労のために寝込んでしまい、そのまま病死しちゃった。帝政取り消しが相当ショックだったんだね😵。そして彼の死後、各地で軍閥が自立して、北京政府の権力をめぐる抗争の時代が始まったよ。安徽派の段祺瑞、直隷派の曹錕や呉佩孚、奉天派の張作霖などの軍閥は、列強の支援を受けながら抗争し、中国内部はさらに混乱することになったんだね。

📣 藩部では自立の動きが起きて、モンゴルとチベットが独立宣言を出した！

　清朝が滅亡すると、かつての藩部は中華民国の辺境とされたんだけど、「自分たちが漢民族国家の少数民族とされるのは我慢ならん😠！」として、藩部では独立運動が起きたんだ。でも中華民国は五族共和（漢・満［満洲］・蒙［モンゴル］・回［ウイグル］・蔵［チベット］）を唱えて、独立は認めなかった。外モンゴルは独立宣言を出したけど、中華民国のもとでの自治権を認められただけだ😓。またチベットでもダライ゠ラマ13世が独立を宣言したけど、認められなかったんだよ😢。

　今回はここまでだよ。最後に年号checkしよう！

```
!!! 年号のツボ

● 義和団戦争 [1900]（遠くは恐ろし　義和団戦争）
                    1900

● 日英同盟 [1902]（日暮れに結ぼう　日英同盟）
                  1902 オツ

● 日露戦争勃発 [1904]（行くぞ連勝　日本軍）
                    1904

● 韓国併合 [1910]（併合で　行く人多い　韓国に）
                  1910

● 辛亥革命 [1911]（鎮圧に　行く人いない　四川には）
                  1911

● 中華民国建国 [1912]（孫文　得意に　建国宣言）
                    1912
```

　これで近代のアジアはおしまい！　次回から、いよいよ帝国主義の時代、ヨーロッパ列強の対立は第一次世界大戦に向かっていくよ。お楽しみに！

第**3**章

帝国主義と第一次世界大戦

それじゃあ、またヨーロッパ諸国の動向を見ていくよ。産業革命が進んだヨーロッパ諸国は、いよいよ次の段階である帝国主義の時代に突入するんだ。そして、列強の対立は、ヨーロッパのなかだけじゃなくて世界各地で繰り広げられることになるよ。その標的となったのがアジアやアフリカだ。今回はアフリカ分割だよ。

➤ 大きくつかもう！

1 第2次産業革命と帝国主義　201〜202ページ

2 アフリカ分割①（北部・東部・西部）　203〜209ページ

3 アフリカ分割②（南アフリカ）　209〜211ページ

4 ドイツの「世界政策」とモロッコ事件　211〜214ページ

20世紀に入った時、アフリカはほとんどが列強の植民地になっていたんだ 😭

19世紀前半にはヨーロッパ各国で産業革命が始まって、列強は工業製品の輸出を拡大したいとか、原料を安く確保したいなどの理由で世界各地に進出したけど、工業の発展とともに進出の仕方が変わってきて、いよいよ世界各地を分割し始めるんだよ。アジア各国の植民地化はすでに前章で見たけど、列強が最も激しく分割を争ったのはアフリカだ。20世紀に入った時、アフリカにはほとんど独立国は残っていなかった 😲。そして、アフリカをめぐる問題は、列強の対立をさらに激しくさせたんだよ。

それじゃあ、アフリカ分割の始まりだ〜。

1 第2次産業革命と帝国主義

🔊 産業革命にも段階があるよ。第2次産業革命って何？

　第6回 の文化史のところでも少し話したけど、**19世紀後半のヨーロッパ**では、各国が国力を強くするために**科学技術の開発**を進めたよ ➡P.121〜122。特に、ファラデーが電磁誘導の法則を発見すると**発電機やモーター**が発明され、**ダイムラー**や**ディーゼル**がエンジン（**内燃機関**）を発明すると**自動車**がつくられるようになり、世界の交通機関は大きく発達したんだ。そして、**石油や電力**が蒸気機関にかわる新しい動力になると、**重化学工業**を中心に**石油産業**、**電機工業**などの新しい産業が生まれたよ。これが**第2次産業革命**だ。

　19世紀半ばまで、世界の工業はイギリスがリードしてきたけど、イギリスの産業は**綿工業を中心とする軽工業**だったよね。イギリスはむちゃくちゃ儲かっていたけど、第2次産業革命には出遅れちゃった😤。資本家は自分が儲かっていたから安心していたんだね。しかし、**イギリスに負けていたほかの国**は、「なんとかしてイギリスに追いつきたい！」って思ってたから、資本家も国も、みんなが**技術開発や産業発展を目指してい**たわけだ。例えば、**南北戦争後のアメリカ**は、北部を中心に工業発展を優先する政策をとったし、**ビスマルクが首相となったドイツ**は国家予算をバンバンつぎ込んで、産業を発展させた。だから、**第2次産業革命はアメリカとドイツが**リードしたんだよ。

第1次産業革命は「蒸気機関」、第2次産業革命は「石油・電力」。動力の発展と主要産業の変化に注目してね

🔊 第2次産業革命が進んで、巨大企業が出現！

　第2次産業革命で一番変わったのは、工場の規模だよ。**第1次産業革命の中心は綿工業**だったから、最初はちょっとした町工場くらいのサイズでも工場が経営できた。それこそ、自分の家の庭とかにちょちょっと工場を建てることもできて（もちろん、規模が大きい工場もあるけどね）、イギリスでは産業資本家がかなりお金を貯めこんでた。でも**後進国のアメリカやドイツの資本家**は、そんなにお金を持ってない😔。しかも、**第2次産業革命**が始まると、**重化学工業**が産業の中心になった。重化学工業の発展って製油所とか製鉄所とか火力発電所を建設するってことだよね。いきなりだけど、みんなの家に製油所とか製鉄所とかある？「あるわけないじゃん😆」とか思ったでしょ？　そう、普通はあるわけない。だって、こういった**大規模工場**を建てるのって、何百億円とかっていう**膨大なお金がいる**もんね。いきなり個人で出せる金額じゃない……😨。

　そこで産業資本家たちは、資金を確保するために**銀行と手を組んだ**よ。銀行だって、有利な投資先をつくればもっと儲かるから、産業資本家と結びつくのも悪くな

第1章 国民国家の形成

第2章 列強の侵略とアジアの変革

第3章 帝国主義と第一次世界大戦

第4章 戦間期と第二次世界大戦

第5章 戦後の世界

い。こうして、**産業資本と銀行が結びついた金融資本**が出現して、巨大な企業グループができたんだ。

さらに、各企業がもっと利益を増やそうと、**市場の独占**を狙ったんだよ。みんなの身近なもので考えると、例えば、缶コーヒーをつくっている会社が日本に1つしかなかったとして、その会社が「今日から缶コーヒーは300円にします」って言ったら、世の中には300円の缶コーヒーしかなくなっちゃう😖。どうしても飲みたかったら買うしかないから、企業はボロ儲けだ。これが**市場の独占**ね。ちなみにこの時代には**カルテル、トラスト、コンツェルン**による市場独占が進んだんだよ。

〈独占の形態〉

名　　称	独占の形態
カルテル【企業連合】	• 同一業種の企業が、価格や販売量などを**協定**（各企業は別々のまま） • おもに**ドイツ**で発達
トラスト【企業合同】	• 同一業種の企業が合併して、1つの大企業となる • おもに**アメリカ**で発達（**スタンダード石油トラスト**など）
コンツェルン【持株会社・財閥】	• 多種にわたる企業を、銀行などを中心に1つの資本のもとに統合 • おもに**ドイツ**や**日本**で発達（ドイツの**クルップ**、日本の財閥など）

🔊 独占資本主義の時代となり、世界分割が加速。帝国主義の始まり!

こうして**各国で市場の独占が進む**と、資本主義は自由競争の時代から、独占資本主義の時代に進んでいったよ。**中小の資本家は大企業に飲み込まれてしまい**、市場を独占したごく少数の巨大企業は、「世界各地に製品を売って、もっと儲けたい!」って考え始めた。ただ、1870年代になると、ウィーンの証券取引所の暴落をきっかけに、**ヨーロッパは不況になった**（**19世紀末大不況**）。ドイツやアメリカは保護貿易政策をとり、出遅れたイギリスは「世界の工場」から「**世界の銀行**」に経済構造を転換していった。こうして植民地の意味が変わっていったんだ。**海外への投資（資本輸出）や石油などの資源の独占が目標になってくると、**一企業の問題じゃなくなるよね。そう!　だから**各国は製品市場や投資先を確保**して、さらに**石油などの資源を手に**入れるためには、ほかの国よりもいっぱい植民地がほしい!　こうして、ヨーロッパ列強は帝国主義の時代に進んでいったんだよ。**アジアやアフリカは帝国主義の標的になった**ってわけだ。

植民地の役割が「原料供給地・製品市場」に加えて「投資先（資本輸出）」になるよ

2 アフリカ分割①（北部・東部・西部）

◀ 分割以前のアフリカは？　よくわからないから「暗黒大陸」

　分割以前のアフリカを、ヨーロッパ人たちは**文明のない未開の地**という意味で、「暗黒大陸」って呼んでたんだよ。これって、キリスト教じゃないから暗黒……みたいな、むちゃくちゃ上から目線の呼び方だな😑。

　しかし19世紀に入ると、ヨーロッパ人たちによる「未知の領域」を探る動きが加速したんだ。代表的なのは**科学技術の発展**なんだけど、科学技術だけじゃなくて、**アフリカやアジア、あるいは北極や南極などの、未知の領域に踏み込んでいく人**が現れた。このうち、アフリカ東部や南部の探検をしたのが**イギリス人宣教師**のリヴィングストンだ。彼は探検をしながらキリスト教を布教し、さらにムスリム商人がやっている奴隷貿易を根絶しようとしたんだよ。そして、南アフリカの奥地で大きな滝（ヴィクトリア瀑布って名前になった）を見つけたあとに、あの**広大なアフリカ大陸で行方不明**😣。こりゃ一大事だ！　そして**アメリカ人探検家のスタンリー**は、リヴィングストンの救出に向かい、タンガニーカで彼を発見すると、ヨーロッパ人として初めて**中央アフリカの横断に成功**した。のちに、再び探検に行くんだけど、この時スタンリーを援助したのが、**ベルギー国王レオポルド2世**ね。これ、あとで事件になるから覚えておいてね。

　こうした探検によって、アフリカの内陸部の様子が明らかになってくると、**ヨーロッパ各国のアフリカ進出が加速**していくよ。それじゃあ、具体的な進出について見ていこう。まずは、南アフリカを除く、**アフリカの北部・東部・西部の動き**からだ！

◀ イギリスのアフリカ縦断政策。インドとインド航路を守る3C政策の一部だ！

　イギリスにとって一番重要な植民地はインドだったよね。イギリスの世界戦略では、インドを中心に「**インドを守ること**」と「**本国イギリスとインドを結ぶ交通路を確保すること**」が最も重要だった。じゃあ、インドに行く航路ってどこだろ？　1つは**アフリカの南端を回るルート**、もう1つは**地中海からエジプトを経由して、紅海からインド洋に抜けるルート**だね。そうなると、重要なのは「**インド**」「**南アフリカ**」そして

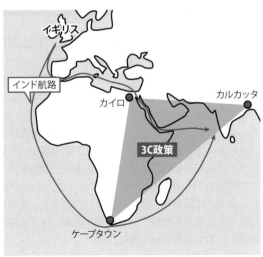

「エジプト」ってことになる。こうして進められたのが３Ｃ政策だよ。

　３Ｃ政策の「３Ｃ」は、エジプトの**カイロ**（Cairo）、インドの**カルカッタ**（Calcutta）、南アフリカの**ケープタウン**（Cape Town）の頭文字を取った呼び方だけど、別に「この３都市だけでOK😝！」ってわけじゃないよ。インド、エジプト、南アフリカを確保したうえで、この３カ所を頂点にした三角形の範囲は絶対に守る、ってことだ。そしてこの三角形、アフリカだけを見ると、エジプトとケープ植民地を結ぶ縦のラインってことになるよね。これが、イギリスが進めた「**アフリカ縦断政策**」だ！

クローズアップ　　イギリスのアフリカ縦断政策①（エジプトからの南下）

- **スエズ運河開通**［1869］……**地中海と紅海をつなぐ運河**
  - ▶**フランス人外交官レセップス**が設立した**国際スエズ運河会社**による
- **スエズ運河会社株の買収**［1875］……ディズレーリ《保守党》（第２次）内閣
  - ➡運河の経営権をイギリスが掌握。以後、**イギリスはエジプト進出を強化**
- **ウラービー運動**［1881〜82］……**エジプト最初の反英運動**
  - ▶イギリスは**エジプトを軍事占領**、事実上のエジプト保護国化
- **マフディー運動**［1881〜98］……**スーダンのイスラーム教徒による反英闘争**
  - ▶**ムハンマド＝アフマド**が自らを**マフディー**（救世主）と称して蜂起
    - ➡**イギリス軍人ゴードンの戦死**。マフディー軍はハルツームに建国
- **ファショダ事件**［1898］……**イギリスとフランスがスーダン南方で対峙**
  - ➡**フランスの譲歩**で解決。**スーダンはイギリス領となった**

🔊 ヨーロッパからアジアへの近道、スエズ運河が完成！

　インドに行く航路は、大航海時代からずっとアフリカの南を回るルートが中心だったけど、インドに着くまでに２回も赤道直下を通らなきゃいけないから、どう考えても健康に悪い😵。だって、当時は冷房がないんだもん……。このあたり、現代の感覚で考えちゃダメよ。しかも、大西洋は荒れるし……😫。だったら、海も穏やかで気候もよくて、しかも距離も短い**地中海経由のほうがいい！**　だから、地中海と紅海の接点にある**エジプトの重要性が高まっていた**んだ。でもこのルート、エジプトで船を降りてスエズ地峡を馬車などで横断してから、再び船に乗る、って感じで何回も乗り換えなきゃいけなかった。それが**蒸気船**の発達で状況が変わったよ。風向きに関係なく進める蒸気船の発達で、幅が大して広くない運河でも船が通れるようになったから、**地中海から紅海に抜ける運河を建設すれば、インドに行く航路がむちゃくちゃ短くなる**。

　「こりゃすごい😆！」って思ったのが**フランス**だ。これまでフランスは、植民地

2 アフリカ分割① (北部・東部・西部) 205

第1章 国民国家の形成

第2章 列強の侵略と アジアの変革

第3章 帝国主義と 第一次世界大戦

第4章 戦間期と 第二次世界大戦

第5章 戦後の世界

戦争でイギリスに負けっぱなしだったよね。こうなればスエズ運河で仕返しだ！こうして、**フランス人外交官レセップス**が**国際スエズ運河会社**を設立し、**エジプト政府とフランスが共同**で工事を進めると、1869年、ついに**スエズ運河**が開通したよ。

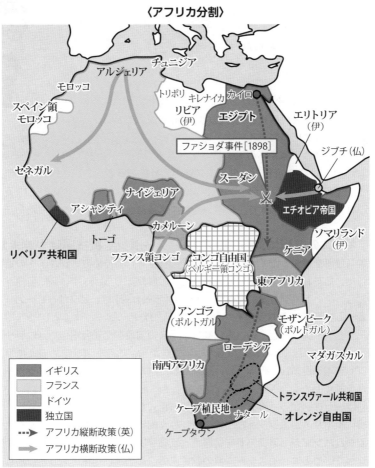

〈アフリカ分割〉

- チュニジア
- アルジェリア
- モロッコ
- スペイン領モロッコ
- トリポリ キレナイカ カイロ
- リビア (伊)
- エジプト
- エリトリア (伊)
- ファショダ事件[1898]
- ジブチ (仏)
- セネガル
- スーダン
- ナイジェリア
- エチオピア帝国
- アシャンティ
- カメルーン
- ソマリランド (伊)
- トーゴ
- リベリア共和国
- フランス領コンゴ
- コンゴ自由国 (ベルギー領コンゴ)
- ケニア
- 東アフリカ
- アンゴラ (ポルトガル)
- モザンビーク (ポルトガル)
- ローデシア
- マダガスカル
- 南西アフリカ
- トランスヴァール共和国
- ケープ植民地
- ナタール
- オレンジ自由国
- ケープタウン

凡例:
- ■ イギリス
- ■ フランス
- ■ ドイツ
- ■ 独立国
- ➡ アフリカ縦断政策 (英)
- ➡ アフリカ横断政策 (仏)

◀ 借金を返せないエジプトから、イギリスがスエズ運河会社株を買収！

スエズ運河完成のニュースを聞いて、イギリスは焦った😨。「どうせ失敗するだろ😤」って思って**イギリスは出資してなかった**から、運河の経営にはかかわれない。しかも、**エジプトと協力したのはフランス**でしょ。フランスにエジプトとスエズ運河を取られたら、かなり不利になっちゃうじゃないか😣。

そこで**イギリス**は、**エジプト政府の借款**に目をつけ、スエズ運河を赤字にさせる

作戦を開始(´～`)！　スエズ運河を使わないことにしたの。近代化を進める**エジプト政府**は、スエズ運河や鉄道、工場などの建設費として各国に借りたお金を、スエズ運河の通行料で返そうと思ってたんだけど、一番スエズ運河を使いそうなイギリスが、全然通ってくれない……。そして、ついに**借金が返せなくなった**。そしたらイギリスは「借金返せないなら、スエズ運河でも売ったらどうだい(￣▽￣)」なんて言い出した。イジワルすぎるだろ(＞＜)。

スエズ運河はインドへの航路の重要拠点！フランスに取られたら一大事だよ！

　こうして借金を返せなくなった**エジプト政府**は、**スエズ運河会社の株式を売る**しかなくなった。この時、**イギリス首相ディズレーリ**は「フランスに買われる前に、さっさと買ってしまえ！」と考え、議会を通さずに**ロスチャイルド家から資金を借りて**（当時の年間税収の約5％にあたる400万ポンド）、**エジプト政府保有分のスエズ運河会社株を買収**した。これって大問題だよ(・∀・)。実際、自由党のグラッドストンが、この対応を議会で批判している。でも、これで**イギリスが最大株主になってスエズ運河会社の経営権を握った**んだ。

◀ イギリスの進出に対し、エジプトとスーダンで抵抗運動が起きた！

　スエズ運河を確保したイギリスは、運河の安全を守るために**エジプトへの進出を強化**した。ただ、エジプトにしてみればただの侵略だから、イギリスに反発する動きが起こった。エジプトの軍人**ウラービー【オラービー】**は、アフガーニーのパン＝イスラーム主義の影響も受けて、「**エジプト人のためのエジプト**」というスローガンを掲げてクーデタを起こし、**憲法制定や議会の開設**などを目指した（**ウラービー運動**）。すると民衆にまで運動が拡大し始めたから、これを潰すためにイギリスは**エジプトを軍事占領**し、事実上の保護国にした（イギリスから見ると「**ウラービーの反乱を鎮圧した**」ってことになる）。あっ！　正式に保護国化する条約とかを結んだわけじゃないから「事実上」だからね（正式な保護国化は1914年だ）。

　さらに**イギリスがエジプトからスーダンの支配権を奪って**軍隊を進めると、スーダンでも**ムハンマド＝アフマド**を指導者とする**マフディー運動**が起きたんだ。**マフディー**っていうのは、**イスラーム教の救世主**のことだよ。イギリスは、こんな抵抗はあっという間に鎮圧できると思ってたんだけど、予想外の大苦戦(；＞＜)。マフディー軍は**ハルツーム**を占領して国家を建設し、イギリス軍では**ゴードン将軍も戦死**(＞＜)……。結局、鎮圧までに18年もかかってしまった。これは、大誤算だよ！

◀ イギリスが手こずってる間に、アフリカ分割の原則が決まった！

　イギリスがマフディー軍の鎮圧に手こずっているころ、**アフリカをめぐる状況は大きく変わった**よ。それが、1884～85年に**コンゴ問題**に関して開かれた**ベルリン会**

議【ベルリン゠コンゴ会議】だ。

　きっかけは、**ベルギーのコンゴ進出**だよ。ベルギー国王**レオポルド2世**が、アフリカ中部の横断に成功した**スタンリー**を雇って**コンゴ国際協会**を設立し、1883年には**コンゴの領有を宣言**したんだけど、**各国が猛反発！**　ベルギーは弱小国だからね。**イギリス**や**ポルトガル**が「ベルギーのくせに生意気な😡」と怒った！　ここに介入してきたのが、**ドイツのビスマルク**だよ。

　ビスマルクはコンゴ問題をうまいこと利用した。独仏の連携をちらつかせてイギリスの譲歩を引き出し、フランスを対外進出に向かわせてドイツの安全を図り、さらに列強の勢力均衡を図りながら、**ドイツもアフリカ進出の機会を狙い**、最終的に**ドイツを中心とする大国の国際関係をつくる。**ビスマルクは策略家だな😌。

　こうして**ベルリン会議**では、「**先占権**」、「**実効支配**」、「**境界確定**」という原則が確認された。先占権っていうのは、アフリカは誰のものでもない（無主の地だ）から「**先に占領した国が領有してもいい**」、実効支配っていうのは「**実際に役人やら軍隊を派遣して統治機構ができている**」ってこと、そして、「**沿岸部を植民地にしたら、後背地（隣接する内陸）も保有できる**」のが境界確定だ。つまり、アフリカの植民地化は「**早い者勝ち😆！**」ってことになったから、コンゴはベルギーのものになる。結果、**ベルギー国王レオポルド2世の私領として**コンゴ自由国ができた。ただ「早い者勝ち」ってことになると、**列強のアフリカ分割が加速する**よね。だから会議のあと、**ドイツのビスマルク**も、**トーゴ、カメルーン、南西アフリカ、東アフリカ（タンガニーカ）**の4つの植

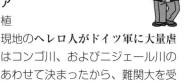

コンゴ自由国は、現地の人にはなんの自由もない！　過酷な強制労働などがおこなわれたんだ

民地を形成したよ。この時、南西アフリカでは現地の**ヘレロ人がドイツ軍に大量虐殺**されているんだ。ちなみに、ベルリン会議ではコンゴ川、およびニジェール川の自由航行と、自由貿易および奴隷貿易の禁止もあわせて決まったから、難関大を受けるならおさえておこう。

◀ 先占権が確認されて、フランスがアフリカ進出を加速！

　フランスは1830年に**シャルル10世**が出兵して、すでに**アルジェリア**を領有し、さらに、1878年のベルリン会議（これは**東方問題をめぐるベルリン会議**ね）で優先権を認められた**チュニジア**を保護国にしていたんだけど、ベルリン゠コンゴ会議のあと、「早い者勝ちなら、イギリスに取られる前にアフリカをどんどん取ってしまえ😈！」って思って、**アフリカ横断政策**を進めたよ。

　まず、**アルジェリアとセネガルを結ぶ**ため、西アフリカから赤道アフリカへと進出したよ。**ギニア**では**サモリ゠トゥーレ**の抵抗に阻まれながらもこれを鎮圧し、征服した。また、**ガーナ**で衝突した英仏両国は、アシャンティ王国をイギリスが、ダ

第1章 国民国家の形成

第2章 列強の侵略とアジアの変革

第3章 帝国主義と第一次世界大戦

第4章 戦間期と第二次世界大戦

第5章 戦後の世界

ホメ王国をフランスが支配することを決めた。アフリカ東部では、**イギリス、イタリアとソマリランド**を分割して海港都市ジブチを建設すると、**西アフリカとの連結**を目指して、南スーダンへと進軍し、さらに**マダガスカル**にも進出した。

　こんなふうに**フランス**は、とにかく軍を進めて赤・白・青の三色旗（フランス国旗）をアフリカに立てまくった！　だって**先占権**だし、とっとと占領して役人やら軍隊を置けばいい！　気がつけば、**南スーダンまでフランスが進出**していたんだ。

　フランスの動きを警戒した**イギリス**は、イタリアに対して「今のうちに**エチオピアに進出しちゃえ！**」って背中を押した。だって、イギリスはマフディー軍との戦いで身動きが取れないんだもん。「フランスに取られるくらいならイタリアのほうがマシだ😤」ってことだね。イタリアも舐められたもんだ😤。こうして**イタリアは、エリトリア、ソマリランド**に続いて**エチオピアを征服するために出兵**したんだけど、なんと**アドワの戦いでエチオピアに負けた……**🤪！だって、エチオピア軍の持っていた武器が強かったんだもん。これね、**フランスがイタリアの動きを警戒して、エチオピアに武器を援助**してたんだよ。イタリアにしてみれば「ズルいじゃないか〜」って気分だよね😤。

🔊 ついに英仏両国が衝突。ファショダ事件で緊張は最高潮！

　18年もかかって、イギリスはマフディー運動を**鎮圧**すると南へと軍を進めた。そして、**スーダン南方の町ファショダ**まできた時、とんでもなく不愉快な物を見つけた……「なんだ、あの目障りな三色旗は😤！」。そう、イギリスがくる前にすでに**フランスがファショダを占領**していたんだ。**イギリスのキッチナー将軍**は、フランスの**マルシャン大佐に撤退を要求**したけど、フランスだって「はい、そうですか」と撤退するわけない😤。こうして1898年、**英仏両国が直接対峙するファショダ事件**が起きたんだ。

イギリスの縦断政策、フランスの横断政策。ついに衝突したのがファショダ事件だ！

　ただ、ファショダのフランス軍は戦う気はなかっただろうね。てか、戦っても100% 負ける😤。だって、ファショダにいたフランス軍はわずか300人弱😤。対するイギリス軍は4万人に迫る勢いだからね。でも、**英仏両軍はそれぞれの政府に「本国の政府同士で決めてください。指示に従います」と連絡**した。もし開戦すればフランスも援軍を送ってくるだろうから、大規模な戦争になりかねないもんね。

　この時、**イギリス首相ソールズベリ**は「スーダンは絶対に譲らない😤！」と宣言し、世論もこれを支持した。一方のフランスは……さすがに開戦できなかった。だって、**本国ではドレフュス事件**が起きて、国論が二分されてて戦争どころじゃないし、ドイツの動きも気になる。そう！　**当時の英仏両国は、ドイツの動きを警戒**していたんだよ。

ファショダ事件が起きたころ、すでにドイツでは**ヴィルヘルム2世の親政**が始まり、ガンガン対外進出する「**世界政策**」を進めていた。もし英仏戦争が始まったら、その隙にドイツの対外進出が加速して、下手すりゃ**ドイツだけが得をする可能性が高い**。どっちもドイツがムカつくから、「**キライなヤツが一致すると愛が芽生える😆**」。外交と恋愛は似たようなもんだ。こうして英仏が接近し始め、**フランスがスーダンから撤退して、スーダンはイギリス領になった**んだ。

そして、ファショダ事件で開戦を回避した両国は、1904年に**英仏協商**を結んで、**イギリスのエジプト、フランスのモロッコ優先権を相互に承認して、両国の勢力圏を決めた**んだ。ていうか、イギリスはズルい😏。考えてみて!「**イギリスがすでに確保してるエジプトをもらうから、フランスはまだ誰も取っていないモロッコを取っていいよ!**」ってことでしょ。フランス以外にもモロッコがほしい国はあるんじゃないの? これ、あとで問題になるからね。

3 アフリカ分割② (南アフリカ)

> **クローズアップ** 🖥 **イギリスのアフリカ縦断政策②** (ケープ植民地からの北上)
>
> ●**ケープ植民地** ……ウィーン議定書で**イギリスがオランダから獲得**
>
> ▶**オランダ系のブール人【ボーア人】はイギリス人の圧迫で北方に移住**
>
> ➡**ナタール共和国**建設 [1838] ……*海岸地帯だったため、イギリスが征服* [1843]
>
> ➡**トランスヴァール共和国** [1852]、**オレンジ自由国** [1854] 建設
> ……世界屈指の金・ダイヤモンド鉱発見
>
> ●**ケープ植民地首相:セシル=ローズ** [任1890〜96] による侵略
>
> ▶**ローデシア征服** [1890〜94] ……南アフリカ内陸部征服。セシル=ローズが命名
>
> ●**南アフリカ戦争**[1899〜1902] ……植民相:**ジョゼフ=チェンバレン**が推進
>
> ➡**トランスヴァール共和国、オレンジ自由国を征服**
>
> ●**南アフリカ連邦**成立 [1910] ……イギリスの**自治領**となった
>
> ▶成立当初から**アパルトヘイト**(人種隔離政策)をおこなう

◀ ブール人は内陸に移住。しかし、イギリスは北へと勢力拡大!

それじゃあ、南アフリカの動きを見ていこう。イギリスはナポレオン戦争中にケープ植民地を占領して、ウィーン議定書で正式に植民地にしたよね。ケープ植民地はもともとオランダ領だったから、オランダ系移民の子孫ブール人【ボーア人】が住んでいたんだよ。彼らはイギリスの支配下に入るのがイヤだったから、ケープ植

民地を離れて移住（グレート＝トレック）を始め、北側の海岸沿いにあった先住民のズールー王国を破って、**ナタール共和国**を建てたんだ。

一気に金とダイヤの大産地へ！　だからイギリスに狙われたんだよなぁ😔

ただ、インドへの航路を確保したいイギリスは、ブール人が海岸沿いにいるのは気に食わない😔。ナタール共和国はすぐにイギリスに征服されてしまい、ブール人はさらに内陸に移住して、**トランスヴァール共和国とオレンジ自由国**を建てたよ。イギリスは最初、「内陸なんて砂漠しかないだろ、ザマー見ろ😁」って思ってたら、全然ザマー見ろじゃなくなった。なんと、トランスヴァールとオレンジで金鉱とダイヤモンド鉱が発見されたんだ😲！

こうなると状況は変わるよね。金とダイヤを求めてイギリス人がトランスヴァールやオレンジに投資し始めた。代表的なのが、帝国主義者として有名な**セシル＝ローズ**だよ。ローズは金やダイヤモンドの鉱山を次々と買い占めると、その富を背景に政界に進出し、**ケープ植民地首相**になった。そして、**トランスヴァールへの勢力拡大**を進め、さらに勢力圏をスーダンまでつなごうと、北方への侵略を始めたんだ。

あっ！　この時はまだ**本国は介入していない**よ。だって、マフディー運動が鎮圧できていないんだもん。でも、現地のヤツらにはそんなことは関係ない。セシル＝ローズは中央アフリカまで領土を拡大すると、自分の名前にちなんで「**ローデシア**」と名づけた。さらに、**トランスヴァールの併合**を狙って軍を送ったんだけどブール人の抵抗で失敗、これが原因で失脚することになったんだ。

🔊 ついにイギリス本国が介入。南アフリカ戦争が始まった！

マフディー運動鎮圧ののち、ファショダ事件でスーダンを確保すると、いよいよ本国の直接介入が始まり、**ソールズベリ内閣**の植民相ジョゼフ＝チェンバレンは南アフリカに軍隊を送ったんだ。こうして始まった**南アフリカ戦争【南ア戦争／ブール戦争】**でブール人を舐めていたイギリスは、「どうせ数カ月で勝てるだろう😁」

合否の分かれ目▶　南アフリカ侵略を推進した政治家

●セシル＝ローズ……ケープ植民地首相　◀**現地の政治家**だよ
　▶**中央アフリカ征服➡ローデシア**と命名
●ジョゼフ＝チェンバレン……植民相（ソールズベリ内閣）◀**本国の政治家**だよ
　▶**南アフリカ戦争【南ア戦争／ブール戦争】**を推進

って思っていたんだけど、この予測がむちゃくちゃ甘かったんだよ。

　戦争は３年弱も続き、**苦戦したイギリスは45万人もの兵士を南アフリカに送る**ことになった。しかも戦死者は２万人以上😵。しかも、イギリスが使った戦費は２億ポンド以上（これって、当時の年間税収の約３倍だよ！）。これだけの人とお金を使ってなんとか**トランスヴァールとオレンジを併合**したけど、この戦争のあと、イギリスは外交戦略を見直す必要に迫られたんだよ。

　イギリスは**南ア戦争の戦費で財政難**となり、かえって国際的な影響力が弱まってしまった。例えば、義和団事件の際の８カ国共同出兵で**イギリス軍があまり出兵できなかった**のは南ア戦争中だったからだし、終戦後の1902年には、東アジアでの**ロシアの勢力拡大**を抑えるために、「光栄ある孤立」を捨てて**日英同盟**を結ぶことになるしね。

金とダイヤを取ったら財政難になった……😓　イギリスがついに「光栄ある孤立」を捨てるよ！

🔊 ブール人をなだめるために、アパルトヘイトが始まった！

　イギリスは1910年、ケープ、トランスヴァール、オレンジ、ナタールの４州からなる**南アフリカ連邦**を形成し、**自治領**にしたよ。この自治領で政権に就いたのは実はブール人なんだよ……😑。トランスヴァールの一部の軍人たちが、自分たちの自治権を回復するためにイギリスに協力し、**イギリスもブール人を味方にするため**に、「同じ白人同士なんだから、黒人を弾圧して仲良くやりましょう」って、**アパルトヘイト（人種隔離政策）**を始めた。ひどい話だな😠。1991年まで続く黒人への人種隔離政策は、こんなふうにイギリスが始めたんだよ。

　そして、この時期にはすでに**人種差別の撤廃を求める運動**が始まっているんだ。南アフリカでは1912年に南アフリカ先住民民族会議（1923年に**アフリカ民族会議【ANC】**に改称）が結成され、非暴力主義によってアパルトヘイトへの反対運動をおこなったんだけど、白人政権はこれを弾圧した。ここから長い闘いの歴史が始まるんだね。

4 ドイツの「世界政策」とモロッコ事件

🔊 ドイツが「世界政策」を開始して、第１次モロッコ事件が勃発！

　最後はアフリカをめぐる**ドイツと英仏の対立**について見ていこう。1890年にビスマルクが退陣すると、ドイツでは皇帝**ヴィルヘルム２世**の親政が始まり、国内の発展を優先して対外進出をあまりしなかったビスマルクの方針を**180度ひっくり返し**たんだよ。19世紀末には、ドイツはすでにイギリスと並ぶような工業国に発展していたから（だいたい1900年ころに工業生産でイギリスを抜くよ）、国内では「ドイ

ツもガンガン海外に進出してほしい！」っていう空気もあったんだよ。こうして、ヴィルヘルム２世は「**ドイツの将来は海上にあり！**」として**海軍を強化**し、強引に世界各地に進出していく「**世界政策**」を進めた。そして、20世紀に入ると、大事件が起こったんだよ。

1904年に**英仏協商**が成立して、**イギリスのエジプト、フランスのモロッコでの優先権を相互承認**すると、**フランスはモロッコに進出**し始めた。まぁ、フランスは「モロッコは勝手に取っちゃっていい」って思ってるからね。でも、ドイツは気に食わない😒。ヴィルヘルム２世は「英仏で勝手に決めて、フランスがモロッコを取るとはけしからん😠」と思った。そして、ついに行動を起こしたんだよ。

〈モロッコ事件〉

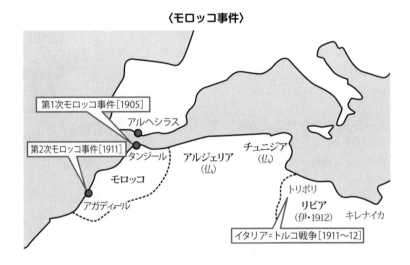

1905年、地中海クルーズをしていた**ヴィルヘルム２世**は、突然「モロッコに行け！」と言いだし、**モロッコのタンジールを訪問**すると、「モロッコは誰のものでもない。**すべての国に門戸が開かれるべきである！**」と、世界に向けて発言したんだ。これが**第１次モロッコ事件【タンジール事件】**だよ。ヴィルヘルム２世は、劇的な事件を起こして英仏の仲を悪くさせたかったんだよね。でも、すでに**英仏協商を結んでいる両国は、協力してドイツに対抗**した。だって、フランスがモロッコを取ってくれないと、イギリスのエジプト優先権の根拠がなくなるでしょ。

こうして開かれた**アルヘシラス会議**では、**イギリスがフランスを支持**しただけじゃなくて、

たいして仲良くなかった英仏は、モロッコ事件を通じて「英仏協商が正しかった」って思うようになるんだ

4 ドイツの「世界政策」とモロッコ事件 213

第1章 国民国家の形成

第2章 列強の侵略とアジアの変革

第3章 帝国主義と第一次世界大戦

第4章 戦間期と第二次世界大戦

第5章 戦後の世界

ロシア、イタリア、アメリカまでもがフランスを支持したので、**ドイツは孤立し**ちゃった。ドイツは、いったん諦めるしかなくなったんだね。そしてこの会議では、モロッコをフランスとスペインの勢力範囲にすることが決まったんだ。

◀ またもやヴィルヘルム2世が、第2次モロッコ事件を起こした！

それでもヴィルヘルム2世は諦めなかった。1911年、**モロッコ**でフランスに対するベルベル人の反乱が起きると、ヴィルヘルム2世は突然、軍艦をモロッコのアガディールに派遣したんだ。これが**第2次モロッコ事件【アガディール事件】**だよ。

この時ヴィルヘルム2世は、「フランスがモロッコを取るなら、ドイツにも何かくれ！」って言いたかったんだけど、それだけなら外交でなんとかすればいい😆。実際、フランスはモロッコをめぐってドイツと戦争をする気はなかったから、外交交渉でもたぶんなんとかなったんだよ。でも、**軍艦を派遣する**っていうのはタダゴトじゃない😲。これに敏感に反応したイギリスは、海軍の出動を準備した。

最終的には、フランスがモロッコを取るかわりに、**ドイツはフランス領コンゴの一部**（カメルーンの隣ね）を獲得することで話し合いがまとまったんだけど、もはやモロッコだけの問題じゃなくなった。**モロッコ事件はヨーロッパの国際対立を激化させ、独仏関係が悪くなる以上に、英独関係を悪化させてしまったんだよ**。イギリスはドイツに対する警戒感を強め、フランス国内でも「弱腰外交だ！」って批判が起きたから、結果として**英仏が対ドイツでさらに接近した**んだよ。モロッコ事件の経緯は、第一次世界大戦前の国際関係で重要になるから、しっかり確認してね！

◀ 第2次モロッコ事件のドサクサに紛れて、イタリアがリビアに進出！

第2次モロッコ事件ではイギリス軍まで出動準備を始めたから、全世界が「イギリスとドイツが戦争になるんじゃないか😫」って警戒していた。ってことは、誰もイタリアに興味がない😶。イタリアにとっては「目立たないように植民地を取るチャンス」だ。こうして**イタリア**は、1911年から**イタリア゠トルコ戦争**を戦って勝利すると、**ローザンヌ条約**でオスマン帝国からトリポリ・キレナイカを奪って、「リビア」と改称したよ。なんでリビアか？っていうと、ローマ帝国時代の名前だよ。イタリアの夢は「ローマ帝国復活」だからね😄。

世界中が「英仏 vs. 独の戦争か😫」って言ってる時にリビアを取るなんて、イタリアはちゃっかりしてるな😫

◀ アフリカ分割が完了して、独立国として残ったのはたったの2国！

　さて、列強のアフリカ分割によって、ほとんどの地域がどこかの国の植民地になっちゃったよね。じゃあ独立国として残った国なんてあるのかな？　第一次世界大戦が始まる直前の時点で、独立国として残っていたのはわずか2国、エチオピア帝国とリベリア共和国だけなんだよ。

　エチオピア帝国は、さっき話したようにイタリア軍をアドワの戦いで撃退しているから独立を守れたっていうのもあるんだけど、もう一つ重要なことがあるよ。それが「英仏の緩衝地帯」ってことだ。英仏両国はファショダ事件で開戦を回避しているから、何も今さらエチオピアを取り合って戦争する必要はないよね。しかも、20世紀に入るとドイツに対する警戒感が強くなるから、もはや協力するしかない。だから、エチオピアは独立国として残すことにしたんだよ。

　そしてもう一つのリベリア共和国。リベリアは、アメリカ合衆国北部で創設されたアメリカ植民協会が、「解放された奴隷をアフリカに返そう！」ってつくった国なんだよ。ちなみに国名のリベリアは英語の liberty から、首都のモンロヴィアはアメリカ大統領モンローにちなんだ名前ね。入植が始まった時にアメリカ大統領だったのがモンローだからね。ってことは、リベリアを植民地になんてできるわけない😤。アメリカにケンカを売ることになるもんね。

　じゃあ、これでアフリカ分割はおしまい！　最後に年号 check だよ。

‼ 年号のツボ

- **スエズ運河開通** ［1869］（野郎が鍬持ち　運河掘る）
  （8 6 9）
  ➡アメリカの大陸横断鉄道開通と同じ年だよ
- **スエズ運河会社株の買収** ［1875］（ディズレーリが　イヤなゴリ押し）
  （1 8 7 5）
- **ファショダ事件** ［1898］（フランスが　一番悔やんだ　ファショダ事件）
  （1 8 9 8）
- **南アフリカ戦争勃発** ［1899］（一派組め組め　南アフリカ戦争）
  （1 8 9 9）
- **モロッコ事件** ［1905／1911］（モロッコに　行くは強引　いい感じ）
  （1 9 0 5　1 1）
  ➡第1次［1905］、第2次［1911］をセットで覚えておこう

　ヨーロッパ各国はいよいよ帝国主義の時代に突入したね。各国の対立は、最終的には第一次世界大戦に向かうことになるんだけど、その前に、次回はヨーロッパ各国の国内問題だよ。次回も頑張っていこう〜😊。

今回は欧米諸国の国内問題を中心に見ていくよ。ヨーロッパ列強は帝国主義の時代に突入したんだけど、国内ではさまざまな矛盾が現れていたよ。さらに、新興国だったアメリカが、一気に勢力を拡大するのもこの時代だよ！

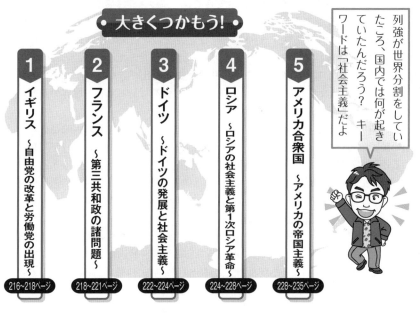

大きくつかもう！

1 イギリス　～自由党の改革と労働党の出現～
216～218ページ

2 フランス　～第三共和政の諸問題～
218～221ページ

3 ドイツ　～ドイツの発展と社会主義～
222～224ページ

4 ロシア　～ロシアの社会主義と第1次ロシア革命～
224～228ページ

5 アメリカ合衆国　～アメリカの帝国主義～
228～235ページ

列強が世界分割をしていたころ、国内では何が起きていたんだろう？　キーワードは「社会主義」だよ

独占資本の出現など、欧米では資本主義が発展した反面、労働者の生活はあまり豊かにはならなかった。こうした事態を解決しようとしたのが社会主義だよ。この時代、各国では社会主義政党がつくられて、政治にも影響力を持つようになったんだ。一方、アメリカは世界1位の工業国になって、本格的に対外進出を始めるよ。キーワードは「棍棒外交」「ドル外交」そして「門戸開放宣言」。各国の派手な植民地獲得競争のウラで何が起きていたのか、しっかり確認してね。

それじゃあ、帝国主義時代の欧米諸国の始まり～😆。

1 ▶ イギリス ～自由党の改革と労働党の出現～

🔊 下層労働者も選挙権を獲得！ 労働者の議会進出が始まった

　19世紀後半のイギリスは、ディズレーリを中心とする保守党とグラッドストンを中心とする自由党が交互に政権に就く二大政党制になってたよね。保守党は地主を中心とする金持ちの政党で、「ガンガン植民地を増やそう！」っていう大英国主義をとっていた。これは当時のイギリスが、増え続ける貿易赤字を植民地への投資で穴埋めしていたことが背景なんだ。

　1869年にアメリカの大陸横断鉄道開通とスエズ運河が完成すると、1870年代には植民地などから安い農産物が大量に入ってきて、イギリスでは農業が大不況になった。さらに、新興国アメリカやドイツの工業発展と保護貿易政策で輸出が減少して、貿易赤字が拡大していた。そしてドイツで発生した恐慌の影響からイギリスでも「1873年の恐慌」が起き、長い不況の時代に突入したんだ。ただこの時のイギリスを支えたのが、植民地や新興国への投資（資本輸出）なんだ。イギリスは、「世界の工場」ではなくなったけど、金融で国際社会をリードする「世界の銀行」として、覇権を維持したんだよ。

　でも、国内の労働者の生活は厳しくなる😩。そこで、自由党は国内改革を優先する小英国主義を主張したんだ。グラッドストンは教育法を制定し、公立学校を増やして初等教育を確立したり、労働組合法を制定して労働組合を合法にすると、さらに1884年には第3回選挙法改正を実現して、農業労働者や鉱山労働者に選挙権を拡大したよ。これで失業者（と女性）以外にはほとんど参政権が与えられたんだ（選挙法改正の一覧は➡P.47の表を確認してね）。

　だから労働者たちは、「選挙権をもらえたんだから、自分たちの代表を議会に送ろう😊」って考えた。そうじゃないと自分たちの意見が政治に取り入れられないし、生活も良くならない！　ただ、議会に進出するには、仲間がいないと選挙で勝てない。そこで、イギリスでは労働者が社会主義団体をつくり始めたんだ。

　ここで、第6回の文化史のところでやった「マルクス主義」➡P.117を思い出してね。「絶対王政を倒すブルジョワ革命と、資本主義を倒す社会主義革命という、2回の革命をやると社会主義になる！」っていう考え方だ。マルクス主義は、今回いろんな国で出てくるから、もう一度思い出しておこう！

　イギリスはすでにピューリタン革命と名誉革命で絶対王政を倒しているから、次の革命は社会主義革命ってことになる。このマルクス主義の考え方をとっていたのが社会民主連盟だよ。でも、イギリスではマルクス主義はあまり強くない。だって、すでに議会主義が確立されているし、第3回選挙法改正で労働者のほとんどが選挙権をもらっ

> マルクス主義って「革命が目標」だよね。イギリスにはちょっと合わないよな😅

てる。だから、**社会主義者の議会進出によって社会改革を実現する**という「<ruby>漸進的<rt>ぜんしん</rt></ruby>
社会改革」を主張する団体のほうが強かったんだ。こうした団体は２つできたよ。
　一つは**知識人を主体とするフェビアン協会**だ。指導者は社会学者の**ウェッブ夫妻**
や劇作家の**バーナード = ショー**。本人たちは労働者じゃないけど、「議会を通じて
社会主義に近づけていこう！」（これが「**フェビアン社会主義**」と呼ばれたんだ）っ
ていう団体だ。もう一つが**ケア = ハーディ**を指導者とする**独立労働党**。こっちは、
実際に**労働者が議会に進出する**ことで社会を変えていこうとする団体だよ。

〈イギリスの社会主義団体〉

社会民主連盟 [1884改称]	• イギリス唯一のマルクス主義による社会主義団体
フェビアン協会 [1884]	• 指導者：ウェッブ夫妻、バーナード = ショー • 知識人主体の社会主義団体 • 漸進的社会改革を主張（議会進出による社会主義への移行）
独立労働党 [1893]	• 指導者：ケア = ハーディ • 労働者の議会進出と社会主義の漸進的達成を目指した

◀ 団体が３つもあったら選挙で勝てない。労働者の政党として労働党ができた！

　こうして３つの政治団体ができたんだけど、ちょっと事件！　だって、「**このま
まだと選挙で勝てない**😫」。イギリスは**小選挙区制**だから、１つの選挙区で当選す
るのは１人😵！。社会主義の団体３つからそれぞれ候補者を出すと、票が割れて１
位になれないよ……。「だったら、**１コにまとめればいい**😄！」。こうして、**独立
労働党、フェビアン協会、社会民主連盟**の３つの社会主義団体に65の**労働組合**の代
表者を合わせて**労働代表委員会**が結成され、1906年の総選挙では**29議席**も獲得した
よ。これが事実上の**労働党結成**だ！
　ただ、労働代表委員会にも問題発生！　**社会民主連盟だけマルクス主義**だよ。議
会進出とマルクス主義って衝突するでしょ？　だって革命の目標は「政府も議会も
<ruby>潰す<rt>つぶ</rt></ruby>😤」。てか、議会に自分がいるから自爆だよ😤。結局、**社会民主連盟は不参
加**となり、1906年、初代党首を**ケア = ハーディ**、初代委員長を**マクドナルド**とする
労働党が正式に結成され、**議会進出による社会改革**（漸進主義・合法主義）路線を
とったよ。

◀ 労働党の出現で労働者の影響力が強まり、改革が進んだ！

　労働党の出現は、イギリスの政治にも大きな影響を与えた。だって、保守党と自
由党がどっちも過半数をとれなかった時には、労働党が味方したほうが政権に<ruby>就<rt>つ</rt></ruby>け
るんだよ。まあ、労働党が保守党に味方するとは思えないけど😅。でも、**自由党
だって労働党にいい顔をしとかないと、いざという時に困る**……。
　こうして、**自由党が労働者に有利な政策を打ち出した**。1908年に成立した自由党

の**アスキス**内閣では、失業中の労働者に対して生活保護をおこなう**国民保険法**や、予算や法律制定の際の下院の優先権を定めた**議会法【議院法】**が制定された。議会法ができたのは、上院が猛反対していた**アイルランド自治法**を成立させるためだ。

　とはいっても、すぐには労働党政権はできない😅。最初の労働党内閣ができるのは、**第一次世界大戦後**だよ。

2　フランス　〜第三共和政の諸問題〜

クローズアップ　フランスの第三共和政

- ●**普仏戦争【プロイセン = フランス戦争／独仏戦争】**［1870〜71］
  - ▶アルザス・ロレーヌをドイツに割譲 ➡**対独復讐心**が高揚
- ●**第三共和政憲法**制定［1875］➡共和派と王党派が議会内で対立
- ●**ブーランジェ事件**［1887〜89］……**対独復讐心**が背景
  - ▶**対ドイツ強硬派**の元陸相**ブーランジェ**を中心とする反共和政運動
- ●**ドレフュス事件**［1894〜99］……**対独復讐心**と**反ユダヤ主義**が背景
  - ▶**ユダヤ人将校ドレフュス**に対するスパイ容疑事件
  - ➡**共和政擁護派と反共和政派の対立**で、国論を二分
    - **自然主義作家ゾラ**が軍部を批判（「**私は弾劾する**」）
- ※ドレフュス事件の影響
  - ▶**シオニズム運動**の本格化……ジャーナリストの**ヘルツル**が中心
  - ▶**急進社会党の結成**［1901］……ドレフュス事件での共和政擁護派が結集
  - ▶**政教分離法**［1905］……教会の政治介入と、教会への政府の援助を禁止

◀ 普仏戦争が終わって……フランスでは、ドイツへの復讐心が高まった！

　普仏戦争【プロイセン = フランス戦争／独仏戦争】後、フランスでは第三共和政が成立したけど、初期の議会は**王党派が中心**で、議会と対立した**ティエール**が失脚しちゃうくらい混乱していたんだ。ただ、国民はもう王政には戻りたくないから、選挙のたびに共和派が議席を伸ばして、1875年に三権分立、二院制、大統領制を定めた**第三共和政憲法**が成立したよ。これ以後、共和派はラ゠マルセイエーズを国歌に定めたり、バスティーユを襲撃した7月14日を祝日にしたりして、自分たちを**フランス革命の正統な継承者**であることを宣伝し、共和派が王党派に対抗して連立政権をつくる**議会共和政【オポルテュニスム】**となった。ただ、王党派の勢力も残ったから、**議会では共和派と王党派の対立が続いて**、政治はずっと不安定だったんだ。

政治が混乱する一方で、**フランス国民に共通する意識**もあった。それが**ドイツに対する復讐心**だよ。**アルザス・ロレーヌを奪われた**フランス人は、ドイツを深く恨み、「アルザス・ロレーヌを取り返すまでは、絶対ドイツは許さない😡」って思っていた。この時期の**海外植民地の拡大**（例えば、アフリカ横断政策とかベトナム保護国化ね）は、普仏戦争で傷ついたフランス人のプライドを少しは満足させたかもしれないけど、そうこうしている間にも**ビスマルクがフランスを国際的に孤立させてくる**。フランス人のドイツへの恨みは、どんどん大きくなるばかりだよ。こうした**対独復讐心**を背景に起きたのが**ブーランジェ事件**だ。

◀ ブーランジェ将軍がドイツへの復讐をあおり、民衆が熱狂！

1880年代にフランスは**不況**となり、**労働者のストライキ**がしょっちゅう起きた。民衆の味方をして人気を上げた**元陸相のブーランジェ将軍**は、**ドイツに対して強硬な態度**をとり、「**復讐将軍**」として人気をさらに高めた。すると、**政府に反対する勢力が次々とブーランジェのもとに結集**して、**右翼の王党派から左翼の急進派**までも巻き込む**反議会主義、憲法改正**を主張する**反共和政運動**になった。そして1889年にはパリの大衆運動が、**クーデタが起きる寸前**まで

盛り上がったよ。これが**ブーランジェ事件**だ。ただ、ブーランジェ将軍は最後の最後で決断をためらった……😔。結局**クーデタは実行できず**、ベルギーに亡命して自殺したんだよ。

この１カ月後には、**フランス革命100周年を記念するパリ万国博覧会**が開会し、革命を讃えるイベントが次々と開かれて、国民的な友愛と連携が図られたよ。ちなみに、**エッフェル塔**ができたのはこの時だ。このイベントも、ある意味ではアルザス・ロレーヌを失ったフランス人の心の傷を癒したんだね。

> 右翼から左翼までブーランジェのもとに結集した！　そこまでドイツを恨んでたんだね

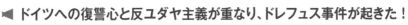

◀ ドイツへの復讐心と反ユダヤ主義が重なり、ドレフュス事件が起きた！

ブーランジェ事件のあと、政権が取れなかった王党派、特に**カトリック教会**が権力を復活させようと、**共和派と対立**していた。この対立からフランス国内が真っ二つに分裂したのが、**ユダヤ系軍人のスパイ冤罪事件**である**ドレフュス事件**だよ。

事件の発端は、フランス軍のなかで起きた**ドイツのスパイ事件**だ。フランスの軍事機密がドイツに漏れてることが発覚してスパイの捜査が始まり、1894年に参謀本部の**ユダヤ人将校**だった**ドレフュス大尉**が告発されて、終身刑になった。フランスでは**東欧からのユダヤ系移民**が増えていたから、国内で**ユダヤ人に対する反感**が高まり、新聞などのジャーナリズムもさんざんドレフュスを攻撃したんだけど……**真犯人が見つかった**んだよ😲。これじゃあ、ドレフュスは無罪にならないとおかしいよね。しかも、次々に明らかになる軍部の**証拠隠滅とねつ造**……😓。

こうして軍部への批判が爆発した😤。自然主義作家のゾラが「私は弾劾する！」という大統領への公開質問状を新聞に載せると、共和派の政治家、知識人や学生がドレフュスを擁護して再審を訴えた。一方、偽装工作がバレた軍部が、メンツを保つために再審を拒否すると、右翼の国家主義者や、反ユダヤ主義をあおるカトリック教会が軍部を支持したので、フランス国内では共和政擁護派（ドレフュスを無罪として軍部を批判したグループ）と反共和政派（軍部を支持して、ドレフュスを有罪にしようとしたグループ）が激しく対立したんだ。しかも同じ時期に、ファショダ事件でイギリスに譲歩した政府に対する批判が重なり、議会を中心とする共和政は危機に陥った😫。事件は、大統領がドレフュスを釈放する命令を出して一応解決にしたけど、最終的にドレフュスが無罪を勝ち取ったのは、7年後の1906年だ。

◀ ドレフュス事件がフランスの政治を変えた！

ドレフュス事件を受けて、フランスではこれまでバラバラだった共和派が、1901年、右派に対抗して急進社会党を結成し、人権擁護や政教分離の実現を目指した。あっ、名前にダマされないように！　急進社会党って名前だけど社会主義じゃなくて、ドレフュスを擁護した連中が集まった政党だよ。さらに、これまで政党をつくっていなかった社会主義者も、1905年にフランス社会党【統一社会党】を結成して、共和派内閣を助けた。こうしてフランスでは、政治の近代化が進められたんだ。

> ドレフュス事件のあと、フランスでは政教分離と軍の民主化が進んだよ

それから一番問題だったのが、カトリック教会の政治への介入だ。ずっと保守勢力の中心は教会だったからね。そこで、1905年に政教分離法が制定されて、宗教に対する国の援助が一切排除され、教会の政治活動も禁止になった。これにより、ナポレオンが結んだ宗教協約【コンコルダート】は破棄されたよ。こんなふうに、ドレフュス事件はフランスにおける軍の民主化や政教分離のきっかけになったんだ。

合否の分かれ目▶ フランスの政党……名前にダマされちゃダメ！

- **急進社会党** ［1901結成］……<u>社会主義政党ではない</u>
  - ▶ ドレフュス事件での共和政擁護派を結集
- **フランス社会党【統一社会党】** ［1905結成］……<u>社会主義政党</u>
  - ▶ 第2インターナショナルのアムステルダム決議を受け、社会主義者が結集
  - ▶ サンディカリズム（労働組合主義）が強く、労働総同盟は不参加

◀ 反ユダヤ主義の高まりに対して、ユダヤ人のシオニズム運動が始まった！

　ドレフュス事件での反ユダヤ主義の高まりを見て、ユダヤ人は大きなショックを受けたよ。だって、明らかな冤罪事件なのに、どこの国も助けてくれないんだもん。「**ユダヤ人国家をつくらないと、いつまでたっても差別される！**」って思ったユダヤ人たちは、**パレスチナにユダヤ人国家**を建設する**シオニズム運動**を本格化させたんだ。ジャーナリストの**ヘルツル**を中心に、スイスのバーゼルで**第1回シオニスト会議**が開かれて世界シオニスト機構を設立すると、以後、パレスチナへのユダヤ人の移住が進められることになったよ。

この時期の移住者はそんなに多くないよ。ユダヤ人の移住が急増するのは、ドイツでヒトラー政権ができたあとだ！

◀ フランスの帝国主義と社会主義運動

　フランスはビスマルク外交によってヨーロッパでは孤立していたけど、アジアやアフリカでは植民地を拡大して、イギリスに次ぐ植民地帝国を形成していたよね。そして、1890年には国際情勢が大きく変化するよ。ドイツで**ビスマルクが退陣して****ヴィルヘルム2世の親政**になると、ロシアとドイツの関係が急速に悪化した。原因などは次回にじっくり話すとして、ロシアがドイツと対立したことで、同じように**ドイツと対立していたフランスはロシアと接近**したんだよ。ほら、「キライなヤツが一致すると愛が芽生える😊」。どっちもドイツがキライだから、反ドイツで同盟できるってわけ。こうして1891年に**露仏同盟**に合意すると、**フランスからロシアへの投資**が急激に増えたよ。例えば、フランスからの投資でロシアは**シベリア鉄道**を建設したんだよ。

　実は**フランスの銀行はむちゃくちゃお金を持ってる**んだよ。フランスは革命で土地を得た中小農民が、いざという時のために貯金してるからね。ただ、**国内の工業発展は停滞気味**……国内に投資先があまりなかったから、**海外に投資先を求めた**んだね。こうして**ロシア**だけじゃなく、**トルコやバルカン諸国**にも盛んに投資したから、**高利貸帝国主義**と呼ばれているよ。

　一方、**労働者**にはまだ革命の想い出が生きている😆。フランスの労働者って、政党をつくって議会に進出するより、労働組合をつくって**ストライキなどの直接行動**に訴えたり、デモをやったほうが手っ取り早いと思っているんだもん。だから、**労働総同盟【CGT】**を中心に、議会主義を否定して直接行動による社会改革を目指した。これを**サンディカリズム（労働組合主義）**というんだ。

第1章　国民国家の形成

第2章　列強の侵略とアジアの変革

第3章　帝国主義と第一次世界大戦

第4章　戦間期と第二次世界大戦

第5章　戦後の世界

3 ドイツ ～ドイツの発展と社会主義～

🔊 新皇帝ヴィルヘルム2世の登場で、ドイツの政策は180度転換！

　ドイツ帝国の成立後、皇帝ヴィルヘルム1世の
もとでビスマルクが宰相として政治を動かしてい
たよね。しかし、ビスマルクが社会主義者鎮圧法
で弾圧していた社会主義運動がだんだん激しくなっ
ていたんだ。さらに、皇帝ヴィルヘルム1世が91
歳で亡くなり、29歳の若いヴィルヘルム2世が即
位すると、ドイツ国内には「古い体制を刷新し
て、新しいドイツを！」というムードが広がった
んだよ。

ヴィルヘルム2世の政策は、「内政も外交も、ビスマルクの逆」って覚えておこう！

　1890年ごろのドイツでは工業が発展し、重化学
工業を中心にクルップやジーメンスなどの大企業
（コンツェルン）が現れて、「いよいよイギリスに
追いつくんじゃないか！」って雰囲気があったんだ。その一方で、産業の中心が農
業から工業に転換されて労働者も増えていたから、労働運動も活発になり、たびた
びストライキも起きた。ビスマルクは徹底的な鎮圧を主張したけど、即位したばか
りの新皇帝ヴィルヘルム2世は人気を取りたいって気持ちもあって、労働者に理解
を示した。ヴィルヘルム2世は「ビスマルクのジジイよりも、オレのほうがいい
だろ！」って言いたいんだよ。だから、ビスマルクの政策は全部ひっくり返した
い😄。

　こうして皇帝と対立したビスマルクが退陣すると、じきにヴィルヘルム2世の親
政が始まった。親政っていうのは、皇帝が自分の意思で政治をやるってことね。ヴィ
ルヘルム2世はすぐに社会主義者鎮圧法を廃止して、労働者階級を体制側の味方に
しようとした。背景はドイツにおける社会主義の拡大だよ。

🔊 世界最大の社会主義政党、ドイツ社会民主党ができた！

　ビスマルク時代に弾圧されていたドイツ社会主義労働者党は隠れて活動を続けて
いたんだけど、1890年に社会主義者鎮圧法が廃止されると復活し、党の名前もドイ
ツ社会民主党と変えて、正式にマルクス主義を採用したよ（エルフルト綱領）。こ
れ以後、労働組合と手を組んで、国会の選挙では議席を増やしたんだ。

　こうなると、革命を目標とするマルクス主義が実態にあわなくなるよね。自分た
ちが進出している議会を革命で潰すのは、単なる自爆だ😭。こうして19世紀末に
は、ベルンシュタインを理論的な指導者とする修正主義が現れた。これは、議会で
勢力を拡大して、議会を通じた社会政策によって社会主義を実現するって考え方
だ。イギリスの労働党と似てるよね。そして、順調に議席を増やした社会民主党
は、1912年の総選挙で議会内第1党になったよ。

社会主義者が国際的に連携した組織も確認しておこう！

ここで、社会主義者が国際的に連携してつくった組織も確認しておこう。まず、1863年の**ポーランド反乱**を各国の労働者たちが支援したことをきっかけに、1864年に**マルクス**を中心に**ロンドンで第1インターナショナル**（国際労働者協会を、のちにこう呼んだ）が結成されたよ。ただ、**パリ＝コミューン**への対応から、内部対立が表に出てきちゃった。マルクスは「労働者が革命政党や政府をつくるべき😀」って思っていたから、コミューンを支持したんだけど、**無政府主義者のバクーニン**は「革命政党や革命政府だって、しょせんは国家権力だ😠」って主張したから、マルクスと対立して除名されちゃった……😇。しかも、パリ＝コミューンを支持したために各国の政府に弾圧され、活動停止になっちゃったんだ。

そして1889年、**フランス革命100周年**を記念して、各国の社会主義政党や労働者組織で結成されたのが**第2インターナショナル**だ。中心となったのは**ドイツ社会民主党**だよ。気をつけてほしいのは、**第1インターナショナルは社会主義者が個人で参加**するのに対して、**第2インターナショナルは政党や組織単位で参加**するってところね。また、アジアからは日本の社会主義者である**片山潜**なども参加したよ。

合否の分かれ目▶ 社会主義者の国際的連携

- **第1インターナショナル**［1864〜76］
  - ▶マルクスを中心に**ロンドン**で結成
  - ▶**パリ＝コミューン**への対応から、マルクスと**無政府主義者**が対立
- **第2インターナショナル**［1889〜1914］
  - ▶**フランス革命100周年**を記念して**パリ**で結成
  - ▶**ドイツ社会民主党**が主導し、おもに**欧米諸国の社会主義政党**が加盟

ドイツの将来は海上にあり！ ヴィルヘルム2世が「世界政策」を推進！

工業国への転換を果たしたドイツでは、工業製品の輸出が増えるのにあわせて海運業も発展したよ。国内の大企業はもっと輸出を拡大したいから、他の列強に負けないように「ドイツも対外進出してほしい！」って思っていた。そして**ヴィルヘルム2世**も、ビスマルク時代の古い外交には縛られたくない。もっと植民地がほしいし、海への出口を増やすためにバルカン半島に進出したい。こうなると、**ロシアとの対立は避けられない**から、1890年、**ヴィルヘルム2世はロシアとの再保障条約の更新を拒否**したんだ。ここから「**世界政策**」が始まるよ！

ヴィルヘルム2世は「ドイツの将来は海上にあり！」って宣言して、積極的な対外進出のために**海軍を拡張**した。さらに、1899年には**トルコからバグダード鉄道の敷設権を獲得**し、西アジアへの進出を狙ったよ。これが「**3B政策**」だ。ドイツの

第1章 国民国家の形成

第2章 列強の侵略とアジアの変革

第3章 帝国主義と第一次世界大戦

第4章 戦間期と第二次世界大戦

第5章 戦後の世界

首都ベルリン、トルコの首都イスタンブル（旧名がビザンティウム）、そしてイラクのバグダードを鉄道で結んで、最終的にはペルシア湾まで進出するのが目標だ。

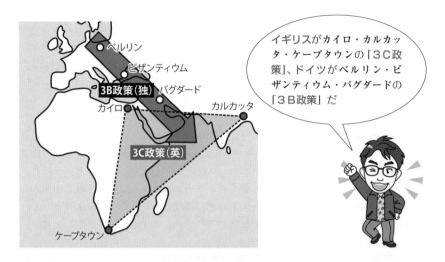

イギリスがカイロ・カルカッタ・ケープタウンの「3C政策」、ドイツがベルリン・ビザンティウム・バグダードの「3B政策」だ

　この動きを警戒したのが「3C政策」をとるイギリスだよ。だって、ドイツがペルシア湾まで進出してきたら、たぶんインド洋にも出てくる……。ドイツの動きを警戒したイギリスは、「ドイツはボンベイ（Bombay）やベンガル（Bengal）までくるつもりじゃないか？　こりゃ、3Bどころか4Bや5Bだろ😨」って焦った。あっ！　4Bやら5Bは正式な言い方じゃなくて、僕が勝手に言ってるだけだから、入試で書いちゃダメよ😝。イメージね、あくまでもイメージ。
　こうなると、イギリスもドイツに対抗して海軍をさらに強くしなきゃマズい。だから、ドイツとイギリスは相手よりも強い海軍をつくろうとして建艦競争を繰り広げた。だんだん危ない状況になってきたね😫。

4　ロシア　〜ロシアの社会主義と第1次ロシア革命〜

◀ 露仏同盟が成立して、ロシアでも資本主義の発展が始まる！

　アレクサンドル2世が農奴解放令を出したあとも、ロシアはなかなか産業が発展しなかった。なぜって……産業の担い手であるはずの市民階級が成長しなかったからだ。要するにお金がないからだよ😅。工場の建設、鉄道の敷設、鉱山の開発……何をするにもお金がかかるからね。外国からの投資といっても、どこの国だって自分の国の発展が最優先でしょ？　しかも、一番お金を持っているイギリスとは、南下政策をめぐって対立している……😤。この状態は、アレクサンドル2世が暗殺されてアレクサンドル3世が即位してからも、あまり変わらなかったんだよ。
　そんなロシアにも、やっとチャンスがめぐってきた！　ドイツでビスマルクが退

陣すると、**ヴィルヘルム2世が再保障条約の更**
新を拒否してきた。はっきり言って、「ロシア
は見捨てられた……😖」。そしたら、**ドイツに**
孤立させられていたフランスが、「ドイツがキ
ライな者同士、仲良くやろう😄」って接近し
てきて、**露仏同盟が成立**したんだ。これによ
り、**フランスからの投資が増えたロシア**では、
蔵相**ウィッテ**が中心になって工場が建設された
り、**シベリア鉄道**が建設されたりと、一気に工
業化が進んだよ。この工業化を支えた労働力
は、農奴解放後に**都市に流れ込んでいた没落農**
民だ。彼らが低賃金の労働力になり、ロシア経
済は急激に発展したよ。だから、農奴解放令が
「**ロシア資本主義の出発点**」っていわれるんだ。

ドイツがキライなフランス
とロシア……「愛が芽生え
てしまった😆」

◀ 労働者の増加で、ロシアでも社会主義が出現！

20世紀初め、**ロシアの急成長**がストップして**不況**となり、国内の不満が高まっ
た。**農民運動や労働者のストライキ**が全国に拡大し、いまだに残っているロシア社
会の矛盾が明らかになったんだ。こうした社会運動を見た知識人や学生たちは「や
っぱり**専制政治**が悪い😠」って政府への批判を強め、**社会改革のための政党の結**
成を進めたんだ。

1903年、**ロンドン**とブリュッセルで、亡命していた**社会主義者たちの大会**が開か
れ、実質的に**ロシア社会民主労働党が結成**され、**マルクス主義が採用**されたんだけ
ど、革命のやり方をめぐって、**レーニンが主導するボリシェヴィキ**（「多数派」っ
て意味ね）と**マルトフが主導するメンシェヴィキ**（こっちは「少数派」って意味
だ）に党が分裂してしまったんだ。ここは、次ページの図 ➡ P.226 を見ながら説明し
よう。ちなみに「多数派」「少数派」は党人事の問題で、実際の党員数ではないよ。

マルトフが指導するメンシェヴィキは、ロシアの現状は**絶対王政**だから、まずは
幅広く**資本家などとも協力してブルジョワ革命**を起こし、資本主義を発展させてか
ら社会主義の段階へと進むことを目指した。つまり、**次の革命はブルジョワ革命**
だ。これは、**マルクス主義の原則**をそのまま目標にしたものと考えられるね。あと
から合流した**プレハーノフ**が、メンシェヴィキの中心になるよ。

これに対し**レーニンを中心とするボリシェヴィキ**は、ロシアは**絶対王政**のもとで
すでに資本主義に突入して労働者階級も出現しているから、「**絶対王政を倒すブル**
ジョワ革命と資本主義を倒す社会主義革命を一気にやっちゃえ～🤠」って考えた
（**二段階連続革命**）。つまり、**次の革命は社会主義革命【プロレタリア革命】**なん
だ。ていうかこれ、マルクス主義をかなりねじ曲げてるから、実現には無理があ
る😅。だから、**少数の革命集団による武力革命**をやろうとしたんだね。

　ほかに、亡命先で結成された社会民主労働党だけじゃなくて、国内でも政党の結成が進んだよ。ナロードニキのうちテロリズムに走らなかった連中は、**農村共同体（ミール）を基盤にしたロシア型の社会主義を目指してエスエル【社会革命党／社会主義者・革命家党】**を結成した。これらの政党はロシア革命のところでまた出てくるからね😤。

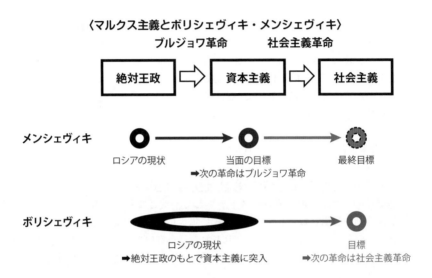

〈マルクス主義とボリシェヴィキ・メンシェヴィキ〉

ブルジョワ革命　　　　社会主義革命

絶対王政 ➡ 資本主義 ➡ 社会主義

メンシェヴィキ

ロシアの現状　　　　当面の目標　　　　最終目標
➡次の革命はブルジョワ革命

ボリシェヴィキ

ロシアの現状　　　　　　　　　目標
➡絶対王政のもとで資本主義に突入　　➡次の革命は社会主義革命

🔈 食糧難になったペテルブルクで、第1次ロシア革命が起こった！

　20世紀に入って、ロシア国内の状況はますますひどくなった。工業発展を優先してきたロシアは、農民から穀物を取り上げ、それを輸出して資金を確保した。要は「工業発展のためなら、農民が飢え死にしてもいい」っていう政策だ。これに対して農民は、集団で地主を襲うなどの反乱を起こし、さらに社会不安から**ユダヤ人への集団襲撃（ポグロム）**なども激しくなったんだ。

　こうした状況のまま**日露戦争**に突入したロシアでは、開戦によって国民生活がさらに苦しくなった。同盟国フランスからの援助も思うように得られず、首都ペテルブルクなどの都市では食糧難が起きていたんだ。しかし、当時の皇帝**ニコライ2世**は国民生活にはまるで興味なし……ニコライ2世は、病気の息子（皇太子）のアレクセイの体調ばかり気にしていたんだよね。「こりゃダメだ😖」。

　1905年1月、**司祭ガポン**に率いられた首都ペテルブルクの労働者やその家族たち約10万人は、戦争の停止、労働時間の短縮、政治的自由、法のもとの平等などを求めて（彼らはこれを「プラウダ」と呼んだよ。ロシア語で「正義」って意味だ）、皇帝のいる**冬宮**を目指すデモを始めた。彼らは、「プラウダ」が受け入れられなけ

れば宮殿の前で死ぬつもりだと言って、軍隊が脅かしてもデモを続けたから、ついに**軍隊が発砲**😡！　多数の死者を出した。これが**血の日曜日事件**だ。民衆は「皇帝さまに撃たれた〜😫」って大騒ぎだ！

　「血の日曜日事件」をきっかけに**第１次ロシア革命【1905年革命】**が始まった。人びとの間に残っていたツァーリ崇拝がなくなって、**全国各地でストライキや暴動が起こった**。各地で労働者と軍隊が衝突すると、各都市の**労働者たちは自分たちの自治組織ソヴィエト（評議会）をつくって**、憲法制定や議会の開設を要求した。さらに軍の内部にも革命が広がって、日本海海戦で敗れたニュースが伝わると**専制政治への批判が爆発**、黒海艦隊の戦艦**ポチョムキン号**では水兵の反乱が起きたんだ。

📺 クローズアップ　第１次ロシア革命【1905年革命】

- **日露戦争勃発**［1904］……**都市における食糧難**の発生
- **第１次ロシア革命**［1905.1〜05.9］……当時の皇帝は**ニコライ２世**
  - **血の日曜日事件**［1905.1］……指導者：**ガポン**
    - ▶日露戦争中に、首都：**ペテルブルク**の**冬宮**で発生　➡全国各地へ暴動が波及
  - **ソヴィエト【評議会】の結成**……都市で発生した**労働者の自治組織**
    - ▶軍内部にも革命が波及……**戦艦ポチョムキン号の反乱**［1905.6］
  - **十月宣言【十月勅令】**［1905］……起草者は**ウィッテ**
    - ➡**ドゥーマ**（帝政ロシア国会の下院）の開設［1906］……**制限選挙**で選出。
      第１党はブルジョワ中心の**立憲民主党【カデット】**
- **第１次革命後のロシア**
  - 首相：**ウィッテ**による**自由主義改革**［任1905〜06］
    - ➡**保守派の反発**。ニコライ２世はウィッテを解任
  - 首相：**ストルイピン**による**反動政治**［任1906〜11］……自由主義を**弾圧**
    - ▶**ミールの解体**……**自作農の創出**が口実。農民の反抗と革命の温床とみなした

🔊 革命を鎮めるために、ニコライ２世が憲法制定と国会開設を約束！

　都市労働者、農民、兵士など全国に革命が拡大したから、ロシアは日露戦争を終わらせるしかなくなったんだ。さらに、自由主義者の要求する政治改革をやらないと革命が終わりそうになかったから、ニコライ２世は仕方なく**十月宣言【十月勅令】**を発布して、**国会開設と憲法の制定を約束**したんだ。そして、十月宣言を起草した**ウィッテを首相**として、**自由主義改革**を進めたよ。

　1906年、十月宣言での約束通り**ドゥーマ**（帝政ロシア国会の下院）が開設された

んだけど、**制限選挙だったからブルジョワ政党の立憲民主党【カデット】が第1党**になった。ただ、この議会には制約が多かったんだよ。制定された憲法には「**皇帝に最高専制権力がある**」って書かれていたり、「**どんな法律も、皇帝の承認がないと発効しない**」なんていう条項もあったから、専制政治は何も変わらなかった。ただ、選挙で選ばれる議会ができただけでも、ロシアにとっては大きな変化だよね。

　しかしこんな憲法や議会なのに、**保守派の逆襲が始まった**😫。ニコライ2世も、国内の革命を鎮める「だけ」のために憲法や議会をつくったからね。革命運動さえ収まれば、もはやどっちもいらない😁。まず、憲法が決められる直前に、**保守派の圧力で首相ウィッテが解任され、土地改革の問題に触れた議会もすぐに解散**させられた。かわって首相になった**ストルイピンは革命運動を厳しく弾圧する反動政治を強行する**一方で、表向きは「農民がきちんと自分の土地を持てるように」と言って**農村共同体（ミール）を解体**した。これウラの意味だと、農民の反抗や革命の基盤になっているミールをなくしちゃえ！ってことなんだよね😅。ミールの解体で**貧乏な農民はさらに貧乏になった**一方で、農村での助け合いから解放されて、少しは余裕があって「助けていたほう」の農民は豊かになった。こうして出現した**富農**を**クラーク**というんだ。その後、再び議会が開かれたものの、**ストルイピンはたびたび議会を無視した**ため反発を招き、1911年に暗殺されてしまったんだ。

5 　アメリカ合衆国　〜アメリカの帝国主義〜

◀ 工業発展によって労働者が増加!……革新主義ってなんだ?

　南北戦争後のアメリカでは、工業発展によって独占資本が出現するとともに、**労働者が急増して労働運動も起こり始めた**。この時代、すでにヨーロッパでは社会主義が拡大して各国で社会主義政党がつくられ、アメリカでも同じような運動が起きていた。1886年には**サミュエル゠ゴンパーズ**を会長に、**熟練労働者がアメリカ労働総同盟【AFL】**を結成して穏健な運動をおこない、さらに1905年には、**不熟練労働者**による過激な労働組合として、**世界産業労働者同盟【IWW】**もつくられた。こうした動きを警戒したのが**中産階級**（まあまあ金持ちな人たち）だ。ほかに、長期の農村不況に不満を持っていた**西部や南部の農民**を中心に、**ポピュリスト党【人民党】**が結成されたよ。

　中産階級も独占資本が経済を支配するのはイヤだったけど、**独占資本が強すぎると労働者が反発して「革命だぁ〜😡」とか言い出すかもしれない**……。**中産階級はそこそこ財産を持ってる**から社会主義にはしたくない😁。だから、社会主義の拡大などの急激な変化を避ける

「革新主義」って、労働者が好きなんじゃなくて、社会主義がイヤすぎて起きた動きだ

ために、**独占資本を規制してまともな自由競争を求める動き**が起きたんだ。これが「革新主義」だ。

アメリカでは、**1890年ころから独占資本を規制する反トラスト法**が、数回にわたって制定されていたよ。まず、1890年にハリソン大統領が**シャーマン反トラスト法**を制定し、その後「革新主義」を前面に掲げる共和党のセオドア゠ローズヴェルト大統領が独占資本の規制に乗り出した。ただ、**アメリカは州ごとに法律が違うから**、なかなか規制は難しかったんだよ。そして、「**新しい自由【ニューフリーダム】**」を掲げる民主党のウィルソン大統領は、**クレイトン法**を制定して独占資本の不正を防ぐために**連邦取引委員会**を成立させて、ある程度は効果を上げた。ただ、憲法に書かれた経済活動の自由とバッティングして完全に規制するのは難しかったんだけど、**労働者や農民などを保護する法律**をつくって支持を拡大しようとしたんだね。

じゃあ、続いてアメリカの外交について見ていこう。

◀ フロントィアが消滅すると……いよいよ対外進出が始まった！

アメリカは、**1890年ごろまでほとんど対外進出をしていない**よね。なぜかというと「**西部開拓**」をしていたからだ。よく考えてみてね。アメリカって、建国した時は大西洋側の東部13州しかなかったのに、どんどん**西部に領土を拡大**して、しかも世界中から**移民**が流入して人口も増えていったでしょ。領土拡大と人口増加……要するに**国内市場が拡大**してるんだ。これって、経済的には植民地を拡大してるのと同じ効果😆！ だから、植民地を拡大しなくてよかったんだね。

> アメリカの「1890年」は、絶対覚えてね。「フロンティア消滅」と「工業生産世界1位」だ！

それが、**19世紀末に近づくと状況が変わっ**たよ。1886年に**アパッチ族のジェロニモ**の反抗を鎮圧し、1890年にインディアン居留地**ウーンデッドニー**でスー族インディアンを虐殺したアメリカ政府は、1890年に**フロンティア消滅**を宣言した。フロンティアが消滅しちゃうと、**これ以後、国内市場が急激に拡大することはない**。しかも同じころ、**アメリカはイギリスを抜いて世界1位の工業国**になった。だから、アメリカの1890年はむちゃくちゃ大事だよ！「フロンティア消滅」と「工業生産世界1位」、この2つによって市場拡大への欲求が高まり、アメリカはラテンアメリカを標的にした対外進出を始めたんだ👆。

1889年、ハリソン大統領がワシントンで**第1回パン゠アメリカ会議**を開催し、「**パン゠アメリカ主義**」を採用した。「パン゠○○」ってのは「○○の連携」って意味なんだけど、この会議では**アメリカ合衆国を中心に南北アメリカが連携**する「パン゠アメリカ主義」を口実に、「**アメリカがラテンアメリカを政治的・経済的に支配してもいい**😏」ってことにしたんだよ。

クローズアップ　アメリカの帝国主義（セオドア = ローズヴェルトまで）

- ●第1回パン = アメリカ会議［1889］……中南米進出の口実が「パン = アメリカ主義」
- ●アメリカ政府によるフロンティア消滅宣言［1890］➡以後、対外進出
- ●マッキンリー大統領《**共和党**》［任1897〜1901］
  - ●**米西戦争【アメリカ = スペイン戦争】**［1898］
    - ▶**キューバの独立運動支援が口実**
      - ……キューバの独立指導者：**ホセ = マルティ**
    - ▶**メーン号爆沈事件を機にアメリカがスペインと開戦 ➡アメリカの勝利**
    - ※パリ条約［1898］
      - ▶キューバの独立 ➡のちに**プラット条項**によって、キューバ保護国化［1901］
      - ▶フィリピン、グアム、プエルトリコをアメリカに**割譲**
  - ●**ハワイ併合**［1898］➡**太平洋航路の確保**
  - ●**門戸開放宣言**［1899／1900］……国務長官ジョン = ヘイが提唱
    - ▶中国に関して、「門戸開放・機会均等」［1899］「**領土保全**」［1900］を宣言
- ●セオドア = ローズヴェルト《**共和党**》大統領［任1901〜1909］
  - ●カリブ海政策＝「**根棒外交**」（軍事力を背景とする外交政策）
    - ▶ドミニカを事実上保護国化［1905］➡1916年から軍政下に置く
    - ▶パナマ運河の建設［1904着工／1914完成］
      - **コロンビアからパナマを独立**させ、運河の**工事権・永久租借権**を獲得
  - ●アジア方面……**ポーツマス条約**（日露戦争の講和条約）の調停［1905］

◀ マッキンリーの砲艦外交。キューバを狙って米西戦争が勃発！

　1897年に就任した共和党のマッキンリー大統領は、積極的な帝国主義政策を進めたよ。狙うのはキューバだ！　スペイン領のキューバでホセ = マルティによる独立運動が起こると、アメリカではキューバ独立を支持する世論が高まった。このウラには、キューバのサトウキビ産業に投資していたアメリカ企業が、「独立したほうがもっと儲けられるぜ😀」って思っていたこともあるんだけどさ😅。

　そして、マッキンリーはすでにキューバを取る気で、世論が盛り上がる前に戦争準備を始めていた😆。軍艦と大砲でぶっ飛ばすから「砲艦外交」だ。そして、世論に乗っかってキューバの独立支援を口実に戦争を起こしたんだよ。

　1898年、キューバのハバナ港で起きたアメリカ軍艦**メーン号爆沈事件**をきっかけに、アメリカがスペインに宣戦して**米西戦争【アメリカ = スペイン戦争】**が始まる

と、アメリカ海軍は一気にスペイン海軍を破った。しかも同時に、地球の裏側のフィリピンにもアメリカ軍が侵入、たちまちフィリピンを占領した。準備よすぎるだろ😆。

こうしてアメリカが一方的に勝利してパリ条約が結ばれ、アメリカはフィリピン、グアム、プエルトリコを獲得したよ。もちろんスペインにはキューバ独立を認めさせた。そうはいっても、アメリカがそのままキューバを独立させるわけないよ……😵。1901年、アメリカはキューバの憲法にプラット条項を無理やりぶち込んでキューバを保護国化すると、グアンタナモにアメリカ海軍の基地を建設した。やってることが、ひどすぎるよ……😔。

> アメリカがらみの条約の名前は「パリ条約」が多いね。七年戦争後の英仏の条約、アメリカ独立戦争後の米英の条約もパリ条約だよ

第1章　国民国家の形成

第2章　列強の侵略とアジアの変革

第3章　帝国主義と第一次世界大戦

第4章　戦間期と第二次世界大戦

第5章　戦後の世界

〈アメリカの帝国主義〉

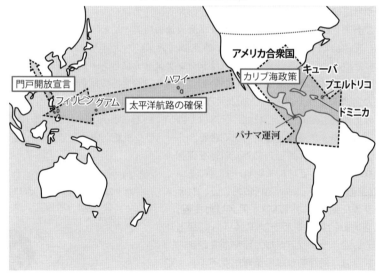

門戸開放宣言　フィリピン　グアム　太平洋航路の確保　ハワイ　カリブ海政策　アメリカ合衆国　キューバ　プエルトリコ　ドミニカ　パナマ運河

◀ いよいよアジア進出の開始！……と思ったら、中国分割が終わってた

米西戦争でフィリピンとグアムを取っただけじゃなくて、アメリカは着々と太平洋に進出する準備を進めてたんだよ。1893年、親米市民のクーデタによって、ハワイのカメハメハ朝の女王リリウオカラニを退位させていたアメリカは、米西戦争中にハワイ併合を強行したんだ。しかも、すでにペリーの艦隊によって日本の開国（日米和親条約 [1854] の締結ね）にも成功し、1858年には日米修好通商条約を結んだから、箱館（函館）、神奈川（横浜）、兵庫（神戸）、新潟、長崎への入港がで

きる。こうして太平洋航路を確保したアメリカは、いよいよ**本格的にアジア進出**（おもに貿易だよ）を始めたかったんだけど……いきなり問題にぶち当たった。

　独立を求めるフィリピンとの間で**フィリピン＝アメリカ戦争**が起こり、さらに米西戦争が終わった1898年には、ヨーロッパ列強と日本による中国分割がほぼ完了していた。**アメリカは中国進出には完全に出遅れた**ってわけだ。そこで、マッキンリー政権の国務長官ジョン＝ヘイは、1899年と1900年の２回にわたって、**列強に対して門戸開放宣言を発表**したよ。まず1899年に「門戸開放」「機会均等」を、そして1900年に「領土保全」を提唱した。これって要するに「アメリカも中国市場に割り込みたい！　オレにも儲けさせろ！」ってことだね。そして、「**門戸開放・機会均等・領土保全**」の３原則が、第二次世界大戦まで**アメリカのアジア外交の基本原則**になるんだよ。ここは、**第10回**▶の中国分割のところとあわせて確認してね。

🔊 キューバだけでは終わらない！　カリブ海諸国への「棍棒外交」

　マッキンリー大統領の暗殺後、副大統領から昇格した**セオドア＝ローズヴェルト**大統領はマッキンリーが進めていた**カリブ海への進出（カリブ海政策）**とアジア進出を引き継いだ。まずはカリブ海政策から見ていこう。

　セオドア＝ローズヴェルトは、カリブ海政策の口実として「**モンロー宣言**」を持ち出したよ。「モンロー宣言」って、本来は「アメリカ大陸とヨーロッパの相互不干渉」だけど、これを「**ヨーロッパはラテンアメリカにきちゃダメだけど、アメリカはラテンアメリカに進出してもいい**」っていうふうに拡大解釈した。だって、アメリカ合衆国とラテンアメリカは両方とも「アメリカ大陸」でしょ？　「**パン＝アメリカ主義**」と組み合わせれば、アメリカはいくらでもラテンアメリカ進出してもいい、って**カリブ海政策を正当化**できる。……ヘリクツだと思ったでしょ😅？

　では、もう一度アメリカの外交戦略を確認！ヨーロッパに対しては、**モンロー宣言**に基づく「**孤立主義**」（ヨーロッパからの孤立）、ラテンアメリカに対しては「**パン＝アメリカ主義**」、これを組み合わせてラテンアメリカに進出する。そして、ラテンアメリカ諸国が文句を言いそうな時は「何かあったら軍隊出すぞ！」って**武力をちらつかせてビビらせ、アメリカの影響下に置く**んだ。これが「**棍棒外交**」だよ。

> 「大きな棍棒を持って、おだやかに話せ」ってのがローズヴェルトの言葉だ。全然おだやかじゃないね

　じゃあ、「棍棒」で何をするのかっていうと、**パナマ運河**を建設したかったんだよ。ア
リカって大陸国家だけど、**実は海洋国家**だよね。大西洋と太平洋に挟まれてるでしょ。だから、海軍も両方に置いとかなきゃいけない。でも困ったことがあるんだ。**大西洋と太平洋の間で軍艦を行き来させるためには、南米の南端を回らなきゃいけない**んだよ。しかも、首都ワシントン（つまり東海岸）からアジアに行くとする

5 アメリカ合衆国 〜アメリカの帝国主義〜 233

第1章 国民国家の形成

第2章 列強の侵略とアジアの変革

第3章 帝国主義と第一次世界大戦

第4章 戦間期と第二次世界大戦

第5章 戦後の世界

と、大西洋を横断してスエズ運河を経由したほうが早かったりする……🤭。しかも、ドイツや日本も海軍を増強してるし……。海洋国家として、大西洋と太平洋の両方を守るために、どうしてもパナマ運河がほしかったんだよ。

セオドア＝ローズヴェルトは、パナマ地峡を支配しているコロンビアに「運河を掘らせろ！」って言ったら断られた😆。当たり前だよ、「はいどうぞ」なんて言うわけがない。そこで運河を掘りたいところにアメリカ人を移住させて独立運動をやらせ、それを支援してパナマ共和国を独立させた。そして、パナマ共和国に「運河を掘りたいから、運河予定地の永久租借権と工事権をよこせ！」って言って奪い、ちゃっかり工事を始めたんだよ。なんだよこの自作自演😫。覚えてるかな？　テキサス併合と同じ手口だ。ちなみに、パナマ運河の完成は1914年、第一次世界大戦勃発の年だよ。

陸上の大陸横断鉄道と海運のパナマ運河。アメリカの東西を結ぶ重要な交通だよ！

　その後もアメリカは、対外債務を返せない国の財政をアメリカの銀行に乗っ取らせて保護国化したり、政治に干渉したりを繰り返した。1905年にはドミニカから関税管理権を奪って事実上の保護国にしたり、さらにニカラグアやハイチもたびたびアメリカの干渉を受けたよ。

　一方、アジア外交では日露戦争後のポーツマス条約締結を仲介するなど、門戸開放宣言に基づく勢力均衡を図った。特に「領土保全」をしない国は、アメリカの敵ってことになるから、20世紀の初めだと、満洲占領をしていたロシアが敵ってことになるよね。だから日露戦争では日本寄りとなって、講和の仲介をしたんだ。

◀ 「棍棒外交」の次は、経済を乗っ取る「ドル外交」だ！

　セオドア＝ローズヴェルトの次に大統領になったのが、共和党のタフトだよ。アメリカはこれまで、武力で脅かしながらラテンアメリカを影響下に置く「棍棒外交」を展開していたけど、タフトの時代には少しだけ方針が変わったんだ。とはいっても「ラテンアメリカをアメリカの影響下に置いとこう」ってのは変わらない。やり方がちょっと変わって「アメリカ資本がラテンアメリカに進出して、投資の拡大によって政治的・経済的な影響力を強くしよう！」っていう、簡単に言うと札束でぶっ飛ばす「ドル外交」になったんだよ。弾丸でぶっ飛ばすか、ドルでぶっ飛ばすか。まあ、どっちにしてもぶっ飛ばすんだけど😆。ただ、アメリカに対する反乱が起きたら、どっちにしても軍隊を出すんだよ。例えば、ニカラグアには海兵隊を派遣したしね。

　そして、第一次世界大戦の直前には、ひさびさに民主党のウィルソンが大統領になったよ。ウィルソンはかなりの理想主義者だったから、アメリカを「世界一自由

な民主主義の国」として、「ラテンアメリカの独裁政治を民主主義・資本主義体制に変えるのがアメリカの使命だ！」って考える「**宣教師外交**」を展開したよ。アメリカが自由と民主主義の「宣教師」ってことね。だから、アメリカの民主主義に従わない国には軍隊を送るし、アメリカと同じ資本主義に変えるためにアメリカ資本を進出させるから、ハイチやドミニカ、キューバには海兵隊を送ったし、**メキシコ革命にも干渉**した。なんだよ！ やってることは「棍棒外交」や「ドル外交」と同じじゃないか😅。

◀ メキシコでは、ラテンアメリカ初の民主主義革命が起こった！

んじゃ、続いてメキシコについて見ていくよ。メキシコは独立戦争で農業が大きな被害を受け、鉱山も操業停止に追い込まれて、経済はガタガタだったんだ。さらに**アメリカ＝メキシコ戦争で負けて、広大な領土を奪われた**😭。

しかし、みんなが国家を再建したいって思っているのに、保守派（保守党）と革新派（自由党）が対立したんだ。1858年に革新派でインディオ出身の**フアレス**大統領が誕生して**レフォルマ【大改革】**を開始し、**教会や軍部の特権廃止、土地改革**などの自由主義的な改革（レフォルマ法）を進めると、保守派との間で**内戦が勃発**した。このレフォルマの内戦を見た**フランス皇帝ナポレオン３世**は「今が中南米に進出するチャンス😼」とばかりに**イギリス・スペイン**を誘い、メキシコの対外債務不払いを口実に**メキシコに出兵**し、オーストリアの皇族**マクシミリアン**を帝位に就けたんだ。同じころに**アメリカでは南北戦争が起きていた**から、その隙をついた出兵だね😄。しかし、南北戦争が終わると**アメリカがモンロー宣言を使って抗議**してきたから**フランスは撤退**することになった。そして、メキシコのフアレス大統領は**マクシミリアンを処刑**して、**勝利を収めたんだ**😝。

その後メキシコでは、フランスとの戦いで活躍した**ディアス**将軍がクーデタで大統領となり、教会や軍部、大地主の特権を復活させて**独裁を強化**し、経済的には**アメリカと結んで権力を維持**した。こうしてメキシコは、**アメリカへの従属を強めて**しまったんだね。ディアスの独裁は工場の建設や鉄道の開通などの近代化をもたらしたけど、産業は外国資本の支配下に置かれ、土地を奪われた多くの農民は貧困に苦しみ、下層労働者の生活もひどいままだったから、だんだんと**独裁政権への批判が高まり**、政権を倒す動きが起きたんだ。

1910年、**自由主義者で地主のマデロや農民のサパタ**を指導者とする革命が起きると、**ディアスが追放されてマデロが大統領になった**よ。これが**メキシコ革命の始まり**だ。ただ、ディアスの独裁は倒したものの、その後の政

ディアスを倒したあとも、農民たちが求める土地改革は、なかなか実現しないんだよ

府をどうするかっていう合意がなくて、**地主のマデロ大統領と農民のサパタが対立**し、サパタが農民を率いて反乱を起こしたもんだから、政権はいきなり危機になった。

そして、反乱の鎮圧を命じられた軍部の**ウェルタ将軍**は、反乱側と裏取引をして**クーデタを起こし**、マデロ大統領を捕えて殺害すると、政権に就いた。しかし、このクーデタに反対する憲政派（**カランサ**が指導する**中産階級**、サパタやビリャが指導する農民勢力が団結したよ）がウェルタ政権に反対して、**メキシコは内戦になっちゃった**😨！この時、**アメリカ大統領ウィルソン**は、ウェルタを「殺人者」と呼んで承認せず、**海兵隊を派遣して干渉**すると、**ウェルタ政権は崩壊**した。

こうして**カランサが政権に就いた**んだけど、「改革が甘い！」と主張する**農民勢力**（サパタ派、ビリャ派）が反対してメキシコの混乱は続き、最終的には**1917年**に**民主的な憲法**が制定されて、**カランサが正式な大統領**となったよ。ただ、このあともメキシコでは混乱が続くんだよね😫。サパタもビリャも、ついでにカランサも暗殺されたし😅。その後、1934年に就任した**カルデナス大統領**の時代に、教育の普及や労働者保護、**農地改革**、**石油国有化**などの民主的な改革が進むことになるよ。あっ、難関大の正誤問題の選択肢で出てきたりするから、**メキシコの石油国有化は「第二次世界大戦前」**っておさえておいてね。

今回は盛りだくさんだけど、頑張って復習してね😄。
それじゃあ最後に年号 check しよう！

!!!年号のツボ

- **イギリス、第3回選挙法改正** [1884]（選挙権やるから　**は**やし**たて**る**な**）
  <small>8 8 4</small>
- **ブーランジェ事件** [1887]（**一発やんなきゃ**　軍事独裁）
  <small>1 8 8 7</small>
- **ドレフュス事件** [1894]（終身刑は　**白紙**にもどせ）
  <small>89 4</small>
- **ビスマルク退陣**（**ヴィルヘルム2世の親政開始**）[1890]
  （**違約を責められ**　ビスマルク退陣）
  <small>1 89 0</small>
- **露仏同盟の成立** [1891]（**露仏が組めば**　**一躍1位だ**）
  <small>1 89 1</small>
- **米西戦争** [1898]（**一発キューバへ**　米西戦争）
  <small>1 8 9 8</small>

次回はいよいよ**第一次世界大戦**だよ。**第一次世界大戦までの国際関係**では、これまでやってきたことが次々と出てくるから、ここまでで不安なところはもう一度見直しておこう🐾。

第13回 第一次世界大戦とロシア革命

さあ、今回はいよいよ19世紀以降のヨーロッパの国際関係を第一次世界大戦まで一気に見ていくよ。これまで見てきた列強の対立がからみあって、ヨーロッパ全体を巻き込む戦争にまで発展してしまうんだ。

● 大きくつかもう! ●

今回はビスマルク外交から第一次世界大戦まで一気に見ていくよ！

1 第一次世界大戦にいたる国際関係
237〜245ページ

2 「ヨーロッパの火薬庫」
246〜249ページ

3 第一次世界大戦
249〜253ページ

4 ロシア革命
253〜257ページ

政治学や歴史学で「長い19世紀」って言い方があるんだけど、これは19世紀の国際関係が「1914年の第一次世界大戦勃発」で大きな区切りを迎えたからできた呼び方だよ。各国が帝国主義を進めるとさまざまな対立が起きて、その結果、これまでになかったような大きな戦争を引き起こした。今回は、対立の発生から第一次世界大戦の勃発までの国際関係の変化をまとめて見ていくよ。大学の授業にある「国際関係論」でも題材になるような範囲だから、ちょっと難しいかもしれないけど、頑張っていこう😆！　さらに、第一次世界大戦と大戦中に起きたロシア革命まで一気に進めるからね！

それじゃあ、第一次世界大戦とロシア革命の始まり〜🖐。

1 第一次世界大戦にいたる国際関係

ビスマルク外交の時代［1871 ～ 1890］

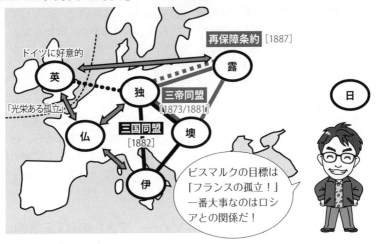

ビスマルクの目標は
「フランスの孤立！」
―一番大事なのはロシ
アとの関係だ！

クローズアップ　　**ビスマルク外交**

- ●三帝同盟［1873］……**ドイツ・オーストリア・ロシア**で締結
- ●独墺同盟［1879］……ドイツとオーストリアの軍事同盟
- ●新三帝同盟［1881］……三帝同盟の復活　➡1887年崩壊
- ●三国同盟［1882］……**ドイツ・オーストリア・イタリア**で締結
- ●再保障条約【二重保障条約】［1887］……**ドイツ・ロシア**間の秘密条約

◀ 「ビスマルク外交」って何？　ポイントは「フランスの孤立化」だ！

　1871年、**ドイツ帝国を成立させた宰相ビスマルク**は、できたばかりのドイツの安全をどうやって守るかを考えた。これまではひたすら**軍備拡大（「鉄血政策」だ！）**によって統一を進めたけど、これからは**国内の産業発展にもお金を使いたい**。軍事費を抑えるためにも、**しばらく戦争は起きてほしくなかった**んだ。

　しかし、それを脅かすのが**フランス**だ。さすがに普仏戦争ではちょっとやりすぎた。**アルザス・ロレーヌを奪い**、ヴェルサイユ宮殿に乗り込んでドイツ皇帝の戴冠式をやってフランス人のプライドをズタズタにして、**賠償金まで払わせた**もんね。**フランス人のドイツへの復讐心はハンパない**んだよ。もしどこかで戦争が起きたら、それを利用してフランスがドイツに攻め込んでくる可能性は高かった。

　そして**イギリス**も、オーストリア、フランスという２大国を力でねじ伏せて統一

したドイツを警戒している。「ヨーロッパの真ん中に、とんでもない大国ができた」と思われたら、ドイツ包囲網をつくられるかもしれない😖。

　そして各国は、「いかに自分が不利にならないか」ってことを考えている。**ヨーロッパ列強は5大国（英・仏・露・独・墺）**だから、2つに分かれるとしたら3対2になるよね。だから各国は、**絶対に"2"のほうにはなりたくない**んだ。これ、ずっと出てくるから覚えといてね。ビスマルクは、「何があっても**ドイツが3、あわよくば4のほうにいる**」状態にしておきたい。

　それじゃ、これらを解決するにはどうすればいいんだろ？　まずは**フランスを孤立**させて、戦争を起こした瞬間に周りが全部敵になるように、**フランスを包囲する同盟をヨーロッパ中に張りめぐらせればいい**。そして、一番大事なのはロシアとの関係だね。ロシアがフランスと同盟したらドイツは挟み撃ちになるから、ビスマルクは**ロシアとの同盟関係を重視**したんだ。さらに国際関係をリードして勢力均衡を図り、ヨーロッパで戦争が起きないようにする。だから、ドイツは対外進出をしないよ。これが「**ビスマルク外交**」だ。

◀ まずはロシアとの同盟形成！　でも……できたのは「三帝同盟」だ

　そこでビスマルクはロシアに接近して、ロシアがフランスをキライになるように、想い出を語った。「ロシアは**クリミア戦争**の時、イギリスと"**フランス**"にひどい目に遭わされましたな😏」って。さらに「**フランスみたいな革命の国**と付き合ったら、何されるかわかりませんよ😏。ロシアの味方には、"**ドイツ**"がふさわしい」って付け加えた。

　ロシアは「確かにそうだな」って思った。こうして、**ロシアがドイツと同盟を結ぶ気になっ**たところで、「あっ、1つ忘れてました。この同盟"**オーストリアも入れる**"けど、もちろんいいですね」って、しれっと言ったんだ。

対立する2国を含めた3国の同盟をつくる。ビスマルクお得意の「戦争封(ふう)じ」だ！

　だって、**オーストリアとロシアはどちらもバルカン半島への進出を狙っている**から、そもそも仲が悪い！　下手したら戦争になるかもしれないよね。そして、**オーストリアは**普墺(ふおう)戦争の時にベーメンを返してもらった想い出があるから、ドイツが好き♡😆。**ドイツとオーストリアが仲が良いってことは、ロシアとオーストリアが戦争になっ**たら、**ロシアがフランスと組むかもしれない**。なんとしてもロシアとオーストリアの戦争を避けたいから、**両国を入れた3国の同盟**にしたかったんだよ。対立する2国を一緒の同盟に入れるのは、ビスマルクお得意の「**戦争封じ**」だ。

　ロシアは一瞬悩んだけど、「**ドイツが敵じゃないほうがいいし、ロシアが"3"のほうにいられる**」と思った。だって、この3国で**ドイツが一番強い**んだもん。こう

して1873年、**ドイツ、オーストリア、ロシアの三帝同盟**が成立したよ。

🔊 ロシアの南下に各国が反発。ベルリン会議で戦争の危機を回避！

　しかし、安定は長くは続かなかった。**ロシアが露土戦争を起こし、サン゠ステファ
ノ条約でバルカン半島への南下を成功させた**よね。この戦争は、そもそもクリミア
戦争のパリ条約に違反して起こした戦争だから、**イギリス、オーストリアが猛反
発！**　もしイギリス・オーストリアとロシアが開戦すれば……おそらくフランスが
動く。ビスマルクは焦った……「こりゃ第2次クリミア戦争だ……😵」。

　そうなったら、ドイツは動きようがないんだよ。**ロシアにつけば、英仏が敵にな
り、オーストリアまでも敵**になる。かといって**ロシアを敵にしたら、戦後にロシア
とフランスが接近**するかもしれない……結果は「**3対2の"2"になる**」か「**フラ
ンスがロシアと組む**」か、どちらにしても悪夢だ😫。「なんとしても、戦争だけは
回避しなければマズい！」

　そこで**ビスマルク**は「**誠実な仲介人**」と称して**ベルリン会議**を開いた。会議のな
かでビスマルクは、**ほぼ全面的にイギリスとオーストリアの味方をした**（条約の中
身は➡P.106～107参照）。だって、イギリスが怒ったら戦争になる😥。そこで、ロシ
アが取ったはずの**ブルガリアの領土を縮小**して、しかも**オスマン帝国宗主下に戻し
た**。さらに**イギリス**には**キプロス島**、**オーストリア**には**ボスニア・ヘルツェゴヴィ
ナの統治権**というお土産まで持たせた。ついでに**英仏独の密約でフランスのチュニ
ジア占領を黙認**した。これ、ビスマルクの仕掛けた
時限爆弾😁。あとで爆発するからね。

　さすがに**ロシア**は「**三帝同盟**を結んだくせに、お
前は味方じゃないのかよ！」って怒った。かわりに
イギリスがビスマルクのファンになった😊。会議
に出席した首相**ディズレーリ**は「ビスマルクはなか
なかいいヤツじゃないか」って思ったんだね。会議
の結果は「**独露関係が悪化した（事実上の三帝同盟
崩壊）**」ことと「**英独関係が良好になった**」ことが
ポイントだよ。

> ベルリン会議で怒らせち
> ゃったロシアとの関係は
> 復活できるのかな？

🔊 ロシアとの関係を改善しつつ、イタリアを同盟に取り込め！

　ベルリン会議のあと、ビスマルクは**オーストリアとの同盟関係を中心に同盟**をつ
くり直したよ。まずは**独墺同盟**を結び、オーストリアに対しては「**ロシアがバルカ
ンに進出してきたら、ドイツは全面的にオーストリアの味方ですよ**」って言って安
心させた。でも本当は、**ロシアともう一度同盟を結ぶための策略**なんだよ。

　ビスマルクの思ったとおり、**ロシアは焦った**……。だって、バルカン半島に進出
したら、周りは敵ばかりでしょ😥。ビスマルクはロシアに言った。「**英仏がずっと
敵のロシアが、独墺まで敵に回したらどうなりますか？**　あなたは3対2の"2"

第1章 国民国家の形成
第2章 列強の侵略とアジアの変革
第3章 帝国主義と第一次世界大戦
第4章 戦間期と第二次世界大戦
第5章 戦後の世界

あるいは "1" のほうになりますよ」ってね。**孤立したロシアは再びドイツの陣営に戻り、三帝同盟が復活したよ（新三帝同盟）**。

さらに、ビスマルクが仕掛けた時限爆弾が爆発した！　**フランスがチュニジアを保護国化**すると、**イタリアが怒ったんだ**。だって、チュニジアってもともとカルタゴだ。イタリアの夢はローマ帝国の復活！　イタリア半島統一の次はポエニ戦争だ😄。でもフランスに取られた……。「も〜、**カルタゴほしかったのに〜**😡」

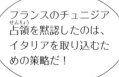

フランスのチュニジア占領（せんりょう）を黙認したのは、イタリアを取り込むための策略だ！

そこに現れたのが**ビスマルク**だ！「フランスってイヤなヤツだろ。君がほしかったカルタゴを取っちゃって😤」って**イタリアに接近**した。そもそもイタリアはビスマルクがキライじゃない。だって、ヴェネツィアを併合（へいごう）できたのはビスマルクのおかげだ（普墺戦争（ふおう）の時だ）。

こうして、**イタリアが同盟を結ぶ気まんまんになったところで**、お得意の戦争封（ふう）じ😏。「同盟結ぶなら、**オーストリアも一緒だからよろしく**😤」ってさ。イタリアは一瞬迷った……。だって、オーストリアとイタリアの間には「**未回収のイタリア**（みかいしゅう）」問題がある。ただ、**イタリアはチュニジアをフランスに取られたショックが大きかったから、同盟を結ぶことにしたんだ**。こうして、**ドイツ・オーストリア・イタリアの三国同盟ができたよ**。

◀ ビスマルク外交がほころび始めたけど、なんとかロシアを繋ぎ止めた！

ヨーロッパ外交をリードしたビスマルクにも、どうにもならなかったのがバルカン問題だよ。バルカン半島のスラヴ人によるトルコへの反乱や、スラヴ人同士の紛争に**オーストリアとロシアが介入**（かいにゅう）**して対立が深まり、1887年三帝同盟が崩壊してしまった**😫。しかも同じころ、**フランスではブーランジェ事件が起きて、反ドイツの世論が盛り上がっている**😖。独墺同盟（どくおう）はかなり強かったから、**ロシアとフランスが反ドイツ・反オーストリアで同盟を結ぶかもしれない**……😩。ビスマルクはズルい手を使うしかなくなったんだ。

1887年、ビスマルクは**ロシアと再保障条約を結んだ**。これは「両国のいずれかが攻撃を受けた時、**お互いに中立を守る**」って条約なんだけど、具体的には「**ロシアとオーストリアが戦争になったら、ドイツは中立**」で「**ドイツとフランスが戦争になったら、ロシアは中立**」ってことだよ。よく考えてね。**独墺同盟**では「**ロシアとオーストリアが戦争になったら、ドイツはオーストリアの味方**」って言ってるから、これって人間関係、というか恋愛に例えたら、完全に浮気だ。オーストリアが本命で、ロシアが愛人😏。両方に「愛してるのは君だけだよ」と言ってる😵。ここまでしてでも、**ロシアとフランスの接近を恐れていた**ってことだ。

第**1**章
国民国家の形成

第**2**章
列強の侵略と
アジアの変革

第**3**章
帝国主義と
第一次世界大戦

第**4**章
戦間期と
第二次世界大戦

第**5**章
戦後の世界

ドイツ外交の転換　［1890 〜 1904］

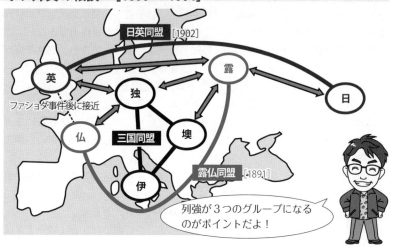

列強が３つのグループになる
のがポイントだよ！

◀ ヴィルヘルム2世の親政が始まると……ビスマルクが恐れていた露仏同盟が成立！

　1890年、ビスマルクが退陣してヴィルヘルム２世の親政が始まったよね。この時点ですでに、**ドイツはヨーロッパ有数の工業国に発展**していたから、ヴィルヘルム２世は積極的な対外進出に転換し、オーストリアとともに**バルカン半島への進出**を目指したから、ロシアとの対立は避けられない。こうして、**ロシアとの再保障条約の更新を拒否**したんだ。ロシアは捨てられた愛人だな……😅。

　外交と恋愛は似てるよ😳。ほら！　失恋した直後に優しくされると、付き合う可能性が高いでしょ😆。**ロシアに優しくしたのはフランス**だよ。フランスもドイツに孤立させられていたから、「君もドイツにひどい目に遭わされたのか……僕と一緒だね！　ジュテーム😍」みたいな感じで愛が芽生えた♡。こうして**反ドイツ**で結ばれたのが**露仏同盟**だ。以後ロシアは、**フランスからの投資によって工業化**を進め、**シベリア鉄道**の建設も始まったんだ。これが、ロシアが積極的な東アジア進出を始めた背景だよ。

　この時点での５大国は「**独墺の"２"**」と「**露仏の"２"**」、そして「**イギリスの"１"**」という状態だね。

◀ 敵がどんどん増えるイギリス。ヨーロッパ中が敵だらけになった！

　19世紀後半のイギリスは、圧倒的な**海軍力と経済力**を背景に「**光栄ある孤立**」政策をとっていたよね。同盟なんて結ばなくても、世界中に軍隊を送って覇権を握れたんだもん。例えば、**イギリスはずっとロシアの南下政策を警戒**していたから、ロシアが勢力を拡大しそうになった時には、**フランスやオーストリアと手を組んで潰せ**ばよかった。でも、そうもいかなくなる。だって、**アフリカ分割をめぐる対立**が

激化したんだもん。1884年のベルリン＝コンゴ会議ののち、**アフリカ縦断政策**を進める**イギリス**が**マフディー運動**で苦しめられているころ、**フランスはアフリカ横断政策**でスーダンを狙っていたよね。これじゃあ**フランスとは協力できない**。でも、**ビスマルク**時代にはドイツがあんまり対外進出をしなかったから、**英独関係は悪くなかった**。つまり、気持ち的には「ドイツは味方」だったんだよ。

ところが、ヴィルヘルム２世が「世界政策」を始めると、ドイツも危険な国になった！　ドイツが進める**３Ｂ政策**は、イギリスの**３Ｃ政策**と全面的に対立する。イギリスは、インドを脅かすヤツは絶対許せない😆！　ついに**ドイツも敵**になった。しかも**ドイツ海軍の大拡張**で、イギリス海軍の優位も揺らぎ始めている。両国の**建艦競争**の始まりだ。

そんな時期に起きたのが**ファショダ事件**だよ。イギリスの**アフリカ縦断政策**とフランスの**アフリカ横断政策**が衝突し、「英仏戦争が始まるかも😨」って危機になったよね。この前後で**英仏両国**は、それぞれの外交を考え直した。

フランスは「イギリスと開戦しても勝てない」って思ったから、**スーダンはイギリスに譲る**ことにした。これを見た**イギリス**は、増えてしまった敵の優先順位を考え直したんだ。だって、全部を敵に回すのはさすがにキツいでしょ？「ロシア、フランス、ドイツ……どの国が一番ヤバいか？」。イギリス外交の原則は「インドを狙うヤツは許さない！」ってことだから、**３Ｂ政策**でインドを脅かすドイツ、中央アジアに南下してくるロシアはインドへの脅威になるから絶対に敵だけど……**ファショダ事件で譲歩したフランス**は「そんなに脅威じゃないのでは？」と思った。これが、のちに**英仏が接近する伏線**だよ。

◀ 東アジア進出を強化するロシア。イギリスは「光栄ある孤立」を捨てた！

露仏同盟の成立後、ロシアは**シベリア鉄道**を建設して東アジアにも積極的に進出してきた。そして**日清戦争**後には、フランス・ドイツを誘って日本に**遼東半島返還**を要求したよね。この**三国干渉**が、日本とロシアの対立の始まりだ。さらに、中国で起きた**義和団戦争**では、日本とロシアを中心に**８カ国共同出兵**をやった。この事件を通じて、イギリスはロシアへの警戒感を強めたんだ。

義和団事件の時、イギリスは**南アフリカ戦争【南ア戦争／ブール戦争】**を戦っていたから、たいして出兵できなかったよね。かわりに日本に最大兵力を出させたけど、鎮圧後も**ロシア軍は撤退せずに満洲占領**を続けていた。ホントならイギリスは、中国に軍隊を送ってロシアを抑え込みたいところだったんだけど、南ア戦争で財政難になってる……😣。イギリスは、またまた優先順位を考えた。「世界各地の、どこに軍隊を送るべきか？」

南アフリカ戦争での財政難は、イギリス外交が転換するポイントだよ！

まず、最優先は「インド」だ。インドはなんとしても守る！　そして、インドに行くには**スエズ運河**が重要だから「エジプト」も守る。南アフリカは取ったばっかりだから、捨てるわけにいかない……。「じゃあ、中国は？」。どう考えても4番目😅。「こりゃ、ほかの国に任せよう」って思った。じゃあ、誰に任せるのか？注目されたのが日本だ。**ロシアの進出に脅威を感じている日本と同盟を結んで**、日本に極東の防衛を肩代わりしてもらおう！ってのが、イギリスの戦略。ついに**イギリスが「光栄ある孤立」を放棄して、ロシアに対抗するために日英同盟を結んだ**んだ。こうして極東の日本を加えて、「独墺の"2"」と「露仏の"2"」、そして「日英の"2"……うーん、まだ1.5くらい」という状態だね。

◀ 日英同盟の成立で列強は3陣営に分かれ、そして日露戦争へ！

日英同盟が成立すると、列強は3つのグループになった。つまり、日英同盟、露仏同盟、そしてドイツ・オーストリア・イタリアの三国同盟だよ。これが、日露戦争が始まる直前の世界情勢だ。そして1904年、イギリスと同盟した日本がロシアに宣戦して日露戦争が始まると、列強の思惑が入り乱れて国際関係が大きく変化するよ。ここで意識してほしいのは、日露戦争は単に「日本とロシアの戦争」ってだけじゃなく、「日英同盟 vs. 露仏同盟」の戦争になる可能性がある、ってことだ。

日露戦争後の国際関係の変化　[1904〜1914]

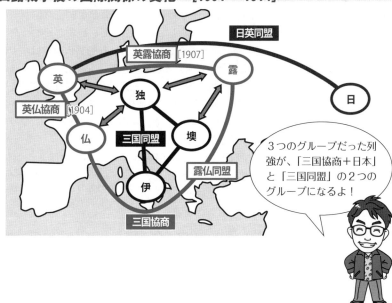

3つのグループだった列強が、「三国協商＋日本」と「三国同盟」の2つのグループになるよ！

クローズアップ　三国協商の成立

- ●露仏同盟の成立［1891～94］……**反ドイツでフランス・ロシアが接近**
- ●英仏協商［1904］……**日露戦争での英仏の開戦を避けるため**
  - ▶**イギリスのエジプト、フランスのモロッコ優先権を相互承認**
- ●英露協商［1907］……**イギリスはドイツを警戒しロシアと同盟**
  - ▶**イランでの対立解消、北部をロシア、南東部をイギリスの勢力範囲** とした
- ●三国協商成立［1907］……**英露協商成立の結果、自動的に成立**
  - ▶**イギリス、フランス、ロシアによる対ドイツ包囲網の完成**
    - ➡日本も、**日仏協約**［1907］、**日露協約**［1907］でフランス、ロシアと和解

◀ 日露戦争が始まると……ドイツに得をさせたくない英仏が接近！

　日露戦争が始まると、英仏両国はふと考えた。「この戦争、下手すると英仏が参戦しなきゃいけなくなる……😵」。だって、**日露戦争は「日英同盟 vs. 露仏同盟」、英仏の同盟国同士が戦争している**んだもん。そして、この戦争に関係ないのが三国同盟……要は**ドイツ**だよ。もし英仏両国が参戦したら、戦争と関係ないドイツが「今のうちに好きなところを取っちゃえ😏」って進出して、戦争が終わった時に「ドイツだけが得した」って結果になるかもしれない。しかも英仏両国はすでにファショダ事件で開戦を回避しているでしょ。今さら戦争する必要はない。

　こうして英仏両国は、**ドイツの台頭を警戒して、日露戦争での英仏の開戦を回避**し、**極東だけの戦争にする**（難しい言葉だと「**局地化**」）**ために、英仏協商を結ん**だ。この時、両国のアフリカでの利害を調整して、**イギリスのエジプト、フランスのモロッコでの優先権を相互承認**したんだ。

　こうなると、日露戦争は英仏両国にとっては「どっちが勝ってもいい」戦争になる😆。ズルいんだよ、これ。だって、もし実際の結果とは逆にロシアが勝ったとしても、**イギリスはフランスを通じてロシアを抑えられる**でしょ。英仏が組んだらロシアだって文句は言えないもん。しかもフランスは、内心ではロシアが負けてもいいと思ってる😵！だって、**露仏同盟は「ドイツ」に対抗して結んだ同盟**だよ。ロシアが中国に向かってもドイツにはなんの脅威にもならないから、**フランスとしてはロシアにヨーロッパに戻ってきてほしい**。もちろん、英仏に組まれた

> 英仏協商はズルい！英仏は、日露戦争でどっちが勝っても損しないんだもん

ら日本だって文句は言えない😤。結果的に、日露戦争では**日本が勝ってロシアの極東進出が挫折**したから、英仏両国の思惑通りになった、ってことね。

🔊 ドイツの脅威が現実になり、イギリスがロシアと接近！

　ちょっとだけ時代をさかのぼるよ。日露戦争中に、ドイツは英仏の関係を悪化させるために衝撃的な事件を起こした。だって**英仏協商**にムカついたんだもん😤。「フランスにモロッコを取らせたくない！」と思った**ドイツ皇帝ヴィルヘルム2世**が**第1次モロッコ事件**を起こすと、英仏両国は「ドイツの脅威が現実になった！」って焦ったんだ。これは、**英仏の関係を強化**しないとマズい！ 1900年ごろに**イギリスは工業生産でドイツに抜かれている**から、そんなに余裕もないんだよ。

　一方、イギリスにとってロシアは、もはや脅威じゃない。むしろ、**ドイツに対抗するなら、ロシアは味方にしたほうが得**だよ。だって挟み撃ちにできるでしょ😆。そして、**ロシアもイギリスと同盟したほうが得**になったんだよ。東アジアで挫折したロシアはもう一度バルカン半島に進出したいから、オーストリアやドイツとの対立は避けられない。しかも、英仏が同盟したから、イギリスは敵にできないんだもん。

　こうして1907年、**英露協商**が成立したよ。これで、すでにある**露仏同盟、英仏協商**とあわせて、**自動的に三国協商**が成立したんだ。この3国はすべてドイツと対立しているから、**三国協商はドイツ包囲網**だね。そして、イギリスと同盟している日本も、1907年に**日仏協約、日露協約**を結び、日露戦争前に3グループに分かれていた列強は、「**三国協商＋日本**」と「**三国同盟**」の2つのグループになったんだ。

三国協商は「自動的に」できたんだよ。三国協商条約みたいなものはないからね

🔊 第2次モロッコ事件で、英仏vs.ドイツの対立が激化！

　三国協商が成立すると、イギリスとドイツの関係はどんどん悪化し、お互いに海軍を大拡張する**建艦競争**を繰り広げた。そして、1911年にはドイツがモロッコに軍艦を派遣する**第2次モロッコ事件**が起きたよね。この時イギリスは海軍の出動を準備し、フランスも国内の反ドイツ世論が盛り上がって、結果的に「**英仏 vs. ドイツ**」の対立が激化した。こうなると、両陣営の戦争がいつ始まってもおかしくない😨。**各国は戦争準備のために軍備の拡大を進め**、このままだと次に戦争が起きたら確実に大戦争になる。この時期のヨーロッパは、戦争は起きてないけどいつでも戦争が可能な「**武装平和**」の状態になっていた。あとは、きっかけがあれば開戦しちゃうよ😨。そして、危機は**バルカン半島**で起きたんだ。

第1章 国民国家の形成

第2章 列強の侵略とアジアの変革

第3章 帝国主義と第一次世界大戦

第4章 戦間期と第二次世界大戦

第5章 戦後の世界

2 「ヨーロッパの火薬庫」

🔊 盛り上がるナショナリズム。バルカンは爆発寸前の「火薬庫」だ！

　バルカン半島では、オーストリアやロシアが小国のナショナリズムを利用して、ドサクサに紛れて勢力拡大を狙っていた。これが「**パン＝スラヴ主義**」と「**パン＝ゲルマン主義**」だよ。

　「パン＝○○」っていうのは、「○○の連携」くらいの意味だったよね。じゃあ、「**パン＝スラヴ主義**」ってなんだろう？　表向きは「バルカン半島の**スラヴ人**はギリシア正教徒が多いから、同じギリシア正教の**ロシア**を中心にスラヴ人が連携しましょう」っていう主張だ。で、ウラに隠れてるのは**ロシアの言い訳**😭。ロシアは**セルビアを支援**して、「セルビアを助けてるだけだよ😌」って言いながら、**勢力拡大を狙った**んだ。だって、イギリスと同盟国になったロシアが、バルカン半島にガンガン進出するわけにいかないでしょ？

　じゃあ、「**パン＝ゲルマン主義**」は？　ゲルマンっていうのは「ジャーマン（German）」、つまり**ドイツ人**だから、「**ドイツ帝国**のもとに全ゲルマン（ドイツ）民族が結集して、世界の覇権を握ろう」って主張だ。要するに「**ドイツ帝国とオーストリア帝国が手を組んでバルカン進出する**」ってことね。これは、ヴィルヘルム２世の「**世界政策**」や、オーストリアのバルカン進出の口実になったんだよ。

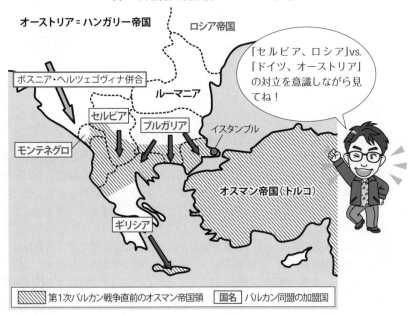

〈第一次世界大戦直前のバルカン半島〉

◀ オスマン帝国の弱体化に乗じて、各国の進出と自立が進んだ！

1908年に青年トルコ革命が起こると、各国の動きが活発になった。まず、ブルガリアが独立して、さらに**オーストリアがボスニア・ヘルツェゴヴィナを併合**したよ。オーストリアの進出だから「**パン＝ゲルマン主義**」だ。そしたら**ロシアの支援を受けたセルビア**（パン＝スラヴ主義ね）が、「セルビア人の住んでるところは全部併合する！」っていう**大セルビア主義**を主張して、**オーストリアに反発**した。ボスニアにはセルビア人が多かったからね。

さらに、**第2次モロッコ事件**で「英仏 vs. 独の戦争が起きるかもしれない！」という**国際的な緊張**が高まると、ドサクサに紛れて**イタリアがオスマン帝国（トルコ）と開戦！** この**イタリア＝トルコ戦争**に勝利したイタリアは、**トリポリ・キレナイカを植民地**にして、**リビアと改称**した。このウラには、**フランスとイタリアの密約**がある ！1902年、フランスはイタリアに謝った。「チュニジア取っちゃってごめんね〜。かわりにリビアあげるね。だから、ドイツの味方しちゃダメだよ」ってね。イタリアは感動。こうして**仏伊協商**が成立し、独仏戦争が始まっても**イタリアがドイツ側で参戦しないかわりに**、イタリアのトリポリ・キレナイカ、フランスのモロッコ優先権を相互承認したんだ。

> イタリアがリビアを取っても、英仏が怒らなかったのは、ドイツの味方をしないからだよ

◀ オスマン帝国から領土を奪え！ 2次にわたるバルカン戦争が勃発！

イタリア＝トルコ戦争でオスマン帝国が劣勢になったのを見て、「今のうちに領土を奪え〜！」って、**セルビア、モンテネグロ、ブルガリア、ギリシア**の4国が、ロシアの指導で**バルカン同盟**を結成したよ。これは、ロシアがスラヴ人の国を結集させたから「**パン＝スラヴ主義**」だ（ギリシアはスラヴ人じゃないけど、ギリシア正教だ）。そして**バルカン同盟 vs. オスマン帝国の第1次バルカン戦争**が始まったんだ。

〈第1次バルカン戦争〉

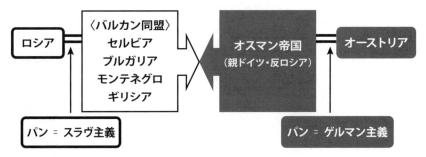

　この時オスマン帝国（トルコ）は、バルカン同盟の中心**セルビア**と、それを支援するロシアに反発して**オーストリアに接近**した。オーストリアの進出の口実がパン＝ゲルマン主義だから、第1次バルカン戦争は「パン＝スラヴ主義 vs. パン＝ゲルマン主義」の戦争ともいわれるよ。

　敗れた**オスマン帝国**は、バルカン半島の大半の領土を失ったんだけど、バルカン戦争はこれで終わらなかったんだよ。オスマン帝国から奪った領土の分配をめぐって、バルカン同盟で内紛が起きた。この戦争で**ギリシア**は「ギリシア文明発祥の地だ〜」って**クレタ島を占領**し、**ブルガリア**は「オレが一番たくさん領土をもらう！」って言ったの。これに反発した**セルビア**は、「オマエばっかり領土取ってんじゃないよ😡」と怒って、ギリシアやモンテネグロと組んで、**ブルガリアに戦争を吹っ掛けた**んだ。これが**第2次バルカン戦争**だよ。

〈第2次バルカン戦争〉

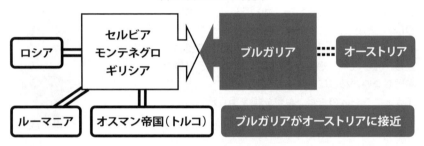

　この戦争でも、やはり**ロシアはセルビアの味方**をした。さらに、ブルガリアの北からは「ドサクサに紛れて領土を取っちゃえ！」って思っている**ルーマニア**が参戦し、**オスマン帝国**も「ちょっとでもいいから領土を取り返そう」ってブルガリアに攻め込んできた。こうして**ブルガリアが多くの領土を奪われた**んだ。

　そして、2回のバルカン戦争を通じて**国際関係が変化**したよ。敗北した**オスマン帝国とブルガリアはセルビアにムカついてる**。でも、**セルビアにはロシアがついてる**よね。ロシアに対抗できそうな大国といえば、バルカン半島では**オーストリア**、そしてその同盟国**ドイツ**だ。

　こうして、オスマン帝国とブルガリアは反セルビア・反ロシアでドイツ・オーストリアに接近したから、**セルビアとオーストリアの対立が激化**し、双方の同盟国である**三国協商（英・仏・露）とドイツ・オーストリアの対立**まで激化して、いつ戦争になってもおかしくない状況になった。ちょっとの火花で爆発する「**ヨーロッパの火薬庫**」だ！

これでヨーロッパは、いつ戦争が起きてもおかしくない状態になっちゃった😫

🔈 サライェヴォの一発の銃声が、世界大戦を引き起こした！

1914年6月28日、陸軍の演習のためにボスニアを訪問していたオーストリアの帝位継承者**フランツ=フェルディナント**夫妻が、ボスニアの州都サライェヴォで**セルビア人**によって暗殺された。この**サライェヴォ事件**をきっかけにオーストリアがセルビアに宣戦したんだけど、これがとんでもない戦争に発展するんだ。

まず、セルビアを支援する**ロシア**が**総動員令**を発すると、ロシアに対抗して**ドイツがロシアに宣戦**、続いてロシアの同盟国**フランスにも宣戦**した。そして、ドイツ軍がフランスに攻めこむ際に、**ベルギーの中立を侵犯**したことを口実に、**イギリスもドイツに宣戦**した。こうして、独・墺（同盟国）vs.露・仏・英（連合国・**協商国**）が開戦して、サライェヴォの銃声から約1カ月、開戦からわずか1週間のうちに、ほぼヨーロッパ全域を巻き込む**第一次世界大戦**に発展してしまったんだよ。

➕α ちょっと寄り耳🎧

サライェヴォで銃声が鳴った瞬間、「世界大戦になる」って思った人はほとんどいなかった。でも偶然が重なり合って、気づけば世界大戦になったんだ。

1914年6月28日、サライェヴォ駅からオープンカーで市庁舎に向かうオーストリアの帝位継承者フランツ=フェルディナント大公夫妻に、一発の爆弾が投げつけられた。ここでは事なきを得た大公は、市長に「爆弾で歓迎されるとは意外だ」とイヤミを言ったんだけど、その後、市庁舎を出た大公夫妻の車が一瞬止まった時に、セルビア人学生のプリンチップが至近距離から2発ピストルを撃ち、大公夫妻は亡くなった。

この時、オーストリア政府では「対立しているセルビアを、この機会に潰そう！」っていう意見が強まったんだけど、ロシアの動きが気になってドイツに確認をとった。するとドイツは「こっちが強硬に出れば、ロシアもフランスも動かないだろう」って根拠のない予測から、オーストリアを全面的に支持したんだ。だから、オーストリアは内政干渉（例えば、セルビア国内の裁判にオーストリア政府を参加させる、など）まで要求する最後通牒を送ったんだね。

これに対してセルビアは、内政干渉の部分以外はほぼ全面的に屈服したから、世界中は「戦争は回避した！」って思ったんだけど、「これでは不十分だ」としてオーストリアがセルビアに宣戦したんだ。まさかの展開……😵。ここから各国が次々参戦して、第一次世界大戦に発展したんだよ。

3 第一次世界大戦

🔈 ドイツの秘策が失敗。短期決戦のはずが、長期化する予感……

いざ開戦してしまうと、不利なのは**ドイツ**だよね。だって、フランスとロシアに挟み撃ちされる……。しかし、ドイツには秘策「**シュリーフェン=プラン**」があっ

た。どうせロシア軍はダラダラと準備が遅いから😆、最初にフランスに総攻撃をかけて潰して😈、そのあとに急いで東部戦線に大軍を戻して、遅れてきたロシアを叩く😁、って計画だ。まあ、半年くらいの短期決戦の予定だったんだけど……。

まず、予想外に**ロシアが早かった**😨。ドイツ軍は、一気にベルギーを突破してパリまで40キロに迫ったから、「もうフランスには勝てたな😄」と判断して、軍団をロシア方面に送った。そしたら、ロシア軍も予想外に早くドイツに侵入していて、東部戦線ではいきなり**独露両軍が衝突**したんだ。この**タンネンベルクの戦い**は、準備が遅れていたにもかかわらず、**ヒンデンブルク率いるドイツ軍がロシア軍を破った**。ところが西部戦線では、態勢を立て直した**フランス軍がマルヌの戦いでドイツ軍を撃退**したんだけど、大量使用された機関銃の威力で両軍で25万人もの死傷者を出したため、**戦線が膠着**してしまった。要は「どっちも動けない」。

こうして、ドイツは**東部・西部の二正面での戦争**をすることとなり、連合国・同盟国がどちらも決定的な勝利を得られないまま、**戦争は長期化**し始めたんだよ。だって、相手の攻撃から身を守るために**塹壕戦**(隠れる溝を掘って、そこに兵士がずっと待機する)になり、ひたすら**機関銃を撃ち続けた**。こうなると、国内では弾丸を生産し続けないといけないし、兵士の食糧も生産しないといけない。何よりもまず、兵士の人数が足りない。各国は**国力のすべてを戦争に動員する総力戦**を戦うことになり、**挙国一致体制**がつくられたんだ。

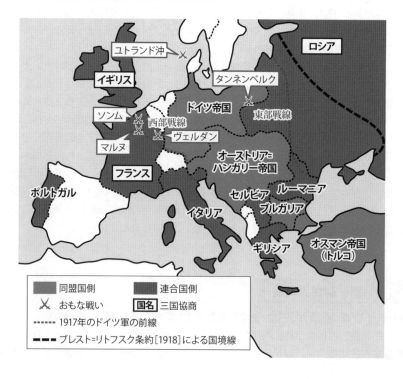

- 同盟国側
- 連合国側
- ✕ おもな戦い
- 国名 三国協商
- ・・・・・ 1917年のドイツ軍の前線
- ━━━ ブレスト=リトフスク条約[1918]による国境線

◀ 日本やイタリアも連合国側で参戦！ さらに、新兵器も登場

開戦直後の1914年8月、日英同盟を口実にして日本が参戦し、**ドイツ領南洋諸島**（南太平洋の島々）や中国での**ドイツの租借地膠州湾**を占領した。日本の軍事行動は**14**年中にすべて終わり、1915年には中国の**袁世凱**政権に対して、**ドイツの持っていた権益の譲渡**などを求める**二十一ヵ条要求**を提出したよ。

さらに1915年になると、**中立を宣言していたイタリアが連合国**（三国協商側）で**参戦**した。これね、「連合国側で参戦したら**未回収のイタリア**を返してあげるよ😊」っていうイギリスの誘いにイタリアが乗ったんだよ（**ロンドン秘密条約**）。

そして第一次世界大戦では、いろんな**新兵器**が登場した。塹壕を乗り越える戦車、さらにドイツ軍が**イープルの戦い**で初めて**毒ガス**を使ったんだ。偵察用に使われた飛行機も、徐々に攻撃にも使われるようになった。また、すでに発明されていた兵器のうち、海では**潜水艦**が、陸上では**機関銃**が本格的に使われるようになった。こうした兵器の使用によって、多数の戦死者を出すことになったんだよ。

◀ 1916年には両陣営が大攻勢！ しかし決着はつかず

戦線がほとんど動かないまま1916年に突入すると、各国では強力な戦時体制（英は**ロイド゠ジョージ**、仏は**クレマンソー**の挙国一致内閣、独は**軍部独裁体制**）がつくられ、状況をなんとか打ち破ろうと、**西部戦線ではドイツ軍がヴェルダン要塞**に猛攻撃をかけたんだ。ここを突破すればパリが見えてくる！ と思ったんだけど、**ペタン**の率いる**フランス軍**は、要塞を守り切った。この戦闘での両軍の死者はおよそ70万人！ 特に死者が多かったフランスにとって「**ヴェルダン＝第一次世界大戦**」というくらいの衝撃だったんだよ。一方、英仏を中心とする連合軍も、ソンムで**ドイツ軍に大攻勢**をかけたよ。この戦闘では**イギリス軍が初めて戦車を使用**し、両軍合わせて約2000万発ともいわれる砲弾が使用されたんだけど**決着はつかず**、約150万人ともいわれる戦死者を出した。さらに海軍では、**ユトランド沖海戦**でイギリスとドイツが衝突し、大きな被害を受けたドイツは、「軍艦よりも**潜水艦**で連合軍の船を撃沈したほうがいい！」として、**無制限潜水艦作戦**に向かっていったんだ。

〈第一次世界大戦の主な戦い〉

戦 線	西部戦線		東部戦線
	英・仏	ド イ ツ	ロ シ ア
1914年	マルヌの戦い ○フランス vs. ×ドイツ		タンネンベルクの戦い ○ドイツ vs. ×ロシア
1916年	ヴェルダン要塞の攻防戦 ○フランス vs. ×ドイツ ソンムの戦い △英仏 vs. △ドイツ		軍備の貧弱なロシアが劣勢

第1章 国民国家の形成

第2章 列強の侵略とアジアの変革

第3章 帝国主義と第一次世界大戦

第4章 戦間期と第二次世界大戦

第5章 戦後の世界

◀ 戦局を変えたのは、世界1位の大国になったアメリカの参戦だ！

　1915年に起きた**ルシタニア号事件**（イギリス船がドイツの潜水艦に撃沈されて、アメリカ人128名が死亡した事件）をきっかけに**ドイツに対する強硬論が巻き起こ**っていた**アメリカ**は、1917年に**ドイツ**が無制限潜水艦作戦を開始すると、**これを口実に参戦**したんだ。ちなみに、1917年に**石井・ランシング協定**を結んで、**日本の中国における特殊権益**と、**アメリカの中国への機会均等を相互承認**したのは、アメリカがヨーロッパに介入する前に**日米関係を調整**しておきたいと思ったからだよ。こうして世界一の工業国アメリカが連合国側で参戦すると、ドイツを中心とする同盟国側は劣勢になっていったんだ。ただ、連合国側でも**ロシア革命後**の1918年に結ばれた**ブレスト゠リトフスク条約**でドイツとロシアの講和が実現し、**ロシアが戦争から脱落**したため➡**P.256**、ドイツは西部戦線に集中できるようになった。

　そしてイギリスは、戦争を有利にするための**秘密外交**を進めていた。まず1915年には**フセイン・マクマホン協定**を結んで、**アラブ人の対オスマン帝国（トルコ）参戦を条件に、戦後のアラブ人の独立を約束**した。それにもかかわらず、1916年には**サイクス・ピコ協定**を結んで、**オスマン帝国領を英・仏・露の3国で分割すること**を決めちゃった。さらに、**ユダヤ系金融資本のロスチャイルド家の戦争協力を得る**ため、**バルフォア宣言**で**戦後のユダヤ人の建国を支持**した（「民族的郷土（National Home）」って書いてあるけど……）。これって、パレスチナっていう同じ場所を含む約束だから、**同時に実現するのは不可能**😫。これがのちに**パレスチナ問題**を引き起こすよ。

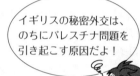

イギリスの秘密外交は、のちにパレスチナ問題を引き起こす原因だよ！

◀ ドイツでも革命が起きて……4年にわたる戦争がやっと終わった！

　1918年になると、ドイツを中心とする同盟国側は追いつめられていった。だって英仏側には、**アメリカからどんどん武器や兵士が送られてくる**んだもん。しかも、アメリカ軍は兵士だけじゃなく**インフルエンザ**まで持ってきた😵！　当時、**スペイン風邪**と呼ばれたのは、中立国だったスペインだけがこの感染症を報道していたからだ。各国は軍内部での感染を隠していたけど、**インフルエンザの大流行でもはや軍は身動きが取れなくなった**んだ😫。同盟国側は弱い国から脱落していき、9月に**ブルガリア**、10月に**オスマン帝国**、さらに**オーストリア゠ハンガリー帝国**が降伏すると、戦っているのは**ドイツ**だけになったんだ。

　ドイツでも、11月に入って**キール軍港の水兵反乱**が起き、これを機に全国に反乱が拡大！　各地で**労働者と兵士**が**レーテ（評議会）**を結成して**ドイツ革命**に発展したよ。11月9日には**ヴィルヘルム2世**が退位して**オランダに亡命**し、ベルリンでは共和政が宣言された（**ドイツ共和国**）。そして、11月11日、フランスのコンピエーニュの森で**休戦条約（ドイツ休戦協定）**が結ばれて、4年におよぶ**第一次世界大戦**

は終結したんだ。この戦争での死者は**ドイツ軍だけでも200万人以上**、連合国・同盟国を合わせると**900万人以上**。これまでとはケタが違う大戦争だな。

4 ロシア革命

クローズアップ　ロシア革命の流れ

- ●二月革命（西暦では**三月革命**）[1917.3]……**ブルジョワ革命とされる**
  - ●ペトログラード蜂起（ほうき）[1917.3.8]……全市の労働者のゼネストに発展
    - ➡**ニコライ2世が退位**し、**ロマノフ朝滅亡** [1917.3.15]
  - ●**二重権力状態**……臨時政府とソヴィエトが併存（へいぞん）
    - ▶臨時政府……**ブルジョワジーが中心**　➡**戦争継続**政策をとる
    - ▶ソヴィエト……**労働者と兵士の評議会**　➡**停戦**を求める
- ●レーニンの帰国 [1917.4]……ボリシェヴィキの指導者
  - ●四月テーゼ[1917.4]　➡**"すべての権力をソヴィエトへ"がスローガン**

- ●ケレンスキー内閣成立 [1917.7]……エスエル【社会革命党】のケレンスキーが首相となる
  - ➡**臨時政府は戦争継続の方針を変えず**
- ●コルニーロフの反政府反乱[1917.9]……ボリシェヴィキの協力で鎮圧（ちんあつ）
  - ➡**ボリシェヴィキへの支持拡大。**レーニンの再帰国 [1917.10]
- ●十月革命（西暦では**十一月革命**）[1917.11.7]……**社会主義革命とされる**
  - ▶**ボリシェヴィキ派の労働者や兵士が武装蜂起**　➡**臨時政府の打倒**

- ●全ロシア=ソヴィエト会議 [1917.11.8]
  - ▶「平和に関する布告」……**"無併合（ふくごう）・無償金【無賠償（むばいしょう）】・民族自決（じけつ）"の3原則での講和を提示**
  - ▶「土地に関する布告」……**土地私有権を廃止する布告**
- ●憲法制定会議選挙（**ロシア初の普通選挙**）の実施 [1917.11.25]
  - ▶**エスエルが圧勝。**ボリシェヴィキは第2党　➡開会 [1918.1.18]
    - ➡**ボリシェヴィキが憲法制定会議を武力で閉鎖・解散**
    - ➡**ボリシェヴィキ独裁（どくさい）（一党支配）確立** [1918.1.19]

◀ 戦争の長期化で国民生活が悪化したロシアでは、二月革命が勃発（ぼっぱつ）！

　続いて**ロシア革命**について見ていくよ。もともと産業の基盤が強くなかったロシアでは、第一次世界大戦が始まると国民生活が一気に悪化したよ。だって、日露戦争の時にも食糧難が起きていたでしょ？　第一次世界大戦は日露戦争よりもずっと大規模だったから、ロシアでの食糧や燃料などの物資不足は深刻だったんだよ。し

かも、ショボい装備しかないロシア軍は大敗を続け、兵士の間にも「戦争はイヤだ〜😖」って意識が広がっていたんだ。

　こんな状態なのに、皇帝ニコライ2世は相変わらずなんだよ……。息子（皇太子）アレクセイの病気が一番の心配事😔。ついでに皇后（つまり奥さんね）も息子にしか興味がない。怪僧ラスプーチンのあやしい催眠療法で息子アレクセイの体調がたまたま良くなったから、皇后がラスプーチンの言うことならなんでも聞くようになり、皇帝もそれに流された😣。1916年に殺されるまで、ラスプーチンが宮廷を動かしたから、ロシアの政治は大混乱だ。首都ペトログラード（「ペテルブルク（ドイツ語）」のロシア語読み。大戦でドイツが敵になったから、名前が変わったよ）では食糧難が起こり、民衆のなかには「革命起こそう！」って言い出すヤツまで現れていた。そして1917年、二月革命（西暦では三月革命）が勃発したんだ。

　国際婦人デーである2月23日（西暦では3月8日。正教国のロシアではユリウス暦を使用）の朝、首都ペトログラードの女性労働者たちは、一斉に「パンよこせ〜😖」って立ち上がった！　さらに「おかーちゃんが頑張ってるなら、オレも行くぜ😤」と男性労働者もデモに合流して、全市を巻き込むゼネストになった。すると、鎮圧を命じられた兵士たちまで「オレたちも食べ物がないんだよ😩」とデモに合流し始め、労働者と兵士の代表によるソヴィエト【評議会・労兵会】が結成されたよ。一方、ドゥーマ（帝政ロシア国会）を中心に臨時政府がつくられたけど、下級の兵士たちはもちろんソヴィエトに忠誠を誓った。もはや革命が収まらないと思った臨時政府は、ニコライ2世に退位を要求😫。ニコライ2世は弟に皇帝位を譲ろうと思ったんだけど、まんまと断られて、結局退位した。こうして、約300年続いたロマノフ朝が滅亡したんだ（十月革命後、ニコライ2世とその家族は革命派によって処刑された😵）。

🔊 臨時政府とソヴィエトの「二重権力」。そして、レーニンが帰国！

　革命によって、ロシアでは、官僚と軍将校が支持する臨時政府と、下層兵士が支持するソヴィエトという2つの政治権力がある「二重権力」状態が生まれたよ。臨時政府の中心はブルジョワ政党である立憲民主党ね。そこにエスエル【社会革命党／社会主義者・革命家党】（右派）やメンシェヴィキの一部も参加していたんだけど、ブルジョワジーたちは「連合国の一員として戦争を続けよう」って主張したから、民衆が食糧難で苦しんでいるのに戦争は終わらなかった。これに対してソヴィエトには、エスエル（左派）やメンシェヴィキの指導のもとで、労働者や兵士、農民が集まった。彼らは「戦争やめて食糧よこせ〜（パンと平和）😖」と、停戦を求めていたんだ。

停戦を求めるソヴィエトと、戦争継続を主張する臨時政府。そりゃ、臨時政府は人気なくなるよ

こうした状況のロシアに、**ボリシェヴィキの指導者レーニンが帰国**したよ。**スイスに亡命**していたレーニンの帰国を助けたのは**ドイツ軍**😤！ドイツとしては、「革命が激化してロシアが戦争から脱落してくれればラッキー😄」とばかりに、途中乗り降りできない「**封印列車**」にレーニンを乗せて国境まで送り届けたんだよ。途中でドイツ人に革命をふきこまれても困るしね。帰国した**レーニン**は、**ボリシェヴィキの方針として四月テーゼを発表**し、「**臨時政府を認めずに、労働者や農民を中心とするソヴィエトの多数派となって権力を握る**」ことを主張した。さらに、**即時停戦**を唱えて下層兵士への影響力を強めていったんだ。

7月に入ると、ボリシェヴィキの影響を受けた下層兵士や労働者は、「**すべての権力をソヴィエトへ**」をスローガンに**武装デモを起こした**（**七月蜂起**）。しかし、**臨時政府によって鎮圧**されてしまい、レーニンは再びフィンランドに逃亡した。しかし、労働者や農民の反発、そして**ウクライナ人などの自立の動き**は強まっていったんだ。

🔊 終わらない戦争と反革命……不満が爆発して十月革命が起こった！

ソヴィエトの武装デモを鎮圧した**臨時政府**では、混乱を収拾するために**エスエル【社会革命党／社会主義者・革命家党】のケレンスキーを首相とする内閣**をつくったよ。エスエルは農民に影響力を持つ政党だから、これで人びとが落ち着くだろうと思っていた。しかし、政府のなかでは**ケレンスキーとコルニーロフ将軍**（帝政ロシア軍の司令官だった軍人）の対立が起こり、**コルニーロフが反革命軍**（革命を潰そうとする軍隊のことだ）を**首都に進撃**させたんだ😨！こうなると、反革命軍と戦う兵士はソヴィエトにしかいない……。**臨時政府はボリシェヴィキに協力を求め、このクーデタを鎮圧**したんだ。

反革命を倒し、しかも**停戦を主張するのがボリシェヴィキだけ**だったから、ソヴィエト内での**ボリシェヴィキの人気が高まった**！　帰国した**レーニン**や**トロツキー**は「**臨時政府を倒そう**😤」って呼びかけ、1917年10月25日（西暦11月7日）、ボリシェヴィキ派の労働者や兵士が蜂起して、**臨時政府を打倒**した。これが**十月革命**（西暦では**十一月革命**）だよ。ケレンスキーはアメリカへ亡命したんだけど、見つからないように女装して逃げたっていわれてるよ😅。

臨時政府が倒された翌日には、**全ロシア＝ソヴィエト会議**（第2回）が開かれた。会議ではまず、当面の政府として**人民委員会議**が設置され、議長に**レーニン**、外務人民委員に**トロツキー**、民族人民委員に**スターリン**が選ばれた。さらに「**平和に関する布告**」「**土地に関する布告**」が採択されたんだ。

「**平和に関する布告**」は、第一次世界大戦に参戦しているすべての国に「**無併合・無償金【無賠償】・民族自決**」の原則に基づいて、すぐに戦争終結のための講和交渉を始めるよう訴えたんだけど、**連合国側には完全に無視**されたんだ😩。これは一大事だよ。だって、ボリシェヴィキは即時停戦を主張して支持を集めていたから、戦争をやめなければ「約束が違う😤」と言われて、人気がガタ落ちにな

る。連合国の対応に怒ったレーニンは「イギリスもフランスも、全員悪者じゃないか😡」として、これまで**連合国が結んだ秘密外交を暴露**しまくったよ。もう一つの「**土地に関する布告**」は**土地私有権を廃止して地主から土地を没収**するものだから、**社会主義政策の第一歩**と考えられるね。

レーニンがサイクス・ピコ協定をバラしたから、イギリスの立場がヤバくなったんだよ

◀ 選挙で負けたボリシェヴィキは……武力で議会を解散し、独裁を確立！

　全ロシア＝ソヴィエト会議では、**ロシア初の普通選挙**（女性にも参政権があるよ！）による憲法制定会議の招集を決めて、それまでの暫定的な政府として人民委員会議をつくった。ってことは、**選挙で勝たないと正式な政府にはなれないんだ**よ。ボリシェヴィキはかなり焦っていた😓。だって、**一番人口が多い農民はエスエル【社会革命党／社会主義者・革命家党】**を支持しているからね。選挙で勝つには、すぐにでも農民たちが求めている停戦を実現しないとマズい。だからトロツキーは、ドイツとの講和を急いだんだ。

　ただ、ドイツはこれに気づいているから、「**ポーランド・ウクライナ・フィンランドなどをくれるなら、講和してやってもいい**」とすごく強気だ。結局、選挙前の停戦は実現しなかったんだけど、のちにソヴィエト政権は**ドイツの要求を受け入れ**て、1918年3月に**ブレスト＝リトフスク条約**によって講和を実現した。レーニンは「ドイツでも社会主義革命をやれば、領土は取り返せる」って思ってたからね。こうしてロシア（ソヴィエト政権）は、第一次世界大戦から手を引いたんだ。レーニンをロシアに送り届けた**ドイツとしては、思惑どおりにロシアが脱落した、ってこと**になるのかな（とは言っても、ドイツも1918年のうちに敗戦するんだけど……）。

　さて、運命の憲法制定会議選挙の結果はどうなった？っていうと……**ボリシェヴィキの完敗😵**。圧勝したのは**エスエル**だった。ボリシェヴィキは第2党だったけど、議席はエスエルの半分以下だもん。こうなると本当なら政権にはエスエルが就くはず……でも、そうはならなかったんだ。なんと、**選挙で負けたボリシェヴィキは、1918年1月**に開催された**議会を武力で閉鎖**すると、そのまま**解散**させ、**一党独裁体制（ボリシェヴィキ独裁）**をつくった。そして3月には、ボリシェヴィキが**ロシア共産党**と改称し、首都も**モスクワ**になった。ロシアはのちにソ連になるんだけど、史上初の社会主義革命は、武力クーデタで独裁体制をつくっただけ。しかも最初は「当分の間」と言ってた独裁が、実際は……ほぼソ連崩壊まで続くんだ😓。

それじゃ、これで第3章はおしまい。最後に年号 check しよう！

🔴 年号のツボ

- **三国同盟の成立（独・墺・伊）** [1882]（派閥をつくった　三国同盟）_{8 82}
- **露仏同盟** [1891]（露仏同盟　一躍1位）_{1 89 1}
- **英仏協商の成立** [1904]（ドイツに対抗　一緒に**行くわよ**）_{1 9 0 4}
- **英露協商／三国協商の成立** [1907]（**行くは仲良し**　英仏ロシア）_{1 9 0 7}
- **モロッコ事件（第1次／第2次）** [1905／1911]
　（モロッコに　**行くはゴリ押し**　いい感じ）_{1 9 0 5　　11}
- **第一次世界大戦勃発** [1914]（**行く人死ぬかも**　大戦に）_{1 9 1 4}
- **ロシア革命** [1917]（**得意なレーニン**　革命起こす）_{1 9 1 7}

　次回からは**第一次世界大戦後**だよ。だんだんと現代の世界に近づいていくね。時代もひと区切りだから、ここまでであいまいなところは、もう一度確認しよう！

第1章 国民国家の形成

第2章 列強の侵略とアジアの変革

第3章 帝国主義と第一次世界大戦

第4章 戦間期と第二次世界大戦

第5章 戦後の世界

近現代日本へのアプローチ ⑤
～日本の大衆政治運動～

19世紀半ば以降、欧米各国で男性普通選挙が実現していたけど、20世紀初めの日本でも、工業化が進んだことや徴兵制を施行したことなどを背景に、大衆のデモや暴動が起きていたんだ😨！例えば、旧長州藩出身で軍人の桂太郎内閣（第3次）が衆議院で多数を占める立憲政友会と協力しなかったことから、第1次護憲運動が始まり、1913年にはなんと数万人の民衆が帝国議会を包囲して暴動も起きたから、桂内閣は倒れたよ（大正政変）。これって、日本で初めて大衆運動によって内閣が倒れたってことだね。こうした状況を受けて、1916年には政治学者の吉野作造が、天皇主権のもとでもデモクラシーが可能であるとして、民衆のための政治をおこなう「民本主義」を唱えたんだ😆。また憲法学者の美濃部達吉は、主権は国家にあって、天皇は国家の最高機関であると主張した（天皇機関説）。

さらに、1918年には、シベリア出兵でコメが足りなくなるって噂からコメの投機的な買い占めが起きて米価が高騰すると😫、富山県から始まって全国でコメの値上げ阻止を訴える暴動、いわゆる米騒動が起きた😤。政府は軍隊を出動させて鎮圧したんだけど、騒動が収まると寺内正毅内閣が責任をとって総辞職したんだ。さすがの元老たち（首相経験者などが、天皇の補佐という名目で首相選任権を持った）も政党内閣を認め、立憲政友会の原敬が初めて平民籍の衆議院議員から首相になったんだ（「平民宰相」）😄。

こうして、大衆が男性普通選挙を求めてたびたびデモなどを起こすようになり、1924年に再び貴族院を背景とする内閣ができると、衆議院の3政党（憲政会・立憲政友会・革新倶楽部）が護憲三派を結成して第2次護憲運動を起こした😤。そして、解散後の衆議院選挙で圧勝すると、加藤高明内閣（護憲三派内閣）ができて、1925年男性普通選挙を実現したよ😄。でも、すでにコミンテルンの影響で日本共産党が結成されて、天皇制（「国体」）の廃止や私有財産の否定を主張していたから、これを取り締まるための治安維持法も制定したよ。現在のような言論の自由とは程遠いね😅。

ほかにも、差別をなくそうとする社会運動が起きていたよ。1911年、平塚らいてう（らいちょう）は青鞜社を結成して女性運動を始めると、さらに女性参政権を求める運動へと発展させて、市川房江らとともに新婦人協会をつくった。でも、日本で女性参政権が認められるのは第二次世界大戦後だよ😅。

また、根強く残っていた被差別部落への社会的差別や偏見からの解放を自分たちの手で勝ち取ろうと全国水平社が結成されて、部落解放運動が進められたんだ。ただ、こうした差別はいまだに解決したとはいえないね。

第4章

戦間期と
第二次世界大戦

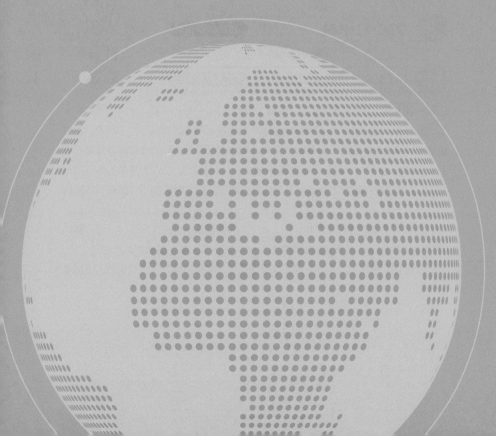

第14回 ヴェルサイユ体制とワシントン体制

それではいよいよ第一次世界大戦後の世界に進むよ。第一次世界大戦はこれまでに経験したことのないような大きな戦争だったから、その影響で世界情勢も大きく変わっていくんだ。

・大きくつかもう！・

1 ヴェルサイユ体制 `261～265ページ`

⬇

2 国際連盟の成立 `266～267ページ`

⬇

3 ワシントン体制 `267～270ページ`

⬇

4 ドイツの賠償問題と協調外交 `270～274ページ`

ヨーロッパの戦後処理で一番大きな問題は、「ドイツをどうするか？」ってことだよ！

第一次世界大戦が終わって、戦場となったヨーロッパはすっかり荒れ果てて、しかも、これまでのどんな戦争よりも大きな戦争を体験したことで、世界は大きく変わったんだ。各国は「二度と戦争を起こさないようにするにはどうしたらよいか？」ってことを考え始めた。しかし、そこには限界もあったんだ。「この戦争が起きたのは誰の責任なのか？」って考えた時、結局「敗戦国ドイツが悪い！」ってことになっちゃったから、対立はなくならなかったんだね。こうして形成されたのがヴェルサイユ体制だよ。さらにアジアでは、勢力を拡大した日本への警戒感が強まり、ワシントン体制が形成された。そして、第一次世界大戦の戦後処理をおこなう過程で、すでに第二次世界大戦の原因も生まれてしまったんだよ。

それじゃあ、ヴェルサイユ体制とワシントン体制の始まり〜😆。

1 ヴェルサイユ体制

◀ 未曾有の世界大戦が終わって、世界情勢が大きく変わった！

　第一次世界大戦が終わって世界情勢は大きく変化したよ。まず、ヨーロッパに残っていた皇帝権の強い3つの帝国、ハプスブルク家の**オーストリア＝ハンガリー帝国**、ロマノフ家の**ロシア帝国**、ホーエンツォレルン家の**ドイツ帝国**が崩壊して**すべて共和国になった**から、19世紀のようにヨーロッパの君主たちの協調と勢力均衡でヨーロッパの国際秩序を維持するってことはできなくなった。

　なかでも、1917年のロシア革命によって**史上初の社会主義国が誕生**したことは、各国にとってかなりの衝撃だった。だって、これまで政治的な発言力のなかった**労働者による政権**ができたんだよ！　「もし自分の国でも社会主義革命が起きたらどうしよう😣」って焦ったわけだ。ロシア革命の指導者**レーニン**が、「**平和に関する布告**」を発表して、「**無併合・無償金【無賠償】・民族自決**」による和平を呼びかけたけど連合国に無視されたのは、各国が社会主義国の存在そのものを認めていなかったからだよ。第一次世界大戦後の世界では「**資本主義 vs. 社会主義**」っていう、国家の理念をめぐる対立も始まるんだ。

　そして、もう一つの大きな変化が**アメリカ合衆国の台頭**だよ。だって、アメリカの参戦が戦争の勝敗を決めたようなもんでしょ。しかも、**英仏はアメリカに膨大な借金をしている**から（戦争での借金だから「**戦債**」だよ）、アメリカの発言力は強くなるよね。だから、**パリ講和会議**の原則は、**アメリカ大統領ウィルソン**が発表した**十四カ条【十四カ条の平和原則】**になった。これって、そもそもレーニンが発表した「平和に関する布告」を部分的にパクってるし（例えば「民族自決」ね）、秘密外交を暴露されて立場がなくなってる英仏を助けよう、って意味もある。そして、ウィルソンの理想は「国際平和機構の設立」だ。これは、**国際連盟**として形になるよ。

> 「社会主義国ソ連の誕生」と「アメリカの台頭」。第一次世界大戦後の大きな変化だ！

◀ 米・英・仏の「3巨頭」がパリ講和会議を主導したけれど……

　1919年1月、**パリ講和会議**が開かれて、**米・英・仏・イタリア・日本の5大国**を中心とする連合国27カ国の代表が、敗戦国、特にドイツに対する講和について話し合った。でもね、出席した国々の思惑はほんとバラバラだった😅。各国はロシア革命を波及させないことなどでは一致したんだけど、一番重要なドイツとの講和については、かなり意見が食い違っていたんだ。

合否の分かれ目　第一次世界大戦中の和平提案

- 平和に関する布告［1917］……ロシア革命の指導者：レーニンが発表
  - ▶「無併合・無償金【無賠償】・民族自決」に基づく和平を訴えた
  - ▶**連合国は黙殺**　➡レーニンは**ロシア帝国時代の秘密外交を暴露**
- 十四力条（の平和原則）［1918］……アメリカ大統領：ウィルソンが発表
  - ▶"**勝利なき平和**"の理想を具体化した、大戦終結のための平和原則
  - ▶レーニンの「**平和に関する布告**」や**秘密外交の暴露**に対抗
  - ▶内容：軍備縮小・民族自決・国際平和機構の設立、**秘密外交の禁止**、
    海洋の自由、関税障壁の撤廃、植民地問題の公正な解決　など

　会議の主導権を握ったのは、**イギリス首相ロイド＝ジョージ、フランス首相クレマンソー、アメリカ大統領ウィルソン**の３人だ。**フランス**は、普仏戦争以来の**ドイツへの復讐心**とフランスの安全確保のために、**ドイツを徹底的に弱らせたい！**でも、**イギリス**はヨーロッパの覇権を維持したいから、**あんまりドイツは弱らせたくない**。だって、ドイツが弱いと相対的にフランスが強くなる😅。そして、**アメリカ大統領ウィルソン**は「**十四力条**」のことしか言わないから、英仏は「話が長いよ」ってイライラ😅。で、**米・英・仏**がゴタゴタしてると、**イタリア**が横から「**未回収のイタリア返して〜**」って、話の腰を折るんだよ😅。英仏が「オマエは黙ってろ！」って言ったら、怒った**イタリア**は途中で一時帰国しちゃった😵。そして**日本**は、ヨーロッパの問題には興味がない……。しかもウィルソンは、途中でインフルエンザで倒れちゃうし……😵。

> 結局、ヨーロッパの戦後処理の主導権は、英仏が握ったんだよ

　結局、会議の決定には英仏の意見が強く反映された。そして、会議の最後の段階まで同盟国の代表は招かれず、ほとんど内容がまとまってからドイツが呼ばれ、**ヴェルサイユ宮殿鏡の間**で、**ヴェルサイユ条約**が調印されたんだ。

◀ ヴェルサイユ条約の内容は……「とにかくドイツを弱くしろ！」

　ヴェルサイユ条約では、とにかくドイツを弱らせた。ドイツへの復讐心の強かったフランスだけじゃなく、イギリスでも「ドイツを弱らせろ」って世論が強まって、選挙で保守党が人気を得ていたからね。自由党のロイド＝ジョージは焦ったんだろうな😅。だから、英仏はウィルソンの「**十四力条**」をうまいこと利用して、**ドイツを弱体化させる**内容を決めたんだ。

🖥 クローズアップ　ヴェルサイユ条約 [1919.6]

- ●ドイツ領の縮小と弱体化
  - ▶アルザス・ロレーヌを**フランス**に割譲
  - ▶ポーランド回廊を**ポーランド**に割譲
  - ▶**ダンツィヒは国際連盟管理下の自由市**となり、港湾使用権は**ポーランド**へ
  - ▶ザール地方などは、15年間国際連盟が管理　➡**人民投票**で帰属を決定
  - ▶メーメルは国際連盟管理となる
  - ▶**すべての海外植民地の放棄**　➡連合国の**委任統治領**となった
    - 南洋諸島：赤道以北は日本・以南は豪／トーゴ：英／カメルーン：仏
    - 東アフリカ：英／南西アフリカ：南アフリカ連邦
  - ▶**オーストリアとの合併禁止**
- ●ドイツの軍備制限
  - ▶**ラインラント非武装**……ドイツの**軍事施設の設置と駐兵の禁止**。
    - ライン川**東岸**50キロは**非武装地帯**とし、**西岸**は連合国が15年間**保障占領**
  - ▶軍備制限……**徴兵制の禁止**。陸軍は10万人、海軍は１万5000人に制限。
    - **空軍・潜水艦の保有禁止**。重砲・戦車の保有禁止
- ●**巨額の賠償金**……**巨額の賠償金を課すことのみ**決定。総額や支払い方式は**未決定**
  - ➡**ロンドン会議**で**1320億金マルク**に決定 [1921]

　まず**フランス**は、休戦条約を結んだ直後に占領した**アルザス・ロレーヌ**を獲得した。ここは石炭や鉄鉱石が採れるし、普仏戦争以来ずっと、フランスが「ゼッタイ取り返す😤！」って言ってたところだ。さらにフランスは、「ザールもよこせ！」って言ったんだけど、さすがに米英に反対された。そこで**ザール地方は15年間連合国が占領**したあと、住民投票で帰属を決めることになった。そして、ポーランド分割で消滅していた**ポーランド**が独立して、バルト海沿岸の**ポーランド回廊**はポーランド領になり、さらに港町の**ダンツィヒ**の港湾使用権がポーランドに与えられた。だから**東プロイセン（ドイツ領）**が飛び地になっちゃった。

　さらにドイツは**すべての海外植民地を失った**んだ（本当に100%だよ）。十四カ条にある「植民地問題の公正な解決」も「民族自決」もほぼ無視されて、**ドイツ領だった地域は国際連盟に引き渡され、適当な国に統治をまかせる委任統治**になった。でもこれって、**戦勝国がドイツの植民地を奪っただけ**だよ。だって、トーゴや東アフリカは**イギリス**、カメルーンは**フランス**、太平洋の島々（南洋諸島）は赤道以北が日本で、赤道以南が**オーストラリア**、南西アフリカは**南アフリカ連邦**が統治するこ

とになったんだもん。オーストラリアや南アフリカ連邦はイギリスの自治領だから、ほとんどが**イギリスの支配下**になったってことだよ。

　そして**ドイツ人の「民族自決」も認められず、ドイツとオーストリアの合併は禁止**されたんだ。

　続いて、「**軍備縮小**」にいくよ。ウィルソンはドイツの軍備縮小から始めて、各国を軍備縮小に向かわせようとしていたんだけど、**英仏は「ドイツの軍備だけ弱くすればいい」**って考えた。特にフランスは、ドイツが二度と攻め込めないようにするため、**「独仏国境の軍備を制限しろ～」**って言い続け、ラ

> ドイツは戦前のヨーロッパの領土の約13%、人口の約10%を失ったよ

インラントの非武装化と連合国による保障占領を認めさせた。そしてドイツでは**徴兵制が禁止**され、第一次世界大戦で登場した**新兵器（空軍・潜水艦・戦車・重砲）の保有も禁止**になったよ。あっ、軍の保有そのものは禁止ではないから、正誤問題では気をつけてね！　陸軍10万人、海軍1万5000人まではOKだ。

　さらに、ドイツに膨大な賠償金を課すことになったんだけど、**ヴェルサイユ条約では金額は決まっていない**。2年後に開かれた**ロンドン会議で1320億金マルク**という法外な金額に決まった。これは、当時の**ドイツのGNP（国民総生産）の約20年分**😵。でもこれ、払えるわけないよね！

〈ヴェルサイユ体制〉

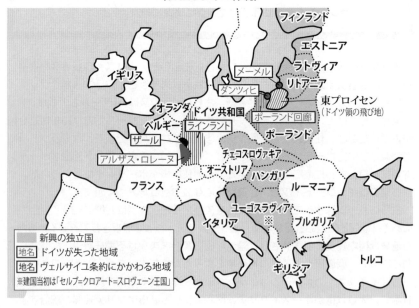

新興の独立国
地名 ドイツが失った地域
地名 ヴェルサイユ条約にかかわる地域
※建国当初は「セルブ＝クロアート＝スロヴェーン王国」

◀ その他の敗戦国との講和条約も結ばれ、東欧では新興独立国が出現！

　ドイツとのヴェルサイユ条約が結ばれたあと、その他の敗戦国との講和条約も結ばれたよ。気をつけてほしいのは、**オーストリア゠ハンガリー帝国は敗戦で崩壊**し、「オーストリア」と「ハンガリー」に分かれたから、**講和条約も別々だよ**。

　まず、1919年9月には**オーストリアとのサン゠ジェルマン条約**で、正式に帝国が解体されて支配下の民族が独立し、領土が**ハンガリー、チェコスロヴァキア、ユーゴスラヴィア**などの諸国に分割されたから、**オーストリアはドイツ人だけの国になった**。その後、11月には**ブルガリアとヌイイ条約**、翌1920年6月には**ハンガリーとトリアノン条約**が結ばれたけど、ひどい目にあったのはハンガリーだよ。**ハンガリー人（マジャール人）の3分の1が国外に住む**ことになっちゃったから、不満が高まった。そして同年8月には**トルコとのセーヴル条約**も結ばれたよ。セーヴル条約は、西アジアのところで詳しく話すから、今は条約の名前だけ覚えておこう！

〈東欧の新興独立国〉

国　名	支配していた国	備　考
フィンランド	ロシア	
エストニア	ロシア	
ラトヴィア	ロシア	この3国を合わせて「バルト3国」
リトアニア	ロシア	
ポーランド	露・独・墺	「十四カ条」で独立を支持
チェコスロヴァキア	オーストリア	
ハンガリー	オーストリアと分離	
セルブ゠クロアート゠スロヴェーン王国	墺・ハンガリー・ブルガリア	のちにユーゴスラヴィアと改称 [1929]

　これらの条約により、**東ヨーロッパ**では「**民族自決**」に基づいて、新しい独立国が生まれたんだけど、いろんな部分が不完全なんだよ。だって、「民族自決」っていうのは、本当なら「1つの民族が1つの国」をつくるってことなんだけど、**東欧は1民族1国家になってない**😫。なぜだろう？　それは、**英仏に都合のいいように独立国をつくったからだよ**。つまり、「**ドイツと社会主義国ロシア（のちのソ連）を弱らせる**」ために、「**それなりにドイツ・ロシアに対抗できそうな国**」をつくったからだ。例えば、**チェコスロヴァキア**は、「**チェコ**」と「**スロヴァキア**」が別の民族だし、**ユーゴスラヴィア**なんか、「**南スラヴ人の小民族は全部くっつけちゃえ！**」って感じで、ドイツを牽制できるようなサイズの国をつくったんだもんね。もともとの国名**セルブ゠クロアート゠スロヴェーン王国**は「**セルビア・クロアティア・スロヴェニア**」だよ。

2 　国際連盟の成立

> **クローズアップ**　　国際連盟
>
> ● 国際連盟［1920.1発足］……史上初の集団的国際安全保障機構
> ▶ アメリカ大統領ウィルソンの「十四カ条」に基づき設立
>   ➡ **ヴェルサイユ条約**で設立が決定
> ▶ 本部はジュネーヴ（スイス）。発足時の加盟国は42カ国
> ● 国際連盟の主要機関
> ▶ 総会……**最高議決機関**。全加盟国による**1国1票**の全会一致制
> ▶ 理事会……**常任理事国**は英・仏・伊・日。非常任理事国は、総会で選出
> ▶ 連盟事務局……ジュネーヴに常置された
> ▶ **国際労働機関【ILO】**……各国の労働問題の調整機関
> ▶ 国際知的協力委員会……ユネスコの前身
> ▶ 国際連盟保健機関……世界保健機関の前身
> ▶ **常設国際司法裁判所**……オランダの**ハーグ**に常設。強制権はない
> ● 国際連盟の問題点
> ▶ **全会一致**の議決方式　➡ **重要事項の決定が遅延し、紛争解決が遅れた**
> ▶ 制裁方式の不明瞭　➡ **経済制裁**や外交上の制裁にとどまる。
>   　　　　　　　　　　　　**軍事制裁は不可**。強制力は弱い
>
> ▶ **大国の不参加**
>   米（孤立主義）の不参加、独・墺（敗戦国）・ソヴィエト = ロシア（のちのソ連・社会主義国）は排除

◀ 「十四カ条」でうたわれた国際平和機構として、国際連盟が誕生！

　第一次世界大戦の被害は、これまでの戦争とは比べられないくらいひどいものだったから、**参戦した各国は「もう二度と戦争はしたくない！」**って思っていた。だから、**ウィルソンの十四カ条**をもとに、**ヴェルサイユ条約で史上初めての国際平和機構**の設立が決まり、1920年1月、正式に**国際連盟が発足**したよ。

　国際連盟の本部はスイスの**ジュネーヴ**に置かれ、設立当初は42か国が加盟した。最高議決機関は総会で、加盟国が**1国1票**で投票したんだけど、決定は**全会一致**が原則となったんだ。さらに、**イギリス・フランス・イタリア・日本の4国の常任理事国**と、総会で選出された**非常任理事国**（当初4カ国、1922年から6カ国、1926年から9カ国になったよ）で構成される**理事会**が重要な議決機関になった。

　じゃあ、なんで常任理事国がこの4国になったんだろう？

◀ 大国の不参加で連盟の影響力が弱い！　本当に戦争を防げるの？

　国際連盟の一番の問題点は、**大国の不参加**だよ。第一次世界大戦のおもな参戦国は、**連合国（三国協商側）がイギリス、フランス、ロシア**と、あとから参戦した**イタリア、日本、アメリカ**だよね。そして**同盟国（三国同盟側）がドイツとオーストリア**だ。でも、**ドイツ・オーストリアは敗戦国として排除されたから参加できない**。それに、**ロシア革命で社会主義国**となった**ソヴィエト＝ロシア（ソ連）**は、**各国が承認していないから加盟できない**んだ。さらに、国際連盟を提唱した**アメリカ**は、民主党のウィルソンが理想主義に突っ走り「共和党の同意を取らなきゃいけない」って意識が弱くて、いざヴェルサイユ条約を批准する時に、**共和党が伝統的な孤立主義に傾き、上院で否決してしまった**😫。アメリカは、外交については上院の決定が優先されるからね。こうして、**アメリカも不参加**になったんだ。

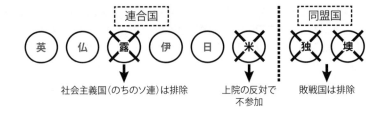

連合国

英　仏　～露～　伊　日　～米~

社会主義国（のちのソ連）は排除　　　上院の反対で不参加

同盟国

～独~　～墺~

敗戦国は排除

　結局、残った**イギリス、フランス、イタリア、日本**が国際連盟の理事会で**常任理事国**になったんだ。でも、第一次世界大戦を経て**世界一の大国になったアメリカが参加しない**のは、連盟そのものの影響力が弱くなるから、ちょっと問題だよね。

　問題点はそれだけじゃないよ。戦争をしそうになった国に対する制裁では、**軍事制裁ができずに経済制裁**や外交上の制裁にとどまるから、ちょっと**強制力が弱い**よね。まぁ、軍隊送ったからうまくいくってもんでもないけどさ。しかも、制裁を決める時も、**総会の議決は全会一致制**だから、重要なことになればなるほど各国の意見が対立して、**決定が遅れてしまう**。結果的に国際連盟は第二次世界大戦を阻止できなかったよね。とはいっても、国際平和機構がつくられた意義は大きいよ。だって1920年代には、いくつか戦争が起きるのを防げたし、中国やシャム（タイ）などの新興国が、主体的に国際政治にかかわる機会ができたからね。

3 ▷ ワシントン体制

◀ アメリカ主導のワシントン会議で、アジア太平洋の国際秩序を形成！

　第一次世界大戦が終わると、世界における**ヨーロッパの影響力が弱くなった**よ。敗戦国ドイツは力を失い、戦争の被害がひどかったイギリスやフランスの影響力も低下、さらにロシア革命後に成立したソ連は国際関係から排除された。こうして、ヨーロッパが力を弱めるなかで、**勢力を拡大したのがアメリカと日本**だよ。

第1章　国民国家の形成

第2章　列強の侵略とアジアの変革

第3章　帝国主義と第一次世界大戦

第4章　戦間期と第二次世界大戦

第5章　戦後の世界

　日本は、大戦中に中国や太平洋に進出してドイツの権益を奪うと、さらに軍閥政権を支援して中国で勢力を拡大した。実際、この時期にアジアに進出する力を持っていたのは、アメリカと日本だけだったからね。しかも、大戦で協力したアメリカとイギリスの関係が強まると日英同盟の意義も薄れて、むしろ日本のアジア進出への警戒感が強くなってきたんだ。

　さらに大戦後には、**世界各国が「海軍の拡大競争をストップしたい！」って思っていた**んだよ。財政難になったイギリスは、軍艦建造どころじゃない😫。アメリカも大戦中にはむちゃくちゃ海軍を強化したんだけど、戦後は国内で「もう軍備拡大は終わりでいいだろ😅」って世論が高まっていたんだ。日本だって、このままアメリカに対抗して軍艦を造り続けるのは、当時の国力では無理だよ😥。

　こうした国際情勢のなかで、アジア・太平洋地域の国際秩序の形成や海軍の軍縮で主導権を握ったのが**アメリカ**だよ。ただ、そのウラには「日本封じ」が隠れている。アメリカは、第一次世界大戦中に日英同盟を口実に中国進出を進めた日本を封じ込めて、アジア・太平洋でアメリカ優位の体制をつくりたかったんだね。

　アメリカ大統領ハーディングの提唱で開かれた**ワシントン会議**では、アジア・太平洋地域の「**現状維持**」を口実に３つの条約が結ばれたんだけど、中身をよく考えてみると「日本の勢力拡大を抑える」って意図が見えるよ。

〈ワシントン会議で締結された条約〉

四カ国条約 [1921]	・アメリカ・イギリス・日本・フランスで調印 ・太平洋地域の領土・権益の**相互尊重**と**現状維持** ・太平洋の各諸島の非軍事基地化
九カ国条約 [1922]	・米・英・日・仏・伊・中国・蘭・ベルギー・ポルトガル ・中国の主権・独立の尊重、領土保全、機会均等、門戸開放
ワシントン 海軍軍備制限条約 [1922]	・米・英・日・仏・伊の５カ国で締結 ・海軍主力艦の保有トン数の上限と保有比率を決定 ➡米：英：日：仏：伊 ＝ 5：5：3：1.67：1.67

◀ 太平洋をめぐる四カ国条約。結果は……日英同盟が破棄された！

　1921年12月に調印された四カ国条約では、太平洋地域における**領土・権益の相互尊重と現状維持、各諸島の非軍事基地化**を決めたよ。「現状維持」っていうと普通に聞こえるかもしれないけど、この時点で太平洋地域に進出できるのは、第一次世界大戦で力をつけた**アメリカと日本だけ**。会議を主導するアメリカが「日本はダメだけど、アメリカは行くぜ！」って言うのもおかしいでしょ。だから現状維持というのは「日本にこれ以上勢力拡大させない」っていう「日本封じ」になるんだ。

　そして会議の場で、日本は「米・英・日・仏の４カ国がみんなで助け合うんだから、特定の２カ国で助け合わなくていいですね」って言われた😅。特定の２カ国っ

ていうのは日英同盟のことだよ。つまり、**四カ国条約**ができたことで日英同盟が解消されて、**米英が連携して日本を包囲する体制**ができたんだ😵！

◀ 中国に関する九カ国条約では、アメリカの主張が認められた！

　続いて、1922年2月に米・英・日・仏・伊・中国・オランダ・ベルギー・ポルトガルによって調印された**九カ国条約**では、中国の主権・独立の尊重、門戸開放、機会均等、領土保全が決められた。でも、読んでて気づいたかな？　「門戸開放」「機会均等」「領土保全」って、**アメリカの門戸開放宣言**だよね。つまりこの条約では、**アメリカの主張がほぼ承認された**んだ。これが9カ国で認められたってことは、アメリカの「門戸開放宣言」と日本の「二十一カ条」を相互承認した**石井・ランシング協定が失効**したってことだ😵。こうして、日本の二十一カ条要求は事実上**効力がなくなり**、日本は米英が仲介した日中交渉によって、**山東半島の旧ドイツ権益などを中国に返還**することになったんだよ。

> 四カ国条約と九カ国条約は、日本の勢力拡大を抑えようって意図が見え見えだよ

◀ 海軍軍備制限条約が結ばれたけど……米英の優位が保障された！

　ワシントン会議では**海軍の軍縮**も話し合われ、1922年に**ワシントン海軍軍備制限条約**が調印されたよ。この条約では、**アメリカ、イギリス、日本**の3大海軍国にフランス、イタリアを加えた5カ国の海軍主力艦の保有トン数の上限と保有比率が決められ、「**米：英：日：仏：伊 ＝ 5：5：3：1.67：1.67**」になった。また、保有トン数も米英が52万5000トンまでになり、**今後10年間は新しい主力艦は造らない**ことにした。米・英の比率が同じなのは、戦後の国力の変化の表れだよ。

　この軍縮交渉では、まずアメリカが「建造中の主力艦すべてを廃棄しよう」と提案した。建造中の主力艦の数はアメリカが一番多かったから、かなり大胆な提案だね。日本は「対米70％にしてほしい」と主張したんだけど、アメリカが西太平洋の海軍基地を強化しないという条件で、「米：英：日」の比率を「5：5：3」で合意し、比率にあうように旧式の主力艦が廃棄された。この条約の内容はこののち10年以上守られたから軍縮条約としては一定の成果はあったけど、各国は補助艦の増強で埋め合わせたんだ。だから、このあと**補助艦に関する軍縮会議**が開かれるよ。

　1927年には、**ジュネーヴ軍縮会議**が開かれて米・英・日の補助艦の軍縮について話し合われたんだけど、フランスやイタリアが不参加で、合意もできなかった。そして、1930年には**ロンドン軍縮会議**が開かれて、補助艦の保有比率を「米：英：日 ＝ 10：10：7弱（6.975）」とすることに決まった。**ロンドン軍縮会議はすでに世界恐慌後**だよ。日本では海軍がこの決定を不満として政府への反発を強め（「**統帥権干犯問題**」）、軍部が台頭するきっかけになったんだ。

◀️ ヴェルサイユ体制とワシントン体制。抑え込まれたのはドイツと日本だ！

さて、ここまでヴェルサイユ体制とワシントン体制の形成を見てきたんだけど、この体制のなかに、すでに第二次世界大戦の対立が現れているのに気づいたかな？

ヨーロッパで形成されたヴェルサイユ体制では、敗戦国ドイツを徹底的に抑え込むって方針がとられたよね。だって、ヴェルサイユ条約の内容はドイツを弱らせるものばかりだったでしょ。当然、ドイツ国内で「こんな体制潰してやる！」って声が出てきてもおかしくないよね。**ヴェルサイユ体制の中心はイギリスとフランスだ！** 一方、アジアで形成されたワシントン体制では、第一次世界大戦で力をつけた日本の勢力拡大を警戒して、四カ国条約や九カ国条約などが結ばれたよね。**ワシントン体制を主導したのはアメリカとイギリスだ。**

もちろん、いきなり世界大戦が始まるわけじゃないし、各国とも戦後の復興が進むまでは世界が安定していたほうがいいと思ってる。でも、約10年後の**世界恐慌**で各国の経済が破綻すると、この時期に形成された包囲網がドイツと日本を苦しめ、結果として**包囲している米・英・仏**と**包囲されている独・日の対立が激しくなり**、世界は第二次世界大戦に向かっていくんだ。つまり、第二次世界大戦の対立（米英仏 vs. 独日）は、第一次世界大戦の戦後処理のなかで形成されたものなんだよ。

4 ▷ ドイツの賠償問題と協調外交

💻 クローズアップ ドイツの賠償問題と協調外交

- ●ルール占領【ルール出兵】[1923〜25] ……**フランス・ベルギー**軍による
  - ➡ドイツ国内に破局的なインフレーションを招き、経済は完全に破綻
- ●レンテンマルク発行 [1923] ……シュトレーゼマン首相による新紙幣の発行
- ●ドーズ案 [1924] ……**ドイツの賠償問題にアメリカが介入**
  - ➡**フランスはルール地方より撤兵**
- ●協調外交の進展
- ●ロカルノ条約 [1925] ……**スイスのロカルノで締結**
  - ▶独外相：シュトレーゼマン、仏外相：ブリアンが中心
  - ▶**ラインラントの現状維持、非武装化の確認**（ライン保障条約）
    - ➡ドイツの国際連盟加盟が決定（**常任理事国**として）。**正式加盟は翌年** [1926]
- ●不戦条約【ケロッグ・ブリアン条約（協定）】[1928]
  - ▶**アメリカ国務長官：ケロッグ、フランス外相：ブリアン**が主導
  - ▶パリで15カ国が調印。のちに63カ国が参加

◀ ドイツの賠償金が支払い不能になると……フランスがルール地方を占領！

　第一次世界大戦に勝ったとはいえ、**イギリスやフランスなどの戦勝国も戦争で大きな被害を受けて、国内の産業が衰退してしまった。** さらに、戦争中にアメリカにとんでもない額の借金（**戦債**）をしちゃったから、両国は「**ドイツからの賠償金で戦債を返そう！**」って考えたんだ。ヴェルサイユ条約では賠償金をいくらにするか決まっていなかったんだけど、1921年の**ロンドン会議**で正式に**1320億金マルク**に決定された。これは、当時のドイツの国民総生産（GNP）の約20年分だから、はっきり言って払えるような金額じゃないよ。

　ドイツ政府は「こんな金額は支払い不可能だ！」って抗議したけど、最終的には受け入れるしかなかった。そこでドイツは「賠償金が払えない金額だ！」っていうことを、**身をもって証明することにした。** それが「**履行政策**」だよ。これね、賠償金を払ったら国家財政が破綻するってわかっているから、あえて連合国の言うとおりに賠償金を支払って、払えなくなった時に「もう何をどうやっても、1円も払えませんけど……😆」って言ってやろう、っていう政策だ。そして1921年末には、本当に財政が破綻して、賠償支払いが不能になった。

　この時期にドイツは、同じように**ヴェルサイユ体制から除外されているソ連**と交渉し、資本主義国のなかでは最初に**ソ連を承認するラパロ条約**を結び、なんとか経済再建の道を探ったんだ。でもこれを見たフランスは、「社会主義国と付き合うとは、ドイツは信用できない😆」と反発した。しかも**フランスは、ドイツからの賠償金がないとアメリカへの戦債が払えない**から、ついに**直接行動**に出たんだよ。

　1923年、**ドイツの賠償支払いが遅れていることを口実**に、「直接ドイツに乗り込んで、賠償を取り立ててやる〜😈」と、**フランスとベルギーが一緒になって、ドイツ最大の鉱山・工業地帯であるルール地方に軍を送り込んできた。** これが**ルール占領**だよ。

◀ ドイツ人はサボって抵抗。気づけばとんでもないインフレになった！

　ルール占領を受けた**ドイツ**は、フランスが得をしないように、とにかく**一切の協力をしないことにした。** とにかくサボりまくる（ちゃんとした言い方だと「**サボタージュ**」）。これ、教科書では**消極的抵抗**とか不服従運動って書いてあるよ。そしたらフランスはさらに軍隊を増やしてきた😈！　だから、ドイツはまたサボる……もう悪循環どころじゃない。

　消極的抵抗をやったために鉱山や工業の生産が激減し、ますます**ドイツの産業は混乱した。** しかも、国内の労働者には給料を払わなきゃいけないけど、そんなお金はない😫。この時ドイツ政府は、「もう、お札を刷ってごまかしとけ〜😆」とばかりに、**紙幣を増刷しまくった。** そしたら、**ドイツの通**

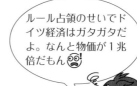

ルール占領のせいでドイツ経済はガタガタだよ。なんと物価が1兆倍だもん😵

貨（マルク）が暴落して、物価がとんでもないことになったんだ。だって、ルール
占領前に1マルクだったパンの値段は、ついに1兆マルク😲！。物価が1兆倍だよ
……。この破局的なインフレーションで、ドイツ経済は完全に破綻したんだよ。

🔊 新紙幣でインフレを収束。そして、アメリカが賠償問題に介入！

　こうなると、ドイツだけじゃなく全ヨーロッパの経済再建が難しくなる。しか
も、ドイツでは労働者が生活できなくなったから、国内では政府を倒そうって声も
出始めた。首相となったシュトレーゼマンは、混乱を抑えるために動き出したん
だ。

　シュトレーゼマンはまず、消極的抵抗を停止して、共産党が起こそうとしていた
反乱を抑えた。そして、1923年11月には、不動産収入を担保とする新紙幣レンテン
マルク（「1レンテンマルク＝1兆マルク」だよ）を発行して紙幣の量を減らし、
奇跡的にインフレーションを収めた。さらにシュトレーゼマンは「ドイツ経済を再
建するためには、英仏などの戦勝国とも協力しなきゃいかん😤」と思い、「協調外
交」に転換したんだ。

　そしてイギリスも、ドイツ経済が復興しないとヨーロッパ全体が復興しないこと
に気づいていたから、経済大国になったアメリカにドイツの賠償問題にかかわるよ
うに働きかけた。そしてアメリカも、戦債を回収するためにドイツの復興を助けた
ほうがいいと思ったから、「じゃあ、アメリカ（の金融業界）がドイツを助けましょ
う😄」ってことになった。でもね、アメリカ国内では孤立主義（ヨーロッパの政
治にはかかわらない）が強かったから、「あくまでも民間の財政家ドーズを中心と
する委員会（ドーズ委員会）の案ですよ😁」っていうタテマエで、報告書がまと
められたんだ。

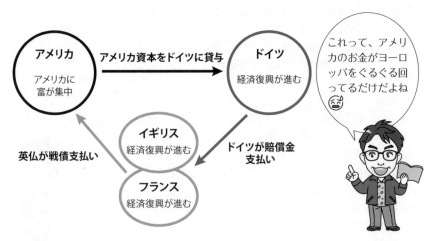

〈ドーズ案によるお金の流れ〉

アメリカ
アメリカに
富が集中

アメリカ資本をドイツに貸与　→

ドイツ
経済復興が進む

イギリス
経済復興が進む

ドイツが賠償金
支払い

英仏が戦債支払い

フランス
経済復興が進む

これって、アメリ
カのお金がヨーロ
ッパをぐるぐる回
ってるだけだよね
😅

　こうして1924年にできたのが、ドイツの新しい賠償方式**ドーズ案**だよ。ここでは、**アメリカ資本によるヨーロッパ復興のシナリオ**が提案されたよ。まず、**アメリカ資本（民間資本）をドイツに投資**することでドイツ経済を復興させて、ドイツが賠償金を払えるようにする。そして、**ドイツが払った賠償金を使って英仏の経済を復興させて**、英仏の戦債支払いができるようにする。こうすれば、**ドイツの賠償金支払いと経済復興が両立**できるよね。

　ただね、**ドーズ案には不十分なところもある**んだよ。フランスが「戦債を減らしてくれないなら、ドイツの賠償金を減らすのは納得できん😤」って言うから、**賠償金総額は減額しなかった**。これ、正誤問題でよく聞かれるよ！　ただ、**当面の支払い（１年あたりの支払額）は軽減**したので、ドイツは経済復興に向かうことができる😄。賠償金の減額は、1929年の**ヤング案**（358億金マルクになった！）までやらないからね。

　もう一つ、ドーズ案によって**ヨーロッパの復興が進んだ**けど、結局は**ヨーロッパ経済がアメリカ１国（しかも民間）に完全に頼る**ってことだから、アメリカが不景気になったら……ヨーロッパの経済が一緒に倒れる😭。ただこの時点では、アメリカの支援がないとヨーロッパの再建はできなかったからね。こうして各国がドーズ案を受け入れて、**フランスもこれに基づいてルールから撤退**したので、ドイツの賠償金をめぐる混乱は収まったんだ。

◀ ロカルノ条約でドイツが国際社会に復帰し、国際協調が進んだ！

　賠償問題が一段落すると、ヨーロッパ各国は「なんでこんな状況になったのか？」ってことを冷静になって考えた。って、結論はわかってるじゃん。**第一次世界大戦によってヨーロッパ全体の地位が落ちて**、田舎の国だと思っていた**アメリカ**が、気づけば世界一になっていた。「こりゃ、二度とあんな戦争を起こしちゃマズい！」。じゃあ、どうすればいいか？　ヨーロッパの安全保障を考えると、このまま**ドイツを排除し続けるわけにはいかない**よね。

　ただ、**フランスはドイツを信用していない**😤。だから、ドイツが二度と攻めてこないという確約がほしかった。そしてドイツの**外相**となった**シュトレーゼマン**も、アメリカや英仏との関係を改善しない限りドイツの復興は不可能だと思っていたから、「**協調外交**」に転換した。こうして、**ドイツ外相シュトレーゼマン、フランス外相ブリアン、イギリス外相オースティン＝チェンバレン**を中心に合意がつくられ、1925年**ロカルノ条約**が結ばれたんだ。

　ロカルノ条約では**ラインラント（独仏国境）の現状維持と非武装化**が再確認され（**ライン保障条約**）、さらに紛争の際には**仲裁裁判**をおこなうこ

ドイツの国際連盟加盟は、ロカルノ条約調印の「翌年」だから、正誤問題では気をつけて！

とが決められた。そして、この条約では**ドイツの国際連盟加盟**が決まり、翌年、**常任理事国**として正式に加盟したよ😆。

　こうした**国際協調の動き**は、世界全体に「平和を維持しよう」という空気をつくり出したんだ。そして1928年には、**アメリカ国務長官ケロッグとフランス外相ブリアン**が主導して、**各国**が**戦争放棄を約束する不戦条約【ケロッグ・ブリアン条約（協定）】**が成立した。この条約は、もともと**フランス**が「米仏2国で不戦協定を結びましょう」って提案したら、**アメリカ**に「それならもっとたくさんの国を入れましょう」って逆提案されたから、15カ国で不戦条約を結ぶことになったんだよ。

　このように、**ドーズ案**でドイツの復興が進むにつれて**ヨーロッパ経済全体が上向き**になって、**国際関係も安定**していたんだよ。だから、戦間期（第一次世界大戦と第二次世界大戦の間の時期）の20年間で最も安定していた1920年代後半は「**相対的安定期**」なんていわれている。でも、この安定がずっと続くか？っていうと……そうもいかないんだ。だって、**不戦条約は1928年**……翌年は**世界恐慌**だもんね😵。

　さて、今回はこれでおしまい。それじゃあ最後に年号 check！

!!! 年号のツボ

● **ヴェルサイユ条約** [1919]（**行く行く** それ行く　ヴェルサイユ）
　　　　　　　　　　　　　　1　9　1　9

● **ワシントン会議** [1921]（**引くに引け**ない　海軍軍縮）
　　　　　　　　　　　　　1　9　2　1

● **ラパロ条約** [1922]（**弾くぞブープー**　ラッパ吹く [ラパロ条約]）
　　　　　　　　　　　　1　9　2　2

● **ドーズ案** [1924]（ドーズ案は　**特によかった**）
　　　　　　　　　　　　　　　　1　9　2　4

● **ロカルノ条約** [1925]（**都合**つけてよ　ラインラント）
　　　　　　　　　　　　　2　5

● **不戦条約** [1928]（戦争は　**とっくにやめた**）
　　　　　　　　　　　　　　1　9　2　8

● **ロンドン軍縮会議** [1930]（**戦さゼロ**まで　補助艦削減）
　　　　　　　　　　　　　　　1　9　3　0

　次回は**第一次世界大戦後のヨーロッパ各国**について見ていくよ。今回出てきたことがいろいろ関係しているから、しっかり確認してから進もう！

第**15**回 戦間期の欧米諸国 ～世界恐慌以前～

　今回は、ヴェルサイユ体制下の欧米諸国について見ていくよ。1920年代、ヨーロッパ各国が戦後の荒廃で苦しむなか、アメリカは空前の繁栄を迎えていたよ！さらに、革命後のロシアはどうなるんだろう？

大きくつかもう！

第一次世界大戦からの再建を目指す各国では、何が起きていたんだろう？

1 アメリカ合衆国の繁栄 ～黄金の20年代～　276～278ページ

2 大英帝国の再編とフランス　278～280ページ

3 ドイツ ～ヴァイマル共和国の混乱と復興～　280～283ページ

4 イタリア ～ファシズム政権の出現～　283～286ページ

5 ソ連 ～社会主義国家の建設～　286～290ページ

6 戦間期の東欧諸国　290～291ページ

　ヨーロッパの戦後復興は、各国で状況が違っていたよ。戦勝国としてなんとかヨーロッパの国際関係をリードできたイギリス、ドイツからの賠償金を一番多くもらえたフランスは、どうにか再建への道筋をつけた。賠償問題で苦しむドイツもドーズ案で再建に向けて歩み始めた。しかし、経済基盤の弱かったイタリアでは、すでにファシズム政権が成立し、社会主義国ソ連は共産党の一党独裁になっちゃった。そして一人勝ち状態になったのがアメリカだよ。各国の特色をしっかりおさえてね。

　それじゃあ、戦間期の欧米諸国の始まり～😆。

1 アメリカ合衆国の繁栄　〜黄金の20年代〜

「債務国から債権国へ」。アメリカが世界一の経済大国になった！

　第一次世界大戦後、戦争の被害を受けていない**アメリカ**は、戦後は**世界最大の工業国・農業国**となり、さらに英仏への多額の戦債によって、戦前には**債務国**（借金している国）だったのが、気づけば世界一の**債権国**（お金を貸してる国）となった。こうしてアメリカが金融の覇権を握り、**世界金融の中心は**ロンドンの**ロンバード街【シティ】**からニューヨークの**ウォール街**へと移ったんだ。

　民主党の大統領**ウィルソン**は、国内では「**新しい自由**」をスローガンに民主的な改革をおこない、1920年には**女性参政権**を実現したよ。背景は、大戦中に**男性が兵士として従軍した**かわりに**女性が工場労働者となる**など、社会進出が進んだことだね。ただ外交的には、国内で孤立主義の風潮が強まり、共和党が多数派となっている**上院がヴェルサイユ条約を批准しなかった**から、**国際連盟には不参加**となるなど、思うような政策が実現しなかった。ていうか、**ウィルソンはあんまり人気がない**😓。理想主義に突っ走りすぎて、国民は「いい加減、民主党じゃなくていいだろ😆」って思っていたんだ。

3代続いた共和党政権は自由放任主義で、空前の好景気になった！

　こうして1920年の大統領選挙では、「昔のような平穏で安定したアメリカに戻りましょう！」という主張（"**平和への復帰【常態への復帰】**"）を掲げた共和党の**ハーディング**が当選したよ。共和党は産業資本家の利益を**代弁**していたから、とにかく経済界が儲かる政策をとり、基本的には「**自由放任**」で経済活動に政府が介入せず、規制もしなかったから**大企業**（独占資本）はますます発展した。しかも、法人や富裕層に対する減税をしたから、金持ちはますます金持になったんだ。さらに、すでに**工業生産で世界一**になっているのに**高関税政策**をとったんだよ。これって、「オマエらのものは買わないけど、オマエらはアメリカ製品を買えよ😁」って意味でしょ。ただのワガママじゃん😆。そして、「大企業優先」の政策のウラで、企業が共和党に**ワイロ**を贈りまくったから、**汚職**が広がったのもこの時代だ。

　その後、**クーリッジ**、**フーヴァー**と続いた共和党政権も、大企業優先の「**自由放任**」を続けたから、アメリカは「**黄金の20年代**」といわれる空前の好景気となった。1929年に大統領になった**フーヴァー**は、こうした状況を「アメリカ資本主義の"**永遠の繁栄**"」と言っていたんだ。

アメリカ経済繁栄のキーワードは、「大量生産・大量消費」だ！

　この時期のアメリカ政治史では、入試に出せるのは大統領の名前くらい😅。だって、あとは「**自由放任**」って、要は「ほったらかしで何もしない」ってことでしょ。だから、経済史や社会史が問題になるよ。

　まずは**経済史**からいこう。キーワードは「**大量生産・大量消費**」だ。その象徴が

フォード自動車会社が始めた「**大量生産方式**」だよ。今では当たり前なんだけど、**ベルトコンベア**を使った流れ作業を導入して**自動車の量産**に成功した。これまで、自動車職人が１台の車を最初から最後まで１人で組み立てたのを、「ハンドルだけ付ける人」「タイヤだけ付ける人」みたいな分業にして、**給料の安い単純労働者だけでクルマを組み立てられるようにした**んだ。だから自動車の値段が下がって、大衆車「**T型フォード**」が売れまくった。あまりに自動車が普及して、この時期のアメリカの若者はクルマがないとデートができなかったらしいよ……😥。

　さらに、**ラジオ**や**雑誌**などのマスメディアの普及によって、**プロ野球**（メジャーリーグ）や**映画**（ハリウッドだよ！）、**ミュージカル**（ブロードウェイ）、**ジャズ**の流行など、現代まで続く**大衆文化**が現れたよ。

　そして、アメリカでは**洗濯機**、**アイロン**、**冷蔵庫**などの**家電製品**が普及して、家事労働が楽になったから、**女性の社会進出**が進んだ。例えば、洗濯板でやってた洗濯を洗濯機が勝手にやってくれるなんて驚きだ！……って「洗濯板って何😵？」だよね。ネットで検索してごらん。写真付きで出てくるよ。また、カタログによる**通信販売**も始まり、さらに分割払いのクレジット（教科書だと「**信用販売／月賦**」）の普及で、気軽にモノが買える**大衆消費社会**になった反面で、**家計の借金**（ローン）が増えていたんだ。

> このころにアメリカで出現した大衆消費社会が、現代の生活にも大きく影響しているんだよ

🔈 WASP（ワスプ）が保守化して、アメリカニズムが高揚した！

　続いて社会の変化だよ。大戦中に白人男性が兵士として従軍し、しかも大戦によってヨーロッパからの移民が激減したから、アメリカでは東部の工業都市を中心に**労働力不足**になった。この時、アメリカでは**女性と黒人**が工場労働者になったんだけど、特に**黒人が工業都市へと移住**を始めたんだ。だって、労働力が足んないからむちゃくちゃ給料が高かったんだもん。当時の南部と比較すると、北部の製鉄所などでは**給料が南部の５倍以上**！　そりゃ引っ越すよ😄。ただ、大戦後には黒人の移住を背景に「**白人層の保守化**」が起きるんだ。

　大戦が終わって戦地から帰ってきた白人たちは、突然増えた黒人に対する**拒絶反応**を起こした。彼らは、まさか自分たちの近くに黒人が住むなんて思ってなかったからね。こうして黒人への偏見を強めた北部の連中は、おもに**WASP**（"White Anglo Saxon Protestant"）、つまり**白人・イギリス系・新教徒**で、自分たちの価値観が「**アメリカニズム**」だと主張した。要は「WASPがアメリカ人だぁ〜😤」ってことね。そして、**WASP以外の人びとを差別**し、第一次世界大戦直後には、北部の都市の白人による反黒人の暴動なども起こったんだ。

　例えば、1920年代には反黒人組織だった**K・K・K**【**クー＝クラックス＝クラン**】が復活して約400万人もの会員を集め、**反黒人、反ユダヤ、反カトリック、反共産主**

義（反共）、反移民を主張して、黒人や移民などを襲撃した。また、保守化した<ruby>WASP<rt>ワスプ</rt></ruby> の連中が強要する**プロテスタント的な道徳**（とにかくマジメ）から、**禁酒法**ができたんだ。でも、酒を飲みたい人は飲むよね……。だから、医者が「この人はウィスキーを飲まないと死にます😷」みたいな<ruby>処方箋<rt>しょほうせん</rt></ruby>を書いて、薬局でお酒を売ったんだって……😵。結局、**マフィアが密造酒でボロ<ruby>儲<rt>もう</rt></ruby>け**したんだけどね。

　そして、全世界に大きな反響を巻き起こしたのが**サッコ・ヴァンゼッティ事件**だ。これは、強盗殺人事件の容疑者として労働者のサッコと<ruby>行商人<rt>ぎょうしょうにん</rt></ruby>のヴァンゼッティが逮捕されて、**明確な証拠がないまま死刑となった**という事件だよ。でも、なんで証拠がないのに死刑になったかっていうと、彼らが**イタリア系移民**でアナーキストだったから、「反移民・反共産主義」の意識が強い<ruby>陪審員<rt>ばいしんいん</rt></ruby>が「んなもん、有罪に決まってる！」って言ったからだよ。そしたら、世界中で「アメリカは何考えてるんだ〜！」って反対する世論が盛り上がったんだけど、こんな事件が起きるくらい、**アメリカの白人層が保守化していった**ってことだよ。

　さらにこうした<ruby>偏見<rt>へんけん</rt></ruby>から、**移民を排除する動き**も起こったよ。1924年に改正された**移民法**では、年間の移民数の上限を15万人としたうえで、**出身国別の割り当て数**を決めたんだけど、**アジアからの移民は全面禁止**になった。さらに、日本人に<ruby>帰化権<rt>きかけん</rt></ruby>が認められなかったり、カリフォルニア州では日本人の土地所有を禁じられたりと、さまざまな**日系移民への差別**がおこなわれたんだ。一方で、教科書には書いてないけど、ラテンアメリカからの移民は制限されなかったから、以後メキシコなどを中心とする中南米からの移民が、増加したよ。彼らはスペイン語を話すから「**ヒスパニック**」と呼ばれているね。

先住民（ネイティヴ・アメリカン）以外は全員移民のはずなのに、アメリカではWASP以外の移民が差別されたんだ

2 　大英帝国の再編とフランス

〈イギリス〉

📣 **選挙権が拡大して、労働党が躍進。初の労働党政権が誕生した！**

　大戦中に**女性労働者**が工場の労働者となって戦争に協力したから、イギリスでも大戦末期の1918年、**ロイド＝ジョージ<ruby>挙国一致<rt>きょこくいっち</rt></ruby>内閣**が第4回選挙法改正をおこない、**21歳以上の男性普通選挙と30歳以上の女性参政権**が実現した。男性と女性の年齢制限が違うから、**男女普通選挙とは言わない**よ！（選挙法改正一覧は ➡P.47 ）

　労働者の参政権が拡大すると、議会では労働党が増えるよね。そして総選挙で保守党が過半数を取れずに**労働党が第2党**になると、1924年には自由党との連立で、**第1次マクドナルド労働党内閣**が成立したよ。これが**イギリス初の労働党政権**だ。**労働党は第2党だから**正誤問題では気をつけよう！　こうして誕生した労働党政権

だったけど、**ソ連を承認した**くらいしか独自の政策は打ち出せなかったんだ。そして、「労働党が革命をやろうとしている！」っていうニセ情報をめぐる事件で、わずか10カ月で倒れちゃった😥。次の選挙では保守党が圧勝してボールドウィン内閣ができたんだけど、これ以後「改革の政党は労働党、保守派は保守党」というイメージが定着して、イギリスは**保守党**と**労働党**の二大政党の時代になったよ。ちなみに、自由党は改革のイメージがなくなり、勢力を失っていったんだ。

そして1928年、保守党の**ボールドウィン内閣**が第5回選挙法改正をおこなって、**21歳以上の男女普通選挙**を実現し、イギリスでは**男女平等**の参政権が実現したよ。

◀ 大英帝国の凋落（ちょうらく）……経済の中心はアメリカに移った

大戦後のイギリスは、国際金融センターの地位をアメリカに奪われ、**世界金融の中心がロンドンのロンバード街からニューヨークのウォール街に移った**よね。この時期のイギリスは、戦後の復興（ふっこう）だけじゃなく、炭鉱労働者のゼネストなどで混乱し、**経済的な地位の低下は止まらなかった**んだ。

こうしてイギリスの地位が低下するとともに、**アイルランドの独立運動やインドの民族運動が激化**したよ。アイルランド問題については**第2回 ➡P.50～51**ですでに話したけど、ほかの自治領でも、「大戦に参加して戦ったのに、もう本国の言いなりはイヤだ！」っていう声が出始めた。イギリスはなんとか植民地をつなぎとめるため、1926年**イギリス帝国会議**を開いたんだ。そして「**本国と自治領を平等とするイギリス連邦**」の構想を打ち出した（バルフォア報告）。この構想が法律となったのが、1931年の**ウェストミンスター憲章**だよ。こうして自治領は**独自の内政権・外交権**を獲得して事実上独立し、本国と自治領が「**王冠（おうかん）への忠誠**」によってゆるやかに結びつく**イギリス連邦**が発足したよ。そして、今でもイギリス連邦は残っている。例えば、国旗のなかにユニオンジャックの入っているオーストラリアやニュージーランドは、現在でもイギリス連邦内にいるよ。これ、イギリスの恐慌（きょうこう）対策のところでも重要だから、しっかり頭に入れておいてね😄。

〈フランス〉
◀ 大戦の被害が一番ひどかったフランスは、ドイツへの強硬路線！

第一次世界大戦で一番被害がひどかったのは、国土の多くが戦場になった**フランス**だよ。しかも、ロシア革命が起きたせいで、ロシアに貸していたお金（外債（がいさい））が回収できなくなったんだ😫。こりゃ、復興するにもお金がないよ……。

そこで**戦後復興の資金**を確保するために、また**ドイツを再び強国にしない**ために、ドイツに膨大な**賠償金（ばいしょうきん）**を払わせたよね。実際、賠償金を一番多くもらったのはフランスだ。さらに外交的には**ドイツ包囲網**をつくるために、ベルギー、ポーランド、さらにドイツを挟み撃ちするため、露仏同盟のかわりにチェコスロヴァキア、ルーマニア、ユーゴスラヴィアがつくった小協商を支援して、のちに同盟を結んだよ。

そして、もっとも強硬な政策が、保守党の**ポワンカレ右派内閣**がおこなった**ルー**

ル占領だよ。ただ、ルール占領は**ドイツの消極的抵抗で大した成果を上げられず**、国内の批判が大きくなっただけじゃなく、イギリスなどから「フランスのせいでドイツが破綻して、余計に賠償金の支払いが遅れてるじゃないか😡」と文句を言われた。結果、**国内外から批判されて総選挙で負けてしまった**んだよ。

◀ 1920年代後半のフランス……実はアメリカに次いで世界2位の繁栄！

こうして、1924年には**社会党**と**急進社会党**が連合して選挙に勝利し、**左派連合政権**ができたよ。外相となった**ブリアン**は**平和外交**を推進し、ソ連の承認、**ルールからの撤兵**、**ロカルノ条約の締結**などの成果を上げたんだ。しかし、フランス経済を苦しめる財政難とインフレへの対策ができなかったので、政権は崩壊しちゃった。

そして再び保守党の**ポワンカレ**が政権に就くと、**社会党と共産党以外がすべて協力する挙国一致内閣**を成立させ、**フランの切り下げ**など大胆な経済政策で輸出の拡大を狙い、**重化学工業の育成**にも成功したよ。例えば、自動車産業（ルノーとかプジョーとか知ってる？　入試には出ないけど😅）や化学工業が発展したのはこの時期だ。さらに**アルザス・ロレーヌの天然資源**（石炭や鉄鉱石）を背景に、**鉄鋼生産は世界3位**になったんだよ。あんまりイメージないかもしれないけど、1920年代後半にフランスはアメリカに次いで繁栄し、**金保有量も世界2位**になったんだよ（もちろん1位はアメリカだけどね）。

> ブリアンの平和外交は、世界を安定させたよ。しかも、何気に経済も調子よくなってる

3 ▶ ドイツ　～ヴァイマル共和国の混乱と復興～

◀ 大戦中に社会民主党が分裂。スパルタクス団が革命を起こした！

大戦前に**最大の反戦勢力**だったはずの社会主義勢力は、大戦勃発直前に各国の社会主義政党が「自分の国の戦争は自衛戦争だから正しい😇」って言い出したから、**第2インターナショナルが崩壊**したよ。第2インターナショナルの中心だった**ドイツ社会民主党**も、ヴィルヘルム2世が戦争に向かうのに反対せずに、挙国一致で戦争を支える体制（「**城内平和**」）ができた。そしたら党内で「戦争反対〜😡」って言ってる連中が**分裂**しちゃった😵!

まず、社会民主党にそのまま残った連中は、基本的に「革命はやらず（**修正主義**）」「**戦争容認**」だから、これに反対するヤツらが分裂したんだよ。まず、「革命はやらないでいい」けど「戦争反対」なのが、**独立社会民主党**だよ。ただ、彼らは少数派だったから、大戦後にはなくなっちゃった。そして、「革命を目標にして（**マルクス主義**）」「**戦争に反対**」の連中は**スパルタクス団**をつくった。これが、のちの**ドイツ共産党**になるよ。

〈社会民主党の分裂〉

	修正主義	マルクス主義
戦争容認	社会民主党	該当なし
戦争反対	独立社会民主党	スパルタクス団

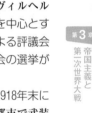

言葉だと複雑に
なるから、図で
理解しよう！

そして1918年、**キール軍港の水兵反乱**をきっかけとする**ドイツ革命**で**ヴィルヘルム2世**が退位すると、**ドイツは共和国**となり、社会民主党の**エーベルト**を中心とする臨時政府が成立した。そして、革命の際に結成された労働者と兵士による評議会のレーテ【労兵レーテ】も議会制民主主義を支持したから、1919年に議会の選挙がおこなわれることになったんだ。

しかし、社会主義革命を起こしたかった**スパルタクス団**（正確には、1918年末に**ドイツ共産党**になったよ）は、1919年1月にベルリンをはじめ、**各地の都市で武装蜂起**したんだ😀。このスパルタクス団の蜂起【ドイツ共産党の一月蜂起／ベルリン蜂起】は、旧ドイツ帝国の軍部と組んだ臨時政府が鎮圧し、指導者だった**カール＝リープクネヒト**や**ローザ＝ルクセンブルク**は虐殺された😡。そして、社会民主党は軍部・経済界と組んで、革命が進むことを抑え込んだんだ。

🔻 世界でもっとも民主的なワイマール憲法ができたけど……

1919年、革命勢力がまだ残っているベルリンではなく、中部ドイツの古都**ヴァイマル**に国民議会が招集され、正式に社会民主党の**エーベルト**が**大統領**となった。そして8月には**ヴァイマル憲法【ワイマール憲法】**が制定されたよ。ここから**ナチス政権**が成立するまでのドイツ共和国を**ヴァイマル共和国**と呼んでいるんだ。

ヴァイマル憲法は社会民主党が主導して制定されたこともあって、当時世界でもっとも民主的な憲法となったんだ。**主権在民**がうたわれ、**20歳以上の男女平等普通選挙**を採用すると、民意を正確に反映するように**比例代表選挙**となった。さらに、国民の基本権として、人間らしく生きる権利（生存権）や労働者の団結権・団体

ヴァイマル憲法は当時の世界
では一番民主的だ！　だって
社会主義の社会民主党が中心
になってつくったんだもん

交渉権などの社会権も認められたよ。これって、「すごくいい憲法ができたね😆」って思うかもしれないけど、問題がないわけじゃないんだ。

　大統領は国民の直接選挙で選ばれるんだけど、もともとの「皇帝」にかわる地位だから、**国家の非常事態には議会を通さずに法律をつくったり変えたりできる大統領非常大権【大統領緊急令】**が認められた。これ、非常事態がどんな時か？っていうことがはっきりしていないから、大統領がいつでも「非常事態！」って決めちゃっていいんだよ😵。**下手したら独裁者が出てきちゃうよね。**でも、エーベルトはそんなことはしない人だったから、憲法ができた時には問題なかったんだけどさ。これって、大統領になった人の思想や性格でどうにでもなっちゃうよ😆。

〈ヴァイマル憲法の特徴〉

民主的な点	・主権在民、20歳以上の男女平等普通選挙 ・生存権の承認 ・労働者の団結権、団体交渉権など社会権を承認
問題点	・**大統領非常大権【大統領緊急令】**……独裁者が出現する可能性

　そして、社会民主党政権に反発する軍部などの**保守派の巻き返し**もあったよ。例えば、1920年に**右派政治家によるクーデタ（カップ一揆）を労働者が倒す事件**が起こり、国内では「もっと民主化しろ～😤」って声が高まったんだけど、逆に政権は保守化してしまった。この時期のドイツは**政権が非常に不安定**だったんだ。

◀ ルール占領のあと、ドイツは協調外交で復興に向かった！

　1923年、**ルール占領でドイツ経済は破綻**し、国内は大きく混乱したよね。この混乱のなかで登場するのが、**ヒトラーの率いるナチ党【国民社会主義ドイツ労働者党】**だ（ナチスとは、ナチ党のメンバーを指す呼び名）。もともとはミュンヘンで創設された小さな政治団体だったものが、ヒトラーが党首になると過激な**ヴェルサイユ条約批判や共和国批判**をおこなって、混乱したドイツのなかで勢力を拡大していったんだ。

　1923年、ヒトラーは保守派を中心とする軍部クーデタのきっかけをつくるために、**ミュンヘン一揆**を起こしたんだけど、実際には**軍部クーデタが起こらずに失敗**して逮捕され、禁固刑になった。ただ、わずか8カ月で釈放されたから、この間にヒトラーは獄中で『**わが闘争**』を口述筆記で書き上げ、以後、**選挙で議席を増やして政権を狙う「合法路線」に転換**したんだ。

　こうした動きもあったけど、1923年には**シュトレーゼマン首相がレンテンマルク**を発行して**インフレーションを収束**し、**ドーズ案**によってフランス・ベルギー軍がルールから撤退すると、**経済の復興とともに国内も安定**し始めたよ。さらに、**ロカルノ条約**が結ばれて**国際連盟への加盟**を実現するなど、協調外交によってドイツは

国際社会に復帰したよ。これはドイツ経済の復興にもつながり、1926年ごろには**工業生産が第一次世界大戦前の水準まで回復**したんだ。だから、この時期のナチ党は「ただの危険な右翼団体」と思われて、人気のない弱小政党の一つだったよ。

4 ▷ イタリア　〜ファシズム政権の出現〜

> ### 〔クローズアップ〕 イタリアのファシズム政権
>
> - **北イタリアのストライキ**［1920］➡自由主義勢力が、社会主義を警戒
> - **ムッソリーニの台頭**
>   - ▶もと社会党員だったが除名され、反社会主義運動を展開
>   - **ファシスト党【国民ファシスト党】結成**［1921］……**反社会主義**を唱える
>   - **ローマ進軍**［1922］……国王が鎮圧を拒否し、**ムッソリーニ政権が成立**
> - **ムッソリーニの国内政策**
>   - **一党独裁体制を樹立**［1926］……議会で他の政党を解散させて確立
>   ➡**ファシズム大評議会を国家の最高議決機関とする**［1928］
> - **ムッソリーニの対外政策**
>   - **フィウメ併合**［1924］……ユーゴスラヴィアを恐喝して併合
>   - **アルバニア保護国化【ティラナ条約】**［1926］
>   - **ラテラノ条約【ラテラン条約】**［1929］……**ローマ教皇との和解**
>   ▶教皇庁をヴァチカン市国として独立させ、国家として承認

◀ 戦勝国なのに……領土問題は解決せず、国内も深刻な不況に！

イタリアは三国同盟（独・墺・伊）を結んでいたけど、大戦中の**ロンドン秘密条約**で「未回収のイタリア」の返還と引き換えに、**連合国側で参戦**したよね。ってことは、イタリアは**戦勝国**だ！　でも、領土問題が完全には解決しなかったんだよ。

だって、英仏はドイツの弱体化しか考えていなかったから、イタリアのことには興味がない😒。一応、**トリエステ、イストリア、南チロルなど「未回収のイタリア」**の多くは返還されたんだけど、**フィウメ**やダルマチアは**ユーゴスラヴィア領**となってしまい、獲得できなかった。これに怒った右翼の過激派**ダヌンツィオ**が率いる軍人たちが、**フィウメを占領**しちゃった😵。でも、いくらなんでもやりすぎだな……。結局、**フィウメは国際連盟が管理する自由市**になったんだけど、この事件の背景には、イタリアの政局をめぐる問題もあったんだよ。

英仏はドイツから取った賠償金で復興しようとしていたけど、**イタリアは賠償金をあまりもらえなかった**んだ。さらに、戦争の被害で経済が悪化して（大戦前からたいして強くなかったけど……😫）、**戦後は深刻な不況**になった。こうした経済混

乱から**社会主義が台頭**し、なんと議会では**社会党が第1党になった**！ さらに、社会党の左派は**イタリア共産党**を結成して、もっと過激な運動を目指したんだ。そして、**社会主義者が指導するストライキ**が、**北イタリアを中心に頻発**したんだよ。

◀ 反社会主義を唱えるムッソリーニが台頭。ファシズム政権ができた！

こうした北イタリアのストライキに対し、資本家は警戒感を強めていたんだ。だって、ストライキがどんどん過激になって、**工場占拠闘争に発展**したんだもん。一方で、**反社会主義を唱える過激な保守派**は、労働者や社会党の事務所、あるいはストライキを暴力的に攻撃して潰す**ファシズム運動**を展開したんだ。なかでも、ストライキ破りで有名になり、資本家に支持されたのが**ムッソリーニ**だ。

ムッソリーニはもともと社会党員で、機関誌の編集長をしていたこともあるんだけど、戦争に反対していたはずの社会党の機関誌に「イタリアも参戦すべきである😤」という記事を載せたから、まんまと党を除名された。まぁ、このあとの彼の行動を考えると、社会党にいたことのほうが気持ち悪いけど😖。こうして**ム****ソリーニは反社会主義運動を始め**、ミラノで復員兵士などとともに「**戦闘ファッシ（戦士のファッシ）**」を結成すると、1921年には武力集団だった戦闘ファッシを政党に変えたんだ。これが**ファシスト党【国民ファシスト党】**だよ。政党になったとはいえ、党員全員が行動隊と呼ばれる武装組織のメンバーになったから、実態はあまり変わってないけどさ😆。そして、**労働者のストライキを武力で潰す直接行動を****起こしながら勢力を拡大し、ミラノやジェノヴァなどの都市を支配下に置いて**いったんだ。

こうして、イタリア北部や中部で勢力を拡大した**ファシスト党は、国家権力を握るための行動を開始**し、黒シャツに身を包んだ**約2万人の武装したファシスト**（ガリバルディの赤シャツ隊をもじって「**黒シャツ隊**」といわれることもある）が、一斉にローマに向かったんだ。これが**ローマ進軍**だ。

これを見た政府は、**戒厳令**の発布を国王に頼んだんだけど、**国王**は「社会党の影響力がある政府より、ムッソリーニのほうがマシだ」と言って**鎮圧を****拒否**し、**ムッソリーニに内閣をつくるように命じた**んだ。ここに、**ムッソリーニ政権が誕生**したよ。

まさかガリバルディも、こんな連中にもじられるとは思ってなかっただろうな……😔

4　イタリア　～ファシズム政権の出現～　285

第1章　国民国家の形成

第2章　列強の侵略とアジアの変革

第3章　帝国主義と第一次世界大戦

第4章　戦間期と第二次世界大戦

第5章　戦後の世界

◀ ファシスト党が一党独裁体制を確立し、ムッソリーニの独裁が始まった！

　議会にわずか35議席（全体の6.5％）しか持たないムッソリーニ政権は、社会主義に反対する資本家や地主などの自由主義勢力に支持されたんだけど、これって、たまたまこの時期にイタリア経済が好況になったからなんだよ。だって、この時期はヨーロッパ全体の経済が良くなってきた時期でしょ。別にムッソリーニがすごかったわけじゃない。これが大きな間違いだったんだよ。

　ムッソリーニは、全得票の25％を獲得した政党が３分の２の議席を獲得できるというよくわからん新選挙法を制定すると、総選挙で勝利した。って、勝てるように選挙法を変えたんだから当たり前だよ😅。そして、「イタリア人はみんなファシストであることが望ましい🤨」と言って、1926年にほかの政党を解散させて一党独裁体制を確立したよ。さらに、1928年にはファシスト党の会議だったはずのファシズム大評議会を国家の最高議決機関にして、独裁体制を完成させたんだ。

〈ムッソリーニの対外進出〉

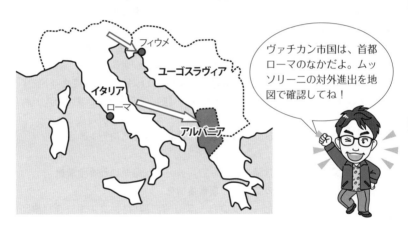

ヴァチカン市国は、首都ローマのなかだよ。ムッソリーニの対外進出を地図で確認してね！

　この間に、ムッソリーニは対外進出を進めているよ。まず、第一次世界大戦後に獲得できなかったフィウメを、ユーゴスラヴィアを恐喝して強引に併合すると、アドリア海を挟んだ対岸の小国アルバニアに軍を送り、「キミみたいな小国は、いつ誰にやられるかわからないから、イタリアが保護してあげよう！」と、無理やり軍を送って保護国にしたんだ。ていうか、オマエが侵略者だろ😵。

　ただ、ムッソリーニ政権はそれなりに国民の支持を受けていた。それは、ムッソリーニがイタリア統一以来ずっと続いていた「国家と教会の対立」を解消したからだよ。覚えてるかな？　イタリア統一の際に教皇領を併合したから、ローマ教皇がスネちゃってイタリア王国を承認せず、「ヴァチカンの囚人」だ、って騒いでたでしょ😅。これを解決したのが、ムッソリーニが結んだラテラノ条約【ラテラン条約】だよ。この条約では、カトリックをイタリア唯一の宗教として承認すると、教

皇庁を**ヴァチカン市国**として独立させて、国家として承認したから、教皇ピウス11世もイタリアを承認したんだ。ちなみに、**ヴァチカン市国の広さはだいたい東京ディズニーランドと同じくらい**。ローマ市のなかにある小さな国、でもこれって教皇領の復活だよ😆。

　教皇と和解したことで、統一以来イタリア人を悩ませてきた「**国家と教会の対立**」が解消したよ。イタリア人は、自己矛盾のような状態に終止符を打ったムッソリーニ政権を支持したんだよ。

5　ソ連　〜社会主義国家の建設〜

クローズアップ　　**革命後のロシア（ソ連）**

- ●**対ソ干渉戦争**［1918〜22］➡**アメリカや日本**がシベリア出兵をおこなう
- ●**戦時共産主義**［1918〜21］……**急激な社会主義化**
  - ▶**穀物の強制徴発**などを実施　➡**経済破綻と食糧危機**を招く
- ●**新経済政策【ネップ】**［1921］……**一部に資本主義を復活**
  - ▶**穀物徴発の廃止**など　➡民間の生産意欲が回復
- ●**ソヴィエト社会主義共和国連邦【ソ連／U.S.S.R.】**成立［1922］
  - ▶**ロシア、ウクライナ、ベラルーシ【白ロシア】、ザカフカース**で成立
- ●**レーニンの死**［1924］➡**トロツキーとスターリンが対立**
  - ➡**スターリンが、トロツキーらを失脚させて**権力を掌握
- ●**スターリン独裁**
  - ●**第1次五力年計画**［1928〜32］……**再び急激に社会主義化**
    - ▶**重工業優先の工業化と農業集団化**
      - ➡**農業集団化**……**ソフホーズ**（国営農場）、**コルホーズ**（集団農場）の建設
  - ●**第2次五力年計画**［1933〜37］➡国際情勢から**重工業・軍事に重点**が置かれた
  - ●**スターリン憲法**［1936］
    - ▶外見的には民主的だが、**実際には市民的権利は保障されず**

◀ 国内外での革命打倒の動き。白軍による反革命と対ソ干渉戦争

　続いて、ロシア革命後のロシア（ソ連）について見ていこう。革命後のロシア国内では、**社会主義を潰そうとする旧ロシア帝国軍などの反革命勢力**（これを**白軍**って呼んでるよ）との**内戦**が起きて、ソヴィエト政権を大きく揺るがし、さらに**連合国も社会主義の拡大を警戒して出兵**してきたんだ。

この**対ソ干渉戦争**では、**イギリスやフランス**がフィンランド国境に近い**ムルマン
スク**に上陸して北から**ペトログラード**などを脅かし、東では**チェコ兵捕虜の救出**を
口実に**日本やアメリカ**などが**シベリア出兵**をおこなった。さらに、**ポーランド**が、
ポーランド分割で失った領土を取り返そうと攻めてきたんだ（**ソヴィエト＝ポーラ
ンド戦争**）。

こうした各国軍の侵入に対し、**トロツキー**はソヴィエト政権の軍隊として<ruby>赤軍<rt>せきぐん</rt></ruby>を
結成して戦ったよ。さらに後進国**ロシア**での社会主義革命を守るためには、ドイツ
やポーランドなど、ロシアを取り囲む国でも同時に革命を起こさなきゃいけない！
この「**世界革命**」のために**コミンテルン**【**第3インターナショナル・共産主義イン
ターナショナル**】が結成された。これは、**ロシア共産党の指導**のもとに、**世界各地
の共産勢力を結集するための組織**だ。さらに、**国内の反革命を取り締まるための秘
密警察組織**（国内スパイだ！）である**チェカ**【**非常委員会**】が設置されたよ。

しかし、国土が戦場となったために**食糧が不足**し、**工業生産力も低下**しちゃっ
た。このため**レーニン**は、「**すべてを戦線へ！**」として、あらゆる物資を戦争に動
員する**戦時共産主義**を導入したよ。まず、中小工
場なども含めた**私企業をすべて国有化**し、労働者
や兵士の食糧を確保するために農民からは**穀物を
強制徴発**（無理やり全部取り上げる）した。さら
に燃料確保（まだ<ruby>薪<rt>まき</rt></ruby>が中心……😵）のため農民
に労役を課すなど、戦争の負担を全部農民に押し
つけたんだよ。しかも**食糧が配給制**になったか
ら、農民は日々の食糧にも困った。そして戦時共
産主義は、この時期に急増した共産党員を使って
進められたから、**共産党の一党独裁体制が強化さ
れた**んだよ。

第一次大戦が終わったの
に、戦時共産主義で、人び
との生活は全然よくならな
かったよ😢

◀ 戦時共産主義の導入で経済が破綻！ 再建のためにネップが採用された

戦時共産主義の導入で**農民はすっかりやる気をなくした**😤。だって、何をつくっ
ても国に取られちゃうから、頑張って穀物を生産しても意味がない……。不満を爆
発させた中央アジアの農民が反乱を起こすと、**農民反乱は全国に拡大**したんだ。そ
して、農民反乱に加えて大寒波に襲われたロシアでは、1920年に入って**食糧危機**が
起こり、都市労働者や兵士の間でも不満が高まり、**ついに軍の内部でも反乱が起き
た**（クロンシュタット<ruby>要塞<rt>ようさい</rt></ruby>の水兵反乱）。

ただ、1920年ごろには**対ソ干渉戦争がほぼ終結**したよ。英・仏・米は1920年に撤兵
し（日本は1922年まで出兵を続けたけど）、国内の反革命勢力もほとんど制圧したか
ら、「革命を守るめどが立ったな……」と判断した**レーニンは政策を転換**したんだ。

こうして1921年の春には**新経済政策**【**ネップ**】が採用されたよ。まず、**穀物の強
制徴発をやめて**、税を納めたあとに余った穀物は自由に売ってもいいことにした。

町工場や商店など**小規模な企業の営業を認め、大企業や銀行などの重要産業も国有のままとは**いえ、独立採算制にしたんだ。これって、「みんながやる気を取り戻すように」、一定の範囲内で**資本主義や市場経済を復活**したんだ。だから、ネップによって国内経済は少しずつ回復に向かい、農民のなかからは**クラーク（富農）**が現れ、商工業でも**ネップマン**（商工業で金持ちになった人）も出現したよ。

ネップでやる気になった人たちは豊かになったんだけど……あとでひどい目にあうよ 😔

そして、**各国もネップを見て「ソヴィエト政権は、そこまで危険でもないかもしれない**……」と思い、少しずつソヴィエト政権との関係を探り始めたんだ。1921年にはイギリスが経済封鎖を解除して**英ソ通商協定**を結び、1922年には**ドイツ**もソヴィエト政権（ソ連）と国交を回復する**ラパロ条約**を結んだよ。同年末にソ連が成立したあと、1924年には**イギリス、イタリア、フランス**が、1925年には**日本**がソ連を承認したんだけど、**アメリカはなかなか承認しなかった**んだ。アメリカが承認するのは、世界恐慌のあとだよ。

🔊 ロシアを中心とする4共和国で、ソ連が成立した！

ロシアの経済が回復に向かい始めたころ、かつてのロシア帝国領内では**ロシア以外に3つのソヴィエト共和国が樹立された**よ。そして、**ロシア、ウクライナ、ベラルーシ【白ロシア】、ザカフカース**の4ソヴィエト共和国は、1922年の全連邦ソヴィエト第1回大会で**ソヴィエト社会主義共和国連邦【ソ連／U.S.S.R.】**を結成し、1924年には**ソヴィエト社会主義憲法**を制定したんだ。

そして、この4共和国以外の旧ロシア帝国領もソ連に併合されていった。まず、ムスリムの知識人が自治や改革を求める運動（ジャディード運動）をやっていた中央アジアは、1924年には**ウズベク・カザフ・キルギス・タジク・トルクメン**共和国に分割されて、その後、無理やりソ連に併合されちゃったんだ。そして、1936年には**ザカフカース**が**グルジア（現ジョージア）・アルメニア・アゼルバイジャン**に分離されて、最終的に**ソ連は15共和国で構成される連邦国家になった**。とはいっても各共和国に自由や自治などはなく、**完全にロシア共産党（1952年からソ連共産党）の支配下に置かれた**んだ。

🔊 レーニンが死ぬと、スターリンの独裁が始まった！

ネップによって国内がやっと安定してきたソ連だったけど、**レーニンの死後、共産党内部での対立が表面化**したよ。もともと有力な後継者だと思われていたのは、伝統的な**世界革命論**（ヨーロッパで社会主義革命が起こるまで、ソ連が持ちこたえる）を主張する**トロツキー**だったんだけど、レーニンが病気で倒れたあとに共産党

書記長となった**スターリン**は、「世界革命論は古くさい！　ソ連のような後進国1国でも、社会主義は実現できる😤」という**一国社会主義論**を唱えて、トロツキーと対立したんだ。これって、**トロツキーを孤立させる作戦**だよ。

レーニンはスターリンの危ない面を見抜いて、「スターリンを後継者にしちゃいけない」って遺言したけど、もみ消されたんだよ……😔

スターリンのやり方は巧妙だよ😏。まず、自分以外で一番有力な人物を孤立させるために、指導部のほかの連中を味方につける。そして、影響力を弱めたところで、今度は手を組んだ連中のなかで有力なヤツを潰す。これを繰り返したんだよ。最初の標的**トロツキー**を倒すためにジェノヴィエフやカーメネフと組み、弱らせたところで、今度はジェノヴィエフを倒すためにブハーリンと組む。そして最後はブハーリンも潰す。結局、**スターリンは党内の有力者をほとんど失脚させた**😨!

失脚した**トロツキー**はのちに国外追放となり、さらに**メキシコで暗殺**された。ジェノヴィエフもカーメネフもブハーリンも、次々と失脚して処刑されたんだもん。こうして反対派を次々と**粛清**して、**スターリンは独裁体制を確立**したんだ（**スターリン体制**）。スターリンの大粛清で**逮捕された人は約1200万人**😫。そのうち100万人が処刑され、200万人は収容所で死亡したんだよ。なんて時代だよ😵。

◀ 五カ年計画が実施され、急激な社会主義化が始まる！

同じころ、**スターリンはネップに対する警戒感を強めていた**んだ。農村では「自分が食べる分は絶対取っとかなきゃ！」って思った農民が穀物を売り惜しみ、食糧不足を見た商人は穀物を買い占めた。だから、**都市や軍の内部では穀物不足が起きていた**よ。工業の基盤が弱いソ連は、**工業発展の資金を穀物輸出に頼る**しかない。じゃあどうするか？って、んなもん農民から取り上げるしかないじゃん😓。

1928年、スターリンは**工業国への転換**を掲げる**第1次五カ年計画**を始めたよ。この計画に基づいて重工業優先の工業化を進め、その資金を農民から搾り取るために**急激な農業の集団化**を進めた。農村では**ソフホーズ**（国営農場）や**コルホーズ**（集団農場）が無理やり建設され、**農民は穀物を国に奪い取られた**。反対する農民は「社会主義の敵、**クラーク**だ😡」というレッテルを貼って次々と逮捕し、**シベリアや極北に追放**して鉱山などで強制労働させた。反対するヤツは、みんなシベリア送りだよ……😵!

合否の分かれ目▶　ソ連の経済政策の変化に注目！

- ●戦時共産主義［1918〜21］（レーニン）……**急激な社会主義化**
  - ▶**穀物の強制徴発、私企業の一切禁止**
- ●新経済政策【ネップ】［1921］（レーニン）……**一部に資本主義を復活**
  - ▶**穀物徴発の廃止、小農経営、小規模な私企業の営業を認める**
- ●第1次五カ年計画［1928〜32］（スターリン）……**再び急激に社会主義化**
  - ▶**重工業優先の工業化と農業集団化**
    - ⇒**ソフホーズ（国営農場）、コルホーズ（集団農場）の建設**

　そして同じころ、資本主義諸国では**世界恐慌**が起きた。この時スターリンは、「**ソ連は恐慌の影響を受けずに発展している。まさに社会主義の勝利だ！**」って大宣伝したんだよ。でも実際には、**急激な農業集団化で農民が完全にやる気をなくし、穀物の収穫は激減し、家畜の頭数も半減するなど深刻な経済危機**になった。この時期には400万人以上が餓死したっていわれているよ。それに、世界恐慌の影響を受けなかったように見えるのは、**アメリカと国交のないソ連**が、アメリカの不況の影響を受けなかっただけだし、**強制労働が経済成長を支えていただけ**だからね。大恐慌に苦しむ各国が、**見た目の工業発展にダマされていただけ**だよ。

世界恐慌に苦しむ人たちは、ソ連の見た目の発展に完全にダマされたんだよ😓

　こうして完全に権力を握ったスターリンは、1936年に**新しい憲法を制定**したよ（**スターリン憲法**）。平等や飢えからの解放など書いてあることは素晴らしいけど、**本人が守る気ゼロ**😆。市民の権利を守ろうなんて、これっぽっちも考えてなかったからね。さらに、1933年には**第2次五カ年計画**が始まり、最初は国民の生活を良くするために**消費財部門にも配慮**するとか言ってたのに、結局は**重工業・軍事中心に変わっちゃった**😓。しかも、同じころにドイツでヒトラーが軍備拡大を進めていたから、**第3次五カ年計画は軍需産業ばっか**😫。うーん、結局はスターリンの思い通りの政策しかできないってことだ。まぁ、それが**独裁体制**だけどさ😆。

6　戦間期の東欧諸国

　最後に、難関大を狙う人のための**戦間期の東欧諸国**のポイントだよ！
　ハンガリーでは、**クン＝ベラ**を中心とする**ハンガリー革命**が成功して、1919年に

社会主義政権を樹立したんだけど、**ルーマニア軍の侵入で倒されてしまったん**だ😫。その後、軍人の**ホルティ**が率いる反革命軍が実権を握ると、彼は「かつてのオーストリア＝ハンガリー帝国の栄光を復活する！」って言ってハプスブルク家を国王とみなし、「国王なき王政」の摂政（せっしょう）として**独裁権を握った**んだ。もちろんハプスブルク家がハンガリー王になったわけじゃないけどさ😑。そして、かつての領土を復活するために、**ルーマニア、チェコスロヴァキア、ユーゴスラヴィアからの領土奪還を狙ったんだ。**

　ホルティに「領土を取り返す！」と名指しされた**チェコスロヴァキア・ユーゴスラヴィア・ルーマニア**の３国は連携して、**小協商**を結んで対抗したよ。

　続いて、独立した**ポーランド**では、**ピウツキ**が国家元首として**ソヴィエト＝ポーランド戦争**などを戦い、ロシア（ソ連）から領土を奪い返した！　これまでの恨（うら）みを晴らしたね。**ピウツキは一時辞任**していたけど、クーデタで政権に復帰して、最終的には**独裁体制**となった。ていうか、東欧って独裁国家ばっかり……😑。

　といいつつ、まともな国もあったよ。大戦後にオーストリアから独立した**チェコスロヴァキア**は、初代大統領の**マサリク**を中心に**西欧型の議会制民主主義を確立**して、さらに工業発展にも努めたから、**イタリアより強くなった**😊！　「イタリアかよ……」って思っちゃダメよ😅。とにかく、入試ではチェコスロヴァキアが東欧で唯一「議会制民主主義の確立」と「工業化」に成功した国だ！っておさえておこう。この路線は、次の大統領**ベネシュ**にも受け継がれたんだけど、**ヒトラーの侵略（しんりゃく）を受けた**のが、ベネシュ大統領の時代なんだよね😫。

　これで、戦間期の欧米諸国はおしまい。最後に年号 check しよう！

‼年号のツボ

- **ワイマール憲法（独）**［1919］（みんなで　**行く行く**（1919）　普通選挙）
- **ソ連の成立**［1922］（**いー国になる**（1922）　ソヴィエト連邦）
- **ローマ進軍**（しんぐん）**（伊）**［1922］（ファシストは　**いくつになっても**（1922）　権力ほしい）
- **ミュンヘン一揆**（いっき）**（独）**［1923］（**とっくに冷めた**（1923）　ナチスの熱狂）
- **移民法（米）**［1924］（WASP（ワスプ）が**苦にした**（924）　移民流入）
- **第１次マクドナルド内閣（英）**［1924］（政策が　**特によくばり**（1924）　労働党）
- **第１次五カ年計画（ソ連）**［1928］（農村で　**急にやるのか**（928）　集団化）

　次回は、**戦間期のアジア**だよ。第一次世界大戦後のインドや東南アジアでは、独立運動が盛り上がるよ！　彼らに負けないように、頑張ろう（がんば）〜😊。

近現代日本へのアプローチ ❻
〜戦間期の経済・財政政策〜

　日本は、**金本位制を採用** [1897] してから**外国資本の導入**を進めたんだけど、日露戦争以来、**外国債**（外国からの借金）が一気に増えたんだ（1903年に1億円→1913年に17億円）。しかも、重工業製品の輸入が増えて、**貿易も赤字**だったから、第一次世界大戦直前の日本は国際収支が危機的状況だった😖。

　でも、第一次世界大戦が始まると、**連合国への軍事物資やアジアへの軽工業製品の輸出が大幅に増えて**、しかも世界的な船舶不足から海運業や造船業が空前の好景気になって😄、「**成金**」（船成金）を生み出した。暗い玄関先で百円札（現在の約12万円）を燃やしてる絵を見たことないかな？　こうして日本は、**国際収支が大幅に黒字**になり、アメリカと同じように**債務国から債権国**になったよ。ただ、この**大戦景気**で物価が上がって、民衆の生活は苦しくなったんだ😢。

　でもね、第一次世界大戦が終わってヨーロッパの復興が始まると、**日本は貿易赤字に逆戻り**……。1920年には**戦後恐慌**になって株価だけじゃなく、綿糸や生糸の相場も大暴落したんだ😫。しかも悪いことは重なるんだよ。1923年には関東大震災で首都圏全域、特に京浜工業地帯が壊滅して、輸出も激減した😩。政府はなんとか復興を進めようと、**震災手形**（簡単に言うと被災者の借金）の取り立てを一時**猶予**したんだ（**支払猶予令【モラトリアム】**）。でも、震災手形の債務者（お金を借りている会社など）のなかには、すでに戦後恐慌で潰れそうになっていた会社も含まれていて、いくら猶予したところで返済できない債務がたくさんあって、これが不良債権になってしまったんだ😓。

　1927年、**不良債権になった震災手形の取り付け騒ぎ**が起こると、全国的に銀行が相次いで休業する事態になった（**金融恐慌**）。田中義一内閣は、再び支払猶予令を出して、公的資金の投入で恐慌を鎮めたんだけど、震災復興のための輸入が多く、また日本の工業は国際的な競争力がなかったから、**貿易赤字は全然解消できなかった**😣。これは、第一次世界大戦中から**金輸出の禁止**（金本位制からの離脱）が続いて、インフレが起きていたことも原因だよ。

　そして1929年に成立した浜口雄幸内閣の大蔵大臣（今の財務大臣）となった井上準之助が、貿易収支の改善と為替相場の安定、さらに欧米諸国と対等な地位を維持するために、1930年に**金輸出の解禁**（金本位制への復帰）に踏み切って、さらに**緊縮財政**（赤字を減らすために政府の支出を少なくすること）を進めた（**井上財政**）。でも、1929年って世界恐慌が起きた年だよね。金輸出解禁で円高になったことで、**日本は輸出が打撃を受け、世界恐慌の波及とあわせて、深刻な経済危機に陥ってしまったんだ**（**昭和恐慌**）😖。

それじゃあ、第一次世界大戦後のアジアは2回に分けて見ていくよ。今回は西アジア・東南アジア・南アジア。各地で民族運動が盛り上がるよ！

大きくつかもう！

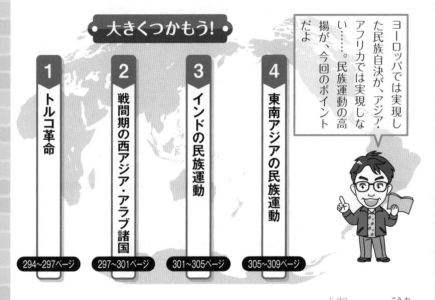

1 トルコ革命
294〜297ページ

2 戦間期の西アジア・アラブ諸国
297〜301ページ

3 インドの民族運動
301〜305ページ

4 東南アジアの民族運動
305〜309ページ

ヨーロッパでは実現した民族自決が、アジア・アフリカでは実現しない……。民族運動の高揚が、今回のポイントだよ

　アメリカ大統領ウィルソンの十四カ条で主張された「民族自決」がパリ講和会議の原則となり、ヨーロッパでは新興の独立国が誕生したよね。こうなると、植民地になっているアジア・アフリカ、特にインドや東南アジアでは「次はオレたちの民族自決だぁ〜」って、民族運動が盛り上がった。でも、列強は植民地を独立させる気はほとんどない……。こりゃ、問題が大きくなりそうな予感がするね。

　さらに、ずっとイスラーム世界の中心として君臨してきたオスマン帝国も、第一次世界大戦に敗れて、ついに最期を迎えるよ。西アジアでのトルコ革命、イラン゠クーデタ、さらにアラブ諸国の動きまで、一気に確認しよう！

　それじゃあ、戦間期のアジア、いってみよ〜。

1 トルコ革命

📢 敗戦のドサクサに紛れて、ギリシア軍が攻め込んできた！

　第一次世界大戦で同盟国（ドイツ側）の一員だった**オスマン帝国（トルコ）**は敗戦国となり、戦争が終わるとさらなる試練が待っていた。まず、戦争中にシリアやイラクなどの**アラブ地域をイギリス軍に占領**され、大戦末期には連合軍にアナトリア（小アジア）も占領されたんだ。さらに**クルド人**や**アルメニア人**の独立運動も起きて、トルコ人の国がバラバラにされるような危機的状況になっちゃったよ。

　これに対し、かつての「**統一と進歩委員会（青年トルコ）**」の連中は「いくらなんでもひどい！　トルコ人の権利を守れ！」って、国内外に訴えた。ところが、**イスタンブル政府**（オスマン帝国のスルタン政府のことね）は、スルタンの地位を守るために「イギリスを怒らせないように……」ってことしか考えてなかった😫。

　これを見て「エーゲ海をまたぐ"大ギリシア国家"をつくりたい😆」って思ったギリシアは、イギリスに「オスマン帝国からアナトリアを取りたい😏」と相談したら、「なら、取っちゃえば😁」って言われた。こうして、降伏したはずの**オスマン帝国にギリシア軍が侵入**し（**ギリシア＝トルコ戦争**）、エーゲ海沿岸の**イズミル【スミルナ】**を占領すると、さらにアナトリアの内陸部に攻め込んできた。

💻 クローズアップ　トルコ革命

- 第一次世界大戦における敗戦……**オスマン帝国は同盟国側**で参戦
  - **ギリシア＝トルコ戦争**［1919〜22］➡ギリシア軍がイズミルを占領
  - **トルコ軍人：ムスタファ＝ケマル【ケマル＝パシャ】**による祖国解放運動
    - ▶**トルコ大国民議会を開催**［1920］➡**アンカラ政府**を形成
  - **セーヴル条約**［1920.8］……**イスタンブル政府と連合国の講和条約**
- **トルコ革命**［1919〜23］……**ムスタファ＝ケマル**が指導
  - **スルタン制廃止**［1922］＝**オスマン帝国の滅亡**
  - **ローザンヌ条約**［1923］……**トルコ新政府が連合国と結んだ新しい講和条約**
  - **トルコ共和国成立**［1923.10］……首都：アンカラ
- **トルコ共和国の近代化政策**……脱イスラームとトルコ民族主義を強調
  - **カリフ制廃止**［1924］……完全な政教分離の実現
  - **トルコ共和国憲法**［1924］……**脱イスラーム化**、国家制度の世俗化
  - **文字改革**［1928］……**アラビア文字を廃止**してローマ字を採用
  - **女性解放**……**チャドル【ヴェール】の廃止、一夫一婦制の採用、女性参政権**［1934］

◀ **ムスタファ゠ケマルが立ち上がったけど……亡国のセーヴル条約が結ばれた！**

「このままじゃ国がなくなる😫」と思ったトルコ人たちは抵抗したけど、運動が一つにまとまらなかった。そこに**ムスタファ゠ケマル**が登場！ ケマルは**各地の軍人**や旧青年トルコのメンバーに呼びかけて、アンカラで**トルコ大国民議会**を開いて、革命政権（アンカラ政府）をつくった。ここから**トルコ革命**が始まるんだ。

ただ、革命政府の敵はギリシア軍だけじゃなかった😤。英仏などの連合軍がイスタンブルを占領すると、**イスタンブル（オスマン帝国）政府**はアンカラの革命政府を倒すために**連合国に接近**😳、1920年には**セーヴル条約**を結んで連合国の要求をほぼ受け入れた。というか、この条約は**独立を失う**ような内容だよ。**オスマン帝国領は連合国に分割されて約３分の１**になり、アラブ地域は英仏の**委任統治領**（メソポタミア・ヨルダン・パレスチナは**イギリス**、シリア・レバノンは**フランス**）、アナトリア南西部はイタリアの支配地域、**キプロス島**は**イギリス**に割譲、さらにイズミルはギリシアが行政権を持つことになった。そして**治外法権（カピチュレーション）**が復活して、軍備も制限されたんだ。こんなの独立国じゃないよ😖。

〈**セーヴル条約［1920］によるオスマン帝国領の分割**〉

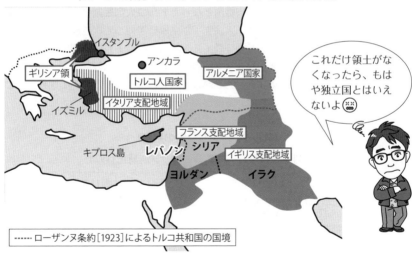

······ローザンヌ条約［1923］によるトルコ共和国の国境

◀ **ローザンヌ条約で独立を維持し、ケマルがトルコ共和国を樹立した！**

ここでよく考えてね。ギリシア軍が攻めてきたのは戦後だから、第一次世界大戦の講和条約である**セーヴル条約**にギリシアへの領土割譲が入っているのは、どう考えてもおかしい！ ケマルは「だったらこっちも実力で取り返すしかない！」と思い、議会から全権を得てギリシア軍との戦いに突入したんだ。この間に、連合国にプレッシャーをかけるためにロシアのソヴィエト政権に接近！ 初めて国際的に承認されたよ。さらに激戦の末にギリシア軍を**サカリヤ川の戦い**で破ると、1922年、

ついにギリシア軍を撃退してイズミルを奪い返した。そして戦争を指揮するなかで、**ムスタファ＝ケマルはスルタンに妥協しそうな連中を抑え込み、権力を確立した**よ。さすがに連合国もケマルの力を認めるしかなくなり、**条約を結び直すこと**になった。

　交渉開始が決まると、ケマルは「スルタンが、また連合国に妥協したらマズい……🥴」と思ったんだ。1度は条約を結び直せても、2度目はない！　ケマルは**大国民議会を主導してスルタン制の廃止を決議**し、1922年、最後のスルタン（メフメト6世）がマルタに亡命して、**オスマン帝国が滅亡**した。ただ、スルタンの従兄弟がカリフになったから、**まだオスマン家はカリフ**だよ。

　そして1923年には、**アンカラ政府**が連合国との新しい講和条約**ローザンヌ条約**を結んだよ。トルコは**イスタンブル周辺やイズミル、東トラキアなどを回復**し、**治外法権や軍備制限の撤廃**にも成功したんだ😉。

　こうして独立を維持したケマルは議会で共和国宣言を可決し、正式に**トルコ共和国**が樹立されたよ。首都はアンカラ、初代大統領はもちろん**ムスタファ＝ケマル**だ。

◀ トルコ共和国の近代化政策。キーワードは「脱イスラーム」だ！

　トルコ共和国が成立すると、立法機関となった**トルコ大国民議会**では、ケマルが結成した**トルコ人民党**（のちの共和人民党）が主導権を握って、さまざまな近代化政策が進められたよ。キーワードは「**脱イスラーム**」と「**トルコ民族主義**」だ。これまでは**オスマン朝のスルタン＝カリフ制**のもとでイスラーム教に基づく政治がおこなわれていたけど、ケマルは近代的な**政教分離**を目指したんだ。下の図を見ながら、オスマン帝国の**スルタン＝カリフ制**が崩壊する過程を確認しよう。

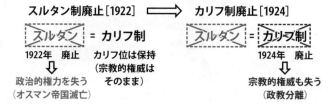

まず、反対派を抑えて**カリフ制を廃止**するとともに、**イスラーム法廷やウラマー**（イスラーム法学者）の養成機関だった**マドラサ**を廃止したよ。これには、トルコ国内だけじゃなくて、**インドやイランなど世界のムスリムが反対**したんだけど、「カリフ制を残すのは単なるオスマン帝国主義だ！」と、まったく取り合わなかった。さらに、**トルコ共和国憲法**を制定して、**主権在民**や**一院制議会、大統領制**（任期4年）など近代的な国家制度に変え、1928年には憲法にあった「**イスラームが国教**」という条項も削除して、政治に対するイスラーム教の影響を排除した。こうし

てトルコは**政教分離**を達成したんだね。

　その後、**イスラーム暦を廃止**して西暦（太陽暦）を採用したり、**チャドル**（ヴェール）の廃止や**一夫一婦制**の採用など、男尊女卑のイスラームの慣習をなくして**女性解放**を実現すると、1934年には**女性参政権**を認めたよ。イスラーム世界じゃ、いまだに女性参政権がない国も多いからね。さらに、アラビア文字を廃止して**ローマ字**（ラテン文字）を採用する**文字改革**をおこなって国民の識字率を高めた。また、**トルコ民族主義**を高めるために、**トルコ語やトルコ史の教育や研究**を進めさせたよ。

　こんなふうに一気にトルコを近代化したケマルに対し、大国民議会は「**アタテュルク**（トルコの父）」って尊称を贈った。その一方で、ケマルは憲法を無視して**終身大統領**になったり、**トルコ人民党の一党支配**をつくったりと、かなり独裁的な一面もあったよ。ただ、イスラームの伝統を消し去る徹底的な「脱イスラーム」を実現するには、このくらい権力がないと難しかったかもね。

2 戦間期の西アジア・アラブ諸国

〈イラン〉

◀ 第一次世界大戦では、中立を宣言したのに英・露に占領された！

　1907年の**英露協商**で、ロシアとイギリスの勢力圏に分割された**イラン**は、第一次世界大戦では中立を宣言したよ。ただ、英露に反発したイラン政府（**ガージャール朝**）はドイツと秘密交渉していた🫢！ この動きに気づいた**イギリスとロシア**がイランに軍を派遣するとトルコも出兵したから、戦場になっちゃった😫。そして、**ロシア革命勃発**でロシア軍が撤退すると、イギリスがイランを独占しようと侵攻してきて、イランはイギリスに半植民地化されるような条約を結ばされたんだよ。

◀ レザー＝ハーンのクーデタでパフレヴィー朝が成立！

　第一次世界大戦末期から、イランでは**ロシアのソヴィエト政権**（ソ連）と連携して**イギリスに対抗**しようという動きが起きたよ。もともとイラン人はトルコ系の**ガージャール朝に不満**タラタラだったし、**イギリスの侵略にも反発**していたから、反英意識の強い北部では社会主義共和国を建設する動きまで起き始めた。こんなふうに、第一次世界大戦後のイランは大混乱だったんだ。

　この混乱を終わらせたのが、イラン軍人の**レザー＝ハーン**だよ。彼は**イギリスの支援**でクーデタを起こし、近代的な軍を創設して各地の反対勢力を倒した。反面で、ソ連とも友好協定を結んでイギリスを牽制し、**英ソ両国のバランスを取りながら権力を握った**よ。そして、1924年に**ガージャール朝の廃止**を決定した国民議会の意向を受けて、翌年シャー（国王）に即位し、**パフレヴィー朝**が成立したんだ。

　その後もイランでは、イギリスとソ連の思惑がぶつかった😓。でも**レザー＝シャー**（国王になったから"シャー"だ！）は、イギリスとソ連の勢力均衡によって権力を維持すると、トルコにならって「脱イスラーム」と「西欧化」を進め、徴兵制

の導入や太陽暦の採用のほか、イラン民族主義を強調して、国号を他称の**ペルシア**から**イラン**に改称したよ。

〈英仏の委任統治（とうち）となったアラブ諸国〉
🔊 アラブ諸国は、大戦中のイギリスの秘密外交に翻弄（ほんろう）された！

　第一次世界大戦中の1915年、イギリスの駐エジプト高等弁務官**マクマホン**は、アラブの指導者**フセイン**（ハーシム家）との間で**フセイン・マクマホン協定**を結んで、**アラブ人の対トルコ参戦**と引き換えに、**戦後のアラブ人の独立**を認めたよね。アラブ人たちは「戦争が終わったら、いよいよ自分たちの国ができる😆♪」と思ってトルコと戦ったんだよ。この時、アラブ人とともに戦ったイギリス人の情報将校（要はスパイだけど）が**アラビアのローレンス**だ。

　ところが、イギリスは翌年**サイクス・ピコ協定**で、**英・仏・露**の３国による**オスマン帝国の分割**を密約し、さらに1917年には**バルフォア宣言**でパレスチナにおける**ユダヤ人の建国**を支持したよね。これじゃあ、**シオニズム運動**を進める**ユダヤ人**と、現地に住んでいる**アラブ人**は絶対に対立するよ😡！

🔊 アラビア半島では、フセインとイブン＝サウードが対立！

　じゃあ、イギリスから独立を約束された**フセイン**って、誰だろう？　フセインはハーシム家なんだけど……**ハーシム家**って覚えてる？　イスラーム教の創始者**ムハンマド**がハーシム家だ😲。つまり、ムハンマドの血統として**メッカのシャリーフ**（守護職）だったから、**イギリスはフセインに接近**したんだよ。そしてフセインは、イギリスの支援で**ヒジャーズ王国**を建てたんだけど、アラブ国家を建設する野望は、ガラガラと崩れていくんだ……😥。

〜 +α ちょっと寄り耳 ♪

　ワッハーブ派は、18世紀半ばに**イブン＝アブドゥル＝ワッハーブ**がつくったスンナ派の一派で、イスラーム復古（ふっこ）主義を唱えていたグループだ。

　復古主義（原理主義）とは「ムハンマドの時代に戻ろう！」って考え方なんだけど、いろんな方向性があるよ。最近のニュースで出てくるイスラーム原理主義のテロ組織は「ムハンマドがジハード（聖戦（せいせん））をやれって言ったから、ムスリムは武器を取って戦わなければいけない！」って考えている連中だ。もちろん復古主義の人が全員テロリストってわけじゃないよ😅。

　ほかにも「ムハンマドの時、イスラームの中心だったアラブ人のイスラーム国家を取り戻そう！」って主張もあって、ワッハーブ派はこのグループだ。だから、アラビア半島の豪族**サウード家**が保護したんだね。そして1744年、サウード家を中心に**ワッハーブ王国**を建国したけど、19世紀前半にエジプトのムハンマド＝アリーに征服されてしまったんだ。これがのちに復活して、フセインと対立する**イブン＝サウード**の国になるんだよ。

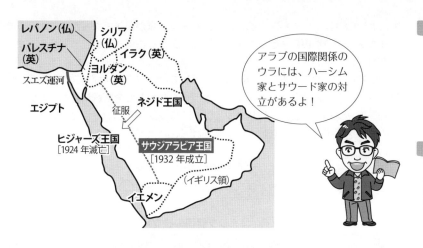

まず、英仏は**アラブ人への独立の約束を無視して、シリア・レバノンをフランス、イラク・ヨルダンをイギリスの委任統治領として分割してしまった。**しかも、アラビア半島では、**ワッハーブ王国の復活を目指すサウード家**が勢力を拡大していたんだ。1924年、ネジド王だった**イブン゠サウード【アブド゠アルアジーズ】がヒジャーズ王国のフセインを破って、ヒジャーズ゠ネジド王国をつくる**と、イギリスとジェッダ条約を結んで、**独立を承認された。**そして、**イブン゠サウード**は全イスラーム会議を開いて、「自分がメッカ・メディナの２つの聖都の守護者である😊」と宣言、1932年に**サウジアラビア王国を建国**したんだ。さらに、国内でとんでもなく大きな油田が発見されたから、この石油資源をめぐって、**サウジアラビアの戦略的な重要性は一気に高まった**よ。これ以後、**ハーシム家とサウード家の対立**が続くんだけど……、ほかのアラブ諸国を見ながら話そう！

◀ 英仏の委任統治になったアラブ諸国はどうなったんだろう？

イギリスはフセイン・マクマホン協定を無視して独立を認めなかったから、「こうなったら、意地でも独立だ〜😡」って、**アラブ人たちは怒った！** そこで、アラブの民族主義者たちはフセインの息子**ファイサルをシリア王、アブドゥッラーをイラク王として独立を宣言**した。でも、**英仏両国はこれを潰（つぶ）して、サンレモ会議でアラブを委任統治とすることを決めた**んだ。この時、１つだったはずの「シリア」は「**シリア、レバノン、ヨルダン**」の３つに分割されちゃった😢。

まずイギリスの委任統治となった**イラク**では、イギリスがアラブ人に妥協して、シリア王になれなかったフセインの息子**ファイサル**を**イラク国王**にしたよ。ってことで、**イラクはハーシム家の国**だね。そして、同じくハーシム家の国になったのが、イラクの隣の**トランスヨルダン**だ。イラク国王になれなかったアブドゥッラーは、イギリスにムカついてヨルダンに攻め込み、さらにシリアへの侵攻（しんこう）も狙っていた。仕方なくイギリスは、アブドゥッラーをトランスヨルダン（ヨルダン川東岸のみの

呼び名）の首長にしたんだ。こうして、**ハーシム家が国王となったイラクとトランスヨルダン**が連携してアラブ主義を主張し、アラブの覇権をめぐって**サウジアラビア**と対立したよ。

　続いて、フランスの委任統治領ね。**シリア**では、フランスがイスラーム教の宗派対立（シーア派系の**ドルーズ派**やスンナ派）を利用した**分断統治**をおこない、民族運動を抑え込んだ。さらに**レバノン**では、フランスがマロン派キリスト教（単性論の一派）を保護して利権を拡大したんだけど、イスラーム教ドルーズ派はこれに反発したよ。

　こんなふうに、英仏両国が好き勝手に国境や支配者を決めちゃったから、現代までアラブ諸国は不安定な政治状況が続いているんだね😫。

〈アラブ諸国の独立〉

国　　名	独　　立	委任統治	
イ ラ ク	1932	イギリス	・**ファイサル**を国王に王国が成立［1921］ ➡1932年、独立承認
トランス ヨルダン	1946	イギリス	・ヨルダン川東岸をトランスヨルダンとする ➡トランスヨルダン王国が名目的独立［1928］ ➡正式に独立［1946］
シ リ ア	1946	フランス	・自治権を承認［1936］ ➡シリア共和国として独立［1946］
レバノン	1943	フランス	・独立を宣言［1941］ ➡共和国となり独立を達成［1943］
イエメン	1918	−	・トルコ軍の撤兵とともにイエメン王国として独立 　シーア派の一派ザイド派による

〈エジプト〉

🔊 第一次世界大戦後に独立を達成したエジプト。でも条件付きだよ……

　ウラービー運動ののち、イギリスは**エジプトを占領**して事実上の保護国にしたけど、第一次世界大戦でオスマン帝国が参戦したから、イギリスは**正式にエジプトを保護国**にしたよ。エジプトにしてみれば、たいして変わらないんだけど😆。

　そして、大戦でイギリス軍に協力させられたエジプトでは、終戦後にパリ講和会議に代表（「ワフド」）を送る運動が起きた。この運動を進めたのがのちのワフド党だよ。ていうか、講和会議に代表を送るのは参戦した「独立国」ってことだから、これは**イギリスに対する独立要求**だ😼。彼らは1919年に反英独立運動を起こしたんだけど、指導者のサアド = ザグルールは逮捕されちゃった😫。この**1919年革命**をきっかけに、全国で独立運動が盛り上がったんだ。

　これに対し、大戦後に**世界各地の植民地で独立運動が起きちゃったイギリス**は、

「エジプトは形だけでも独立を認めて、ごまかしとけ……」と思って、一方的に**エジプト独立を宣言**したよ（**エジプト王国**）。ただ、**エジプト防衛権**、**スエズ運河地帯の駐兵権**、**スーダンの領有権**はそのままイギリスが持ってたから、こんなもんまともな独立じゃないよ😅。

納得いかないエジプトの人たちは、「**完全独立させろ〜😡**」って運動を続けた。そして、独立を求めるワフド党が議会でも勢力を拡大して政権に就いたから、イギリスは「スエズ運河だけ残れば、ほかはいらないだろ……😅」って思ったの。こうして1936年には**エジプト＝イギリス同盟条約**が結ばれて、イギリスが**エジプトにほぼ完全な独立を認めた**んだ。この時も**スエズ運河地帯とスーダンへの駐兵権**だけは**イギリスが持ち続けた**よ。

そして、イギリスに妥協しているワフド党に反発した連中は、**ハサン＝アルバンナ**を中心に**ムスリム同胞団**をつくった。彼らは、コーランを憲法とするイスラーム国家をつくるって主張したんだ。コーランに基づく国をつくるっていうのも、ムハンマド時代に戻ろうとする動きだから、**イスラーム原理主義**だね。

> イギリスは、スエズ運河地帯の駐兵権だけは、意地でも手放さないよ😤！

3 インドの民族運動

◀ 大戦中にイギリスが「戦後の自治」を約束。インド人は戦争に協力した！

第一次世界大戦前、イギリスはインドの宗教対立を利用して民族運動を抑え込んでいたから、**ヒンドゥー教**を中心とする**国民会議派**は反英、**全インド＝ムスリム連盟**は親英だったよね。そして大戦が勃発すると、インドは**自動的にイギリス側で参戦**させられたから、インド人は「自分たちが犠牲になってるんだから、自治権くらいよこせ！」と要求し始めた。しかも、親英だったはずのイスラーム教徒も「カリフの国トルコと戦うなんて許せない😡」って反発し始めたんだ。こうしてインドでは、**ヒンドゥー教徒とイスラーム教徒が反英で協力**することになったよ（**ラクナウ協定**）。

「インド人が団結したら抑えられない……😵」、イギリスのインド相**モンタギュー**は焦った。そこで「戦争に協力してくれたら、**戦後に自治を認めよう！**」って約束して、**民族運動を抑え込むと同時にインド人を戦争に動員**しようとしたんだ。はなからこんな約束、イギリスは守る気ないだろ😅。でも、アメリカ大統領ウィルソンが「**民族自決**」を宣言していたこともあって、インドの人たちの多くは「戦争に協力すれば自治権がもらえる😊」って期待してたんだ。その一人だった**ガンディー**は、「自治権獲得のために戦争に協力しよう！」って主張し、実際に140万人以上のインド人がイギリス兵として参戦したんだ。

第1章 国民国家の形成

第2章 列強の侵略とアジアの変革

第3章 帝国主義と第一次世界大戦

第4章 戦間期と第二次世界大戦

第5章 戦後の世界

クローズアップ　インドの民族運動

- ●戦後自治の約束 [1917] ……イギリスは自治と引き換えに、**インドの戦争協力を求めた**
- ●第一次世界大戦直後のイギリスの政策
  - ●**ローラット法** [1919] ……**令状なしの逮捕・裁判抜きの投獄**などを認めた弾圧法
  - ●**アムリットサール事件** [1919] ……ローラット法への抗議集会にイギリス軍が発砲
  - ●インド統治法【1919年インド統治法】……自治の約束とは程遠い内容
- ●非暴力・不服従（サティヤーグラハ）……ガンディーが提唱
  - ●**第1次サティヤーグラハ運動**（非協力運動）[1919〜22] ➡**ガンディーが停止**
  - ●国民会議派ラホール大会 [1929] ……指導者：ネルー
    - ▶「**プールナ＝スワラージ【完全独立】**」を宣言、**第2次サティヤーグラハ運動開始**
  - ●**第2次サティヤーグラハ運動**（不服従運動）[1930〜34] ➡**塩の行進** [1930]
- ●イギリスの懐柔政策
  - ●英印円卓会議 [1930〜32] ……**マクドナルド内閣がロンドン**で計3回開催
  - ●新インド統治法【1935年インド統治法】
    - ▶**11州には全面的な自治制を採用。ビルマはインド連邦から完全分離**
- ●全インド＝ムスリム連盟の民族運動……独立しても少数派となることを警戒
  - ●ムスリム連盟ラホール大会 [1940] ……指導者：ジンナー
    - ▶ムスリムの清浄な国家「**パキスタン**」の建設（**分離独立**）を決議

◀ 自治の約束は無視！　怒ったガンディーが非協力運動を始めた！

パンジャーブ地方
ラホール　アムリットサール
インダス川
ガンジス川
カルカッタ
イギリス領インド帝国

インド人は、「これだけ協力したんだから、自治が認められるだろ😄」って思っていた。でも、**イギリスはこれを完全に裏切り、インド政庁がローラット法を発布**した。この法律では**令状なしの逮捕・裁判抜きの投獄**が認められていて、民族運動が起きたら徹底的に弾圧できる。でもこれ、何もしてない人を「お前は、何かやりそうだ😡！」って逮捕できちゃうんだ。しかも、**ローラット法に抗議する市民の集会にイギリス軍が発砲して1000人以上の死者を出すアムリットサール事件**まで起きた。これじゃあ、インド人が

怒るのも当たり前だよ😆！

　さらに、1919年にイギリスが制定した**インド統治法【1919年インド統治法】**は、インド人をますます怒らせた。だって、インドの軍事・外交・**関税**などの**中央行政**に関する権限は**イギリス人のインド総督**が握っているし、州の治安（警察）、**司法、徴税**などの重要な権限も**イギリス人の州知事**が持っていて、**州レベルの、しかも民生関係のごく一部**（教育、医療、農業、漁業など）の権限が、**インド人も含む州政府に与えられただけ**だもん。こんなの、全然自治じゃないよね。

　これに対して**ガンディー**は、**南アフリカでインド人移民の差別撤廃のためにおこ**なった非暴力運動をもとに、「**非暴力・不服従**」を掲げて**非協力運動**を開始し、「民衆が真理に従うための行動だ！」って意味の「**サティヤーグラハ**」と名づけた。**不当な法令に一切従わない**ことや、**納税の拒否**、そして、インド全土で商店、市場、工場、港などが一斉に休業する**ハルタール**を呼びかけた。さらに、**糸紡ぎ車【チャルカ】**を独立運動のシンボルとして、イギリス製品の**不買運動**を実施した。これがインドの民衆にどんどん広がっていったんだ。

　また、サティヤーグラハ運動には**宗教的な行動がなかった**から、ヒンドゥー教徒だけではなく、**イスラーム教徒も含む大衆運動に発展**したよ。当時、カリフ制を廃止したトルコをイギリスが承認したから、ムスリムがイギリスに反発して**カリフ擁護運動（ヒラーファト運動）**をやっていた。ガンディーは、「一緒にイギリスに反対しよう！」って呼びかけ、ムスリムとも協力したんだよ。これにはイギリスも困った😫。だって、インドの民衆を全員逮捕するわけにいかないでしょ？　刑務所あふれちゃうじゃん。

非協力運動は、インドの伝統的な価値観をもとにしたから、民衆がすすんで参加したんだ😊

　ただね、運動が盛り上がるにつれて各地で警察との衝突が起き始めたから、民衆が暴力的になることを恐れて、**ガンディーは非協力運動の停止**を決めたんだ。ここからしばらくの間、インドの民族運動は停滞するけど、確実に**イギリスに対する反感**は広がっていたよ。例えば、**インド共産党**の結成もこの時期だよ。

◀ イギリスの不誠実な対応から、国民会議派はついに「完全独立」を決議！

　インドの民族運動が広がるのを見て、イギリス本国では**労働党**が「**インド統治法を改正したほうがよいのでは……**」と言い始めた。保守党のボールドウィン内閣は「もし労働党が選挙で勝ったら、インドの改革が急激に進むのでは……😨」と焦って、改革をなるべく進めないために、保守党が先手を打って「中途半端に」改革することにしたんだ。

　こうして、**インド統治法を改正する準備**として**憲政改革調査委員会【サイモン委員会】**が派遣されたんだけど、委員のなかに**インド人が１人もいなかった**から、か

えって**民族運動を激化**させた。この動きに焦ったイギリスは、「将来、インドを自治領にする」と宣言したんだけど、国民会議派は「将来っていつだよ」って、もっと怒った！　こんな約束は第一次世界大戦後に、すでに裏切られてるじゃないか。

　1929年、**国民会議派**はパンジャーブ地方のラホールで大会を開き、若いネルーを指導者として、今後の目標が「**プールナ゠スワラージ（完全独立）**」であることを宣言した😊。さらに、イギリスが開催を呼びかけていた円卓会議のボイコットと**第2次サティヤーグラハ運動（不服従運動）**への突入を決議し、これに基づいてガンディーは「**塩の行進**」を始めたんだ。これは、イギリスが制定した**塩の専売法**に反対して、民衆とともに塩をつくるために海岸に向かって行進するって運動だよ。でも、この運動に一番びっくりしたのは、ネルーら国民会議派の若い

目標が「自治」から「完全独立」に変わったのがラホール大会だ😊

指導者たちだった。だって、ラホール大会で決議したはずの「完全独立」じゃなくて、「塩の専売反対」ってスローガンなんだもん😁。

　ただ、「塩の行進」はイギリスにはかなり打撃を与えたんだ。塩税は当時のインド政庁の税収の第3位だったし、世界中から「イギリスは、塩までインド人から取り上げているのか……😵」とインド支配の不当性が非難された。しかも、逮捕されたガンディーは、「釈放されるまで**断食する**」って言うし……😨。ガンディーが飢え死にしたら、それこそ大事件だよ。こうして、イギリスと闘うガンディーの名前は世界的に有名になった。さらに、コミンテルン第7回大会で「**人民戦線**」戦術が採択されると、**インド共産党が国民会議派と統一戦線を結成**するなど、民族運動はどんどん大きくなっていったんだ。

◀ **イギリスの懐柔策によって、再びヒンドゥーとイスラームの対立が激化！**

　さすがのイギリスもいい加減に困った😖。しかも、1929年に起こった**世界恐慌**で、本国の経済は最悪！　こりゃ、恐慌から立ち直るためにもインドの協力が必要だもん。そこで、イギリスの**マクドナルド内閣**はロンドンにインド側の代表を招き、3回にわたる**英印円卓会議【ロンドン円卓会議】**を開いて、インド統治法の改正について話し合った。でも、**国民会議派のメンバーは出席をボイコット**して不服従運動を続け、**第2回にガンディーのみが出席**したけど、ほとんどなんの成果も上げられなかった。一方で、少数派のムスリムが少しでも有利になるように、**全インド゠ムスリム連盟はイギリスに協力**したんだ。

　こうして新インド統治法【**1935年インド統治法**】が制定され、**藩王国とイギリス領11州でインド連邦を形成**することを定めた。インド総督・州知事の任免権はイギリスが持っていたから完全な自治ではないけど、**11州には全面的な自治が認められ**、自治議会も選挙で選ばれることになった。この時ビルマはインド連邦から完全

分離されたよ。そして**自治議会の選挙**がおこなわれると、結果は**国民会議派**など**ヒンドゥー勢力が圧勝！**　11州のうち9州で国民会議派が第1党となり、州政府の中心になった。この結果がインド内部の対立を激化させたんだ。

　選挙結果は**全インド＝ムスリム連盟**にとって、すごくショックだった😭。だって、もしこのままインドが独立できたとしても、**ムスリムは少数派のまま政権に就けず**、下手するとヒンドゥー教徒に弾圧されるかもしれない……。実際、選挙の結果がそれを証明しちゃったんだもん。「独立するなら、ヒンドゥー教徒とは別の国で！」、そう思った**全インド＝ムスリム連盟**は、1940年、**ジンナー**を指導者とするムスリム連盟のラホール大会で、ムスリムの清浄な国「**パキスタン**」の建設、つまりは**分離独立**を決議したんだ。

> ヒンドゥー教徒が盛り上がれば盛り上がるほど、少数派のムスリムは焦ったんだ😰

　そして、**この対立はインド独立まで続く**ことになるよ。第二次世界大戦が始まっても、**国民会議派**はガンディーを中心に**不服従運動**を続け、さらには「**クイット＝インディア**（インドから出ていけ！　つまり即時独立ってこと）」を要求するなど、どんどん過激な運動をやったから、**非合法とされて弾圧された**んだ。また、国民会議派の**チャンドラ＝ボース**はインド国民軍を組織して、**日本のインド侵攻作戦（インパール作戦）に協力**することで、インドの解放を目指したんだ。一方、ムスリム連盟は、インド独立の際に「ヒンドゥー国家とイスラーム国家」を分離独立させてくれるようイギリスに働きかけ、そのために**第二次世界大戦ではイギリスに協力**したんだよ。こうして、ヒンドゥー教徒とイスラーム教徒の対立は、もはや修復不可能になっちゃった😣。そして、第二次世界大戦後に独立する際には、**ヒンドゥー教徒のインドとイスラーム教徒のパキスタンは別々の国**になっちゃったんだ。

4　東南アジアの民族運動

〈ビルマ〉

◀ インド帝国の一部にされたビルマでも民族運動が起こった！

　ビルマ（現在のミャンマー）はイギリス領インド帝国に編入されてしまったけど、その扱いはインドよりもひどかったんだよ。例えば、インドでは部分的に認められた自治権さえ、ビルマには認められなかったんだもん。しかも、民族運動が全然1つにまとまらない……。これにしびれを切らしたのが、元僧侶の**サヤー＝サン**らの過激な民族運動家だ。彼らは農民をまとめて**イギリスに対する反乱**を起こし、一時は全土に農民反乱が広がったけど鎮圧され、**サヤー＝サンは処刑**されてしまった。

　その後、**新インド統治法**の制定にあわせて**ビルマ統治法**もつくられ、ビルマでも

自治権が拡大されたよ。ただ、ビルマの民族主義者たちは「将来、自治領になった時に権力を握りたい！」と、権力闘争を始めてしまったんだ😨！この混乱のなかから登場したのが、**タキン党**だよ。正式名は「**我らのビルマ協会**」だ。党員たちは名前の前に「タキン（"主人"って意味だよ）」をつけてお互いを呼び合い、「ビルマの主人はイギリスじゃなくてビルマ人だ」っていう強い想いを表現したよ。

　そして第二次世界大戦中に、この団体の指導者となったのが**アウン゠サン**だよ。彼は、当初イギリスからの独立を目指して**日本軍に協力**したんだけど、日本が独立を助けてくれるのではなく軍政を敷いたので、1944年には**反ファシスト人民自由連盟**を組織して、**抗日運動**に転換したんだ。

　第二次世界大戦後、彼らが**イギリスと交渉して独立する**ことが決まったんだけど、その直後に**アウン゠サンは政敵によって暗殺**されてしまった。戦後のビルマの民主化運動の指導者スー゠チー【アウン゠サン゠スー゠チー】は、彼の長女だよ。

〈戦間期の東南アジア〉

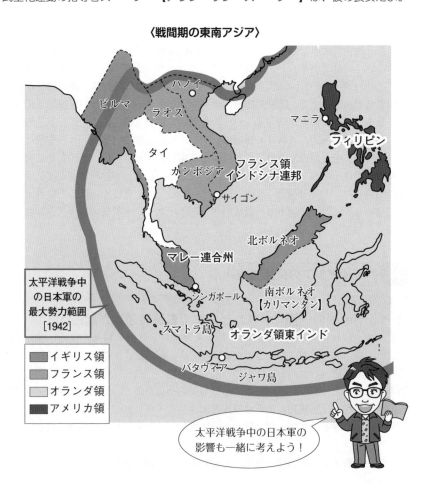

ビルマ

ハノイ

ラオス

タイ

マニラ

フィリピン

カンボジア

**フランス領
インドシナ連邦**

サイゴン

北ボルネオ

マレー連合州

シンガポール

南ボルネオ
【カリマンタン】

太平洋戦争中
の日本軍の
最大勢力範囲
[1942]

スマトラ島

オランダ領東インド

バタヴィア

ジャワ島

■イギリス領
■フランス領
□オランダ領
■アメリカ領

太平洋戦争中の日本軍の
影響も一緒に考えよう！

〈インドシナ（ベトナム）〉

◀ 反仏から反日へ！　ひたすらベトナム独立のために戦ったホー＝チ＝ミン

　第一次世界大戦後の**ベトナム**でも、**フランスに対する民族運動**が起こったよ。1925年、かつて**東遊運動**を指導していた**ファン＝ボイ＝チャウ**が**逮捕**されると、ベトナム各地でデモが起こり、民族運動が全国に拡大したよ。こうした運動のなかで、**グェン＝タイ＝ホク**を中心に**ベトナム国民党**が結成され、**中国国民党**をモデルに民族革命を目指した。しかし、要人の暗殺事件をきっかけにフランスが弾圧し、**反乱も鎮圧され**、運動は崩壊してしまったんだ😫。

> ホー＝チ＝ミンは「仏→日→仏→米」と、ベトナム独立のために、次々変わる敵と戦い続けたんだ😁

　こうしたなかで、着々と活動を進めていたのが**ホー＝チ＝ミン**だ。**ロシア革命の影響でマルクス主義を学び、モスクワでコミンテルンの大会にも出席した**ホー＝チ＝ミンは、1925年に中国の**広東**で**ベトナム青年革命同志会**をつくり、若者を中心に支持者を増やしていった。そして、1930年いくつかに分かれていた共産主義運動をまとめて、**ベトナム共産党**（同じ年の10月に**インドシナ共産党**に改称したよ）を結成したんだ😁。

　その後、**ホー＝チ＝ミンは反仏闘争**を進め、さらに第二次世界大戦が始まって日本がフランス領インドシナへと進駐すると**反日闘争へと転換**、1941年には**ベトナム独立同盟【ベトミン】**を結成して、日本に対する抵抗運動をおこなったんだ。

　大戦末期にいよいよ**アメリカ軍がベトナムに上陸**しそうになると、日本は阮朝最後の君主バオダイを引っ張りだして**ベトナム帝国**をつくり、さらに**カンボジアやラオスの独立**も認めた。これが、ホー＝チ＝ミンにとってはチャンスになったんだ。日本軍の降伏直後に、ホー＝チ＝ミンは**ベトナム民主共和国**の独立を宣言した。実はここからが、さらに続く**フランス、そしてアメリカとの戦いの始まり**だったんだ。

〈インドネシア〉

◀ アジア初の共産党の結成。そして、スカルノが国民党を結成した！

　第一次世界大戦前に結成された**サレカット＝イスラム【イスラーム同盟】**が、オランダに弾圧されて力を失っていくなかで、**同盟内の左派グループ**は労働組合と結びついて、**アジア最初の共産党となるインドネシア共産党**をつくったよ。そして、1926年にはジャワ島やスマトラ島で相次いで反乱を起こしたんだけど、**オランダはこれを徹底的に弾圧**したから、共産党は壊滅状態に追い込まれちゃった😫。

　共産党が崩壊してしまうと、インドネシアの民族運動の中心はオランダに留学したエリートたちになった。彼らは**スカルノ**を中心に**インドネシア国民党**（結成当初は**インドネシア国民同盟**）を結成したよ。スカルノは、これまでに結成されたブディ＝

ウトモやサレカット゠イスラム、共産党などをまとめるために、「インドネシアの
イスラームも共産主義も民族主義も、すべて**独立のために統一されるべきだ！**」と
主張し、独立運動を展開したよ。この**ムルデカ運動【愛国運動】**では、これまで地
域ごとにバラバラだったオランダ領東インドを「インドネシア」として、「１つの
インドネシア国民、１つのインドネシア語」という理想を掲げたよ。しかし、この
独立運動も**オランダに弾圧**され、スカルノは**逮捕**されてしまったんだ😢。

　その後、太平洋戦争中に**日本軍がインドネシアを占領**すると、日本はインドネシ
ア人の協力を得るために**スカルノら民族主義者を釈放**した。スカルノは**日本軍と連
携**しつつ、オランダからの独立準備を進めたよ。例えば、スカルノが日本軍に「イ
ンドネシア語が共通語です」と言ったから日本がインドネシア語を統治に使い、結
果的に**インドネシア語が全国に広まった**。さら
に、日本軍がインドネシア人にやらせた軍事訓練
にも、「いつか独立戦争を戦う兵士になる」と思
って協力したから、実際に**オランダと独立戦争を
戦う**時の軍団ができた。こんなふうにスカルノは
日本軍に協力しつつ利用して、うまいこと独立運
動をまとめたんだよ。そして、日本が降伏した直
後に**インドネシア共和国の独立**を宣言した。オラ
ンダは植民地支配の復活を狙って軍隊を送ってき
たけど、４年間の独立戦争を経て、インドネシア
は**ハーグ協定**で独立を達成したんだよ。

> スカルノは、オランダからの独立のために、うまいこと日本軍を利用したんだよ

〈フィリピン〉

🔊 世界恐慌に苦しむアメリカが、10年後の独立を約束！

　アメリカが統治するフィリピンでは、すでに議会が開設されるなど、フィリピン
人に一定の権力が与えられていたんだ。でも、世界恐慌の影響もあって、アメリカ
への輸出に経済が依存していたフィリピンでは貧しい農民たちの反乱が相次いだ。
だからアメリカの態度が変わったよ。当時のアメリカ大統領**フランクリン゠ローズ
ヴェルト**は、中南米の国々への干渉を控える善隣外交をとっていたから、植民地の
フィリピンも独立させることにした。こうして1934年に**フィリピン独立法**が成
立😄！　アメリカは**10年後の独立を約束**し、翌年には**独立準備政府**がつくられた
んだ。ただ、太平洋戦争が始まると日本に占領されちゃったから、**実際に独立した
のは戦後になってから**だよ。

〈タイ〉

🔊 唯一の独立国タイでは立憲革命が起きた！

　タイは独立国だから、どこかの国に対する独立運動ではなく、そのかわり、国王
に対する反対運動が起きたんだ。第一次世界大戦前、ラーマ５世が近代化によって

　独立を維持したタイだったけど、**ラーマ5世が亡くなるとだんだんと専制政治への批判**が強まってきたんだ。そして1932年、若手の軍人や官僚たちが結成した**人民党**を中心に**タイ立憲革命**が起こり、憲法の発布や議会の開設によって**立憲君主政**になったんだ😆。

　その後、人民党の**ピブン**が首相となり、国号が**シャムからタイ**に変更された。そして太平洋戦争中、ピブン政権はかつてフランスに奪われた領土の回復を狙って**日本に接近**し、日本側で参戦したよ。日本がフランス領インドシナに進駐したから、これを利用してタイの勢力回復を狙った、ってことだね😌。

合否の分かれ目 ▶ 日本軍の東南アジア占領と民族運動

- **ビルマ**……当初、**日本軍に協力**、のちに**反日闘争**に転換
  - **アウン゠サン**……タキン党の指導者。当初、日本軍に協力
    ➡ **反ファシスト人民自由連盟**を組織［1944］
- **ベトナム**……**反仏闘争**から**反日闘争**へ
  - **ホー゠チ゠ミン**……インドシナ共産党の指導者
    ➡ **ベトナム独立同盟【ベトミン】**を結成［1941］
- **インドネシア**……**日本軍と連携**しつつ、独立運動を準備
  - **スカルノ**……インドネシア国民党の指導者

　さて、戦間期のアジアはこれでおしまい。今回出てきた人たちは、アジア各国の独立の英雄が多いから、独立後の各国史（戦後史）でもまた登場するからね～😃。

　じゃあ、最後に年号 check！

‼ 年号のツボ

- **オスマン帝国（成立〜滅亡）**［1299〜1922］（**肉**食う**国**に　**おお住まん**帝国）
  〔29 9　92 2〕
  ➡ 1922年は「スルタン制の廃止」だよ！
- **カリフ制の廃止**［1924］（カリフの**国よ　今日**から廃止）
  〔92 4〕
- **国民会議派ラホール大会**［1929］（**いく人苦労**で　独立決議）
  〔1 9 2 9〕
- **新インド統治法**［1935］（インドに**組み込む**　自治議会）
  〔9 3 5〕

　次回は、戦間期のアジアの2回目。いよいよ**中国革命**を見ていくよ～！　孫文、蒋介石、毛沢東……有名人がいっぱいでてくるからね。お楽しみに😌。

第17回 戦間期の東アジア

今回は戦間期のアジアの2回目、中国を中心とする東アジア世界だよ。辛亥革命のあとの中国は、一体どうなっていくんだろう？

● 大きくつかもう! ●

1 新文化運動と五・四運動　　311～312ページ

2 孫文の国民革命と北伐　　312～318ページ

3 日本の侵略と国共内戦　　318～322ページ

4 日中戦争　　322～325ページ

> 国民党、共産党、そして日本。3つの勢力の関係が、今回のポイントだよ!

　辛亥革命で清朝が滅亡したものの、袁世凱の独裁、そして軍閥政権になってしまった中国では、孫文がもう一度革命運動を立て直していくよ。そして、いよいよ北伐に向かおう! ってところで孫文が死去😖。後継者となった蒋介石が国民革命を続けるんだけど……共産党との対立が始まるんだ。蒋介石の国民党、毛沢東の共産党が対立するなかで、中国進出を進める日本も大きな影響を与えることになるよ。この3つの勢力はどんなふうにかかわっていくんだろう？　そして、第二次世界大戦が始まる前に、東アジアでは早くも日中戦争が始まってしまうんだ。

　それじゃあ、じっくり見ていこう。戦間期の東アジアの始まり〜😄。

1 新文化運動と五・四運動　311

第1章 国民国家の形成

第2章 列強の侵略とアジアの変革

第3章 帝国主義と第一次世界大戦

第4章 戦間期と第二次世界大戦

第5章 戦後の世界

1 新文化運動と五・四運動

◀ 「中国人の意識を根本的に変えよう！」。新文化運動が始まった

　辛亥革命のあと、中国は袁世凱の独裁になったから、清が滅んだだけで、政治も社会もほとんど何も変わらなかったよね。しかも袁世凱の死後は各地の軍閥が政権を争う混乱の時代になった。一方で、第一次世界大戦中の東アジアの好景気で、中国でも軽工業を中心に中国企業が成長した。反面、都市労働者の増加で社会問題も起きていた。こうした事態を見て、中国の知識人たちが始めたのが新文化運動だ。

　新文化運動とは、ヨーロッパの近代思想に触れた知識人たちが、「本当に近代化をするためには、中国人の意識を根本的に変えなきゃいけない😤」って思って始めた運動だよ。皇帝の専制政治が続いていた中国の人びとには、とりあえず「エラい人の言うことを聞いておけ😑」っていう意識が染みついていたからね。

　そこで、陳独秀は中国の青年たちに対し「もっと自主的に、もっと国際的にならなきゃいけない！」って訴え、雑誌『新青年』（創刊した時の名前は『青年雑誌』だよ）を創刊し、「民主と科学」をスローガンに欧米の近代思想を紹介した。若者はこの雑誌に飛びついて、新しい思想に感動したんだ😆。この雑誌のなかで、アメリカに留学した胡適は、わかりやすい口語体（話し言葉）で現在の中国の問題点を浮き彫りにするような文学（小説とかだね）をつくろう！っていう白話【口語】文学を提唱した。だって、一般の人たちに難しい論文を見せたって「訳わかんないこと言ってんなー😵」って言われちゃうでしょ？だったら小説にすればいい。これを受けて魯迅は、『狂人日記』（これが初めて口語で書かれた文学だよ）や『阿Q正伝』を著した。特に『阿Q正伝』では、貧農を主人公に、旧体制下で現実を見ない民衆の意識（奴隷根性やら中華思想だね）を徹底的に批判したんだ。こうした文学での動きは文学革命と呼ばれている。

　『阿Q正伝』を読んでると阿Qにムカつくの😤。てか、阿Qを通して「中国人の意識なんてこんなものですよ」って言いたかったんだ

　さらに第一次世界大戦終結のニュースが伝わってくると、「民主が皇帝に勝った！」って盛りあがり、北京大学では学生や教員の集会も開かれた。さらに、ロシア革命の影響を受けた李大釗が中国にマルクス主義を紹介すると、知識人たちは社会主義に傾いたよ。そして、一般の民衆の意識にも少しずつ変化が現れたんだ。

◀ ヴェルサイユ条約への抗議から民衆が爆発。五・四運動が起きた！

　第一次世界大戦で中国は連合国側で参戦したから、戦勝国としてパリ講和会議に出席できる。この時、中国の人びとは「ウィルソンの十四カ条で民族自決って言ってるから、中国の主張も聞いてもらえるはず😆」って期待していた。でも会議が

始まってみると、**ヨーロッパ各国はアジアのことに興味なし**😤。だって、ドイツの弱体化のことしか考えてないからね。中国が要求した**日本の二十一カ条要求の破棄**、山東半島の返還などはすべて拒否されたんだ。

これに対して、数千人の**北京大学**の学生が「**ヴェルサイユ条約調印反対**😡！」と怒って、**天安門**の前で抗議集会を開いた。さらに、北京にある各国の大使館に抗議文を提出したり、外交の責任者の家を襲うような事件も起きて、各地に**ヴェルサイユ条約調印反対、反日、反帝国主義、反封建主義**のデモが広がったよ。これが**五・四運動**だ。このため、パリにいた中国代表団は**ヴェルサイユ条約**の調印を拒否し、政権に就いていた**段祺瑞**も、調印拒否を認めるしかなくなったんだ。これ、**大衆運動が政府を動かした瞬間**だよ。その後、**ワシントン会議での九カ国条約**で中国の主権尊重と領土保全が再度確認されると、日中間の交渉で山東半島の旧ドイツ利権は中国に返還されたんだ。

> 五・四運動は「大衆運動が政府を動かした瞬間」だよ！これが、中国の民族運動に大きな影響を与えるんだ

◀ 朝鮮でも、民族自決の影響で三・一独立運動が起きた！

中国で五・四運動が起きたのと同じ1919年、**日本の統治下にあった朝鮮**でも、パリ講和会議で唱えられた「**民族自決**」の影響で独立の要求が高まったよ。そして3月1日には、京城（ソウル）で「**朝鮮独立万歳！**」と叫ぶ民衆のデモが起こり、朝鮮全土に広がったんだ。これが**三・一独立運動**だ。この時、日本は軍と警察を動員してデモを鎮圧したんだけど、かなりショックを受けた。そして三・一独立運動後には、**武断政治**をゆるめて**文化政治**に転換したよ。これは、日本の内地と朝鮮半島の制度の違いを小さくして、というか、要するに**朝鮮半島を日本と同じにしよう**って同化政策なんだけど、結果的には**日本語教育や神社参拝**などの強制になってしまい、朝鮮文化を消すことになっちゃったんだ。

また、朝鮮の民族運動家たちは、三・一独立運動で盛り上がった独立運動をなんとか続けようと、上海で**大韓民国臨時政府**をつくったよ。ただ、列強に頼りきりだったから、すぐに実体を失っちゃった😓。ちなみに、この時初代大統領とされた**李承晩**は、第二次世界大戦後に**大韓民国が独立した時の初代大統領**だよ。

2 ▶ 孫文の国民革命と北伐

◀ 大衆運動に発展した五・四運動が、中国の民族運動を変えた！

それじゃあ中国に戻るよ。大衆運動が政府を動かした五・四運動に衝撃を受けて、考え方を変えたのが**孫文**だ。孫文は、今までの自分の革命運動が不十分だったことを思い知った😓。だって、これまでは**知識人とか金持ちばかりを相手にし**

て、民衆には全く目を向けなかったからね。そこで、秘密結社だった**中華革命党**を全国民に開かれた大衆政党である**中国国民党**に変え、民衆も巻き込んだ**国民革命**を進めることにしたんだ。目標は、**北洋軍閥**（えんせいがい）（袁世凱の流れをくむ軍閥）が主導権を握る**北京政府**の打倒（ほくばつ）（**北伐**）🖐。ただ、国民党はまだ大きくなかったから、孫文は**南部の軍閥と組んで**（カントン）**広東軍政府**をつくり北京政府に対抗したんだけど、権力闘争がひどくて安定した勢力にはならなかったんだ。

　一方で、五・四運動に感動したのは孫文だけじゃなかった。もう一つが**コミンテルン**だよ。**ロシア革命**のあと、レーニンを中心とするソヴィエト゠ロシアは**世界革命**を目指して**コミンテルン**を結成し、ヨーロッパでいくつか革命を起こしたけど、全部挫折しちゃった😫。そしたら中国で大衆運動がもり上がってるから、「中国なら革命が成功するかもしれない😄！」と思って、中国への接近を始めたんだ。

> 五・四運動で中国の大衆運動の力を知った孫文とコミンテルンが、いよいよ接近し始めるよ

　ただ、これまでの**ロシア帝国**はさんざん中国を**侵略**（しんりゃく）してきたから、中国人はロシアを信用していない。そこでソヴィエト゠ロシア（のちのソ連）は「これまでのロシア帝国とは違う」っていうのを中国人に見せるため、外務人民委員代理のカラハンが、**帝政ロシア時代に獲得した利権や不平等条約を無償（タダ）で破棄する**って宣言したよ。これが**カラハン宣言**だ。これには中国の人たちも感動😊。だって、これまで利権を破棄してくれる国はなかったからね。まあ、あとから「**東清鉄道**（とうしん）は除外で」なんて言ってきたのは、やっぱりロシアだけど😖。

　そして、**コミンテルンの指導**のもと、上海で**中国共産党**が結成されたよ。初代委員長は**陳独秀**（ちんどくしゅう）だ。まだ**毛沢東**（もうたくとう）じゃないからね。ついつい「中国共産党＝毛沢東」ってイメージになっちゃうから気をつけよう。それに、この時点での共産党員はわずか50名程度だから、革命を起こすっていうのは、ちょっとムリがあるよね😅。

合否の分かれ目 ▶ **第一次世界大戦後の革命政党**

- ●**中国国民党**［1919］……孫文の指導で**中華革命党**を改組・改称
  - ▶全国民に開かれた**大衆政党**となり、**北京政府の打倒**を目指した
    - ➡当初は、南部の軍閥と組んで、**広東軍政府**を樹立
- ●**中国共産党**［1921］……初代委員長（のち総書記）は**陳独秀**
  - ▶**上海**で結成。当初の党員は50名程度
  - ▶結成当初は**コミンテルンの指導下**にあった
    - ➡コミンテルンの方針に従って、**国民党との合作路線**をとる

第1章 国民国家の形成

第2章 列強の侵略とアジアの変革

第3章 帝国主義と第一次世界大戦

第4章 戦間期と第二次世界大戦

第5章 戦後の世界

◀️ ソ連の支援でモンゴルが社会主義国として独立！

　ここで、モンゴルの状況を見ておこう。日本や中国がシベリア出兵をした時、外モンゴルには中国軍が侵攻して、その後、ロシア革命に反対する白軍も攻めてきたんだ。でも、**モンゴル人民党**（要は共産党だよ）の**チョイバルサン**らがソ連の赤軍の支援を受けて勝利し、中華民国から独立して**モンゴル人民共和国**を建てたよ。これは、ソ連に次いで史上2番目の社会主義国だよ。

クローズアップ　北伐の展開

- ●**第1次国共合作の成立**［1924.1］……**中国国民党一全大会**で決定
  - ●**孫文の病死**［1925.3］……軍への影響力が強い**蔣介石**が実権を握る
  - ●**五・三〇運動【五・三〇事件】**［1925］……**民衆の反帝国主義運動**が再び高揚
    - ▶国民党内での共産党の影響力増大が明らかとなる
- ●**広州国民政府（中華民国国民政府）**成立［1925.7］……主席は**汪兆銘**
  - ●**国民革命軍の結成**［1925］……総司令官：**蔣介石**
    - ➡**国民政府内での内部対立が発生**……軍（蔣介石）vs.党・政府（反蔣介石）
  - ●**北伐（第1次北伐）開始**［1926.7］……広州から開始➡**武漢を占領**［1926.10］
  - ●**武漢政府の樹立**［1927.1］……**国民党左派と共産党**が協力。中心は**汪兆銘**
  - ●**上海クーデタ【四・一二クーデタ】**［1927.4］……**蔣介石**が強行した反共クーデタ
    - ▶蔣介石は共産党員を弾圧・殺害し、**第1次国共合作が崩壊**（国共分裂）
- ●**南京国民政府成立**［1927.4］……**蔣介石**が国民党右派を集めて成立
  - ●**北伐再開（第2次北伐）**［1928.4］……**国民党のみ**で推進
    - ➡**日本の山東出兵**［1927〜28］……北伐を阻止しようとする**日本軍が出兵**
    - ➡**済南事件**［1928.5］……日本軍と北伐軍の衝突
  - ●**北伐軍の北京制圧**［1928.6］……日本軍の支援を受ける**奉天軍閥**の張作霖を破る
    - ➡日本の関東軍による張作霖爆殺事件【奉天事件】［1928.6］
  - ●**北伐の完成**［1928.12］＝**国民革命（中国統一）の完成**
    - ▶張作霖の子：張学良が**国民党に帰順**し、北伐は一応完成
    - ➡蔣介石は南部で武装蜂起を狙う**共産党を攻撃**

◀️ 「連ソ・容共・扶助工農」に基づいて、第1次国共合作ができた！

　五・四運動の影響を受けた**孫文**とコミンテルンは、少しずつ接触し始めたよ。これは、孫文が軍事面や経済面で外国の支援を必要としていたってことだ。そして1923年には**孫文＝ヨッフェ会談**が開かれ、「革命勢力を国民党に結集しよう！」って合意した。この時、コミンテルンが「中国を社会主義にはしない」って確認しているんだ。この合意があったから、孫文も共産党と連携しようって思ったんだね。

　こうして1924年、広州で開かれた**中国国民党一全大会**【中国国民党第１回全国代表大会】で国民党の組織改革をおこない、「**連ソ・容共・扶助工農**」（ソ連と連携する・共産党を受け入れる・労働者と農民を助ける）の新政策が決定され、**国民党と共産党が協力する第１次国共合作**が成立したよ😆。ただ、この時は圧倒的に国民党のほうが大きかったから（当時の党員数は国民党が約５万人、共産党が1000人以下だ）、対等な協力にはならない。共産党員が個人の資格として国民党に入党（つまり、国民党が共産党を吸収）して、北伐（北洋軍閥と北京政府の打倒による中国統一）を進めることになったんだ。そして、軍の幹部を養成するために、蔣介石を校長とする**黄埔軍官学校**がつくられたよ。この時、政治部副主任だったのが共産党の周恩来だ。この二人は、あとで因縁の再会をするからね。

◀ 「革命いまだならず……」の遺言を残して孫文が病死！

　1925年、「いよいよ北京政府打倒に向かうぞ！」って時に、**孫文が病死した**😭。孫文は「**革命いまだならず……民衆を立ち上がらせ力を合わせよ**」との遺言を残し、さらに「**ソ連との連携を維持して、軍閥や帝国主義と戦え**」って言ってたんだけど、孫文の死後すぐに全国的な大衆運動が起こったんだ😲。

　1925年、上海の日本人経営の紡績工場でのストライキから起こった**五・三〇運動**は、労働者が射殺された事件をきっかけに立ち上がった民衆が租界の警察と衝突すると、**全国的な反帝国主義運動に発展した**よ。その後、**共産党員の影響が強まっていた国民政府の支援で列強の租界を回収する運動が起こり、さらに香港ではイギリスに反発する省港スト**が１年以上続いたんだ。そして五・三〇運動は、大衆運動の力を再び見せつけると同時に、国民党内部での対立を引き起こしていくんだよ。

◀ いよいよ北伐の開始。しかし、第1次国共合作は崩壊！

　1925年、広東軍政府が再編されて、国共合作による政府として**広州国民政府**（正式には**中華民国国民政府**）ができた。そして、北伐のための軍隊として、黄埔軍官学校の学生を中心に**国民革命軍**が結成されたよ。この時、国民政府の主席となったのは汪兆銘、国民革命軍の総司令官となったのは蔣介石だ。軍人たちの多くは蔣介石の教え子だもんね😏。

　ただ、政府内ではすでに分裂が始まっていた。五・三〇運動で強くなった共産党を警戒する右派は蔣介石と組み、共産党と一緒に民衆運動を進めようとする左派と対立し始めたけど、軍の指揮権を握る**蔣介石を中心に、1926年７月北伐（第１次北伐）**が始まった。こんな状態で本当に勝てるのかな😅。

　しかし、いざ始まってみると**北伐軍は予想以上の快進撃**😏。一気に湖南省を制圧すると、たったの３カ月で**武漢**を占領し、さらに江西省から福建省、

> 北伐が始まった時に、すでに政府内では右派と左派の対立が始まっていたんだ😑

ついには北部の陝西省(せんせい)にまで勢力をのばしたんだ。この快進撃のウラには、農民を中心とする**民衆の支持**があったよ。だって「**扶助工農**(ふじょこうのう)」でしょ。農民は「北伐軍はイジワルな地主を倒して、自分たちを助けてくれる😄」って信じていたからね。これを宣伝したのは共産党員だから、民衆運動に対する**共産党の影響力が強まった**。一方で、戦闘に勝っているから国民革命軍総司令官の**蔣介石も強く**なる。だから、国民党では**右派と左派の主導権争い**が激しくなったんだ😫。

この主導権争いで、最初に手を打ったのは左派だよ。1927年、**国民党左派と共産党は広州**(こうしゅう)**にあった国民政府を武漢に遷都**して(**武漢政府**(ぶかんせんと))、**汪兆銘**(おうちょうめい)を最高指導者として蔣介石から権力を奪おうとした。でも、軍の指揮権は蔣介石が握ったままだ。一方、上海(シャンハイ)に向かっていた蔣介石も、共産党の影響が強まっていることを思い知らされた。**上海では共産党が指導する武装蜂起**(ほうき)が起きて、焦ったイギリスやアメリカが出兵する事態となり、さらに国民革命軍が南京(ナンキン)に着いた時、共産党系の兵士が外国領事館を襲撃する事件(**南京事件**)が起きた。この時、蔣介石は「**共産党と手を切る**」という約束をして、イギリスやアメリカなど列強(れっきょう)との関係を深めたんだ。

そして1927年4月12日、ついに**蔣介石**による**上海クーデタ**が起きたよ。**列強**(れっきょう)**や浙江財閥**(こうざいばつ)と手を組んだ蔣介石軍は共産党員を徹底的に取り締まり、武器を取り上げ、反発する者は虐殺した😨！こうして**第1次国共合作は崩壊**したよ。

その後、蔣介石は国民党右派を集めて、南京国民政府を樹立した。武漢政府の国民党左派は蔣介石に対抗しようとしたんだけど、最終的には共産党と手を切って南京政府に合流するしかなかった。こうして、**国民党のみになった南京国民政府**では、**蔣介石が主導権を握った**んだよ。

〈北伐と日本の進出〉

◀ 北伐軍と日本軍との衝突も起きたけど……国民党のみで北伐完成！

1928年、蔣介石は**国民党のみで北伐を再開**したよ（**第2次北伐**）。目標は北京！北京政府の実権を握る**奉天軍閥**の**張作霖**は日本軍の支援を受けていたんだけど、日本も張作霖を利用して満洲に進出していたから、蔣介石軍が北京にくると厄介だ😅。だから、**田中義一内閣**は日本人の居留民の保護を口実に**山東に出兵**して、実際に軍事衝突も起きちゃった（**済南事件**）。こうした北伐の妨害に対して、蔣介石は日本軍との衝突を避けて北上したから、大きな戦闘は起きなかったけど、日中関係は悪化し始め、中国での反帝国主義運動は、明確に「反日」運動になったんだ😆。

そしてついに、**北伐軍は北京に攻め込んだ**。蔣介石軍はすでに約60万人にまで膨れ上がっていたから、**張作霖はほとんど抵抗できずに北京を捨てた**よ😓。この時、張作霖は「悪あがきしないで**奉天へと撤退**する」と、蔣介石も「張作霖が撤退するなら**追撃しない**」と、それぞれ日本に伝えていたんだけど、満洲にいた**現地の日本軍（関東軍）**が、「もはや利用できないから、張作霖は消してしまえ」とばかりに、張作霖の乗る**特別列車を爆破**した😵。これが**張作霖爆殺事件【奉天事件】**だ。

張作霖爆殺事件のころから、日本では軍部の暴走が始まってしまうんだ😫

親父を殺された**張作霖の息子・張学良**は、蔣介石に「もう、北伐軍による中国統一を阻止しない」と伝えたよ。そりゃ、自分の本拠地だった満洲を取られ、親父を爆殺されたんだもん、日本に協力する理由は全くない😆。こうして、**満洲（東三省）**を支配する**張学良が国民党に帰順**し、ひとまず**南京国民政府による中国統一が完成**したんだ（**北伐完成**）。

これ以後、蔣介石は「外から侵略してくる日本よりも、まずは国内の統一を乱す**共産党を潰す！**」として、**共産党への攻撃**を始めるんだけど、国内では共産党に加えて反蔣介石派が自立して、実際はまだバラバラだったんだよ😅。

◀ 蔣介石が北伐を完成させたころ、共産党は何をやってたんだろう？

続いて、**上海クーデタ後の共産党**の動きを見ておこう。共産党のなかでは、これまで主導権を握っていた**陳独秀**が「どうして上海クーデタを防げなかったのか？」と責任を問われて**失脚**したんだ。これはコミンテルン（要はソ連）が、中国での失敗の責任を「すべて陳独秀が悪い」ってことにしたからだよ😅。

これ以降、中国共産党はコミンテルンの指示を受けて**都市で武装蜂起**するんだけど、ことごとく失敗した。例えば、1927年8月に**朱徳**らが**紅軍**（共産党軍）を率いて**南昌蜂起**を起こしたけど失敗し、さらに残った連中が**海豊・陸豊**にソヴィエト政権を建設したけど、やはり**国民党軍に潰され**ちゃった😫。

こうしたなかで、これまでとは違う路線を打ち出したのは**毛沢東**だ。彼は「山に

上れ！　山間部の農村に拠点をつくり、**農村から都市を包囲する** 」という戦略を打ち出した。まず井崗山（せいこうざん）に拠点（ソヴィエト区）を建設し、地主から土地を奪って農民に分配する**土地改革**をおこないながら、貧乏な農民を味方につけるゲリラ戦術で、華南（かなん）に根拠地（もうたくとう）を増やしていった。毛沢東は「政権は鉄砲から生まれる！」と唱えて農民たちを武装させ、**紅軍（こうぐん）を拡大**したんだ。

「農村から都市を包囲する」毛沢東の路線は、マルクスとはずいぶん違うよね

そして1931年、都市の紅軍が毛沢東の率いる農村の紅軍と合流し、華南の拠点（ソヴィエト区）を統合して、**江西省瑞金（こうせい・ずいきん）を首都とする中華ソヴィエト共和国臨時政府**が樹立され、表向きは**毛沢東が主席**になった。ただ、実際に権力を握っていたのは、コミンテルンとのつながりを持つ**モスクワ留学派**だよ。

3 日本の侵略と国共内戦

クローズアップ　第2次国共合作までの流れ

- ●**満洲事変（まんしゅう）** [1931.9〜33.5] ……日本の**関東軍（かんとうぐん）による満洲への侵略（しんりゃく）**
- ●**柳条湖事件（りゅうじょうこ）** [1931.9] ……関東軍による**南満洲鉄道の爆破事件**
- ●**満洲国成立** [1932.3] ……清朝（しん）最後の皇帝：**溥儀（ふぎ）が執政（しっせい）**（**1934年から皇帝**）
  - ➡**熱河（ねっか）を占領し、満洲国に編入** [1933.2〜3] ……**塘沽停戦協定（タンクー）** [1933]
- ●日本の「**華北分離工作（かほく）**」……華北に**傀儡政権（かいらい）**を設立
- ●**冀東防共自治政府（きとう）** [1935] ……日本が河北省東北部に成立させた**傀儡政権（かほく）**
- ●蔣介石（しょうかいせき）の独裁（どくさい）**体制強化**
  - ●**幣制改革（へいせい）** [1935.11] ……国民政府が貨幣を統一し、**管理通貨制度に移行**
    - ▶権力を強めた蔣介石は、**抗日（こうにち）よりも反共政策を重視し、執拗（しつよう）に共産党を攻撃**
- ●**長征（ちょうせい）【大西遷（だいせいせん）】** [1934.10〜36.10] ……共産党は瑞金を撤退して**大移動**
  - ●**遵義会議（じゅんぎ）** [1935] ……党内での主導権が**モスクワ留学派から毛沢東に移る**
  - ●**八・一宣言（はち・いち）【抗日救国のために全同胞（どうほう）に告げる書】** [1935.8]
    - ▶日本の侵略に対して、**内戦の停止と抗日民族統一戦線の結成**を訴えた
- ●**西安事件（せいあん）** [1936.12.12] ……八・一宣言に共鳴した**張学良（ちょうがくりょう）が蔣介石を武力で監禁（かんきん）**
  - ▶共産党の**周恩来（しゅうおんらい）**らが説得。蔣介石が内戦停止と一致抗日に合意したとされる
- ●**第2次国共合作【抗日民族統一戦線】成立** [1937] ……日中戦争勃発（ぼっぱつ）の直後に成立
  - ▶**紅軍（共産党軍）は八路軍（はちろ）【第八路軍】**として、**蔣介石の指揮下に入る**

◀ 柳条湖事件をきっかけに満洲事変が勃発！

　日本は、第一次世界大戦の時に輸出が拡大して、むちゃくちゃ経済が発展したんだけど、戦後は輸出が減って**戦後恐慌**が起こり、1923年には追い打ちをかけるように**関東大震災**が起き、1927年には**金融恐慌**も発生した😣。しかも1929年には**世界恐慌**の影響も受けて、日本は不況のどん底におちいった😩。こうした状況を打破するため、軍部は独断で**満洲の直接支配**を狙ったんだよ。満洲は**鉄鉱石や石炭**などの資源もあるし、日本にとっては最大の投資先だったからね。

　1931年、**満洲の日本軍（関東軍）**は、奉天郊外の柳条湖で**南満洲鉄道**の列車を爆破し、「これは中国軍がやったから自衛戦争だ！」として中国との戦闘を始めた。この**柳条湖事件**から始まる一連の軍事行動が**満洲事変**だよ。関東軍は一気に満洲全域を制圧すると、**清朝最後の皇帝の溥儀を執政**として、**日本の傀儡国家「満洲国」**を建てたんだ。のちに溥儀は皇帝になるんだけど、**最初は皇帝じゃないよ。**

　日本の軍事行動に対して、中国は**国際連盟**に訴えた。そして、国際連盟から派遣された**リットン調査団**（"リットン"は団長の名前）が現地を調査して、「**満洲事変は自衛戦争ではなく日本の侵略行為で、"満洲国"は認められない**」との報告書を発表したよ。とはいっても、日本の満洲における特権は大幅に認められたから、日本に「満洲から撤退しろ！」って言ってるわけじゃないんだけど、連盟が**経済制裁**を打ち出そうとしたから、**日本はこれを不満として国際連盟を脱退した**んだ。

　しかも、この間にも日本の軍事行動が続いていたよ。まず、1932年には日本人殺害事件を口実に、上海でも中国軍との軍事衝突を起こした（**上海事変**）。これって、国際社会の目を満洲からそらすためって言われてるけど、こんなの余計目立つよ……😅。さらに、満洲の隣の**熱河**を占領すると、「満洲国の領土だ！」と言って編入した。このあと国民政府と**塘沽停戦協定**を結んで戦闘はいったん終わり、中国側は満洲国の存在と熱河の満洲国編入を事実上認めることになったんだ。

◀ 日本は華北で勢力拡大、中国内は蔣介石の共産党攻撃で内戦激化！

　この時期の中国をめぐる情勢は、なかなか難しいよね😅。というのも、**蔣介石の国民党、共産党、日本の３つの動き**を一緒に考えないといけないからね。ここは次ページの地図 **→P.320** も見ながら、１つひとつ確認してね。

　まずは**日本の動き**を見てみよう。満洲事変が起きたのと同じころ、東京では、政党内閣に反発した**海軍の青年将校**と**右翼**が、首相官邸で**犬養毅首相を暗殺する五・一五事件**が起きたんだ。これって「軍部の言うこと聞かないヤツは、首相でも殺す😈」ってことだよ。こうして軍部の発言力がむちゃくちゃ強くなって、日本では**政党政治が終わり**を告げた。さらに、**国際連盟の脱退、ワシント**

> 日本は「華北分離工作」、蔣介石は「共産党弾圧」、共産党は「長征」、３つの動きを一緒に考えよう！

ン・ロンドン両海軍軍縮条約の破棄(はき)で、国際的な孤立を深めていたんだ。そして中国では、華北に中国人の傀儡(かいらい)政権をつくって国民政府の支配から分離させる「**華北分離工作**」を進め、**冀東(きとう)防共自治政府**を設立させた。こうした軍事行動は、中国人に相当の危機感を抱かせたよ。さらに、1936年には陸軍の急進派将校(**皇道派**)が大臣を暗殺する**二・(に)二六(にろく)事件**が起きて、日本では**軍部による政治支配**が止められなくなっていたんだ😫。

　一方、中国国内では**国民政府のゴタゴタ**が続いていた😫。**蔣介石(しょうかいせき)**は軍部の力を背景に国民党内の反対派を抑え込み、さらに**幣制(へいせい)改革**によって経済的な支配を強めたよ。もともと**中国は銀本位制**だったんだけど、世界恐慌後に各国が金本位制を停止したことで銀の国際価格が上がり、物価の上昇と銀の国外流出で、深刻な不況(ふきょう)になっていた。そこで、アメリカやイギリスの支援を受けた国民政府が、国内に流通する銀を国有にして、政府系銀行(要するに**浙江財閥(せっこうざいばつ)**)の発行する紙幣(**法幣(ほうへい)**)のみに統一した。これが幣制改革だよ。こうして**中国は管理通貨制度になった**んだけど、これって蔣介石と組んだ**浙江財閥が中国の金融を独占する**ってことだ。さらに、**新生活運動**をおこなって、反共と将来の反日のために、社会生活を近代化して、近代的な国民精神を高めようとしたんだ。こうして権力を強めた蔣介石は、一気に**共産党への攻撃を激化**させていくんだ。

〈国共対立と日本の侵略〉

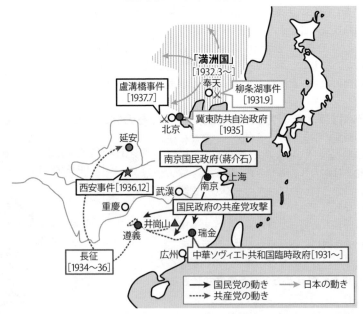

◀ **共産党は長征を開始。そして……西安事件が起きた！**

　日本の華北での勢力拡大に対して蔣介石は「日本の侵略は皮膚病、共産党は内臓病みたいなもんだ。内臓病は悪くなると手遅れになる。**国内統一が先、日本と戦うのはそのあとだ！**」と主張して、共産党への攻撃を強めていた。これに対して共産党は、「**日本と戦わなければならない。そのためには蔣介石を打倒する！**」と言ってた。つまり、どっちも相手を潰すって言ってる……😆。そして、塘沽停戦協定で華北の問題に区切りをつけた蔣介石の猛攻撃で**共産党軍（紅軍）は大敗北**した。根拠地を維持できなくなった**共産党は瑞金から撤退**することを決め、蔣介石の攻撃から逃げるために、西へと移動を始めたんだ。これが**長征**の始まりだよ。

　ただ、長征の目的は1935年の**遵義会議**をきっかけに変わっていくよ。この会議で、共産党はこれまでの運動が失敗した原因を話し合った。結局残ったのは、毛沢東の「**農村路線**」のほうだったからね。こうして、周恩来の協力で毛沢東が軍の指揮権を握り、逆に共産党内の**モスクワ留学派**の力が弱まったんだ。そして、毛沢東が「**北上して華北に根拠地をつくり、日本と戦うべきである**👆」と主張したから、**紅軍は北上**を始めたよ。

大雪山を越えて、大湿原を渡って……この長征を通じて毛沢東が権力を確立したんだよ

　そして、長征の途中でもう一つ大きな動きがあったよ。モスクワで開かれていた**コミンテルン第7回大会**で反ファシズムのための統一戦線をつくる「**人民戦線**」戦術が採用されると、モスクワを訪問していた**中国共産党の代表団**が、**八・一宣言**を発表したんだ。これは国民党を含む幅広い勢力に、**内戦を停止して日本と戦うために協力すること（抗日民族統一戦線の結成）**を呼びかけ、それをジャマする**蔣介石の打倒**を訴えた。このあと、中国では「一致抗日」の声が日に日に高まったんだ。

合否の分かれ目 ▶ 2度の国共合作の違い

● **第1次国共合作**［1924］……**中国国民党一全大会**で成立
　▶「**連ソ・容共・扶助工農**」の新政策に基づく
　▶**共産党員が個人の資格で共産党籍のまま国民党に入党**（国民党が共産党を吸収）
　▶目標は**北京政府打倒（北伐）→黄埔軍官学校**を設立（校長は**蔣介石**）
● **第2次国共合作**［1937］……**日中戦争勃発後**に成立
　▶**西安事件**をきっかけに、蔣介石が**内戦停止**に合意
　▶**国民党と共産党は対等**だが、紅軍は**蔣介石の指揮下**に入る（**八路軍**）
　▶目標は**日本の打倒**（抗日民族統一戦線）

そして、八・一宣言に共感したのが、自分の本拠地を日本に奪われた張学良だ。張学良は日本から満洲を取り返したいから、共産党と内戦なんかをやってる場合じゃない。最初は「内戦をやめて、共産党と抗日で協力しよう😊」と蔣介石を説得したんだけど、蔣介石は全く聞く耳を持たなかったから、張学良は共産党の周恩来とも会談をして、ついに蔣介石を武力によって説得することを決意したんだ。

1936年12月、西安で内戦停止を求める学生たちのデモが起きた。蔣介石はこれを武力で鎮圧しようとしていたから、張学良は「蔣介石は私が説得するから、デモをやめろ！」と学生たちを説得すると、ついに東北軍を率いて立ち上がり、保養地の華清池にいた蔣介石を監禁したんだ😲！。これが西安事件だ。張学良は内戦停止を要求したんだけど、蔣介石は断固拒否した。その後、共産党の周恩来も説得に加わり、ついに蔣介石は内戦の停止に合意したんだ。周恩来は、黄埔軍官学校の時には蔣介石の部下だったから、因縁の再会だね。この時の合意が、日中戦争勃発後に第2次国共合作ができた背景だよ。

➜ +α ちょっと寄り耳 ↗

中国近現代史に大きな影響を与えたのが宋家の三姉妹だよ。

辛亥革命ののち、孫文が日本に逃げていた時、彼を支援したのが実業家の宋嘉樹と日本人の梅屋庄吉。そして梅屋氏の仲介で宋嘉樹の次女宋慶齢は孫文の妻となり、孫文の死後、蔣介石が三女の宋美齢と結婚したから、蔣介石は孫文の義理の弟になった。そして、長女の宋靄齢は、大実業家で国民政府の要職に就く孔祥熙の妻で、宋美齢の兄が国民政府の財政部長となる宋子文だ。

西安事件のウラで、この宋家の人脈が動いたよ。宋慶齢は、「ソ連と連携せよ」との孫文の遺言を守って密かに共産党に入党したけど、一族の連帯意識から宋子文や宋美齢（蔣介石の妻）ともつながりを保っていた。西安事件の時、蔣介石と共産党の間を取り持ったのは宋子文だし、周恩来とともに蔣介石を説得したのは、妻の宋美齢だよ。

戦後、宋慶齢は中華人民共和国の要職に就き、宋美齢は蔣介石を支えて外交などで活躍するなど、まさに中国近現代史を動かした姉妹なんだ。「宋家の三姉妹」っていう映画にもなっているから、興味があったら観てみてね😆。

4 日中戦争

盧溝橋事件をきっかけに、日中戦争勃発！

1937年7月、北京郊外で起きた盧溝橋事件は、その後の中国情勢を大きく変えることになった。これは日本の北京駐屯軍（1901年の北京議定書からずっと駐兵していた日本軍）と中国軍の小さな軍事衝突だったんだけど、すでに西安事件で内戦を停止していた蔣介石は軍の総動員を命令して徹底抗戦を宣言した😊。さらに、翌

月には上海でも武力衝突（**第2次上海事変**）が起こり、全面戦争に突入！　ここからが**日中戦争**だ。そして、9月には共産党の紅軍が国民革命軍の**八路軍**として蒋介石の指揮下に入り、正式に**第2次国共合作【抗日民族統一戦線】**が成立したんだ。

　それはそうと、この戦闘で日本も中国も宣戦布告をしていない😅。じゃあ、なんで両国とも宣戦布告をしなかったんだろう？　それは、**アメリカの中立法**の問題だよ。**中立法**っていうのは、「戦争」をしている国への軍需品の輸出や金融面での取引を禁止する法律だから、日本は「戦争」じゃなくて、たまたまちょっとだけ起きた「事変」ってことにしたんだ😏（だから日本は「**支那事変**」って呼んだよ）。

　でも、どんな名前で呼んだところで、満洲事変から始まった武力衝突は、日中間の全面戦争にまで発展したってことだ。日本軍は「**南京さえ落とせば、中国は降伏する**」と思ってたから、まず上海に総攻撃をかけて陥落させ、続いて国民政府のある南京に迫ったんだ。これに対し、蒋介石は戦争が長期戦になると判断して、兵力を温存するために、国民政府の首都をいったん**武漢**、さらに内陸の**四川省重慶**に移すことを決めたんだけど、この時、中国軍は南京からの撤退に失敗して多数の犠牲者を出した。そして12月には、**日本が南京を陥落させた**んだけど、「これで中国は降伏する」という甘い読みから、占領部隊が多数の捕虜や市民を殺害する**南京事件**を引き起こして、国際的に非難された。一方、中国側は重慶に逃げれば、雲南を経由して**インドシナ（フランス領）やビルマ（イギリス領）から支援を受けられる**から、長期戦に持ち込んでイギリスやアメリカの支援に期待することにしたんだ。

◀ 鉄道と都市だけの占領で戦線が膠着。ついにソ連とも軍事衝突した！

　ただ、日本は華北から江南へと、**鉄道に沿って都市を占領するだけ**だった。ていうか、あれだけ広い中国の農村部まで占領するのはムリだよ😓。中国では共産党が農村部に根拠地（**解放区**）をつくって**ゲリラ戦**で対抗し、日本軍はあっという間に行き詰った。このため、日本では近衛内閣が国内のすべてのヒトやモノを戦争に動員するために**国家総動員法**をつくり、さらに戦争の正当化のために**日本・満洲・中華民国が3国で提携**してアメリカやイギリスに対抗するっていう**東亜新秩序**を目標に掲げた。これは中国各地につくった傀儡政権に向けたものだけど、だいたい戦争やってる最中に連携を持ち掛けたって、うまくいくわけがないよ😏。

　こののち、戦線が膠着して身動きが取れなくなった日本は、重慶に爆撃をしたり、国民党指導者の一人で蒋介石のライバル**汪兆銘**を抱きこんで、傀儡政権である**「南京国民政府」**をつくったりと、さまざまな手を打ったけどどれもうまくいかず、逆に戦線を拡大したために米英に警戒されて、**ますます国際的に孤立**したんだよ。

　そして同じころ、日中戦争中のソ連の動きを警戒していた日本は、「満洲にソ連軍が攻め込んできたら、中国との戦争を続けることが不可能になる」と考えて、モンゴルと「満洲国」の国境地帯でソ連軍と武力衝突を起こしたんだ。でも1939年の**ノモンハン事件**では、ソ連の戦車軍団にボコボコに負けちゃった😫。しかも、同盟

国のドイツが**独ソ不可侵条約**を結んじゃったから、もはやソ連と戦っている場合じゃない。**日本はソ連と停戦**すると、東南アジアに向かう**南進政策**を考え始めたんだけど、そんなことしたらますます敵が増えちゃうよ😵。

〈日中戦争〉

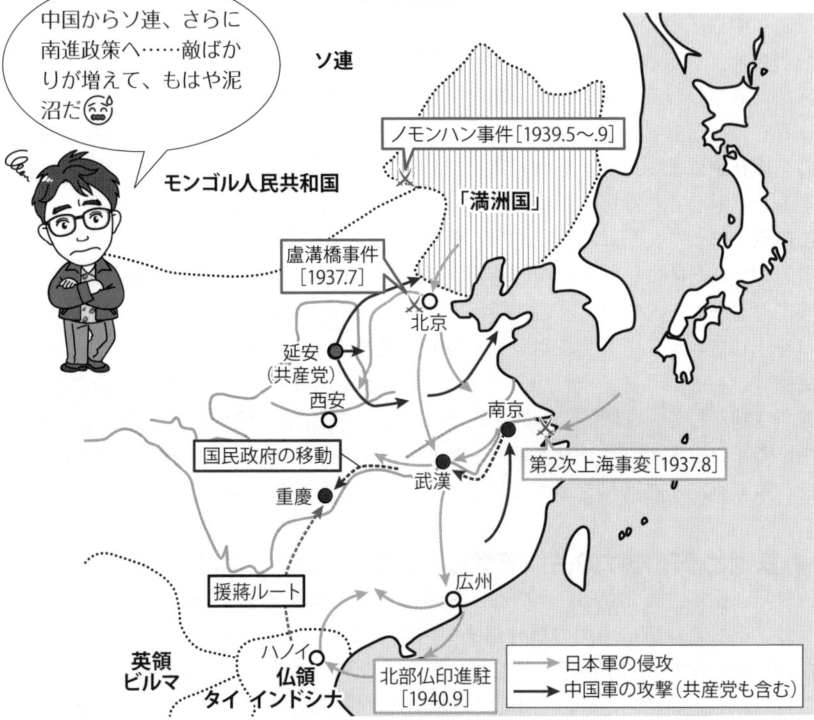
中国からソ連、さらに南進政策へ……敵ばかりが増えて、もはや泥沼だ
ソ連
モンゴル人民共和国
ノモンハン事件［1939.5～.9］
「満洲国」
盧溝橋事件［1937.7］
北京
延安（共産党）
西安
南京
第2次上海事変［1937.8］
国民政府の移動
武漢
重慶
援蔣ルート
広州
英領ビルマ
ハノイ
仏領インドシナ
タイ
北部仏印進駐［1940.9］
日本軍の侵攻
中国軍の攻撃（共産党も含む）

南進政策でアメリカとの対立が深刻になり、ついに日米が開戦！

日本がどんどん戦線を拡大するのを見て、ついに**アメリカ**が動き出したよ。さっきも話したけど、アメリカには**交戦国に戦略物資を輸出しちゃいけない**っていう**中立法**がある。アメリカは日本に対して「日本は交戦国だから、戦略物資は輸出してやらない😤」と言って**日米通商航海条約を破棄**し、**石油・くず鉄の輸出制限**を決めたんだ。当時、石油の多くをアメリカからの輸入に頼っていた日本は、「石油がなくなったら、戦争を続けるのは不可能だ😵」と焦り、石油を確保するために**東南アジアに進出**する**南進政策**を計画し始めたんだ。当時すでに**インドネシア（オランダ領だよね）で石油が採れた**からね。

そして、**ドイツ軍のポーランド侵攻**によって**第二次世界大戦**が勃発し、1940年に入ると、ヨーロッパでは**ドイツがあっという間にベルギー、オランダ**、さらには**フランスを降伏させた**。この時日本では「バスに乗り遅れるな！」って主張があっ

た。これは、ドイツが戦争に勝つ「バス」に乗ってるから、乗り遅れずに、一気に東南アジアを取れ！ってことだ。だって、**インドシナ（ベトナム）はフランス領、インドネシアはオランダ領**だから、どっちも**本国がドイツに降伏**してるでしょ。今なら一気に勝てる！　こうして日本は**フランス領インドシナ北部【北部仏印】**に軍を進めたよ。これには、**南進政策の拠点**をつくること、さらに重慶の蔣介石に支援物資を送る**「援蔣ルート」を遮断**すること、っていう２つの目的があるよ。そして**日独伊三国同盟**を結んだから、ドイツと戦っている**イギリスとも対立**したんだ。

こうなると、東南アジアに利権を持つ**アメリカ、イギリス、オランダ**との対決は避けられない😫。日本ではこれらの国を「**ABCD包囲陣**」（Aは America《アメリカ》、Bは Britain《イギリス》、Cは China《中国》、Dは Dutch《オランダ》）と呼んだ。そして、南進政策の最後の準備として、北からソ連軍が攻めてこないように**日ソ中立条約**を結んだから、もはや**日本の東南アジア進出は止まらない**ね。

1941年、アメリカとの戦争を回避しようとした近衛内閣が、**日米交渉**を始めたよ。でも、交渉中に日本軍が**フランス領インドシナ南部**に進駐したから、アメリカの態度が強硬になり、日本への石油輸出を禁止した😵。日本でも軍部が交渉打ち切りを主張したから近衛内閣は倒れ、陸軍出身の**東条英機**が首相になった。そしてアメリカが、日本の中国からの**完全撤兵**と三国同盟脱退を要求（「**ハル＝ノート**」）すると交渉は決裂😫。1941年12月には日本がアメリカ海軍の基地だった**ハワイの真珠湾を奇襲**して日米が開戦したんだ。この戦争をアメリカでは**太平洋戦争**、日本では**大東亜戦争**と呼んだよ。今では、太平洋から東南アジアも含む地域で戦われたから、**アジア・太平洋戦争**って呼び方も使われるね。この続きは、第二次世界大戦のところで話すからね。

じゃあ、戦間期の東アジアはこれでおしまい。最後に年号 check！

!!! 年号のツボ

- **第１次国共合作の成立**［1924］（遠く虹見る　国共合作）
　　　　　　　　　　　　　　　　　1 9 24
- **北伐の開始**［1926］（北伐に　とっくに向かった）
　　　　　　　　　　　　1 9 2 6
- **上海クーデタ**［1927］（共産党　弾圧避けて　卑屈な逃亡）
　　　　　　　　　　　　　　　　　　　　　1 9 2 7
- **満洲事変の勃発**［1931］（戦さ今から　満洲事変）
　　　　　　　　　　　　　1 9 3 1
- **長征の開始**［1934］（瑞金に　遠くさようなら）
　　　　　　　　　　　　1 9 3 4
- **八・一宣言**［1935］（戦さはゴメンだ　内戦停止）
　　　　　　　　　　　　1 9 3 5
- **盧溝橋事件**［1937］（戦さ長びく　日中戦争）
　　　　　　　　　　　　1 9 3 7

次回は**世界恐慌**とその後の欧米諸国だよ。ヨーロッパでも戦争のにおいがプンプンし始める。近現代史もいよいよ大詰めだよ！　頑張っていこう〜😄。

第 18 回

世界恐慌とその影響

いよいよ近現代史も大詰めだよ。今回は世界恐慌後の欧米各国の動きだ。未曾有（みぞう）の大不況に直面した各国はどうなるんだろう？

● 大きくつかもう！ ●

これまでに経験したことのない大不況を、各国はどうやって克服しようとしたんだろう？

1		
世界恐慌の発生	**2** アメリカの恐慌対策 〜ニューディール〜 331〜333ページ	
	3 英仏の恐慌対策 〜ブロック経済の形成〜 334〜336ページ	
327〜331ページ	**4** 世界恐慌後のドイツ 〜ナチス＝ドイツ体制の成立〜 336〜342ページ	

第一次世界大戦の後、ヨーロッパ各国はアメリカに支えられて復興（ふっこう）を進めていたけど、アメリカが大不況に陥ると、その経済力に支えられていたヨーロッパ各国は大打撃を受けた😫。各国では「自分の国だけなんとかなればいい」という経済ナショナリズムが高まった。ブロック経済、ニューディール……植民地がいっぱいあったり、資源が出るから自力で立ち直る道筋をつくれた、いわゆる「持てる国」（米・英・仏など）はまだよかったけど、植民地がない「持たざる国」（独・伊・日など）はどうにもならない。こうして1920年代後半に進んでいた「国際協調」の動きが崩れ、ヨーロッパではファシズムが台頭し、ドイツではナチ党が政権に就いた。今回は各国の国内問題を中心に、恐慌後の欧米諸国の動向を見ていくよ。それじゃあ、始めよう😊。

1　世界恐慌の発生

クローズアップ　世界恐慌の発生とアメリカの恐慌対策

- ●世界恐慌の発生 [1929.10.24] ＝ "暗黒の木曜日"
  - ●ニューヨーク株式市場（ウォール街）での**株価大暴落**
    - ▶**金融恐慌**に発展して企業・銀行の連鎖倒産が起き、**大量の失業者**が発生
  - ●世界経済の信用悪化……**貿易の縮小**や信用不安の拡大で、全世界に恐慌が波及
- ●フーヴァー大統領《**共和党**》の政策 [任1929～33]
  - ▶**自由放任**政策と**財政均衡の原則**、各州の自治の原則を捨てきれず、不況が悪化
  - ●フーヴァー＝モラトリアム [1931]……各国の**賠償金**と**戦債**支払いを1カ年停止
- ●フランクリン＝ローズヴェルト大統領《**民主党**》[任1933～45]
  - ◎ニューディール【新規まき直し】……**連邦政府（国家）**が積極的に経済に介入
    - ●全国産業復興法【NIRA】[1933]
    - ●農業調整法【AAA】[1933]
    - ●テネシー川流域開発公社【TVA】[1933]
    - ➡**全国産業復興法・農業調整法**が、最高裁判所において**違憲判決** [1935]
  - ◎第2次ニューディール [1935～]
    - ●ワグナー法 [1935]……NIRA の**労働者の権利**の部分を分割立法
      - ➡**産業別組織会議【CIO】**の成立 [1938]……**未熟練労働者中心**の労働組合
  - ◎対外政策
    - ●**善隣外交**……**ラテンアメリカとの友好**に努める　➡**ドル＝ブロック**の形成
      - ▶キューバ独立の承認 [1934]……**プラット条項の廃止**
    - ●対ヨーロッパ政策……伝統的な**孤立主義**への回帰
      - ▶ロンドン世界経済会議 [1933.6] ➡**アメリカは国際協調を拒否**
      - ▶ソ連の承認 [1933]……列強諸国中、最後の承認。ソ連への輸出拡大を狙う
      - ▶中立法 [1935]……**交戦国への武器・軍需品輸出の禁止**。その後、借款も禁止

◀「ドーズ案」によって「相対的安定期」になったけど……

　教科書だとあんまりちゃんと解説されていないけど、まずは**世界恐慌の背景**をきちんと説明していくよ。あとで各国の政策を理解するのに重要だからね。難しいかもしれないけど、頑張ってついてきてね😆。

　まず、第一次世界大戦が終わった時、ヨーロッパは自力で復興できなかったか

ら、1924年のドーズ案でアメリカがヨーロッパの復興を支援する体制ができたよ
ね。ここでドーズ案の内容をもう一度確認😊！　アメリカの民間資本（金融機関）
がドイツに投資して復興を助け、ドイツに賠償金を払わせる。そして、賠償金をも
らった英仏が復興を進めて、アメリカに戦債（借金）を返す。こうして、アメリカ
のお金がヨーロッパ全体を回って経済復興が進む、っていう仕組みだ。

　そして復興の道筋がつくと、イギリスもフランスもドイツも冷静になって、「二
度と世界大戦を起こしちゃいけない」って考えた。だから、1920年代後半には国際
協調が進み、戦間期のうちで一番平和で安定した時代だったから「相対的安定期」
と呼ばれている。ただ、あまりにもアメリカだけに頼り切る体制だから、もしアメ
リカがコケたら……なんか、イヤな予感がするね😥。

◀ 空前の好景気に浮かれていたアメリカでは、すでに不況の予感が……

　そうはいっても、1920年代前半のアメリカは史上空前の好景気！　大戦中に急増
したヨーロッパへの輸出で、工業も農業もやたら儲かった。そりゃそうだよ……
😅。ヨーロッパは工業も農業も崩壊して、アメリカからの輸入でなんとか戦争を
していたんだもん。でも、大戦が終わると戦争での需要がなくなり、実際に大戦直
後から農産物価格が下がって、農業分野ではすでに不況が始まっていたんだ😲！

　じゃあ、工業はどうだろう。大戦直後はヨーロッパの復興が進んでいないから、
アメリカ企業はヨーロッパへの輸出で儲かっていた。復興に必要なものから生活必
需品まで、とにかくなんでもかんでも売れる！　だから、アメリカ企業は生産した
分だけ売れて儲かる😆。つまり「在庫」がないんだよ。だって「在庫」が多いと
赤字になるでしょ。こうして、アメリカ企業は「もっと生産量を増やせば、もっと
儲かる！」って思って、新工場を建てたり、新しい機械を導入したり、設備投資を
増やしたんだけど、世の中そんなにうまくいくもんじゃないよ……😥。

　1926～27年ごろ、ヨーロッパ、特にドイツの工業生産は第一次世界大戦前の水準
まで回復したんだよ。こうなると「なんでもかんでもアメリカから輸入する」って
ことはなくなる。しかも、アメリカの貿易政策が
問題だ！　19世紀後半、後進国だったアメリカは
保護貿易政策をとっていたけど、第一次世界大戦
後に世界一の経済大国になったのに、高関税政策
を続けたんだ。これって「キミのものは買ってあ
げないけど、オレのものは買えよ！」っていうこ
とだ。ワガママだな😅。でもこれで、アメリカ
は自分の首を絞めることになるんだよ😵。

　ヨーロッパ各国は、自国の産業を守るためにア
メリカに対抗して保護貿易をとり、各国の高関税
政策によって世界全体の貿易が縮小したんだ。こ
うなると、当然アメリカの輸出も減る。しかもア

> 世界一のアメリカが保護
> 貿易をやったら、他の国
> は勝てないから保護貿易
> になるのは当たり前だよ
> ……

メリカ企業は、輸出を見込んだ**過剰な設備投資**をしていたから、生産を増やした分がそのまま在庫になるよ……😓。

　こうした「**生産過剰（作り過ぎ）**」で企業の業績が悪化して労働者の給料は伸び悩み、すでに**農業は不況だから（農業恐慌）**、農民は貧困に苦しんでいた。さらに、**設備投資による技術革新（機械化）**で、**失業者が増える**。そして、アメリカ人は「景気が悪いから、ムダ遣いはやめよう！」って思い始めたんだ。しかも、**クレジットでの分割払い**（教科書には「**信用販売／月賦**」って書いてある）が普及して**各家庭での負債**が増えていたから、ますます物を買わなくなる……難しい言葉だと「**購買力の低下**」が起きていたから、企業は販売不振になったんだよ😫。

　こうして1920年代後半には不況の兆候があちこちに現れていたんだけど、アメリカでは不思議なことが起きていたよ。それが「**株価の異常高騰**」だ🤪。

◀ 「株は絶対儲かる！」って神話が生まれ、株式市場は「投資から投機へ」

　だいたい世の中「○○は絶対儲かる」って話は、絶対アヤシイ……😒。投資ってのは、儲かる可能性もあれば、損をするリスクもある！　でも、アメリカでは株神話が生まれていたんだよ。1921年に60ドル程度だった株価は、**大戦後の好景気で**どんどん上がり、それが１年、２年、３年……と続いていたんだ。こうして、あまりにも**株価の上昇が続いた**から、アメリカでは「**株を買えば儲かる**」という神話ができて、みんなが借金してまで株を買い始めた。例えばこんな感じ。手持ちの50万円で株を買って儲かった人が、「100万円借りて株を買えば、２倍儲かるのでは？」と思って借金する。で、実際に２倍儲かると「だったら200万円借りれば……」っていうふうにエスカレートして、どんどん借金をして株を買い漁ったんだ。

　こうして、株式市場に本来ないはずのお金（借金じゃん……🙄）がどんどん流れ込むと、株だって**需要と供給**で価格が決まるものだから、1920年代後半には「**景気が後退してるのに、株価だけが上がる**」という異常な状態になった。難しい言葉だと、株式市場に**投機**の資金（要はギャンブルみたいなボロ儲けを狙ったお金）が流入して株価が異常高騰し、1929年には、ついに株価が380ドルを超えた。6倍以上！　こりゃ、いつ「ドカン」と落ちてもおかしくない😒。

　ていうか、人類は歴史から学んでいないよ🙄。世界恐慌は「**株神話**」だけど、1980年代の日本のバブル経済は「**土地神話**」だし、2008年の**リーマンショック**（世界金融危機）は「**住宅神話**」。最後は全部暴落だ😵。みんなは「○○は絶対儲かる」って神話に踊らされちゃダメだよ。

◀ ウォール街で株価が大暴落！　アメリカの不況は、一気に世界に拡大した

　1929年10月24日、ニューヨーク株式市場（ウォール街）で、株価が大暴落した😵。「**暗黒の木曜日**」と呼ばれるこの暴落のあと、翌週の火曜日にもさらに暴落が起き、これをきっかけに**アメリカの長い不況**が始まったんだ。まず、すでに輸出の減少や国内での売り上げ減少で業績が悪化していた自動車などの**製造業に大きな打**

撃を与え、さらに1930年に入ると「この企業や銀行は潰れちゃうんじゃないか？」という**信用不安**が起きて、バタバタと**銀行が連鎖倒産**する**金融恐慌**になったんだ。なんと、1929～33年の間に倒産した銀行は約9000！　企業の倒産も9万件を超えて、企業の収益も60％も落ち込んだよ。こうしてアメリカでは、**大量の失業者が発生して**（なんと1300万人！）、失業率は25％にもなったんだ。

　こうなると、アメリカ経済に復興を頼るヨーロッパに影響がないはずがない。**アメリカ資本がヨーロッパから引き揚げる**と、**信用不安が拡大**し、ヨーロッパでも銀行や企業がバタバタと倒産して、大不況になった。そして信用不安の拡大から、世界貿易は約40％も縮小した。こうなると、ヨーロッパだけじゃなくアジアにも**不況が拡大**し、文字どおりの**世界恐慌**になったんだ😵。

〈世界恐慌の波及〉

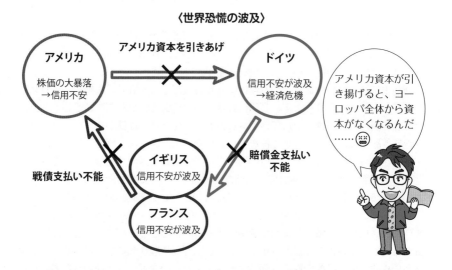

アメリカ
株価の大暴落
→信用不安

アメリカ資本を引きあげ ✕

ドイツ
信用不安が波及
→経済危機

アメリカ資本が引き揚げると、ヨーロッパ全体から資本がなくなるんだ……😵

戦債支払い不能 ✕

イギリス
信用不安が波及

✕ 賠償金支払い不能

フランス
信用不安が波及

◀ 「永遠の繁栄」から一転……恐慌をますます悪化させたフーヴァー大統領

　世界恐慌が起きた時の**アメリカ大統領**は共和党の**フーヴァー**だ。彼は「民間のことは民間でやる」という**自由放任**の原則や、**財政均衡**の原則（税収が減ったら支出を減らす）を捨てきれなかった。さらに、景気対策はあくまでも「**各州の自治**」の範囲と思っていた。まぁ、これまでの共和党政権はずっと自由放任だったもんね。しかも「アメリカだけが回復できればいい！」という**自国中心主義**から、関税を引き上げる**スムート＝ホーリー関税法**を制定したから、対抗した各国が次々と関税を引き上げる結果となり、ますます貿易が縮小して恐慌はさらに悪化した。こうして「自分の国だけでも助かればいい！」っていう**経済ナショナリズム**が高まったんだ。

　そして、1931年になってやっと**ドイツの深刻な経済危機**に気づいたフーヴァーは、ドイツを助けるために、各国間の支払い義務（賠償金や戦債など）を**1年間停止**する**フーヴァー＝モラトリアム**を提案したけど、もはや手遅れだよ😅。すでにヨー

ロッパにも深刻な不況が波及したあとだ。

　こんな状況にもかかわらず、フーヴァーは「繁栄はすぐそこまできている」と言い続けた😓。だって彼は、恐慌が長期化している原因は海外にあると思っていたから、まともな対策を考えられるわけがない。1932年になってやっと、銀行、保険会社などに対する緊急融資（ゆうし）や、各州の公共事業に対する支援をやったけど、もはや国民は「共和党じゃダメだぁ〜😤」って思い始めたよ。

フーヴァーは、恐慌が起こる前は「永遠の繁栄」を謳（うた）い、「貧困（ひんこん）に対して最終的な勝利を得る」って言ってたのにね😓

2 アメリカの恐慌対策 〜ニューディール〜

◀ 民主党のフランクリン＝ローズヴェルトがニューディールを開始！

　1932年の大統領選挙では「ニューディール【新規まき直し】」を公約に掲げて、民主党のフランクリン＝ローズヴェルトが当選したよ。彼はニューヨーク州知事として積極的な失業対策などをやっていたから、期待も大きかったんだ😊。そして、フーヴァーとローズヴェルトの最大の違いは、ローズヴェルトが「恐慌の原因はアメリカ国内にあるから、国内の改革が必要だ！」と認識して、景気回復のためには連邦政府（国家）が積極的に経済に介入（かいにゅう）することが必要だ、と考えたことだ。これが、のちにイギリスの経済学者ケインズが理論化した「修正資本主義」だよ。

　それじゃあ、具体的な政策を見ていこう。ローズヴェルトは就任後の「最初の100日間」で、「3つのR（Relief・Recover・Reform）」を目標に次々と改革を進めたよ。まず、恐慌の原因の1つは「生産過剰」で企業の業績が悪化したことだから、ここを食い止める👊！　さらに、恐慌克服のためには購買力を回復させなきゃダメだ。だって、労働者や農民の収入が下がると、物が売れなくなるから企業の業績が下がり、また給料が下がって……っていうふうに、不況から永遠に抜け出せない。難しい言葉だと「デフレスパイラル」に陥るんだ。

　そこでまず、生産過剰を食い止めるために全国産業復興法【NIRA】をつくった。これは、企業に価格の協定（カルテルだよ）を認め、競争を抑えて価格を引き上げ、企業に利潤（りじゅん）が出るようにした。同時に労働者の団結権や団体交渉権を認めて、労働者の賃金を上げようとしたんだ。さらに農産物の生産を制限する農業調整法【AAA】をつくり、農産物価格を上げようとした。この2つの法律は、単に生産を制限するだけでなくて、労働者や農民の生活を安定させて、購買力を回復させるのも目的だ。そして、テネシー川流域開発公社【TVA】を設立して、大規模な地域開発で仕事を増やして失業者を吸収（きゅうしゅう）し、さらにダム建設（ダムには発電所がある！）で安い電力を供給して電力価格を低下させたんだ。電力料金が下がれば、企業の生産コストが下がるもんね😄。

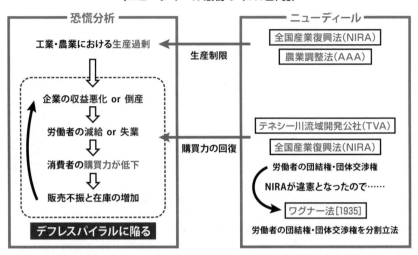

〈ニューディール最初の「100日間」〉

恐慌分析 / ニューディール

全国産業復興法（NIRA）
農業調整法（AAA）

生産制限

工業・農業における生産過剰

企業の収益悪化 or 倒産
⇩
労働者の減給 or 失業
⇩
消費者の購買力が低下
⇩
販売不振と在庫の増加

デフレスパイラルに陥る

テネシー川流域開発公社（TVA）
全国産業復興法（NIRA）
労働者の団結権・団体交渉権
NIRAが違憲となったので……
ワグナー法［1935］
労働者の団結権・団体交渉権を分割立法

購買力の回復

こんなふうに、最初の「100日間」では**失業者の救済**、**生産調整による価格上昇**（**デフレの克服**）、さらに入試レベルじゃないけど、銀行預金の保証や株式市場の監視強化など、再び恐慌が起こらないような対策を進めたよ。そして**ローズヴェルト**はラジオで政策を国民に直接説明して、協力を求めたんだ😀。

ただ、ローズヴェルトの政策もいいことばかりじゃない。1933年に開かれた**ロンドン世界経済会議**では、**金本位制の停止**をめぐって英仏とアメリカが対立し、**アメリカは国際協調を拒否してドルを切り下げ、金本位制を停止**してしまった😵！これに反発して各国の**経済ナショナリズム**がさらに強まったんだよ。

◀ ニューディールへの違憲判決で、ローズヴェルトは大衆向けの政策に転換！

1935年になると、**全国産業復興法【NIRA】**が連邦最高裁判所で**違憲**とされ、翌年には**農業調整法にも違憲判決**が出されたんだ。これは、2つの法律がやろうとしている**生産制限**が、「憲法が保障している**経済活動の自由**に違反してるだろ😤」って、共和党や資本家が反発した結果だよ。これ以後、資本家を敵に回しちゃったローズヴェルトは、**大衆向けの政策に転換**したんだ（**第2次ニューディール**）。

まず1935年には、全国産業復興法から労働者の権利の部分だけ分割して**ワグナー法**を制定し、改めて団結権や団体交渉権を認めると、ローズヴェルトはラジオで「労働者のみなさん、法律はつくったので、あとはみなさんが労働組合をつくって頑張ってください」って、労働者を応援した。てか、大統領は応援しかできない😤。だって、国が労働組合をつくったら社会主義だよ。応援された**不熟練労働者**たちは「こうなりゃ、いっちょオレたちも頑張るかぁ〜🤠」と、新しい労働組合として**産業別組織会議**（最初は産業別労働者組織委員会、略称はどちらも**CIO**）

をつくった。さらに、連邦政府が**失業保険・退職金・老年年金**を支給する**社会保障法**を制定する時には、やはりラジオで「これこそがニューディールの礎（いしずえ）である！」と訴えたんだよ。ちなみにこの時、**医療保険はないから正誤問題では気をつけよう！**　公的な医療保険制度は、1965年までないからね。

資本家の反発で NIRA が違憲になったから、ローズヴェルトは下層労働者を味方につけようとしたんだ😆

　こうした政策によってローズヴェルトは**下層労働者から絶大な支持**を得て、**2 期目の大統領選挙で圧勝**したよ。そして、黒人たちも奴隷解放をしてくれたリンカンの政党（共和党）よりも、下層労働者を経済的に助けてくれた**ローズヴェルトの政党（民主党）**を自分たちの味方と思うようになった。これ以後、現在まで黒人には民主党支持が多いよ。ほら！ 史上初の黒人大統領となったオバマは民主党だよね😝。

◀ 外交では伝統的な孤立主義に回帰。ローズヴェルトの善隣外交（ぜんりん）って？

　1920年代後半、アメリカはヨーロッパの国際協調にかかわってきたけど、**世界恐慌後は再び孤立主義に戻っちゃった**😵。あっ！　アメリカの孤立主義は「モンロー宣言」で示された「**モンロー主義**」だから、**ヨーロッパから孤立する**ってことだよ。

　まず、ラテンアメリカに対してこれまでの「**棍棒外交**（こんぼう）」や「**ドル外交**」をやめて、友好関係を構築する「**善隣外交**」に転換した。これは「合衆国はラテンアメリカ諸国の"善き隣人（りんじん）"ですよ😊」という意味だ。具体的には、**プラット条項を廃止してキューバの独立を承認**し、**パナマやハイチからもアメリカ軍を撤退**させた。まぁ、ホンネの部分では、アメリカが対外輸出の復興を狙って「**南北アメリカが仲良くするかわりに、アメリカ製品を買ってね**」ってことだけど……。もちろん、これまでのアメリカの態度から考えれば「買ったほうが身のためだぞ」って無言の圧力はある😏。こうしてできた**南北アメリカの経済的な一体化はドル＝ブロック**といわれている。さらに、植民地では**10年後のフィリピンの独立**を約束したよ。まぁ、10年後は第二次世界大戦の真っ最中だから、実際に独立したのは戦後だけどね。

　そしてヨーロッパに対しては、**輸出の拡大を狙ってソ連を承認**したけど、国内では孤立主義が高まり、1935年には**イタリアのエチオピア侵略への経済制裁（せいさい）から中立法**が制定されたよ。最初は**交戦国への武器輸出を禁止**するものだったけど、翌年には**借款（しゃっかん）も禁止**されるなど、中立法は徐々に強化されていった。これは、アメリカ人の多くが第一次世界大戦に幻滅して、「ヨーロッパの戦争に巻き込まれるのは二度とゴメンだ😤」と考えていたからだ。あっ！　前回出てきたけど、この中立法があったから、**日中戦争では日本も中国も宣戦布告（せんせんふこく）しなかった**んだよ。

3 英仏の恐慌対策　～ブロック経済の形成～

クローズアップ　イギリスの恐慌対策

- ●第5回選挙法改正で男女普通選挙が実現　➡**労働党が第1党に躍進**
- ●第2次マクドナルド労働党内閣[任1929.6～31]……**成立直後に恐慌に直面**
  - ●失業保険の削減　➡与党（労働党）の信任を失い、**総辞職**
- ●マクドナルド挙国一致内閣 [任1931～35]……**実質的には保守党内閣**
- ●金本位制の停止[1931]……国際収支の悪化で、維持が困難となり停止
- ●ウェストミンスター憲章 [1931] ＝**イギリス帝国議会** [1926] の宣言を法制化
  - ▶「**本国と自治領が平等**」な**イギリス連邦**が正式に発足
- ●イギリス連邦経済会議【オタワ連邦会議】[1932]
  - ▶恐慌克服のため、**スターリング＝ブロック【ポンド＝ブロック】**を採択
  - ▶本国と自治領を**特恵関税制度**などで結びつけ、相互通商協定などを締結

◀ 恐慌に直面したイギリスでは、マクドナルド挙国一致内閣が成立！

　第一次世界大戦ののち、**イギリスはずっと不景気**だった。工業生産ではとっくにアメリカやドイツに抜かれてるし、戦後復興もなかなか進まなかったから、イギリスでは恐慌以前から失業者が100万人を超えていたよ。だから、1928年の**第5回選挙法改正**で21歳以上の**男女普通選挙**が実現すると、1929年の総選挙では**労働党が第1党**になった。こうして6月には**第2次マクドナルド労働党内閣**が成立したけど、秋には**世界恐慌が発生！**　こりゃ、とんでもないことになったね😫。

　とはいえ、イギリスは恐慌による経済の落ち込みはアメリカやドイツに比べれば大きくない……ていうか、最初から景気が悪かったからね😓。恐慌の影響で**国際収支が赤字**になり失業者も250万人になった😵！。でも、貧乏な労働者には強い味方がいる！……はず。だって、この時の首相は**労働党のマクドナルド**だ。人びとは**労働党政権に期待**した。……でも、労働党だろうが保守党だろうが、この世界的な経済危機をなんとかする魔法はない😤。財政危機に直面したマクドナルドは、仕方なく**失業保険を削減**する**緊縮財政**（デフレ政策）をとった。そしたら労働組合が「労働党のくせに労働者に飢え死にしろっていうのかよ😡」とブチ切れたんだ。このため、与党のはずの**労働党もマクドナルドを批判**したから、1931年に**総辞職**に追い込まれた。こりゃ、イギリスは政治まで危機になっちゃった😵。

　この政治危機は、**保守党と一部の自由党員**がマクドナルドと協力して挙国一致内閣をつくることで、なんとか収まった。ただ、**マクドナルドは労働党から除名**され、自由党も分裂しちゃったから、**マクドナルド挙国一致内閣**の主導権は、**実質的**

には保守党が握ったんだけどね。

合否の分かれ目 ▶ **3つのマクドナルド内閣の違い**

● 第1次マクドナルド労働党内閣［1924］……**自由党との連立政権**
　▶ 第4回選挙法改正［1918］ののち、労働党が**議会内第2党**となり成立
　▶ ソ連の承認などをおこなったが、**短期間で崩壊**
● 第2次マクドナルド労働党内閣［1929〜31］……**労働党の単独政権**
　▶ 第5回選挙法改正［1928］ののち、労働党が**議会内第1党**となり成立
　▶ 失業保険の削減で労働党の批判を受け、**総辞職**
● マクドナルド挙国一致内閣［1931〜35］……**実質的には保守党政権**
　▶ **労働党を除名**されたマクドナルドが、**保守党・自由党と組んで**成立

◀ **イギリスが伝統的な自由貿易を捨てて、ブロック経済を採択！**

　マクドナルド挙国一致内閣ができると、イギリスでも本格的な恐慌対策が始まった。まず、金本位制を停止してポンドを切り下げたから（ポンド安）、イギリスの**輸出産業**はなんとか持ちこたえられた。しかし、もっと大きな変化は、**伝統的な自由貿易政策を捨てた**ことだよ。アメリカがスムート＝ホーリー関税法で関税を引き上げたことをきっかけに、イギリスも1932年に**輸入関税法（保護関税法）**を制定してアメリカに対抗したんだ。そして広大な植民地と連携して、**保護貿易**によって恐慌から脱出しよう！って考えたんだ。

　とはいっても、植民地が協力してくれないとどうにもならない……😣。イギリスは、1931年の**ウェストミンスター憲章**で「**本国と自治領が平等**」な**イギリス連邦**を発足させ、「みんなでこの経済危機を乗り切ろう！」って呼びかけた。イギリス本国だけじゃ、もはやムリってことだ……😖。

> イギリスは植民地がいっぱいあるから、ブロック経済でなんとかなる！ じゃあ、植民地がない国はどうしたらいいんだろう？

　こうして1932年、**カナダの首都オタワ**でイギリス連邦経済会議【**オタワ連邦会議**】が開かれ、恐慌克服のために**ブロック経済方式**が採択されたよ。これは、イギリス連邦に関税ブロック（**スターリング＝ブロック【ポンド＝ブロック】**）をつくり、連邦内の貿易にかかる関税は安く、その他の国からの輸入にかかる関税を高くして（これが「**特恵関税制度**」だ）、連邦内の貿易を活発にして恐慌を克服しましょう！ってことだよ。イギリスは**完全に保護貿易に転換**しちゃったね。こんなことしたら、世界の貿易はますます縮小しちゃうよ😖。

第1章 国民国家の形成

第2章 列強の侵略とアジアの変革

第3章 帝国主義と第一次世界大戦

第4章 戦間期と第二次世界大戦

第5章 戦後の世界

◀ イギリスのあとを追うように、フランスもブロック経済を形成！

　もともと農業国だった**フランス**は、恐慌の影響を受けるのがほかの国よりも遅かったし、しかもアメリカに次いで**世界２位の金準備**があったから、**金本位制を維持**できた。そこでフランスは、イギリスのつくったブロック経済をパクって、金本位制を維持する**ベルギー**や**オランダ**とともに**フラン＝ブロック**（別名を"金＝ブロック"ともいうよ）をつくったよ。ただ、**各国が金本位制を停止して通貨を切り下げ**ると（イギリスのポンド切り下げや、アメリカのドル切り下げ）、フランスからの**輸出が激減**して、深刻な不況になってしまったんだ😫。

　経済が落ち込んだことで、国内では**右翼勢力の活動**が活発になり、さらにドイツで**ナチ党政権が誕生**すると、フランスでも「軍備を拡大してドイツを潰せ！」というような過激な主張が現れ、ナチ党と同じようなファシズム団体ができたんだよ。

　危機感を持った左派の**社会党**と**共産党**は協力して右翼と戦うことを決めたよ。最初は「社会党なんていう中途半端な連中と組むのは許さん！」と言っていたソ連のスターリンも、ファシズム勢力が力を強めるなかで方針を転換し、1935年の**コミンテルン第７回大会**では反ファシズムを結集する**人民戦線**（反ファシズム統一戦線）戦術が採択されたんだ。こうして、**社会党**、**共産党**、**急進社会党**（社会主義じゃなかったよね）が協力して選挙で勝利し、1936年には**ブルム**を首相とする**人民戦線内閣**が成立したよ。人民戦線内閣では、労働時間の短縮や有給休暇制など、**労働条件の改善**などがおこなわれたんだけど、**スペイン内戦への対応**から政権内部での対立が深まり、崩壊してしまったんだ。

4 ▶ 世界恐慌後のドイツ　〜ナチス＝ドイツ体制の成立〜

◀ 世界恐慌以前のナチ党は、単なる弱小政党だったのに……

　じゃあ、ドイツに進むよ。ドイツでは世界恐慌の後に**ナチス＝ドイツ体制**ができるんだけど、まずはナチ党の成立から順に見ていこう。

　最初、ミュンヘンの小さな右翼団体だった**ドイツ労働者党**は、1920年に**国民社会主義ドイツ労働者党**（通称というか蔑称が**ナチ党**、党員や関連するメンバーが**ナチス**だよ）と改称し、1921年には演説のうまさでのし上がった**ヒトラー**が党首になった。ナチ党は議会を基盤とする政党というより、どっちかといえば、ヒトラー個人の周りに集まった人たちがつくった政治団体だから、「**ナチ党の主張＝ヒトラーの主張**」だ。じゃあ、何を主張していたんだろう？　ヒトラーって、ナチ党ができてから独裁者になるまで、言ってることはたいして変わらないんだ。

クローズアップ　世界恐慌からヒトラーの独裁確立まで

- ●世界恐慌とナチ党の台頭
  - ●世界恐慌の発生［1929］➡**失業者の激増、工業生産の激減**
  - ●政局の混乱……ヒンデンブルク**大統領**による**少数派内閣**の任命
    - ▶1930年選挙……**ナチ党が第2党**となる（107議席）。共産党は77議席
  - ●恐慌の悪化
    - ▶ローザンヌ会議［1932］に向けた徹底的な**デフレ政策**
      - ➡デフレ政策で恐慌がさらに悪化し、ナチ党と共産党が台頭
      - ➡共産党の台頭を嫌う**保守派**や中間層が、**反共を唱えるナチ党を支持**
- ●ナチス＝ドイツ体制の成立
  - ●1932年選挙……**ナチ党と共産党が躍進**
    - ▶**ナチ党が第1党**となるが、共産党の躍進で**大資本家がナチ党支持に転換**
  - ●ヒトラー内閣成立［1933.1］＝ドイツ第三帝国の成立
    - ▶ヒンデンブルク**大統領**が任命。ただし、当初は軍部や大資本家との連合政権
      - ➡ヒトラーは直ちに**議会を解散。共産党を弾圧**して、独裁確立を目指した
    - ▶国会議事堂放火事件［1933］を口実に、**共産党を非合法化**
      - ➡総選挙で、**ナチ党が圧勝**
  - ●全権委任法【授権法】［1933］➡他の政党を活動禁止とし、一党独裁を完成
  - ●ヒトラーが総統【フューラー】に就任［1934.8］
    - ▶**ヒンデンブルク大統領の死後、ヒトラーは大統領権限も兼任し、独裁権を確立**

　ヒトラーはまず「ヴェルサイユ体制の打破」を掲げて、ヴェルサイユ条約の破棄と再軍備、オーストリアとの合併による**大ドイツ国家**の建設を主張した。さらに反ユダヤ主義（ユダヤ人の根絶）とドイツ民族の優越、そして反共産主義（反共）を掲げていた。反ユダヤ主義と反共産主義っていうのは、セットで考えることもできる。だって、**マルクスはユダヤ人**だから、ヒトラーに言わせりゃ「共産主義はユダヤ人の陰謀」だよ。そして、共和国政権を潰すための武装集団として**突撃隊【SA】**や**親衛隊【SS】**をつくった。右翼団体が軍隊持ってるのって危ないよね😌。
　そして1923年、**ルール占領**と**インフレーション**による混乱を見たヒトラーは、保守派による軍部クーデタのきっかけをつくろうと、**ミュンヘン一揆**を起こした。しかし、期待していた軍部のクーデタは起こらず、**ヒトラーは逮捕・投獄**されたんだ。ただ、保守的なドイツの司法に特別扱いを受けたヒトラーは、獄中では『**わが闘争**』を口述筆記したよ。内容はこれまでの主張をまとめただけだから、目新しいことは何もないけど、この時ヒトラーは今後の作戦を考え直した。これまでは武装クーデタで政権を潰そうとしてきたけど、武装蜂起だと国軍の大半が味方にならな

いと成功しない。だったら選挙で「合法的」に政権を奪おう！って決めたんだよ。

　こうしてヒトラーは、選挙での勢力拡大を目指して全国に組織を広げ、現状に不満を持つ勢力を吸収しようとした。かといって、いきなり大勢力になったわけじゃない。だって、うさん臭い右翼（うよく）団体じゃん😔。しかも、**ドーズ案によるアメリカ資本の流入でドイツ経済が復興（ふっこう）してくる**と、現状に不満を持ってる人が減るから、**ナチ党の勢力も後退し始めた**はずだったんだけど……。世界恐慌のあと、状況が大きく変わってしまうんだよ🤯。

◀ 世界恐慌の影響で失業者が激増！　社会不安の増大から政局が混乱

　アメリカ資本によって復興を進めていた**ドイツ**は、恐慌の影響が一番ひどかった。1930年には工業生産が約7割も減り、失業者も300万人を超えて、失業保険の支払いが追いつかなくなった。人びとは全く先の見えない不安感に襲われていたんだ😖。こうして**社会民主党政権が崩壊**したんだけど、**ヒンデンブルク大統領**は社会民主党を嫌って、少数派（中央党）のブリューニングを首相にした。そして、議会で多数派になることを狙って議会を解散し、**1930年に総選挙**がおこなわれたんだけど、この政局の混乱がナチ党を押し上げる結果になってしまったんだ。

　ヒトラーは、「現在の政権は無責任である！　私の個人独裁（どくさい）によって、責任を持ってドイツを復活させる🙋」と主張して支持を集め、**ナチ党は107議席を獲得して議会内第2党**まで躍進したよ。一方で「恐慌の克服は、ソ連の方法（五カ年計画、つまり社会主義だ）しかない！」と主張する共産党も77議席を獲得して躍進した。どちらにせよ、議会内では**共和国を否定する勢力が強く**なったから、ブリューニング政権は**大統領緊急令**に頼って政治をするしかなかったんだ（**大統領内閣**）。

　ブリューニングは協調外交をやめてヴェルサイユ体制の修正を目指し、ドイツの財政が破綻（はたん）寸前であることを示して、賠償金の廃止を各国に認めさせようとした。このため**失業保険の削減や公務員給与の引き下げ**など、徹底的に支出を減らすデフレ政策をとったから、各国はドイツの状況を認めて、**ローザンヌ会議**ではドイツの賠償金が大幅に減額されたんだ（30億金マルクになった）。でも、この**デフレ政策**でドイツ国内ではますます**恐慌が悪化**！1932年にはついに**失業者が600万人**になってしまったから、ドイツ国民の不満は高まる一方だよ。「もはや、今の政府にはなんの希望もない！」と思った人びとは、徹底的に現状を批判する**ナチ党や共産党を支持**したんだね。

共産党の台頭が、ナチ党が躍進した要因だよ！「革命が起きたら大変だ！」って焦ったんだね😅

共産党の躍進を恐れる保守派がナチ党を支持。ついにヒトラー政権成立！

こうなると、保守派や軍部、さらに中間層（比較的豊かな労働者など）は「これ以上共産党の力が強まったら、革命が起きるのでは🫨」と焦ったんだ。「共産党を潰してくれそうなのは誰だ？」と考えた時に、徹底的な反共産主義を主張していたのがナチ党、というかヒトラーだったから、ヒトラーへの支持が集まってしまった。1932年の大統領選挙で敗れたけど、ヒトラーはヒンデンブルク大統領の一番有力な対抗馬になって存在感を見せつけた。そして、1932年の国会選挙では、ついにナチ党が議会内第1党になったんだ。11月の選挙でナチ党は少し議席を減らす（7月230議席→11月196議席）一方で、保守派、特にユンカー（彼らの政党が国家人民党だ）や大資本家を驚かせたのは共産党の躍進だ（7月89議席→11月100議席）。「共産党を抑え込むには、大衆の支持を得ているヒトラーと組むしかない」と考えたユンカーや大資本家はヒトラーを支持し、ヒンデンブルク大統領に圧力をかけた。ヒトラーを首相にしたくなかったヒンデンブルクは、相変わらず少数派内閣を任命したんだけど（パーペン内閣→シュライヒャー内閣）、大衆の支持が全く得られないまま圧力に屈し、議会内第1党の党首であるヒトラーを首相に任命するしかなくなった😫。

こうして1933年、ヒトラー内閣が成立したんだけど、実際は軍部や大資本家の支援でできた連合政権だったから、ナチ党から内閣に入ったのはわずか3人だった。保守派の連中はヒトラーを「飼いならして」、自分たちの思い通りに動かせると思っていたんだけど、それが甘かったんだよ。それから、ヒトラーが政権に就いてからを「ナチス＝ドイツ」と呼ぶこともあるからね。

次々と反対派を倒し、あっという間にヒトラーが独裁権を確立！

首相に就任した直後、ヒトラーはラジオを通じて2時間を超える演説をおこない、ヴェルサイユ体制やこれまでの政権への批判を繰り広げた。さらに「ドイツ国民の未来は、ドイツ国民のうちにある👊」とドイツ人のプライドに訴えて支持を呼びかけると、政権獲得の2日後には保守派の反対を押し切って議会を解散したんだ。これは左翼勢力、特に共産党を潰してナチ党単独で過半数を取ろう！っていう企みだ。そして、選挙戦の終盤に国会議事堂放火事件が起きて、オランダの元共産党員だったルッベが逮捕されると、ヒトラーはこれを「共産党の仕業である」と断定したよ。この事件はナチスの自作自演との説もあるけど、真相はよくわかんない……😑。ただ、どっちにしてもこの事件をきっかけに、ヒトラーは憲法の基本的人権停止を決めて、共産党員を次々と拘束し弾圧したんだよ😤。

こうして実施された総選挙で、ナチ党は288議席を獲得して勝利したものの、単独で過半数を取れなかった（約45％）。この時、保守派の国家人民党と合わせてなんとか過半数になった程度なんだよ。実は左派勢力は全然弱くなっていない。これほどの弾圧にもかかわらず、共産党は81議席を獲得していたし、社会民主党も1932年の選挙とほぼ同じ120議席だったからね。選挙で左派を潰せなかったヒトラー

は、議会を無力にするために、非合法にした共産党の議席を剝奪し、さらに右派の国家人民党と中道路線をとる中央党を引き込んで**全議席の3分の2を確保**すると、**全権委任法【授権法】**を成立させた。この法律は、以後4年間、**ヒトラー政権に立法権を委ねる**というもので、憲法違反の内容が含まれてもいい、というとんでもない内容だよ。これで、ヒトラーは好き勝手な法律を、いつでもつくれるようになったんだ。

全権委任法の成立で、もはや議会は何もできなくなったから、「国会の自殺」っていわれたんだ😫

　こうなると、ヒトラーを止められるものはない。ナチ党以外の**他の政党を活動禁止**として**一党独裁**を完成させると、すべての**労働組合を解散**してナチス主導のドイツ労働戦線に強制的に統合した。さらに、州の自治権を廃止して連邦制から**中央集権国家に移行**すると、**ナチ党内部での粛清**も始まった。突撃隊の権限強化を主張していたレームや、帝政復活を狙っていた反ナチスの保守派を暗殺して（レーム事件）、軍と親衛隊を強化して権力をヒトラーに集中させた。そして、**ヒンデンブルク大統領の死後**、ヒトラーは大統領権限も自分のものにして「**第三帝国**」の総統【**フューラー**】に就任し、国家元首（大統領）、首相、最高軍司令官、党首の全権を握ったんだ。

◀ ヒトラー政権は失業問題を解決！ とはいっても、大半は軍需産業だよ……

　じゃあ、ヒトラー独裁下のドイツ国内の状況について見ていこう。ヒトラー政権の政策をつくっていたのは、ナチ党の№2だった**ゲーリング**だ。ゲーリングはまず、**ゲシュタポ【国家秘密警察】**をつくって国内で**ナチスに反対する連中を次々と抹殺**した。この恐怖政治はゲシュタポと親衛隊を中心におこなわれたから、指揮をしたのは親衛隊の中心**ヒムラー**だ。あっ、ヒムラーはヒトラーの誤植じゃないよ😆。

　そしてヒトラーは、**恐慌を克服**するための経済政策として、失業者を減らすために、大々的な**公共事業と軍備拡大**をおこなったんだ。でも、この時にやったことは、すでに**ヒトラーが政権に就く前から計画されていた**ものもある。例えば、**アウトバーン**（高速道路）建設は、すでに工事が始まっていたものを、ヒトラーが自分の手柄のように大々的に宣伝したものだ。そして1936年から「**四力年計画**」が始まったよ。なんかソ連の五カ年計画のパクりっぽいけど、「ロシア人だと5年かかるのを、ドイツ人は優秀だから4年で終わる」ってことなんだろうね。ここで**最優先されたのが軍備拡大**！ 例えば、輸入に頼っているゴム、石油、繊維などを国内でとれる石炭から合成して自給する計画（**アウタルキー**）なんてのもあったんだけど、これも軍備拡大に必要な資源の確保に困ったヒトラーが、なんとか自給を目指したものだ。

　このように**軍需産業と公共事業に失業者を吸収**した結果、ドイツの失業者は600万人から、なんと50万人にまで減少したんだよ。これで、ほぼ失業問題は解決し

た、っていってもいい。だから、ナチスを批判しようとすると「あなたは恐慌の時にどんな生活をしていましたか？　今、こうして普通の生活ができるのはヒトラーのおかげですよ」と言われるの……😓。この時点で、**完全に恐慌を克服したのはドイツだけ**だったからね。そして、このドイツの経済的繁栄を世界に示したのが、1936年の**ベルリン＝オリンピック**だよ。おそらく、史上初めて全面的に政治利用されたオリンピックだ。そして1937年には、ついに完全雇用状態を達成して、一部では**労働力が不足**するようになっていた。この労働力不足が、**ナチス＝ドイツが対外侵略する動機**の１つになったんだよ。

＋α ちょっと寄り耳♪

　入試のためとはいえ、毎年授業をしていくなかで必ず話をしているのが、ヒトラーのユダヤ人根絶、いわゆる「ホロコースト」なんだ。歴史上、これほどまでに組織的に、かつ冷静な計算に基づいて、特定の民族の根絶を目指したものはない。というのも、ナチスのユダヤ人虐殺では、アウシュヴィッツなどの強制収容所で「処理できる人数」だけユダヤ人を計画的にゲットーから移動した。強制収容所に運び込まれた人は、「働けないもの＝即刻虐殺」「働ける者＝生かしておく」とふるいにかけられ、働けないとされた老人・女性・子どもなどは、シャワー室の形につくられたガス室で青酸ガス（チクロンB）で殺され、生き残った者も強制労働や人体実験などさまざまな拷問を受けたんだ。ガス室で大量殺害している時には、収容所中に断末魔の叫び声が響き、そこで何がおこなわれているか、すぐにわかったそうだよ。しかし、収容所内のユダヤ人にはどうすることもできず、虐殺後の遺体はユダヤ人が運びだして焼いたんだ。さらに、生きている人から臓器を取るなどの人体実験もおこなわれ、特に、双子の人の多くがその犠牲になったという。結局、第二次世界大戦期を通じて、少なく見ても600万人ものユダヤ人、ユダヤ人以外を合わせると800万人以上が、強制収容所で虐殺された。

　とても、これだけのスペースでみんなに伝えるのは難しいので、もし覚えていたら大学に入ったあとでいいので、自らユダヤ人として収容所に囚われ、奇跡的に生還した心理学者フランクル教授の『夜と霧』という本を読んでみてほしい。僕自身、大学１年で読んだ時の衝撃は、これまで読んだどの本よりも強いものだったよ。そして、これを実行したナチス政権が、最初は選挙で「第1党」になってできたという事実……。みんなも、もう参政権を手にする年齢だよね。平時であれば冷静な判断もできるかもしれない。でも、もし恐慌のような極限状況になった時には、こうした人間としてあるまじき政権をつくる危険もあるんだよ。成人して選挙権を得るということは、そういう責任も持つということなんだ。自分が得た権利の重さと大切さを考えて、自分の良心に照らして選挙で投票してもらえたら、僕がこうして歴史を語った意味もあったんだろうと思っています。

◀ ドイツ人の「民族共同体」をつくるため、組織的にユダヤ人を迫害した

　ヒトラーは「ドイツ民族の優越」を主張していたから、そのドイツ人の民族共同体に合わない人間は排除するという政策をとった。このなかで、排除されるべき人間として標的になったのが**ユダヤ人**だよ。1935年に制定された**ニュルンベルク法**では、**ユダヤ人の公職追放、企業経営の禁止、財産没収、そしてドイツ人との通婚禁止**などが定められた。この場合の「ユダヤ人」とは祖父母4人のうち3人が「ユダヤ人」の人のことだ（「ドイツ人」と「ユダヤ人」の中間に「混血者」という規定もあった）。ただ、**ユダヤ人っていうのは本来「ユダヤ教徒」のことだ**から、はっきり言えば血の問題は関係ない。でもナチスにとって、そんなことはどうでもいい。ユダヤ人を劣等国民としてドイツ人の「民族共同体」から排除するのが目的だからね。だから、ユダヤ人以外にも**ロマ**（シンティ・ロマ、蔑称が「ジプシー」）なども「異分子」として迫害の対象になったんだ。

　そして、パリのドイツ大使館員がユダヤ人青年に殺害された事件の報復として、ナチスが全国に集団的迫害（「ポグロム」）を指示すると、突撃隊を中心に**ユダヤ人商店の破壊・放火、ユダヤ人の襲撃と大量拘束**（なんと2万人以上！）がおこなわれたんだ。この「**水晶の夜【クリスタルナハト】**」事件をきっかけに、ユダヤ人迫害はエスカレートしていった。ユダヤ人は**ゲットー**（特定のユダヤ人居住地区）に**強制移住**させられ、持っていた不動産は強制的に売却された。これが、大戦勃発後にドイツがヨーロッパを制圧するとヨーロッパ全体でおこなわれ、**アウシュヴィッツ**などの強制収容所で大量虐殺がおこなわれる布石となった。そして、**ユダヤ系**、あるいはユダヤ系ではなくても**反ナチス的**とされた知識人たちは、**海外へと亡命**するしかなかった。この時に亡命した人には、ユダヤ人物理学者**アインシュタイン**やドイツ人作家**トーマス＝マン**などがいるね。こうした迫害は、第二次世界大戦中になると、**ユダヤ民族の根絶**を目指す計画的虐殺（「**ホロコースト**」）となったんだ。

　今回はこれでおしまい。最後に年号 check しよう！

‼ 年号のツボ

- ●**世界恐慌** [1929]（**引くにも苦しい**　世界恐慌）
- ●**フーヴァー＝モラトリアム** [1931]（賠償・戦債　**1年救済**）
- ●**オタワ連邦会議** [1932]（**いちもくさんに**　ブロック経済）
- ●**ニューディールの開始** [1933]（**戦さ見ないで**　ダム造る）
- ●**ヒトラー政権の成立** [1933]（これから**独裁**　**第三帝国**）

　次回は**第二次世界大戦に突入**！　ヒトラーの野望がどんどん大きくなるのに、周りの国は何をしてたんだろう……😓。近現代史も大詰めだよ🖋。

第19回

第二次世界大戦

それじゃあ、いよいよ第二次世界大戦だよ。ドイツではヒトラー政権が次々と侵略を進めていくんだけど、ほかの国はいったい何をしていたんだろう？そして、人類史上最大の戦争となった第二次世界大戦に突入すると、世界はどうなってしまうんだろう？

● 大きくつかもう！ ●

前半でヒトラーの侵略と各国の対応を、後半では第二次世界大戦を見ていくよ！

| 1 | ドイツの侵略と第二次世界大戦の勃発 | 344～352ページ |

| 2 | 第二次世界大戦 | 352～361ページ |

　1933年にヒトラー政権が成立すると、ドイツはどんどん軍備を拡大して、ついに侵略を開始するよ。これに対し各国の足並みは必ずしも揃っていたわけじゃない。特に、英仏の宥和政策とアメリカの孤立主義が、ヒトラーの侵略をさらに激化させたとも考えられる。そして、第二次世界大戦を止めるチャンスは、実は何度もあったはずなのに、世界は未曾有の大戦に突入してしまうんだ。第二次世界大戦を経て、世界はどんなふうに変わっていくんだろう？

　それじゃあ、第二次世界大戦の始まり〜。

1 ドイツの侵略と第二次世界大戦の勃発

クローズアップ　ヒトラーの軍事行動とドイツの領土拡大

- **ザール編入** [1935]……住民投票で91%の圧倒的な支持を得て、ドイツ領に復帰
- **再軍備宣言** [1935.3]……徴兵制の復活、空軍の保有などを国際的に公言
  - ➡ **仏ソ相互援助条約** [1935.5]……仏・ソ連・チェコが反ドイツで連携
    - ▶ **英独海軍協定** [1935.6]……イギリスはドイツの再軍備を容認
- **ラインラント進駐** [1936.3]……ロカルノ条約の破棄。非武装地帯にドイツ軍を配備
- **スペイン内戦** [1936〜39]……「**ファシズム vs. 反ファシズム**」となる
  - **アサーニャ人民戦線内閣の成立** [1936.2]
    - ➡反共和派の軍人：フランコがモロッコで反乱……軍部・地主・教会が支持
  - **各国の対応**
    - ▶ **独（ヒトラー）・伊（ムッソリーニ）がフランコ側を支援**して参戦
      - ➡ゲルニカ爆撃……ピカソは怒りを込めて「ゲルニカ」を創作
    - ▶ **ソ連は人民戦線政府を支援**、国際義勇軍への参加を呼びかけた
    - ▶ **英仏は不干渉政策**
  - **内戦の終結**……マドリード陥落で**フランコが勝利** [1939.3]
- **日独伊の接近＝三国枢軸**
  - ▶ **ベルリン＝ローマ枢軸** [1936]……スペイン内戦を機に独・伊が接近
  - ▶ **日独防共協定** [1936.11]……満洲事変後に孤立した日本と「反ソ連」で連携
    - ➡ **日独伊三国防共協定** [1937.11]……名目上は「**反ソ連・反共産主義**」
- **ドイツ人居住地への侵略**……東方への生存圏拡大の計画を表明 [1937.11]
  - **オーストリア併合** [1938.3]……「**大ドイツ共和国**」を実現
  - **チェコスロヴァキア**のズデーテン地方の割譲要求 [1938.9]
    - ▶ **イギリス首相ネヴィル＝チェンバレン**は、**ドイツとの戦争回避**を画策
    - ➡ **ミュンヘン会談** [1938.9]……英仏は、ドイツの要求をほぼ全面的に認める
- **ドイツ人居住地以外の東欧への侵略**
  - **チェコスロヴァキア解体** [1939.3]……チェコ(ベーメン・メーレン)を保護領、スロヴァキアを保護国とした
  - **ポーランド回廊**の通過権要求、**ダンツィヒの返還（併合）**要求 [1939.3〜]
- **独ソの接近と第二次世界大戦の勃発**
  - **独ソ不可侵条約** [1939.8.23]……独の**ヒトラー**とソ連の**スターリン**が突如締結
    - ▶同時に、**ポーランドと東欧での勢力範囲**を決定
      - ➡ドイツ軍のポーランド侵攻 [1939.9]＝第二次世界大戦勃発

◀ ヒトラー政権が成立すると、まずは軍部の要請で国際連盟を脱退！

　ヒトラー政権の成立直後には、軍部や保守派がそれなりに力を持っていたから、初期の外交には**軍部の意見も影響**しているよ。ドイツの軍部はずっと「ドイツだけがヴェルサイユ条約で軍備制限されてるのはおかしい😡」って主張してたから、ヒトラーは1933年10月に軍事平等権を認めない**国際連盟を脱退**したんだ。すでに日本が国際連盟を脱退しているから、「その手があったか！」って思ったんだろうね。さらに、賠償金支払いも一方的に破棄した。でも、初期の外交ではこれ以外に目立った行動はしないよ。まずは「国内での権力を固めるのが先」だ。

　ただ、これでも**フランスには衝撃**だった。入試レベルじゃないけど、ヒトラーはフランスの反発を予想して、ポーランドとの友好関係を強めたんだもん。ドイツが最初に攻め込むとしたら隣のフランスかポーランドでしょ😱。そこで**フランスはソ連に接近**、イギリスも説得して**ソ連を国際連盟に加盟**させた。ここは「ドイツと入れ替えにソ連が国際連盟に入った」っておさえておこう！

◀ ヴェルサイユ条約を一方的に破棄して、軍備拡大を公言！

　1934年にヒンデンブルク大統領が亡くなると、ヒトラーは総統【フューラー】に就任したよね。そして、1935年にはいよいよ具体的な行動を始めるよ。まずは**ザールの編入**だ。ザール地方は炭鉱地帯で、ここで採れた石炭はフランスへの賠償になってたんだけど、ヴェルサイユ条約で15年間国際連盟（というかフランス）が管理することになり、その後住民投票でドイツかフランスに帰属を決めることになってたんだ。ヒトラーは、ザール編入が各国の反発を招かないように、住民投票をやるまでは目立たないようにしていて、結果は9割以上が「ドイツのほうがいい😊」って投票した。だって、**ドイツのほうが失業対策が進んでいた**からね。

　こうして、まんまとザールを手に入れたヒトラーは、同じ年に**徴兵制（義務兵役制）の復活**を宣言した（**再軍備宣言**）。さらに、**空軍の保有**を明らかにすると、国防軍を50万人まで増やすって公言した。これは軍備制限を定めた**ヴェルサイユ条約への挑戦**だよ😤。これに対し、**イギリス・フランス・イタリア**の3国は共同でドイツを批判した（**ストレーザ戦線**）。でも、この3国は考えてることがバラバラだよ……😓。だいたいイタリアはムッソリーニ政権でしょ😱。当時、イタリアはオーストリアをめぐってドイツと揉めてたから一応批判したけど、ファシズムって意味では似た者同士だから、たいして本気じゃない😏。一番焦ってたのはフランスだ！

再軍備宣言への対応の時点で、すでにイギリスは宥和政策を始めるんだよ😓

　フランスは仏ソ相互援助条約、さらに**フランスとチェコ、ソ連とチェコも相互援助条約**を結んで、**ソ連・チェコスロヴァキアとともにドイツを挟み撃ち**にする体制

第1章　国民国家の形成

第2章　列強の侵略とアジアの変革

第3章　帝国主義と第一次世界大戦

第4章　戦間期と第二次世界大戦

第5章　戦後の世界

をつくったよ。一方、ソ連のスターリンもコミンテルン第7回大会で、反ファシズム勢力を結集する人民戦線戦術を採択したよね。ヒトラーは「共産党もソ連も全部潰す😡」って言ってたから、ソ連も黙って見てるわけにはいかないよ。これにイギリスが加われば、ヒトラーの暴走は止められただろうね。

でもイギリスの動きは逆だよ😅。イギリスは「戦争だけは回避したい」って思っていたから、ドイツとの関係を悪化させないことばかり考えていた。しかもヒトラーは「ソ連を潰す！」って言ってるから、攻めるならソ連だろう……。こう考えたイギリスのボールドウィン内閣は、「イギリスの35%までドイツの海軍力を認めよ！」というヒトラーの要求を認める英独海軍協定を結んだ。これって、イギリス自身がヴェルサイユ条約を無視したってことだよね。こんなふうに、ドイツの反共反ソの主張に期待して、戦争回避のためにドイツの無法行為や侵略行為を黙認する外交が宥和政策だ。しかもイギリスは、「ヒトラーが自分から要求して結んだ条約なら守るだろ」って期待していたんだけど、これが甘かった😭。以後、英仏がダラダラと宥和政策を続けてる間に、ヒトラーが侵略を進めるんだもん。

そして、同じ年の10月にイタリアのムッソリーニがエチオピア侵略をおこなうと、英仏はこれを激しく批判！　ストレーザ戦線は崩壊しちゃった。そしてイタリアの侵略に全世界が注目しているのにつけこんで、ヒトラーは次の行動を起こしたんだ。

〈ヒトラーの侵略〉

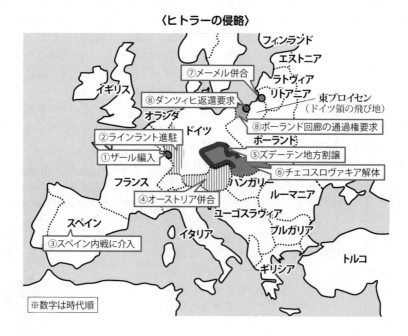

※数字は時代順

◀ 賭けに出たヒトラーは、ラインラントにドイツ軍を配備！

1936年に入り、ヒトラーは大きな賭けに出た。それが、**ヴェルサイユ条約**や**ロカルノ条約**で**非武装地帯**とされていた**ラインラント**へのドイツ軍の配備、いわゆる**ラインラント進駐**だ。なんで賭けかって？　そりゃ、当時のドイツ軍はまだ戦車も持っていないから、フランス軍が本気出したら絶対負けるからね。でもヒトラーは「フランスに戦争をする覚悟はないだろうし、ドイツ領内だからイギリスは動かないだろう……」と考え、「**仏ソ相互援助条約は、現状維持を決めたロカルノ条約に違反している😡**」と主張して、ラインラントに軍を進駐させたんだ。

> フランス軍が動いたら、ヒトラーは軍を撤退させてたよ。ヒトラーの暴走を止めるチャンスを逃したんだ！

結果は……ヒトラーが賭けに勝った😫。この時、単独でも戦えるはずのフランスは軍を動かさず、イギリスもラインラントのために戦争する気はなかった。結局、**英仏がドイツのラインラント進駐を黙認したから、ヒトラーは宥和政策を見抜き、急速に軍備拡大を進める**んだ。

◀ ファシズムvs.反ファシズム。スペイン内戦は第二次世界大戦の前哨戦だ！

ラインラント進駐と同じ年に起きた**スペイン内戦**は、第二次世界大戦前の国際関係に大きな影響を与えたよ。まずは**内戦前のスペインの状況**を話しておこう。

スペインでは、第一次世界大戦中から下層労働者のデモやストライキが激化し、さらに植民地のモロッコでも民族運動が起きて、国内が大混乱！　そして1923年には**プリモ゠デ゠リベラ将軍**がクーデタで**独裁者**となり、むりやり混乱を抑え込んだ。でもだんだんと独裁に反対する運動が激しくなって、1931年にプリモ将軍は辞任に追い込まれ、国王アルフォンソ13世（ブルボン家）も亡命して**スペインは共和国になった（スペイン革命）**。でも、共和国が進めようとした改革に地主や軍部、教会などの保守派が反発し、**右派と左派が対立**した。そして、**アサーニャ**を大統領とする**人民戦線内閣**が成立すると、対立は頂点に達したんだ。

1936年7月、人民戦線政府に対して、**フランコ将軍**が指揮するモロッコの陸軍将校団が反乱を起こすと、スペイン本土の陸軍も挙兵して**スペイン内戦**が勃発した。この時、**人民戦線政府はフランスに援助を頼んだ**よ。ほら！　フランスもブルムの**人民戦線内閣**だもんね。でも、フランスでも右派と左派の対立から政局が混乱して支援できず、イギリスも「あくまで"スペイン"の国内問題だから、国際対立にはしない」と言って介入しなかった。そして、イギリスの主導で**スペイン内戦不干渉委員会**が設置されると、英仏、ドイツやイタリア、さらにソ連も参加したんだ。

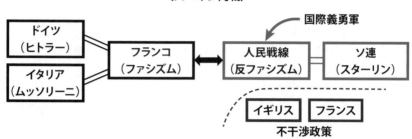

〈スペイン内戦〉

でも、**ヒトラーやムッソリーニ**は堂々とフランコを支援し、これをきっかけに仲良くなっちゃった😵。また、**ポルトガル**の独裁者**サラザール**もフランコを支援した。「不干渉だ！」って言ってるのに、フランコを助ける国はどんどん出てくるね。さらに**ヒトラーは**、スペイン内戦を開発中の**新兵器の実験場**として使ったんだ。例えば、バスク地方の小都市**ゲルニカ**への爆撃は、都市への空爆を試すためにおこなわれたものだ。これに激怒したスペイン人画家の**ピカソ**は、有名な「ゲルニカ」を描き、のちに「ナチスを倒したい！」と思って**フランス共産党**に入ったよ。

　独伊がフランコを支援してるのに英仏両国は**不干渉（非介入）政策**を続けた。ソ連だけが人民戦線政府を支援し、さらにコミンテルンを通じて**国際義勇軍【国際旅団】**への参加を呼びかけると、**ヘミングウェー**（米）、**マルロー**（仏）、**オーウェル**（英）などの知識人が数多く義勇軍に参加したよ。これは、コミンテルンが「**反ファシズム勢力を結集しよう！**」って言ってたからだ。こんなふうにスペイン内戦は、「**ファシズム（フランコ）vs. 反ファシズム（人民戦線）**」の対立になったから、「**第二次世界大戦の前哨戦**」ともいわれるよ。ただ、ソ連が支援したことで、英仏では「共産勢力だったら助けなくていいだろ😑」という世論が起きちゃった。

　最終的には、1939年にファシズム色を強めた**フランコ**が勝利し、彼を党首とする**ファランヘ党**の一党独裁体制がつくられた。そして、スペインは**第二次世界大戦**で中立を保ったから戦後もファシズム体制が残り、**フランコが亡くなる1975年**までファシズム体制が続くんだよ😂。

◀ 国際的に孤立したドイツ、イタリア、そして日本が接近！

　イタリアのエチオピア侵略に対し、国際連盟は**経済制裁**を始めた。また、**アメリカ**は「ヨーロッパで戦争が起きても助けてやんないからな😑」と孤立主義を強め、1935年には**中立法**を制定してイタリアへの戦略物資の輸出をストップした。各国の制裁で行き詰ったイタリアは、スペイン内戦への参戦で英仏との関係修復も不可能になったから、残された道はドイツとの連携しかない😵。こうして**ヒトラーとムッソリーニが急接近**し、**ベルリン＝ローマ枢軸**が形成されたんだ。

　一方、アジアでも**満洲事変**後に国際連盟を脱退した日本が、「**反共産主義**」を主

張するドイツと接近し日独防共協定を結んだ。これは「反ソ連・反コミンテルンで連携しよう🤘」ってことね。ヒトラーは「反ソ連って言っとけば、イギリスは黙ってるだろ」って思ってたんだけどさ😤。そして、これにイタリアも加わって、1937年には日独伊三国防共協定が成立し、同じ年にイタリアは国際連盟を脱退した😵。こうして、第二次世界大戦における三国枢軸（枢軸国）が形成されたんだ。

◀ ヒトラーが領土拡大を開始。まずは「大ドイツ国家」の実現だ！

　国際的な孤立を解消したヒトラーは、いよいよ対外侵略を始めた。ヒトラーは「ドイツ人の住んでるところは全部ドイツに併合する🤘」、つまり「大ドイツ国家」を実現して、さらに東欧にドイツ人の「生存圏」を確保しようとしたんだ。これは『わが闘争』のころからずっと言ってることだ。

ドイツ人が住んでればドイツって……😓。でも、これはドイツ人の「民族自決」ってことだよね

　最初に狙われたのは「ドイツ人国家」のオーストリア。もともと、ドイツとイタリアはオーストリア（南チロルの国境問題だ）をめぐって対立してたんだけど、ドイツと連携したムッソリーニは「オーストリアに手は出さない」と言うしかなくなった。こうしてヒトラーは、オーストリアのナチスに「ドイツだけが恐慌対策に成功している！」と宣伝させ、オーストリア政府に対し「属国になれ😈」と脅しをかけた。この時、オーストリア政府が国民投票で独立を確認しようとしたから、怒ったヒトラーは軍を派遣したんだ。オーストリア国民は「ドイツに併合されれば、仕事がもらえる😆」と思ったんだろうね、国民投票でも圧倒的多数の支持でオーストリア併合が承認された。これ以後、ヒトラーはドイツを「大ドイツ共和国」って呼んだよ。両国の合併はヴェルサイユ条約で禁止されていたのに、「ドイツ人が１つの国になっただけ😏」として、英仏はそのまま黙認してしまったんだ。ちなみに、映画「サウンド・オブ・ミュージック」は、ナチスのオーストリア併合が題材だよ。興味があったら観てごらん😁。

◀ 見捨てられたチェコスロヴァキア。英仏の宥和政策もここまできたか！

　オーストリア併合に成功したヒトラーは、ますます調子に乗ってきた😈。「ドイツ人さえ住んでれば、英仏を黙らせるのは簡単だ……」と思ったヒトラーは、隣国のチェコスロヴァキアに対し「国境付近のドイツ人居住地ズデーテン地方をドイツによこせ！　割譲しないなら戦争だ！　戦争か割譲か、チェコスロヴァキアの未来はチェコスロヴァキアが決めろ〜😈」と脅迫した。そしてヒトラーは、ズデーテン地方のドイツ人が迫害されているとさんざん宣伝し、国境付近にドイツ軍を移動させたんだ。

　こうなると、いつ戦争が起きてもおかしくない。でも、ボールドウィンにかわってイギリス首相となったネヴィル＝チェンバレン（南アフリカ戦争をやったジョゼ

フ゠チェンバレンの息子だ）は、「とにかく戦争回避が最優先……😣」として２回もドイツを訪問している。しかし**ヒトラー**は、「**ズデーテンを割譲**しないなら、チェコスロヴァキアを攻撃するまでだ😡」と繰り返した。こりゃ、戦争が始まっちゃうよ😵。一方、**フランスやチェコスロヴァキアと相互援助条約を結んでいたソ連**のスターリンは、「ドイツとチェコスロヴァキアの戦争が起きたら、いつでも参戦する」って英仏に伝えたよ。もしこの時、英仏が戦争をする覚悟を決めていたら、ソ連も参戦するからドイツは挟み撃ち！　おそらくドイツは負けていただろうね。ここまできたのに、チェンバレンは戦争を回避したい……と、ムッソリーニに「**首脳会談による解決**」を依頼したんだ。そして、ヒトラーもこれに応じたので、**英仏独伊の４国首脳会談**が開かれることになった。

　1938年９月、ドイツのミュンヘンで緊急首脳会談が開かれた。この**ミュンヘン会談**に参加したのは、イギリス首相**ネヴィル゠チェンバレン**、フランス首相ダラディエ、それに**ヒトラーとムッソリーニ**だ。この席上でヒトラーは、「**ズデーテンは、ヨーロッパで最後の領土要求だ**😤」と声高に言い切った。これを聞いた英仏は、ムッソリーニが示した提案（というか、ヒトラーがつくった要求）を承認することを決め、４国は**ミュンヘン協定**に調印した。これで、**ズデーテン地方のドイツへの割譲が決まった**んだよ。会談に招かれなかったチェコスロヴァキアは英仏にも見放されて、要求をそのままのむしかなくなった。国境の要塞地帯を失ったチェコスロヴァキアは、もはや国を防衛する力がなくなり、失意のうちに**ベネシュ大統領**は辞任した。このミュンヘン会談での英仏の対応は、宥和政策の典型っていわれるよ。

　そしてもう１国、会談に招かれなかったのがソ連だよ。スターリンは「英仏とドイツが、ソ連を封じ込めるために密約を結んだのでは😒？」と疑い、英仏への不信感を強めた。そんな密約はなかったけど、このことがあとで大事件になるよ😤。

🔊 ヒトラーが再び東欧への侵略を開始。ついに第二次世界大戦が勃発！

　ヒトラーは、「ズデーテン地方は最後の領土要求だ！」って大見得を切ったんだけど、そんな**約束を守る気はない**🙄。1939年に入るとヒトラーは、スロヴァキアで起きていた民族運動を口実に、**チェコスロヴァキア**に対し「スロヴァキアを独立させないと首都のプラハを爆撃するぞ」と脅迫して、**チェコスロヴァキア解体**に同意させた。こうしてドイツは、西半分の**チェコ**を「**ベーメン・メーレン保護領**」として併合し、東半分の**スロヴァキアを保護国**にした。さらに国境を接するリトアニアのメーメルも併合したんだ。

　とどまるところを知らないヒトラーの野望は、ついに**ポーランド**にも向かい、1939年３月には、

ヒトラーの「最後」は「1938年では最後」って意味だった！これまでも、国際的な約束を破り続けてきたんだから、ダマされた英仏も問題だよ😒

ヴェルサイユ条約でドイツが失った**ポーランド回廊**での鉄道と道路の建設権、さらには海港都市**ダンツィヒ**の返還（第一次世界大戦までドイツ領だった）を要求した。この時、チェコスロヴァキア解体にショックに受けた**英仏**が、宥和政策をやめて**ポーランドへの支援を約束**したから、**ポーランドはドイツの要求を拒否**したんだ。そして、英仏はソ連との連携を模索し始めたんだ。

　ただ、**スターリンは英仏を全く信用していない**から、「ドイツとの関係を改善したほうが得だな😐」と考えてたんだ。だって同じ時期に、ソ連は満洲で日本と軍事衝突しているからね。**ノモンハン事件**だよ（→P.323）！　覚えてる？　**スターリンは日独の挟み撃ちを避けたかった**んだね。そして**ヒトラー**にとっても、ソ連との連携は魅力的だった。スターリンがウラで何を考えていようと、**英仏とソ連の挟み撃ちになるよりはマシ**だよ。あとは、ムッソリーニが怖気づいて裏切らないように、「バルカンを取っていいぞ😀！」っておだてておけば、敵は英仏だけになる。こうしてイタリアは**アルバニアを併合**し、さらに英仏への牽制として**ドイツ＝イタリア軍事同盟【鋼鉄同盟】**を成立させた。

　そして1939年8月、世界中に衝撃が走った😵。**ドイツとソ連**が急接近して、**独ソ不可侵条約**を結んだんだよ。よく考えてね。**ヒトラー**はこれまで「**反ソ・反共**」と言い続けてたし、**スターリン**も「**反ファシズム**」だと叫んで人民戦線をつくったじゃん。お互いを「世界一の極悪人」と罵り合ってたくせに、どっちも独裁者だから考えてることは同じ😅。お互いが「最大の敵」なんだけど、単に「**今は戦いたくない**」んだ。さらに両国は、この条約に付随する秘密議定書で**ポーランド**やバルト3国、フィンランドなどでの勢力範囲も決めた。もはや、**英仏はソ連と連携できない**よ😵。

世界中がヒトラーとスターリンにダマされた！　もはや、世界大戦は避けられないよ……😫

　そして一番ショックを受けたのは、**日独伊三国防共協定**を結んでいた**日本**だよ。「ドイツとともにソ連を倒す😤」と思ってたのに、独ソが接近しちゃった……。日本の**平沼騏一郎**首相は「欧州の天地は複雑怪奇で対処できない😵」と大混乱し、首相を辞任してしまった。おそらく、リアルタイムで独ソ不可侵条約の意味がわかっていたのは、スターリンとヒトラーだけだよ。

　こうして**ヒトラー**は、**戦争の起こる可能性を英仏だけに絞れた**けど、この時点で開戦するのは厳しかったんだ。ただ、独裁者として挑発的で強気な発言を繰り返してきたから、今さら「英仏が強いから開戦しない」とも言えない😐。結局、英仏が動かないことを期待しつつ、**ヒトラー**は「一か八かの賭け」で**ポーランド侵攻**に踏み切ったんだよ。

　1939年9月、**ドイツ軍**は空軍による爆撃と陸軍の戦車部隊を組み合わせた**電撃戦**によって**ポーランドに侵攻**し、わずか3週間で制圧した。これに対し、**英仏**は約束

第1章　国民国家の形成

第2章　列強の侵略とアジアの変革

第3章　帝国主義と第一次世界大戦

第4章　戦間期と第二次世界大戦

第5章　戦後の世界

どおり**ドイツに宣戦を布告**し、**第二次世界大戦が勃発**したよ。そして、ドイツ軍の攻撃が終わると、独ソ不可侵条約で密約を結んだ**ソ連もポーランドに侵攻**し、続けて**バルト3国も占領**すると、さらに11月には**フィンランドにも侵攻**して、**カレリア地方を奪った（ソ連＝フィンランド戦争【冬戦争】）**。これに対し、**国際連盟はソ連を除名**したんだけど、もはや連盟にはなんの力もなかったんだよ。あっ！　国際連盟を脱退した国は、日独伊を含めていっぱいあるけど、**除名された国はソ連しかない**からね！

その後、ソ連は**バルト3国をソ連に編入（併合）**し、ルーマニアからは**ベッサラビア**を奪ったんだ。

2 第二次世界大戦

◀ 「奇妙な戦争」から一転。ドイツは電撃戦で一気に西ヨーロッパを制圧！

開戦前のドイツの戦争計画は、「英仏が動かないだろう……」って思ってつくられていたから、ドイツはまだ英仏と戦える状態ではなかった。一方の英仏も、「ドイツが攻めてきたら守ればいい」と思ってたんだ。こうして、どちらも相手を攻撃しなかったので、1939年中は「**奇妙な戦争**」と呼ばれる**戦闘がない状態**が続いたんだ。そしてこの間に、**ヒトラーは遅れていた軍備増強を急いだ**。英仏が攻撃しなかったから、ヒトラーは賭けに勝っちゃったわけだ😊。

> ヒトラーの暴走を止めるチャンスは何度もあったはずなのに止められず、ここでもヒトラーに時間を与えるなんて……😖

1940年に入り、軍備が整った**ドイツ軍は一気に攻勢に出た**。4月には**デンマーク**に侵攻し、そのまま**ノルウェー**に上陸して、両国を占領した。続けてヒトラーは**フランスへの侵攻**を始めるんだけど、これまでの敵とはわけが違う😤。ヒトラーも「さすがにイギリス空軍とフランス陸軍が協力したら、フランスへの電撃戦は成功しないだろう……」と思っていた。しかもフランスは、第一次世界大戦の塹壕戦の経験から、ドイツとの国境に300km以上にもわたる巨大な地下要塞（**マジノ線**）を造っていたから、簡単には国境を突破できない。でもね、マジノ線はフランスとベルギーの国境には造られていなかったんだ。だって、**ベルギーは永世中立国**なんだもん。しかし、ヒトラーは永世中立など無視😈！フランス国境を突破すべく、**オランダ・ベルギーに攻め込んだ**。**オランダはわずか5日で降伏**し、ベルギーに侵入したドイツ軍は、英仏軍の防御が手薄なアルデンヌの森林地帯（ここにはマジノ線がない！）を戦車部隊で突破😫。これで**英仏軍は完全に孤立**し、ドーヴァー海峡に面した**ダンケルク**に包囲されてしまった。

追い込まれたイギリスでは、ドイツに対する宥和政策を進めた**チェンバレン政権に対する批判が高まり**、かわってドイツへの**徹底抗戦**を主張していた保守党のチャ

ーチルが首相となり、**労働党も含めた戦時内閣を組閣した**。でも、チャーチルが首相となって最初に命じたことは、屈辱的な**ダンケルクからの撤退**なんだ😭。これでドイツ軍をジャマするものは何もなくなったから、攻撃開始からわずか1カ月でドイツ軍は「無防備都市」となった**パリに入城**し、**フランスは降伏**した。そして、ドイツの優勢が明らかになると、**ムッソリーニも英仏に宣戦を布告**したよ。

こうして**フランスの北側**（約5分の3）は**ドイツ軍が占領**し、パリを失ったフランスは**中部のヴィシー**に政府を設置し、**ペタン元帥を首班にドイツ軍に協力**したんだ（**ヴィシー政府**）。これに対し**ド＝ゴール将軍**は、海外領土を拠点にドイツ軍への抵抗を続けることを主張し、1940年6月、**ロンドンに亡命**して**自由フランス政府**をつくった。ド＝ゴールはロンドンからラジオで、ドイツ軍への抵抗（**レジスタンス**）を呼びかけたんだ😊。

ペタンは、第一次世界大戦の時に、ヴェルダン要塞の攻防戦で活躍した英雄だよ

これで、ヨーロッパでドイツと戦っている**国はイギリスだけ**になった。チャーチルはひたすら「ドイツへの徹底抗戦」を呼びかけたものの、この時点で反撃するのはさすがにムリだ。対するヒトラーはイギリスに上陸する前に徹底的にイギリス人の戦意をなくすため、**ロンドンなどの大都市への爆撃**をおこなった。このイギリス制空権をめぐる激しい戦い（**バトル・オブ・ブリテン**）では、ドイツ空軍が何度も猛攻を仕掛けたものの、レーダーを発明したイギリス空軍が反撃してなんとか持ちこたえ、ドイツは最後まで制空権を奪うことができなかった。ヒトラーは、イギリスが途中で戦争続行を断念すると期待していたけど、チャーチルは決して屈せず、最終的には**ヒトラーのほうがイギリス本土への攻撃を諦めた**んだ。そしてこの間、**チャーチルはアメリカのフランクリン＝ローズヴェルト大統領**に、「とにかく参戦してくれ！」と訴えたけど、**アメリカでは**「ヨーロッパには介入しない」という**孤立主義が強く**、**中立法**があったために**ローズヴェルトは参戦も支援もできなかった**んだ😭。

合否の分かれ目 ▶ **第二次世界大戦中のフランス**

● **自由フランス政府**……ド＝ゴールが**ロンドン**でつくった亡命政権
  ▶ ロンドンからラジオで**レジスタンス**（ドイツ軍への抵抗）を呼びかける
● **ヴィシー政府**……ペタンを首班に**中部のヴィシー**に成立した政府
  ▶ 降伏後、**ドイツ軍に協力**
  ▶ フランス北部はドイツ軍が占領、南部をヴィシー政府が支配

◀ アジアでは日本が南進政策を開始して、日米対立が深まる！

　ここでアジアの状況を見ておこう。1937年から日本と中国は全面戦争（日中戦争）に突入していたけど、すでに日本は中国戦線で行き詰まっていた➡P.322~325。そこに、**ヨーロッパ戦線でのドイツの快進撃**が伝えられると、**日本**では「ドイツが勝利した勢いに乗って**東南アジアに進出**し、石油などの資源を確保して、ヨーロッパ支配から解放された"**大東亜共栄圏**"をつくる」という構想が生まれた。そして、1940年には日独伊三国防共協定を**日独伊三国同盟**へと強化して、**ソ連以外に対しても連携する**ことを明らかにしたんだ。

　さらに日本は、**フランスが降伏**したのをきっかけに、**フランス領インドシナ北部【北部仏印】に進駐**して、東南アジア進出（**南進政策**）の拠点をつくり、同時にインドシナから雲南を経由した蒋介石への支援（**援蒋ルート**）を断ち切ろうとしたんだ。でも、これが東南アジアに植民地を持つ各国との対立を引き起こした。だって、**マレー半島はイギリス領、インドネシアはオランダ領、そしてフィリピンはアメリカ領**だ。のちに日本の、特に軍部は、この３国に中国を加えた４国を「**ABCD包囲陣**」と呼んで、「４国で日本を包囲し、圧迫している」と主張したんだけど（Aは America《アメリカ》、B は Britain《イギリス》、C は China《中国》、D は Dutch《オランダ》）、**日米の対立**が深まるにつれてアメリカは**石油の輸出制限**などを強めたんだ。こうなると、石油や鉄などの多くをアメリカから輸入していた日本は、戦略物資が確保できなくなる。だから、日本の軍部は「石油がなくなる前に、早く開戦すべきだ！　油田のある東南アジアに侵略しろ！」と主張し始めた。中国戦線は終結の糸口さえ見えないのに、戦線を拡大してどうすんだよ……😓。

　そして1941年、日本はソ連との間で**日ソ中立条約**を結んだ。これは、北方のソ連と相互不侵略を約束して**南進政策を進める**ためだ。でも、こんな条約を結んだら、「オマエ、もっと東南アジアに侵略しようとしてるだろ😏」って思われて、**アメリカとの対立がさらにひどくなる**😫。このあと、**近衛内閣**が**日米交渉**を始めたんだけど、交渉中に日本が**フランス領インドシナ南部に進駐**したから、アメリカは日本に対する**石油の全面禁輸**を決めるなど、ますます態度を硬化させた。もはや外交的な解決は不可能だよ😣。こうして**近衛首相は辞任**し、陸軍大臣だった**東条英機**が首相になった。そしてアメリカが、中国やインドシナからの全面撤退と三国同盟からの脱退を要求する「**ハル＝ノート**」を日本に提示し、「もはや交渉できない！」と考えた日本は、**日米開戦**へと向かっていくんだ。

◀ ヨーロッパではついに戦線が拡大。ドイツがソ連と開戦した！

　ヨーロッパでイギリスだけがドイツと戦うなかで、1941年３月、**アメリカ**では中立法が改正され**武器貸与法**が成立したよ。ローズヴェルト大統領は、これまでずっと「イギリスを支援するための法律制定」を議会に訴えていたからね。武器貸与法の成立によって、大統領の権限で軍需品の**売却、貸与、譲渡**などができるようになったんだ。

〈第二次世界大戦（ヨーロッパ）〉

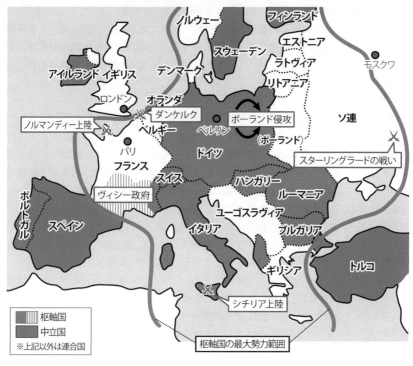

　一方、イギリス上陸を諦めたドイツ軍の標的は、バルカン半島へと変わっていた。当時、ソ連が東欧に勢力圏を拡大しようとしていたのに対抗して、ドイツ軍はルーマニア、ブルガリア、ユーゴスラヴィア、さらにはイタリアを助けてギリシアにも進出したんだ。ドイツの動きを警戒したスターリンは、東方で日本との戦闘を起こさないために、日ソ中立条約を結んだんだけど、ヒトラーは着々とソ連に攻め込む準備を始めている。独ソ開戦が近いと考えたチャーチルは、「自分は反共産主義者だが、ナチスを打倒するためにはソ連への援助も惜しまない😏！」とラジオで演説したよ。「敵の敵は味方」というチャーチルの現実路線だ。

　1941年6月、ついにドイツは独ソ不可侵条約を破棄してソ連に攻撃を開始し、宣戦布告した（独ソ戦）。ドイツ軍は北部ではレニングラード（もともとのペトログラード。レーニン死後の1924年に改称）近郊まで攻め込んで包囲し、11月にはモスクワ近郊まで一気に到達したよ。対するソ連軍は……とりあえず逃げる😅。てか、ソ連の「とりあえず逃げる」は、いざとなったらシベリアまで1万キロ逃げれるからね😵。ナポレオンのロシア遠征と同じだよ。ロシアの冬はマイナス20℃とかになるから、ドイツ人は凍え死ぬに違いない😆。実際、冬になるとあまりの寒さにドイツ軍の攻撃は中断され、12月にはソ連軍が反抗を開始したよ。

　戦局の転換を受けて、フランクリン゠ローズヴェルトとチャーチルは、ニューファンドランド沖の大西洋で**米英首脳会談（大西洋上会談）**をおこない、この戦争を、民主主義を守るためにナチスの暴政を倒す「反ファシズムの戦い」であることを確認するとともに、民族自決や国際平和機構の再建などを内容とする**大西洋憲章**を発表したよ。これはソ連を含めた多くの国から支持され、**連合国が形成される前提**となったんだ。

◀ 日本もアメリカと開戦し、わずか半年で東南アジアを制圧！

　一方で、アメリカとの交渉が決裂した日本は、「勝てる見込みはないが、とにかく緒戦でアメリカの太平洋艦隊を壊滅させ、引き分けに持ち込む」という、全く無謀な戦争に突入することを決めた😫。こうして1941年12月8日、日本海軍の戦闘機部隊が**ハワイのアメリカ太平洋艦隊に奇襲攻撃を仕掛け（真珠湾奇襲）**、太平洋戦争が始まった。日本にそこまでの軍備がないと思っていたローズヴェルトは、反撃の機会を逃した。ただ、奇襲の成功を見た**ドイツ・イタリアがアメリカに宣戦**したから、イギリスを支援して**アメリカが参戦**することになった。しかも、真珠湾奇襲に衝撃を受けたアメリカ国民は、一気に戦争に向かって結束したんだよ😎。

　ただ、ハワイの太平洋艦隊が壊滅したから、アメリカは開戦直後に西海岸や大西洋から太平洋へと海軍を移動しなきゃいけなくなった。この半年の間に、**日本は香港・マレー・シンガポール・ビルマ**（英領）、**ジャワ・スマトラ**（蘭領）、**フィリピン**（米領）を占領し、1942年半ばまでに**タイを除く東南アジア全域を制圧**したよ。**タイは日本側で参戦**したから、占領する必要はない。これでインドやオーストラリアを孤立させて、イギリスに打撃を与えるつもりだったんだ（地図➡P.360）。

合否の分かれ目 ▶ 第二次世界大戦のポイント

● ヨーロッパ
　● 開戦……ドイツ軍のポーランド侵攻 [1939.9]
　　➡ イギリス・フランスがドイツに宣戦
　● 戦局の拡大……独ソ戦の開始 [1941.6]
　● 戦局の転換……スターリングラードの戦い [1942.8〜43.2]
　　➡ ドイツ軍の敗色が濃厚となる
● アジア・太平洋
　● 開戦……盧溝橋事件 [1937] 以降、日中戦争に突入
　● 戦局の拡大……真珠湾奇襲 [1941.12] ＝日米開戦
　● 戦局の転換……ミッドウェー海戦 [1942.6]
　　➡ 日本軍が制空権・制海権を失う

> 第二次世界大戦は、1941、42年に注目！

◀ ミッドウェー海戦とスターリングラード……日本とドイツの勢いが止まる！

　独ソ戦と日米開戦、さらにドイツ・イタリアの対米宣戦で、ヨーロッパとアジアの戦争は１つの大きな戦争になった。日独伊を中心とする枢軸国と戦う米・英・ソ連・中国など連合国26カ国は、**連合国共同宣言**を発表し、「自由と民主主義を守ること」を戦争目的として、単独で講和を結ばないことを約束した。同時に、４番目に署名した中国が４大国の地位を得ることになった。そして、1942年には第二次世界大戦の戦局を大きく変える２つの戦いが起きたんだ。

　真珠湾奇襲ののち、東南アジアから西太平洋を制圧した日本に対し、**アメリカ軍の反撃**が始まったよ。1942年６月、中部太平洋のアメリカ領ミッドウェー島を攻略しようとした日本海軍はアメリカ海軍の猛攻を受け、主力空母４隻と戦闘機300機を失って惨敗した。この**ミッドウェー海戦**で日本は制空権と制海権をアメリカに奪われ、直後にソロモン諸島の**ガダルカナル島**でも敗退、以後アメリカ軍の猛反撃を受けることになるんだ（地図➡P.360）。

　一方、ヒトラーは1942年のうちにソ連との戦争に決着をつけるため、ヴォルガ川流域の重要拠点**スターリングラード**とロシア南東部の油田地帯の占領を目指して、ソ連に猛攻を仕掛けたんだ。この**スターリングラードの戦い**でヒトラーはドイツ軍に撤退を禁じ、スターリンも人海戦術で対抗したから、とんでもない大激戦になった。スターリンは「冬になれば反撃できるから、とにかく冬まで持ちこたえろ！」と言って次々と兵士を送り込んだよ。第二次世界大戦の死者数がソ連だけとびぬけて多いのは（2000万人以上だ！）、この時の人海戦術も原因の１つだね。そして冬まで持ちこたえたソ連軍が反撃を開始し、**ドイツ軍は壊滅**した。スターリンは米英との協力体制を確実にするために、**コミンテルンを解散**したんだ。

◀ 日本・ドイツの敗色が濃くなり、連合軍が反撃開始！

　1943年になると日本とドイツの敗色が濃くなり、勝利の見通しが開けてきた連合国はいよいよ反撃の作戦を考え始めた。１月には**ローズヴェルト**と**チャーチル**がモロッコの**カサブランカで会談**し、最初の目標としてシチリア島に侵攻して**イタリアを総攻撃**することを決めた。こうして７月に米英軍が**シチリア島に上陸**すると、すでに戦意を失っていたイタリア軍は総崩れとなり、国王派とファシスト党内の反ムッソリーニ派が手を組んで**ムッソリーニを失脚**させ、反ムッソリーニ派の**バドリオ**将軍が政権に就いた。そして９月にバドリオによる**イタリア新政府は無条件降伏**するんだけど、降伏後はドイツに宣戦することになるよ。ちなみにムッソリーニはドイツ軍に救出されたんだけど、結局捕まって銃殺されちゃった……😣。

　イタリアが降伏すると、連合国は日本とドイツへの作戦を決めるために首脳会談をやったよ。まずは、**対日戦**の基本方針を確認するため、**ローズヴェルト**と**チャーチル**は、中国の**蔣介石**とエジプトの**カイロで会談**した。この**カイロ会談**で発表された**カイロ宣言**では、日本が日清戦争以降に奪った領土（**満洲、台湾、澎湖諸島**）をすべて**中国に返還**すること、**朝鮮は独立**させることなどが決まったんだ。

　そしてカイロ会談のあとすぐに、**ローズヴェルトとチャーチル**はイランの首都テヘランに飛び、**スターリン**も含めた米英ソ首脳会談をおこなった。米英ソ3大国の首脳が揃ったのはこれが最初だ。**テヘラン会談**ではドイツに対する「**第二戦線**」の問題を話し合った。これは、1941年以来激戦が続いていた独ソ戦（「第一戦線」）に加えて、米英軍がフランスに上陸して2つ目の戦線をつくり、ドイツを挟み撃ちにするってことだ。実は3国が考えてることは微妙に違って、スターリンは「とにかく早くしろ😤！」と言ったんだけど、チャーチルはイギリス軍の損害を少なくするために、なるべく時期を遅らせたい😥。で、ローズヴェルトはドイツを早いとこ片づけて、太平洋での日本との戦いに集中したい😠。最終的には、ローズヴェルトがチャーチルを説得して、1944年5月に実行することに決まったんだ。そしてこの時、ドイツ降伏後に**ソ連が対日参戦**することが議題に上ったよ。

🔊 連合軍がノルマンディーに上陸！　ドイツ軍は総崩れになった

　1944年6月、テヘラン会談での合意に基づいて、アメリカの**アイゼンハワー**を最高司令官とする米英軍が北フランスに上陸した。この**ノルマンディー上陸作戦**は「**史上最大の作戦**」といわれ、米英軍は艦艇5300隻、飛行機1万4000機という圧倒的な戦力でドイツ軍を圧倒し、これにあわせてフランス各地で**レジスタンス**（民衆によるドイツ軍への抵抗）が蜂起！　フランス人の逆襲だよ😠。そして8月には**パリ**が解放されて、自由フランス政府の中心だった**ド゠ゴール**将軍がパリに戻ってきて臨時政府を組織した。東からは、ノルマンディー上陸作戦にあわせてソ連軍も反撃を開始したから、ドイツ軍は総崩れになった。こののち、ドイツの各都市はアメリカ空軍も加わった連合軍に激しい空襲を受け、特に東部ドイツの都市**ドレスデン**は大空襲で徹底的に破壊されたんだよ。

　こうしてドイツの降伏が目前に迫った1945年2月、クリミア半島のヤルタで、**米英ソの3大国**が**ドイツ降伏後の諸問題**を話し合ったよ。この**ヤルタ会談**ではポーランドとバルカン半島の問題でチャーチルとスターリンが対立するなど、すでに戦後の世界秩序をめぐる駆け引きが激しくなった😫。だって、スターリンは「ここまで3年も単独でドイツと戦ったのはソ連だろ！」と思ってるし、チャーチルはもともと反共産主義者だからね。そして、戦後のドイツについては、**無条件降伏**と終戦後にドイツを**4大国（米英仏ソ）が分割占領**すること、ドイツの非武装化と戦争指導者の裁判などが決まったんだ。さらに米ソの密約で、**ドイツ降伏後3カ月以内にソ連が対日参戦**し、見返りに**南樺太・千島全島**をソ連領とすることが決められた。ただ、病気をおして会談に出席した**ローズヴェルト**は会談後に急死してしまい、副大統領だった**トルーマン**がアメリカ大統領になったよ。

> ヤルタ会談は、広い意味では「冷戦の開始」ともいわれるよ

そして4月末にソ連軍がベルリンに突入して総統官邸に接近したため、**ヒトラー
は自殺**、5月には**ドイツが無条件降伏**して、ヨーロッパでの戦争は終わったんだ。

〈第二次世界大戦中の連合国の首脳会談〉

会談名	出席者	内　容
大西洋上会談 [1941.8]	F＝ローズヴェルト（米） チャーチル（英）	• 戦争目的を「民主主義を守るため（**反ファシズム**）」であると確認 • 大西洋憲章[1941.8] 　• 領土不拡大、領土不変更、**民族自決**、貿易の自由、労働と社会保障、海洋の自由、軍備縮小、**国際平和機構の再建（国際連合）**を表明
カサブランカ会談 [1943.1]	F＝ローズヴェルト（米） チャーチル（英）	• 対枢軸国（ドイツ・日本・イタリア）"**無条件降伏**" • 北アフリカでの反攻作戦の協議（**シチリア上陸**）
カイロ会談 [1943.11]	F＝ローズヴェルト（米） チャーチル（英） 蔣介石（中）	• **カイロ宣言**[1943.11]……対日戦の基本方針 　• 中国に**満洲、台湾、澎湖諸島**を返還 　• **朝鮮を独立**させる 　• 1914年以降に獲得した太平洋上の島の放棄
テヘラン会談 [1943.11〜12]	F＝ローズヴェルト（米） チャーチル（英） スターリン（ソ）	• ドイツに対する「**第二戦線**」問題について協議 ➡米英が1944年5月に実行することを約束 • ドイツ降伏後のソ連の**対日参戦**も話し合う
ヤルタ会談 [1945.2]	F＝ローズヴェルト（米） チャーチル（英） スターリン（ソ）	• **ヤルタ協定**[1945.2]……ドイツの戦後処理 　• 無条件降伏、敗戦後は**米英仏ソ4カ国**が共同管理 　• 非武装化と戦犯の裁判 　• ポーランドとユーゴの新政権樹立 ※ドイツ降伏後**3カ月以内**に**ソ連が対日参戦**（米ソ密約） 　➡見返りに**南樺太・千島全島**をソ連が取得
ポツダム会談 [1945.7〜8]	トルーマン（米） **チャーチル** ➡**アトリー**（英） スターリン（ソ）	• **ポツダム協定**……ドイツの戦後処理の最終確認 • **ポツダム宣言**[1945.7]……米英中の3国の共同宣言 　➡8月8日にソ連が参加 • 日本の無条件降伏 • 日本の領土を**本土4島**と周辺の小島嶼に限定 • 戦後の連合国占領、戦犯の裁判と民主化

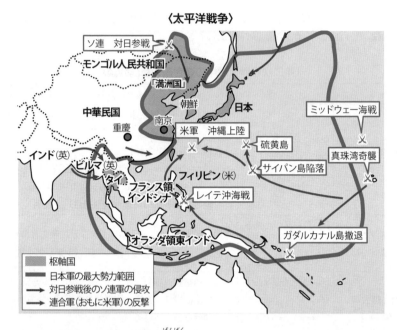

〈太平洋戦争〉

ソ連　対日参戦

モンゴル人民共和国

「満洲国」

中華民国

重慶　南京

朝鮮

日本

ミッドウェー海戦

米軍　沖縄上陸

硫黄島

真珠湾奇襲

インド（英）

ビルマ（英）

タイ

フィリピン（米）

サイパン島陥落

フランス領
インドシナ

レイテ沖海戦

ガダルカナル島撤退

オランダ領東インド

枢軸国
日本軍の最大勢力範囲
対日参戦後のソ連軍の侵攻
連合軍（おもに米軍）の反撃

◀ **島々を奪い合う死闘、沖縄戦、原爆投下、ソ連の参戦……ついに日本も降伏した**

　話をちょっとだけ戻して、**アジア・太平洋戦線**について見ていこう。1944年6月に**サイパン島が陥落**すると、アメリカ空軍による日本の**本土空襲**が本格化して、日本の主要都市は壊滅的な被害を受けたよ。例えば、1945年3月の**東京大空襲**では、東京の下町が焼け野原となり、10万人以上が死亡した。なんとか戦局を挽回しようと、日本海軍はフィリピン防衛のために主力艦隊を投入したんだけど、アメリカ海軍の圧倒的な兵力の前に**レイテ沖海戦**で壊滅し、**レイテ島**、さらにルソン島を奪われて**フィリピンから撤退**したんだ。

　1945年に入るとアメリカ軍の反撃は激しさを増し、3月には**硫黄島**を占領すると、4月には**沖縄本島に上陸**した。沖縄戦は、大戦中の旧来の**日本領内におけるほぼ唯一の地上戦**だ。この戦闘には沖縄の人たちが多数動員され、さらに米軍の捕虜にならないようにと集団自決を命じられた住民もいたから、**軍人よりも民間人の犠牲者が多い**んだよ。そして6月に沖縄の日本軍は全滅した。5月には、ヨーロッパでドイツが降伏していたから、もはや戦争を続けているのは日本だけになった。

　日本の敗戦が時間の問題になった7月、**ベルリン郊外のポツダム**で会談が開かれた。ここは参加者に注意しよう！　ローズヴェルトが病死したから、アメリカ大統領は**トルーマン**だ。そしてイギリスは当初**チャーチル**が首相として出席したものの、会談中に**総選挙での保守党の敗北**が決まると、途中から**労働党のアトリー**新首相がイギリスの代表になった。ソ連は**スターリン**だけどさ😅。この会談では**ドイツの戦後処理を最終確認**したんだけど、すでに米英とソ連の隔たりは大きかっ

た。そして**日本に対して無条件降伏を要求**する**ポツダム宣言**が発表されたよ。あっ、この時点ではソ連は対日参戦していないから、ポツダム宣言は**米英と中国の共同宣言**だからね（ソ連の参加は８月８日）。

　しかし日本では、軍部が「本土決戦で、日本人の最後の１人まで戦う！」と主張して降伏を受け入れなかったから、アメリカは開発したばかりの**原子爆弾【原爆】**を、**８月６日に広島に投下した**。原爆を使った理由の１つに、**アメリカがソ連に対する優位を示す**という面があったんだ。これを見た**ソ連は対日参戦**の日程を早め、**８月８日に日本に宣戦**し、**満洲・樺太・朝鮮へと侵入**した。こうして満洲の日本軍も総崩れとなって日本は降伏に向かったんだけど、降伏の受諾をめぐって政府内が揉めていた**８月９日**に、アメリカが**長崎に２発目の原爆投下**をおこなったんだよ。

もし、ポツダム宣言が発表されてすぐに降伏していたら、広島・長崎への原爆投下はなかったと考えると、やりきれない気持ちになるよ……。そして、8月14日に昭和天皇の判断（"聖断"）という形でポツダム宣言の受諾を連合国に通告し、**８月15日に戦争終結を国民に知らせる昭和天皇の玉音放送**がおこなわれ、**９月２日**に東京湾に入港した**戦艦ミズーリ号**の甲板で降伏文書に調印した。こうして**日本は無条件降伏**し、文字通りの世界大戦が終わったんだ。

> 日本は戦争での唯一の被爆国として、核軍縮についてもっと考えてもいいと思うよ

　さて、これで第二次世界大戦はおしまい。最後に年号 check ！

!!! 年号のツボ

● **ドイツの再軍備宣言** ［1935］（戦これから　再軍備）
　　　　　　　　　　　　　　　　193 5

● **スペイン内戦** ［1936］（英仏が　見向きもしない　スペインに）
　　　　　　　　　　　3 6

● **ミュンヘン会談** ［1938］（戦やらずに　宥和政策）
　　　　　　　　　　　193 8

● **第二次世界大戦勃発** ［1939］（得策もなく　大戦勃発）
　　　　　　　　　　　　　　1939

● **真珠湾奇襲**（**太平洋戦争勃発**）［1941］（行くよ一気に　真珠湾）
　　　　　　　　　　　　　　　　　　　　　1 9 4 1

● **第二次世界大戦終結（ドイツ・日本の降伏）**［1945］（日独に　説くよ降伏）
　　　　　　　　　　　　　　　　　　　　　　　　　　1 9 4 5

　第二次世界大戦が終わって、いよいよ次回から戦後史だよ。学校とかではなかなかやらない範囲かもしれないけど、最近の入試ではバンバン出題されているから、最後までしっかり頑張ろう！

第 5 章

戦後の世界

第20回 冷戦の展開①（1945 〜 1955）

いよいよ戦後の世界だよ。未曾有の世界大戦を経験した世界は、「もう戦争なんてしたくない！」って思っていたはずなのに、世界が真っ二つに分かれて対立する「冷戦」が始まってしまうんだ。

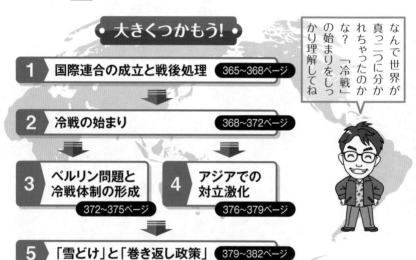

大きくつかもう！

1 国際連合の成立と戦後処理　365〜368ページ

2 冷戦の始まり　368〜372ページ

3 ベルリン問題と冷戦体制の形成　372〜375ページ

4 アジアでの対立激化　376〜379ページ

5 「雪どけ」と「巻き返し政策」　379〜382ページ

なんで世界が真っ二つに分かれちゃったのかな？「冷戦」の始まりをしっかり理解してね

みんなが生まれたころにはすでに冷戦が終わっていたから、「世界が資本主義陣営と社会主義（共産主義）陣営に、真っ二つに分かれてた」って言っても、なかなかイメージできないかもね。第二次世界大戦が終わると、アメリカが経済的にも軍事的にも圧倒的な超大国になって、世界をリードしたんだけど、これに対抗したのが世界で初めて社会主義国になったソ連だ。でも、第二次世界大戦が始まった時には、社会主義国ってソ連とモンゴルだけしかなかった😅。だから、大戦末期からスターリンは味方の国を強引に増やしていったんだ。こうして、世界はアメリカを中心とする資本主義陣営とソ連を中心とする社会主義（共産主義）陣営に分かれてしまうんだよ。

それじゃあ、冷戦体制がどうやってできたのか、順に見ていこう〜😊。

1 国際連合の成立と戦後処理

◀ 大戦を防げなかった国際連盟。国際平和機関の再建が必要だ！

　第一次世界大戦ののち、史上初の国際平和機構として国際連盟ができたよね。でも、第二次世界大戦が防げなかったんだから、連盟がきちんと機能したとはいえない😣。そこで、大戦中から国際平和機関を再建しようという動きが起きたんだ。

　まず、米大統領**フランクリン゠ローズヴェルト**と英首相**チャーチル**が発表した**大西洋憲章**で国際平和機構の再建が決められ、さらに1943年には米・英・ソ連・中国の外相が「国際安全保障機構を早くつくるべき！」っていう**モスクワ宣言**を発表したよ。その後、1944年に**ワシントン**郊外で開かれた**ダンバートン゠オークス会議**で、4大国（米英ソ中）によって国際連合憲章の原案がつくられ、大戦が終わる直前に開かれた**サンフランシスコ会議**で、連合国50カ国によって国際連合憲章が採択されると、大戦終結後の1945年10月に**国際連合【国連】**が正式に発足したんだ。

〈国際連盟と国際連合の比較〉

	国際連盟	国際連合
本　　部	ジュネーヴ（スイス）	ニューヨーク（アメリカ）
議決方式 （総会）	加盟国1国1票の全会一致制	加盟国1国1票の多数決制
常任理事国 および 大国の動向	英・仏・伊・日 米の不参加、独・ソ連は排除など 大国の不参加で影響力が弱い	安全保障理事会の常任理事国は 米・英・仏・ソ連・中国（中華民国） ➡拒否権を持つ（**五大国一致の原則**）
制裁方式	不明瞭（**経済制裁**が中心）	経済制裁などの非軍事的措置のほかに、 **国連軍**による**軍事制裁**も可能

◀ 国際連盟の反省からつくられた国際連合。何が変わったんだろう？

　じゃあ、国際連合がどんな組織なのかを見ていくよ。まず国連の本部はアメリカのニューヨークに置かれ、**全加盟国（原加盟国は51カ国）**が参加する**総会**は、議決方式が**多数決制**に変わったんだ。さすがに全会一致は難しいからね。さらに、**戦争を防ぐために設置された安全保障理事会は総会よりも強い権限を持ってる**んだ。総会は討議や勧告しかできないけど、安全保障理事会では経済制裁や外交制裁だけじゃなく、**軍事制裁**のために**国連軍**を派遣できるようになった。まぁ、軍隊送れば解決するってもんでもないけど😣。また、

> 上の表を見ながら、国際連盟と国際連合を比べてみよう！

国際連盟が大国（米・独・ソ連）の不参加で弱くなった反省から五大国一致の原則がとられ、**安全保障理事会の常任理事国（米・英・仏・ソ連・中国）は拒否権**を持っているよ。あっ！　設立当初は**ソ連**と**中華民国**だから気をつけてね。現在はソ連の代表権を**ロシア**が受け継ぎ、中国の代表権は**中華人民共和国**に交替しているよ。そのほか、**経済社会理事会**には多くの**専門機関**が置かれて、さまざまな分野での国際協力が進められたほか、旧植民地の独立を助ける**信託統治理事会**（かつての委任統治）も設置された。また、国際連盟の常設国際司法裁判所を継承した**国際司法裁判所**も、オランダの**ハーグ**に設置されてるよ。そして、国連憲章にはなかった基本的人権の具体的な内容についても、1948年の**第3回国連総会**で採択された**世界人権宣言**で、あらゆる国家・国民の基本的人権の基準が示されたよ。

〈経済社会理事会の専門機関・総会の補助機関〉

●**ユネスコ【UNESCO・国連教育科学文化機関】**［1946］

●**国際労働機関【ILO】**……国際連盟の組織を受け継ぐ

　　▶労働問題に関して、各国政府と労働者の意見交換や協約締結などをおこなう

●**世界保健機関【WHO】**……保健衛生・保健事業の指導と調整をおこなう

●**国連食糧農業機関【FAO】**……人びとの栄養水準の向上と農民の生活向上を図る

●**国連難民高等弁務官事務所【UNHCR】**……戦時難民の救済をおこなう

●**国連児童基金【ユニセフ】**

　　▶総会設立機関。発展途上国の幼児・児童の援助や救済をおこなう

●**国連貿易開発会議【UNCTAD】**［1964〜］

　　▶国連総会の常設機関。発展途上国の経済発展の促進と、**南北問題の解決**が目的

🔊 大戦で崩壊した世界経済はどうやって再建するんだろう？

　第二次世界大戦で**ヨーロッパの経済的な没落**は決定的になった。だって、世界の工業生産高のうちアメリカだけでほぼ6割だし、金（gold ね）なんて世界の約3分の2はアメリカにあるんだもん。もはや、**戦後の世界経済をリードできる国はアメリカしかない**😵。そこでアメリカを中心に、大戦中の1944年に開かれた**ブレトン゠ウッズ会議**で、戦後経済の再建が話し合われたんだ。

　この時、各国は「第一次大戦後のような混乱は、もうカンベン😩」って思っていた。だって、**ドイツの賠償問題**や**世界恐慌**などの経済混乱が第二次世界大戦の原因になったからね。戦争を防ぐには**経済の安定**が何より重要だよ。そのために**国際通貨基金【IMF】**と**国際復興開発銀行【世界銀行／IBRD】**の設置が決まったよ。

　国際通貨基金とは、加盟国が経済状況に応じてお金を出し合って、**国際的に為替や通貨の安定を図ろう！**って機関だ。そして、**国際復興開発銀行**は、国連のなかに銀行をつくって、**戦後復興や発展途上国への融資をしよう！**って機関だよ。戦間期にヨーロッパが**ドーズ案**でアメリカの民間資本に復興を頼ったために、**世界恐慌**で

大打撃を受けた教訓からつくられた機関だ。とはいっても、戦争で経済が破綻した各国がお金を出せるわけがない……😅。結局、資金を出せるのはアメリカだよ。

もう1つ、この会議では重要なことが決まった。それは、**戦後の通貨体制**だ。大戦後の世界経済を支えられる国はアメリカしかないから、**アメリカの通貨（米ドル）が世界各国の通貨価値を保証する**ことになった。まず米ドルを金と**兌換（交換）可能な基軸通貨として**（米ドルは金本位制）、各国通貨と米ドルを**固定相場制**で結びつけた（各国通貨は、言うなれば「ドル本位制」）。この金・ドル本位制では、例えば日本だったら「1ドル＝360円」で為替相場を固定したから、日本円も米ドルを経由すれば金と交換できるでしょ。現在は為替相場が変わるけど、当時は固定相場制だから、アメリカの保有する金が各国の通貨価値を保証できるんだよ。

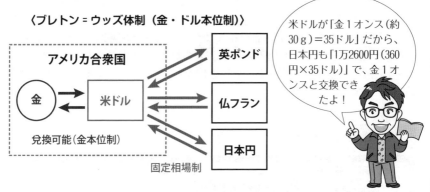

〈ブレトン゠ウッズ体制（金・ドル本位制）〉

米ドルが「金1オンス（約30ｇ）＝35ドル」だから、日本円も「1万2600円（360円×35ドル）」で、金1オンスと交換できたよ！

さらに、**世界恐慌後に各国がブロック経済を形成して世界の貿易がガタガタに崩壊したことを反省して、1947年には自由で平等な国際貿易**をおこなうために、**GATT【関税と貿易に関する一般協定】**が結ばれた。現在では、GATTが発展して**WTO【世界貿易機関】**になっているよ。

こうしてつくられた戦後の経済体制が「**ブレトン゠ウッズ体制**」だ。自由貿易を基本に安定した世界経済をつくるのが目標だけど、実際のところは、**超大国になったアメリカが世界経済の覇権を握る**とともに、**戦後の復興を支える**システムだよ。そして、アメリカが圧倒的な経済力と軍事力で世界の主導権を握る「**アメリカの平和【パクス゠アメリカーナ】**」の時代になったんだ。

🔊 ドイツ・日本は軍隊を解散し、連合国の占領下に置かれた！

続いて、敗戦国の戦後処理について見ていこう。大戦終結後、連合国は敗戦した**枢軸国**を軍事占領し、戦後処理をおこなったよ。日本とドイツの軍隊は解散させられ、戦争指導者を**国際軍事裁判**（ドイツでは**ニュルンベルク裁判**、日本では**東京裁判【極東国際軍事裁判】**）で「人道に対する罪」として処罰したんだ。その後、枢軸国のうち**イタリア**、ハンガリー、ルーマニア、ブルガリア、フィンランドの5カ国は1947年の**パリ講和条約**で主権を回復したんだけど、**ドイツ・日本は連合国に占**

領統治されたままだった。そして、さまざまな民主化がおこなわれたんだ。

　まずドイツは、米・英・仏・ソ連の４カ国による分割占領となり、ポーランドとの国境は暫定的に「**オーデル＝ナイセ線**」とされた。さらにソ連の管理地域のなかにある首都ベルリンも、４カ国による分割管理になったんだ。そして、民主化を徹底するために、ナチスの解党、宣伝の禁止、関係者の公職追放、政治・教育の民主化などの**非ナチ化**がおこなわれた。さらに、ドイツ人の国**オーストリア**も同じように４カ国による分割管理になったんだ。

　一方、日本は分割されずに連合軍に占領されたんだけど、連合軍とはいってもほぼアメリカ軍だけで、**マッカーサー**を最高司令官とする**GHQ【連合国軍最高司令官総司令部／SCAP】**が統治することになった。ただ、占領の期間も**日本政府は存続**していたから、マッカーサーは日本政府を通じて日本国民を統治したんだ（間接統治方式）。こうして、GHQの占領下で民主化が進み、1946年には**国民主権、象徴天皇制、平和主義、基本的人権の尊重**などを定めた**日本国憲法**が公布されたよ。さらに、戦前に日本経済を支配してきた**財閥の解体**、地主制を解体して小作人に土地を分配する**農地改革**、軍国主義的な教育を廃止して民主的な教育をおこなう**教育改革**などが実施されたんだ。

2　冷戦の始まり

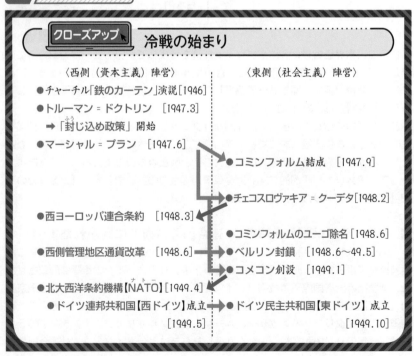

クローズアップ　冷戦の始まり

〈西側（資本主義）陣営〉　　　　　　〈東側（社会主義）陣営〉

●チャーチル「鉄のカーテン」演説[1946]

●トルーマン＝ドクトリン　[1947.3]
　➡「封じ込め政策」開始

●マーシャル＝プラン　[1947.6]

　　　　　　　　　　　●コミンフォルム結成　[1947.9]

　　　　　　　　　　　●チェコスロヴァキア＝クーデタ[1948.2]

●西ヨーロッパ連合条約　[1948.3]

　　　　　　　　　　　●コミンフォルムのユーゴ除名[1948.6]

●西側管理地区通貨改革　[1948.6]→●ベルリン封鎖　[1948.6～49.5]

　　　　　　　　　　　●コメコン創設　[1949.1]

●北大西洋条約機構【NATO】[1949.4]

　●ドイツ連邦共和国【西ドイツ】成立➡●ドイツ民主共和国【東ドイツ】成立
　　　　　　　　　　　[1949.5]　　　　　　　　　　　　[1949.10]

◀ **そもそも冷戦ってなんだろう？　東西対立って、なんの東西？**

　さて、続いて冷戦の開始について話すんだけど、そもそも「冷戦」っていわれても「なんじゃそりゃ😅」って感じかもね。そりゃ、みんなは冷戦が終わってから生まれたんだから、わからなくても当たり前だよ。

　ドイツ・日本の敗戦が見えてくると、連合国は**戦後の国際秩序**について考え始めた。そして、大戦を通じて発言力が強くなったのは、圧倒的な経済大国・軍事大国に成長した**アメリカ**と、1941～44年の3年間、単独でドイツと戦った**ソ連**だよ。米ソ両国は**大戦中には協力**していたけど、**戦後の構想は全然違う😅**。大戦末期には、すでに両国が「勢力圏」を拡大しようとしていたから、米英軍が攻め込んだ**西ヨーロッパは資本主義国**（「**西側**」）、ソ連が攻め込んだ**東ヨーロッパは社会主義国**（「**東側**」・**共産圏**）になった。この両者の対立が「**東西対立**」だ。それから、厳密に言うと違うんだけど、入試レベルなら「**社会主義≒共産主義**」と考えていいよ。そして両陣営は勢力拡大を狙って**激しく対立**したけど、ヨーロッパでは実際の戦闘（こっちは"熱い戦争"と呼んだりする）が起きなかったから、**戦争が凍結された"冷たい"戦争**、つまり「**冷戦**」となったんだ。

「西側」は資本主義陣営、「東側」は社会主義陣営のことだよ！　これって、ヨーロッパが基準だよね……😅

◀ **ソ連の「鉄のカーテン」に対し、アメリカは「封じ込め政策」を開始！**

　ソ連の指導者**スターリン**は「社会主義国（ソ連の味方）を増やしたい」って思っていた。だって、戦前に社会主義だったのは**ソ連とモンゴル人民共和国**の2つだけだもん。ソ連がドイツ軍を破った東ヨーロッパの**ポーランド、ブルガリア、ルーマニア、ハンガリー**ではソ連寄りの共産主義者が**レジスタンス**の中心となり、戦後は次々と**社会主義国**となった。また**ユーゴスラヴィア**（以下「ユーゴ」と省略するね）では、**パルチザン闘争**でドイツを破った共産党の**ティトー**が政権をつくったよ。あっ、**ユーゴはソ連の力を借りずにドイツに勝った**！　あとで大事だから覚えといてね😄。こうして**東欧は社会主義国**ばっかりになった。こうした社会主義体制を**人民民主主義**と呼ぶよ。

　これを警戒した前イギリス首相の**チャーチル**は、**アメリカのフルトン**で「バルト海の**シュテッティン**からアドリア海の**トリエステ**まで、大陸を横切って"鉄のカーテン"が降ろされた！」という演説をおこなって、**ソ連が勢力圏をつくっている**と警告したよ。しかも同じころ、西側の**フランスやイタリア**でも、経済の悪化から**社会党や共産党が勢力を拡大**していたし、イギリスの勢力圏だった**ギリシア**では、右派（王党派）と左派（共産党派）の**内戦**が起きて共産党の影響力が強まった。さらに黒海から地中海へと抜ける**ダーダネルス・ボスフォラス海峡**をめぐり、**ソ連がトルコへの圧力**を強めていたんだ。このままじゃ社会主義が拡大しちゃうよ😣。

　1947年、財政的に余裕がない**イギリス**が「**ギリシア・トルコから撤退する**😫」とアメリカに伝えると、**アメリカ大統領トルーマン**は「**イギリスにかわってギリシア・トルコを経済的・軍事的に援助する**😼」って宣言した。この**トルーマン゠ドクトリン**は、アメリカによる対ソ「**封じ込め政策**」の始まりだよ。これは、「**イギリス・フランス・イタリア・ギリシア・トルコ**」を結ぶ線の内側に社会主義を封じ込めて、「**鉄のカーテン**」の西側の資本主義国を守るってことだ😀。

　さらに6月には、**国務長官マーシャル**が、西ヨーロッパの社会主義化を阻止して資本主義を守るための経済復興計画、いわゆる**マーシャル゠プラン【ヨーロッパ経済復興援助計画】**を発表した。簡単に言うと「**社会主義を排除すれば、アメリカがお金をあげる**」ってことだ。こりゃ、アメリカの金持ち自慢だな……😏。この時、援助を受けるためにイタリアやフランスでは社会党や共産党の閣僚を追放した。そして西ヨーロッパ16カ国で**ヨーロッパ経済協力機構【OEEC】**（のちのOECD【経済協力開発機構】）を結成して、マーシャル゠プランを受け入れたんだ。

「封じ込め」のイメージはこんな感じだ！

　これを見た**スターリンは怒った！**「もはや、アメリカや資本主義陣営との和解は不可能だ😡」として、ヨーロッパ各国の**共産党の結束を強化**するために**コミンフォルム【共産党情報局】**を結成した。ここには、ソ連・ブルガリア・ルーマニア・ハンガリー・ポーランド・チェコスロヴァキア・ユーゴスラヴィアといった社会主義国の共産党のほかに、**西側からフランス・イタリアの共産党**も加盟して、**資本主義体制を破壊して親米政権を打倒する**ために団結することになったんだ。

◀ 東欧はさまざまな社会主義を模索。西欧も同盟政策を強化！

　東ヨーロッパ諸国ではソ連の影響力が強かったけど、いきなりすべての国が共産党の一党独裁体制になったわけじゃないよ。例えば、**チェコスロヴァキア**（以下「チェコ」と省略するね）では、最初は**自由主義政党と共産党の連立政権**がつくられて、少なくともマーシャル゠プランが発表される前には、**議会制民主主義が機能**していたんだ。しかし、マーシャル゠プランの受け入れをめぐって**共産党と自由主義政党が対立**すると、**ソ連はチェコに圧力をかけ、マーシャル゠プランへの参加を拒否させた**。これはスターリンがアメリカとの協調路線を捨てて、どんな手を使ってでも東欧をソ連の勢力圏に置くという意図が明確になった瞬間だよ。そして、警察や民兵を使って共産党以外の閣僚が一掃され、**ベネシュ大統領も辞任**して、事実上**共産党の一党独裁政権ができた**んだ（**チェコスロヴァキア゠クーデタ**）。

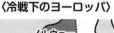

〈冷戦下のヨーロッパ〉

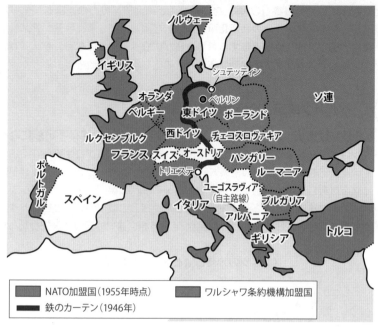

凡例：NATO加盟国（1955年時点）　ワルシャワ条約機構加盟国　鉄のカーテン（1946年）

　一方、バルカン半島の**ユーゴ**では、**対ドイツ戦争に自力で勝利した**ティトーが、**独自の社会主義国家建設**を目指した。ティトーにしてみれば「私はソ連に借りはない😤」ってことだね。そして独自のバルカン連邦をつくるためにユーゴがアルバニアを併合しようとすると、怒ったソ連がアルバニアを支援し、さらに**コミンフォルムからユーゴスラヴィアを除名**したんだ。ただ、**ティトー**はソ連の言うことを聞く気はないから、**アメリカに接近**して経済的・軍事的な援助を受けることにした。以後、ユーゴはソ連とは別の社会主義モデル（**自主路線**）に進んだ。

　こうした動きは、西欧諸国にも影響を与えたよ。特に**チェコ゠クーデタ**はむちゃくちゃ衝撃だった😰。だって、チェコは東欧で唯一、議会制民主主義になって、戦後も共産党と自由主義政党の連立政権だったからね。しかも同じころ、**イタリアで共産党が勢力を拡大**していたし……😓。「チェコの次はイタリア、その次はどこだ？　ヨーロッパ全体が共産主義者に飲み込まれる😨」という一種の反共（反共産主義）パニックとなった英仏とベネルクス3国（オランダ・ベルギー・ルクセンブルク）は**西ヨーロッパ連合条約【ブリュッセル条約】**を結び、ソ連と東欧諸国に対抗する軍事同盟（反共軍事同盟）をつくったんだ。そして、イギリスはこの同盟にアメリカを招き入れようとした。これが、**のちにNATOに発展**するよ。

　それから、同じ時期にアメリカがラテンアメリカで反共同盟をつくっていることにも注目しておこう！　1947年、ブラジルのリオデジャネイロで**リオ協定【米州共

同防衛条約／リオデジャネイロ条約】を結び、**ラテンアメリカを反共同盟に組み込むと**、翌年には**米州機構【OAS】**をつくって、南北アメリカの連携を強化した。もちろん、**ラテンアメリカの共産化阻止**が目的だよ！　そして、ラテンアメリカでは、多くの国でアメリカが支援する軍事政権が成立することになる。キューバの**バティスタ政権**やニカラグアの**ソモサ**政権が代表的な親米軍事政権だよ。

3 ベルリン問題と冷戦体制の形成

◀ **ベルリン封鎖vs.大空輸作戦！　ドイツをめぐる対立は修復不可能になった**

　ドイツは米英仏ソ4カ国によって分割占領されたけど、いずれは統一することになっていた。でも、米ソ両国の占領方針が違いすぎるよ……😩。**アメリカは早いとこドイツを復興して国際経済に復帰させ、ヨーロッパの復興をスピードアップさせたい**。一方、**ソ連はドイツを社会主義国にして、さらに戦争の賠償としてドイツの工場から機械などをソ連に移動した**。結局、**4国外相会談**では交渉が決裂したんだ。

〈ドイツの分割占領とベルリン問題〉

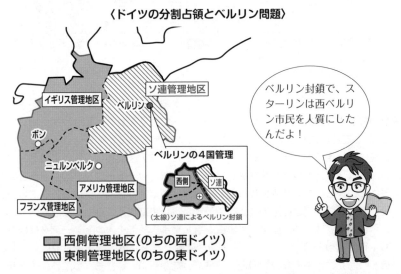

ベルリン封鎖で、スターリンは西ベルリン市民を人質にしたんだよ！

□ 西側管理地区（のちの西ドイツ）
▨ 東側管理地区（のちの東ドイツ）

　1948年に入ると、まずアメリカから仕掛けたんだ👆。米英仏の3国は**西側管理地区で通貨改革をおこない、米ドルと交換できる新通貨（西ドイツ＝マルク）を発行した**。これって西側の占領地区だけ統合して、**新しいドイツ国家をつくる準備**だよ。ソ連も対抗して東側で新通貨を発行したけれど、もはやドイツ全体を統合するのはムリだ😫。さらに大問題なのは、ソ連占領地域のなかにある「**西ベルリン**」。アメリカは**西ベルリンでも通貨改革をやって、経済力をベルリン市民に見せつけた**。まだ東西ベルリンは自由に行き来できたから、東ベルリン市民のなかには「アメリカのほうがスゴイ😳　資本主義のほうがいい！」と、**西へ移住**する人も出て

きたんだ。

　対するスターリンも黙ってはいない！　通貨改革への報復（ほうふく）として、西ベルリンにつながる鉄道・道路・運河などの交通を武力で封鎖（ふうさ）し、電力の供給もストップ！西ベルリンを「陸の孤島（こ）」にしたんだ。「食料も電力もなければ、西ベルリン市民は飢（う）え死（じ）にだ。アメリカめ、思い知れ😤！」ってね。

　ソ連によるベルリン封鎖は、世界中を震撼（しんかん）させた。下手すれば米ソ戦争が始まり、いきなり第三次世界大戦じゃないか！　でも、アメリカ大統領トルーマンは、「西ベルリン市民は絶対助ける😤」と宣言して、米軍の輸送機を使って西ベルリンに生活物資を運び入れることにした。もし輸送機が撃墜されたら……即開戦😫。しかし、トルーマンの決意は固い！　こうしてアメリカは大空輸作戦を始め、封鎖が解除されるまでの１年間で約28万便もの輸送機を西ベルリンへと飛ばした。これで、ドイツをめぐる対立は、話し合いじゃ解決できなくなったよ😤。

合否の分かれ目▶　冷戦の構造を確認しよう！

● **西側……アメリカを中心とする資本主義陣営**（自由主義）
　● 政治：**トルーマン＝ドクトリン**［1947.3］
　　▶ **ギリシア・トルコへの経済・軍事援助を表明** ➡「封（ふう）じ込め政策」開始
　● 経済：**マーシャル＝プラン**【ヨーロッパ経済復興援助計画】［1947.6］
　　▶西ヨーロッパの共産化阻止のため、**アメリカが復興資金を援助**
　● 軍事：北大西洋条約機構【**NATO**】［1949.4］
　　▶アメリカを中心に、カナダも含めた西側12カ国で結成した**反共軍事同盟**
● **東側……ソ連を中心とする社会主義陣営**（共産圏）
　● 政治：コミンフォルム【共産党情報局】［1947.9］
　　▶各国共産党の結束を強化するための情報機関。西側（仏・伊）の共産党も加盟
　● 経済：コメコン【経済相互援助会議／COMECON】［1949.1］
　　▶マーシャル＝プランに対抗した**ソ連中心の経済協力機構**。実態はソ連が東欧を搾取（さくしゅ）
　● 軍事：ワルシャワ条約機構【東欧８カ国友好協力相互援助条約】［1955.5］
　　▶西ドイツのNATO加盟と再軍備に対抗した**東側陣営の軍事同盟**

◀ アメリカがついに軍事同盟に加わり、ドイツは東西に分断された！

　外交交渉が不可能になると、米ソ両国はそれぞれの陣営の結束を強化したよ。1949年１月、ソ連は東欧への支配を強化するためにコメコン【経済相互援助会議】をつくった。これはマーシャル＝プランに対抗した経済協力機関なんだけど、実態は、東欧諸国に農業・工業などの産業を割り当てて、**ソ連が東欧から搾取する**んだよ。これで、東欧諸国は絶対にソ連よりも豊かにはなれなくなった😣。あっ、す

でに自主路線を歩んでいるユーゴスラヴィアは入っていないよ！

　対する**アメリカは孤立主義を完全に捨てて**、**西ヨーロッパとの軍事同盟を強化す**るため、1949年4月には**北大西洋条約機構【NATO】**をつくった。こうして西側は、**アメリカの圧倒的な経済力と軍事力を背景に**、東側陣営との対決姿勢を強めたんだ。

　そして、**ドイツは分断されて独立する**ことになった。まず米英仏3国は、1949年5月に基本法（憲法）を制定させて、占領状態のままの西側に**ドイツ連邦共和国【西ドイツ】**をつくった。この時、暫定首都とされたのが**ボン**。ていうか、ボンって知ってる？　たまに文化史で、作曲家ベートーヴェンの出身地って出てくるけど……あまり有名じゃないよね😌。暫定っていうのは「今はボンだけど、**将来ドイツを統一した時に、首都はベルリンにする**」っていう意味だ。そして西ドイツでは**アデナウアー**が首相となり、1950年代には「**奇跡の経済復興**」を実現したよ。

　西ドイツが建国されるとベルリン封鎖の意味がなくなり、ソ連は1949年5月に封鎖を解除し、同じ年の10月には東側に**ドイツ民主共和国【東ドイツ】**をつくったよ。首都はベルリンだ。東ドイツは共産党と社会民主党が合同した**社会主義統一党**の一党独裁体制になり、急激に**ソ連型の社会主義国家建設**が進んだから、「いよいよ自由がなくなる😫」と思った人は、西側に脱出し始めた。皮肉なもんで、どんどん国境の閉鎖が進み、**国境を行き来できるのは封鎖が解除されたベルリンだけ**になったんだ。こんなふうに、ヨーロッパでは戦争こそ起きなかったものの、対立はどんどん激しくなっていったよ。じゃあ、同じ時期の各国の国内問題も見ておこう！

◀ **冷戦が始まって、西側の各国では何が起きたんだろう？**

　アメリカ合衆国では、トルーマン大統領が「**フェアディール**」と呼ばれる福祉政策を進めたんだけど、「社会福祉を拡大すると労働者の力が強くなって、社会主義が広がるのでは……」と警戒されちゃった😫。そして、アメリカではかえって**社会主義への反発が強まり**、国家安全保障法で**中央情報局【CIA】**や国家軍事機構（のちの国防総省）などが設置されたほか、ワグナー法で保障した労働者の権利を大幅に制限する**タフト・ハートレー法**がつくられ、労働運動が弾圧されたんだ。さらに1950年代に入ると、共和党の上院議員**マッカーシー**を中心にヒステリックな反共主義が高まり、「**赤狩り**」旋風（**マッカーシズム**）が巻き起こった。例えば、リベラル派の人たちが「戦争反対！」って言っただけで「お前は共産主義者か！」と責められて公職を追放されたり、しまいには「トルーマンも共産主義者だ！」などと言い出す始

> マッカーシズムでは、ハリウッドの俳優やメジャーリーガーまでもが「私は共産主義者じゃありません」と宣言させられたんだ😓

末😵。アメリカの反共アレルギーは、くるとこまできた感じだな……😑。

イギリスでは、**労働党のアトリー政権**が「**ゆりかごから墓場まで**」をスローガンに失業保険・疾病保険・年金など**社会福祉制度の充実**を図り、さらに**重要産業国有化**などの**社会主義的な政策**を進めたよ。ただ、冷戦が激しくなった1951年には保守党が総選挙で勝利し、**第2次チャーチル内閣**が成立したんだ。

フランスでは、大戦末期に**ド゠ゴール**を首班とする臨時政府ができて、**第四共和政**になった。そして戦後の議会選挙では**共産党**や**社会党**が躍進し、右派と左派の連合政権になったから、ド゠ゴールは「共産党や社会党と一緒になど、やってられん！」と首相を辞めちゃった😵。しかも、**マーシャル゠プラン受け入れ**の問題から**共産党は政権から排除**されたんだ。だから、ド゠ゴール派と共産党の反対で政権が不安定になってしまったんだ。

イタリアでは国民投票で**王政が廃止**されて共和国になると、議会内では**共産党**や**社会党**が勢力を拡大して、反共路線をとる**キリスト教民主党**と対立したよ。

◀ 米ソ両国で核開発競争が始まった！

1945年に**アメリカが世界初の原子爆弾【原爆】開発**に成功したことで、核兵器を持つアメリカが軍事的には圧倒的に優位になった。これに対し、「核兵器の脅威に対抗できるのは核兵器だけ」と思ったスターリンは核開発を急がせ、ソ連では軍事部門最優先の**第4次五カ年計画**が進められた。そして1949年には**原爆実験に成功、ソ連が世界で2番目の核保有国**になったんだ。

> 「アメリカの原爆保有→ソ連の原爆保有→アメリカの水爆保有→ソ連の水爆保有」の時代順は、よく出題されるよ！

対する**アメリカ**は、まず1952年に再びチャーチルが首相となったイギリスに技術を提供して、**イギリスを核保有国**にした。そして**アメリカ**も同じ年の11月には**水素爆弾【水爆】**の実験に成功した。しかし、ソ連もこれを追うように1953年には**水爆実験に成功**したんだ。こんなふうに米ソ両国は「つねに相手を全滅できるだけの核兵器を持っていないと、相手の核兵器による攻撃は防げない」って考えて、核兵器の開発と保有数を競い始めたんだよ。ここは、「**原爆・水爆ともにアメリカが先に開発に成功して、それにソ連があとから追いついた**」っていう順番をおさえておこう！

そして、核開発競争の行き着く先は、「**核戦争が始まったら、米ソ両国だけではなく全人類・全世界が滅亡する**」状態だ。つまり、相手に戦争を仕掛けたら自分も全滅する、だから戦争も起こせないし、核兵器も使えない。この考え方は「**核抑止力**」と呼ばれている。そして、世界はお互いが相手の核戦力に恐れを抱く「**恐怖の均衡**」の時代に突入し、各国は米ソが自分の国を核兵器で守ってくれるかどうか（「核の傘」）、ってことを考えなきゃいけなくなったんだよ。

4　アジアでの対立激化

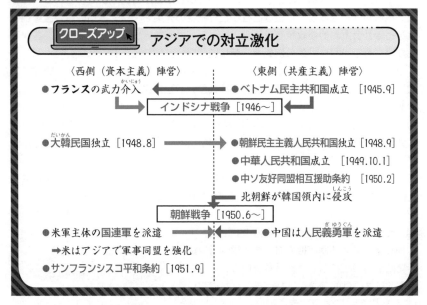

クローズアップ　アジアでの対立激化

〈西側（資本主義）陣営〉　　〈東側（共産主義）陣営〉

●**フランスの武力介入**　◀━━━━　●ベトナム民主共和国成立　[1945.9]

　　　　━━━▶　インドシナ戦争 [1946〜]　◀━━━

●**大韓民国独立** [1948.8]　━━━▶　●朝鮮民主主義人民共和国独立 [1948.9]

　　　　　　　　　　　　　　●中華人民共和国成立　[1949.10.1]

　　　　　　　　　　　　　　●中ソ友好同盟相互援助条約　[1950.2]

　　　　　◀━━━　北朝鮮が韓国領内に侵攻

　　　　朝鮮戦争 [1950.6〜]

●米軍主体の国連軍を派遣　▶━━◀　●中国は人民義勇軍を派遣

　➡米はアジアで軍事同盟を強化

●サンフランシスコ平和条約 [1951.9]

🔊 ベトナム、朝鮮、中国……アジアでも資本主義vs.社会主義が激化！

　ここで同じ時期の**アジア**について見ておこう。ヨーロッパでは実際の戦争が起きない「**冷戦**」だったけど、**アジアでは実際の戦争が起きてしまった**んだよ。

　まず戦争になったのは**ベトナム**だよ。日本の敗戦直後に、インドシナ共産党の**ホー＝チ＝ミン**は**ベトナム民主共和国**を建国し、**社会主義国**として独立した。しかし、植民地支配の復活を狙う**フランス**が**武力介入**して**インドシナ戦争**が勃発、フランスも南部に**バオダイ**を主席とする**ベトナム国**を建てて対抗した。ここから1975年まで、ベトナムでは**社会主義の「北」と資本主義の「南」の戦争が続く**んだ。

　東アジアでも、**朝鮮**と**中国**で資本主義と社会主義が対立したよ。**カイロ宣言**で日本からの独立を約束されていた朝鮮は、戦後は**北緯38度線**を境界に南を**アメリカ**が、北を**ソ連**がそれぞれ占領していたんだけど、ベルリン封鎖が始まって米ソ対立が激化すると、アメリカは朝鮮半島南部の独立を急ぎ、1948年8月に**李承晩**を大統領とする**大韓民国**を成立させた。すると、ソ連も翌9月には**金日成**を首班とする**朝鮮民主主義人民共和国【北朝鮮】**を建て、**朝鮮半島の南北分断が確定**したんだ。

　そして、東アジア情勢を大きく変えたのが**中国**だよ。終戦直後には米ソ両国が**蔣介石**の**中華民国**を正統な政府と認めたんだけど、蔣介石の**国民党**と毛沢東の**共産党**の内戦（**国共内戦**）が始まり、国民党が徐々に追いつめられていった。そして、1949年には**内戦に勝利した共産党**が**中華人民共和国**の建国を宣言すると、敗れた**蔣介石は台湾に逃亡**した（**台湾国民政府**）。こうなると、資本主義と社会主義のバラ

ンスが崩れる😨。これまでアメリカは、**蔣介石の国民政府を支援**すれば東アジアの資本主義を守れると思っていたんだけど、共産党の勝利によって一気に社会主義陣営が優勢になっちゃった😰。しかも、中華人民共和国とソ連が**中ソ友好同盟相互援助条約**を結んだから、東アジアでソ連の影響力が強まっていったんだよ。

🔊 ついに朝鮮戦争が勃発！　こりゃ、米ソの代理戦争だ

　中華人民共和国が成立すると、北朝鮮の金日成は「これは半島を統一するチャンス！」って思った。だって、北朝鮮の背後がアメリカの支援する中華民国から、**ソ連と軍事同盟を結んだ中華人民共和国**に変わったから、もう挟み撃ちになる心配はない！　こうして1950年6月、**北朝鮮軍が北緯38度線を越えて韓国領内に攻め込み、朝鮮戦争が勃発**した😲。そして、北朝鮮軍は一気に釜山まで侵攻したんだ。

〈1950年9月〉

中華人民共和国

朝鮮民主主義
人民共和国

平壌

北緯38度線

ソウル

大韓民国

釜山

　すぐさま**アメリカは国連の緊急安全保障理事会**を開き、北朝鮮軍を「**侵略者**」として、**米軍主体の「国連軍」の派遣を決めた**んだ。ここで、ソ連が拒否権を使うのでは？　と思った人は鋭い！　この時ソ連は、「中国の国連代表権を台湾が持っているのはおかしい😤」と抗議して、**安保理を欠席**していたんだ。欠席すると「棄権」になるから、拒否権は使えない。ソ連が欠席すれば常任理事国は米・英・仏と中華民国でしょ。ほら**資本主義国ばかり**😅。だから、厳密に言うと、この軍隊は国連憲章にのっとった**正式な国連軍じゃない**よ。

　こうして、「国連軍」は**仁川上陸**でソウルを奪還し、さらに**北上して中国国境に迫った**から、今度は中国、そしてソ連が焦った😨。ただ、名前だけとはいえ一応「国連軍」だから、これと戦うと表向きは全世界を敵に回したことになる……。だから中国は「これ以上北上したら、"中国人民"は見過ごさないだろう」と発表して「**人民義勇軍**」を送り込んだ。ていうか、**中身は中国軍（人民解放軍）**だよ。しかも、この「義勇軍」には空軍もある……😅。一般人が戦闘機を持ってるわけないじゃん😤。この義勇軍はウラでソ連が**支援**してるんだよ。これで国連軍を後退させて**平壌を奪還**し、さらに**再びソウルを占領**した。

　国連軍の総司令官**マッカーサー**は、「中国の義勇軍

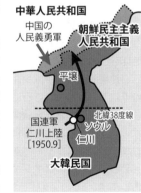

〈1950年11月〉

中華人民共和国

中国の
人民義勇軍

朝鮮民主主義
人民共和国

平壌

国連軍
仁川上陸
[1950.9]

北緯38度線

ソウル

仁川

大韓民国

をぶっ潰すために、中国へ原爆攻撃をしたい」と言っ
たんだけど、これ以上戦争を拡大させたくないトルー
マン大統領に解任されたよ。だって、朝鮮戦争は米ソ
が支援する**代理戦争**になっちゃったから、戦争が拡大
すると第三次世界大戦になりかねないでしょ。

　結局、1951年半ばには戦線が北緯38度線付近で膠着
状態になり、**開城**で休戦会談が始まった。その後、**板
門店**でおこなわれるようになった休戦交渉はなかなか
まとまらなかったけど、1953年に**スターリンが死去**
し、北緯38度線付近を**軍事境界線**にすることで合意す
ると、**朝鮮休戦協定**が調印された。ただ、正式な講和
条約はいまだに結ばれてないから、法的には戦争が続
いている状態のまま南北朝鮮の分断が固定され、つい
に21世紀を迎えてしまったんだね。

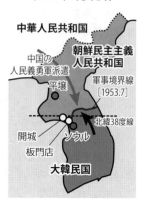

〈1951年7月以降〉

中華人民共和国

朝鮮民主主義
人民共和国

中国の
人民義勇軍派遣

平壌

軍事境界線
[1953.7]

北緯38度線

開城　ソウル
板門店

大韓民国

◀ 朝鮮戦争を機に日本が独立！　さらに、アメリカはアジアで軍事同盟を強化

　朝鮮戦争はアメリカを焦らせたよ😵。だって、中国が社会主義になったうえに、
朝鮮半島まで社会主義にするわけにいかないでしょ。だから、**日本を占領している
米軍を朝鮮半島に送りたかった**んだ。そして日本を「社会主義に対する防壁」にす
るために、**日本経済の再建と再軍備を進める**ことにした。こうして、マッカーサー
の指令で**警察予備隊**（のちの自衛隊）が創設されたんだ。

　さらに1951年には**サンフランシスコ平和条約**が結ばれて**日本は独立を回復**し、資
本主義陣営の一員になったけど、ソ連などの共産圏の国々は条約に調印せず、イン
ド・ビルマは条約案に不満だったので会議に参加せず、絶対に揉めるのがわかって
るから中華人民共和国と中華民国は招かれなかっ
たので、日本はこれらの国々と個別に講和条約を
結ばないといけなくなった。ただ独立とはいって
も、**沖縄・奄美と小笠原諸島は暫定的にアメリカ
の軍政下**に置かれ、さらにサンフランシスコ講和
条約と同時に**日米安全保障条約**が結ばれて、**日本
はアメリカ軍に基地を提供する**ことになった。こ
れが今も続く米軍基地問題の発端だね。

　そしてアメリカはアジアでも反共軍事同盟を強
化したよ。ヨーロッパで**NATO**をつくったみた
いにアジアでも軍事同盟をつくって、ソ連や中

自衛隊や米軍基地の問題は、
朝鮮戦争の時に、アメリカが
日本を慌てて独立させたから
起こったんだよ😰

国、そして**北ベトナム**を「封じ込め」ようってことだ。まず1951年に、フィリピン
との**米比相互防衛条約**を結び、さらにオーストラリアとニュージーランドとの反共
軍事同盟である**太平洋安全保障条約【ANZUS】**をつくった。ANZUSっていうの

は3国の頭文字を取った略称だ。「A」は Australia（オーストラリア）、「NZ」は New Zealand（ニュージーランド）、「US」は United States（アメリカ合衆国）ね。この年には**日米安全保障条約**も結ばれてるよ。さらに、1953年には朝鮮休戦協定に違反して**米韓相互防衛条約**を結び、韓国軍の指揮権を在韓米軍が持つことになった。さらに台湾の中華民国とも**米華相互防衛条約**を結んだよ。こうして、アジアも完全に冷戦体制に組み込まれたんだ。

5 〉 「雪どけ」と「巻き返し政策」

クローズアップ

「雪どけ」と「巻き返し政策」［1953〜55］

〈西側（資本主義）陣営〉　　　　〈東側（共産主義）陣営〉

●アイゼンハワー大統領就任［1953.1］　　●スターリンの死［1953.3］

「雪どけ」◀──

朝鮮休戦協定［1953.7］

ジュネーヴ休戦協定［1954.7］

「巻き返し政策」

●東南アジア条約機構【SEATO】［1954.9］
シアトー

●パリ協定［1954.10］

➡●西ドイツ NATO 加盟［1955.5］➡●ワルシャワ条約機構成立［1955.5］

オーストリア国家条約［1955.5］

ジュネーヴ4巨頭会談［1955.7］

●バグダード条約機構【METO】［1955.11］
メトー

◀ **スターリンが死去！　ソ連の態度が変化して「雪どけ」が始まった**

1953年、ついに**スターリンが死んだ**😨！　こりゃ、ただ事じゃない。だって、ソ連の政策はスターリンが一人で決めてきたんだもん。そして、**反対したヤツはすべて粛清**……😔。もはや、ソ連には微妙な人しか残っていない……。だって、スターリンより有能だと消されて、無能すぎても消される😨。スターリンにゴマをするヤツしか生き残れないけど、ゴマをすりすぎると「胡散臭い」から消される……。

結果的に、**スターリン死後のソ連には有力な後継者がいなかった**から、個人独裁じゃなくて**集団指導体制**になった。そして、スターリンのような「アメリカと全面対決して、資本主義世界を全滅させる」といった主張が弱まり、「米ソ間の話し合いで、対立を緩和させたほうがいいのでは……」という考え方が出てきて、米ソの和解ムードを生んだ。これが「雪どけ」だ。あっ！「雪どけ」はあくまでも「ムード」だけだから、必ずしも本当に和解が進んだわけじゃないけど、今までの「全面

第1章　国民国家の形成

第2章　列強の侵略とアジアの変革

第3章　帝国主義と第一次世界大戦

第4章　戦間期と第二次世界大戦

第5章　戦後の世界

対決」から「和解ムード」に変わったのは、大きな変化だよね。こうして、1953年には朝鮮休戦協定が結ばれ、さらにインドシナ戦争の休戦会談も始まって、1954年にはジュネーヴ休戦協定が結ばれた。ただ、米ソ両国は「雪どけ」の裏側で対立を続けていたから、「雪どけ」だって手放しで喜んじゃダメだよ😤。

◀ アメリカではアイゼンハワー大統領が登場し、「巻き返し政策」が始まった！

　反共の嵐が吹き荒れるアメリカでは、共和党のアイゼンハワーが大統領になった。彼は第二次世界大戦の時には、ノルマンディー上陸作戦の総司令官だったよね。そして国務長官のダレスは、「トルーマン政権の“封じ込め政策”では甘い！これからは積極的に社会主義への反撃をするべきだ😤」として「巻き返し政策」を始めたんだ。この時ダレスは、「もはや世界全体が社会主義になる“瀬戸際”だ」として、軍事同盟の強化と核兵器による大量報復を打ち出した（“瀬戸際外交”）。

　こうして、アメリカは軍事同盟をさらに強化した。まず、アジアでは太平洋安全保障条約【ANZUS】、米比相互防衛条約をもとにして、ANZUS と英仏、フィリピン、タイ、パキスタンで東南アジア条約機構【SEATO】を結成した。これは、ジュネーヴ休戦協定の締結を拒否したアメリカがつくった北ベトナム包囲網だ。さらに、ソ連に対する「巻き返し」として、ヨーロッパの反共軍事同盟を強化するために西ドイツの再軍備に踏み切ったんだ。戦後、ドイツ軍は解散されたけど、考えてみれば、第二次世界大戦でヨーロッパ全体を敵にして戦ったドイツの潜在的な軍事力はかなり強い！　しかも、西ドイツと東ドイツを比べると西ドイツのほうが強い。だったら西ドイツを反共同盟の一員にしちゃえばいい😤！　こうして1954年のパリ協定では、西ドイツの主権回復と再軍備、さらに西ドイツの NATO 加盟が決まったんだ（加盟したのは1955年だよ）。そして、1955年には中東でも英、トルコ、イラク、イラン、パキスタンでバグダード条約機構【METO／中東条約機構】がつくられた。ただ METO は、アメリカによるイギリス連邦の切り崩しを警戒して、イギリス主導で結成されたんだけどね😄。これで、世界の反共軍事同盟が重なり合ってつながったんだよ。

◀ ソ連もワルシャワ条約機構を結成！「雪どけ」で東西対話も実現！

　アメリカがソ連に対する「巻き返し政策」を進めたから、両陣営の緊張は高まった。西ドイツの NATO 加盟に対抗して、1955年、ソ連も東欧の軍事同盟としてワルシャワ条約機構【東欧８カ国友好協力相互援助条約】をつくった。加盟したのはソ連を中心にポーランド、東ドイツ、チェコスロヴァキア、ハンガリー、ルーマニア、ブルガリア、アルバニアの８カ国。もちろん東ドイツも入っているからドイツは冷戦の最前線になったんだ。これって、ソ連が「ドイツは１つ」から「２つのドイツ」に方針を転換したってことだ。あっ！　独自路線のユーゴスラヴィアは入ってないけど、「雪どけ」ムードのなかでソ連とは和解したよ。これで米ソを中心とする軍事同盟が完成して、冷戦体制が確立したんだよ。

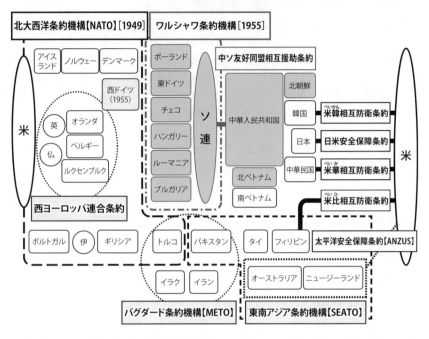

〈東西両陣営の軍事同盟〉

とはいえ、「雪どけ」ムードがないわけじゃない。ベルリン問題や東西ドイツなど、根本的な問題が解決したわけではないけど、両陣営が「とりあえず話し合っておこう」と考えて、**対立が緩和された部分もあるよ**。まず、1955年5月には**オーストリア国家条約**が結ばれて4国の共同管理が解消され、**1つの国として独立を回復**したよ。分断国家が増えなくてよかったね😆。そしてオーストリアは両陣営どちらにも味方しない**永世中立国**になった。さらに7月には、ジュネーヴで**米英仏ソ4国の首脳会談**が実現したよ。この**ジュネーヴ4巨頭会談**に参加したのは、アメリカ大統領**アイゼンハワー**、ソ連首相**ブルガーニン**、イギリス首相**イーデン**、フランス首相**フォール**の4人だよ。**この会談で決まったことは……何もない**😐。根本的な問題は何も解決できなかったんだよ。そうはいっても、4国首脳が話し合いのテーブルについただけでも一歩前進だ。話し合うことに意義がある！ってことだよ。

では、なんで東西の主要国の首脳が集まったんだろう？ これは、同じ年に開かれた**第1回アジア・アフリカ会議【バンドン会議】**➡P.438に対抗するためだ😵！。第1回アジア・アフリカ会議では、その前年にインドの**ネルー**と中華人民共和国の周恩来の会談で発表された**平和五原則**をもとに、平和共存や反植民地主義、人種と国家間の平等などを謳った**平和十原則**を採択して、各国の植民地での独立運動に影響を与えていたからね😎。しかも、ここに集まった**新興独立国**は非同盟中立を掲げて、米ソが主導する東西対立から距離を置こうとしていたんだ。だから「第三世

第1章 国民国家の形成
第2章 列強の侵略とアジアの変革
第3章 帝国主義と第一次世界大戦
第4章 戦間期と第二次世界大戦
第5章 戦後の世界

界【第三勢力】」って呼ばれるよ😆。こうした動きに対抗するために、米英仏ソの首脳が集まってジュネーヴ4巨頭会談が開かれたんだよ。

　そして……冷戦の最前線にされちゃった**ドイツ**は、「同じ民族同士の戦争はしたくない！」って思ったんだ。だって、もし東西の戦争が起きたら、最初に衝突するのは「西ドイツ vs. 東ドイツ」になっちゃうでしょ。だから、戦争を起こしちゃマズい……😵。そこで**西ドイツ**は、ソ連との関係改善を目指したんだよ。結果、9月には**ソ連と西ドイツが国交回復**を実現したよ。もちろん、**領土問題、ベルリン問題**などにはあえて触れない😅。だって、触れた瞬間ケンカになるでしょ。まずは、対話を一歩ずつ進めるのが先だよ。

　こんなふうに1955年には、**両陣営の軍事同盟が完成して対立が鮮明になる**一方で、両陣営の勢力圏が確定したことで、オーストリア国家条約やジュネーヴ4巨頭会談など「雪どけ」も進んだんだ。

　じゃあ、今回はここまでだよ。最後に年号 check！

> ### ‼ 年号のツボ
>
> ● **トルーマン＝ドクトリン**[1947]（**行くしか**なかった　トルコとギリシア）
> ● **ベルリン封鎖**[1948]（**ひどく弱**った　ベルリン市民）
> ● **NATO成立**[1949]（**NATOがくじく**　社会主義）
> ● **朝鮮戦争勃発**[1950]（朝鮮戦争　**ひどく困る**）
> ● **スターリンの死**[1953]（死後の**誤算**は　「雪どけ」だ）
> ● **ワルシャワ条約機構樹立**[1955]（**今後**は反撃　東欧諸国）

　次回は引き続き冷戦の展開だよ。**米ソ対立が鮮明になる**一方で、対話ムードの「雪どけ」も進んで……世界はいったいどっちに向かうんだろう？　お楽しみに！

383

第1章
国民国家の形成

第2章
列強の侵略と
アジアの変革

第3章
帝国主義と
第一次世界大戦

第4章
戦間期と
第二次世界大戦

第5章
戦後の世界

近現代日本へのアプローチ ⑦
~占領から主権回復・55年体制の形成~

第二次世界大戦後、敗戦国となった日本は GHQ のもとに置かれて、**実質的にはアメリカ軍の単独占領**になったけど、**南西諸島（沖縄・奄美）と小笠原諸島はアメリカ軍の直接統治下**に置かれたんだ😢。GHQ の間接統治下では非軍事化や民主化が進められ、本文で書いたことのほかに、**女性参政権**の付与や、日本国憲法に基づいて、**地方自治法**や**教育基本法**の制定や、民法の改正によって**男女同権の家族制度**が定められたんだ😆。また、**政党政治**も復活して、戦前の二大政党の流れをくむ勢力は日本自由党や進歩党（のちの民主党）をつくり、1946年には日本自由党が第1党となって第1次**吉田茂**内閣ができたんだ。

一方で、戦後の物資不足で国民の生活はむちゃくちゃ貧しかったから、**社会主義体制の実現を目指す革新勢力**も現れ、「米よこせ😡！」と訴える食料メーデーや、ゼネラル＝ストライキなどの労働運動も活発になった。ただ、世界は資本主義陣営と社会主義陣営が対立する冷戦の時代だからね。GHQ はこうした社会主義的な運動を中止させたんだ😤。こうしたことも影響して、1947年の衆議院選挙では**日本社会党**が躍進し、新憲法のもとでの最初の首相指名では**社会党の片山哲**が選ばれ、民主党・国民協同党との連立内閣ができたんだ😲！

その後、朝鮮半島の分断や中国での国共内戦激化など、アジアでも冷戦が表面化し始めると、絶対に共産主義を拡大させたくないアメリカは、1948年、日本の占領政策を「非軍事化と民主化」から「**経済復興と自立的な国家建設**」に変えて、財閥解体の緩和や公務員の労働争議の禁止などを決めた。さらに、**官公庁などから共産主義者を追放する**レッドパージがおこなわれる一方で、日本経済を国際経済に復帰させるため、**1ドル＝360円の単一為替レート**が設定され、国際通貨基金【IMF】加盟の準備が進められた。

1950年に朝鮮戦争が勃発すると、アメリカ軍向け物資の需要などのいわゆる**朝鮮特需**で日本経済は復興に向かったんだ😄。そして1951年、吉田茂内閣が**サンフランシスコ平和条約**を結んで、日本は主権を回復したけど、同時に結ばれた**日米安全保障条約**で、独立後もアメリカ軍が日本国内の基地に駐留することとなり、日本は西側陣営の一員に組み込まれた。

このため、日本の国内政治では**アメリカの方針を支持する保守勢力**と、**それを批判する革新勢力**とが対立した。1955年、社会党が「非武装中立」を唱えて統一すると、保守勢力の自由党と民主党がアメリカや財界の後押しで合併して**自由民主党【自民党】**を結成した😎。以後、自民党が政権を取り続け、それに野党第1党の**社会党**が労働組合の支持を得て対抗する**55年体制**が38年間も続いたよ。

それじゃあ、冷戦の2回目だよ。前回は「雪どけ」と「巻き返し政策」が同時期に進んでいたけど、どっちに進むかわからなかったよね。いったい世界はどっちに向かうんだろう？

• 大きくつかもう！ •

1 スターリン批判と平和共存政策
385～387ページ

2 冷戦の再燃とキューバ危機
387～390ページ

4 東西両陣営の動揺
395～401ページ

3 ECの成立と西欧諸国
390～394ページ

米ソ両大国の関係は「雪どけ」→「対立」→「対話の模索」ってイメージだ

スターリンの死後、ソ連の態度がちょっとだけ対話へと向かい、1956年からさらに「雪どけ」が進むよ。フルシチョフによる「スターリン批判」は世界を驚かせ、「平和共存」で米ソが対話を始めたんだけど、それも長くは続かなかった。再び対立が激化して、キューバ危機で対立はピークに達した。同じころ、資本主義陣営ではフランスが米英に反抗し、社会主義陣営でもソ連と中国が対立する中ソ論争が起きて体制が動揺した。こうして世界は米ソ両国と、それに対抗する動きから多極化の時代に進むんだ。

それじゃあ冷戦の第2回、いってみよう～😆。

1 スターリン批判と平和共存政策

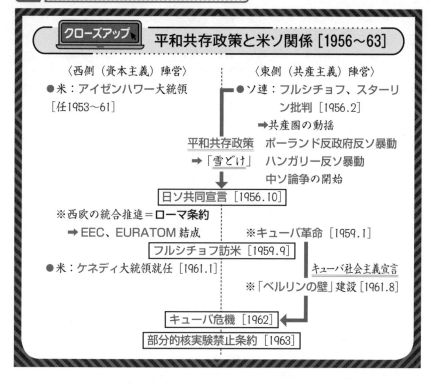

◀ スターリン批判と平和共存政策で社会主義陣営が動揺！

　ジュネーヴ４巨頭会談に出席したソ連の首相は**ブルガーニン**だったけど、実際に権力を握っていたのは**共産党の第一書記**として後ろに控えていた**フルシチョフ**だ。そして、この会談で権威を高めたフルシチョフは、1956年の**ソ連共産党第20回大会**で「スターリンがやってきた個人崇拝（すうはい）や反対派の大量粛清（しゅくせい）は間違っていた」という秘密報告をおこなうと（**スターリン批判**）、さらにスターリンの「資本主義国は全滅させる😤」という外交方針をやめて、「**社会主義国と資本主義国が平和に共存すれば、世界戦争は回避できる**」という**平和共存政策**へと転換したんだ。これは、もし核（かく）戦争が起きたら世界が全滅するという「**恐怖の均衡（きんこう）**」が背景だよ。

　スターリン批判を受けて、ソ連の国内では**国家の締めつけをゆるめて活発な議論**を認めたり（もちろんかなり部分的だけどさ……）、国家の権限を地方（各共和国や州など）に移すなどの改革が始まったんだけど、同時にスターリン批判を通じて**フルシチョフが最高指導者**の地位を固めたんだ。

　一方で、フルシチョフのスターリン批判は、**東欧諸国の共産党支配を弱める**結果になった。1956年、平和共存政策に基づいて**コミンフォルム**が解散されると、**東欧**

の人びとの間に自由化への期待が高まったんだ。「もしかして、ソ連の言うことを聞かなくていいのでは？ だったら、ウチの国の共産党の言うことも聞かなくていいじゃん😆！」ってね。こうして、**各国で反政府暴動が起きた**んだ。

まずは**ポーランド反政府反ソ暴動【ポズナニ暴動】**だ。1956年、ポーランド西部の**ポズナニ**で、**労働者や学生が政治・経済の改革を要求して暴動を起こした**。それに、ポーランドにはこれまで抑圧されてきたロシア（ソ連）に対する恨みもある！ただ、ポーランド政府は「これじゃあソ連軍に潰される！」って思って、**ポーランド軍を出動して弾圧**したから、余計に民主化運動が激化、改革派だった**ゴムウカ**が第一書記に復活したよ。ゴムウカは、農村の改革や宗教の自由などの**独自路線**をとることを約束して暴動を抑えたんだけど、同時にソ連から乗り込んできたフルシチョフには、「ポーランドは**ソ連の忠実な同盟国である**」と約束した。こうして「自主解決」したから、**ポーランドにはソ連軍は介入していない**よ。

一方で、**ハンガリー反ソ暴動【ハンガリー事件】**はひどいもんだよ。首都ブダペストの学生や労働者を中心に**民主化を求める大規模なデモ**が起きると、改革派の**ナジ【ナジ＝イムレ】**が首相に復帰し、「**ワルシャワ条約機構から脱退する😠**」と言い出した。これにはフルシチョフも我慢ならず、**ソ連軍をハンガリーに送って数千人を殺害😵**。徹底的に弾圧した。ちょうど、英仏がスエズ戦争をやっていて、世界的に目立たなかったからね😓。こうして、**ナジはソ連軍に逮捕・処刑**され、親ソ派の**カーダール**が政権に就いた。ていうか、一国の首相を捕まえて処刑するなんて、あり得ないよ😵。

そして、このころから**中国とソ連の関係がギクシャクし始めた**んだ。中国では毛沢東がスターリンと同じように「**個人崇拝**」をさせてるから、スターリン批判の影響で、自分の個人崇拝が批判されるかもしれないでしょ😅。しかも、ソ連は社会主義建設がほぼ終わっているけど、中国はとにかく急激な社会主義化を進めたい。しかも、中心は農民！ だって、中国って農民が多いじゃん。だから、重化学工業を重視した**ソ連型の社会主義は中国にはあわなかった**。でも、中国を援助してるソ連はおもしろくない😏。こうして**中ソ論争**が始まったんだ。

◀ ソ連の平和共存政策で、ついに米ソ首脳会談も実現！

一方、西側との「平和共存」は進むよ。ソ連がまず関係を改善したのが**日本**だ。ソ連は日本と西側諸国が結んだ**サンフランシスコ平和条約に調印しなかった**よね。ってことは、日本とソ連は法的にはまだ戦争中……😓。北方領土問題があったから、なかなか調整がつかなかったんだけど、ついに1956年、日本の首相鳩山一郎とソ連首相**ブルガーニン**が**日ソ共同宣言**に調印して正式に戦争を終わらせ、**国交を回復**したよ。ただ、**北方領土問題は棚上げ😭**。この問題は現在まで未解決だね。そして、ソ連と国交を回復したから**日本の国連加盟**が実現したんだ。

そして、ソ連の平和共存政策によって「雪どけ」が進み、ついに**米ソ首脳会談**が実現することになった。ただね……これにはウラもあるんだよ😏。1957年、ソ連

は史上初の**大陸間弾道弾【ICBM】**、要するにミサイルの打ち上げに成功して、さらに同じ年には**人工衛星スプートニク1号**の打ち上げにも成功した。これって、人工衛星のかわりに原爆とか水爆を積めば、**ソ連がアメリカ本土を直接核兵器で攻撃できるってことだ**😱！　しかも、これに対抗してアメリカがおこなった人工衛星の打ち上げが失敗……😵。これに、アメリカはとんでもないショックを受けた（**スプートニク＝ショック**）。これまで、原爆も水爆もアメリカがソ連より早く開発してきたけど、ミサイル開発ではソ連に先行されて、アメリカの軍事的な優位が崩れたようにも見えたんだ。そして、「アメリカだけに頼っていてはマズい！」って、西ヨーロッパ諸国が考え始めたんだ。

　こうした動きを受けて、**アメリカもソ連との対話を探り始め**、1959年、ソ連の最高指導者として初めて**フルシチョフが訪米**し、アメリカ大統領**アイゼンハワー**と**キャンプ＝デーヴィッド**（アメリカ大統領の山荘）で米ソ首脳会談を実現したんだ。もちろん、重要な問題が解決したわけじゃないんだけど、さまざまな問題を米ソが協調して話し合いで解決しよう！っていう雰囲気が生まれた。この時、フルシチョフはアメリカの農場とか工場を視察しているんだけど、「経済力ではアメリカにかなわない……😱」って思ったらしい。でも、そんなことピクリとも顔には出さず、フルシチョフはアメリカのテレビの対談番組に出演したりしてるんだ。さすが、スターリンに消されなかっただけあって、役者だな😈。そして、翌年にアイゼンハワーがソ連を訪問すること、パリで米英仏ソの4国首脳会談を開催することが決まったんだ。

「雪どけ」は、この米ソ首脳会談がピークだよ。この直後に、状況は一変するよ😲

2 冷戦の再燃とキューバ危機

🔊 **キューバ問題、U2型機事件。米ソ関係が悪化するなか、ケネディ大統領が就任！**

　1960年代に入ると、「雪どけ」ムードを一気にぶち壊すような事件がいくつも起きて、**米ソ両国は再び対立に逆戻りした**。まず、1960年5月、ソ連の上空でアメリカのスパイ偵察機がソ連に撃墜されるという事件が起きた（**U2型機事件**）。これってソ連にとっては国の威信を揺るがす大事件なんだ。アメリカは、フルシチョフ訪米の前からU2型偵察機をソ連の上空に飛ばして、「ソ連のミサイルは成功率が低くて、ほとんど配備されてない」って情報をつかんでいたんだけど、知らなかったことにして米ソ首脳会談をやったの。それがソ連にバレちゃった……😅。完全にメンツを潰されたソ連は、アメリカに謝罪を求めたけど、アイゼンハワーが謝るわけがない😏。こうして、米ソの対立が再燃して、予定されていた**アイゼンハワー訪ソとパリ首脳会談は中止**になった。

　一方、アメリカにとっての大問題はキューバだよ。1959年、キューバではカスト

ロやゲバラを指導者とするキューバ革命が起こり、親米のバティスタ軍事政権が倒されて、首相となったカストロは急激に社会主義に接近したよ。当時は冷戦の時代だから「アメリカはキライ〜😆。だから社会主義になる！」って言えば、ソ連が助けてくれるんだ。しかも、キューバってカリブ海（アメリカのすぐ南側）にある島国。アメリカにとってカリブ海は裏庭みたいなものだから、**社会主義国をつくらせるわけにはいかない！** そして、キューバが社会主義的な「土地改革」で、**砂糖生産をしていたアメリカ系企業の土地を没収**すると、アメリカは怒り狂って、ついに1961年１月、**アイゼンハワー大統領はキューバとの断交**を宣言した。この時、アイゼンハワーの任期は残り１カ月もなかったんだ……😵。

　こんな難しい時期にアメリカ大統領になったのが、**民主党のケネディ**だ。彼は共和党のニクソン候補との大統領選挙に勝利して、**史上最年少で大統領に当選**した。アメリカ人は若い大統領に希望を託したんだね。就任演説でケネディは「国があなたのために何ができるかを問うのではなく、あなたが国のために何ができるかを問うてほしい。世界のみなさん、われわれが人類の自由のために、一緒に何ができるかを問うてほしい」と訴え、アメリカが冷戦に勝ち抜く決意を示すとともに、**アメリカの停滞を打破**するために、**科学技術や宇宙開発**などで積極的な経済成長を目指し、そのために教育改革をおこない、さらに**人種や貧困の問題**、要するに黒人の**公民権問題**にも取り組もうとしていた。これらの政策を示すスローガンが「**ニューフロンティア**」だよ。例えば、すでに**ソ連が人類初の有人宇宙飛行に成功**（1961年）していたから、これに対抗して「**アメリカ人を月面に着陸させる**」**アポロ計画**を発表したのはケネディだ。でも、社会主義との対立でそれどころじゃなくなったんだ😵。

ケネディはアメリカ史上初のカトリックの大統領だ。ケネディ家はアイルランド系移民ね

　ケネディは**キューバとの断交の方針を変えず**、ラテンアメリカ諸国への経済援助を通じてキューバ革命の波及を阻止する、事実上の反共（反共産主義）同盟「**進歩のための同盟**」を打ち出した。さらにアイゼンハワー政権で計画されていた**CIAによる反革命軍のキューバ上陸作戦**（**ピッグズ湾事件**）を決行したが、この作戦は失敗😩！、対するキューバでは、カストロが正式に**社会主義宣言**をおこなった。

　キューバ問題で米ソの対立が深まるなか、さらに関係を悪化させたのがベルリン問題だよ。1961年６月、ケネディとフルシチョフが**ウィーンで米ソ首脳会談**をやったんだけど、ケネディが宇宙開発（という名のミサイル開発）を進めていたことにソ連が反発して、対立は全く収まらなかった。しかも、８月には**東ドイツのウルブリフト政権**が、増え続ける**東ドイツから西ドイツへの亡命**を食い止めるため、西ベルリンの周囲に「**ベルリンの壁**」を建設し始めた。こんなふうに、ケネディが大統領になってから、米ソ対立はどんどん激しくなったんだよ😵。

◀ キューバ危機の「悪夢の13日間」。核戦争の危機で世界はどうなったんだろう？

ピッグズ湾で失敗したあとも、ケネディはキューバへの軍事介入を計画して軍事演習をやっていた。「またアメリカが攻めてくる……😨」と警戒したカストロはソ連に軍事援助を頼み、これに応えたフルシチョフが、アメリカに対抗してキューバにソ連のミサイル基地を建設する計画を立てた。すでにこの時期には、米ソどちらもミサイルの開発に成功していたからね。この動きをキャッチしたケネディは、U２型偵察機を飛ばしてキューバへの監視を続けていた。そして、10月に偵察機が撮影した１枚の写真😲！　キューバにソ連のミサイル基地建設が進んでいたんだ。キューバ危機の「悪夢の13日間」の始まりだよ……😫。

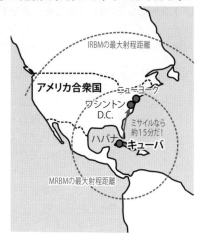

キューバからミサイルが発射されたら、ワシントンまで約15分……アメリカには報復する時間もない。ケネディは、ミサイルの持ち込みを阻止するための**海上封鎖**を決め、「キューバからミサイルが発射されたら、ソ連からの攻撃とみなす😤」と演説した。そして、ソ連の輸送船を米軍機が監視するとともに、フロリダに集結した米軍がいつでも出兵可能という異常事態となり、**米ソ両国は開戦寸前**になった。もしこの時、米ソ両国の間に何かの誤解から衝突が起きていたら、米ソの間で核戦争が起きていたかもしれない。しかし、**ケネディもフルシチョフもまだ理性を保っていた**んだ。ケネディはフルシチョフに「**ソ連がミサイル基地を撤去すれば、キューバには侵攻しない**」との書簡を送り、これに答えた**フルシチョフ**が、ラジオで「**キューバのミサイル基地撤去を命令した**」と発表したんだ。こうして、スレスレのところで**キューバ危機は回避**されたんだ。

核戦争の危機を実感したケネディとフルシチョフは、「米ソの対話を進めるべきだ」という点で一致したよ。だって、自分の判断一つで世界が滅亡するかもしれなかったんだもん😅。まずは、緊急事態の際に米ソの首脳が直接話し合えるように、**直通通信回線（米ソホットライン）**を開設することにした。さらに、**核兵器をこれ以上拡散させない**ためにも、核実験を制限しなきゃいけないと考えたんだ。そして、1963年８月には**米・英・ソの３カ国で部分的核実験禁止条約【PTBT】**が結ばれ、**大気圏内・宇宙空間・水中での核実験が禁止**された。ただ、**地下核実験は禁止じゃなかった**から、核実験そのものが完全になくなったわけじゃない。それに、独自の核開発を進めていた**フランスと中国が不参加**なのも問題だよ😤。

歴史に「もしこうなっていたら？」っていうのはないんだけど、もしこのまま米ソが対話を続けていたら、冷戦は違った展開になっていたかもしれない……。でも

第１章　国民国家の形成

第２章　列強の侵略とアジアの変革

第３章　帝国主義と第一次世界大戦

第４章　戦間期と第二次世界大戦

第５章　戦後の世界

そうはならなかったんだ。1963年11月、テキサス州の**ダラス**で**ケネディ大統領が暗殺された**😭。暗殺の真相は現在まで不明のままだ。一方、ソ連でも1964年に**フルシチョフが突然解任された**。これって、要するにクーデタだよ……😑。せっかく対話に向かったのに、米ソの接近はここでいったん挫折しちゃうんだよ。

＋αちょっと寄り耳↑

　キューバ危機の時、ケネディはキューバを海上封鎖したけど、最初はキューバへの海兵隊上陸という選択肢もあったんだ。でもね、この時すでにキューバにはソ連のミサイルが運び込まれていたから、米軍が侵攻していたら、間違いなくソ連はミサイルを発射してただろうね😫。

　もう一つ、ソ連はキューバのミサイルを撤去したけど、ウラではもう一つの約束があった。それは、米軍のミサイルをトルコから撤去すること。トルコからミサイルを発射したら、モスクワまで15分。つまり、アメリカにとってのキューバと、ソ連にとってのトルコは同じ条件ってことだ。こんなギリギリの駆け引きが、核戦争一歩手前でおこなわれていたんだね。

　そして、この重大な決断をしたケネディは、翌年に暗殺された。ケネディ暗殺の瞬間って、映像が残ってるよ。調査報告では、暗殺直後に逮捕されたオズワルドの単独犯ってことになってるけど、映像を見ると弾丸の衝撃で頭が前後に揺れてるから前後から撃たれたんだ😵。こりゃ単独犯じゃない！　オズワルドも逮捕後に暗殺されたんだけど、実はCIAのスパイ😨。アイゼンハワーが警告していた軍産複合体の暴走？　カストロ？　うーん謎。興味があれば、多少の脚色はあるけど、キューバ危機を描いた映画「13デイズ」、ケネディ暗殺を描いた映画「JFK」もあるよ！

3　ECの成立と西欧諸国

◀ 世界大戦の教訓からフランスと西ドイツが連携！

　じゃあここで少し話を変えて、**西ヨーロッパの統合**について見ていこう。第二次世界大戦が終わると、戦争で荒れ果てた西ヨーロッパにかわって、**米ソ両大国が国際関係の中心**となり、**ヨーロッパは東西に分断**されてしまった。ヨーロッパ各国は「なんでこんなことになったんだろう？」って考えたんだけど、答えは簡単だよ……。ヨーロッパ全土を巻き込む世界大戦が２度も起きたんだもん、没落もするよ😓。そして２度の世界大戦の原因は、**ドイツとフランスの対立**が大きい。これは、次の戦争を起こさないためにも、**独仏対立を解消しなきゃいけない！**　こうして、フランスを中心にヨーロッパの統合に向けた動きが始まったんだ。

クローズアップ　西ヨーロッパの統合（仏・西独・伊・ベネルクス3国の連携）

- **ヨーロッパ石炭鉄鋼共同体【ECSC】**［1951調印／1952発足］
- **ローマ条約**［1957.3］……EEC・EURATOM の創設で合意
  - **ヨーロッパ経済共同体【EEC】**［1958］
  - **ヨーロッパ原子力共同体【EURATOM】**［1958］
- **ヨーロッパ共同体【EC】**［1967.7］……EEC・ECSC・EURATOM を統合

> 仏・西独・伊って中世のフランク王国、要は「カール大帝の帝国」がもとになった国々だね😆

　そうはいっても、いきなり政治的に1つの国になるのは難しいから、まずは資源の共同利用などの経済分野の統合からだ。そして1948年、独仏に挟まれた**ベルギー・オランダ・ルクセンブルク**（この3国がベネルクス3国だ）が**ベネルクス関税同盟**を結成したのをきっかけに、大本命の西ドイツ・フランスが動いた。フランスは、ドイツを軍事大国にしないためにもヨーロッパの統合が必要だって思ったんだ。

　そこで、**フランス外相のシューマン**は、これまで独仏両国の対立の原因となってきた**アルザス・ロレーヌ**の石炭や鉄鉱石、さらに生産した**鉄鋼**について、国際機関の管理のもとで共同利用することを西ドイツに提案した（**シューマン゠プラン**）。この構想をもとに、1952年**ヨーロッパ石炭鉄鋼共同体【ECSC】**ができた。加盟国は**フランス、西ドイツ、イタリア**、それに**ベネルクス3国**だ。

　こうして、フランス・西ドイツを中心に協力関係ができると、各国は「戦後復興のためにも、もっと経済統合を進めよう！」って考えた。だって、**ヨーロッパは米ソ両大国の間に埋もれて存在感が薄くなってる**んだもん。でも、米ソに対抗するには1国じゃ弱い。だったら、「西欧」として世界経済の第三極になればいい！　こうしてECSCを構成する6カ国は、さらに経済統合を進めるための交渉をおこない、1957年には**ローマ条約**を結んで、**ヨーロッパ原子力共同体【EURATOM】**と**ヨーロッパ経済共同体【EEC】**の創設を決め、翌年に発足した。EURATOM では**原子力エネルギー**（原子力発電ね）の共同開発と共同管理をおこない、EEC では、石炭・鉄鋼だけではなく、すべての製品やサービスに拡大して**共通の市場**をつくり、EEC 加盟国以外に対して**共通の関税**や貿易政策をとることにした。これを土台にして加盟各国は50年代に戦後復興を終え、60年代には**フランスや西ドイツは高度経済成長を実現**したよ。

　そして、加盟国が同じ ECSC・EEC・EURATOM が1つに統合されて、1967年**ヨーロッパ共同体【EC】**ができた。EC は、経済だけじゃなくて**将来の政治統合も視野に入れていて**、貿易の自由化だけでなく、共通のエネルギー・農業・運輸政策、資本と労働力の自由化も進めたんだ。

〈東西両陣営の動揺〉

フィンランド

ノルウェー

スウェーデン

ソ連

アイルランド　イギリス　デンマーク

オランダ

ベルギー　東ドイツ

ルクセンブルク　ポーランド

ポーランド反政府反ソ暴動 [1956]

ド=ゴールが
NATO軍事機構脱退
[1966]

「プラハの春」[1968]
→ソ連軍、軍事介入

フランス　西ドイツ　チェコスロヴァキア

スイス　オーストリア

ハンガリー反ソ暴動 [1956]

ハンガリー

ポルトガル

ルーマニア

ユーゴスラヴィア
（自主路線）

チャウシェスクの
独自外交 [1965〜]

スペイン

イタリア

ブルガリア

アルバニア　対ソ断交 [1961〜]

ギリシア

トルコ

| 国名 | ECの原加盟国 |
| 国名 | EFTAの原加盟国 |

◀ **EEC加盟を目指すイギリスの前に……ド=ゴールが立ちはだかった！**

　フランスと西ドイツが EEC を結成したのに対抗して、イギリスは1960年に**ヨーロッパ自由貿易連合【EFTA】**をつくったよ。これは、イギリスと北欧3国（デンマーク・ノルウェー・スウェーデン）、オーストリア、スイス、ポルトガルが、工業製品の貿易を自由化したものだ。ただ、EEC に比べて**人口も少ない**し、**工業が弱い国**が多かったから、EEC のような経済発展にはつながらなかった。実際、この時期のイギリスは経済力（国民総生産【GNP】）で西ドイツに抜かれ、フランスにも追いつかれたんだよ。

EC がカール大帝の帝国なら、EFTA はノルマン人の国がもとだね

　結局、EFTA では経済発展を望めないと気づいたイギリスは、「EEC に加盟したい」って思って加盟申請をしたんだけど、フランスのド＝ゴールが**イギリスの加盟を拒絶した**😨。これは、イギリスが加盟すると、イギリスと経済的・軍事的な関係が深い**アメリカにヨーロッパの主導権を握られる**と警戒したからだよ。それに、ド＝ゴールはアメリカがイギリスにだけ核兵器を提供したのが気に食わなかった😡。こうして、イギリスの1回目の加盟交渉は失敗したんだ。

　その後、60年代半ばにイギリス経済は深刻な不況になった。この時期のイギリスは**労働党がつくった福祉国家**が財政を圧迫し、さらに大国としてのプライドから軍

事費を増やしたために、財政がますます悪化した。そして、1964年に首相となった**労働党**の**ウィルソン**も財政再建を進められず、**ポンド切り下げ**に追い込まれた（**ポンド危機**）。ポンド安にしたことで一時的には輸出が増えたけど長続きせず、イギリスは経済の停滞から抜け出せなくなって、「**イギリス病**」なんていわれたんだ。さらに、1968年には**スエズ以東から撤兵**して、植民地帝国に終止符を打った。もはや、イギリスには「大国だった昔の想い出」しか残っていないよ😔。

　こうなると、残された道は EC への加盟しかない……。イギリスは1967年に再び EC 加盟を申請したんだけど、**またまたド＝ゴールに拒否されて失敗した**。ほんと、ド＝ゴールのイギリス嫌いはスゴイな……😅。かわいそうに、**ウィルソンは EC 加盟の失敗から総選挙で保守党に負けて、政権が倒れた**んだよ。

◀ フランスのド＝ゴールは何を目指していたんだろう？

　じゃあ、こんなにもイギリス嫌い（というかアメリカ嫌い）なド＝ゴールが何を目指していたのか、詳しく解説しよう！　ド＝ゴールが**イギリスの EEC への加盟を断固拒否し続けた**のは、**アメリカとの関係**が問題なんだよ。第二次世界大戦前まで、フランスはイギリスとともにヨーロッパの国際関係の主導権を握っていたけど、大戦の時、あっという間にドイツに占領されちゃったから**大戦中の首脳会談に出席できず**、国際社会での影が薄くなっていた。さらに、1954年の**ジュネーヴ休戦協定**でベトナムから撤退し、その後は独立を求める**アルジェリアの抵抗**で、泥沼の戦争が続いていた。もはや、かつての大国の面影もなくなっていたんだ。

　こうしたなか、**アルジェリア問題の解決**を期待されて政界に復活した**ド＝ゴール**は、1958年に**大統領権限を強化する憲法改正**を実現した（**第五共和政**）。大統領になったド＝ゴールは「**フランスの栄光**」をスローガンに大国フランスの復活を目指した。そして、米英を中心とする西側陣営の一員ではなく、**ヨーロッパ統合の中心**になって、**米ソに対抗する第三極**をつくろうとした。これを実現するために「**独自の核武装**」と、EEC を基盤にした「**フランス経済の強化**」を進めたんだ。

　最初、ド＝ゴールは「NATO の中心を米英仏にしろ😠」って提案したんだけど、まんまと米英に断られた。「もはや核武装だ！」と思ったド＝ゴールは**サハラ砂漠での原爆実験**に踏みきり、1960年には米英ソに次ぐ**4番目の核保有国**になった。さらに、第三世界の支持を得て米ソに対抗しようと、**植民地の民族運動を支持**して、1960年にはアフリカの植民地14カ国を一気に独立させたんだ（「**アフリカの年**」）。そして1962年には、**民族解放戦線【FLN】**が武力解放闘争を続ける**アルジェリア**に対しても、**エヴィアン協定**で独立を認め、フランス財政の足を引っ張る**アルジェリア戦**

> フランスの核実験は、イスラエルとの共同実験だったらしい……。国際社会の公然の秘密だけど、イスラエルは核保有国だよ😤

争を終わらせた。

　ド゠ゴールのアメリカ嫌いはこれだけにとどまらないよ。さっきも話したけど、アメリカとの関係が深い**イギリスのEEC加盟（1967年以降はEC）を拒否し続け**た。さらに、1963年に米英ソが**部分的核実験禁止条約**を結んで核拡散を止めるために連携すると、1964年には**中華人民共和国を承認**して、独自の核開発を進める「中仏」の連携で対抗した。さらに1966年にはフランス軍を**NATO軍事機構から脱退**させると、**ソ連を訪問して仏ソの結束**をアメリカに見せつけた🙂。そして、西ドイツとともに西ヨーロッパの統合を進め、1967年には**ECを成立**させたよ。こうして、**1960年代のフランスは経済成長を達成**したんだ😆。

　ただ、ド゠ゴールの独裁的な政治に対する批判が少しずつ拡大していた。1968年にはパリの労働者、学生を中心に**大規模な反ド゠ゴール運動が起きた（五月危機）**。この時は、総選挙でド゠ゴール派が大勝したから一応収まったんだけど、その後も政権に対する不満がくすぶり続けた。「だったら国民投票で決着をつけよう！」とド゠ゴールは**地方自治と議会（上院）改革を問う国民投票**をやったんだけど、結果は**敗北**……😅。「だったら辞めてやる」とばかりに**ド゠ゴールは退陣**した。良くも悪くも極端な人だよなぁ😑。

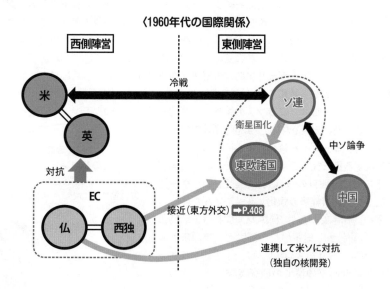

〈1960年代の国際関係〉

4 東西両陣営の動揺

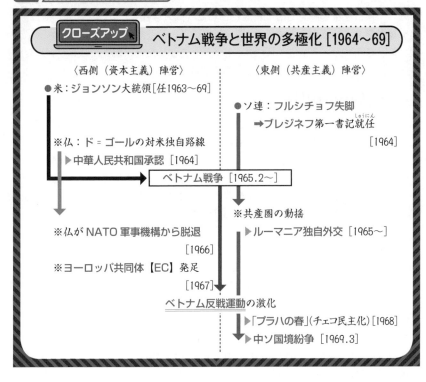

クローズアップ　ベトナム戦争と世界の多極化［1964～69］

〈西側（資本主義）陣営〉　　　　〈東側（共産主義）陣営〉

●米：ジョンソン大統領［任1963～69］

●ソ連：フルシチョフ失脚
　　➡ブレジネフ第一書記就任
　　　　　　　　　　　　　［1964］

※仏：ド＝ゴールの対米独自路線
▶中華人民共和国承認［1964］

ベトナム戦争［1965.2～］

※共産圏の動揺

※仏がNATO軍事機構から脱退
　　　　　　　　　　　　［1966］

▶ルーマニア独自外交［1965～］

※ヨーロッパ共同体【EC】発足
　　　　　　　　　　　　［1967］

ベトナム反戦運動の激化

▶「プラハの春」（チェコ民主化）［1968］

▶中ソ国境紛争［1969.3］

第1章 国民国家の形成

第2章 列強の侵略とアジアの変革

第3章 帝国主義と第一次世界大戦

第4章 戦間期と第二次世界大戦

第5章 戦後の世界

◀ **ケネディ暗殺で大統領になったジョンソンが、公民権法をつくった！**

　じゃあ、米ソに戻るよ！　まずは、**アメリカ国内の問題**から。ケネディ大統領の暗殺で副大統領だったジョンソンが大統領になり、ケネディ路線を引き継いで**人種・貧困・都市の問題**に取り組んだ。というか、この３つの問題は要するに黒人問題なんだよ。人種っていうのは黒人の公民権問題、そして貧困層は圧倒的に黒人が多いし、都市の環境や治安の悪化は、貧困層の住んでいるスラムなどの問題でしょ。つまり、黒人問題に手をつけない限り、この問題は解決しないんだ。

　とはいっても、アメリカには根深い黒人への差別が残っている。すでに奴隷解放宣言から100年近くも経っているのに、**ジム＝クロウ制度**（黒人に対する隔離政策）はいまだに残っているし……😔。ただ、状況は少しずつ変わり始めたよ。**第二次世界大戦では多くの黒人が兵士となって従軍**したから、彼らは「アメリカ国民」として当たり前の公民権を要求し始めた。これが**公民権運動**（黒人解放運動）だよ。運動が始まったきっかけは、公立学校での人種隔離を違憲とした1954年の**ブラウン判決**だ。指導者**キング牧師**はガンディーの非暴力主義に影響を受け、過激な言葉や暴力を使わず、人びとの良心に人種間の対立を乗り越えることを訴えた。そして、

徐々にリベラルな白人の間にも黒人差別に反対する運動が広がり始めたんだ。

　こうした動きを見たジョンソン大統領は、ケネディ時代には否決された**公民権法**を議会の抵抗を乗り越えて成立させ、さらに「**偉大な社会**」**計画**を発表して、「差別や貧困をアメリカからなくそう🙋」って訴え、医療法（高齢者向けのメディケア、貧困層向けのメディケイド）などを制定したよ。ただ、現実にはなかなか差別はなくならなかったから、このあとも**黒人解放運動は続く**よ。

～ +αちょっと寄り耳♪

　黒人解放運動の指導者キング牧師は、ガンディーに影響を受けた非暴力主義で、アメリカの人種偏見（へんけん）と戦ったよ。まだ無名だった1955年には、アラバマ州でジム＝クロウに反対するバス＝ボイコット運動を成功させて、交通機関での差別に対する違憲（いけん）判決を勝ち取り、一躍有名になった。そして、奴隷解放宣言100周年を記念しておこなわれたワシントン大行進で、有名な「I have a dream」の演説をしたんだ。この演説の一節「私には夢がある。いつの日か、ジョージアの赤土の丘の上で、奴隷の息子たちと奴隷主（どれい）の息子たちが、兄弟のように同じテーブルにつくという夢が」は、ジム＝クロウのもとではありえない「黒人と白人が同じテーブルにつく」ことを"夢"として、人種間の統合の重要性を訴えたものだ。この功績から、1964年にはノーベル平和賞を受賞しているよ。

　ただこののち、黒人解放運動はベトナム反戦運動と結びついてどんどん過激に暴力的になり、1968年のデモ「貧者の行進」を実行中に、キングは暗殺されてしまった。彼は暗殺の前日に死を予言したような演説をしているよ。「私はみなさんと一緒に行けないかもしれないが、1つの民として私たちはきっと約束の地に到達するでしょう……」。

🔊 ベトナム戦争が始まって、アメリカの威信（いしん）が大きく揺らいだ！

　続いてアメリカの対外問題だよ。**キューバ危機**のあと、ケネディはソ連との対話を始めると同時に、**南ベトナムに対するアメリカ軍の支援を縮小**しようと考え始めていたんだけど、その矢先に暗殺されてしまった😖。かわって大統領になった**ジョンソン**は**ベトナムへの本格介入**（かいにゅう）に向かっていくんだ。きっかけは1964年の**トンキン湾事件**なんだけど、その2カ月後には**ソ連でフルシチョフが解任**され、その翌日に**中国が核実験に成功**（かく）したというニュースが伝わってきた。こうなると、核保有国になった中国が確実にアジアで影響力を伸ばしてくる。「ベトナムに本格介入しないと、アジアでのアメリカの威信が大きく揺らぐ😣」と焦ったジョンソンは、ついに1965年2月**北ベトナムへの爆撃【北爆】**（ほくばく）を開始した。こうしてアメリカは**ベトナム戦争**へと突入したんだ。

　戦争の詳細は**第24回**で話すとして、ここでは**ベトナム戦争がアメリカや国際社会に与えた影響**を見ていくよ。ベトナム戦争は史上初めて、**本格的にテレビで放送さ**

れた戦争だ。連日、アメリカ軍が北ベトナムを攻撃する様子が放送され、最初はアメリカ軍目線の放送が多かったけど、そのうちジャーナリストがベトナムに乗り込んで、ベトナム人目線の映像も次々と流され始めた。例えば、アメリカ軍の戦車がベトナムの田んぼのド真ん中を進んでいく映像や、アメリカが支援している南ベトナム兵がおこなった路上処刑の映像などが、テレビを通じて全世界に流されたんだ。

　こうした映像を見た人びとは「**アメリカの正義ってなんなんだよ**😤？」という疑問を持ったよ。これまでアメリカや西側諸国の大多数の人たちは、「**社会主義＝悪**」、だから社会主義と戦う「**アメリカ＝正義**」だと信じてきた。でも、テレビから流れる映像はどう見てもアメリカのほうが悪い！　こうして世界各地で反戦デモが起こり、**アメリカに対する国際的な批判**が強まると、アメリカ国内でも、若者の徴兵拒否や反戦デモが起こった。この**ベトナム反戦運動**は、**各国の反体制運動に影響を与えて**、学生や労働者の運動が高揚したよ。特にアメリカでは「体制に反対」する**ベトナム反戦運動**と黒人解放運動が結びついて**過激**になり、ジョンソン政権の威信は大きく揺らいだんだ。

ヒッピーってこんな感じ。
"Love & Peace , yeah!"
みたいな

　一方で、既存の価値観を崩された**若者たち**は、大人たちが考えないような方法で、体制への不満を爆発させた。**徴兵を拒否**し、「自然と愛と平和😆」と言って、ギターをかき鳴らして**ロックやフォークソング**を歌い、**ビートルズ**などの音楽に熱狂し、ヒッピー文化も広がった。ジョン＝レノンが"Love & Peace"って言ってたの知ってる？　まぁ、僕もリアルタイムじゃないけどさ。これが、ヒッピーの合言葉だよ。さらに、1968年のウッドストック音楽祭（今のロック・フェスみたいな野外ライブ）には40万人もの若者が殺到したんだけど、ほとんどみんなヒッピーだったらしい……😭。こうした若者の反体制文化が**カウンター＝カルチャー【対抗文化】**だ。あっ……、みんなは「ギター弾いてるだけで、何が反体制なの？」って思うかもしれないけど、当時はギターを持ってるだけで「反抗だ！　不良だ！」って思われたんだもん😳。

　さらに、黒人の公民権運動の影響を受けて、これまでの価値観や思考方法に疑問を持つ人びとも現れて、**さまざまな差別からの解放運動**が盛り上がったんだ。これまで「女性らしさ」といった価値観を押しつけられていた女性は、**性差別に反対する**フェミニズム運動**を始めた。また、性的マイノリティの人たちによる**ゲイ・レズビアン解放運動**（最近はLGBTQ＋などと呼ばれるけど、当時はそこまで認識が進んでいなかったためこの呼び方になる）が起きたのもこの時代だよ。また、**大学の権威主義を批判する学生たちによる大学紛争**なども起きたんだ。

　そして、もっと現実的な意味でアメリカの影響力を弱めたのが、**深刻な財政難**だよ😫。ベトナム戦争の軍事費が財政を圧迫したから、アメリカには世界経済を支える力がなくなった。しかも同じ時期に、**EC や日本が高度経済成長を実現して**アメリカ経済の圧倒的な優位が崩れ、アメリカの地位が揺らぎ始めたんだよ。

◀ 東欧や中国でソ連への批判が強まり、社会主義陣営が動揺！

　1960年代に入ると、社会主義陣営でも**ソ連に対する批判**がだんだん強まっていたよ。まず、1950年代後半には**ソ連と中国の対立**がかなり深刻になっていた。特に1959年のフルシチョフ訪米を中国が激しく批判すると、怒ったソ連は**中ソ技術協定を破棄**して技術者を中国から引き揚げた。さらにキューバ危機をきっかけに、中ソ対立は頂点に達したんだ。中国の毛沢東は、ソ連がミサイルを撤去したのは「降伏主義」であり、フルシチョフはアメリカに宥和して社会主義から逸脱する「修正主義」者だ！　と、猛烈に批判した。対するソ連は、毛沢東をスターリンのような個人独裁で、世界情勢を理解できない「教条主義」者だと批判した。さらに部分的核実験禁止条約が締結されると、中国は「米ソによる中国封じ込めだ😫」と、同じく米ソに対抗して独自の核開発を進める**フランスに接近**したから、これまで隠されてきた**中ソ論争は公開論争**となり、ついに全世界に知れわたった。その後、中国で**文化大革命**が始まると全面対立になって、話し合いすらできない状態になっちゃった……😫。この影響で、社会主義陣営は「ソ連と中国の言ってることは、どっちが正しいのか？」をめぐって動揺し、1961年には、中国を支持した**アルバニアがソ連と断交**したんだ。

合否の分かれ目▶ 独自路線をとった東欧諸国

- **ユーゴスラヴィア**……ソ連に**コミンフォルムから除名**された [1948]
  - ▶指導者：ティトーの**バルカン連邦構想**が、ソ連と対立
- **アルバニア**……**中ソ論争で中国を支持**
  - ▶指導者：ホジャが**対ソ断交** [1961]。70年代には中国とも対立、**鎖国状態**となる
- **ルーマニア**……**コメコンで農業国とされた**ことへの不満が背景
  - ▶指導者：**チャウシェスク**は、**石油資源**を背景に**西欧や中国に接近**

◀ フルシチョフの失脚でブレジネフが登場！　彼はプチ・スターリンか？

　1964年に**フルシチョフ**が失脚すると、ソ連の指導者たちはスターリンの死後と同じことを考えた。「結局、スターリン批判をやったフルシチョフに権力が集中してただけじゃん……😅」。こうしてソ連はまたまた**集団指導体制**となり、第一書記に**ブレジネフ**、首相に**コスイギン**が就任したよ。そして、ブレジネフは**スターリン批判を中止**して、個人独裁ではなく**官僚制の強化**によって政治的な安定を図ったんだ。そして、「何もしないのが良いこと」と言われるくらい、**改革よりも体制の維持が重視された**んだよ。しかし、東欧でソ連支配や独裁体制への批判が噴出して、「何もしない」というわけにいかなくなった😫。

　まず、ソ連への批判を強めた**ルーマニアは独自外交**を始めたよ。ルーマニアは**コメコン**の国際分業体制で農業国にされたんだけど、本当は工業化をしたかったんだ。1965年に政権に就いた**チャウシェスク**は、「オレの国は石油が出るじゃないか！もはや、ソ連の言うことなど聞かなくていい😏！」と、**石油資源を基盤にして西欧や中国に接近**した。例えば、1967年には**西ドイツと国交を回復**したよ。あっ、西欧に接近したとはいっても、国内でのチャウシェスクは**秘密警察による恐怖政治**をやるような、ただの独裁者だからね😅。

　そして、社会主義陣営を大きく揺るがしたのが、1968年に始まった**チェコスロヴァキアの民主化**だ。1月に第一書記となった**ドプチェク**は「**人間の顔をした社会主義**」を打ち出して、検閲の廃止・言論の自由化などの民主化を進めたから、チェコスロヴァキアでは共産党以外の政党をつくる動きが起きたり、西欧文化の流入でミニスカートで歩く若者まで現れた。まさに「**プラハの春**」だったんだ😆。

　しかし、これを見た東欧各国はマジで焦った😨。だって、**自分の国に民主化の波が襲ってきたら、共産党の一党独裁体制はあっという間に崩れる**。しかも、この影響はソ連内部にまで波及し始めた。ソ連の**ブレジネフ**はチェコスロヴァキア（チェコ）に圧力をかけて民主化を潰そうとしたんだけど、ドプチェクは民主化をやめようとしない。ついにブレジネフの怒りが爆発した😤。1968年8月、50万人にものぼる**ソ連・東ドイツ・ポーランド・ハンガリー・ブルガリア5カ国のワルシャワ条約機構軍はチェコスロヴァキアに軍事介入**した（**チェコ事件**）。そして、ドプチェクら改革派は**ソ連に連行され、帰国後に解任**された。ただ、チェコの共産党が市民に「武装抵抗をしないように」と呼びかけたから、大きな流血の事態は起きなかったんだ。

> 独自路線をとっていた「ユーゴスラヴィア・アルバニア・ルーマニア」はチェコへの軍事介入に参加してないよ！

合否の分かれ目▶　┃ソ連の東欧への介入をまとめよう┃

- ●「スターリン批判」直後 ［1956］
  - ●ポーランド反政府反ソ暴動【ポズナニ暴動】
    - ▶ポーランド軍が弾圧……**ソ連軍は介入せず**
      - ➡**ゴムウカ**が復活して、ポーランドの自主路線を約束し事態収拾
  - ●ハンガリー反ソ暴動【ハンガリー事件】
    - ▶改革派の**ナジ**（＝イムレ）が首相となり、**ワルシャワ条約機構からの脱退**などを声明
      - ➡**ソ連軍の全面介入**。ナジは逮捕・処刑
- ●1960年代
  - ●チェコスロヴァキアの民主化（「プラハの春」）［1968］
    - ▶**ドプチェク**が自由化運動を推進
      - ➡**ソ連軍など5カ国が軍事介入**。ドプチェクをソ連に連行、帰国後解任

　そして、「プラハの春」とチェコへの軍事介入を経て、**ブレジネフは社会主義陣営とソ連国内への締めつけを強めた**んだ。まず、対外的には**ブレジネフ＝ドクトリン**を発表してチェコへの軍事介入を正当化し、**東欧の制限主権論**、つまり「ソ連は社会主義国の内政に干渉する権限がある」と主張したんだ。さらに国内では、共産党の独裁体制を強化して、**反体制派を厳しく弾圧**した。スターリンは反対派を殺したけど、ブレジネフは殺すかわりに、「共産党の言ってることが正しいとわからないのは、頭がイカれてる」と言って、病院送りにした。そして病院でヘンなクスリ打って廃人にするの😵！どっちがひどいかわからん……これじゃあプチ・スターリンだよ。例えば、水爆開発にかかわったあとに反体制派となった物理学者**サハロフ博士**は、1975年に**ノーベル平和賞**を授賞したけど、その後軟禁されちゃった😒。

　そして、ソ連が社会主義国への締めつけを強めるのと同じころ、中国では**毛沢東が文化大革命で反対派を次々と弾圧**していた。やってることはたいして変わんないんだけど、この両国は「自分が社会主義陣営の中心だ！」と、一歩も譲らない。しかも、**ソ連に反発した社会主義国は中国に接近**したから、ソ連も中国にムカついている。結果、**中ソ論争はますます激しくなって**、ついに中ソ国境紛争にまで発展、1969年には**珍宝島【ダマンスキー島】**で武力衝突が起きた。こんなふうに、社会主義陣営の動揺をソ連が抑えきれなくなっていたんだね。

中ソ国境紛争は、ソ連が「核兵器を使おうか」と言い出すほど、激しい対立になったんだ😵！

◀ 米ソの支配が弱まって世界の多極化が進み、反体制運動も拡大！

　1960年代の動きをまとめると、一言でいうなら「米ソの世界支配に限界が見えた時代」っていうことになるね。**資本主義陣営**では、**フランスがアメリカ支配からの脱却を狙って、独自の核武装をしたり、仏独を中心とする EC をつくったり**、アメリカに対抗して独自路線を歩み始めた。実際、EC に加盟している**フランスや西ドイツは高度経済成長に成功**して、経済的にもアメリカに頼らなくてよくなってきたからね。そして、1960年代のアジアでは**日本が高度経済成長を実現**した。その反面、ベトナム戦争による財政難で、**アメリカは経済的にも地位を低下**させたんだよ。

　そして**社会主義陣営**でも、ソ連の一極支配が揺らいだよね。**中ソ論争**が始まったことで、社会主義陣営では**ソ連と中国の 2 国が主導権をめぐって激しく対立**し、その影響で東欧諸国でもソ連の支配から自立しようという動きが起きた。実際に、**アルバニアやルーマニアは独自外交**を展開、すでに独自路線をとっていたユーゴスラヴィアも含めて、ソ連の言うことを聞かない東欧の国が増えたってわけだ。

　こうした東西両陣営の動揺にあわせるように、60年代の後半には資本主義諸国でも**学生や若者などによる反体制運動**が盛り上がったんだ。これは、**ベトナム反戦運動**が大きく影響しているよ。アメリカでは黒人解放運動がベトナム反戦運動と結びついて過激化し、フランスでもド゠ゴールの強権政治に対して1968年に**五月危機**が発生、さらに**日本でも学生運動**が起こり、日米安全保障条約の更新反対運動をきっかけに運動が激化、例えば、東大の安田講堂では警官隊と学生の衝突が起きた。そして、社会主義国でも、チェコスロヴァキアの民主化「**プラハの春**」、中国の学生たちによる**紅衛兵**運動も起きた。まあ、中国では紅衛兵は毛沢東の文化大革命に利用されちゃったけどね。

　こうして見てみると、第二次世界大戦後につくられた冷戦構造が、いろいろな面で限界に達していることが明らかになったのが、1960年代ってことだね。

　それじゃあ、今回はこれでおしまい。最後に年号 check ！

年号のツボ

- ●**スターリン批判** [1956]（スターリンの呪縛を　解くころ　1956）
- ●**キューバ危機** [1962]（平和への　努力無になる　キューバ危機　1962）
- ●**部分的核実験禁止条約** [1963]（これからやめろ　無残な実験　63）
- ●**北爆の開始（ベトナム戦争）** [1965]（ベトナム戦争　ひどくむごい　1965）
- ●**「プラハの春」** [1968]（苦労ばかりの　チェコの民主化　968）

　次回は冷戦の 3 回目、米ソの世界支配が限界になって、世界の多極化が進み、新たな問題が出てくるよ。いよいよゴールが見えてきたね。最後まで頑張ろう！

近現代日本へのアプローチ ⑧
〜安保闘争・沖縄返還と高度経済成長〜

　55年体制のもとでソ連との国交回復や国連への加盟を実現した自民党政権は、岸信介首相が**日米安全保障条約【日米安保条約】の改定**を目指していたんだ。これは、アメリカとの関係をより対等なものとし、アメリカの日本防衛義務を定めるなど、同盟関係をさらに強化しようとしたんだけど、革新の**社会党が「非武装中立」**の立場から激しく反対して、国会前などで大規模なデモが連日起きたよ（**安保闘争**）。そして、新条約の自然承認直後に岸内閣は退陣したんだ。その後**ベトナム反戦運動**の影響で、1965年以降、日本でも反戦運動や、大学の権威主義に反対した学生たちによる**大学紛争**も起こり、例えば東大の安田講堂が学生に占拠されて警官隊と衝突する事態にまで発展したんだ。

　同じころ、**沖縄**ではアメリカの統治への不満から**日本への復帰を求める運動**が高まっていた。佐藤栄作首相は**「非核三原則（核兵器を持たず、作らず、持ち込ませず）」**を明確にしたうえでアメリカ政府と交渉し、1972年に**沖縄の施政権が日本に返還**されたんだ（**沖縄返還**）。ただ、**沖縄の米軍基地**は、日本に復帰後もあまり縮小されていないよね。

　こうしたなかで、自民党は激しい政治対立を避けるために、国民の関心を経済成長や生活の豊かさに向けさせようとしたんだ。岸内閣のあと首相となった**池田勇人**は**「所得倍増計画」**を打ち出して、減税や公共投資によって経済成長を支援したこともあって、日本は高度経済成長を実現して**GDPがアメリカに次いで世界2位の経済大国**になった。例えば、1964年の**東京オリンピック**にあわせて**東海道新幹線が開通**するなどインフラの整備も進んだよ。そして、1970年に「人類の進歩と調和」をテーマとして開かれた**大阪万博**では、未来の技術としてのワイヤレス電話や、アメリカが月から持ち帰った「月の石」などが展示されたんだ。

　でも、急激な工業化はさまざまな社会問題も浮き彫りにしたんだ。**東京や大阪などの大都市圏に人口が集中**したことで、**過疎化が進んだ地方との経済格差**が広がった。また、排煙による大気汚染、工場排水や生活排水による水質汚濁、廃棄物の投棄などの**公害や環境破壊が深刻**になっていったんだ。特に**水俣病、四日市ぜんそく、イタイイタイ病、新潟水俣病の四大公害訴訟**に代表される公害反対運動も活発になって、「公害国会」と呼ばれた1970年の臨時国会では、**公害対策基本法**が改正され（制定は1967年）、翌年には**環境庁**（現在は環境省）が設置された。同じころ、世界的にも環境問題が注目され始めて、1972年には国連人間環境会議が開かれたよ。ただ、**1973年の第1次石油危機で世界的に経済が停滞**したこともあって、環境問題に対する世界的な取り組みは停滞してしまうんだ。

第22回

冷戦の展開③
(1970 〜 1991)

ベトナム戦争、東欧の社会主義陣営の動揺、世界各地で起こる反体制運動。米ソ2国による世界支配に限界が見えてきたね。そして、行き着く先は……、ついに冷戦終結だ！

・大きくつかもう！・

1 アメリカ合衆国の地位低下　404〜407ページ

2 デタント（緊張緩和）の進行と世界の多極化　407〜410ページ

3 米ソの行き詰まりと「新冷戦」　411〜416ページ

4 冷戦の終結とソ連の崩壊　417〜422ページ

いよいよ今回で冷戦終結だ！　世界の激動を感じてもらえたらうれしいな

ベトナム戦争で経済が疲弊したアメリカは、世界経済を支える力を失った。一方のソ連も膨大な軍事費を支えきれなくなってきた。こうして米ソ両国はデタント（緊張緩和）に向かったんだ。そして同じ時期にヨーロッパでもデタントが進み、対立が少しずつ解決するのかと思いきや……ソ連のアフガニスタン侵攻をきっかけに米ソは対立に逆戻り、「新冷戦」になった。しかし、1985年にソ連でゴルバチョフが登場すると、世界はこれまでになかったような劇的な変化を経験するよ。世界が変わる瞬間だ！

それじゃあ冷戦の3回目、ソ連の崩壊まで一気にいってみよう〜😆。

1 アメリカ合衆国の地位低下

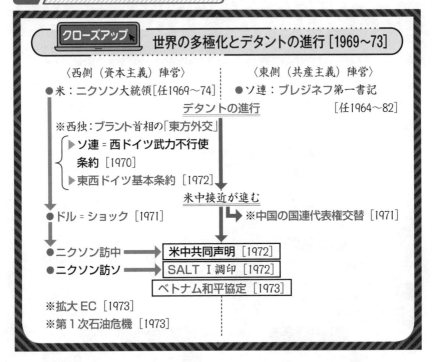

クローズアップ 世界の多極化とデタントの進行 [1969〜73]

〈西側（資本主義）陣営〉　　　　　〈東側（共産主義）陣営〉

● 米：ニクソン大統領［任1969〜74］　● ソ連：ブレジネフ第一書記

デタントの進行　　　　　　　　　　　　　［任1964〜82］

※西独：ブラント首相の「東方外交」

▶ ソ連＝西ドイツ武力不行使
条約 [1970]
▶ 東西ドイツ基本条約 [1972]

米中接近が進む

● ドル＝ショック [1971]　　　　　※中国の国連代表権交替 [1971]

● ニクソン訪中 ━━▶ 米中共同声明 [1972]
● ニクソン訪ソ ━━▶ SALT Ⅰ調印 [1972]

ベトナム和平協定 [1973]

※拡大 EC [1973]
※第1次石油危機 [1973]

◀ ベトナムからの撤退を公約に、ニクソン大統領が登場！

　ベトナム戦争はアメリカの社会を大きく揺るがした。**反戦運動でアメリカ社会が分裂し、財政難でアメリカの国際的な地位も低下**した。そして、国内でも世界でもアメリカの正義に疑問を持つ人たちが現れて、アメリカの威信が大きく揺らぎ始めたんだ。こうして、ジョンソンは大統領選挙に出馬しないことを発表、かわって1969年、**ベトナムからの撤退を公約**に大統領になったのが、**共和党のニクソン**だ。

　ニクソンにとって一番重要な課題は、「**どうやってベトナムから手を引くか？**」という1点にあったといってもいい。国内の反戦運動を考えると、これ以上軍を増強して全面勝利するのは不可能だ。かといって、完全に撤退して南ベトナムを見捨てるとアメリカの全面的敗北になって、国際的な威信が地に落ちる……😖。ニクソンは「**名誉ある撤退**」を目指して、戦争の「**ベトナム化**」を表明した（**ニクソン＝ドクトリン**）。これはアメ

ベトナム戦争は、もはや「大義のない戦争」になっていたからね。撤退の仕方は難しいよ……😫

リカが撤退したあともベトナム人同士の戦争が続くようにして、「アメリカは悪くない」って言いたいの……責任逃れだろ😏。だからアメリカは**南ベトナム軍を強化しながら時間をかけて撤退**しようとしてたんだよ。

　しかし、事態はニクソンの思うようには進まない😤。国内では、撤退の発表を歓迎するどころか「すぐに全面撤退しろ！」という声が高まった。そしてもっと深刻だったのが、**アメリカの貿易赤字への転落**だよ。1964年がアメリカの貿易黒字のピークなんだけど、ベトナム戦争の戦費や「偉大な社会」計画での社会政策費でインフレーションが起こり、さらに**日本や西欧の高度経済成長**と**EC成立**で輸出が減少したことから、徐々に貿易収支が悪化、ついに**1971年**、**貿易収支が赤字に転落**した。しかも、ベトナム戦争で財政難だし……。もはや、どうにもならん😵。

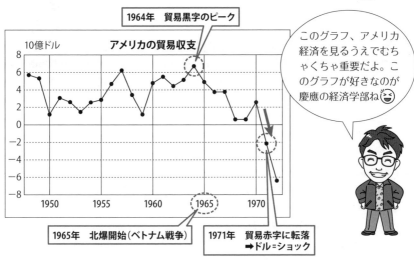

1964年　貿易黒字のピーク

10億ドル　　**アメリカの貿易収支**

このグラフ、アメリカ経済を見るうえでむちゃくちゃ重要だよ。このグラフが好きなのが慶應の経済学部ね😁

1965年　北爆開始（ベトナム戦争）

1971年　貿易赤字に転落
➡ドル＝ショック

◀ ニクソンが世界に与えた衝撃、1つ目は「ドル＝ショック」だ！

　ニクソンは貿易赤字を縮小させるため、1971年8月に金とドルの**兌換（交換）停止**を発表（**ドル＝ショック**／ニクソン＝ショック）、ドルを切り下げて（**ドル安政策**）アメリカの輸出競争力を復活させようとしたんだ。でも、通貨を下げたことで、世界に「アメリカ経済は限界なのか？」という不安を抱かせ、さらに**ドルの信用と価値が大きく下落**した😵。このドル危機で、アメリカ＝ドルが世界経済を支える経済システム、**ブレトン＝ウッズ体制が崩壊**したんだ😫。

　さらに同年12月に開かれた**スミソニアン会議**では、資本主義側の各国が通貨レートを再調整して、ドルの切り下げ、金との兌換停止の継続などを確認した（**スミソニアン体制**）。例えば、日本円は1ドル＝360円から1ドル＝308円になったよ。しかし、これでも米ドルの信用は落ち続け、ついに完全な**変動相場制**が導入されたんだ。現在、ニュースで毎日「今日の円相場は1ドル＝○○円」って伝えているのは、この時からつねに相場が変わるようになったからだ。

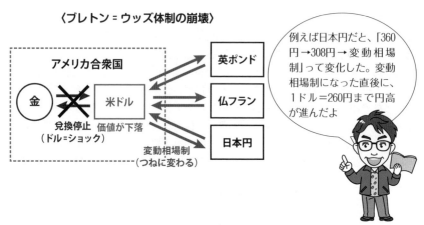

〈ブレトン＝ウッズ体制の崩壊〉

例えば日本円だと、「360円→308円→変動相場制」って変化した。変動相場制になった直後に、１ドル＝260円まで円高が進んだよ

もう一つの「ニクソン＝ショック」は、中国への接近！

　ニクソンは、**ベトナム戦争終結のきっかけをつくるために、中国との関係改善を**図った。ただ、国連にはアメリカの同盟国である台湾（中華民国）がいるから、大っぴらに動くわけにもいかない😩。そこで、表に出てこないさまざまなルートで中国に接近したよ。例えば、日本で開かれた卓球の世界選手権の際に、卓球のアメリカ選手団（CIAのエージェントが混じっていたんだって😆）が中国に招かれ、これをきっかけに「アメリカ大統領を中国に招待したい」という極秘のメッセージがニクソンに届けられた（入試には出ないけど、「ピンポン外交」って呼ばれている）。**中国側も中ソ国境紛争を抱えていたから、ソ連を牽制するためにアメリカと接近したかった**んだね。

　そして、大統領補佐官の**キッシンジャー**がこれまた極秘に中国を訪問してニクソンの訪中を決定し、全世界に発表した😲。この発表は金とドルの兌換停止発表の１カ月前だから、２カ月連続で全世界に「ショック」を与えたことになるね。また、**訪中と引き換えにアメリカが中国の国連加盟を支持することになり、中国の国連代表権交替が実現、中華人民共和国が国連に加盟し、台湾は国連を追放された**んだ。

　1972年２月、約束通り**ニクソンが訪中して米中共同声明を発表し、事実上中華人民共和国を承認したよ。**ただ、台湾に駐留している米軍の問題やアメリカの議会との関係で、台湾政府とすぐに断交はできないから、**中華人民共和国との正式な国交正常化は1979年**だよ➡P.412。そして、この突然の米中接近に焦ったのは日本だ😲。そこで９月には**田中角栄**首相が中国を訪問、「日本と中国の戦争が終結した」ことを確認する**日中共同声明**を発表、日中国交正常化を実現したよ。

ベトナムからは撤退したけど……ウォーターゲート事件でニクソンが辞任！

　ニクソンが中国に接近した目的は、最終的には**ベトナムからの「名誉ある撤退」**だから、もう１つのコマが必要だ。それは**ソ連の協力**だよ。だって、アメリカが南ベトナムを支援しているように、ソ連は北ベトナムを支援しているんだもん。戦争

終結にはソ連の協力が不可欠だよ。

　そして、**ソ連も米中の接近に焦っていた**😰。米中が組んでしまったら、国際社会でのソ連の影響力が大きく落ちてしまう。ソ連は、ニクソンの訪中予告を聞いてすぐに、**ニクソンにソ連訪問を要請**したんだけど、答えは「中国のあとで😁」。そりゃそうだろうね。ソ連を動かすために中国を使ったんだからさ。

　そして5月、ニクソンは戦後初めて**アメリカ大統領としてソ連を訪問**した（**ニクソン訪ソ**）。そして **SALT** Ⅰ に調印するとともに、ベトナム戦争終結に向けたソ連の協力を取りつけたんだよ。そして、1973年に**ベトナム和平協定【パリ和平協定】**が結ばれ、**アメリカ軍のベトナムからの撤退が決まっ**たんだ。ただし、戦争の「ベトナム化」によって**南ベトナムへの武器援助は続き**、ベトナムではこのあと約2年間も戦争が続いたんだよね😵。

　ベトナムからの撤退を確実に進めたニクソンは、**2期目の大統領選挙で圧勝**した。ただ、そこに落とし穴があった😫。訪中、訪ソ、ベトナム撤退、確かに難題は多かったけど、それらをニクソンはあまり議会に配慮せず、強引に進めてきた。実はその政治のなかで危ないウラ工作もやってきたんだよ。そして、**大統領選挙の際の民主党本部への盗聴工作が**発覚したのをきっかけにさまざまな汚職や違法行為を追及され、大統領周辺の人物に次々と有罪判決が出された。そしてついに議会でも**大統領の弾劾が話し合われた**😨。この**ウォーターゲート事件**で、ニクソンは辞任したんだよ。大統領の辞任は異例のことだ！

対立関係をしっかりおさえてね！

---

2 デタント（緊張緩和）の進行と世界の多極化

◀ ベトナム戦争や中ソ論争で米ソの地位が低下、核軍縮が前進した！

　ここで、いったん時代をさかのぼって、**米ソの核軍縮**について見ていこう。

　民間では1950年代から核兵器への反対運動が起きていた。きっかけは、アメリカによる**ビキニ環礁水爆実験**で日本の漁船が被曝した、1954年の**第五福竜丸事件**だ😨。ここから原水爆禁止運動が始まり、また**哲学者のラッセル**と物理学者の**アインシュタイン**を中心に科学者たちも核兵器禁止を訴え、1957年にはカナダで**パグウォッシュ会議**が開かれたんだ。でも、米ソをはじめとする核保有国は核開発競争をやめなかった😫。しかし**部分的核実験禁止条約**締結のあと、少しずつだけど核軍縮に向けた歩みが始まったよ。背景は財政難っていう面もあるんだけど😅。

　アメリカでは**ベトナム戦争の戦費が財政を圧迫**し、ジョンソン大統領は「偉大な社会」計画を諦めるしかなかった。一方のソ連も、もともと産業がそこまで強くないのに**アメリカと並ぶ核保有国の地位を維持**するために、**膨大な軍事費を使ってい**

たけど、それも限界に近づきつつあったんだ。しかも米ソ両国を悩ませたのは、**フランスと中国が核実験に成功**して、核の独占も崩れてしまったことだ。これ以上核保有国を増やしたくないのは、米ソどちらも同じこと。ベトナム戦争での対立は棚上げして、米ソ両国は核兵器の不拡散で一致した。

1968年、**核拡散防止条約【NPT】**が米・英・ソなど62カ国によって調印され、**核保有国を、アメリカ・イギリス・ソ連・フランス・中国の５カ国に限定し**、この時点で**核兵器を持っていない国（非核保有国）への核兵器の譲渡や製造の援助を禁止**したんだ。ただ、**フランスと中国**はすでに米ソに対抗して連携していたから、条約には**不参加**だ（参加したのは1992年）。さらに、この条約は核保有そのものを禁止したわけじゃないから、**核保有国にはなんの制限もない**。これに反発した**インド、パキスタン、イスラエルなどは締結を拒否**し、**現在は核保有国になっちゃった**んだ（イスラエルの核保有は公然の秘密だから、入試では「核を保有しているかわからない」が正解だけど……😅）。

そして1969年、米ソ両国は**戦略兵器制限交渉【SALT】**を始めたよ。これは、「恐怖の均衡」から、自分だけが減らすのはイヤだけど、相手も一緒に核軍縮をするなら OK、ってことだ。そして、ニクソンが訪中を予告したからソ連側が歩み寄り、両国が合意、1972年、ソ連を訪問した**ニクソンとソ連のブレジネフ**が**SALT Ⅰ【第１次戦略兵器制限交渉】**で合意に達したよ。ただ、この条約も核弾頭（爆弾そのもの）を削減するわけではなく、おもに**大陸間弾道弾【ICBM】**の数や、**弾道弾迎撃ミサイル【AMB】を制限**するものだから、制限されていない部分が多すぎて、抜け道だらけだよ😅。

そうはいっても、対話に向かい始めた米ソ両国は、ブレジネフが訪米したり、ニクソンが再び訪ソするなど**デタント【緊張緩和】**に向かい、さらなる核軍縮に向けて**SALT Ⅱ【第２次戦略兵器制限交渉】**の交渉も始まったよ。そして米ソのデタントが進んだ影響で、**ヨーロッパのデタントも進む**んだ。

🔊 ブラントの「東方外交」で、ヨーロッパのデタントが進行！

戦後、**西ドイツ**はずっと「ドイツの東西分断」を拒否して、東ドイツの存在を認めていなかった。ただ、この政策が1961年の「ベルリンの壁」建設など、東ドイツとの関係をますます悪化させ、**ドイツの分裂を固定化**してしまったんだ。そこで、西ドイツの外交方針を180度転換したのが、1969年に首相となった社会民主党の**ブラント**だよ。彼の進めた**「東方外交」**は、ズバリ "**社会主義陣営との和解**" だ。

そもそも、ドイツの東西分断を認めない、つまり「**東ドイツという国は存在しない！** 共産主義者が不法に占拠している」という立場だと話し合いができないから、ドイツ統一の方法は「ドイツ戦争」しかなくなる😫。そこでブラントは「**東ドイツの存在を承認する**」「**ヨーロッパの現在の国境、特にポーランドとの国境も認める**」という立場をとって、**社会主義国との対話を進める**という方針を示したんだ。1970年にはソ連との間で現在の国境の維持と武力不使用を約束して、**ソ連と西**

ドイツの間の冷戦を終わらせ（ソ連゠西ドイツ武力不行使条約【モスクワ条約】）、統一した際の"ドイツ"とポーランドの国境を「オーデル゠ナイセ線」と確認して、**ポーランドとの国交正常化**を実現した。さらに1972年、**東西ドイツ基本条約**を結んで、東西ドイツ両国が相手の主権を確認すると、翌年には、**国連への同時加盟**を果たした。こうして２国間のデタントを進めることでヨーロッパ全体の対立を緩和し、**将来のドイツ統一へと一歩前進**した功績から、ブラントは**ノーベル平和賞を受賞**したんだ😆。

ブラントは東ドイツとの関係改善のため、周りを固めたんだ！

　そして、ブラントの「東方外交」によってヨーロッパ全体のデタントが進み、1975年には米ソを含む35カ国による**全欧安全保障協力会議【CSCE】**が開かれ、**ヘルシンキ宣言**が採択された。ヘルシンキ宣言では、**ヨーロッパの国境の現状維持**を確認したうえで、**経済や科学技術の協力**を進め、**人的交流や人権の尊重**を進めることを約束した（1995年には常設の全欧安全保障協力機構【OSCE】となったよ）。そして、東西の人びとの交流が進むにつれて、東欧の社会主義国では反体制派の組織が拡大していったんだ。これが、のちの東欧の民主化の土台になっていくんだよ😊。

　ちなみに、この時期の西ヨーロッパでは社会主義政党の政権が多かったんだ。だからといって、いきなりソ連の言うことを聞いたりはしない。もちろん、**複数政党制や議会政治**という資本主義（自由主義）国では当たり前の体制は維持されたから国家の体制が大きく変わるわけじゃない。これも、この時期に進んだデタントの影響だ。こうした社会主義（共産主義）を**ユーロコミュニズム**と呼んでいる。例えば、さっき話した**西ドイツの社会民主党政権**（ブラント［任1969〜74］、シュミット［任1974〜82］）や、**イギリスの労働党政権**（ウィルソン［任1974〜76］、キャラハン［任1976〜79］）、さらに時期は少しあとになるけど、**フランス社会党のミッテラン**［任1981〜95］が大統領になったのも、こうしたユーロコミュニズムの動きだ。

◀ 拡大EC、サミットの開始、資本主義陣営の枠組みが変化した！

　1970年代に入ると、西側諸国のなかで国際関係に変化が現れたよ。60年代はフランスのド゠ゴールが独自路線で米英に対抗していたけど、69年に退陣した。そして、**ECの中心だった独仏の関係に変化**が生まれるんだ。というのも、60年代にフランス・西ドイツは高度経済成長したんだけど、圧倒的に西ドイツのほうがすごかったんだよ。だから、**西ドイツだけが強くなるの**

ド゠ゴールが引退したら、イギリスはECに加盟できたよ。結局、全部ド゠ゴールのせいじゃん😤

を警戒したフランスが、**イギリスの加盟承認**に動いたんだ。てか、ド゠ゴールがずっと拒否し続けてたのと大違い😅。

　こうして、1973年１月、**イギリス・アイルランド・デンマーク**の３国がECに加盟したよ（拡大EC）。その後、加盟国はさらに増え、**ギリシア**［1981］、**スペイン・ポルトガル**［1986］がそれぞれ加盟して、EC加盟国は**12カ国**になったんだ。

　そして1973年には、西側先進国を大きく揺るがす事件が起こったよ。10月に勃発した**第４次中東戦争**では、反イスラエルのアラブ産油国が結成した**アラブ石油輸出国機構【OAPEC】**が石油戦略を始めたんだ。石油戦略とは、すごく簡単に言うと**「イスラエルに味方する国には石油を売ってやんない作戦」**だ。で、アメリカがイスラエルを全面支援しているから、**「イスラエルの味方＝アメリカの味方」**となり、西側の先進国への石油輸出をストップした。これが、**第１次石油危機【オイル゠ショック】**だよ。しかも、**石油輸出国機構【OPEC】**も原油価格を大幅に引き上げたから、**西側諸国では物価が高騰し、しかも不況**という最悪の状態（**スタグフレーション**）になった。特にアメリカは、この２年前のドル゠ショックとあわせて、経済的な地位がさらに低下したんだよ。そして、これまで安い原油に支えられていた西側の先進国は、世界経済の構造そのものについて考えさせられたんだ。

　1975年、**フランス大統領ジスカールデスタン**の提唱で、**第１回サミット【先進国首脳会議】**が開かれたよ。参加したのは、**米・英・仏・西独・伊・日本**（翌年に**カナダ**も加えた７カ国が**G7**。ソ連崩壊後、ロシアも入れる場合は**G8**だ）で、以後サミットはほぼ毎年開かれ、その時期の重要な課題について話し合っているよ。もちろん、第１回の主要テーマは「石油を中心とするエネルギー問題」だ。

＜ヨーロッパ共同体【ＥＣ】（1993年以降はヨーロッパ連合【ＥＵ】）加盟国＞

加盟年	新規加盟国
原加盟国	フランス・西ドイツ（東西ドイツ統一［1990］後はドイツ）・イタリア・ベルギー・オランダ・ルクセンブルク
1973	**イギリス・アイルランド・デンマーク**
1981	**ギリシア**
1986	**スペイン・ポルトガル**
1995	**オーストリア・スウェーデン・フィンランド**
2004	エストニア・ラトヴィア・リトアニア・ポーランド・チェコ・スロヴァキア・ハンガリー・スロヴェニア・マルタ・キプロス
2007	ブルガリア・ルーマニア
2013	クロアティア

3 米ソの行き詰まりと「新冷戦」

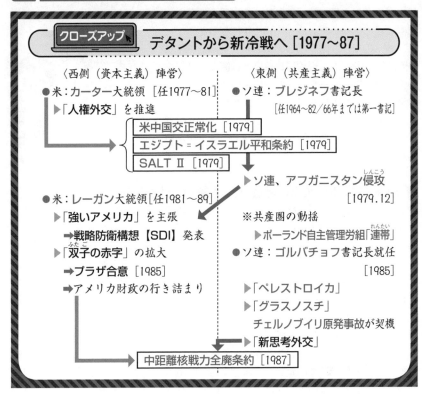

クローズアップ　デタントから新冷戦へ [1977〜87]

〈西側（資本主義）陣営〉　　〈東側（共産主義）陣営〉

● 米：カーター大統領 [任1977〜81]　● ソ連：ブレジネフ書記長

　▶「人権外交」を推進　　　　　　　　[任1964〜82／66年までは第一書記]

　　　米中国交正常化 [1979]

　　　エジプト＝イスラエル平和条約 [1979]

　　　SALT Ⅱ [1979]

　　　　　　　　　　　　　　　▶ ソ連、アフガニスタン侵攻

● 米：レーガン大統領 [任1981〜89]　　　　　　　　　　[1979.12]

　▶「強いアメリカ」を主張　　　　※共産圏の動揺

　　➡ 戦略防衛構想【SDI】発表　　▶ ポーランド自主管理労組「連帯」

　▶「双子の赤字」の拡大　　　　● ソ連：ゴルバチョフ書記長就任

　　➡ プラザ合意 [1985]　　　　　　　　　　　　　[1985]

　　➡ アメリカ財政の行き詰まり　▶「ペレストロイカ」

　　　　　　　　　　　　　　　▶「グラスノスチ」

　　　　　　　　　　　　　　　　チェルノブイリ原発事故が契機

　　　　　　　　　　　　　　　▶「新思考外交」

　　　　　　　中距離核戦力全廃条約 [1987]

◀ ニクソン辞任の反動で、クリーンなイメージのカーター大統領が登場！

　それじゃあ、再びアメリカに戻ろう。**ウォーターゲート事件**でニクソンが辞任すると、副大統領の**フォード**が大統領になったんだけど、「ニクソンは大統領を辞めて責任を取ったから、これ以上追及しない」と言っちゃった😓。この時点で、彼の運命は決まったようなもんだ。もはや地に落ちたアメリカ大統領の威信が回復できないまま任期を終えたよ。一応、**第1回サミットに出席したのはフォード**だけど、提唱したのはフランス😅。アメリカの存在感がこんなになかったのは、この時だけかもね😄。こうなると、次の大統領選挙は誰が出ても**民主党**が勝ちだよ。こうして1977年、汚職のないクリーンなイメージの**カーター**が大統領になったんだ。

　カーターは、「"自由で平等で人権を尊重する"のがアメリカ的な価値観なのに、これまでのアメリカ外交はそこからかけ離れているじゃないか👿」と主張して、**「人権外交」**を進めたんだ。簡単に言うと**「人権を守る国と仲良くする」**、そして最

後は「話せばわかる😄！」って感じかな。

　まず、1977年に**新パナマ運河条約**を結んで、アメリカが永久租借権を持っていた**パナマ運河地帯を返還**することを決めた。さらに1979年になると、1月にソ連への対抗から中国との関係を完全に正常化し（**米中国交正常化**）、**台湾国民政府とは断交**した。さらに3月には、カーターの仲介によって**エジプト＝イスラエル平和条約**が結ばれ、中東和平は大きく前進したようにも見えた。そしてソ連とは、**SALTⅡ【第2次戦略兵器制限交渉】**を進め、第1次よりも踏む込んだ内容で調印にこぎつけたよ。

「話せばわかる！」っていう人権外交は、話してわかる人が出てこないと成立しないんだよ……😥

🔊 反米の事件が次々と起こり、「人権外交」が破綻(はたん)！

　でも、カーターの「人権外交」は最初から矛盾を抱えていたよ。そもそも**アメリカが支援している同盟国は、全部が民主主義の国ってわけじゃない**し、特にラテンアメリカでは、何度も**左翼(さよく)政権を潰(つぶ)して親米の軍事独裁政権をつくっている**😓。一例を挙げると、1970年にできたチリの**アジェンデ政権は史上初めて選挙で成立した社会主義政権**だったけど、アメリカの支援するクーデタで**ピノチェト軍事政権**ができた。彼らに「人権を守れ！」なんて言ったら、自分の独裁政治を否定することになるから当然反発が起こるし、逆に「アメリカが応援してくれてるのでは？」と思った**反体制派による独裁政権への反対運動が激化**してしまう。

　こうした矛盾もあって、1979年に入ると、世界各地で**カーターの「人権外交」を破綻させる事件が次々と起きた**。まず1月には**ホメイニ**が指導する**イラン革命【イラン＝イスラーム革命】**が起きて、親米の国王**パフレヴィー2世**が亡命(ぼうめい)に追い込まれ、新たにできた**イラン＝イスラーム共和国**は「反米」を主張、11月にはアメリカ大使館員を人質として、前国王の身柄と資産の引き渡しを要求してきた（**イラン＝アメリカ大使館人質事件**）。さらにカーターが命令した救出作戦も失敗したから、アメリカでは**カーター政権への失望感が広がった**んだ😔。しかも、7月には中米のニカラグアで、**サンディニスタ民族解放戦線**が親米の**ソモサ軍事政権**を倒す**ニカラグア革命**が起き、左翼政権ができた。

　そして、カーター政権にトドメを刺したのが、12月に起きた**ソ連のアフガニスタン侵攻(しんこう)**だよ😨！アフガニスタンでは1978年にすでに社会主義的な政権ができていたんだけど、革命勢力の内部対立が激化していたため、**ソ連のブレジネフはアフガニスタンに直接介入(かいにゅう)**して、全土を制圧したんだ。

　こうした社会主義勢力の拡大、特にソ連のアフガニスタン侵攻に対し、カーターは有効な対抗策を打ち出せなかった。だって、「話せばわかる！」って言っても、話し合いができない人が出てきたら破綻する😫。**カーター政権は「弱腰外交」だと批判された**。そして、上院は「信用できないソ連との条約は批准(ひじゅん)できない！」と

反発、SALT Ⅱの批准も見送られ、さらに1980年のモスクワ五輪もボイコットした。こうして米ソ関係は急速に悪化、両国は再び軍備の拡大を進めて対立を深めた。デタントは一気に吹っ飛んで、世界は「**新冷戦**」となったんだ😫。

◀「強いアメリカ」を唱えるレーガン大統領が登場。軍拡に突っ走る！

　カーター政権の「人権外交」が破綻した1980年の大統領選挙では、俳優出身で「強いアメリカ」を主張する共和党の**レーガン**が当選した。レーガンは、もともと西部劇にたくさん出演している俳優で、見た目は明るくおおらかな典型的アメリカ人だったけど、その政策はかなり強硬だ！　ソ連を「**悪の帝国**」と呼んで対決姿勢を鮮明にすると、**核軍拡**へと一直線🖐。いきなり5年間で1兆5000億ドルの軍事費を使うと発表し、**戦略防衛構想【SDI】**、通称"スターウォーズ計画"を打ち出した。これは、ソ連から飛んでくるミサイルを宇宙空間で迎撃し破壊するというもので、当時人気のあった**映画「スターウォーズ」**の世界そのものだった。さらに、猛烈な勢いで核兵器の配備拡大に突っ走ったんだ。

　これには、さすがに**西ヨーロッパ各国が焦った**😨。だって、アメリカが核軍拡を進めれば、当然ソ連が東欧への核兵器配備で対抗してくる。そうなると、**ヨーロッパが核軍拡競争の舞台**になって、核戦争に巻き込まれるんじゃないか？っていうのが西欧諸国の心配だ😨。こうして、**反核運動**が高まったんだ。そして、**第2回国連軍縮特別総会**の際には、ニューヨークで100万人近い市民が参加する反核デモがおこなわれ、反核運動は世界的な広がりを見せ始めた。こうした動きを受けたレーガンは、さすがに核軍拡の主張だけを続けることもできなかった。そして、オモテでは「ソ連は"悪"」という非難を強めながら、**ウラでは核軍縮交渉を進めた**んだよ。

◀「双子の赤字」が拡大して、アメリカ財政が危機に陥る！

　一方で、レーガン政権の「強いアメリカ」は、ラテンアメリカの左翼政権にも向けられたよ。社会主義政権ができたカリブ海の小国**グレナダ**に侵攻して政権を倒したり、**ニカラグアにも介入**し、サンディニスタ政権に対し、**反政府勢力「コントラ」への軍事支援**をしたりと、強硬な政策をとったんだ。

　また、国内では**レーガノミクス**と呼ばれる経済再建策を打ち出したよ。**社会福祉の切り捨てと行政改革**によって「**小さな政府**」を目指し、自由競争によって活発な経済を取り戻し（**新自由主義**）、さらに所得減税によって消費を拡大して景気を回復させれば、結果的に税収が増える、というのがレーガンの主張だ。ただ、レーガン政権は矛盾を抱えている😅。「**大規模な軍備拡大**」で軍事費が増えているのに、減税をしたら財政赤字が拡大しちゃう。さらにアメリカを悩ませたのが**貿易赤字**だよ。1980年代には**日本からの輸入が急増**して、対日貿易赤字が拡大していた。特にオイル゠ショックをきっかけに技術革新に成功した日本車は、アメリカで売れまくった。あまりにも貿易赤字が拡大したから、アメリカは「日本の輸出を減らせ！　アメリカのものを買え！」と市場開放と輸出の規制を要求した（**日米貿易摩擦**）。

第1章 国民国家の形成

第2章 列強の侵略とアジアの変革

第3章 帝国主義と第一次世界大戦

第4章 戦間期と第二次世界大戦

第5章 戦後の世界

　こうしてアメリカは「**双子の赤字**」（財政赤字と貿易赤字）が拡大し、1985年ついに、**世界最大の債務国**となった😩。レーガンは口には出さなかったけど、レーガノミクスは失敗だよ。仕方なく各国は、ドル高の是正と為替レートの調整によってアメリカを助けることにした。1985年９月、ニューヨーク・プラザホテルでＧ５【**米・英・西独・仏・日**】がアメリカの貿易赤字を減らすための**ドル安政策に合意**したんだ。

　この**プラザ合意**に基づいて各国の中央銀行が協調してドル安に誘導したんだけど、貿易赤字が解消しないどころか、「アメリカ経済って、こんなにヤバいの？」っていう不信感が広がって、**ニューヨーク株式市場で株価が大暴落**したんだ（**ブラック゠マンデー**）。そして、これまでアメリカに流れていた投資資金が日本に集まって、株価や土地の価格が異常なまでに高騰、**日本は「バブル経済」**になったんだ。

合否の分かれ目▶　**戦後経済史のトピックス**

● **ブレトン゠ウッズ体制**……アメリカが世界経済を支える
　▶**国際通貨基金【IMF】、国際復興開発銀行【IBRD】**の設立
　▶**米ドルを基軸通貨とする固定相場制**
● **ドル゠ショック**［1971］……アメリカの貿易赤字転落が契機
　▶**金・ドルの兌換停止**➡ドルの切り下げ、**変動相場制の導入**
● **プラザ合意**［1985］……米が**世界最大の債務国**となったことが契機
　▶**G5（米・英・西独・仏・日）がドル安政策に合意**

◀ じゃあ、この時期の西欧諸国はどうなっていたんだろう？

　では、同時期の西欧諸国の動きを見ておこう。まずは**イギリス**から。「**イギリス病**」とも呼ばれる不況から抜け出せないまま、労働者のストライキが激しくなり、イギリスでは、学校までもが閉鎖に追い込まれていた。そして、労働党政権への不満から**総選挙では保守党が圧勝**し、1979年、**サッチャー**が首相になったよ。彼女は**イギリス初の女性首相**なんだけど、強いリーダーシップを発揮して、「**鉄の女**」とも呼ばれたんだ。サッチャーは、財政を立て直すため、**福祉の縮小や国営企業の民営化**など「**小さな政府**」を目指し、これまで労働党が進めてきた政策を大転換して、「民間でできることは民間でやる」を基本に、**規制緩和によって自由競争を活発**にして、イギリス経済の再建を図った。この

「鉄の女」と呼ばれるほど強力なリーダーだったサッチャーは、国際的にも影響力が強かったよ

考え方は、同時期の**アメリカのレーガンと同じ新自由主義**だね。

そして「大国としての威信」を示したのが、**フォークランド戦争**だよ。1982年、イギリスとアルゼンチンが領有権を争っていたフォークランド諸島【マルビナス諸島】を**アルゼンチン**の親米ガルチエリ軍事政権が占領すると、サッチャーは「国家の名誉をかけて戦う😡！」と表明、**アメリカのレーガン大統領にも支持を表明させ**ると、空母2隻を含む大軍を派遣した。このフォークランド戦争では、イギリス軍は最新兵器を使用してアルゼンチンと戦い、また国連安保理でもアルゼンチンに撤退を求める決議を採択させ、50日にわたる戦闘によって、**フォークランド諸島を奪還**したんだ。この戦争で、サッチャーの人気は不動のものとなった。

さらに、**IRA【アイルランド共和国軍】**のテロに対しても強い態度で臨む一方、**北アイルランド協定**を結んで、英領北アイルランドの行政にアイルランド共和国の参加を認めて、アイルランド問題の解決に一歩前進したよ。また、対外的には**香港返還協定**を結び、1997年に香港の主権を中華人民共和国に返還することが決まった。ただ、政権の末期にはサッチャーの強権的すぎる政治への批判も高まったよ。そりゃ「鉄の女」だもんね😤。

フランスでは、1981年に**社会党のミッテラン**が大統領となり、基幹産業の国有化や**労働者の権利拡大**など社会主義的な政策を進めたんだけど、結局インフレと財政難で挫折したため、首相を保守派から指名して**保革共存政権【コアビタシオン】**をつくった。以後、**大統領が外交と防衛、首相が内政**という分業ができて政局が安定、1995年まで続く長期政権になったんだ。

🔊 ソ連の行き詰まりを打破するため、ゴルバチョフが登場！

じゃあ、**ソ連**の動きを見ていこう。ソ連は**アフガニスタンへの介入**を短期で終わらすつもりだったのに、アメリカが支援するイスラーム＝ゲリラの抵抗が激しくなって**泥沼化、財政を圧迫**した。そして、**ブレジネフ**は高齢と病気でほとんど何もできないまま、**1982年に死去**した……😵。しかも、ブレジネフがあまりにも長く権力を握っていたから、次の世代もすでに高齢だよ……。あとを継いだアンドロポフは腎臓病で、何もできないまま死去。その後継者チェルネンコもすでに73歳でしかも病気、これまた何もできず死去した😫。外から見てると「この国はどうなってるんだよ！」ってツッコミ入れたくなるけど、それはソ連のなかでも同じことだ。こうして、**改革を主張する若手が台頭**し始めた。

1985年、若手の**ゴルバチョフ**が書記長に就任し、ソ連は一気に世代交代した。ゴルバチョフは、「**今の状態のソ連で西側に対抗するのは不可能**だ」と感じていた。だってソ連では、1980年代に入っても、農場も工場もほとんどが鎌やハンマ

ゴルバチョフの登場で、世界は一気に激動の時代に突入するんだ！

ーの手作業……😵。こんな状態だから、経済成長率もほとんどゼロだ。こりゃ、経済が停滞するのは当たり前だよ😫。

　そこでゴルバチョフは「ペレストロイカ【改革】」を始めたんだ。とはいっても、ペレストロイカは具体的に「これをやろう！」っていうのがあったわけじゃない。とにかく、**政治・経済・文化・社会**……ソ連の全部を「**何か変えないといけない**😤」ってことだよ。そして、「ペレストロイカ」を進める重要な柱は「**グラスノスチ【情報公開】**」と「**新思考外交**」だ。

　「**グラスノスチ**」とは、**民主化の土台になる大胆な情報公開**のことだよ。これまでソ連は、国内にも国外にも秘密主義だったからね。ただ、ゴルバチョフを一気にグラスノスチに向かわせたきっかけは、1986年の**チェルノブイリ原子力発電所事故**だ（**現在のウクライナ**で起きたこの事故は、福島第一原発の事故が起きる前には「史上最悪の原発事故」といわれていた）。当時、放射線を観測した北欧諸国が「原発事故が起きてるんじゃないか？」と報道したにもかかわらず、ソ連が３日後まで事故を認めなかったから、世界中から「何を考えてるんだ😡」とさんざん批判された。ゴルバチョフは**グラスノスチの重要性**と**核軍縮の必要性**を感じたんだね。こうしてグラスノスチが進み、ブレジネフ時代から軟禁されていた**サハロフ博士が解放**されて、モスクワに戻ってきた。この時ゴルバチョフは「同意できない意見でも、発言の場を与えるのが原則である」とコメントしたよ。これまでのソ連じゃ考えられないね😎。

　もう一方の「**新思考外交**」は、**冷戦**に基づく**西側との対決路線や社会主義国への締めつけをやめる**ってことだ。まず1985年には、いきなりアメリカ大統領レーガンとの米ソ首脳会談をおこなった。これを**仲介**したのが英首相の**サッチャー**だ。サッチャーは、書記長になる前のゴルバチョフと会っているんだけど、その時に「これまでのソ連の指導者とは違って、きちんと交渉できる相手だ」と確信して、レーガンに「ゴルバチョフと会談しなさーい😁」って説得したんだって！　そして、この米ソ首脳会談で話し合われたのは、ズバリ**核軍縮**！　ゴルバチョフは「ソ連の経済再建のためには軍事費の削減が必要で、しかもアメリカの戦略防衛構想に対抗するのは、**ソ連の経済力と技術力では無理**だ」と思っていたし、レーガンも「**双子の赤字**で、これまでのような**軍拡路線は不可能**だ」と思っていたから、お互いに歩み寄ったってわけ😌。そして、1986年におこなわれた再度の首脳会談を経て、1987年、**中距離核戦力全廃条約【INF全廃条約】**を締結したよ。もちろん、中距離核ミサイルだけだから、全体から見れば数は少ないけど（核弾頭総数の約８％）、**史上初めて核兵器の削減に合意**した意味は大きいよ。そして、ゴルバチョフの「新思考外交」は、彼自身が考えていなかったくらい大きな変化を引き起こすんだ😵！

4 冷戦の終結とソ連の崩壊

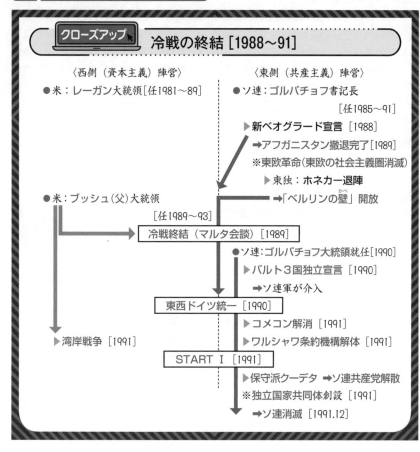

クローズアップ **冷戦の終結 [1988〜91]**

〈西側（資本主義）陣営〉　　　　　〈東側（共産主義）陣営〉

●米：レーガン大統領[任1981〜89]　●ソ連：ゴルバチョフ書記長

[任1985〜91]

▶**新ベオグラード宣言**[1988]

➡アフガニスタン撤退完了[1989]

※東欧革命（東欧の社会主義圏消滅）

▶東独：**ホネカー退陣**

●米：ブッシュ（父）大統領　　　➡「**ベルリンの壁**」開放

[任1989〜93]

冷戦終結（マルタ会談）[1989]

●ソ連：ゴルバチョフ大統領就任[1990]

▶バルト３国独立宣言[1990]

➡ソ連軍が介入

東西ドイツ統一 [1990]

▶コメコン解消 [1991]

▶湾岸戦争 [1991]　　　　　▶ワルシャワ条約機構解体 [1991]

START I [1991]

▶保守派クーデタ ➡ソ連共産党解散

※独立国家共同体創設 [1991]

➡ソ連消滅 [1991.12]

（右側縦書き）
第**1**章　国民国家の形成
第**2**章　列強の侵略とアジアの変革
第**3**章　帝国主義と第一次世界大戦
第**4**章　戦間期と第二次世界大戦
第**5**章　戦後の世界

◀ **「新思考外交」が、東欧革命と冷戦終結をもたらした！**

　ゴルバチョフの「新思考外交」は、資本主義国との間だけではなく、**社会主義国にも大きな変化**を引き起こしたよ。1988年になると、ユーゴスラヴィアのベオグラードを訪問したゴルバチョフは、かつてブレジネフが打ち出した**制限主権論の放棄**、簡単に言うと、「もうソ連の言うとおりに動かなくてもいいですよ😄」と宣言した。この**新ベオグラード宣言**を聞いた東欧諸国は、「そんなこと言って、どうせ

ソ連に反抗すると、また軍隊がくるんでしょ……😓」って思っていた。でも、ゴルバチョフの改革は止まらなかったんだ。

　1989年になると、ソ連国内では、初めて複数の候補者が立候補して“競争”する人民代議員選挙がおこなわれ、共産党幹部が多数落選するなか、モスクワでは**急進改革派のエリツィンが圧勝**した。さらに**中国**を訪問して**鄧小平**と会談し、**中ソ論争を終わらせた**。そして、東欧諸国を一気に民主化に向かわせたのは、前年に約束していたとおりに**ソ連軍がアフガニスタンから撤退**したことだった。「アフガニスタンがソ連から自由になったなら、今度こそ自分たちもソ連から自由になれる😊」と思った東欧諸国で一気に民主化が進み、共産党支配が崩壊していった。いわゆる「**東欧革命**」の始まりだ！

　まず、**ハンガリーで複数政党制が導入**された。これに続いたのが**ポーランド**だ。すでに1980年には、共産党（＝政府）の指導を受けずに自分たちのことは自分たちで決める！という**自主管理労組**「**連帯**」を結成して、**ワレサ**を議長に、全国で自由化を求めるストライキをやっていた。でも「連帯」は非合法とされ、弾圧を受けながら10年間も民主化を求める運動を続けてきたんだ。

ソ連が介入しないとわかれば、もはや止めるものは何もないよ😆

　1989年６月に**初の自由選挙**がおこなわれると、合法となった「連帯」が圧勝して共産党の一党独裁体制が崩壊した（翌年、**ワレサが大統領**になった！）。この時ソ連は介入しなかった。さらに９月、民主化が進んだ**ハンガリーがオーストリアとの国境の開放**を発表すると、東ドイツ市民はハンガリーとオーストリアを経由して、次々と西ドイツに亡命し始めたよ😄。

　東欧の民主化の波は、もう止められない！　東ドイツ国内でも市民のデモが日に日に激化し、10月には、18年間も独裁権を握ってきた**ホネカー書記長が退陣**した。それでも市民のデモは全く収まらず、東ベルリンのデモは100万人になった！　もはや国民を抑えきれないと判断した東ドイツ政府は、ついに「**ベルリンの壁**」を開放！　東ベルリン市民が西ベルリンに流れ込んだよ。このニュースはあっという間に世界に伝わり、東ベルリン市民と西ベルリン市民が抱き合って喜ぶ姿や、壁によじ登ってハンマーやつるはしで「壁」を壊す市民の姿が、テレビを通じて全世界に流された。この時、僕は高校生で、「世界が変わってる😲！」って興奮したのを今でも覚えているよ。そして、この興奮が残る1990年８月、冷戦の象徴だった分断国家、**東西ドイツが統一**を実現した（**東西ドイツ統一条約**）。ただ、統一後の国名は**ドイツ連邦共和国**、つまり**西ドイツが東ドイツを吸収**する形で統一を実現したんだね。首都は**ベルリン**、首相は西ドイツ首相だった**コール**だ。

　さらに、隣国**チェコスロヴァキア**でも**フサーク政権**が崩壊して、かつて「プラハの春」を指導した**ドプチェク**が復活！　1989年12月にはハヴェルを大統領、ドプチェ

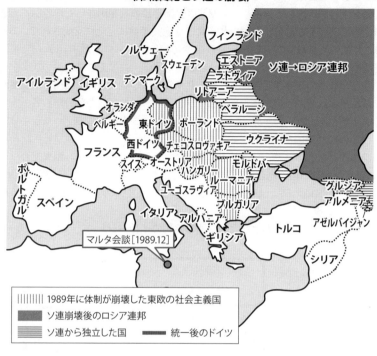

〈冷戦終結とソ連の崩壊〉

||||||| 1989年に体制が崩壊した東欧の社会主義国
　　　　　ソ連崩壊後のロシア連邦
≡≡≡ ソ連から独立した国　　━━ 統一後のドイツ

クを連邦議会議長とする新政権ができた（武力や暴力を使わずに“なめらかに”進んだから「**ビロード革命**」という）。そして、独自路線だった**ルーマニア**では独裁者チャウシェスクが処刑され、この映像までもがテレビで全世界に流されたんだ。

　もはや、**東欧の共産圏はすべてなくなった！**　こうして1989年末に地中海の**マルタ島**でおこなわれた**米ソ首脳会談**（マルタ会談）で、レーガンのあとにアメリカ大統領となった**ブッシュ**（父）とソ連の**ゴルバチョフ**は、**冷戦終結**を宣言したんだ。

◀ ソ連内部にも東欧革命の影響が広がり、体制の改革を迫られた！

　1989年、東欧諸国で次々と共産党の一党独裁政権が倒れると、**ソ連国内でも民主化を求める動き**が起こった。だって、これまで東ヨーロッパの民主化を潰してきたソ連が、今回は動かなかったんだもん。そして、ソ連共産党の一党独裁体制に対する批判が高まり、1990年、ゴルバチョフはソ連が**複数政党制を導入する**ことを決め、同時に**大統領制を導入**したんだ。もちろん、**初代のソ連大統領がゴルバチョフ**だ。これは、**ソ連という「国」と共産党という「党」を切り離して、支配の中心を「党から国家へ」と変えた**ということなんだけど、実はこの改革自体がソ連を崩壊させるものだと、この時には誰も気づいていなかった。もちろん、ゴルバチョフ本人も含めてね😭。

　ここでちょっとだけ、**ソ連という国の体制**について解説するよ。ソ連が成立した時の話を少し思い出してみよう！　ソ連は全部で15の共和国からできていて、それぞれの国に共産党があり、**各国の共産党はソ連共産党に完全に支配されている**。これは、共産党しか政党がない一党独裁国家だから可能な体制だよ。じゃあ、**複数政党を認めて大統領制を導入するとどうなるんだろ？**　共産党は共産党しか支配できないから、ほかの政党ができちゃうと、**共産党だけが各共和国を支配する根拠がなくなる**んだよ。だからゴルバチョフは「ソ連政府」を共産党から分離して、大統領をつくったんだけど、じゃあ「**ソ連大統領**」はどこを支配するの？　ハッキリ言って、このへんがあいまいだった。だから、「**連邦制**」をめぐる議論が起きたんだ。どういうことかというと、ソ連が**連邦制国家**（1つの国）なのか、**国家連合**（今の**EU**のような複数の国の連合体）なのかってことね。ソ連の国名は英語だと「Union of Soviet Socialist Republics」。この「Union」の意味が問題になったんだよ。

〈もともとのソ連の体制のイメージ〉

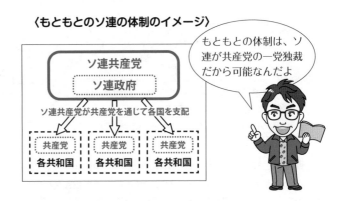

もともとの体制は、ソ連が共産党の一党独裁だから可能なんだよ

〈1990年後半のソ連のイメージ〉

ロシアに「ロシア大統領」ができたら、ソ連はどこを支配するの？

◀ バルト3国が独立を宣言！　各共和国にも自立の動きが広がる

　こんな議論で揉めているうちに、「東欧諸国がソ連から自由になったように、自分たちも"ソ連"から独立する！」とバルト3国（エストニア・ラトヴィア・リトアニア）が独立宣言を出したよ。これにはさすがのゴルバチョフも「ソ連軍」を派遣して弾圧した😣。しかし、今度は世界的に「民主化弾圧だ！」と批判されてしまった。さらにこの動きは各国にも影響し、各共和国で「主権宣言（ソ連のなかに残るけど、独自の政府をつくる）」を出す動きが広がると、ロシアではエリツィンがロシア大統領になった。ちょっと待った！　ソ連の領土の大半がロシアだよね😫。ロシアが主権宣言を出したら、ソ連を残す必要はあるのかな？　こうしてソ連の内部では、ソ連政府と各共和国政府の間で激しい対立が起こり、さらにソ連の体制を維持しようとする共産党の保守派は、巻き返しを狙っていたんだ。

　一方で、冷戦の終結を受けて社会主義陣営（共産圏）の解体が一気に進んだよ。1991年6月にはコメコンが解消され、7月にはワルシャワ条約機構が解体された。もう東欧に社会主義国が残っていないから、なくなって当然だよね。さらに、米ソの核軍縮も進んだ。7月には米大統領ブッシュとゴルバチョフが第1次戦略兵器削減条約【START I】に調印して、米ソ両国が核弾頭やミサイルの削減に合意した。しかし、こうした動きのウラでソ連は確実に解体へと向かっていたんだ。

◀ 保守派クーデタ、ソ連共産党の解散、そしてついにソ連が崩壊！

　冷戦体制を支えてきた共産圏の解体や核軍縮によって、アメリカがどんどん優位に立つのを見て、保守派は我慢できなかった。しかも、ゴルバチョフは市場経済への移行を唱え始め、さらにソ連を主権共和国の連合体とする新連邦条約を提案すると、保守派は「この条約ができた瞬間、ソ連が崩壊する😫」と気づき、ついにクーデタを決行したんだ。

　1991年8月、ロシアのテレビで「ゴルバチョフは病気で大統領を続けられないので、ヤナーエフ副大統領が職務を引き継ぐ」というニュースが流れ、さらに改革派の活動を禁止する「非常事態宣言」が発表された😣。世界中に衝撃が走った！これは、どう考えてもクーデタだ！　しかし、進み始めた歴史は止められない。ロシア大統領のエリツィンは「連邦よりもロシアだ！クーデタに抵抗せよ😤！」と市民や軍に呼びかけた。これは「もうソ連は必要ない！」ってことだ。戦車によじ登り、ハンドマイクで市民に呼びかけるエリツィンの姿に市民も立ち上がり、ついにクーデタに反対する市民のデモは10万人以上になった。こうして保守派クーデタ【反ゴルバチョフ＝クーデタ】は失敗に終わったんだ。

　「ロシア」大統領のエリツィンがクーデタを失敗に追い込んだことで、ゴルバチョフに対するエリツィ

　保守派クーデタの失敗を機に、エリツィンとゴルバチョフの立場が逆転したんだ！

ンの優位が決まった。これはそのままソ連よりもロシアが優位に立った瞬間だ。エリツィンが「ロシアでは共産党の活動を停止する」という命令を出すと、ゴルバチョフはこれに従うしかなく、**ソ連共産党の解散**が宣言された。さらに、ロシアが「**バルト3国の独立を認める**」と発表したから、ソ連もこれを承認するしかない。もはや、各共和国のソ連からの「独立」は止められなくなった😫。そして12月には、**ロシア・ウクライナ・ベラルーシの3国が独立国家共同体【CIS】の発足を宣言する**と旧ソ連の11共和国が参加した（グルジア【ジョージア】の参加は1993年）。こうなるとソ連大統領の存在する意味は全くない😅。事態を悟ったゴルバチョフは、1991年12月25日に**ソ連大統領を辞任**し、完全に**ソ連が消滅**したんだ。

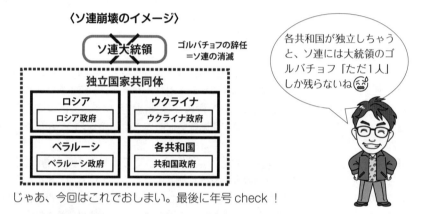

〈ソ連崩壊のイメージ〉

各共和国が独立しちゃうと、ソ連には大統領のゴルバチョフ「ただ1人」しか残らないね😅

じゃあ、今回はこれでおしまい。最後に年号 check！

!!! 年号のツボ

- **ドル゠ショック** ［1971］（**い**く**ら**泣**い**ても　ドル下がる）
- **第4次中東戦争（第1次石油危機）** ［1973］（**行くな**港に　**石油**ない）
- **ソ連のアフガニスタン侵攻** ［1979］（アフガンに　**行くな**救援　ソ連がきたぞ）
- **ゴルバチョフ登場（書記長就任）** ［1985］（**行くや**ゴルビー　ペレストロイカ）
- **冷戦終結（マルタ会談）** ［1989］（**特約**つけて　冷戦終結）
- **東西ドイツ統一** ［1990］（**一つにくくれ**　東西ドイツ）
- **ソ連の消滅** ［1991］（**ひどく悔いても**　ソ連は消えた）

ついにソ連もなくなっちゃった😥。残った重要テーマは**アジア・アフリカ**だけだ。冷戦終結後は最後にまとめてやるからね😁。

近現代日本へのアプローチ ⑨
〜バブル経済と55年体制の崩壊〜

オイル＝ショックの影響で、日本でも「狂乱物価」と呼ばれる物価高騰が起きて、トイレットペーパーの買い占めなどの心理的パニックも起きたよ。そして、**1974年には戦後初めて経済成長率がマイナスになった**😫。でも、これをきっかけに省エネ技術の開発や産業の高度化で、なんとか危機を克服したんだ。そして、先進国の経済が停滞するなかで、規制の緩和などで自由競争を促し、政府の介入を極力減らして「小さな政府」を目指す**新自由主義**の政策が台頭してきた。日本でも**中曽根康弘**政権の時代に、**日本国有鉄道**（国鉄・現在のJR各社）や**日本電信電話公社**（現在のNTT）などの民営化が進んだよ😄。

1980年代の日本は、**自動車などの輸出を急速に増やして経済成長していた**んだけど、反面で対米貿易黒字が拡大して**日米貿易摩擦**が激化し、アメリカから市場開放を迫られて、例えば**牛肉やオレンジの輸入自由化**なんかをおこなったんだ😅。1985年のプラザ合意で急速な円高が進んで輸出産業が打撃を受けると（**円高不況**）、その対策として**内需拡大**（輸出より国内での需要をふやす）のための**金融緩和**をしたんだけど、お金が借りやすくなって余った資金や、アメリカの景気後退を受けた外国からの資金が土地や株などの投機的な取引に向かった結果、地価や株価の異常高騰で「**バブル経済**」になったんだ😵!

しかし、1990年初めから**株価や地価が下落し始め**（**バブル崩壊**）、日本では長期の不況が始まった😔。同じころ、**違法な政治献金の問題で自民党への批判が高まり**（リクルート事件）、1993年には自民党が分裂して総選挙で過半数を割り込み、**共産党を除く非自民8党派による細川護熙内閣が成立、55年体制が崩壊した**😲。そして、衆議院の選挙制度が**小選挙区比例代表並立制**となった。

自民党は**社会党委員長の村山富市**を首相とする連立内閣で政権に復帰したんだけど、革新系の野党第1党と組むなんて、ちょっと変だよね😓。その後も自民党を中心とする政権が続き、2001年に公明党との連立で成立した**小泉純一郎**内閣は、**新自由主義**政策をとり、財政赤字の削減と景気回復のために、**大胆な民営化と規制緩和**を進めたよ。**郵政事業の民営化**や日本道路公団の分割と民営化、社会保障費の見直しなどをおこなったんだけど、**雇用の流動化**が進んで所得格差が拡大するなど、現代の日本に繋がる問題も発生し始めたんだよ😔。

そして、小泉首相の退任後は**自民党政治への不信感が高まり**、2009年の総選挙では野党の民主党が勝利して、**鳩山由紀夫**を首相とする連立内閣ができた。しかし民主党政権は、党内の混乱や2011年の**東日本大震災**への対応の不手際などで支持を失い、2012年には自民党政権に戻ったんだ。

前回までは欧米を中心に冷戦終結まで一気に進んだけど、ここからはアジアの戦後史を見ていくよ。今回は、中国を中心とする東アジアだ！

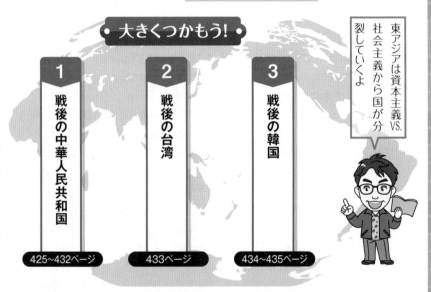

• 大きくつかもう！ •

東アジアは資本主義 vs. 社会主義から国が分裂していくよ

1 戦後の中華人民共和国

425〜432ページ

2 戦後の台湾

433ページ

3 戦後の韓国

434〜435ページ

日中戦争が終わった直後から内戦となった中国は、共産党の勝利で中華人民共和国ができたよ。そこから社会主義国家の建設が始まるんだけど、なかなかうまくはいかなかった。「大躍進」、「調整政策」、そして「文化大革命」……壮絶な権力闘争が待っているんだ。さらに、アメリカ、ソ連、インドとの関係など、国際関係も刻々と変化していくよ。そして、権力闘争の末にたどり着いたところは？　さらに、共産党に敗れた蔣介石が逃れた台湾や分断国家になった韓国は、独裁政治になっちゃうんだ……😓。

それじゃ、日本の周辺を取り巻く東アジア戦後史、じっくり見ていこう😁。

1 戦後の中華人民共和国

クローズアップ 戦後の中華人民共和国（冷戦終結まで）

- **毛沢東体制**……**ソ連の援助**で社会主義建設を進める
  - ●中ソ友好同盟相互援助条約[1950.2]……ソ連が中国を全面的に援助
  - ●社会主義建設
    - ▶土地改革法[1950.6]……農民の土地所有を進める
    - ▶第1次五カ年計画[1953〜57]……ソ連の援助で**重工業優先の工業化と農業集団化**
  - ●中ソ論争開始[1956]……フルシチョフのスターリン批判と平和共存政策が契機
  - ●「大躍進」[1958〜]　※急激な社会主義化
    - ▶人民公社の創設[1958]……極端な農村重視の社会主義化　➡生産性の大幅減退
- **毛沢東・劉少奇体制**……共産党の実権は毛沢東が握る
  - ●劉少奇が国家主席に就任[1959]……**調整政策（一部に資本主義を復活）**を実施
  - ●**中ソ論争が公開論争に発展**（対立の表面化）[1960]　➡中ソ国境紛争が頻発
- ●文化大革命[1966〜77]……思想闘争の形をとった、毛沢東周辺の権力闘争
  - ●紅衛兵の運動　➡劉少奇・鄧小平らの失脚[1968]
  - ●林彪を毛沢東の後継者に指名[1969]　➡林彪の失脚後、「四人組」が勢力拡大
  - ●周恩来の死[1976.1]　➡**第1次天安門事件**が発生
  - ●毛沢東の死[1976.9]　➡「四人組」逮捕。華国鋒が共産党主席に就任
- ●**鄧小平体制**[1977〜97]　※**最高実力者**として実権を握る
  - ●「改革・開放政策」……**資本主義の一部復活と西側諸国との関係改善**で経済再建
    - ▶「四つの現代化」……**農業・工業・国防・科学技術の近代化**
    - ▶人民公社解体を決定[1982]　➡**生産責任制へ転換**
  - ●第2次天安門事件[1989]……ゴルバチョフ訪中や東欧革命も背景

◀ 日本の敗戦で「抗日民族統一戦線」が崩壊して、国共内戦が再開！

　日中戦争が始まると、**蔣介石の国民党**と**毛沢東の共産党**は「協力して日本と戦おう！」という第2次国共合作【**抗日民族統一戦線**】をつくったけど、日中戦争が終わると協力する理由はもうない😅。ただ、終戦直後は**ソ連も蔣介石の国民政府を支持**し、アメリカも内戦を望んでいなかったから、1945年には**双十協定**で国民党・共産党が「内戦はやらない！」って約束した。でもすぐに内戦が始まったんだ。「これはマズい😫」と思ったアメリカの**マーシャル**が仲介して**国共停戦協定**が成立すると、**政治協商会議**で今後の体制について一応は合意した。でも、またまた蔣介石が内戦を再開した😩。そして**米ソ対立**が激しくなるにつれて、**蔣介石の国民政府はアメリカ**との関係を強めて権力を維持しようとしたんだ。対する共産党はソ連

の力を借りて北部に拠点を拡大し、1947年には戦争中の**八路軍・新四軍**をもとにして**人民解放軍**をつくって対抗したよ。

　さらに共産党は、1947年に中国土地法大綱を発表し、**地主の土地所有の廃止と農民への土地均分**を約束したから、農民は「これは地主を倒す戦いだ🤠」と思って人民解放軍（共産党軍）に参加！　共産党がだんだん優位になった。

　一方、国民政府が支配する地域では、軍事費とアメリカからの借款で急激なインフレが起こり、貿易の自由化で外国製品が大量に流入して**貿易赤字が拡大**して経済は大混乱😫。資本家も「もはや蔣介石ではダメだ😑」と考え始めたよ。

🔊 ついに共産党が内戦に勝利し、中華人民共和国の建国を宣言！

　蔣介石の人気がなくなると、人民解放軍は**北京**、**南京**を制圧してほぼ中国全土の支配権を握ったよ。そして蔣介石派を除くグループの代表が**人民政治協商会議**を開き、毛沢東が発表した**新民主主義**に基づいて、**労働者と農民の同盟による社会主義国**をつくることを決め、1949年10月には北京で**中華人民共和国の成立**を宣言したんだ。主席は**毛沢東**、初代首相は**周恩来**だよ。一方、内戦に敗れた蔣介石は台湾に逃れて**中華民国政府を維持し**（台湾国民政府）、その後もアメリカの支援を受け続けたから**国連安保理では常任理事国**のままだ。こうして中国には「北京」と「台北」に2つの中国政府ができ、各国は「どちらと国交を結ぶか？」を選ばなきゃいけなくなった（「**2つの中国**」問題）。でも、大陸を支配する北京政府（中華人民共和国）に対して、台湾の大きさって九州と同じくらいなんだけどね……😖。

　中華人民共和国が成立すると、**ソ連や東欧、インド**が建国直後に承認し、1950年には**労働党政権**（**アトリー**内閣）だった**イギリス**も続いて承認したよ。イギリスは**香港**を持ってるから、攻め込まれても困るしね。ただ、冷戦の時代だから、資本主義陣営の国はほとんど承認しなかった。そして1950年2月には**中ソ友好同盟相互援助条約**が結ばれ、**中国は社会主義陣営の一員となる**とともに、ソ連が中国を経済的・技術的にも支援することになったんだ。そのかわりに中国は、**モンゴル人民共和国**の独立を認めたよ。さらに、朝鮮戦争ではソ連と協力した中国が**人民義勇軍**を派遣して北朝鮮を助けるなど、中ソ両国の関係は深まっていったんだ。

🔊 ソ連の援助で中国の社会主義建設が進むはずが……中ソ論争が始まる！

　国共内戦の時からずっと土地改革を進めていた毛沢東は、1950年に**土地改革法**をつくって、地主から土地を奪って農民に土地を分配した。ただし、都市と農村とを明確に分けて、戸籍の移動を制限したよ。さらに毛沢東は工場などを国有化すると、**三反五反運動**（三害〔官僚の不正〕と五害〔資本家の不正〕への反対運動）を通じて、民衆に「社会主義は正義の味方だ😄」って思わせようとした。そして1953年には**ソ連の援助で第1次五カ年計画を開始**！　ソ連と同じように、重工業優先の工業化と急速な農業の集団化を進めたんだけど、いきなり社会主義化された国内は大混乱だ。でも、毛沢東は突き進んだ🤠。1954年には**中華人民共和国憲法**を

制定して**国家主席**となり、ソ連型の社会主義建設を進めたんだよ。

　しかし、ソ連との協力は長くは続かなかった……😔。1956年にソ連の**フルシチョフ**が**スターリン批判**をおこない**平和共存政策**を発表、いきなり「資本主義と共存する！」と言われて迷った毛沢東は、さらにソ連軍がハンガリーに介入（かいにゅう）したのを見て、「本当にソ連の言うとおりでいいのか？」と考えた。それに、農民ばかりの中国でソ連と同じように重工業を優先するのはムリだ……😫。**中国は少しずつ独自の道を進み始め、中ソ論争が始まった**よ。

　そして、民衆も「本当にこれでいいのか？」っていう疑問を持った。だって、「共産党が土地をくれた〜😆」って喜んでたら、いきなり土地を取られるんだよ、そりゃ怒る😤。これに対し毛沢東は**言論を自由化**して、知識人に「共産党を批判しろー」って言い始めた😃（**百花斉放（ひゃっかせいほう）・百家争鳴運動（ひゃっかそうめい）**）。知識人の批判を毛沢東が論破すれば、「やっぱり毛沢東が一番すごい！」って形で国内がまとまると思ったんだよ。しかし……そううまくはいかない😩。知識人からは予想以上に批判があふれて、止められなくなった。すると一転、共産党を批判した人を「**右派分子**」として弾圧（だんあつ）したんだ（**反右派闘争**）。なんと、摘発されて農村に送られた人は50万人以上！　ていうか、これって共産党への反対派をあぶりだそうとしたんじゃないの？

毛沢東は知識人に「もっと批判を！」と文句を言わせて、最後はまとめて弾圧した。こりゃダマしたな😫

◀ 「大躍進（だいやくしん）」で中国は大混乱！　毛沢東にかわって劉少奇（りゅうしょうき）が国家主席になった

　1957年、毛沢東がソ連を訪問した時、フルシチョフが「ソ連は15年でアメリカを追い越す」って宣言したから、毛沢東も「**中国も15年で鉄鋼生産を増やし、イギリスに追いつき、追い越す**」というプランを打ち出した。毛沢東の頭の中では、「ソ連がアメリカを抜き、中国がイギリスを抜けば、社会主義が資本主義を追い越せる」っていう夢が広がってたんだ😄。

　ソ連から帰国した毛沢東は、1958年から民衆を動員して急速な発展を目指す「**大躍進**」運動（政策）を始めた。「多く、早く、立派に、むだなく社会主義を建設する😆」というスローガンを掲げて、まず**人民公社**をつくって**農村を一気に社会主義化**した。これは、2000戸くらいの農民を１つの共同体にまとめて、農地・工場などをすべて「みんなのもの（集団所有）」にして、集団労働をして、収穫は平等に分けるというものだ。しかも**政治・経済・教育・文化・軍事**などをすべて**人民公社に集約**し、食事までも「公共食堂」でおこなうという徹底ぶりだ。これが、毛沢東に言わせると「革命的な生活」なんだって😩。

　そして、「鉄鋼生産でイギリスを抜く！」という目標も、中国にそんな製鉄所はないから、「ならば農民の力を結集しろ〜😁」と言って、人民公社に自家製の炉

第1章　国民国家の形成

第2章　列強の侵略とアジアの変革

第3章　帝国主義と第二次世界大戦

第4章　戦間期と第二次世界大戦

第5章　戦後の世界

（土法炉）をつくらせ、農民に製鉄をさせたんだよ。でも、逆に農地がほったらかしになって**農業生産は大幅に減少**😵！しかも、農民がつくった鉄はほとんど使いものにならなかった😩。それに、集団労働で「同じ収入」しかもらえないから、みんなサボり始めた。誰だって、「1時間働いても8時間働いても給料は同じ」って言われたら、1時間しか働かないよ😩。こうしてますます農業生産が減り、ついに**大飢饉**が起きて、さらに、**中ソ論争の激化**から**ソ連が中ソ技術協定を破棄**したことでトドメを刺された😫。「大躍進」の期間に、なんと2000万人以上が餓死😵！　どう考えても人災だよ。こうなると、**社会主義化のペースをゆるめる**しかなくなり、1959年に**毛沢東が表向きは引退**し、かわって**劉少奇が国家主席**になった。とはいっても、**毛沢東は共産党主席**のままだから、権力は握り続けてるからね😏。

　　国家主席になった劉少奇は「とにかく経済を再建しなきゃいけない！」と考えて、**鄧小平**を補佐役に**調整政策**を始めたよ。土地を農民に返し、労働に応じた分配をおこない、家庭内での副業も認めるなど、一部に**資本主義を復活**した。すると、自分が働いた分が収入になるから農民のやる気も戻り、1965年ごろには食糧生産が大躍進を始める前の水準まで回復、**経済が上向き**になってきた😄。

鉄鋼生産が間に合わなかった人たちは、中華鍋とか鉄柱、しまいには線路や橋で溶かして固めて「鉄ができた」って言ったらしい……😔

◀ 1960年代に入ると、中印国境紛争と中ソ国境紛争で隣国との関係が悪化！

　　それじゃここで、中国を取り巻く国際関係について見ておこう。まずは**中国とインドの抱えるチベット問題**だ。1950年に**人民解放軍がチベットに進軍**し、翌年には、中国軍による支配を完了させた。ただ、チベット貴族やラマ教の僧の反発はずっと続き、ついに1959年、首都の**ラサ**で反乱が起きた😫。この**チベット反乱**を中国軍が大弾圧！　身の危険を感じた**ダライ゠ラマ14世はインドへ亡命**した。この時、インドがチベットを擁護したから**インドと中国の対立**が深まり、**中印国境紛争**に発展したんだ。戦争は中国が優位だったけど、中ソ論争を抱えるソ連がインドを支持したから、今度は**中国とソ連の対立**が激しくなった。

　　中ソ論争が激化した原因はほかにもある！　フルシチョフの訪米、さらにキューバ危機での譲歩を見て、中国は「**ソ連はアメリカに従属している**😤」と批判し、ついに**中ソ論争が公開論争に発展**したよ。中国がソ連を「社会主義から逸脱した**"修正主義"（資本主義への妥協）**」と批判すると、ソ連も中国を「世界情勢が理解できない**"教条主義"（ただの個人独裁）**」だと批判した。さらに1963年に米英ソが**部分的核実験禁止条約【PTBT】**を結ぶと、毛沢東は「米ソによる中国封じ込めじゃないか！」と怒って**独自の核開発**を進め、翌年には**原爆実験に成功**して核保有国となった。さらに、1969年には**珍宝島【ダマンスキー島】**で武力衝突が起きるなど中

ソ国境紛争も激化、もはや中国とソ連の関係は修復不可能だよ。

〈戦後の中国〉

ソ連

珍宝島（ダマンスキー島）

中ソ国境紛争 [1969]

モンゴル人民共和国

北京

上海

中華人民共和国

チベット反乱（ラサ）

厦門
汕頭
深圳
珠海
香港

中印国境紛争

インド

海南島

★ 経済特区

「中ソ」と「中印」2つの国境紛争は、インド史でも大事だから、ちゃんとおさえておこう！

◀ ついに始まった毛沢東の猛反撃。文化大革命の嵐が吹き荒れた！

　じゃあ、中国国内に戻るよ。**劉少奇が調整政策で経済再建を進める**と、立場が危うくなるのが「大躍進」をやった人……ていうか、**毛沢東**じゃん😅。だって、「調整政策の成功＝"大躍進"の失敗」ってことでしょ……。しかも中ソ論争で、毛沢東は**ソ連のフルシチョフとも対立してる**😠。このころの毛沢東は、**ベトナム戦争**でアメリカとの対立が厳しくなり、**中ソ論争も激化**して、孤立感を強めてたから、「とにかく強いリーダーシップを確立しなければ」と焦ってたからね😅。毛沢東は、劉少奇やフルシチョフを「資本主義の手先」と決めつけ、「このままでは資本家や地主が復活してしまう」と焦った😫。そこで、「地主やブルジョワの手先をあぶりだせ」と大衆をあおり、さらに「党内の**資本主義の道に進む実権派【走資派】**を打倒せよ😆」と主張した。そして、共産党内に紛れ込んだブルジョワ階級を洗い出して権力を奪い取る「**プロレタリア文化大革命【文化大革命／文革】**」を全国に呼びかけたんだ。ここから壮絶な**権力闘争**が始まったんだ😵。

　毛沢東の呼びかけに最初に応えたのは学生たちだ。**毛沢東語録**を手にした「**紅衛兵**」と名乗る**学生たち**が「学校当局の"実権派"を打倒せよ！」と叫ぶと、毛沢東

が「**造反有理**（反抗には理由がある）」と支持したから、暴力的なデモや集会が拡大して、高校や大学の機能はマヒ😫。これを止めようとした**劉少奇**は「**実権派の最高指導者**」とされ、補佐役の**鄧小平**も「**第2の実権派**」として**政界から追放**、さらに**劉少奇は共産党から永久除名**されて監禁され、1969年に病死した。そして紅衛兵の暴挙はさらにエスカレートし、「実権派」と決めつけた人に三角帽子をかぶせて街を引きずり回し、暴行した。ただ、統制がきかなくなった紅衛兵たちも軍に鎮圧され、さんざん利用されたうえ、農村に追放されたんだ😤。

　劉少奇が消されると、文化大革命を推進してきた**林彪**が毛沢東の後継者になった。しかし、米ソ両国との同時対決を避けたい毛沢東や周恩来が対米接近を図ったことで、強く反米を主張する林彪と対立した。失脚の危機を感じた**林彪は毛沢東暗殺のクーデタを計画**したけど失敗し、飛行機でソ連に逃亡する途中で墜落死した。**林彪も飛行機ごと消されたんだよ**😵‼。

　林彪の失脚後、今度は**毛沢東夫人の江青**を中心に毛沢東にゴマをすって権力を強めた**四人組**（江青・張春橋・姚文元・王洪文）と、なんとかして**文化大革命を終わ**らせたい周恩来が対立した。四人組は「**批林批孔運動**（表向きは林彪と孔子を批判、本当は周恩来批判）」で周恩来を攻撃し、一方の周恩来は**鄧小平を復活**させ、**新憲法**を制定して**国家主席の地位を廃止**すると、鄧小平を中心に経済の立て直しを図った。この時期にマトモなのは周恩来くらいだよ……😑。

　しかし……1976年1月、激しい権力闘争のなかで**周恩来が死去**すると、四人組が調子に乗って「周恩来も走資派である😡」と言い出した。しかし、民衆は「周恩来さまのほうが正しいじゃないか……」ってわかっていたから、四人組に反発！全国で周恩来追悼の運動が起きた。焦った四人組は軍と警察を動員し、**北京の天安門広場で周恩来を追悼していた民衆を弾圧**、多数の負傷者を出したよ（**天安門事件〔第1次〕**）。さらに四人組は、事件の黒幕だと決めつけた**鄧小平を失脚**させたんだ。

　ただ、周恩来の死に一番ショックを受けていたのは毛沢東だ……😢。さらに追い討ちをかけるように7月には**朱徳も亡くなった**。2人とも一緒に「長征」をやった同志だし、朱徳はかつて「朱毛」と言われたほど行動をともにした盟友だ。この二人のあとを追うように、9月には**毛沢東も死去**したんだ。

　じゃあここでひと区切りして、第22回で話した文化大革命の時期の外交を簡単に確認しておくよ。
　1971年にアメリカの大統領補佐官**キッシンジャー**の訪中で**ニクソン訪中**が決まり、その見返りに**中国の国連代表権交替**が実現したよね。さらに、1972年の**ニクソン訪中**で毛沢東とニクソンの会見も実現して、アメリカは**事実上中華人民共和国を承認**した。さらに同じ年、**田中角栄**首相の訪中で**日中国交正常化**も実現した。この時日本は、台湾を中国の領土と確認して**台湾政府とは断交**し、中国も**日本への賠償は請求しない**ことに合意したよ。

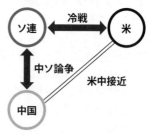

1 戦後の中華人民共和国　431

第1章
国民国家の形成

第2章
列強の侵略と
アジアの変革

第3章
帝国主義と
第一次世界大戦

第4章
戦間期と
第二次世界大戦

第5章
戦後の世界

◀ 文化大革命が終わり、鄧小平による「改革・開放」政策が始まった！

　毛沢東の死から１カ月もたたないうちに、**四人組は逮捕**された。彼らに権力を握らせたくない党の幹部と軍が先手を打ったんだね。そして、周恩来のあとに首相となった**華国鋒**が共産党主席となり、**文化大革命の終結**を宣言したよ。

> 文化大革命での死者は約2000万人！　なんらかの被害を受けた人は１億人ともいわれてるよ

　華国鋒は、かつて周恩来が唱えた「四つの現代化（農業・工業・国防・科学技術の近代化）」を再提起したものの、毛沢東路線を続けようとしていた。一方、再復活した鄧小平は**経済発展**を優先したかったから両者は対立し、最終的に**鄧小平が実権を握った**んだ。ちなみに鄧小平の肩書きは「党副主席・副総理」だけど一番エライ😫！。だから「最高実力者」って言われるよ。何？「副」なのにエライの？　ここは肩書を見ちゃダメ！　中国で一番エライのは誰かというと「エライ人がエライ！」😸。ここまでの中国の最高実力者は「毛沢東、そのあとが鄧小平」、この２人だけだよ。

　鄧小平は毛沢東について「文化大革命では誤りを犯したが、功績のほうが大きい」と決議し、さらに劉少奇の名誉回復を決めると、文化大革命は「人民に大きな災難を与えた」と認めたんだ。そして、鄧小平は周恩来が唱えた「四つの現代化」に基づいて国を建て直し、**国内では「改革」、対外的には「開放」**を進めたよ。これが「**改革・開放政策**」だ。簡単に言うと「経済再建のためのお金がない→外国資本を導入したい→だから、西側の資本主義国と仲良くする」ってことね。そこで、1978年には**日中平和友好条約**を結び、さらに翌年正式に**米中国交正常化**を実現、中国は**中ソ友好同盟相互援助条約**を破棄したんだ。

　そして、外国資本導入のために**経済特区**をつくったよ。これは、**対外貿易や外国企業の進出**を進めるために特別の地域を設定するもので、**広東省や福建省**の４都市（深圳・珠海・汕頭・厦門）と海南島など、華南の沿岸部につくられた。さらに農村では**人民公社**が解体されて**生産請負制**を導入し、事実上の土地私有を認めたんだ。こうした経済改革は、要するに**資本主義を復活**するものだけど、鄧小平はのちにこう言った。「"社会主義＝計画経済"、"資本主義＝市場経済"と決めつけてはいけない。社会主義の発展のために市場経済を導入する🐷」ってね。これが「**社会主義市場経済**」だ。ヘリクツだと思ったでしょ😅。要するに「**資本主義だけど、共産党一党独裁**」ってことだよ😈。

◀ ソ連のペレストロイカの影響で民主化運動が激化！

　改革・開放政策が進むと、**インフレによる生活苦や民主化抑圧への不満**が広がった。ちょうどソ連で**ゴルバチョフ**が「**ペレストロイカ**」を打ち出し、対外的にも「**新思考外交**」を進めたのと同じ時期だ！　しかし中国は、**経済改革は進めても政**

治改革をするつもりはなかったから、これに反発した**民主化運動**が始まった。保守派は共産党の一党支配を維持するため、民主化運動を容認しようとした党総書記の**胡耀邦**の責任を追及し始めたから、鄧小平は胡耀邦を辞めさせたんだけど、民主化要求はさらに高まるんだ。

　1989年、まさに東欧で社会主義政権が次々に倒れた（**東欧革命**）のと同じ年、ゴルバチョフが訪中して中ソ論争を終わらせ**中ソ関係を正常化**すると、この影響で「ソ連のペレストロイカと同じように、中国も自由化しろ～👋」という**民主化運動**が盛り上がった。そして、**胡耀邦前総書記の死去**をきっかけに、学生などを中心とする100万人近い市民が**北京の天安門広場**に集まり、民主化を求めるデモを始めたんだ。これに対し、**李鵬**らの保守派が戦車部隊でデモを蹴散らし、**武力で弾圧した**。政府側の発表で死者は300人、実際には数倍いるとみられている。この**天安門事件**（第2次）の様子はテレビを通じて全世界に流されたから、国際的に「中国は人権を守れ」と批判された。そして、デモをあおったとされる**趙紫陽**が失脚し、**江沢民**が共産党総書記になった。鄧小平は、このころから健康が悪化したからだろう、表舞台に登場しなくなった。

> 天安門事件……テレビで流れた「戦車で人が潰される」映像は、僕もいまだに覚えてるよ

◀ 鄧小平が死去したあとの国家主席は「江沢民→胡錦濤→習近平」

　李鵬との権力闘争に勝った**江沢民**は国家主席となり、1997年に鄧小平が死去すると実権を握ったよ。彼の最初の大舞台は1997年の**香港返還**の式典だよ。香港は、1984年にイギリスの**サッチャー**政権と結んだ**香港返還協定**により、中国領の**香港特別行政区**となった。そして、鄧小平が唱えた「**一国二制度（1国のなかに2つの経済体制）**」論により、香港では**50年間は資本主義体制が保障**されたんだ。その後、1998年から江沢民の腹心だった朱鎔基が首相となって改革を進め、**中国は高度経済成長を実現**した。さらに1999年には香港と同じ「一国二制度」を適用して、ポルトガルから**マカオが返還**された。まあ、中国国内も社会主義市場経済（というか実質的には資本主義）だから、本国も香港もマカオも経済の体制はあまり変わらないけどね。そして、2001年には**世界貿易機関【WTO】**にも加盟したんだ。

　その後、2003年に江沢民が引退すると**胡錦濤**が国家主席に、温家宝が首相になった。中国は2008年の**北京オリンピック**に向けて経済成長が加速し、2010年には日本を抜いて**国内総生産【GDP】**が世界2位になった。しかし、経済成長の陰で国民の貧富格差が拡大している😫。しかも「社会主義」の看板は下ろしてないから、「社会主義は平等じゃないのか！」という貧困層の不満がたまっているよ。そして、2012年に日本の野田首相が**尖閣諸島**の国有化を発表すると、中国国内の不満も重なって**大規模な反日デモ**が巻き起こった。2013年には**習近平**が国家主席に就任したけど、国内の不満の解消が課題だね。これ以降は、第26回で解説するね。

2　戦後の台湾

🔊 国連から追放されたあとは経済発展を目指し、民主化も実現！

　日本の敗戦後、蔣介石は軍を送って台湾を中華民国の支配下に置き、民衆の不満も抑え込んだ。1947年に起きた**二・二八事件**では、民衆の抗議運動を武力弾圧して多数の犠牲者を出した😨。これ以後、**本省人**（台湾出身の人）と外省人（大陸から来た人）の対立が続くことになるよ。

　1949年、共産党に敗れた蔣介石は**台湾に逃げてきて中華民国**（台湾国民政府）を維持し、**軍による独裁体制**を敷いたんだ。1951年の日本との**サンフランシスコ平和条約**で正式に台湾返還が決まると、翌年の日華平和条約で日本は台湾を放棄、台湾も日本への賠償請求権を放棄した。さらに、1954年にはアメリカと**米華相互防衛条約**を結んで中国に対抗し、在華米軍が台湾と台湾海峡を守ったんだ。

　しかし、1971年に**中国の国連代表権が交替**すると、**台湾は国連を追放**された。つまり、国際的には「台湾は独立国ではなく、中華人民共和国の一部」ということになった😫。でも、独自の政府・通貨などもあるから、事実上は独立した「国家」だ。そこで、"経済的に"国際社会での存在感を示す」ことにしたんだ。

　蔣介石の死後、息子の**蔣経国**が総統になると、**輸出産業を発展させて高度経済成長に成功**し、本省人を政府に登用したり、野党（**民進党**）を認めたりと、**政治の民主化**も始まった。そして、蔣経国の死後、副総統から昇格したのが*初の台湾出身*（本省人）の総統**李登輝**だ。李登輝はさらに政治的な民主化を進め、**台湾初の総統直接選挙**をやって**再選**されたよ。ちなみに彼は日本の統治時代に京都大学で学んだこともあるんだよ。

　そして、2000年の総統選挙では、**民進党の陳水扁**が当選し、ついに国民党以外から総統が選ばれた。民進党は**台湾独立を主張**する政党だから、その第一歩として**世界貿易機関【WTO】**への加盟を実現した。つまり、「経済的には独立」ってことだね。ただ、2008年の**世界金融危機**の影響で経済が落ち込み、「中国との貿易で経済を再建しよう！」って主張する**国民党の馬英九**が総統になり、中国と台湾の経済的な関係を強めたんだけど、親中政策への反発から国民の「台湾意識」が強まったんだ。

現在の台湾は、IT産業が日本以上に発展しているよ。それにとても親日的な「国」だ

　そして、2016年の総統選挙では、「台湾意識」の高揚を背景に**民進党の蔡英文**が当選し、**台湾初の女性総統**になったよ😆。彼女は、台湾の自立を維持するためにあくまで「現状維持」を主張していたんだけど、習近平体制の中国が台湾支配を目論んで圧力を強めるなか、**台湾の自立を守るためにアメリカ合衆国との連携**を強めているんだ😤。

3 戦後の韓国

◀ 朝鮮戦争が休戦しても法的には戦争中。軍部の力が強くなった！

　じゃあ、続いて韓国だ。第**20**回▶に話した朝鮮戦争の続きだよ。初代大統領の李
承晩（スンマン）は**米韓相互防衛条約**を結んでアメリカ中心の反共（はんきょう）軍事同盟の一角となったけ
ど、ほかの国とは状況が違う。朝鮮戦争は正式には終わっていないので韓国では軍
の力が強くなり、在韓米軍が韓国軍の指揮権を持つなど、アメリカへの従属を深め
たんだ。こうした李承晩政権への不満から学生を中心とする民衆暴動（四月革命）
が起こり、李承晩はハワイに亡命（ぼうめい）、張勉（チャンミョン）政権ができた。

◀ 朴正熙（パクチョンヒ）が軍部クーデタで権力を握る！　長い軍事政権の時代が始まった

　1961年になると、軍部クーデタによって朴正熙が
権力を握った。彼は、なんとしても北朝鮮に対して
優位に立ちたかった。今のイメージで考えちゃだめ
だよ！　独立した時の韓国と北朝鮮を比べると、**経
済的にも軍事的にも北朝鮮のほうが強かった**んだも
ん。「とにかく経済発展を🏃」と思ったけどお金が
ない……。「だったら、日本との国交正常化でお金
を出させ、経済を発展させよう！」。こうして1965
年に**日韓基本条約**を締結（ていけつ）すると、日本は**韓国政府を
朝鮮半島唯一の政権**と認め、賠償（ばいしょう）ではなく、無償３
億ドル、有償２億ドルの経済援助をおこなった。朴

> 韓国では長い間「クーデ
> タ→軍事政権」という歴
> 史が繰り返されるんだ😫

正熙は国民の政治的な権利は抑圧して、軍事力を背景とする**開発独裁体制**（どくさい）をとっ
て、日本からの資本などによって韓国は経済発展を進めたんだ（「漢江（ハンガン）の奇跡」）。
　ただ、経済発展は大財閥（ざいばつ）が中心で国内の民主化は進まず、**軍事政権への不満**が高
まった。朴正熙は**戒厳令**（かいげんれい）を出して反対派を封（ふう）じ込め、訪日中の民主化運動の指導者
金大中（キムデジュン）を拉致（らち）するなど（**金大中事件**）、民主化運動を弾圧したんだ😓。また、対外
的にはアメリカに依存し、アジアでは**韓国軍だけがベトナム戦争に派兵**した。
　1979年、**朴正熙が暗殺**されて政権は混乱したけど、今度は**全斗煥**（チョンドゥファン）が軍部の実権を
握った。また軍事政権だよ😫。朴正熙の暗殺をきっかけに民主化運動が盛り上が
ると、全斗煥は非常戒厳令を出して徹底的に弾圧、野党の**金泳三**（キムヨンサム）や金大中が**逮捕**さ
れ、学生や市民の暴動も武力で鎮圧したよ（**光州事件**）（こうしゅう）。

◀ やっと始まった民主化。残る課題は南北朝鮮の統一だけど……

　1987年に汚職（おしょく）の発覚で始まった反政府運動を抑えられず、全斗煥が失脚した。跡
を継いだ**盧泰愚**（ノテウ）は民主化宣言をおこなうと、**初の大統領直接選挙で当選**、これが**韓
国初の平和的な政権交替**だよ。そして、1988年の**ソウル＝オリンピック**をきっかけ
に**ソ連との対話**を始め、共産圏との和解を目指した。この**北方外交**により、ソ連の

ゴルバチョフとの間で**韓ソ国交樹立**を実現し、1991年には**南北朝鮮が国連に同時加盟**したよ😃。でも、この国連加盟は順番を間違えた😆。というのも、法的にはまだ**朝鮮戦争が終わっていない**から、交戦中の２国を国連に加盟させたことになる。東西ドイツの時みたいに、「両国がお互いの"国"を承認して講和条約を結び、その後に国連加盟」っていうふうにすれば、南北朝鮮の統一も進んでいたかもしれない。その後、1992年には**中国とも国交を樹立**し、**台湾政府とは断交**したよ。

　こうして、やっと民主化が進むと、1993年に大統領となった**金泳三**が、もと大統領だった**全斗煥や盧泰愚を逮捕**するなど、汚職や腐敗の一掃に取り組んだ。さらに、1998年にはかつての民主化運動の指導者**金大中**が大統領となり、北朝鮮に対する**太陽政策**を発表、経済援助などによって北朝鮮との関係を改善し、朝鮮問題の平和的解決を目指したんだ。そして、2000年には**ピョンヤン**を訪問し、北朝鮮の指導者**金正日**との**南北朝鮮首脳会談**を実現したよ。太陽政策は次の大統領の**盧武鉉**にも継承されたけど、この間に**北朝鮮は核開発**を進め、2006年には**核実験**を強行、**核保有国**になったんだ😨。

　こうした動きから、**太陽政策の見直しとアメリカとの関係強化**を主張して大統領となったのが**李明博**だね。そして、2013年には朴正熙の娘の**朴槿恵**が大統領となった。彼女は**韓国初の女性大統領**で、日本との懸案であった従軍慰安婦問題で歴史的な和解もしたんだけど、スキャンダルで失職しちゃった😭。

　続いて大統領となった**文在寅**は、北朝鮮の指導者**金正恩**との南北朝鮮首脳会談をおこなうなど**北朝鮮との融和**を進める一方で、日本との協定や合意を次々に破棄するなど**極端な反日政策**を打ち出し、**アメリカとの関係も軽視**したんだ😔。ただ、国内では右派・左派の分断も進んで、2022年には反北朝鮮政策を主張する**尹錫悦**が大統領となり、日米との関係改善を進めているよ。

　さて、今回はこれでおしまい。最後に年号 check だ！

!! 年号のツボ

- ●**中華人民共和国成立**［1949］（**行くよ苦労**の　中国革命）
  - 1 9 4 9
- ●**「大躍進」開始**［1958］（**特別小屋**で　鉄鋼増産）
  - 19 5 8
- ●**日韓基本条約**［1965］（**苦労いつまで**　日韓関係）
  - 9 6 5
- ●**文化大革命始まる**［1966］（毛沢東語録は　**一句ムカムカ**）
  - 1 9 6 6
- ●**毛沢東の死（文化大革命終息）**［1976］（文革終われば　**良くなろう**）
  - 1 9 7 6
- ●**香港返還**［1997］（香港は　**急な返還**　一国二制度）
  - 9 7

　さあ、次回は**東南アジア**だよ。重要なテーマは**ベトナム戦争**！　米ソの冷戦構造に東南アジアは翻弄されてしまうよ。最後まで気を抜かずに頑張ろう😊。

第24回 戦後の インド・東南アジア

前回に引き続いてアジアの戦後史だ。今回は、インドと東南アジア、特にベトナム戦争が重要テーマだ！

大きくつかもう！

1 戦後のインドと 第三世界の形成

437〜440ページ

2 インドシナ戦争と ベトナム戦争

441〜447ページ

3 戦後の 東南アジア

447〜453ページ

ベトナム戦争は、アメリカ国内、東南アジア、さらに国際関係にも大きく影響するよ！

イギリスの植民地だったインドは、独立する時にヒンドゥー教徒のインドとイスラーム教徒のパキスタンに分離・独立した。ガンディーは「分離独立したら、ずっと対立が続いて大変なことになる！」って言ってたけど、本当にそのとおりになっちゃうよ😫。それから、独立後のインドは「非同盟主義」を唱えて「第三世界」の中心になるよ。今回は、アジア・アフリカ会議の話もするからね。そして、戦後史に大きな影響を与えるのがベトナム戦争だ。アメリカ国内、ベトナム国内だけじゃなく、米ソ関係、中ソ関係、東南アジアの周辺国の政局……さまざまなところに影響するからね！　これまでのところも思い出しながら、世界全体をつなげていこう。

それじゃあ、戦後のインドと東南アジア、いってみよう〜🎵。

1 戦後のインドと第三世界の形成

◀ インドとパキスタンの分離独立で、ヒンドゥーとイスラームの対立が激化！

第二次世界大戦で疲弊したイギリスは インド支配を諦め、1947年、**労働党のア トリー**が**インド独立法**を成立させた。イ ンドは、**ヒンドゥー教徒を中心とするイ ンド連邦**と**イスラーム教徒を中心とする パキスタン**に分かれ、イギリス連邦内の 自治領として独立したよ。インド首相は **国民会議派のネルー**、パキスタン総督は **全インド＝ムスリム連盟のジンナー**だ。 ただ、この分離独立が深刻な対立を引き 起こしたんだ😭。

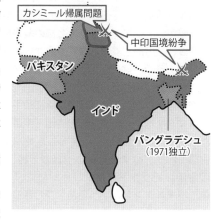

カシミール帰属問題
中印国境紛争
パキスタン
インド
バングラデシュ
（1971独立）

イギリス領インド帝国は、**イギリスの 直轄地**に加えて約550の**藩王国**があった よね。直轄地は「ヒンドゥー教徒が多い地域」と「イスラーム教徒が多い地域」で 分かれたんだけど、問題は「それぞれの地域の少数派」と「藩王国」……😓。独 立直後からパキスタンからヒンドゥー教徒が、インドからイスラーム教徒が難民と して大移動を始め、この移動の途中での虐殺や略奪が起こった。さらに「藩王国」 の問題はもっとヤバい！　藩王は自分の宗教で帰属を決めたんだけど、**カシミール 地方**は藩王がヒンドゥー教徒なのに、住民はイスラーム教徒が多かったから、藩王 が「インドに帰属する」って発表すると、イスラーム系住民の暴動が発生😵！　そ こにインド、パキスタン両国が出兵して**第1次印パ戦争【インド＝パキスタン戦争】** が起きちゃった😫。ここから始まる**カシミール帰属問題**は、**現在まで未解決**だよ。

こうしたヒンドゥー教徒とイスラーム教徒の対立のなかで、**融和**を説き続けたの が**ガンディー**だ。しかし、イスラームとの融和を解くガンディーは、狂信的なヒン ドゥー教徒によって**暗殺**されてしまったんだ😖。

◀ 独立後のインドはイギリスとは距離を置き、第三世界の中心に！

独立後のインドは、ウェストミンスター憲章にある「**王冠への忠誠**」を拒否し て、**インド共和国**になった。そしたらイギリスは「じゃあ忠誠を誓わなくてもいい から、イギリス連邦に残って！」と言ってきた😲！だから**インドは今でもイギリ ス連邦の一員**だよ。そして、初代首相の**ネルー**は新憲法で**政教分離**を規定して、と にかく政治から宗教色を消した。さらに、**カーストによる身分差別・不可触民制**も **禁止**したんだけど、現実に差別をなくすのはなかなか難しいよね。

経済的には、土地改革と工業化を目指す**社会主義的**な**五カ年計画**を進めたんだけ ど、重工業に偏りすぎて伝統的な木綿工業や農業はかえって停滞した。植民地経済

第 1 章　国民国家の形成

第 2 章　列強の侵略とアジアの変革

第 3 章　帝国主義と第一次世界大戦

第 4 章　戦間期と第二次世界大戦

第 5 章　戦後の世界

から抜け出すのは難しいね😵。そうはいっても、政治的には**国民会議派が議会で圧倒的多数**となり、しばらくは「**一党優位体制**」が続くよ。ただちゃんと選挙はやってるから、ソ連とかの一党独裁とは違うからね。

　一方で、ネルーは米ソどちらの陣営とも同盟しない非同盟・中立外交を進め、1954年の中国の周恩来首相との会談（ネルー・周恩来会談）での「**平和五原則**」が、翌年の**アジア・アフリカ会議の基本原則**になった。アジア・アフリカ会議については、このあとすぐに説明するから、いったん飛ばすよ😄。

　ただ、インドは周辺国との激しい対立を抱えている😥。まず、**カシミール問題**でパキスタンとはたびたび戦闘が起こり（**印パ戦争**）、中国ともチベットをめぐる**対立**が始まった。これは、1914年にイギリスとチベット、中華民国の間で定めた国境（**マクマホン＝ライン**）を中国（中華人民共和国）が認めず、**ダライ＝ラマ14世**がインドに**亡命**したから、**中印国境紛争**に発展した。そしてインドは、**中ソ論争**で中国と対立するソ連に接近、「敵が一緒だと愛が芽生える」パターンだね😄。一方の中国は、インドを牽制するためにパキスタンに接近、「**ソ連・インド**」と「**中国・パキスタン**」という組合せができちゃったんだよ。

◀ 新興独立国が結集！ アジア・アフリカ会議の開催で、第三世界が形成された！

　1954年、ネルーを中心に**南アジア・東南アジ**アの各国首脳（インド・パキスタン・ビルマ・セイロン・インドネシア）が**コロンボ会議**を開き、インドシナ戦争の終結や中国の国連加盟などを宣言するとともに、**アジア＝アフリカ会議の開催を決定**した。さらに同年、インドと中国のチベット協定締結をきっかけに、**ネルー・周恩来会談**が開かれ、「**領土保全と主権の尊重、相互不侵略、内政不干渉、平等と互恵、平和的共存**」からなる**平和五原則**がまとめられ、これが**アジア・アフリカ会議の基本原則**になった。

ナセルやスカルノは、アジア・アフリカ会議のあと、「非同盟主義」の影響を強く受けるよ！

　こうして1955年、史上初めてアジア・アフリカ29カ国の首脳が集まり、**インドネシアのバンドンで第1回アジア＝アフリカ会議【バンドン会議】**が開かれたよ😆。中心となったのは**ネルー**（インド）、**周恩来**（中国）、**スカルノ**（インドネシア）、**ナセル**（エジプト）などだね。参加国をよく見てみると、**各国の立場はバラバラ**だ。だって中華人民共和国は社会主義だし、フィリピンやトルコは反共軍事同盟に加盟してる。でも、欧米に対する「**反植民地主義**」や「**平和共存**」という点では一致して、「平和五原則」を発展させた「**平和十原則**」を採択したんだ。

　「平和十原則」の内容に「**国連憲章の尊重**」や「**人種と国家間の平等**」がある。特に、国連は重要だよ。だって、もと宗主国の欧米諸国より新たに独立したアジア・アフリカ諸国のほうが多いよね。国連加盟国の数なら勝てる😄！　そして、

「非同盟主義」に基づいて、米ソ両陣営のどちらの同盟にも属さない「第三世界【第三勢力】」を形成したんだ。また、1957年にはエジプトのカイロに49カ国の民間代表が集まり、**アジア・アフリカ人民連帯会議**が開かれ、政治的に支配する「旧植民地主義」と、旧宗主国が経済的に支配する「新植民地主義」にも反対したよ。

　その後の第三世界の動きを一気に見よう！　バンドン会議以降の「非同盟」の動きを受け継いで、1961年には、ユーゴスラヴィアのベオグラードで**第1回非同盟諸国首脳会議**が開かれ、アジア・アフリカに加えて**ラテンアメリカ**などからも参加国が増えたよ。ただ、**インドと対立する中国は代表を送らなかった**。この会議ではインドのネルー、ユーゴのティトー、エジプトのナセルらが中心となり、「非同盟主義」を再確認したうえで、**新・旧の植民地主義への反対**などが宣言された。また、平和共存への努力として、東ドイツのベルリンの壁建設［1961］による米ソ対立の激化に対して、まさにリアルタイムで米ソ両国に対話を促す声明を発表したんだ。

◀ ネルーの死後、娘のインディラ＝ガンディーが首相となる！

　では、インドに戻るね。ネルーの死後に首相となったシャストリも急死して、1966年には**ネルーの娘インディラ＝ガンディー**が首相となった。ただ、この時期のインドは深刻な経済危機なんだ😩。前年の**第2次インド＝パキスタン戦争【印パ戦争】**をきっかけに、アメリカがインド・パキスタン両国への経済援助をストップしたから、五カ年計画が行き詰まって食糧危機が起きた。しかも、中国との対立は収まる気配もない。こうした危機を背景に、インディラ＝ガンディーは「貧困追放」をスローガンに社会主義的政策をとり、さらに中国を牽制するため**ソ連に接近**、1971年、**ソ連＝インド平和友好協力条約**を結んだんだ。

　ただ、インドにとって気がかりだったのは、**中国の核保有**だ😫。もし、中国が核兵器を背景に国境紛争で強硬な姿勢をとったら、インドは対抗できない。最初はソ連に「インドをソ連の核兵器で守ってほしい」と頼んだんだけど、ソ連に断られた。「**中国に対抗するには核開発しかない**😤」と思ったインドは、1974年に**原爆実験**をおこない、6番目の核保有国になったんだ。

> 中ソ論争を背景にソ連に対抗した中国が、そして中印国境紛争を背景に中国に対抗したインドが核保有国になった……。核の拡散が止まらないね😖

◀ 第3次印パ戦争でバングラデシュが独立！　国際関係も整理しよう！

　インドとパキスタンの**カシミール帰属問題**、さらに中ソ論争と中印国境紛争を背景に、「**ソ連・インド**」「**中国・パキスタン**」が接近したよね。1970年代には、これに新たな対立が加わるんだ。パキスタンはもともと**東西パキスタン**に領土が分かれていたんだけど、東西の共通点は「**イスラーム教徒**」ということだけ😅。西（パ

ンジャーブ系）はウルドゥー
語、東（ベンガル系）はベン
ガル語というふうに言語も
違ったから、本来この2つの
地域を1つの国にしたことに
問題があるよ。そして、「な
んでもかんでも、西を中心に
決めるな🤬」って**東パキス
タンが反発して独立運動が起
きた**から、「パキスタンを弱
らせるチャンス！」と考えた

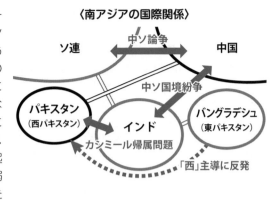

〈南アジアの国際関係〉

インドが東を支援して開戦、1971年に**第3次インド゠パキスタン戦争【印パ戦争】**
が勃発した。この戦争でインドが大勝すると、東パキスタンは**バングラデシュ**とし
て独立を達成したんだ。そして、パキスタンに対して、圧倒的にインドが優位に立っ
たんだよ。

📢 その後のインド・パキスタンはどうなったんだろう？

　1980年代に入って、**国民会議派の優位が少しずつ崩れ始め**、各地で地方分権を求
める声が強まった。そして、北部のパンジャーブ地方で起きたシク教徒の独立運動
を弾圧した**インディラ゠ガンディーが暗殺されてしまった**🥲。彼女の死後、息子
の**ラジブ゠ガンディー**が首相となったものの、多数派のヒンドゥー教徒と少数派の
ムスリムやシク教徒の対立が激しくなり、国民会議派はついに政権を失った。しか
も、1991年には選挙運動中に**ラジブも暗殺された**んだ🥲。1990年代に入ると**ヒン
ドゥー至上主義【ヒンドゥー民族主義】**を掲げる**インド人民党**が勢力を伸ばし、
1998年には**バジパイ【ヴァージペーイ】**が首相となった。ヒンドゥー至上主義は、
「ヒンドゥー（インド）民族」の一致団結を主張する運動で、ヒンドゥー教徒だけ
じゃなくて、インドで生まれたシク教徒やジャイナ教徒なども含めるんだけど、外
来のイスラーム教やキリスト教には敵対的なんだ。近年のインドは、国民会議派と
インド人民党が政権交代をしながら、**経済の自由化や外資の導入で、IT産業を中
心に急成長している**ね。

　それから、インド・パキスタンの対立が、**核戦争の危険**もはらむものになった。
1998年、バジパイ政権のもとで**インドが核実験を強行**すると、これに対抗した**パキ
スタンも核実験をおこなって、核保有国になった**。インドに対して劣勢に立たされ
続けたパキスタンでは、伝統的に軍部の力が強く政党が弱いので、1988年から1999
年まではちゃんと選挙をやっていたんだけど、1999年には再びクーデタで軍政に戻っ
ちゃった。しかも、2007年にはイスラーム圏初の女性首相だった**ベナジル゠ブット
元首相が暗殺される**など、政局は混迷を深めている。パキスタンの持つ危険性は、
「核保有国が軍事政権」という事実だよ。

2 インドシナ戦争とベトナム戦争

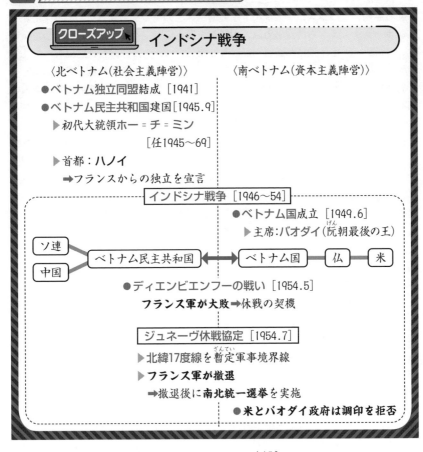

クローズアップ インドシナ戦争

〈北ベトナム（社会主義陣営）〉　　〈南ベトナム（資本主義陣営）〉

- ●ベトナム独立同盟結成 [1941]
- ●ベトナム民主共和国建国 [1945.9]
  - ▶初代大統領ホー＝チ＝ミン [任1945〜69]
  - ▶首都：ハノイ
    - ➡フランスからの独立を宣言

インドシナ戦争 [1946〜54]

- ●ベトナム国成立 [1949.6]
  - ▶主席：バオダイ（阮朝最後の王）

ソ連／中国 ← ベトナム民主共和国 ⬌ ベトナム国 — 仏 — 米

- ●ディエンビエンフーの戦い [1954.5]
  - **フランス軍が大敗**➡休戦の契機

ジュネーヴ休戦協定 [1954.7]

- ▶北緯17度線を暫定軍事境界線
- ▶**フランス軍が撤退**
  - ➡撤退後に**南北統一選挙**を実施
- ●米とバオダイ政府は調印を拒否

◀ **ベトナム民主共和国の独立に対しフランスが侵攻、インドシナ戦争が始まる！**

第二次世界大戦中、ホー＝チ＝ミンはベトナム独立同盟【ベトミン】を結成して抗日ゲリラ闘争を展開すると、日本の敗戦直後の八月革命でハノイを首都とするベトナム民主共和国を建てて、フランスからの独立を宣言した😆。初代大統領となった**ホー＝チ＝ミンは共産党の指導者**だから**社会主義国**だね。でも、北からの中国軍（まだ国民党政権だよ）の侵攻や**地主や資本家の反発**もあって、国内は分裂状態だった。フランスは北部（ベトナム民主共和国）のフランス連合内での独立を

冷戦が実際の「熱い戦争」になっちゃった……。このあとベトナムは、長い戦争の時代になるんだ😢

承認したんだけど、中部や南部をめぐる交渉は決裂、植民地支配の復活を狙った**フランス軍がベトナムに侵攻**した。こうして1946年、**インドシナ戦争**が勃発したんだ。

　開戦当初、フランス軍は大都市や主要道路などの重要拠点を一気におさえた。でも、**ホー＝チ＝ミン**ら共産勢力は、山間部を拠点に抵抗を続けたんだ。フランス軍は、山間部に入ると激しい逆襲を受けて敗退し、ベトナムは分裂状態になった😵。フランスはベトナムの分割を考えていたけど、**ホー＝チ＝ミンは統一を要求**して一歩も譲らない。そこで、フランスは「地主や資本家など**資本主義側のベトナム人の国をつくる**」として、1949年、南部に**バオダイ**（阮朝最後の王）を主席とする**ベトナム国**を建て、**ベトナム国（南ベトナム）**を通じて軍事介入を強めたんだ。

　こうしてインドシナ戦争は、単なるベトナムの独立戦争から「**資本主義 vs. 社会主義**」の戦争に変わり始めたんだ😫。しかも1949年に成立した**中華人民共和国**は**北ベトナムへの全面支援**を打ち出し、ソ連も北ベトナムへの支援を開始、これに対し、共産主義の拡大を阻止したい**アメリカもベトナム国（南ベトナム）を承認**して全面援助を約束した。そして米ソ両国の支援を受けた南北ベトナムの戦闘は、どちらも決め手がないまま膠着状態になった。

◀ ついにフランスが撤退を決め、ジュネーヴ休戦協定が成立！

　スターリンの死をきっかけに朝鮮戦争の休戦が成立すると、1954年4月には米、英、ソ、仏、中、ベトナム民主共和国、ベトナム国などの代表が**ジュネーヴに集まってインドシナ戦争の休戦に向けた会議**が始まった。会議の開催中もフランスはアメリカの援助を受けて反撃のチャンスを狙っていたんだけど、逆に**ディエンビエンフーの戦い**で大敗した😰。しかも、国内で反戦の世論が高まり、しかも財政が破綻寸前……😓。ついに**フランスはベトナムからの撤退**を決めたんだ。

　こうして、同年7月に結ばれた**ジュネーヴ休戦協定**では、まず**北緯17度線を暫定軍事境界線**として、とりあえず北をベトナム民主共和国、南をベトナム国としたうえで、1956年までに**フランス軍が撤退**し、1957年に**南北統一選挙**を実施して新政権を樹立することになった。さらにフランスは**ラオス**と**カンボジア**の独立も承認した。しかし、**バオダイ政府（ベトナム国）は調印を拒否**し、アメリカも最終宣言への参加を拒否した。せっかくインドシナ戦争が終わったのに、今度はフランスにかわって**アメリカがベトナム問題に直接介入**することになっちゃった😫。

◀ アメリカがベトナム共和国を建てると、反発した解放勢力が結集！

　ジュネーヴ休戦協定の調印を拒否したアメリカは、1954年に**ANZUS加盟国**と英仏、フィリピン、タイ、パキスタンで**東南アジア条約機構【SEATO】**を結成して北ベトナム包囲網をつくると、1955年には南部に、バオダイにかわって**ゴ＝ディン＝ジエム**を大統領とする**ベトナム共和国**を建て、休戦協定で決められた**南北統一選挙も拒否**した。そもそも休戦協定に調印していないけどさ😓。そして、**ジエム政権はアメリカの支援**に依存しながら、反対派を弾圧して権力を維持したんだ。

クローズアップ　ベトナム戦争

〈北ベトナム（社会主義陣営）〉　　〈南ベトナム（資本主義陣営）〉

● 北はホー=チ=ミンのもとで　　　● ベトナム共和国成立 [1955]
　社会主義建設　　　　　　　　　　▶ 大統領：ゴ=ディン=ジエム
　　　　　　　　　　　　　　　　　➡ **アメリカが全面支援**

● 南ベトナム解放民族戦線結成 [1960]
　▶ ゴ=ディン=ジエム政権の打倒を目指して結成
　➡ **内戦勃発**（広義のベトナム戦争 [1960〜75]）

● **ホー=チ=ミン=ルートの建設**　● **南ベトナム=クーデタ**
　➡ **南ベトナム解放民族戦線を支援**　　　　　　　 [1963.11]
　　　　　　　　　　　　　　　　　▶ **ゴ=ディン=ジエム暗殺**
　　　　　　　　　　　　　　　　　➡ 以後、クーデタが頻発

アメリカ軍の本格的介入（狭義のベトナム戦争 [1965〜73]）

● **北ベトナム爆撃【北爆】の開始** [1965.2]
　▶ アメリカ大統領ジョンソンによる

　　　　　　　　　　　　● ベトナム反戦運動激化
● **ホー=チ=ミンの死** [1969]　● アメリカ合衆国の**財政赤字の拡大**

ベトナム和平協定【パリ和平協定】 [1973.1]
　▶ **アメリカ軍の撤退を決定**
　　➡ ただし、戦闘は継続（「ベトナム化」）

　　　　　　　　　　　　● **サイゴン陥落** [1975.4]

　一方、北ベトナムは軍事行動を起こす余裕はなかったんだけど、ベトナム労働党（かつてのインドシナ共産党）はとにかく南ベトナムのなかにいる解放勢力を結集して対抗、グエン=フー=トを議長とする南ベトナム解放民族戦線が結成されて、共産主義者・民族主義者・仏教徒・カトリック教徒・農民など、ジエム政権とアメリカの介入に反対する解放勢力を結集した。さらに北ベトナムは、**カンボジア・ラオスを経由するホー=チ=ミン=ルート**を建設して解放勢力を支援し、武器の援助を受けた解放民族戦線によるゲリラ戦が始まり、農民の支持で勢力を拡大した。こうして**南ベトナムは内戦**となった。**1960年の内戦開始から75年のサイゴン陥落**まで

を、広い意味では**ベトナム戦争**と呼ぶんだ。アメリカは武器援助などで南ベトナム政府（ジエム政権）を支援した。ただ、ソ連や中国との直接戦争に拡大しないよう**米軍の直接派兵はしなかった**から、政府軍は解放民族戦線に勝てず、さらに**各地で反政府運動も起こり**、仏教徒のデモでは僧侶の焼身自殺なども相次いだ。もはや政権が維持できないと思ったアメリカは、クーデタでゴ＝ディン＝ジエムを暗殺させた（**南ベトナム＝クーデタ**）。しかし、これ以後ベトナム共和国は一気に**弱体化**し、約１年半の間で13回もクーデタが起こる異常事態😵！もはや解放民族戦線の勢力拡大は抑えられない。**アメリカは本格的な介入を決意**したんだ。

〈ベトナム戦争関連〉

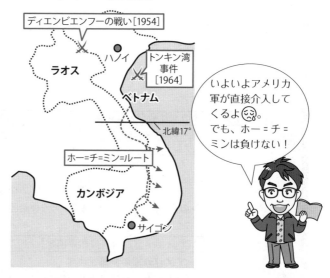

ディエンビエンフーの戦い[1954]

ラオス

ハノイ

トンキン湾事件[1964]

ベトナム

北緯17°

ホー＝チ＝ミン＝ルート

カンボジア

サイゴン

いよいよアメリカ軍が直接介入してくるよ😢。でも、ホー＝チ＝ミンは負けない！

◀ アメリカの直接介入でベトナム戦争が勃発！ しかし、泥沼の戦争へ

　1964年、アメリカは海軍の艦艇が魚雷攻撃を受けた事件（**トンキン湾事件**）を口実に、**北ベトナムへの爆撃**をおこなった。そして、アメリカのジョンソン大統領は議会に対し「ベトナム攻撃への白紙委任を与えてほしい」と要請し、議会もほぼ全会一致でこれを認めた。こうして、1965年には本格的な**北ベトナム爆撃【北爆】**が開始され、アメリカ軍の本格的な直接介入が始まった。**1965年の北爆開始から73年のアメリカ軍撤退までを、狭い意味ではベトナム戦争と呼んだ**。北爆開始後、すぐさま**海兵隊がベトナムに上陸**、これに続いて反共同盟を結ぶ**韓国軍**、オーストラリア軍、ニュージーランド軍もベトナムに送られた。一方の北ベトナムは、ホー＝チ＝ミンが総力戦を呼びかけ、**ソ連や中国も全面的に北ベトナムを支援**した。そして、北ベトナムから南ベトナムへと送られた兵力は30万人以上になった。

　アメリカは、最新兵器を駆使した**大規模な空爆や50万人を超える地上軍を投入**し

たにもかかわらず、決定的な勝利を得るどころか、多数の戦死者を出す結果にしかならなかった😫。だって、**北ベトナムと解放民族戦線は山間部を拠点にアメリカ軍を山のなかに誘い込んで**、爆弾から銃から手榴弾から落とし穴まで駆使して反撃する作戦なんだもん……🤢。兵力を分散させられた米軍は、各地で追い詰められた。行き詰まったアメリカは、解放勢力の拠点を潰すために**森林にダイオキシン類を含む有害な農薬を撒く「枯れ葉作戦」**など、人道に反するような攻撃もおこなったんだ。「枯れ葉剤」による深刻な環境破壊で、ベトナムでは現在でも胎児の奇形などが問題になっている。そして、1968年1月には、北ベトナム軍と解放民族戦線軍が米軍施設や南ベトナムの主要都市を一斉に総攻撃した。この**テト攻勢**（テトは旧正月のことね）は結局うまくいかなかったんだけど、アメリカ軍も1万人以上の犠牲者を出した。**アメリカは泥沼の戦争に引きずり込まれていったんだ**😫。

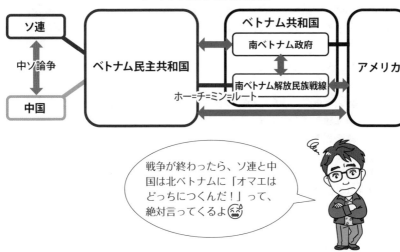

〈ベトナム戦争の対立関係〉

戦争が終わったら、ソ連と中国は北ベトナムに「オマエはどっちにつくんだ！」って、絶対言ってくるよ😅

◀ 反戦運動の拡大と財政難で、ついにアメリカ軍が撤退！

　さらに、開戦直後から始まったベトナム反戦運動は、アメリカ国内だけでなく全世界に広がって**アメリカの国際的な孤立**を招いた。特に、1968年に米兵が婦人・子どもを含む村人を殺害した**ソンミ虐殺事件**は世界中から非難を受けた。しかも、**戦費の増大で深刻な財政難**となったアメリカは、もはや戦争を続けられない。こうして**ジョンソン**大統領が**北爆の部分停止**を発表し、**アメリカと北ベトナムによるパリ和平会談**が始まった。さらにジョンソン大統領は、**北爆全面停止**と、**南ベトナム解放民族戦線と南ベトナム政府を加えた4者会談**を提案したんだ。

　1969年、アメリカでは**ベトナム撤退を公約にニクソン**が大統領となり、米軍撤退の準備が始まったよ。ただ、ニクソンは、**米軍撤退後もベトナム人同士の戦争を続**

けさせる、「戦争の"**ベトナム化**"」を狙って、南ベトナム政府軍を強化した。さらに、解放勢力への援助ルートを断絶するために**ラオスやカンボジアにも**侵攻、そして、北ベトナムをもう少し弱らせるために**北爆も再開**した。でも、アメリカの思いどおりにはならなかったんだ。1971年、アメリカの貿易収支が赤字に転落してドル危機を招き、もはや財政的に限界になったんだ😣 ➡P.404〜405。

　1973年、ベトナム和平協定【パリ和平協定】が結ばれて、**アメリカ軍は撤退した**よ。ただ、南ベトナムへの武器支援は続いていたから、**戦争そのものは終わらなかった**。アメリカが撤退すると**解放民族戦線は猛反撃**を開始、**北ベトナム軍も南下**して、ついに1975年4月、南ベトナムの首都**サイゴンが陥落**して、**ベトナムは南北統一を実現**したんだよ。残念ながら、この場所にホー゠チ゠ミンはいない……😭。ずっとベトナムのために戦い続けたホー゠チ゠ミンは、アメリカの撤退もベトナムの統一も見ないまま1969年に亡くなっている。そして統一後、サイゴンは「**ホー゠チ゠ミン市**」と改称されたんだ。

サイゴンの陥落を、ホー゠チ゠ミンに見せてあげたかったよ……😢

🔊 統一後のベトナムは、ソ連の援助で社会主義建設を進めた！

　1976年、南北統一選挙を実施したベトナムは、統一国会で新憲法を制定し、**ベトナム社会主義共和国**として、**正式に南北統一**を宣言したよ。最初はソ連・中国のどっちにつこうか決めてなかったけど、中国とアメリカが接近し始めたから、ベトナムとしては我慢ならない。**アメリカと中国に対抗**してソ連寄りに大きく傾き、1978年には**コメコンに加盟**し、さらに**ソ連゠ベトナム友好協力条約**を結んだ。すると、ベトナムのソ連への接近に怒った**中国**が、**カンボジアのポル゠ポト政権**を支援して、ベトナムを挟み撃ちにしようとした。こうして「**ソ連・ベトナム vs. 中国・アメリカ**」という図式ができあがった。

　そして、ソ連の支援を受けた**ベトナム軍がカンボジアに侵攻**して**ヘン゠サムリン政権**を立てると、いよいよ怒った**中国がベトナムに侵攻**、1979年、**中越戦争【中国゠ベトナム戦争】**が勃発した。たださぁ……ベトナムってアメリカ軍に勝ったんだよ、そりゃ中国軍くらい**撃退できる**😏。一番迷惑をこうむったのはカンボジアだよ……。ベトナムのカンボジア侵攻や中越戦争で、**ベトナム・カンボジア難民**が大量に発生したんだからさ。

◀ ソ連のペレストロイカ、中国の「改革・開放」の影響がベトナムにも！

　ソ連の援助で社会主義建設を進めたベトナムでは、相次ぐ戦争と周辺国からの孤立で、**経済的には危機的な状況**だった😫。こうしたなかで最高指導者となったグェン＝ヴァン＝リンは、「ソ連はペレストロイカを始めたし、中国は改革・開放で成果を上げている。停滞を打破するためには、**ベトナムも市場経済を導入しよう！**」と考えて、**ドイモイ【刷新】**を開始した。これは**市場経済を導入する**とともに、外国資本も導入して生産を拡大するっていう、ベトナム版の「改革・開放」政策だよ。さらに、冷戦終結後には、**経済活動の自由と平等の保障**も決まり、市場経済を認めた新憲法も制定されたんだよ。

　また、外交でもソ連の「新思考外交」を背景に**カンボジアから撤退**したことで、1991年には**中国との国交正常化**、1995年には**アメリカとの国交正常化**も実現し、各国からの援助も受けられるようになった。そして、念願の **ASEAN への加盟**も実現すると、急速な経済発展を遂げたんだ。

　その後、1997年の**アジア通貨危機**の影響を受けて、一時は経済成長にブレーキがかかったものの、マジメで勤勉なベトナム人気質もあって外国企業の進出も加速し、21世紀に入って、あらたな経済成長の段階に入っているよ。

3 戦後の東南アジア

〈インドネシア〉

◀ 建国の父スカルノの政策は、「反米・容共・親中国」だ！

　1945年、**建国五原則**（最高神〔唯一神〕への信仰、民族主義、人道主義、民主主義、社会主義）を発表した**スカルノ**は、インドネシア共和国の独立を宣言すると**初代大統領**になった。ただ、オランダはこれを認めなかったから、そのまま**独立戦争に突入**、4年間の戦争を経て、1949年の**ハーグ協定**でオランダからの独立を勝ち取った。そして、1955年にインドネシアのバンドンで開かれた**第1回アジア・アフリカ会議**では、インドのネルーや中国の周恩来とともに非同盟諸国のリーダーとして活躍し、スカルノは**中国と協調して非同盟政策を推進**することになったんだ。

> スカルノが「反米・容共」、スハルトが「親米・反共」がポイントだ！

　スカルノの国づくりで一番の問題は、これまでの民族運動で形成された複数の団体をどうやってまとめるか、ということだ。エリートを中心とする**インドネシア国民党**、ムスリム商人を中心とする**サレカット＝イスラム【イスラーム同盟】**、そして**インドネシア共産党**。もし、インドネシアに「資本主義 vs. 社会主義」の冷戦構造を持ち込んだら、国内はバラバラになる。そこでスカルノは「**NASAKOM【ナサコム体制】**」を提唱、国内では**国民党（NAS）・イスラーム（A）・共産党（KOM）**

が連携する「容共（共産主義を容認）」政策をとって国内を統合し、対外的には「反米・親中国」を原則に非同盟主義をとった。また、**カリマンタン島（マレーシアではボルネオ島と呼ぶよ）**の国境問題で対立するマレーシア（インドネシアは承認していなかった）が国連安保理の非常任理事国に当選したのに反発して、1965年には**国連を脱退**しちゃったんだ😤。

◀ 右派のスハルトがクーデタで権力を握り、「親米・反共」に転換！

ただ、インドネシアもベトナム戦争の影響から逃れられなかった。1965年、アメリカがベトナムに本格介入すると、**右派軍人によるクーデタ（九・三〇事件）**によって共産党が潰され、**スカルノが失脚**して**スハルト**が権力を掌握した。スカルノの失脚は、ベトナム戦争の勃発で反共主義が強まったことが大きな原因だけど、華僑と対立するムスリム商人がスカルノの親中国政策に反発したことも一因だよ。

政権に就いたスハルトは「**親米・反共**」政策に転換すると、西側の資本を導入し、**開発独裁体制**をとって積極的な経済発展を図ったよ。対外的にはアメリカとの関係を強め、1966年には**国連に復帰**するとともに、**アメリカのベトナム政策に協力**するために ASEAN【東南アジア諸国連合】を結成して、北ベトナム包囲網を形成したんだ。このあと、インドネシアはアメリカなどの援助で経済発展したけど、ウラでは**スハルト一族がインドネシア経済の利権を独占**して、汚職・腐敗が広がっていた。そして、1997年の**アジア通貨危機**で経済が混乱すると、汚職や腐敗が一気に表面化して、翌年、スハルトは退陣に追い込まれた😖。

その後、2001年にはスカルノの長女**メガワティ**が大統領となり経済の再建を目指したけど、アチェ独立を目指すイスラーム過激派のテロや官僚の汚職で、国内の混乱は収まらなかった。そして、2004年に大統領となった**ユドヨノ**は武装組織と和解し、**アチェ独立運動**を終結させたんだ😃。

◀ インドネシアの抱える独立問題。21世紀に入って東ティモールが独立！

インドネシアというのは、もともとは「オランダ領東インド」が独立してできた国だけど、大航海時代に最初にこの地域にきたのはポルトガルだから、**ポルトガル領**もあった。1974年にポルトガル本国で軍事独裁政権が倒れると（「カーネーション革命」）、その影響で1975年に**東ティモール**がポルトガルから独立したんだけど、翌年、島の西側を領有していた**インドネシアが軍事侵攻**して併合を宣言、スハルト政権は独立運動を武力で抑え込んだ。しかし、スハルトの失脚で東ティモールの独立運動が再び盛り上がって、1999年には住民投票を実施して**インドネシアからの独立**を宣言したんだ。ただ、独立宣言の直後から反対派と賛成派が衝突して、**東ティモール内戦**が勃発したよ。この内戦では、独立反対派を支援してインドネシアが介入する一方、国連は独立に向けて多国籍軍を派遣し、**国連東ティモール暫定統治機構**の設置などを経て、2002年、東ティモールは正式に独立を達成したよ😄。

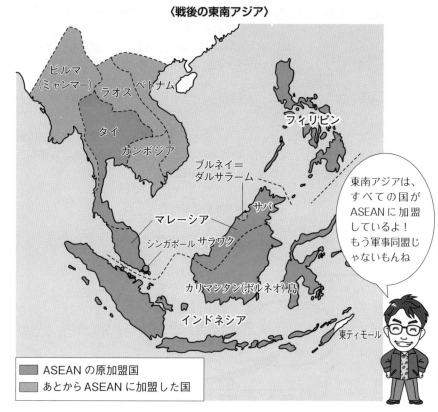

〈戦後の東南アジア〉

ASEANの原加盟国
あとからASEANに加盟した国

東南アジアは、すべての国がASEANに加盟しているよ！もう軍事同盟じゃないもんね

〈**カンボジア・ラオス**〉

◀ **フランスから独立したものの……ベトナムの問題に巻き込まれる！**

　第二次世界大戦後、カンボジアもフランスから独立し、1954年の**ジュネーヴ休戦協定**でも独立が確認された。そして、**シハヌーク【シアヌーク】**は自らを元首・首相とする王政社会主義を唱え、ベトナム問題に巻き込まれないように、**国際的には中立政策**をとったんだ。ただ、ベトナム情勢の変化がカンボジアに直接影響して、カンボジアは翻弄（ほんろう）されることになるんだ😣。

　1970年、シハヌークがソ連を訪問している最中に、アメリカと南ベトナムの支援を受けた**ロン゠ノル**がクーデタで権力を掌握し、ベトナム撤退を進める**アメリカ**が、東南アジアでの影響力を保持するために**カンボジアに侵攻**してきた。当然、カンボジアでは米軍と組んだロン゠ノルへの反発が強まったよ。

　そしてベトナム戦争が終結すると、シハヌークが左派勢力（**赤色クメール**）と組んで**ロン゠ノル政権を打倒**し、**民主カンプチア**を立てた。しかし、その後の議会選挙で勢力を拡大した赤色クメールの**ポル゠ポト**が権力を握り、**中国に接近して農村を基盤とする極端な社会主義政策**を進めた。ポル゠ポト政権のもとで、都市住民や

知識人の農村への**強制移住**や、反対派の大量虐殺など、国内は混乱したんだ😣。

　しかし1978年、今度は中国と対立した**ベトナム**が**ソ連**の支援を受けて**カンボジア**に**侵攻**してきた。そして、中国寄りの**ポル＝ポト政権**を倒してベトナム寄りの**ヘン＝サムリン**政権が成立、国名も**カンボジア人民共和国**とすると、反発した中国がベトナムに侵攻した（**中越戦争**）。そして、ヘン＝サムリン政権に反発した**ポル＝ポト**派のゲリラ戦によってカンボジアは内戦となり、大量の**カンボジア難民**がタイなどに流入したんだ。

　またラオスでも、1960年代から、右派政権とこれに反発した左派の**ラオス愛国戦線【パテート＝ラーオ】**との間で内戦状態になったんだけど、愛国戦線が勝利して、1975年には社会主義国の**ラオス人民民主共和国**になったよ。

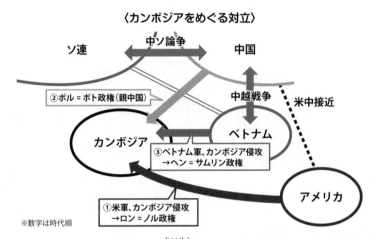

〈カンボジアをめぐる対立〉

　※数字は時代順

◀ 内戦が続くカンボジア……冷戦の終結でやっと停戦が実現した！

　1982年、今度は**ヘン＝サムリン**政権に反対するシハヌーク派、ソン＝サン派（旧ロン＝ノル派）、ポル＝ポト派が連合して、**民主カンボジア連合政府**を立てると（首班はソン＝サン）、**ヘン＝サムリン**政権との**内戦**はますます激化した。しかし、この事態を終わらせたのは、**ソ連の政策変更と冷戦の終結**なんだよ。ソ連のゴルバチョフは「**新思考外交**」に基づいてベトナム政策を見直し、1989年に**ベトナム軍のカンボジア撤退**を実現した。そして、内戦を終わらせるために国連が動き出したんだ。

　1991年、**パリ和平協定**が結ばれて、翌年には**国連カンボジア暫定行政機構【UNTAC】**が設立されて、公正な選挙が実施されるまでカンボジアの停戦を監視することになった。1993年には選挙に反対したポル＝ポト派を除いた総選挙の結果、シハヌークが国王に復位して**カンボジア王国**になった。そして1998年にポル＝ポトが死去すると、長く続いた内戦は完全に終わったんだ。その後、**フンセン**政権が**ASEANへの加盟**を実現するなど、国際社会への復帰と内戦からの復興が進められているよ。

〈ビルマ〉

🔊 二度の軍事クーデタ！　軍事政権下でスー゠チーの民主化運動が続く！

　ビルマでは、独立協定に調印した直後に独立闘争の指導者アウン゠サンが暗殺された😡。こりゃ、有力な指導者がいないよ😓。しかも、1948年にイギリス連邦から完全独立して**ビルマ連邦共和国**を立てたものの、共産党の武装蜂起やカレン族の独立問題などで、国内はずっと不安定なままだ。

　1962年、**軍部クーデタ**で権力を握った**ネ゠ウィン**は"社会主義化"を宣言すると、独自の社会主義政策と鎖国政策をとり、1980年代後半まで権力を維持していた。しかし、80年代後半に世界的に広がった民主化運動の影響でビルマでも**民主化運動が拡大**し、ついに政権が崩壊したんだ。

　民主化運動を指導した**アウン゠サンの娘アウン゠サン゠スー゠チー【スー゠チー】**は、1988年に**国民民主連盟**を結成して支持を広げたよ。しかし、再びビルマでは**軍部クーデタ**で**ソウ゠マウン**国防相が実権を握り、民主化運動を武力弾圧すると、**スー゠チーは自宅軟禁**となった。そして、ソウ゠マウンは国家法秩序回復評議会【SLORC】を設立すると、国名をミャンマー連邦、首都を**ヤンゴン**と改称した。以後、**スー゠チー**は軟禁・解放を繰り返され、1991年には**ノーベル平和賞**を受賞したものの、行動の自由を制限され続けたんだ。しかし、2010年ごろから軍事政権が一定の民主化を認め始め、スー゠チーも軟禁を解かれて政治活動を再開し、2016年には新設の**国家顧問**に就任して、民主化を進めたんだ。しかし、2021年には**再び軍事クーデタ**が起きてしまった。さらに**ロヒンギャ**（ムスリムの少数民族）に対する弾圧も国際的に問題になっているんだ。

〈マレーシア・シンガポール〉

🔊 マレー人vs.中国系住民。マレーシアからシンガポールが独立した！

　続いて**マレーシア**だ。まず、1957年にイギリス連邦内の自治領として**マレー人を中心とするマラヤ連邦**が独立し、その後、ラーマン首相によって、マラヤ連邦を中心に、シンガポールとボルネオ島（インドネシアではカリマンタン島と呼ぶ）のサバ・サラワクをあわせて**マレーシア連邦**になった。ただ、人口の過半数に満たない**マレー人優先政策**をとったから、中国系やインド系の住民が反発していたんだ😡。

　そして、1965年には中国系住民の反発から**シンガポールが分離・独立**したよ。シンガポールは1990年まで**リー゠クアンユー**が首相を務めて**急速な経済発展**を実現し、アジア**NIES【新興工業経済地域】**の1つに数えられたんだ。シンガポールは、現在でも8割近くが中国系住民だよ。一方のマレーシアも1981年に成立した**マハティール**政権が、日本の経済発展をモデルに**ルック゠イースト政策**を進めたよ。

〈フィリピン〉

🔊 アメリカからは独立したけど、対米従属が続くフィリピン

　1946年に**フィリピンはアメリカから独立**したけど、独立後もずっとアメリカに従

属してたんだ。1951年には**米比相互防衛条約**が結ばれると、アメリカ軍がフィリピンに駐留して、**アメリカ軍の東南アジア政策の拠点**になった。国内では、アメリカに反対する共産党系の**フクバラハップ【フク団】**がゲリラ活動で抵抗したけど、アメリカの支援を受けた政府に潰され続けたんだ😔。

　そして、ベトナム戦争が始まる1965年、**マルコス**が政権に就くとアメリカの支援によって、1986年まで続く長期政権になった。マルコス政権下では、**ミンダナオ・スルー諸島のイスラーム教徒（モロ民族解放戦線）**による分離独立運動なども起きたけど、戒厳令を発して全部武力で制圧した。しかし、長期政権の間に腐敗が進み、政権への不満が高まってきて、マルコスの最大のライバルであった政治家**ベニグノ゠アキノ（父）の暗殺**（1983）をきっかけに、全国で**反政府運動が拡大**したよ。そして、1986年にはベニグノ゠アキノ夫人だった**コラソン゠アキノ**が大衆運動をまとめ、国防軍の支持も受けて大統領になった。ただ、**経済の低迷が続いたから政権は不安定**で、1992年には国防大臣の**ラモス**が大統領になったんだ。

　ラモスは共産党の合法化やモロ民族解放戦線との和平を実現して国内の安定を図ったけどなかなかうまくいかなかった。こうした低迷から、2010年の大統領選挙では**ベニグノ゠アキノ・コラソン゠アキノ夫妻の息子、ベニグノ゠アキノ（子）**が圧勝したよ。彼は貧困と不正をなくすと選挙で約束したけど、なかなか成果が上げられなかった。その後、2016年には強烈な反米姿勢をとる**ドゥテルテ**が大統領となり、治安対策やイスラーム教徒居住区への自治権承認などで国内の支持は高かったけど、外交は米中の狭間で揺れまくった感じだね😄。

〈東南アジアの連携〉
◀ **ASEAN**は経済協力機構となる。さらに**APEC**って何？

　1965年にアメリカがベトナムへの本格介入を始めると、東南アジアでは**アメリカに協力して、北ベトナムを封じ込める**動きが加速したよ。まずフィリピンでは親米のマルコス政権が成立して対米従属路線をとり、インドネシアでも**九・三〇事件**が起きて「反米・容共」のスカルノが失脚し、「親米・反共」のスハルト政権ができた。そして、1967年にはインドネシア、マレーシア、シンガポール、フィリピン、タイの5カ国で、アメリカのベトナム政策に協力するために**ASEAN【東南アジア諸国連合】**が結成されたんだ。これは、ほぼ反共軍事同盟と考えていいよ。

　ただ、**アメリカがベトナムからの撤退**を打ち出すと、「アメリカのベトナム政策に協力する」という当初の目的は、意味がなくなるよね。「それじゃあ解散？」って思うかもしれないけど、**東南アジア諸国で連携**を続けるなら、ASEANの存在意義もある。こうして1971年には**東南アジア中立化**

> ベトナム戦争の始まった1965年に注目だ！東南アジアでは「反共」の動きが強まるよ

を宣言して、経済協力機構になった。さらに、ベトナム戦争終結後の1976年には**東南アジア友好協力条約【バリ条約】**で、幅広く協力することを約束、その後、**ブルネイ、ベトナム、ミャンマー（ビルマ）、ラオス、カンボジア**が加盟、1999年には東南アジアのすべての国が加盟する「**ASEAN10**」が実現したんだ。

　その後の ASEAN では、さまざまな連携への動きが進められているよ。1992年から進んだ貿易自由化構想から、2015年に **ASEAN 経済共同体【AEC】**が発足した。1994年からは、アジア太平洋地域の安全保障を話し合う **ASEAN 地域フォーラム**も開かれている。さらに、2000年には ASEAN 諸国に日本・中国・韓国を加えた「**ASEAN＋3**」による東アジア自由貿易圏、さらには東アジア共同体が提唱されるなど、おもに**経済面での連携**を目指した動きが進んでいるんだ。

　アジア太平洋地域での協力の枠組みはほかにもあるよ。1989年に**オーストラリア首相ホーク**が提唱して始まった **APEC【アジア太平洋経済協力会議】**は、アジア太平洋地域の経済発展を目的とする**非公式フォーラム**だ（英語名は"Asia-Pacific Economic Cooperation"）。これは正式な国際組織じゃないからメンバーに法的拘束力はなく、とりあえず「毎年集まって話し合おう」ってことだ。最初のメンバーは、日・米・韓・カナダ・オーストラリア・ニュージーランド・当時の ASEAN 加盟国の計12カ国だったけど、1991年に中国・台湾・香港（当時は英領）が、その後、メキシコ、チリ、ペルー、ロシア、ベトナム、パプアニューギニアも参加し19カ国・2地域、1993年には**シンガポール**に常設事務局も設立された。

　2018年には、**CPTPP【環太平洋パートナーシップに関する包括的及び先進的な協定／TPP11】**も発効した。これはアジアから南北アメリカにまたがる自由貿易圏構想から始まり、2016年に12カ国で調印されたけど（もともとの TPP）、アメリカが離脱したから、11カ国で発効に至ったよ。さらに2023年には、なんとヨーロッパの国の**イギリス**が加盟することになったんだ。また2020年には ASEAN を核として、**RCEP【地域的な包括的経済連携協定】**も結ばれたけど、中国と対立するインドが最終段階で離脱するなど、足並みの乱れもあるんだ。

　今回はこれでおしまい。最後に年号 check！

年号のツボ

- **インドシナ戦争勃発** [1946]（行くよ無謀な　インドシナ）
- **ジュネーヴ休戦協定** [1954]（届くいつしか　平和の願い）
- **第1回アジア・アフリカ会議** [1955]（行くぞ GOGO　バンドン会議）
- **北爆開始（ベトナム戦争開戦）** [1965]（北爆開始　ひどくむごい）

さあ、次回は最後の大物「**中東問題**」だ。これを乗り越えたら、あと一歩だよ😊。

第25回 戦後の西アジア・アフリカ

さて、アジアの戦後史の3回目、今回は西アジア、そしてアフリカを見ていくよ。大きなテーマは、いよいよ今回が最後だ。

大きくつかもう！

1 パレスチナ問題と中東戦争

455〜464ページ

2 戦後の西アジア（イラン・イラク）

464〜468ページ

3 戦後のアフリカ

468〜475ページ

現代まで続く中東問題はどうして起きたのか、じっくり見ていこうね！

現代の世界で、戦争が起きる可能性が高い地域の1つが中東だよ。戦後、イスラエルが建国されてからもう半世紀以上も経ったのに、パレスチナをめぐる問題は解決の糸口がまるで見えない。しかも、冷戦が終わってから、ますます状況が複雑になっている……😣。解決策はいったいどこにあるのかな？　まずは、現在の混迷の原因になっているパレスチナ問題を、じっくり解説していくね。

さらに、イランとイラクの問題やアフリカ諸国の独立も、パレスチナ問題とあわせて確認してね。

それじゃあ、戦後の西アジア・アフリカの始まり〜😊。

1 パレスチナ問題と中東戦争

◀ パレスチナ問題はどうして起きたんだろう？

　現代まで続く中東の混乱は、「パレスチナ」をめぐる問題が根底にあって、突き詰めると「**アラブ人 vs. イスラエル（ユダヤ人）**」という対立に行き着いちゃう😫。この対立の原因はなんだろう？　19世紀末に「**シオニズム運動**」が始まったけど、この時点でいきなりパレスチナに割り込んで「ユダヤ人の国をつくります～」っていうのも無理だよね😓。だって、この時はアラブ人が普通に生活してるし😑。ただ、第一次世界大戦以降、中東をめぐる状況が変わり始めるんだ。

　第一次世界大戦に苦戦したイギリスは、オスマン帝国（トルコ）領内のアラブ人に、「オスマン帝国と戦ったら、**戦後のアラブ人の独立を認めましょう**」っていう**フセイン・マクマホン協定**を結んだ。それなのに、**サイクス・ピコ協定**で、**英・仏・露**でオスマン帝国領の分割を密約し、さらに**バルフォア宣言**で**パレスチナでのユダヤ人国家（民族的郷土）建設**まで約束した。同じ場所に3つの密約……こりゃ、絶対揉める😫。

英がイラク・トランスヨルダン・パレスチナ、仏がシリア・レバノンを委任統治領にしたよね😄

　そして第一次世界大戦後、旧トルコ領の**アラブ地域は英仏の委任統治領**になって、テキトーな国境が引かれ、**パレスチナはイギリスが管理する**ことになった。ていうか、アラブ人は独立できない……😣。対するユダヤ人は……そんなに移住はしてこない😑。だって、各地にバラバラになってるけど、ユダヤ人たちだって、今の生活を捨ててまで「パレスチナに行こう🤔」なんて、そうは思わないでしょ？　でも、ユダヤ人の生活を大きく変える事態が起きた😱。それが「**ヒトラーのユダヤ人迫害**」だよ。命の危険が迫ったユダヤ人の多くが迫害を逃れて**パレスチナへと移住**し始め、**ユダヤ人の人口が急増**したんだ（1914年には約8万5000人、イスラエルが建国された1948年にはなんと約65万人😱）。ただ、**亡命先**として一番多かったのは**アメリカ**だ。アメリカに移住したユダヤ人は**経済界**などで活躍したから、大きな影響を持つことになった。だから、このあとずっと「**アメリカはユダヤ人（ってことはイスラエル）支持**」ってことになるんだ。現在の中東問題でも話題にあがる「アラブ人（イスラーム教徒）vs. アメリカ」っていう対立は、この時から始まったんだね。

◀ イスラエルの建国をきっかけに、第1次中東戦争が始まった！

　第二次世界大戦中から**パレスチナには大量のユダヤ人が移住**してきたから、周辺のアラブ諸国は「ユダヤ人の国ができるんじゃないか？」と警戒し、1945年3月、エジプトを中心に**アラブ連盟【アラブ諸国連盟】**をつくったよ。加盟したのは、エ

ジプト・レバノン・シリア・イラク・トランスヨルダン（1949年以降はヨルダン＝ハーシム王国。ふつうヨルダンと呼ぶので、以下、ヨルダンと省略）・サウジアラビア・イエメンで、のちにリビアやアルジェリアなど北アフリカのアラブ人国家も加わり、ユダヤ人国家**イスラエルの建国を阻止する**ために連携したよ。ただ、アラブ連盟のなかがガッチリまとまってたわけじゃない😆。だって、この地域には王国が多く、**エジプトやヨルダンの国王は親英、サウジアラビア王は親米**なんだもん。米・英がイスラエルを支持しているから、力ずくで潰すわけにもいかなかったんだ。

　そして、事態はどんどん深刻になる😵。大戦中に移住してきた**ユダヤ人**と、現地にもともと住んでいたアラブ人（これが**パレスチナ人**ね）の対立が激化し、各地でアラブ人とユダヤ人の**武力衝突**が起こり始めた。そして、怒りは委任統治をしているイギリスに向いた。「もはやパレスチナの事態はどうにもならん😫」と思った**イギリスは委任統治権を放棄**して、問題の解決をすべてを国連に丸投げしちゃったんだよ。

💻 クローズアップ　　**中東戦争**

- **第1次中東戦争【パレスチナ戦争】**［1948.5〜49］
  - ●開戦と展開……イスラエル建国を機に**アラブ側から開戦**。米英はイスラエル支持
  - ●結果……**イスラエルの圧勝**で占領地を拡大（**分割案の約1.5倍**の領域を獲得）
    - ▶アラブ側は、ヨルダンがヨルダン川西岸地区、エジプトがガザ地区を占領
      - ➡パレスチナ難民が大量発生
- **第2次中東戦争【スエズ戦争】**［1956.10〜57.3］
  - ●開戦と展開……スエズ運河国有化に反発した**英仏**と**イスラエル**が接近
    - ▶**イスラエルがエジプトを奇襲**し、続いて**英仏軍が出兵**
    - ▶**国連緊急総会**で米ソが協調して即時停戦を決議［1956.11］
  - ●結果……**英仏・イスラエルの3国は撤退**。エジプトは政治的に勝利
- **第3次中東戦争【6日間戦争】**［1967.6］
  - ●開戦と経過……**イスラエルがエジプトを奇襲攻撃**し、イスラエルの一方的勝利
  - ●結果……イスラエルの**占領地が大幅に拡大**し（約5倍）、パレスチナ全土を支配
    - ▶イスラエルがシナイ半島・ガザ地区・ヨルダン川西岸地区・ゴラン高原を占領
      - ➡パレスチナ難民の大量発生（一説には100万人以上）
- **第4次中東戦争【十月戦争】**［1973.10］
  - ●開戦と経過……シナイ半島の回復を目指すエジプトが、シリアと連合して開戦
    - ➡**緒戦はイスラエルに勝利**したが、**イスラエルが反撃**
  - ●アラブ石油輸出国機構【**OAPEC**】が「石油戦略」を発動［1973］
    - ➡**第1次石油危機【オイル＝ショック】**が発生［1973］
  - ●結果……**イスラエルは戦闘には勝利したが政治的に敗北**し、不敗神話が崩壊

こうして1947年、国連総会で**パレスチナ分割案**が決まり、パレスチナは**ユダヤ人国家とアラブ人国家に2分割**、キリスト教・ユダヤ教・イスラーム教の聖地が集まる**イェルサレムは国際管理下**に置くことになった。ただ、この分割案にはむちゃくちゃな問題がある。だって、多数派のアラブ人（約3分の2だよ）に割り当てられた土地は約4割😫、**少数派のユダヤ人のほうが多くの土地をもらうことになった**んだもん。いくら**米英の強い支持**があるといっても、もともとの居住者は「アラブ人」でしょ（ユダヤ人がパレスチナにいたのは「ローマ帝国時代」までだ）。アラブ人が怒るのは当然だ😡。そして、分割案を受け入れたユダヤ人が1948年に**イスラエルを建国**すると、分割案を拒否して**イスラエルの建国を認めないアラブ連盟**から開戦に踏み切り、**第1次中東戦争【パレスチナ戦争】**が始まったんだ。

〈第1次中東戦争〉

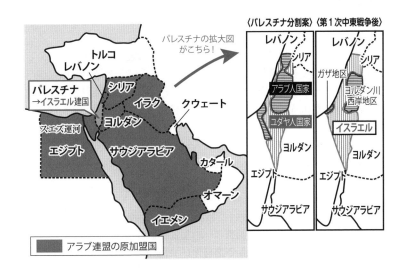

開戦してみると、米英の支援を受けた**イスラエルが圧勝**した😫。ていうか、**アラブ連盟は自滅**したようなもんだ。武器や食糧も不足していたし、親米・親英の国王が多いから作戦もまとまらず、最後はバラバラになったんだもん。そして、国連の停戦調停が成立すると、気づけば**イスラエルが分割案の約1.5倍の領域を獲得**していた。対するアラブ側では、**ヨルダンがヨルダン川西岸地区**、**エジプトがガザ地**

区を占領、だからパレスチナ問題はアラブ諸国（特にエジプト）とイスラエルの対立に変わったんだ😅。そして一番困ったのは、戦争で行き場を失った100万人以上（人数は諸説ある）の**パレスチナ難民**（もともとパレスチナに住んでいたアラブ人）だよ。

◀ エジプト革命で親英の王政を打倒！　ナセルは非同盟主義へ

ついにナセルが登場！イギリスと手を切るには、王政ごと倒す🤨

　パレスチナ戦争に完敗したことで、アラブ諸国、特に**エジプト**では、親英の国王**ファールーク1世**に対し、「なんでイスラエルを支援するイギリスと手を切らないんだ😡」という不満が高まった。**ナセルをはじめとする軍の若い将校たち**は、「こんな貧弱な軍隊では、イスラエルにみじめな敗北を続けるだけだ！」と怒り、秘密結社の**自由将校団**をつくって、王政打倒のチャンスをうかがっていた。

　こうした不満をそらすため、エジプト政府（この時の政権はワフド党）は、イギリスのスエズ運河地帯への駐兵権を認める**エジプト＝イギリス同盟条約**を一方的に破棄した。ただ、イギリスが認めたわけじゃないから、スエズ運河地帯ではイギリス軍とエジプト軍が衝突😵。エジプト国内は大混乱となり、いよいよ無政府状態になった。

　そして1952年、**ナギブ**や**ナセル**を中心とする**自由将校団**は、軍事クーデタで国王**ファールーク【ファールーク1世】**を追放し、**ナギブ**を大統領とする共和政に移行した（**エジプト革命**）。彼らは、事実上の植民地状態にあるエジプトを「ちゃんと独立」させて、**イギリスが操っていた国王や大地主階級たちを倒そう**としたんだね。その後、大統領となったナギブとナセルが議会政治への復帰や土地改革の問題をめぐって対立すると、軍部の支持をまとめた**ナセルがナギブを追放して権力を握り、ナセルは国民投票で大統領になった**。そして、ナセルに大きな影響を与えたのが、1955年の**第1回アジア・アフリカ会議【バンドン会議】**だよ。

　バンドン会議でインドのネルーやインドネシアのスカルノらと交流したナセルは、「**非同盟主義**」に強く影響を受けて**積極的な中立外交**へと向かい、1955年には反共軍事同盟である**バグダード条約機構への加盟を拒否**した。だって、イスラエルを支援する米英側の同盟に入るなんてありえない😡！

　エジプトの中立外交に慌てたイギリスは、エジプトが計画していた**アスワン＝ハイダム**の建設を支援することで、エジプトを西側陣営につなぎとめようとしたんだ。まあ、ダム建設を助けてくれるのはいいんだけど、ナセルにはもっと緊急の問題があった。それは**ガザ地区へのイスラエルの攻撃**だよ。ガザは当時パレスチナ・ゲリラの基地になっていたからね。「とにかく軍備の増強を急げ😤」と思ったナセルは、共産圏（ソ連側）のチェコスロヴァキアから武器を買ったんだ。そしたらア

メリカが怒った！　そりゃ、冷戦の時代だもんね。**エジプトのソ連への接近**にいら　　　　だった米英は、**アスワン＝ハイダムの建設資金融資を撤回**したんだ。

　反発したナセルは、「それならば、建設資金はエジプトでつくる！」とばかり
に、**スエズ運河国有化を宣言**、スエズ運河の通航料をダムの建設資金にあてること
にした。これに対し、スエズ運河の株式を持つ**英仏両国が激しく反発**😖。スエズ
運河からの収入に加えて、イギリスは「ヨーロッパへの石油輸送をおさえて、**中東
での覇権を維持したい**😤」って考え、フランスも「**アルジェリア独立を支援する
エジプト**は、いつか潰してやる😤！」と思っていたからね。そして、エジプトを
攻撃するチャンスを待っていた**イスラエル**が、英仏２国に乗っかったんだ！

◀ 第2次中東戦争の影響で、アラブ民族主義が盛り上がった！

　こうして1956年、**イスラエル軍がエジプトを奇襲**し、続いて**英仏軍が出兵**して、
第2次中東戦争【スエズ戦争】が勃発したよ。ただ、この戦争は英仏の思いどおり
にはならない😣。イギリスは「アメリカは当然支持してくれるはず」って期待し
てたのに、**アメリカは英仏を支援しなかった**。だって、アジア・アフリカ諸国が国
連で「英仏は撤退しろ😖」と言い始めたんだもん。これは**バンドン会議の影響**だ
よ！　すでに**ソ連はエジプトを支持**していたから、アメリカが英仏を支持したら、
アジア・アフリカ諸国がみんなソ連にくっついて社会主義になっちゃうよ😨。

　こうして**国連緊急総会では米ソが協調して即時停戦を決議**し、アメリカ（アイゼ
ンハワー政権）も英仏に全く支援をしなかったから、**英仏・イスラエルは完全に孤
立して撤退**するしかなかった。そして**イギリス**では、出兵の責任を問われた**イーデ
ン内閣が総辞職**に追い込まれたんだ。でも、ここでも一番困ったのは**パレスチナ難
民**だよ……😥。新たに70万人もの難民が発生したんだもん😵！

　英仏を撤退に追い込んだから、**政治的にはエジプトの勝ち**だね😆。ナセルは**ア
ラブ民族主義（アラブ＝ナショナリズム）のリーダー**となり、アラブ人の連携（**パ
ン＝アラブ主義**）を掲げて**「反イスラエル・反米英」**を主張したんだ。

　アラブ民族主義を実現するため、ナセルはエジプトとシリアを合併して**アラブ連
合共和国**をつくった。とはいっても、ナセルが大
統領だから主導権はエジプトだね。そして、**ソ連
に接近**して計画経済と大企業の国有化を進め、ソ
連の援助と技術協力で**アスワン＝ハイダムの建設**
を始めたんだ（完成は1970年）。

　さらに、ナセルの影響を受けた周辺諸国でも**ア
ラブ民族主義が盛り上がった**んだけど、これって
結局「反英仏」だよ😤。1958年、**レバノン**では
**イスラーム教徒とキリスト教徒（マロン派）の対
立**から各地で暴動が起こり、親西欧（特にフラン
ス）のキリスト教徒の政権が危機になった（**レバ**

> アラブ民族主義がソ連と
> 接近したから、パレスチ
> ナ問題は冷戦に組み込ま
> れたんだよ……

ノン暴動）。さらにイラクでも、**カセム**らが親英の王政を倒す**イラク革命**が起こったんだ。

　こうしたアラブの動きを見たアメリカ大統領アイゼンハワーは、「このままでは中東が社会主義になる😨」と焦ったんだ。だって冷戦の時代だから、「**反英仏＝反米＝親ソ連**」につながるからね。そこで「英仏にかわってアメリカが中東防衛のために軍を派遣する」という**アイゼンハワー＝ドクトリン**を発表すると、1958年には**レバノンに出兵**し、これにあわせてイギリスも**ヨルダンに出兵**したんだ。しかし、国連での非難は避けられなかった。国連総会ではアジア・アフリカ諸国の支持で**アラブ10カ国決議案**が議決され、米英軍は撤退するしかなくなったんだよ😫。

　第2次中東戦争やイラク革命によって、イギリスが中東情勢に力を持たないことがはっきりしたね。これは、19世紀から続いていた「**パクス＝ブリタニカ**」が完全に終わったってことだ。以後、パレスチナ問題は冷戦と結びつき、「**イスラエル＝アメリカ vs. アラブ＝ソ連**」という新たな段階に入ってしまったんだ。

〈パレスチナ問題の対立（第2次中東戦争後）〉

◀ イスラエルがエジプトを奇襲！　第3次中東戦争はイスラエルの圧勝！

　ここでちょっと思い出してほしいんだけど、パレスチナ問題って、本来は「**パレスチナ人 vs. イスラエル**」の対立だよね😅。それがいつの間にか「**アラブ諸国（エジプトやシリアなど） vs. イスラエル**」の対立にかわり、さらに米ソの冷戦にまで結びついた。パレスチナ人は「オレたちのことを忘れるな😤」って思ったんだよ。こうして1964年、**エジプトの支援を受けたパレスチナ人**が土地と権利の回復を目指して**パレスチナ解放機構【PLO】**をつくった。とはいっても、イスラエルに真っ向勝負できる軍隊なんてないから、**ゲリラ活動でイスラエルを攻撃**したんだ。すると**イスラエルがこれに報復**、さらにパレスチナを支援する**シリア軍とイスラエル軍の衝突事件がたびたび起きる**ようになった。

　そこで、1961年にアラブ連合共和国を解消していた**シリアとエジプト**は、再び共同防衛条約を結んだよ。そしてインド洋への出口を確保しようと紅海への進出を始めたイスラエルに対し、**エジプトはアカバ湾を封鎖**して対抗した。しかも、イスラエルを支援するアメリカは、ベトナム戦争で手一杯……😅。この隙にソ連がどんどん武器を支援して、アラブ側はすでにイスラエルの２倍近い軍備を持っている。焦ったイスラエルは「攻撃は最大の防御！」とばかりに反撃に出たんだ。

　1967年６月５日の朝、**イスラエルはエジプトに奇襲攻撃**をかけた😨。早朝にエジプトの空軍基地を奇襲すると、午後にはシリア・ヨルダンも攻撃、**第3次中東戦争【6日間戦争】**が始まった。そして、わずか６日間で、イスラエルは**シナイ半島・ガザ地区**（エジプト占領下）・**ヨルダン川西岸地区**（ヨルダン占領下）・**ゴラン高原**（シリア領）を占領、占領地を５倍に拡大して**パレスチナ全土を支配下に置いた**んだ。

　実はこの作戦のために、イスラエルはイラク空軍にスパイを送り込んで、エジプトが持っているのと同じソ連製のミグ21戦闘機を盗んだり、エジプトやシリアの軍事施設の正確な地図まで手に入れたりしたんだって😨。そりゃ圧勝もするよ。

　この戦争で増えてしまった**パレスチナ難民**は、一説には新たに100万人以上ともいわれている。さらに、エジプトにとっては「**スエズ運河の閉鎖**」が最も重大な問題になったんだ😫。

〈第３次中東戦争後〉

　戦後のイスラエルの占領地

レバノン
ゴラン高原
シリア
ヨルダン川西岸地区
イスラエル
スエズ運河
ガザ地区
シナイ半島
ヨルダン
サウジアラビア
エジプト

◀ アラブ諸国は「石油」で、PLOは「ゲリラ」で、イスラエルに対抗

　あまりにもあっけない負け方で、アラブでのナセルの威信は大きく傷ついた。しかも、ソ連製の武器がイスラエルにまるで対抗できなかったので、アラブ諸国は別の対抗策を考え始めたんだ。それが「石油」だよ。アラブの産油国は、第３次中東戦争の時に**OPEC【石油輸出国機構】**を結集して、「イスラエルに味方する国には、石油を売ってやんない😈」っていう石油戦略をやろうとしたんだけど、親米の国（イラン、ベネズエラ、インドネシアなど）の反対でできなかった。「だったら、アラブだけでやればいい！」と考えた**反イスラエルのアラブ産油国（サウジアラビア・クウェート・リビア）**は、1968年**アラブ石油輸出国機構【OAPEC】**を結成し、のちに周辺のアラブ諸国をこれに巻き込んだ。さらに**PLO**でもナセルの影

響力が弱まり、より過激な**アラファト**が議長に就任、ゲリラによる武装闘争を激化させると、なんとヨルダンの政権を奪おうとする事件まで起きたんだ。そして1970年、PLOとアラブ諸国の調停を進めようとした**ナセルが急死**すると、PLOはエジプトからも離れて、レバノンのベイルートを根拠地にテロ攻撃やゲリラ戦を続けたんだ🥵。

◀ 第4次中東戦争は石油でアラブが勝利！ でも、シナイ半島は還ってこない……

　ナセルの死後、副大統領から昇格して**大統領**となった**サダト**は、**イスラエルからシナイ半島を取り返す**ために強硬路線をとったよ。だって、このままじゃ、スエズ運河は封鎖されたままだ。こうなったら、第3次中東戦争の復讐（ふくしゅう）だ！　まずは、1971年にシリア、リビアと連合して**アラブ共和国連邦**をつくり、**イスラエルを包囲**した。さらにエジプトには強力なスポンサーが現れたんだ！　資源ナショナリズムを強めて石油で莫大（ばくだい）な資金を手にした**サウジアラビア**が、反イスラエルってことでサダトに資金を援助😄、エジプトはリビア経由で軍備を強化した。だって、もはやソ連があてにならないことがわかったでしょ。あとは「目には目を、歯には歯を、奇襲には奇襲攻撃😈」だよ。

　こうして1973年10月、**エジプト・シリア連合軍がイスラエルに奇襲攻撃**を仕掛け、**第4次中東戦争**が始まった。戦闘は、最初はエジプトが優勢だったけど、少しずつイスラエルが反撃し始めて、エジプトは劣勢になった😓。最後は、アメリカが「どちらもいい加減にしろ😤！」と両国に圧力をかけたので、双方が**国連安保（あんぽ）理の停戦決議を受け入れて停戦**したんだ。

　でも、これだけでは終わらなかったんだよ。ついに、**アラブ石油輸出国機構【OAPEC】**（オアペック）が「イスラエルの味方には石油を売らない！」という石油戦略を発動したんだ🥵　石油減産と親イスラエル国（米・西欧・日など）への石油禁輸、さらに**OPEC【石油輸出国機構】**（オペック）も石油価格の引き上げを決めたから、石油価格は1年前の約4倍にまで急騰！　西側先進国の経済を直撃して、世界は深刻な不況（ふきょう）になったんだ。これが**第1次石油危機【オイル＝ショック】**だよ。日本では、政府が世界中から石油を買い漁（あさ）り、庶民はトイレットペーパーを買い漁った😫。だって、「トイレットペーパーがなくなる！」ってデマが広がったんだもん。こうして第4次中東戦争は完全に「石油」の勝利になって、**イスラエルは「政治的」に敗北**、ついに不敗神話が崩壊したんだよ😤。

> 石油は強力な武器になった！ でも……エジプトはシナイ半島を取り返せなかったね😅

◀ 中東問題の転機。エジプト＝イスラエル平和条約が結ばれた！

　第4次中東戦争が終わって、中東問題は大きな転機を迎えるよ。まず、国連では

PLOが国連総会にオブザーバーとして参加し、総会でパレスチナ人の民族自決権が認められた。これは、パレスチナが「国家」として認められるための第一歩だよ。さらに、反イスラエルの中心にいるエジプトと、イスラエルの国内にも大きな変化が生まれていたんだ。

　エジプトでは、**サダト**が「このまま**イスラエルと対立を続けてもシナイ半島を取り返すのはムリ**だ」と考えていた。だって、エジプトはイスラエルに戦闘で勝ったことがない😭。第4次中東戦争は、確かに「石油」で勝ったけど、石油がたいして採れないエジプトはまるで得をしてない。サダトは「**シナイ半島の返還を条件に、イスラエルと和解**したほうが得だ😄」と思ったんだ。さらにアメリカとも和解して、戦費で疲弊したエジプト経済を立て直したかったんだね。

　一方、イスラエルも似たような状況だよ。だって、**第4次中東戦争の戦費が国家予算の1.5倍！**　首相の**ベギン**は右派連合【リクード】政権だから本来は強硬派だけど、財政難でこれ以上戦争を続けるのは厳しい。そして、アメリカ大統領は「**人権外交**」のカーターだったから「話せばわかる😆」って、エジプトとイスラエルの仲介に入ったんだ。

　こうして1977年、**サダトがイスラエルを訪問**して和平交渉を進める意思を伝え、翌年、両国はアメリカのキャンプ゠デーヴィッドで会談すると、**国交正常化とシナイ半島返還に合意した**（**キャンプ゠デーヴィッド合意**）。そして1979年、エジプト大統領**サダト**とイスラエル首相**ベギン**が、アメリカ大統領カーターの仲介で**エジプト゠イスラエル平和条約**に調印、イスラエルは正式に**シナイ半島を返還**し（軍の撤退完了は1982年）、**エジプトはアラブ諸国で初めてイスラエルを承認してアラブ連盟を脱退**したんだ。

　これを見たアラブ諸国とPLOは、「サダトがパン゠アラブ主義をぶち壊した😡」と怒って**エジプトと断交**、さらに和平に反対する**イスラーム原理主義者**（ムスリム同胞団といわれている）が**サダトを暗殺**した😨。ただ、後任の大統領となった**ムバラク**も、サダトの路線を継承して**親米・親イスラエル路線**をとりつつ、経済再建に努めたんだよ。

　一方のイスラエルは、「もはやエジプトが攻めてくることはないから、PLOを潰してやる！」として、**PLOの本拠地**がある**レバノンに侵攻**したんだ。レバノンはもともと、西欧寄りのキリスト教（マロン派）政権とイスラーム教徒の対立を抱えていたから、イスラエルの侵攻で内戦状態となり、ベイルート虐殺事件（マロン派キリスト教徒によるパレスチナ難民の大虐殺）も起こった。追いつめられたPLOは、**イスラエルが占領する地域での民衆の抗議行動**（**インティファーダ**）を組織するくらいしか、抵抗の手段がなくなっちゃった。でも、インティファー

> サダト暗殺で大統領になったムバラクは、2011年の「アラブの春」まで独裁を続けるよ

ダって集団で「石を投げる」くらいしかできなかったんだよ😫。

🔊 冷戦終結で中東和平が前進！ でも、長年の対立は簡単には消えないよ

　冷戦が終わって米ソが協調したから、1991年にはこれまで実現しなかった「イスラエルと周辺アラブ諸国、PLO」のすべてが参加する**中東和平会議【マドリード会議】**が開かれた。「これでパレスチナ問題が大きく前進するのでは……」と期待されたんだけど、この年の12月にソ連が崩壊しちゃったんだ😫。それでもノルウェーの**仲介**で秘密交渉が続けられ、1993年にはアメリカ大統領**クリントン**が立ち会って保証人となり、**パレスチナ暫定自治協定【オスロ合意】**が結ばれたよ。

　これは、PLOのアラファト議長とイスラエルの**ラビン首相**の間で、まず**イスラエルがPLOをパレスチナ人の正式な代表と認めて相互承認**し、さらにイスラエルの占領地におけるパレスチナ人の暫定自治を認めた。そして、**ガザ地区とヨルダン川西岸地区**に**暫定自治政府**をつくることになり、1996年には**アラファト**が長官になった。これは、パレスチナ問題の解決に向けた大きな一歩だよ。そしてこの間に、**イスラエル゠ヨルダン平和条約**も結ばれたんだ。

　ただ、和平を進めたことがイスラエル国内での反発を招き、1995年、**ラビン首相が極右のユダヤ人学生に暗殺**されて、イスラエルはパレスチナとの対決姿勢に戻った。ちょっと前進しても、すぐに逆戻り😫。中東の混乱はまだまだ続くよ。

合否の分かれ目▶ 中東和平に関係する人物

- ●**エジプト゠イスラエル平和条約**[1979.3]……米大統領**カーター**の仲介
  - ▶エジプト大統領**サダト**、イスラエル首相**ベギン**による
- ●**パレスチナ暫定自治協定【オスロ合意】**[1993.9]……ノルウェーの仲介
  - ▶アメリカ大統領**クリントン**が立ち会い、中東和平の保証人となる
  - ▶PLOのアラファト議長とイスラエルの**ラビン首相**による

---

2 戦後の西アジア（イラン・イラク）

🔊 イランはアメリカに追従、イラクはイギリス支配から脱却

　話は変わって、イランとイラクだよ。第二次世界大戦期から、北からのソ連の進出に苦しんだ**イラン**は、国王**パフレヴィー2世**がアメリカやイギリスの支援を受けて権力を維持していたんだ。イギリスが守りたいのは**石油利権**だよ。当時、イランの石油はイギリスがつくった**アングロ゠イラニアン石油会社**（1909年に設立した時は、アングロ゠ペルシアン石油会社）が独占していたからね。ただ、イラン人の民族主義者たちは「なんでイギリスに石油を取られるんだよ😡」って怒っていた。

そして、「イランで採れた石油はイランのものだ〜」と考えた**モサッデグ【モサデグ】**首相が、1951年アングロ＝イラニアン石油会社を接収して、**イランの石油を国有化した**。これは、のちに拡大する**資源ナショナリズム**の先駆だね。

これに対し、世界の石油市場を支配する**欧米系の石油メジャー（国際石油資本）**がイランの石油をボイコットすると、イランは石油生産の激減で財政が悪化した。そして米英は、**国王派にクーデタを起こさせて、モサッデグを打倒した**。ただ、以前よりはイランにも石油の収入が入るようになった。そして、1955年には**バグダード条約機構**にも加盟し、さらに1963年からは、開発独裁体制のもとでアメリカの援助と石油収入による近代化「**白色革命**」が進み、イランは西アジアでもっともアメリカ寄りの国になったんだ。そしてベトナム戦争が始まると、中東での影響力が弱まることを恐れたアメリカが、**イランへの武器援助を通じて反イスラエルのアラブ諸国を抑えた**んだ。

一方、イラクでは、フセイン（フセイン・マクマホン協定のフセイン）のひ孫にあたる**ファイサル（2世）**がイギリスを後ろ盾に権力を維持していた。これに対し、民族主義の軍人**カセム**が、エジプト革命の影響を受けて自由将校団を結成すると、1958年に**イラク革命**を起こして国王ファイサル2世を打倒、イギリス支配から脱却すると、翌年には**バグダード条約機構【中東条約機構】**から脱退したんだ。

しかし、イギリスの支配下で拡大した貧富の格差を解消できなかったから、地主の打倒と社会主義的な平等、さらに**パン＝アラブ主義**（アラブ世界の統一）を主張する**バース党【アラブ復興社会党】**が勢力を拡大、軍内部のエリートたちと結びついて、1968年にクーデタで政権に就いた。そして、バース党内の影の実力者だった**サダム＝フセイン**が反対派を次々と倒して独裁権を握り、1979年には大統領になったんだ。

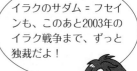

イラクのサダム＝フセインも、このあと2003年のイラク戦争まで、ずっと独裁だよ！

◀ 「反米」のイラン革命が起こると、アメリカがイラクを支援！

アメリカの援助で経済が発展した**イラン**では貧富の格差が拡大して、**アメリカと国王に対する不満**が高まった。しかも、1973年の**第1次石油危機**で石油収入は激増したけど、貧富の格差はますます広がり、国内の矛盾が大きくなっていたんだ。こうした不満は、「信者の絶対平等」を唱える**イスラーム教への回帰**を引き起こし、政治も文化も全部イスラーム中心にして、「『コーラン』に基づく国づくりをしよう！」という**イスラーム復興運動【イスラーム原理主義】**が勢力を拡大した。そして、**シーア派の指導者ホメイニ**が亡命先のパリから「**アメリカに追従する国王を打倒せよ**」と訴えると全国に反国王運動が拡大、1979年には**イラン革命【イラン＝イスラーム革命】**が始まった。そして、国王パフレヴィー2世が亡命すると、シ

ーア派イスラーム教に基づく政治を強行し（**イラン＝イスラーム共和国**）、反米・反ソ路線を明確にした。さらに、ホメイニ派は**テヘランの米大使館を占拠**して、「亡命した国王の身柄と資産を引渡せ〜😈」と要求したけど、アメリカは拒否！両国の関係は最悪になった。こうして西アジアでもっとも親米だったイランは、もっとも反米色の強い国になったんだ。しかも、イランの隣国**アフガニスタン**にソ連軍が**侵攻**したため、イランの周辺では一気にアメリカの影響力が弱まった。さらに、イラン革命の影響で**OPEC**が石油価格を引き上げたため、原油価格は約2倍に高騰し、**第2次石油危機**が起こったんだ。

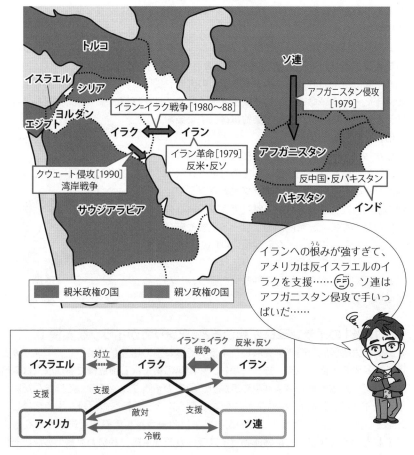

〈1980年代以降の中東情勢〉

イランへの恨みが強すぎて、アメリカは反イスラエルのイラクを支援……😓。ソ連はアフガニスタン侵攻で手いっぱいだ……

一方で、国内でシーア派を抑圧していたイラクの**サダム＝フセイン**は、「**イラン革命が国内のシーア派に波及するのを阻止する**😤」と言ってイランに奇襲攻撃をかけ、1980年**イラン＝イラク戦争**が始まったんだ。まあ、本音ではイランからの領土回復やアラブ地域での覇権を握るのが目的だけどね。**アメリカ**は反米のイランを警戒して**イラクに武器を支援**、さらに冷戦を背景にずっとイラクを支援していた**ソ連も武器を供給**したため、戦争は長期化した。しかもアメリカは、王政時代のイランにさんざん武器を援助して「中東一の軍事大国」にしていたから、イラクにまで武器を支援したら、戦争は決着しなくなるよ😵。さらに、両国がペルシア湾を通る船を無差別攻撃したために**石油輸送が激減**し、原油価格はどんどん上がったんだ。こうして長期化した戦争が全然終わらないから、日本では「イライラ戦争」なんて呼んでいたよ😅。ただ、1988年にアメリカのイージス艦の攻撃を受けた**イランが国連安保理の停戦決議に合意**し、事実上**イランの敗戦**で終わったんだ。

◀ 冷戦終結後も不安定な中東情勢。イラクをめぐるアメリカの2つの戦争

イラン＝イラク戦争が終わると、**イラクのサダム＝フセイン大統領**は、今度は「第一次世界大戦後に英仏が勝手につくった国**クウェート**は、そもそもイラクの領土である」と主張し、さらに「クウェートが石油を増産して、世界の石油価格を不当に下げている😤」だの、「クウェートが国境付近の石油を盗んでる😤」だの次々と言いがかりをつけ、ついに1990年8月、**イラク軍がクウェートに侵攻**した。

これに対し、国連安保理は、最初は経済制裁を、さらに**対イラク武力行使容認決議**を採択したんだ。そして、**安保理決議に基づいて**、アメリカの**ブッシュ（父）大統領**を中心に英仏など28カ国が**多国籍軍**を編成、イラクを攻撃した。これが**湾岸戦争**だよ。この時アメリカ軍はハイテク兵器を駆使した「砂漠の嵐」作戦で、イラク軍を圧倒したんだ。今ではスマートフォンにも付いている GPS や、電波を発しながら敵を追跡して攻撃するミサイルなどで、ピンポイント爆撃をやったんだよ。そして、海外派兵ができない**日本やドイツは膨大な資金援助を要請**されたんだ。

この時フセインは、「イスラエルがパレスチナの占領地から撤退すれば、イラクもクウェートから撤退する」と、戦争をパレスチナ問題にすり替えようとしたんだけど、アラブ諸国やイスラーム世界の対応は分裂、**エジプト、サウジアラビア、シリア、トルコは多国籍軍に参加**したけど、**ヨルダン、イエメン、PLO はイラクを支持**したよ。結局、多国籍軍（ほぼアメリカ軍）の圧倒的な兵力の前に**イラクが停戦決議を受け入れた**。ただ、**サダム＝フセイン政権はそのまま残った**から、このあともう一度アメリカがイラクを攻撃することになるよ😅。

2001年、アメリカで起きた**同時多発テロ事件【9.11事件】**のあと、「**テロとの戦い**」を強硬に主張していたアメリカの**ブッシュ（子）大統領**は、「イラクは大量破壊兵器を保有している。イラン・イラク・北朝鮮は"悪の枢軸"だ」と主張して、イラクへの攻撃を計画した。この時ブッシュは**アフガニスタンも攻撃**していたから、アフガン戦争とイラク攻撃を連動させて、中東最大の反米国家**イラン**に圧力を

第1章 国民国家の形成

第2章 列強の侵略とアジアの変革

第3章 帝国主義と第一次世界大戦

第4章 戦間期と第二次世界大戦

第5章 戦後の世界

かけようとしたんだね。

　そして2003年、国連決議もないままアメリカのブッシュ（子）大統領はイギリスのブレア首相とともに、イラクへの攻撃を開始した。この米英軍のイラク攻撃（イラク戦争）でサダム＝フセイン政権は崩壊、フセインも身柄を拘束され、翌年には暫定政府ができた。さらに、2006年にはサダム＝フセインはアメリカのもとでおこなわれたイラク高等法廷で死刑判決を受け、処刑されたんだ。また、イラクの復興支援のため、日本の小泉純一郎首相が**イラク復興特別措置法**に基づいて**自衛隊を派遣**した。これは、日本が初めて重火器を携行しておこなった海外派遣だ😳!。

　フセイン政権は倒れたけど、結局**イラクに大量破壊兵器などなかった**よね。ブッシュが「勝利宣言」を出したあとも約16万人もの米軍がイラクに残ったし、イラク内部では**多数派のシーア派とスンナ派の対立**や**クルド人問題**で混乱が続いたんだ。その後、アメリカの**オバマ**大統領はイラクからの撤退を発表し、2011年12月に**イラク戦争終結**を宣言したよ。

＋αちょっと寄り耳↑

　ここで、現代まで問題として残っているクルド人の話をしておこう！

　クルド人は、イラン系の言語を使い、トルコ・イラン・イラクにまたがる地域に住んでいる民族だよ。現在、約1500〜2000万人のクルド人がいるといわれ、大部分はスンナ派イスラーム教徒だ。彼らは、オスマン帝国が解体する際に独立国家をつくる運動をおこない、1920年のセーヴル条約では自治領構想が認められたものの、1923年のローザンヌ条約ではこの構想が無視された。1925年にはトルコに対する反乱を起こすものの鎮圧され、第二次世界大戦後には、ソ連の支援で一時北西イランにクルディスタン共和国を建設するものの、やはりイラン政府によって潰され、現在まで彼らは国家を持たないままだ。また、イラク国内のクルド人はサダム＝フセインによって弾圧され、毒ガスで大量虐殺され、反乱は徹底的に潰されたんだ。

　その後、イラク戦争でサダム＝フセイン政権が崩壊し、2005年には、クルド人のタラバーニーがイラク大統領になったんだ！　列強の覇権争いの陰で、辛い目にあい続けたクルド人が、少しでも幸せに暮らせる日がくるといいね。

3　戦後のアフリカ

〈アフリカ諸国の独立〉

◀ **北アフリカ諸国が独立する一方、アルジェリアでは壮絶な戦争が！**

　それじゃあ、アフリカ諸国の独立を見ていこう。アフリカ諸国のうち、まず**独立が進んだのは北アフリカ**だよ。もっとも、地中海沿岸の国は黒人国家じゃないからね😅。まず、1951年に旧イタリア領で連合国が占領していた**リビア**が独立する

第1章 国民国家の形成

と、続いて1956年には、フランス領だった**モロッコ**と**チュニジア**も独立したよ。この2国は、**ナセルの「非同盟主義」**にも影響を受けているね。ただ、アルジェリアだけは簡単には独立できなかった😫。

1954年、ジュネーヴ休戦協定でインドシナの独立を認めたフランスは、なんとしても**アルジェリア**だけは植民地支配を維持しようと、支配を強化した。これに対し、アルジェリアでは**民族解放戦線【FLN】**が結成されて独立闘争を開始、壮絶な**アルジェリア戦争**が始まったよ。FLN は全国的なゲリラ戦を展開してフランス軍を苦しめ、**戦争の泥沼化でフランスの財政は傾き始めた。**そしてフランスでは、特に軍の内部から「もっと強力な指導者を！」と期待されて**ド゠ゴール**が政界に復帰、**第五共和政**を成立させて大統領になったんだ。ただ、アルジェリア戦争の戦況はほとんど変わらず、ついに1962年、ド゠ゴールは入植者【コロン】や現地軍の反対を押し切って**エヴィアン協定**を結び、**アルジェリアの独立を承認**したよ。

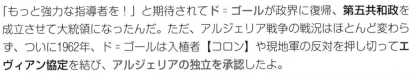

ド゠ゴールの政策で、フランス領の独立が一気に進むよ！

アルジェリアでは**ベン゠ベラ**が初代大統領となり、独自のアラブ社会主義を目指したんだけど、1965年には民族解放軍の司令官だった**ブーメジェン**のクーデタで軍部独裁政権になってしまったんだ［～1989］。

〈戦後のアフリカ〉

モロッコ［1956］　チュニジア［1956］
アルジェリア
リビア［1951］　エジプト
アルジェリア戦争［1954～］→独立達成［1962］
エチオピア革命［1974］
スーダン
南スーダン独立［2011］
エチオピア
ギニア　ナイジェリア
ガーナ
ソマリア
コンゴ（旧ベルギー領）　ルワンダ　ソマリア内戦［1980年代～］
ナイジェリア内戦（ビアフラ戦争）［1967～70］
カタンガ州　ルワンダ内戦［1990～94］
コンゴ動乱［1960～65］　アンゴラ
モザンビーク
ナミビア独立［1990］
南アフリカ共和国
アパルトヘイト法的撤廃［1991］
ローデシア→ジンバブエ［1980］

第2章 列強の侵略とアジアの変革

第3章 帝国主義と第二次世界大戦

第4章 戦間期と第二次世界大戦

第5章 戦後の世界

🔊 いよいよブラック＝アフリカ諸国が独立し、パン＝アフリカニズムを推進！

　アフリカでは、すでに20世紀初めから、南アフリカにおける**アフリカ民族会議【ANC】**の人種差別撤廃運動など、民族の自治や独立を目指す運動が広がっていた。また**南北アメリカの黒人知識人を中心とする解放運動**も生まれ、1900年には**パン＝アフリカ会議**が開かれて、植民地主義や人種差別への反対が唱えられた。そして、1940年代にはこれらの運動が合体し、ガーナ（ゴールドコースト）の**エンクルマ【ンクルマ】**などを指導者に、アフリカ系民族（黒人）の団結によって独立運動を活発化させる「**パン＝アフリカニズム**」が高揚したから、1950年代後半に入ると**サハラ砂漠より南の黒人世界（ブラック＝アフリカ）**の国々も独立し始めるよ。

　まず1957年にガーナが**イギリス連邦内の自治領として独立**したよ😄。これが**ブラック＝アフリカ最初の自力独立国**だ。そして、1958年にはガーナの首都アクラで**全アフリカ人民会議**を開いてアフリカの即時独立を要求するとともに、**アフリカ統一運動**（つまりパン＝アフリカニズムだ）を進めたんだ。これは、「独立直後のアフリカ諸国は弱いから、アフリカを統一することで、欧米の旧宗主国に対抗しよう😤」ってことだ。さらに、1958年に**フランスから独立したギニアの初代大統領セク＝トゥーレ**は、エンクルマのパン＝アフリカニズムに共鳴して、ともにアフリカ統一運動の中心になったよ。

　そして1960年、**フランスのド＝ゴール**が「植民地の独立を認めて第三世界の支持を得る😊」という政策をとったことから、**旧フランス領を中心に17カ国**が一気に**独立**した。この「**アフリカの年**」に独立した国には、仏領だったセネガル、カメルーン、マダガスカル、マリなど、英領だった**ナイジェリア**、トーゴ、ソマリア（英・伊領）など、さらにベルギー領コンゴがあるよ。

　そして、1963年には**エチオピアのアディスアベバ**で、アフリカの独立国30カ国による**アフリカ諸国首脳会議**が開かれ、**アフリカ統一機構【OAU】**が結成されると、パン＝アフリカニズムに基づいて「アフリカは１つ」のスローガンを掲げ、植民地主義の一掃や国連憲章の尊重などを唱えたんだ。ただし、アパルトヘイトをやっていた**南アフリカ、ローデシアは加盟していなかった**からね😑。

　ただ、1966年にはガーナの軍部クーデタで**エンクルマが失脚**しちゃった😵！エンクルマはギニアに亡命し、以後、**アフリカ統一運動の中心はギニアのセク＝トゥーレ**になったよ。そして、冷戦終結後の1991年にはアフリカ統一機構が経済統合を目指して**アフリカ経済共同体**を創設し、2002年にはEUをモデルにした地域統合機構として**アフリカ連合【AU】**になった。でも、アフリカ全体をリードする国はどこなのか？　あるいは、各地で続く内戦への対応や、EUでさえ難しい地域統合の問題をどのように進めるのか、課題も多いよね😅。

🔊 独立を達成したあとも、国内の部族対立に苦しむアフリカ諸国

　さて、独立を達成したアフリカ諸国だけど、独立すればすべてがうまくいくってわけじゃない！　独立後に国内の分裂や内戦に苦しんだ国は多いよ。

　1960年にイギリスから独立した**ナイジェリア**では、**東部に住むキリスト教徒のイボ族**と、**北部に住むイスラーム教徒のハウサ族**の対立が激しくなったんだ😫。もともとイボ族は、イギリスの奴隷貿易の最大の犠牲者（どれい）だよ！　1950年代にイボ族の住む東部州で油田が発見され、独立後に工業化が進んだ東部のイボ族地域が**ビアフラ共和国**として独立を宣言すると、北部のハウサ族（政府軍）がビアフラを攻撃し、内戦になった（**ナイジェリア内戦【ビアフラ戦争】**）。石油が絡（から）んでいるから、利権をめぐる介入（かいにゅう）が起きるよ😅。結局、**政府軍をイギリスとソ連が支援して、ビアフラ軍は壊滅したんだ。**

> ナイジェリア内戦は、石油利権から内戦が激化したんだ……やっぱり、資源狙いだよな😓

　同じように資源をめぐる対立から戦争になったのが、**ベルギー領コンゴ**だ。1960年に**コンゴ共和国**として独立すると、地方分権派の**カサヴブ**が初代大統領、中央集権派の**ルムンバ**が初代首相となった。しかし、首相のルムンバが社会主義に向かおうとしたから、**独立直後にベルギー軍が介入して、銅・ウラン・コバルトなどの鉱山資源が採れるカタンガ州**の分離独立を宣言させた。結局、資源の確保が狙いだよ😤。こうしてコンゴは内戦となり（**コンゴ動乱**）、国連安保理は、結成以来初めて**平和維持軍の派遣**を決めたよ。そしてアメリカは「社会主義化を阻止する😡」と、**軍部のモブツを支援してルムンバを殺害させた。**

　1963年には国連平和維持軍の介入でいったん動乱は終わったんだけど（**第1次動乱**）、平和維持軍の撤退とともに内戦が再開したため（**第2次動乱**）、今度はアメリカ軍とベルギー軍が介入して、反政府軍を鎮圧（ちんあつ）した。これも資源狙いだよね😓。最終的には**モブツを大統領とする親米軍事政権**となり、そして国名も**ザイール共和国**に変わった。ただ1996年に**反モブツ勢力の武装蜂起**（ほうき）で政権が交代し、現在は国名が**コンゴ民主共和国**になってるよ。

〈コンゴ動乱〉

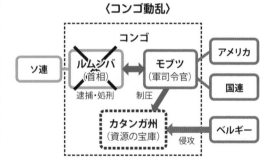

　最近では、**スーダンと南スーダンの問題**もあるね。スーダンは、すでに1956年にはイギリスとエジプトの共同統治領（とうち）から、**スーダン共和国**として独立していたんだけど、**北部のアラブ系イスラーム教徒**と、**南部の黒人系キリスト教徒**がずっと対立して、たびたび武装闘争に発展していた（**ダルフール紛争**）。それが21世紀になっても続いていたんだけど、ついに2011年、**南スーダン共和国**がスーダンから分離・独立して、国連への加盟も認められた。ほんと、長い戦争の歴史がやっと終わった

第1章　国民国家の形成

第2章　列強の侵略とアジアの変革

第3章　帝国主義と第一次世界大戦

第4章　戦間期と第二次世界大戦

第5章　戦後の世界

んだね。

第一次世界大戦直前の数少ない独立国の1つだった**エチオピア**は、一時**イタリア**に併合されていたけど、1941年には**独立を回復**していたよ。ただ、独立国とはいっても国内は皇帝の**独裁体制**で、いまだに農奴制のような封建体制が残っていたから、経済的には全く発展していなかった。そして、1973年の**第1次石油危機**によるインフレーションや、相次ぐ干ばつで経済危機になったエチオピアでは、**軍部クーデタ**で皇帝**ハイレ＝セラシエ**を廃位して、軍部主導で社会主義政権を樹立した。これが**エチオピア革命**だよ。ただ、経済危機はさらに深刻となり、国内の飢餓状態が続き、しかも1993年以降は分離独立したエリトリアとの国境紛争や、内戦で混乱が続いているから、経済状態はますます悪化しているんだ😵。

◀ 最後の植民地帝国ポルトガルからの独立

第二次世界大戦前から**サラザール**の独裁が続き、彼の引退後も独裁政権が続いていた**ポルトガル**は植民地の独立を認めなかったから、現地の黒人勢力による独立闘争が起きていた🔫。しかし、**第1次石油危機**で経済が落ち込んで本国財政が厳しくなったこともあって、植民地の独立運動を武力で抑圧することに反対する動きが広がった。そして1974年、若手将校が起こした革命で独裁政権が倒れ（**カーネーション革命**）、新政府が植民地の独立を認めたから、1975年には**アンゴラ**と**モザンビーク**が独立したよ。モザンビークは社会主義政権（**モザンビーク人民共和国**）になったから、隣国のローデシアや南アフリカは支援する白人勢力との抗争が続くことになるよ。また**アンゴラ内戦**も起きて、キューバ軍と南アフリカ軍が投入されたんだけど、これは米ソの代理戦争になって長期化したんだ😵。

〈南アフリカのアパルトヘイト〉

◀ イギリス領の時代に始まったアパルトヘイトが、第二次世界大戦後まで続く!

南アフリカ戦争【ブール戦争】後に**イギリスの自治領**となった南アフリカ連邦では、イギリスがブール人を懐柔するために始めた**アパルトヘイト**（人種隔離政策）に対して、1912年人種差別撤廃を目指して**アフリカ民族会議【ANC】**が結成され、非暴力主義に基づく黒人解放運動をおこなっていたよ。

でも人種差別はなくならず、逆に1949年以降、**白人政権**（アフリカーナと呼ばれるオランダ系白人）によってアパルトヘイトがさらに**強化**された😡。住民を**白人**、**黒人**、**カラード**（混血）、**アジア人**（おもにインド系）の4つの人種グループに分けて、社会のあらゆる分野で各人種、特に黒人を「別々」の社会に隔離しよう、っていうのがアパルトヘイトの目的だよ。そのために**先住民土地法**などに加え、**人口登録法**、**集団地域法**などの法律（この3つがアパルトヘイト基幹3法だよ）をつくったんだ。

こうした政策に反発した黒人はたびたびデモや暴動を起こしたんだけど、1960年の**シャープビル事件**（首都ヨハネスブルク近郊での黒人のデモに警官が発砲）のよ

うに、厳しく弾圧された。そして、**アフリカ諸国が独立を達成した1960年代には**（1960年が「アフリカの年」だ！）、**黒人運動がさらに過激となったため**、黒人を領土的に隔離する「**ホームランド**」政策など、さらにアパルトヘイトは強化されていった😫。

◀ イギリス連邦から離脱してアパルトヘイトを強行した南アフリカとローデシア！

　こうした批判に対し、さすがにイギリス連邦の中心であるイギリスも「そろそろ人種差別は見直したほうが……」と言ったら、南アフリカは「お前が始めたんだろ！」と反発😡。1961年、**アパルトヘイトを維持するためにイギリス連邦から離脱して、南アフリカ共和国になった**。こうした事態に、**国連も制裁を決めた**んだけど、南アフリカは「金とダイヤが出るから、お金はある」とばかりにアパルトヘイトを続け、**アフリカ民族会議【ANC】を非合法**として、**指導者のマンデラを逮捕**するなど弾圧を強めたんだ。同じようにイギリスの支配下にあったローデシアでは、北ローデシアが黒人政権のザンビア共和国として独立したんだけど、南ローデシアでは白人政権がイギリス連邦から一方的に離脱し、国名を**ローデシア**として**アパルトヘイト維持のために独立を宣言**した。もちろんイギリスも国連も承認しなかったんだけどね。

　いくら独立したといっても、南アフリカとローデシアは**アフリカ統一機構【OAU】には加盟できない**😆。そりゃそうだ。OAUは黒人主導のパン＝アフリカニズムを掲げた国際機関だし、ローデシアは国際的に独立を認められてないからね😅。

　その後、ローデシアでは**白人政権と黒人組織の間で武装闘争が激化**したんだ（ローデシア紛争）。白人政権は南アフリカなどの支援を受け、一方の黒人勢力は、あらたにポルトガルから独立した隣国のモザンビークやソ連などの支援を受けたから、近隣の諸国を巻きこむ地域紛争に発展してしまった。ただ、南アフリカよりも国の経済基盤が弱かったローデシアは、黒人政権となったモザンビークに海への交通路を握られたこともあって、白人政権が弱体化し、1979年には**黒人勢力が勝利して、正式に独立を達成し、OAUにも加盟**できた。もちろん、アパルトヘイトはなくなるよ。こうして成立した黒人多数派政権は国名を**ジンバブエ共和国**に変えたんだ。さすがに、帝国主義者セシル＝ローズの名前はイヤでしょ😅。「ジンバブエ」って古代の黒人が残した石造遺跡の名前からとった国名だね😁。

◀ 冷戦終結で国際情勢が変化し、南アフリカもアパルトヘイトを撤廃！

　じゃあ、南アフリカに戻るよ。1970年代になっても南アフリカの黒人暴動は続き、1976年の**ソウェト蜂起**では、首都近郊の最大の黒人居住区で起きたデモを武装警官が弾圧、500名以上の死者を出した。さらに、ボタ大統領は白人、カラード（混血）、インド人（アジア系）からなる**人種別三院制議会**をつくったけれど、黒人には一切公民権を認めなかった😅。

　そんな南アフリカにも変化が起きるよ。1980年代後半には世界各地で民主化運動

が起こり、1989年には**冷戦**が終結するよね。この影響で**南アフリカへの国際的な非難が強まり、デクラーク**大統領は黒人との対話を進めたよ。1990年になると、南アフリカが不法に占領していた黒人国家**ナミビアの独立**を認め、さらに**アフリカ民族会議【ANC】を合法化する**とマンデラも釈放し、1991年ついに**アパルトヘイトの法的撤廃**を実現した。

アパルトヘイトがなくなったのは、ソ連の崩壊と同じ年だ！

そして、**1994年に初めて黒人に平等な選挙権が認**められた結果、ANC が第1党となり、**マンデラが初の黒人大統領**になったんだ。この政権ではデクラークも副大統領となって、白人も含めた国民統合政府ができたよ。その後も**南アフリカでは黒人大統領が続いている**（ムベキ政権［1999〜2008］など）。2010年にサッカーのワールドカップが開かれたり、経済的には発展しているけど、貧富格差（白人の貧困層の問題もあるんだ……）や治安の問題など、課題も多いね。

◀ 現代でも頻発するアフリカの地域紛争……解決の道筋は？

それじゃあ最後に、冷戦終結後に起きた内戦について見ておこう。

まずは**ルワンダ内戦**だよ。ベルギーが支配していたルワンダでは、**ベルギーが支配層として優遇した少数派のツチ族**が、**多数派のフツ族**と対立していた。1973年、クーデタで**フツ族が政権を握る**と、弾圧を恐れたツチ族は難民として国外に逃亡した。隣国のウガンダに逃げたツチ族はルワンダ愛国戦線を結成し、ツチ族が政権を握るウガンダ政府の支援を受けて帰国を目指したんだ。こうして1990年、**ルワンダ内戦が勃発**した。1993年に和平に合意したものの、1994年に**フツ族の大統領が暗殺された**のをきっかけに、フツ族によるツチ族の大虐殺が起こり（一説には80万人）、再び内戦に逆戻りした。その後、首都を制圧した**ツチ族が政権**を握って、内戦はひとまず終わったんだ。ただ、報復を恐れたフツ族が国外に逃亡したから、今度はフツ族難民が発生したんだね。

ベルギーが作ったツチ族とフツ族の対立が内戦の原因なんだよ……

その後、国連などの支援を受けて復興が始まると、内戦時代に亡命したツチ族難民およそ200万人が帰国したよ。彼らが亡命中に海外で身につけた技術が、現在のルワンダの近代化を支えているんだ！

もう一つが**ソマリア内戦**なんだけど、状況はかなりひどかった……😫。ソマリアでは、一党独裁政権のもとで複数の反政府ゲリラ組織が政府を攻撃していたんだけど、1991年に**一党独裁政権が崩壊**すると、各地で武装ゲリラが割拠し、もはや誰が権力を握っていて、誰が敵で誰が味方かわからないような無政府状態になって

しまった😭。この内戦で多くの難民が発生して、約400万人が飢餓状態にあるといわれているよ。国連も内戦の終結のために動き、**安保理の決議に基づいてアメリカ軍中心の多国籍軍が介入**したんだけど、国連内のパキスタン兵の殺害をはじめ、あまりに多くの犠牲者を出したため、**多国籍軍が撤退**したんだ😵!。その後、何度も暫定政権がつくられたんだけどそのたびに潰され、隣国の**エチオピアやスーダンも介入**して一時は泥沼化したけど、2012年には正式に外国からも承認された政府ができた。これ以後は、国連などが治安維持を指導しながら平和裡に大統領選挙がおこなわれるなど、秩序はかなり回復しているよ。このまま平和が続けばいいね。

　じゃあ、今回はこれでおしまい。最後に年号 check !

!!! 年号 のツボ

- ●**第1次中東戦争（イスラエル建国）** [1948]（**行くよ果てまで　シオン**の丘へ）
  　← シオンの丘は「シオニズム」の語源で、イェルサレムにある丘だ。「神の都」を象徴する言葉で、イスラエル建国の原点だ！
- ●**第2次中東戦争【スエズ戦争】** [1956]（ナセルが**行くころ**　国有化）
- ●**アフリカの年** [1960]（アフリカ独立　**一苦労**）
- ●**第3次中東戦争** [1967]（ナセルと**組むな**　奇襲がくるぞ）
- ●**第4次中東戦争（第1次石油危機）** [1973]（**行くな港**に　石油ない）
- ●**イラン革命** [1979]（アッラー信じて　**人の苦、なくせ**）

　さあ、残すところ、あと1回！　次回はいよいよ最終回、**冷戦終結後の世界**だよ。ラストスパートだ。頑張れ〜😊。

第1章　国民国家の形成

第2章　列強の侵略とアジアの変革

第3章　帝国主義と第一次世界大戦

第4章　戦間期と第二次世界大戦

第5章　戦後の世界

第26回

冷戦終結後の世界
（1990 ～）

さあ、いよいよ最終回まできたね。最後は、冷戦終結後の欧米諸国を中心に、現代の世界で起きている問題を見ていくよ！

● 大きくつかもう！ ●

1	冷戦終結後の欧米諸国	477～485ページ

2	現代の諸問題	486～491ページ

3	地域紛争・民族紛争の激化	491～496ページ

いよいよ最終回！　特に、早慶など最上位の私立大学では必須の冷戦終結後だ！

　冷戦が終わって唯一の超大国になったアメリカは、国際社会との連携よりも「単独行動主義」が目立ち始める。一方のロシアは、国内の民族問題が深刻だね。ヨーロッパもECからEUになって統合が進んだけど、加盟国が増えすぎて、イギリスの離脱などの問題も起きているよね。それから、冷戦終結後に起きた経済危機、核開発問題、民族紛争……最後は、ロシアのウクライナ侵攻や米中新冷戦、さらに環境問題まで解説していくよ。ここ最近は、早慶などの難関大などを中心に、冷戦終結後まで普通に出題してくるから、最後のツメと思って、しっかり確認してね！

　それじゃあ、いよいよ最終回、冷戦終結後の世界の始まり～。

1 冷戦終結後の欧米諸国

〈アメリカ合衆国〉

◀ ブッシュ（父）大統領は、唯一の超大国として湾岸戦争を主導！

　冷戦終結を宣言した共和党の大統領**ブッシュ（父）**【G.H.W. ブッシュ】は、「**アメリカが冷戦に勝利した唯一の超大国**」という自信を持って、「アメリカの価値観、**"自由と民主主義"にあわない国は潰す**😖」と考え始めた。これは、**彼の息子（のちのブッシュ大統領ね）**にも影響する考え方だ。まず、1989年にはノリエガ軍事政権の打倒を口実に**パナマに軍事介入**した。まあ、ホンネでは**パナマ運河を返したくなかった**からだけどさ😅。

　そして1991年には、**国連安保理決議に基づいて湾岸戦争を起こした**。攻撃したのは**多国籍軍**だけど、**指導権を握ったのはアメリカ**だ。そして、戦勝ムードで一時的に支持率を高めたものの、戦費による**急激な財政の悪化**と国内の景気後退で人気を落とし、２期目の大統領選挙では若い**クリントン**に負けちゃったんだよ😭。

> 現職大統領が大統領選挙で負けたのは、戦後だとフォード、カーター、ブッシュ（父）の３人だけだよ……😑

◀ 民主党大統領クリントンは、平和外交と財政再建で好景気に！

　レーガン、ブッシュ（父）と続いた共和党の強硬路線から一転、**民主党のクリントン**大統領は**平和的な外交**を進めたよ。彼はケネディにあこがれて政治家になったんだ。まず、就任した年［1993］に、**中東和平の保証人として**パレスチナ暫定自治協定の締結に立ち会い、さらに1995年には**ユーゴスラヴィア問題**にも介入して、**ボスニア和平協定**の締結を仲介したよ。こうした平和外交とあわせて**財政再建と景気の回復**を狙い、**アメリカ・カナダ・メキシコで自由貿易圏をつくる北米自由貿易協定**【NAFTA】にも調印した。さらには、同じ民主党のカーターが結んだ**新パナマ運河条約を守り**、1999年末に**パナマ運河を返還**したんだ。こうした平和外交で軍事費を抑えて財政を再建したよ。

　そして、経済的には**クリントン時代のアメリカは史上空前の好景気**😄。背景はいくつかあるよ。まずは、インターネットの開放でパソコンが爆発的に普及して、アップルやマイクロソフトなどの**IT 企業**が急成長してアメリカ経済を押し上げた、いわゆる**IT（インターネット）バブル**だよ。さらに、NAFTA の成立が貿易拡大にもつながったからね。ただ任期の後半には、女性スキャ

> クリントンの奥さんヒラリーはむちゃくちゃ頭が良い！ クリントン政権でも、重要な政策にかかわっていたよ😁

第1章　国民国家の形成

第2章　列強の侵略とアジアの変革

第3章　帝国主義と第一次世界大戦

第4章　戦間期と第二次世界大戦

第5章　戦後の世界

ンダル（不倫問題）から批判を受けて議会で追及された日に、NATO軍にセルビ
ア空爆を命令してコソヴォ問題に介入するなど、一貫性のない外交も多少は問題に
なったけど、最後まで人気があったんだ😀。

◀ ブッシュ（子）大統領は、国連を軽視した単独行動主義に突っ走る！

　そして2000年の大統領選挙は、まれにみる接戦の末、共和党のブッシュ（子）
【G.W. ブッシュ】が当選したけど、就任後はあまり人気がなかった😅。それを一
気に変えたのが、2001年に起きた**同時多発テロ事件【9.11事件】**だ。**ニューヨーク
の世界貿易センタービルにハイジャックされた飛行機が突っ込み、さらにワシント
ン郊外の国防総省にも同じように旅客機が激突した**😫。史上初めて**アメリカ本土
の、しかも中枢であるニューヨークを攻撃された**アメリカ人はヒステリックになっ
た😨！。ブッシュ大統領も**「テロとの戦い（対テロ戦争）」**をおこなうと宣言、この
事件の首謀者をイスラーム原理主義のテロ組織**アル＝カーイダ**の指導者**ビン＝ラー
ディン**だと断定し、アル＝カーイダを支援する**アフガニスタン**を攻撃して、**ターリ
バーン政権**を崩壊させたんだ。

　その後もアメリカは、所在不明になって
いるビン＝ラーディンを捕まえるために戦
闘を続けたから、アフガニスタンではテロ
とゲリラ戦の応酬で大混乱になった。さら
に、テロを支援する国として、**イラン・イ
ラク・北朝鮮**を**「悪の枢軸」**と名指しで批
判し、**2003年には国連安保理決議のないま
ま、米英軍でイラクを攻撃した**。こうして
始まった**イラク戦争**にはオーストラリアも
派兵し、**日本も小泉首相が武力行使を支持**
したけど、**中国・ロシア・フランス・ドイ
ツ**などはアメリカの**単独行動主義**を非難し
たんだ。

> 同時多発テロ事件の直後に歴代
> 最高の支持率（90％！）を記録
> したけど、任期の最後には史上
> 最低（19％らしい……）まで落
> ちた……極端だな😅

　そして、ブッシュ政権を揺るがしたのが、2008年の**世界金融危機【リーマン＝
ショック】**だよ。経済危機に有効な手段を打ち出せないまま、**増え続ける軍事費へ
の批判**が強まり、アメリカ人は「ブッシュ大統領の任期が終われば、世界は良くな
る」とまで言い始めた。こりゃ、次の大統領選挙は誰が出ても民主党の勝ちだ
よ😅。

◀ アメリカ史上初の黒人大統領オバマは、ブッシュ時代からの転換を目指す

　2008年の大統領選挙では民主党の**オバマ**が当選し、**アメリカ史上初のアフリカ系
（黒人）大統領**になった。彼はブッシュの時代にバラバラになった国内の融和と、
さまざまな国際対立を引き起こした「単独行動主義」から「**国際協調主義**」への転

換を図った。就任後（2009）にはトルコやエジプトでの演説で「**イスラームとの和解**」を、さらにチェコでは「**核兵器なき世界**」を目指すという**プラハ宣言**を発表し、この年の**ノーベル平和賞**を受賞したんだ。とはいえ、本人も受賞のスピーチで語ったように「まだ何もしていない」状態での受賞だったから、翌年には**ロシア**との交渉をまとめ、**メドヴェージェフ大統領**と**第4次戦略兵器削減条約【新START】**に調印したんだ。

　一方、中東問題では、まず**アフガニスタン**に軍を増派して、2011年5月にはアル＝カーイダの指導者**ビン＝ラーディン**を拘束して殺害した。その後、2011年12月には、イラクから米軍を完全撤退させて**イラク戦争の終結**を宣言した。ただ、中東に広がった革命運動、いわゆる「**アラブの春**」への対応は後手に回ることが多く、2011年には**リビア**で民主化運動を弾圧した**カダフィ政権を攻撃**したり、2014年には**シリア内戦**にも介入し、イラク北部とシリアに拡大した武装集団「**イスラーム国【IS（Islamic State）】**」を空爆した。

　一方で、**キューバとは国交正常化**したよ。これは、キューバ革命後にアイゼンハワー大統領が国交を断絶して以来だね。

　国内問題では、2010年に民主党の悲願だった貧困層向けの**医療保険制度改革**（オバマ・ケア）を実現したんだけど、成立後も共和党は反対の立場をとるなど、アメリカ社会の分断が明らかになり始めたんだ😩。

　そして、任期中には気候変動に関するパリ協定の議論を推進したり、現職大統領として初めてキューバ、アフリカ連合、そして**被爆地である広島**を訪問したことなどから、アメリカの国際的な評価を向上させたよ😃。

📢 トランプ大統領の登場で、国内や世界の分断が加速！

　アメリカ社会の分断は、2017年の大統領選挙でより鮮明となり、「**アメリカ第一主義**」を掲げた共和党の**トランプ**が当選したんだ。トランプ大統領はとにかく、目先でアメリカが「得」と判断したことを強行したよ。国内産業の保護や移民の受け入れ制限などグローバル化からは一線を引き、国際協調を拒否してさまざまな合意や条約を次々と破棄😲！すでに合意していた TPP からは**離脱**➡**P.453**、ロシアとの中距離核戦力全廃条約も破棄、地球温暖化抑止のための**パリ協定からも離脱**して、さらに北米自由貿易協定【NAFTA】もより保護主義的な UAMCA【**アメリカ＝メキシコ＝カナダ協定**】へと変えたんだ😃。

　こうした「**アメリカ第一主義**」は同盟国との関係をギクシャクさせ、これまでアメリカが支えてきた世界秩序を自ら変えることになる。そこに付け込んで**勢力拡大を狙ったのが習近平体制の中国**だよ😄。お互いに保護関税を掛け合う貿易戦争となったり、アメリカが一歩引いている隙を狙って、中国が各地に経済的・軍事的な影響力を強めていったんだ➡**P.489**。一方で、北朝鮮の金正恩との史上初の米朝首脳会談をおこなうなど、独自の動きも見せたけど、具体的な成果はなかったね。

　また国内の分断も深刻だ😩。トランプを支持する白人保守層と民主党を支持す

るリベラル派との対立は根深く、女性差別に反対する「Me Too」運動や黒人差別に反対する「BLM（Black Lives Matter）」運動などが高揚する一方、トランプ支持者が連邦議会を襲撃するなど、民主主義を脅かす事件まで起きたんだ�。

◀ 「脱トランプ」を図るバイデン大統領は、国際協調路線に転換！

　アメリカや世界の分断が進むなか、2020年の大統領選挙では民主党のバイデンが当選したよ。バイデン大統領は、トランプ政権が壊してしまった同盟国との関係を再構築し、パリ協定にも復帰してヨーロッパ諸国と協調して脱二酸化炭素社会に向けて舵を切ったんだ。

　ただ、国際的には中国をアメリカの覇権を脅かす挑戦者とみなして対立を深め（米中新冷戦）、またロシアのウクライナ侵攻に対しては、西欧諸国と協調してウクライナを支援してロシアに対する制裁をおこなっているね。

〈ロシア〉
◀ ソ連崩壊後も国内の民族問題は消えず、歴代大統領の強権政治が続く

　ロシアは、崩壊したソ連の国際的な地位を引き継ぎ、国連安保理の常任理事国となった。ただロシアの政局は安定せず、体制改革をめぐる対立からエリツィン大統領が軍を出動させて議会を攻撃するなど、強権的な政治が続いたんだ。

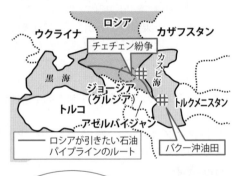

　さらにロシアを悩ませたのは少数民族の独立問題、特に黒海とカスピ海の間に位置するチェチェンの問題だ。1991年にチェチェンがロシア連邦からの独立を宣言すると、独立を認めないロシア連邦が軍事介入して、1994年にチェチェン紛争が勃発した。これはもちろんチェチェンの民族運動が原因だけど、同時にロシアは中央アジア

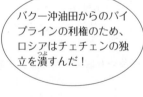

バクー沖油田からのパイプラインの利権のため、ロシアはチェチェンの独立を潰すんだ！

で採った石油をヨーロッパに運ぶパイプラインのルートの利権を確保するため、チェチェンを独立させるわけにはいかない、って事情もあった。さらにチェチェン紛争は、何度か停戦に合意しても、反抗するイスラーム武装勢力がテロ攻撃をおこなったり、ロシア側も和平提案と攻撃を繰り返したりと、泥沼化していったんだ。そして、首都モスクワでも爆弾テロなどが続いたため、首相のプーチンが強硬な軍事作戦を進めて人気を高め、1999年に健康問題などから辞任したエリツィンにかわって

大統領代行となると、2000年の選挙でも当選して大統領となった。

　プーチンが大統領になったあともチェチェン紛争は続き、ロシアでは反発した武装勢力のテロやゲリラが続いたんだ。2002年の**モスクワの劇場占拠事件**や2004年の**北オセチア学校占拠事件**では、プーチン政権が軍や武装警察を出動して鎮圧したから、人質となった一般市民や生徒が犠牲になった。こんなふうに、プーチンはかなり強権的な政治で権力を安定させたんだよ。彼はもともと旧**ソ連スパイ組織KGB**の出身だからね。いろいろ危ないことも知ってるんだろうか……😑。

　そして2008年、**メドヴェージェフ**が大統領になったけど、プーチンはそのまま実権を握り、2012年には再びプーチンが大統領になった。2009年には**チェチェン紛争の終結**が宣言されたけど、その後も爆弾テロなどが続いている。また、チェチェンと同じように石油パイプラインの建設をめぐり、今度はロシアがジョージア（グルジア）領内の南オセチア州の独立運動に介入、2008年にはロシアとジョージアが武力衝突した（**南オセチア紛争**）。

　そして2014年、**プーチン**は
ウクライナ領の**クリミア半島**
（クリミア自治共和国）の**併
合**を一方的に宣言したよ。ク
リミア半島には、かつてのロ
シア帝国、ソ連、さらにソ連
崩壊後のロシアも**海軍基地を
置いて**いたし、ロシア人、ウ
クライナ人、そしてクリミア＝
タタール人の間で、民族的な
軋轢が強まっていたからね。
プーチンはクリミアで強行し
た住民投票で賛成を得たとし
てこの地を併合し、さらに**ウ
クライナ東部に軍を進めた。**

ただ、この時はドイツやフランスなども立ち会って、いったん停戦合意が成立したけど、ロシアに対する制裁が始まり、**ロシアはG8への参加資格を失った**んだ。

　では、そもそもなんでロシアがウクライナへの進出を狙うんだろうか。現在のウクライナ地域は、中世には**キエフ公国**があったけど、13世紀の**モンゴルの遠征**でキエフ公国が崩壊すると、かわって**モスクワ大公国**が台頭し、それがロシア帝国に発展したよね。だから、キエフ（つまりウクライナ）のほうが長い歴史を持ち、宗教的（東方正教会のなかでの地位）にも権威があるともいえるんだ。また、領土面では18世紀までは、ほぼドニエプル川を境に西は「ポーランド王国」、東は「ロシア帝国」の領域に二分されていて、これが2014年ころまでのウクライナで西部が「**親西欧派**」、東部が「**親ロシア派**」に分かれていた理由だよ。地図を見るとわかるけ

第**1**章 国民国家の形成

第**2**章 列強の侵略とアジアの変革

第**3**章 帝国主義と第一次世界大戦

第**4**章 戦間期と第二次世界大戦

第**5**章 戦後の世界

ど、ウクライナ東部を併合（へいごう）すれば、**ロシアからクリミア半島への陸路が確保できる**からね。そして、ウクライナはロシア寄りの政権だったんだ。

　ただ、プーチンがクリミア半島を併合し、ウクライナ東部にも派兵したことで、かえってウクライナ国内で反ロシアの世論が高まってしまった。2019年には親西欧派の**ゼレンスキー**がウクライナ大統領になって、**EU への加盟を模索する**など西欧に接近したから、反発したロシアのプーチンはウクライナ東部の親ロシア派地域の保護を口実に、2022年には全面的に**ウクライナに侵攻**（しんこう）したんだ。これに対し、**アメリカや EU、日本などがウクライナへの経済的・軍事的支援やロシアへの経済制裁**を強めたけど、**中国はロシアとの関係を強化する**など、世界の分断が進んだよ。また、ロシアの侵攻開始後、首都キエフは「**キーウ**」、ドニエプル川は「**ドニプロ川**」など、**地名がウクライナ語で呼ばれるようになった**んだ。さらに、ロシアがウクライナに軍事侵攻したことで、これまで中立の立場をとっていた**北欧のフィンランドとスウェーデン**がロシアの軍事侵攻を警戒して **NATO**（ナトー）への加盟に傾くなど（フィンランドは2023年4月に正式加盟、スウェーデンの加盟も実現する見込み［2023年9月現在］）、ヨーロッパの国際関係に変化が生じているね。

〈ヨーロッパの統合と EU の成立〉
◀ EC の市場統合（しじょう）が進み、今度は政治統合を目指して EU が成立！

　1973年以降、どんどん加盟国が増えた EC（表➡P.410）では1987年**単一欧州議定書**（ぎていしょ）で「1992年までに EC が完全市場統合を目指す！」って合意し、市場統合のあとのヨーロッパの統合についての話し合いが始まった。そして、**冷戦の終結と東西ドイツの統一**（れいせん）を受けて、「市場統合のあとは**政治統合と通貨統合**だ🎵」という目標を決めると、1992年に**マーストリヒト条約**が結ばれたんだ。こうして翌年には**ヨーロッパ連合【EU】**が発足し、**共通市民権**を導入したり、**欧州議会の権限を強化**したりと、ヨーロッパの統合を新たな段階に進めたよ。この時に中心となったのは**フランスのミッテラン大統領**とドイツの**コール首相**だ。EU のなかって、**仏独が組んで主導権を握り、イギリスは一歩引いている**。だから、通貨統合の時にもイギリスは「通貨を発行するのは独立国の主権だから」と言って、参加しないことになった。

　そして、1999年には**共通貨幣**として「**ユーロ**」が導入され、2002年からは各国で共通の紙幣や硬貨の使用が始まったよ。ただ、**イギリス、デンマーク、スウェーデンなどは、ユーロを導入しなかった**んだ。

> これからは、EU の権限と各国の主権の関係をどうするかが問題だ！　通貨発行権って、主権の1つだもんね

◀ どんどん増える加盟国。EUはいったいどこに向かうんだろう？

　冷戦が終わったことでヨーロッパの東西分断がなくなり、EUにも新たな役割ができたことは確かだよ。1995年にオーストリア、スウェーデン、フィンランドが加盟したことで、かつての共産圏を除いたほとんどのヨーロッパ諸国がEUに入り、さらに、21世紀に入ってその勢いは旧共産圏にも広がったんだ。

　2004年には、東欧諸国を中心に10カ国（ポーランド・チェコ・スロヴァキア・ハンガリー・バルト3国・マルタ・キプロス・スロヴェニア）が一気に加盟した。さらに2007年にはブルガリア、ルーマニア、2013年にはクロアティアの加盟も実現し、もはやヨーロッパのなかでEUに加盟していない国は、かなりの少数派になったよ。

◀ 共通通貨ユーロの危機、そして…イギリスのEU離脱。EUはどうなるのか？

　2008年の世界金融危機の影響で、2009年にギリシアで財政危機が起きた😫。この影響でユーロ圏では信用不安が起きてEU全体の経済が大きなダメージを受けたから、下手をすると共通通貨「ユーロ」が崩壊してしまう。この時、ドイツとフランスを中心にギリシアを支援して、ギリギリのところでなんとか食い止めたけど、金融危機はなかなか収まらず、EU各国に財政危機が飛び火、ついにはEUのなかでは大国のスペイン、イタリアなどにまで、財政不安が拡大したんだ（ユーロ危機）。これが原因で「EUよりも自分の国が大事」という世論が広がった国もある😓。

　それでもEUは統合をさらに深化させていったんだ。2009年にはリスボン条約が発効してEU大統領（正式にはヨーロッパ理事会の常任委員長）が新設されるなど、政治統合がさらに進んだよ。ただ、統合を進めたことで「EU」と「自国の主権」との関係が問題になった国もあった😣。それがイギリスだよ。

　イギリスでは移民に対する反感が強まっていた。これは、国境の自由往来を決めたシェンゲン協定が正式にEUの法律になったこと（アムステルダム条約［1997］）が背景だよ。問題となっていたのは、1つは新たにEUに加盟した東欧諸国（特にポーランドなど）から賃金の高いイギリスに流入した多くの移民労働者、もう1つはシリア内戦などから逃れてきたムスリム系の難民だ。特に、イギリス人の低賃金労働者は「オレたちの仕事が取られるだろ😡！」と東欧系の移民に反発し、加えてムスリム過激派のテロが起きていたこ

もともとヨーロッパ統合から距離をとってはいたけど、大国イギリスの離脱はEUにとってダメージだよね😥

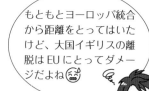

とも移民への反感をさらに高めた。こうしたことが、「EUにいるとイギリスが損をするから、離脱しろ😡！」って世論につながったんだ。

　2016年、イギリスではキャメロン首相がEU離脱の是非を問う国民投票をやったんだけど、なんと**離脱賛成派が勝利した😵！**でも、EU離脱問題（ブレグジット）

で国論が二分されて、続く保守党のメイ首相は離脱を進められずに辞任したんだけど、2020年に保守党のジョンソン首相が**イギリスのEU離脱**を実現したんだ😊。

〈西ヨーロッパ各国の国内問題〉
◀ イギリス──ブレアがイラク戦争に出兵！金融危機後は保守党政権へ

サッチャーがあまりにも存在感がありすぎて、続く保守党の首相**メージャー**はさんざん「指導力不足だ😓」と言われ続け、1997年の総選挙では18年ぶりに**労働党**が勝ったんだ。こうして首相になったブレアは、労働党の政策を**保守党に近い現実路線（右派寄り）に転換**して、「企業の国有化」とか言わないことにした。そして、北アイルランドの和平合意を成立させてアイルランド問題を解決に導き、さらに2007年には北アイルランド自治政府もできたよ。一方で、2003年には議会を説得して**イラク戦争に出兵**したけど、その後の**イラク情勢の混迷**で批判が高まり辞任したんだ。

あとを受けた労働党の**ブラウン**首相は、最初はまあまあ支持率も高かったんだけど、**世界金融危機に対応できずに総選挙で大敗**😵。かわって**保守党のキャメロン**が、史上最年少で首相になった。ただ、従来の保守党の政策（サッチャリズム）とは距離を置いて左派寄りになったから、"本当に"保守的な自由民主党が議席を増やして、結局**イギリスは戦後初の連立政権（保守党と自由民主党）**になったんだ。しかも、キャメロンは**スコットランドの独立問題に関する国民投票をやってしまった**😱。結果は否決されたけど、政治が混乱したんだ。さらに、**EU離脱問題でも国民投票をやってしまい**、こちらは離脱派が勝利したからイギリスの国論が二分されたんだ😩。その後、EU離脱を実現したジョンソン首相は指導力が評価されてはいたけど、新型コロナ感染症期間のスキャンダルなどで辞任し、2022年には**スナク**が首相に就任した。彼は、**イギリス初の非白人（インド系）首相**だよ😊。

> ブレアの政策転換で、イギリスの二大政党の違いがわかりにくくなり、しまいにはイギリスも連立政権に……😓

◀ フランス──核実験を強行したシラク、親米のサルコジ

社会党のミッテランのあと、1995年に右派の**シラク**が大統領になったんだけど、就任してすぐに**ムルロア環礁**での**地下核実験を強行**したことから、世界中の批判を浴びた。これね、**包括的核実験禁止条約【CTBT】**の調印直前だったことも、非難の対象になったんだよ。その後、**イラク戦争では米英主導の出兵に反対**して、外交ではフランスの存在感を示した。一方、国内では経済が低迷して若者の失業率が上がり、デモが頻発するなど、動揺が続いたんだ😓。

そして、2007年には経済再建を訴えた**サルコジ**が大統領となり、フランスとして

は異例の親米路線をとって**NATO軍事機構にも復帰**したよ。そして、**世界金融危機**や、その後の**欧州の経済危機**に対して**ドイツと協調してEUをリード**したものの、国内での緊縮財政や増税によって支持率が下がり、2012年の大統領選挙では社会党のオランドに敗北しちゃった😫。オランドは**ミッテラン以来の社会党政権**だったけど、高い失業率だったから支持が伸びず、一方で、イギリスのEU離脱問題の影響を受けて、フランスでも**EU離脱を主張する極右政党の勢力が拡大**したんだ😦。でも、フランス人はバランス感覚があるんだろうね。極右に政権を取られちゃマズいと思った人が多かったんだろう、2017年には**中道路線をとるマクロン**が大統領になったんだ。

◀ ドイツ──統一後の不況。そして、初の女性首相メルケルが登場

西ドイツの**コール政権（キリスト教民主同盟）が東西ドイツ統一を成し遂げた**ものの、旧東ドイツの経済があまりにもひどすぎて、旧西ドイツには東の再建のための特別税がかけられるなど、負担が大きかった。さらにEUの成立などを背景に、外国人労働者が給料の高いドイツに流入し、**ドイツ人の失業者が増えた**んだ。

こうした不満から「**ネオ゠ナチ**」などの極右勢力の運動が活発化するなど社会不安が広がり、1998年の総選挙では**社会民主党が勝利**して、**シュレーダーが首相**になった。シュレーダー政権は、**環境政党「緑の党」**との連立政権だったため、**原子力発電所の全廃を決定**するなど、ほかの先進国とは少し違った政策を打ち出した。また、**イラク戦争では米英の出兵にフランスとともに反対**するなど、独仏の連携を続けたよ。

その後、2005年から**キリスト教民主同盟のメルケルが首相**を務めたよ。メルケルは、**ドイツ初の女性首相**で、**初の旧東ドイツ出身の首相**だ。当初は、シュレーダー政権の原発廃止の方針をやめて「**原発推進**」に転換するなど、右寄りの政策をとったんだけど、2011年には日本の福島第一原発事

環境政党「緑の党」が一定の力を持ってるから、ドイツの政権は、環境問題に敏感なんだ！

故を受けて、いち早く「**脱原発**」を発表した。また長期にわたってEUを主導してユーロ危機などに対処し、**移民や難民の問題でも人権優先**の姿勢を貫いたほか、新型コロナ感染症対策でも指導力を発揮した。彼女が引退したあとに首相となった社会民主党の**ショルツ**は、ロシアのウクライナ侵攻に対して厳しく対応し、**ウクライナへの武器供与に踏み切った**ほか、2023年には、ついに**国内での原発ゼロを実現**したよ。

第1章　国民国家の形成

第2章　列強の侵略とアジアの変革

第3章　帝国主義と第一次世界大戦

第4章　戦間期と第二次世界大戦

第5章　戦後の世界

2　現代の諸問題

〈冷戦終結後の経済問題〉

🔊 タイ＝バーツの暴落から、アジア経済を揺るがしたアジア通貨危機！

　ここからは**経済問題**だよ。まずは1997年に起きた**アジア通貨危機**だ。1980年代には、**韓国、タイ、インドネシアなどアジアの新興国が急激に経済発展**したんだけど、この発展は**先進国からの投資による輸出産業の成長**で実現したものだから、国内の経済全体が発展したわけじゃない😅。そして、1990年代前半に**日本がバブル経済の崩壊で大不況**になると一気に円安が進み、かわって新興国の通貨がどんどん上がった。これは、世界の投資家が「日本の景気が悪すぎる😩」って思って円を売ったことで、相対的に新興国の通貨が上がっただけだから、経済の規模とは釣り合わないくらいの過大評価だったんだ。

　ただ、**通貨が高くなると輸出が不利になり、輸出産業に頼る新興国は一気に不況**になった😫。でも通貨は上がっているから、これに目をつけた国際的な**ヘッジ・ファンド**（投資信託。巨額のお金を動かすだけで儲けようとしている巨大投資家だよ）が、「新興国の通貨を買いまくって通貨高にして、上がったところで売ればボロ儲けだ！」とたくらんだ。標的になったのが**タイの通貨バーツ**だよ。

　こうして起きた**タイ＝バーツの暴落**は韓国やインドネシアなどにも波及し、**韓国では国債が返せなくなる危機（デフォルト）**に陥るなど、アジア全体に不況が拡大し、**タイ、韓国、インドネシアは国際通貨基金【IMF】の融資を受け**て、なんとか助かったんだ。これが**アジア通貨危機**だよ。この影響は、特に経済基盤の弱いロシアや中南米諸国にも波及して、ロシアでも通貨の引き下げに追い込まれた。また、この影響で、**インドネシアでは国民の不満が爆発し、独裁政権を維持していたスハルトが退陣**したよね。

日本経済は、バブル崩壊からやっと立ち直れるかと思ったら、アジア通貨危機で、またまた打撃を受けたんだよ😵

📢 「神話」はニセモノだ！「家神話」の崩壊から、世界経済危機が起こる！

　続いて、2008年に起きた**リーマン＝ショック**による**世界金融危機**だよ。アメリカでは**住宅価格の高騰**で「住宅価格は下がらない」という「家神話」が生まれていて、貧困層がとんでもない高金利の住宅ローン（**サブプライム・ローン**）を組んで家を買っていたんだけど、**住宅価格が急落して返済不能となった人が急増**したんだ。こうして2007年ごろから、アメリカでは回収できない住宅ローン（不良債権）を抱えた**金融機関の破綻**が始まり、ついに2008年、アメリカの大手証券会社の**リーマン＝ブラザーズが経営破綻**した。なんと負債総額は約60兆円！　これをきっかけ

にして**各国の株価が大暴落**し、世界全体に不況が拡大、世界的な金融危機が起きた。この不況は**1929年の世界恐慌**にも匹敵するものともいわれ、経済の落ち込みとともに、**各国の財政危機**を招いたんだ。

　この影響で各国では政権交代が相次ぎ、アメリカでは共和党にかわって民主党オバマ政権が、イギリスでは保守党が政権を奪還してキャメロン政権が誕生し、日本でも、自民党が総選挙で大敗して、民主党の鳩山政権が誕生した。さらに、この世界的な経済危機は、もはや**先進国（G7）だけでどうこうできる状況を超えていた**から、新興国も含めた**G20**という枠組みが、国際的な地位を上げることになった。

　G20とは、これまでの**G7**（米・英・日・仏・独・伊・カナダ）に、**BRICS**（ブラジル・ロシア・インド・中国・南アフリカ）や、韓国、サウジアラビア、インドネシア、トルコなどを加えたもので、2008年に開かれた第1回首脳会談では、金融危機への対応で協調することを確認したんだ。

〈反核運動と核軍縮問題〉
◀ 第二次世界大戦が終わると、反核運動が始まった！

　核軍縮問題の前に、**第二次世界大戦後の反核運動**について見ておこう。米ソの核開発競争に対して、1950年の世界平和擁護大会で核兵器禁止の署名運動をおこなうことが決まり、世界から5億を超える署名が集まった（**ストックホルム＝アピール**）。そして、核兵器の恐ろしさを世界に痛感させたのが、**第五福竜丸事件**だ。日本のマグロ漁船第五福竜丸が南太平洋で操業している最中に、アメリカの**ビキニ環礁水爆実験**で降った**高濃度の放射性物質**（「**死の灰**」）を浴びて被曝した。乗組員はあまりに強い放射線で皮膚がただれ、髪が抜ける、いわゆる「**原爆症**」の症状になったんだ。この事件をきっかけに**東京都杉並区の主婦たちから始まった「核兵器をなくせ！」**という運動は**原水爆禁止運動**となり、世界に拡大したよ。さらに、この運動は科学者たちにも影響を与え、哲学者の**バートランド＝ラッセル**と物理学者の**アインシュタイン**は「核戦争は人類絶滅の危機だ！」と警告し（**ラッセル・アインシュタイン宣言**）、1955年に

ビキニ環礁の水爆実験では直径2キロのクレーターができた😨。こんなんじゃ、人類滅亡だよ……

は人類史上最初の被爆地広島で、第1回**原水爆禁止世界大会**が開かれた。

　その後も反核運動は続き、西ドイツの科学者たちは「何があっても**西ドイツは核武装すべきではない**」とする**ゲッティンゲン宣言**を発表し、さらに1957年には、ラッセルとアインシュタインを中心に、カナダの**パグウォッシュ**で「科学と国際問題に関する会議」、通称**パグウォッシュ会議**が開かれ、第五福竜丸事件後の放射線調査をふまえて、**核実験の人体に与える影響を警告**したんだ。以後、毎年場所を変え

て開かれ、**科学者による核兵器禁止運動をまとめる組織**になったよ。

　ちなみに、ビキニ環礁の核実験のために強制的に移住させられた島民たちは、放射能汚染のために、半世紀以上経った今も島に帰ることができない😣。これが「核」の恐ろしさだよね。

🔊 冷戦終結後には核軍縮が進むと思いきや、米ロ交渉はなかなか進まず

　冷戦期の核軍縮交渉はすでに見たので、ここでは冷戦終結後の核軍縮を見ていくよ。まずは米ソ（米ロ）間の交渉だ。1991年、**アメリカ大統領ブッシュ（父）**とソ連の**ゴルバチョフ**は**第1次戦略兵器削減条約【START Ⅰ】**に調印し、戦略核兵器を核弾頭（核爆弾のこと）6000発、運搬手段（こっちはミサイル）1600基以下に削減することを約束した。ただ、この年の年末に**ソ連が崩壊**したので、これ以後の交渉は、**アメリカとロシア**によっておこなわれることになったんだ。

　1993年にはアメリカ大統領**ブッシュ（父）**とロシア大統領**エリツィン**が**第2次戦略兵器削減条約【START Ⅱ】**に調印して、START Ⅰよりも大幅に核兵器を削減することになったんだけど、**実際の削減は進まず、期限の2007年までに実行できなかったため、第3次戦略兵器削減条約【START Ⅲ】の交渉は打ち切り**になっちゃった😓。そして、オバマ大統領の「**プラハ宣言**」を受けて交渉が進み、2010年には**アメリカのオバマ大統領とロシアのメドヴェージェフ大統領**との間で、新たな核軍縮の枠組みを決めると**第4次戦略兵器削減条約【新START】**が結ばれた。両国は「国ではなくテロ組織が核兵器を持つ危険性」から、合意に至ったんだね。

🔊 「あらゆる核実験禁止！」のはずが発効しないCTBT。そして、核はさらに拡散！

　1996年、国連総会で158カ国の賛成で採択された**包括的核実験禁止条約【CTBT】**は、あらゆる核兵器の“**爆発**”実験を禁止しているんだけど、この条約は問題が多いんだ。まず条約の発効には、**核保有国と指定44カ国の批准が必要**とされたんだけど、**インドなどの反対で発効できていない**。それから、禁止されたのは「爆発」実験だから、アメリカやロシアなど、これまでの核実験のデータがたくさんある国は、**爆発寸前で核反応を止めて**、あとはコンピューターでシミュレーションする「**臨界前実験**」をやっているんだよ。**フランス**や**中国**は「米ロはこれまで何度も実験をしてきたじゃないか！」と反発し、国連総会でCTBTが採択される直前の1995年に、駆け込みで**核実験**をおこなったんだ。

　また、核兵器の拡散も問題だよね。インドの核保有に反発した**パキスタン**が1998年に**核保有国**になった話はすでにしたけど、それ以外にも

> イスラエルの核保有を一緒に議論しないと、イランの核問題は解決しないだろうなぁ……

核開発が問題になっている国があるよ。まずは**イラン**だ。

　イランの核開発は国内での石油需要の増大から、輸出用の石油を確保するために**原子力発電を開発**していたんだけど、2001年の同時多発テロ事件【9.11事件】後にアメリカに「**悪の枢軸**」と名指しされ、しかもブッシュ（子）大統領が「**平和利用も含めてイランの核開発を認めない**」と言ったので、アメリカとの関係がさらに悪化した。2005年に強硬派の**アフマディネジャド**大統領が就任すると、「イスラエルも核兵器を持っている（これは世界では公然の秘密ね）から、イスラーム国家も核を持つべきである😀」という論理で、**反米・反イスラエル外交を強めた**んだ。こうして欧米諸国との対立が深まり、国連安保理でもイランに核開発の中止を求める決議が採択されたけど、イランは激しく抵抗した。その後、2013年にはイランで**ロウハニ大統領**が就任して**欧米とも対話していくという路線**を打ち出し、2015年には**イランが核開発を大幅に制限する合意が実現**したよ😄。その後、アメリカのトランプ大統領がこの合意を一方的に破棄したから、関係は再び悪化したんだ😨。

　それから**北朝鮮の核問題**も深刻だね。イランと同じように「悪の枢軸」と名指しされた北朝鮮は、「日米韓が北朝鮮を包囲している！」あるいは「在韓米軍が核兵器を持っている！」とアメリカに反発して核開発を進めたんだ。これに対し2003年以降、**中国を議長国として**アメリカ・日本・ロシア・韓国・北朝鮮で**六カ国協議**が始まった。でも、**北朝鮮のミサイル実験**などでたびたび中断したため交渉は進まず、2006年に北朝鮮は**核保有国**になってしまい、その後も核実験やミサイル実験を繰り返している。核の拡散は深刻な問題だ。

　2017年には国連の会議で**核兵器禁止条約**も採択されたけど、**全核保有国が不参加**で、またカナダ、ドイツ、韓国など、**アメリカの「核の傘」の下にある国も不参加**だ。唯一の戦争被爆国の**日本も不参加**なのは、少し考えさせられるね。

〈米中新冷戦〉

◀ **習近平体制の中国が大国への野心を強め、アメリカとの対立が激化！**

　2010年に GDP（国内総生産）で世界2位となった**中国**では、2012年に総書記となった**習近平**が、国内では自分自身への権力集中をはかって**強権的な政治体制を実現**したんだ😀。**新疆ウイグル自治区に対しての人権抑圧を強化**したり、**香港の民主化運動も厳しく抑え込んで**、**国家安全維持法**を制定して共産党への批判も違法としたよ。これで事実上、**一国二制度は崩壊**したんだ😔。国際的には批判されているけど気に留める様子もなく、かえって激しく反発しているよね。

　また急激な**軍事力強化**を進め、対外的には**東シナ海や南シナ海において強引な海洋進出**をはかり、日本の**尖閣諸島**への圧力を強めているほか、**南シナ海のほぼ全域の領有権を主張して、**フィリピン、マレーシア、ベトナム、インドネシアなどと対立している。また、**台湾を併合**（「統一」）するという野心をむき出しにして、年々**台湾への圧力を強め**、盛んに軍事演習をおこなうなど緊張が高まっている。対する**アメリカ**は下院議長が台湾を訪問するなど、**台湾との関係を強めようとしている**ね。

第1章　国民国家の形成

第2章　列強の侵略とアジアの変革

第3章　帝国主義と第一次世界大戦

第4章　戦間期と第二次世界大戦

第5章　戦後の世界

　そして、経済的にはアジア・ヨーロッパ・アフリカにまたがる広大な経済圏構想（「一帯一路」）を打ち出し、巨額の援助によってアジア・アフリカの新興国への影響力を強めている。こうした動きは、世界1位の経済力・軍事力を保持するアメリカに対抗するもので、両国間では貿易で保護関税を掛けあったり、知的財産権、新技術において覇権を争うなど、多くの分野で対立が深まっている😤。こうした状況を米中新冷戦と呼ぶこともあるよ。

〈環境問題・SDGs〉

◀ 京都議定書、パリ協定…温暖化防止のため、世界は「脱炭素社会」を目指す！

　環境問題をテーマに開かれた最初の国際会議は、1972年にスウェーデンのストックホルムで開かれた国連人間環境会議だ😃。この会議では「かけがえのない地球（Only One Earth）」をスローガンに、「人間環境宣言」が採択されて、国連環境計画【UNEP】が創設された。そして1980年代に入ると地球温暖化の危険性が明らかになってきた。こうして1992年、ブラジルのリオデジャネイロで地球サミット【環境と開発に関する国連会議】が開かれ、自然と調和した経済開発の必要性を訴える「リオ宣言」と、それを実現するための「アジェンダ21計画」が採択され、さらに気候変動枠組条約を結んで地球温暖化防止のための枠組みを定め、気候変動枠組条約締約国会議（通称：COP）が毎年開かれることになったんだ。

　これ以後、環境問題の中心は地球温暖化防止ということになり、1997年の京都会議【COP3／第3回気候変動枠組条約締約国会議】では京都議定書を採択して、温室効果ガス（おもにCO_2）の削減について、先進国の削減目標を設定したんだ。でも、新興国に制限がなかったことから、反発したアメリカは批准を拒否した😩。当時、CO_2の排出量の上位2国はアメリカと中国だったから、その両国の協力がないと、世界全体での削減は難しいよね（京都議定書は2004年にロシアが批准して、2005年に発効）。その後も先進国と新興国の対立が続いたんだけど、2015年のパリ会議【COP21】では、京都議定書以来の新たな枠組みとなるパリ協定が採択され、途上国も含めたすべての国の温室効果ガス削減目標を定めることになったんだ（2016年に発効）。さらに2015年には国連サミットで「SDGs【持続可能な開発目標】」（Sustainable Development Goals）が提唱され、2030年までに持続可能な世界の実現を目指す国際目標を打ち出した。世界各国は再生可能エネルギー（太陽光・風力など）などの開発によって脱炭素社会（CO_2の排出を実質ゼロにする社会）の実現を目指しているけど、一方でアメリカのトランプ政権がパリ協定から離脱したり、日本政府も経済発展を優先しがちだね😵。

◀ SDGsは環境だけじゃない！あらゆる差別をなくすことも国際目標だ！

　国連サミットで採択されたSDGsのなかには「ジェンダー平等」や「人や国の差別をなくす」といった目標もあるんだ。性差別については、すでに1979年に女性差別撤廃条約が国連総会で採択され、日本でも1985年には男女雇用機会均等法が制

定されたけど、2020年代におけるジェンダー゠ギャップ指数（男女間の格差を示す指数）において、**日本は先進国で最下位**だ。特に政治・経済の分野での格差が深刻だね。また**LGBTQ**の権利についても、**G7で同性婚を認めていないのは日本だけ**だよ😩。あらゆる性への差別をなくすこと、社会のなかでの多様性を認めること、すべての人の人権を守るといったことも、環境問題と同じくらい重要だよ😄。

3　地域紛争・民族紛争の激化

〈ユーゴスラヴィア問題〉

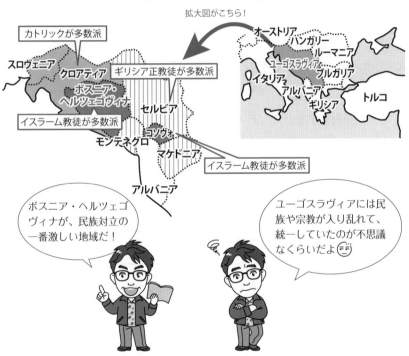

◀ カリスマ指導者ティトーの死去で、民族や宗教の対立が表面化！

　そもそも、第一次世界大戦後に成立した時点で、**ユーゴスラヴィア（ユーゴ）**は統一することに無理がある国だった。独立した時点で、ユーゴスラヴィアのなかには**6つの共和国**があって、さらに「**東方正教会（ギリシア正教）、カトリック、イスラーム教徒**」の**3宗教**の根深い対立があった。第二次世界大戦後は、パルチザン闘争の指導者ティトーのカリスマ性で統合していたけど、1980年に**ティトーが亡くなると対立が表面化**した。それを「社会主義体制」で抑え込んでいたんだよ。

　そして**東欧革命**で社会主義政権が次々と崩壊（ほうかい）すると、ユーゴでも一党独裁（どくさい）への批

判が高まり、さらに**経済の悪化**と失業者の増加で**宗教や民族の対立**が激しくなった。だって、ユーゴスラヴィアって、セルビアが主導権を握って他の民族を支配する体制だったんだもん😤。こうして、反発した各共和国が独立を宣言したんだ。

◀ 4つの共和国が独立を宣言して、ユーゴスラヴィア内戦が勃発！

　1991年６月、**スロヴェニア共和国**（カトリック）と**クロアティア共和国**（カトリック）が独立を宣言すると、**セルビア**（セルビア正教会）を中心とする**ユーゴ連邦軍**が軍事介入して、**ユーゴスラヴィア内戦**が始まった。さらに、両国の独立を見た**マケドニア共和国**（マケドニア正教会）が９月に独立を宣言（マケドニアは2019年に「**北マケドニア**」と改称）、翌92年３月には**ボスニア・ヘルツェゴヴィナ**も独立宣言を出した。内戦が始まったユーゴには、**国連平和維持軍（部隊）【PKF】**が派遣され、国連の仲介でとりあえず停戦が実現したんだけど、この時点で連邦に残ったのは**セルビアとモンテネグロ**だけだった（**新ユーゴスラヴィア連邦**）。でも、これだけじゃ終わらないよ……😫。

◀ 3宗教が対立するボスニア・ヘルツェゴヴィナ。頼みの綱は「歴史の知恵」だ

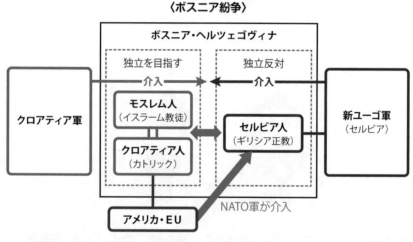

〈ボスニア紛争〉

　独立を達成した国のうち、**ボスニア・ヘルツェゴヴィナ**では３つの民族の間で**ボスニア紛争**が起きたんだ。最大多数（約４割）を占めるイスラーム教徒（モスレム人）、約３割のセルビア人、そして２割弱のクロアティア人が激しい戦闘を繰り広げたんだけど、特に「**独立に反対するセルビア人**」に対して、「**独立を目指すイスラーム教徒とクロアティア人**」が連携し、それに新ユーゴ連邦軍（セルビア軍）と**クロアティア共和国軍**が介入して、壮絶な内戦になったんだ。国連による経済制裁も効果はなく、**アメリカやＥＵが反セルビア**で紛争に介入し、何度か和平提案がお

こなわれたけど、ついにアメリカを中心とする**NATO軍が出動**した。そして1995年にはアメリカ大統領**クリントン**の圧力もあって（普通は"仲介"っていうね😅）、**ボスニア和平協定**が結ばれ、「ボスニア連邦」（イスラーム教徒とクロアティア人）と「セルビア人共和国」という、「2つの主体」からなる連合国家になった。

激しい内戦を経験したけど、この地域は**オスマン帝国やオーストリア**に支配されていた時期にも、3民族共存の知恵を出し合ってきた。例えば、使う文字（キリル文字 or ラテン文字）は違っても、話す言語（セルビア＝クロアティア語）は同じ。きっと、これまでの「歴史の知恵」でうまくまとまれるんじゃないかな。

🔊 セルビア内のコソヴォ自治州の独立運動から、コソヴォ紛争が起きた！

ボスニア紛争が終わり、今度は**セルビア共和国内のコソヴォ自治州**でアルバニア系住民（イスラーム教徒）の独立運動が起きると、セルビアの**ミロシェヴィッチ**大統領はコソヴォ自治州の**アルバニア人への弾圧**を強め、全面的な武力衝突になった。しかも、ミロシェヴィッチはアルバニア人に対する「**民族浄化**」（敵対する民族を虐殺や文化抹消などで抑圧すること）をおこなったから、欧米諸国は「人道に反する」との批判を強め、ついに1999年、**クリントン**大統領は**国連安保理の決議がないまま NATO軍によるセルビア空爆**をおこなったんだ。これが、のちのアメリカの単独行動主義への布石になっちゃうんだけどね。

こうして2000年には**ミロシェヴィッチ政権が崩壊**し、**コソヴォ紛争は終結**したよ。そして、ミロシェヴィッチは人道に対する犯罪人として国際刑事裁判法廷で裁かれ、収監中に死亡したんだ。

そして現在、**ユーゴスラヴィアという国はない**よね。新ユーゴも2006年に**モンテネグロが分離独立**して崩壊し、さらに2008年には**コソヴォ共和国も独立**を宣言した。コソヴォは米英仏独日などを中心に、すでに国連加盟国の過半数が承認しているんだけど、まだ**ロシア、中国、セルビア**などが承認していないんだ。

〜+α ちょっと寄り耳🦻

コソヴォ問題は、「セルビア人」「アルバニア人」の歴史的なアイデンティティに深くかかわるから、単なる領土の取り合い以上に激しい対立になったんだ。

コソヴォは、セルビア人にとっては中世セルビア王国の中心地だから、彼らの栄光の土地だよ。しかも、コソヴォの戦いで敗れてオスマン帝国の支配に屈したから、民族の屈辱の地でもある。「二度とコソヴォを取られるわけにはいかない！」という意識はあるだろうね。

一方、オスマン帝国は、民族の空白地となったコソヴォに、ムスリムに改宗させたアルバニア人を入植させた。このアルバニア人たちが、19世紀に入ってコソヴォを拠点に独立運動を進めたから、アルバニア人にとってのコソヴォは、独立を象徴する土地なんだよ。どちらにとっても、歴史的に譲れない土地だからこそ、対立は根深いよ。

〈混迷する中東情勢〉

◀ 冷戦終結後のイスラエルとパレスチナは、「報復の応酬」だ

　冷戦終結後の中東和平をめぐる問題は進展と挫折の繰り返しだよ😫。イスラエルでは、**右派（リクード）**政権と**左派（労働党）**政権がたびたび交替して、そのたびに「労働党政権が和平を進め、リクード政権が和平交渉を潰す」が繰り返されている。そして2001年に成立した**リクードのシャロン政権**によるパレスチナへの強硬政策で状況が悪化し、同時多発テロ事件【9.11事件】以降のアメリカのブッシュ（子）大統領の対イラク政策も、問題を複雑にしたんだ。

　湾岸戦争でもそうだったんだけど、イラクの**サダム＝フセイン**は「アメリカ vs. イラク」を「イスラエル vs. パレスチナ」にすり替えようとしたから、米大統領**ブッシュ**は、2002年に**中東和平ロードマップ**を発表したんだけど、イスラエルとパレスチナの溝は全く埋まらなかった。だって、イスラエルは**パレスチナ人指導者の暗殺**や**パレスチナ人地域への新たな入植**、**パレスチナ人自治区の隔離**（通称"壁"の建設）などの強行策を続けたんだもん。しかも、パレスチナ側も**自爆テロで対抗**したから、報復に次ぐ報復で和平はどんどん遠のいている。さらに、アメリカの**ブッシュ大統領がイラク攻撃**を始めると、中東問題の解決はますます難しくなったんだよ。

パレスチナ問題は、アメリカのイラク攻撃で、余計にややこしくなったんだ！解決する道はどこにあるのかな？

　そして2004年に PLO の議長**アラファトが死去**すると、イスラーム原理主義の過激派「**ハマス**」が台頭して、自爆テロなどをますます激化させていたんだ。

◀ 「アラブの春」で混迷する中東情勢。パレスチナ問題の解決が必要だ！

　2011年以降**中東から北アフリカで起きた民主化運動**、いわゆる「**アラブの春**」で、中東情勢は混迷したんだ。1980年代まで、この地域の政治は「**米ソ冷戦**」と「**パレスチナ問題**」に左右された。各国の選択肢は「イスラエルを承認してアメリカから経済的・軍事的な支援を受ける」のか、逆に「反米・反イスラエル路線をとってソ連から支援を受ける」のか、それこそ「反米・反ソ・反イスラエルで別の道を進む」というのもありうる。もちろん、国ごとに「政府」「軍」「民衆」の立場がそれぞれ違うんだけど、民主化運動が起きた国では、**政府が「イスラーム教と距離を置き、欧米各国とは友好的」になって独裁を維持**し、**民主化運動が「イスラーム原理主義の影響を受ける」**ことが多かった。つまり、「**世俗化（政教分離）vs. イスラーム**」という考え方の違いが対立を招いたんだよ。

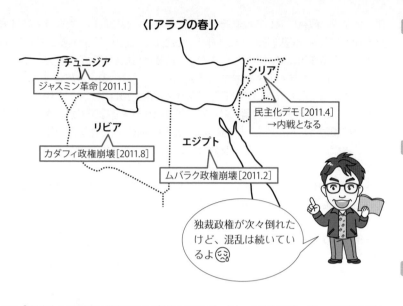

〈「アラブの春」〉

チュニジア
ジャスミン革命[2011.1]

シリア
民主化デモ[2011.4]
→内戦となる

リビア
カダフィ政権崩壊[2011.8]

エジプト
ムバラク政権崩壊[2011.2]

独裁政権が次々倒れた
けど、混乱は続いてい
るよ😢

「アラブの春」で最初に政権交代が起きたのが、**チュニジア**だ。チュニジアでは1987年に無血クーデタでベン゠アリーが政権を奪い、イスラーム主義組織を弾圧して独裁を続けていた。でも時代が変わったんだね。スマートフォンの普及でみんなが使い始めたSNSを通じたデモの呼びかけで、民主化運動が急激に拡大し、2011年ついに**独裁政権が崩壊**したんだ（**ジャスミン革命**）。そして、革命後の選挙では**穏健なイスラーム政党が勝った**んだけど、世俗派（政教分離を主張するグループ）の野党指導者がたびたび暗殺されるなど、混迷が続いたんだ。

続いて崩壊したのが、**エジプト**の**ムバラク**政権だよ。ムバラクは1981年に大統領となって独裁体制をつくると、基本的には「**親米・親イスラエル**」路線をとっていた。エジプトも、「**政教分離**」で政治をやっていたムバラクに対し、穏健なイスラーム原理主義の「**ムスリム同胞団**」（彼らは、最終的にはイスラーム国家をつくりたい！）が反対して、彼らの影響力で大規模なデモが続いたんだ。ちなみに、**ムスリム同胞団ができたのは1928年**だ。以後、王政、ナセル、サダト、ムバラクに次々と反対し、ついに2011年に**ムバラク政権を崩壊**に追い込んだ。その後、ムスリム同胞団（自由と公正党）が支持する**モルシ**が大統領になったんだけど、今度は**イスラーム政策に反発した軍部が2013年にクーデタでモルシ大統領を解任**、再び「**軍部**」による政治に戻ってしまった。つまり「イスラーム化を中断しよう」ってことだ。

リビアでは、1969年から**パン゠アラブ主義**を唱える**カダフィ**が独裁を続け、イラク戦争の前までは、武器の密輸にかかわったり、核開発疑惑があったりする反米の国だったから、アメリカに「**テロ支援国家**」に指定されていた。でも、**イラク戦争でフセイン政権が潰された**のを見て焦ったカダフィは、2003年には**核開発を放棄するかわりにアメリカとの関係を改善**したんだ。ただ、独裁は続いていたから、2011

年にカダフィ政権に対して反政府デモが起きた。これに対し、カダフィは外国人傭兵を使って民主化運動を激しく弾圧！　しかし、国連安保理決議によってNATOを中心とする多国籍軍が攻撃し、**カダフィ政権は崩壊**した。その後カダフィは、反対派の民兵につかまって殺されたんだよ。哀しい独裁者の末路だな……😩。

　そして、もっとも混迷しているのがシリアだよ。2011年、父親の代から長期の独裁を続けていた**アサド**大統領に対して、民主化を要求するデモが起きた。最初は平和的な抗議だったんだけど、一部の過激な勢力が武装したため政府軍が激しく弾圧して、内戦になった。そして、**反政府軍をアメリカや西欧諸国**などが、**アサド政権をイラン**さらには**ロシア**などが支援し、トルコは国内のクルド人問題からシリアのクルド人勢力を攻撃して、さらに周辺の過激な**イスラーム武装組織**も入ってきて内戦は泥沼化した。さらに2014年になると、隣国のイラク北部から興ったスンナ派の過激派武装集団「IS（Islamic State）」が一時**シリアとイラクにまたがる地域を制圧**したから、ますます複雑な情勢になったんだ（ISはすでにほぼ壊滅）。その後、アサド政権の政府軍が優勢な状況になったけど、完全に戦闘が終わったわけじゃない。そして、**戦闘を逃れた多数の難民が、今も国外に避難している**状態だ。シリアの問題は、パレスチナ問題の縮図みたいになっているから、解決するのはなかなか難しいね。

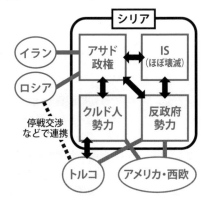

　よーし、残すは最後の年号 check だけだよ！

!!!　**年号のツボ**

- **マーストリヒト条約**［1992］（行く国みんな　EU入る）
（1 9 92）

- **同時多発テロ事件【9.11事件】**［2001］（テロで犠牲の　ツレを悼んで）
（2 0 0 1 イタ）

- **イラク戦争**［2003］（オレ様ブッシュが　イラク攻撃）
（0 0 3）

　ここまできたみんな、本当に頑張ったね。こうなったら、世界史を得点源にして志望校合格だー！　お疲れ様でした😄。

近現代日本へのアプローチ ⑩
～日本の安全保障と沖縄の米軍基地～

　冷戦下での日本の安全保障はアメリカに依存していたけど、1970年代にアメリカの覇権が揺らぎ始めると、**日米の協力関係を強化**する方向に変わっていき、1978年には自衛隊とアメリカ軍の共同訓練が始まったんだ。でも、**冷戦の終結後**は、日本の政策もこれまでどおりというわけにはいかないよね😵!。

　1991年の湾岸戦争では、国連安保理の決議に基づく多国籍軍を派遣したけど、憲法の規定で**海外への自衛隊派兵**が難しかった日本は、130億ドルも財政支援をしたんだけど、戦後に評価はされなかった😓。これ以降、日本も国連主導の平和維持活動（PKO）には積極的に参加していくよ😄。1992年には**国際平和協力法【PKO協力法】**を成立させ、翌年、自衛隊を**国連カンボジア暫定統治機構【UNTAC】**に派遣したんだ。

　さらに、アメリカの対テロ戦争に協力するため、**小泉純一郎**内閣は**特別措置法**を制定して自衛隊を海外に派遣し、アメリカのアフガニスタン戦争ではインド洋での給油活動を、**イラクでは戦後の復興支援**をおこなうために、自衛隊を派遣したんだ。そして2015年には**安倍晋三**内閣が安全保障法制によって**集団的自衛権**に基づいて海外で武力行使をすることを容認したんだ。これについては、現行憲法のもとで本当に認められるものかどうかの議論が起こったけど、そのあたりがうやむやにされた感は否めないかな。

　一方で、日米の安全保障協力が強化されるなかで、負担が増加しているのが沖縄だ。国土の1％に満たない面積の沖縄県に全国の米軍基地と関連施設の面積の**約7割**が集中していて、例えば、沖縄本島の面積の約15％を米軍基地が占めている。単に面積の問題にとどまらず、1995年の**アメリカ海兵隊員による女子小学生への暴行事件**、2004年の沖縄国際大学への米軍ヘリ墜落事件など、現在まで**米軍やその関係者による事件**がいくつも起きている。日米両政府は1996年に**普天間海兵隊基地の返還**に合意したものの、移設先とされたのは同じ沖縄本島内の名護市**辺野古**であり、いまだに沖縄県民に負担が集中している。日本の安全保障を考える際には、こうした現状もきちんと認識したうえで、米軍基地の問題だけではなく、自衛隊のあり方も含めて国民的な議論をする必要があるんじゃないかな。

　ただ、「米軍がいなくなればいい」というような単純な話ではない。例えば沖縄近海の**尖閣諸島**は1895年に日本領となったけど、1960年代になってその付近に**石油などの資源が発見**され、また豊かな漁場にも近いことから**中国や台湾が領有権を主張**し始めた。近年では周辺に中国の艦船が頻繁に現れている。また、韓国が不法占拠を続ける島根県の**竹島**をめぐる問題もあるね。

さくいん

MEMO

鵜飼　恵太（うかい　けいた）

　駿台予備学校世界史科講師。受験直前にソ連が崩壊した衝撃から近現代史に興味を持ち、大学時代に自転車旅行で訪れた沖縄で、米軍基地の現状を見て東アジア史への関心を強めた。大学での研究テーマは「冊封体制の崩壊と日中関係」。

　大学時代の塾のアルバイトで「教える楽しさ」を知り、予備校講師の道へと進む。駿台では東大・一橋大クラスから、早慶大・基礎クラスまでを担当し、それぞれのレベルに合わせたわかりやすい授業を展開する。暗記ではなく「"人"が動く歴史」を通じて、「現代を見る眼」を持ってほしいとの想いから、世界のつながりや因果関係の解説を重視。難しいこともやさしい言葉を使って説明するが、内容は妥協しない。生徒から「一人芝居」「寸劇」とも呼ばれるくらいに、政治史では歴史上の人物になりきり、文化史では小説や演劇の登場人物を演じる講義は、「つながりがよくわかる！」と大好評。また、丁寧な論述添削でも定評があり、東大模試・一橋大模試の作問にも携わっている。

　さまざまな移動手段での旅行が趣味。自転車、クルマ、鉄道、飛行機など、たいていの乗り物が好きで、特に鉄道には少々こだわりがある。最近は、旅先での御朱印集めにはまっている。

だいがくにゅうし
大学入試
せ かい し たんきゅう　きんだい　げんだい
ストーリーでわかる世界史探究【近代・現代】

2023年10月31日　初版発行

著者／鵜飼 恵太
うかい けいた

発行者／山下 直久

発行／株式会社KADOKAWA
〒102-8177　東京都千代田区富士見2-13-3
電話 0570-002-301(ナビダイヤル)

印刷所／株式会社加藤文明社印刷所

製本所／株式会社加藤文明社印刷所

©Keita Ukai 2023　Printed in Japan
ISBN 978-4-04-605848-5　C7022